W0368177

Inhalt

Oskar Negt

Über die literarische Öffentlichkeit und den Verlust ihrer kritischen Substanz

I.

Wenige Neuerscheinungen auf dem literarischen Buchmarkt der vergangenen Jahrzehnte haben in vergleichbarer Intensität die Gemüter erregt: Bereits im Vorfeld von Leseerfahrungen eines breiteren Publikums fixierte »Ein weites Feld« Freund-Feind-Linien. Den Titel entnahm Günter Grass dem Fontane-Roman »Effi Briest«, und im Schlußsatz bezeichnet Fonty die auf Vertagung von Problemlösungen zielende Standardfloskel des alten Briest als Täuschung. So eröffnet Grass in seinem jüngsten Werk nicht nur den Blick auf ein »absehbares«, also bearbeitungsfähiges Feld, er wühlt vielmehr dessen gesellschaftlich-geschichtlichen Boden auf und bringt viel Vergrabenes und Vergessenes zum Vorschein.

Dieser soziologische Tatbestand mag als Hinweis auf die provokative Kraft des Romans gewertet werden, er bietet aber auch Anlaß für Besorgnis. Wie brüchig und verletzlich muß die Legitimationsgrundlage, das auf Vernunft begründete Selbstbewußtsein einer Gesellschaft sein, deren wirtschaftlich-politische Machteliten doch gerade den Sieg über alles errungen haben, was ihnen gegenüber als geschichtliche Alternative aufgebaut wurde und an innerer Auszehrung zu Grunde ging. Der Triumph hätte die Siegreichen eigentlich mit erhöhtem Selbstbewußtsein und Stolz erfüllen müssen, verknüpft mit einem Identitätsgewinn, der Toleranz und Unterscheidungsvermögen stärkt. Davon kann im gegenwärtigen Deutschland keine Rede sein. Daß ein vorbeugend von mehreren Großkritikern als unlesbar und langweilig eingestufter Roman so tief in die sozialpsychologische Balancearbeit eines Landes eingreift, ja sie offenbar zu stören vermag, ist ein untrügliches Zeichen dafür, daß Grass' neues Werk auf zerbrechliche Strukturen und Konfliktpotentiale verweist, die die bestehende mediale Öffentlichkeit unter allen Umständen in Schichten des Vorbewußten und Verdrängten halten möchte.

Da die mediale Öffentlichkeit mittlerweile zu den Kernbereichen des Herrschaftsgefüges gehört, mag es manchen plausibel erscheinen, wenn intellektuelle Arbeit auf die sichtbare Welt, auf die einfache Verdoppelung der Oberflächenwirklichkeit verpflichtet wird. Grass allerdings weigert sich, diesen auf bloße Realitätsverdoppelung eingeschworenen Verhaltenskodex zu befolgen. Er will keineswegs die Realität umgehen und ins Reich der Illusionen und Wünsche fliehen: Wirklichkeit wird vielmehr in komplexerer, spannungsreicherer Gestalt in das dramatische und erzählende Geschehen des Romans aufgenommen, im Miteinander von faktisch Gegebenem und den objektiven, häufig genug besseren Möglichkeiten. Was manchen Kritikern ihr Abwertungsgeschäft erleichtert, ist ihre von Herrschaftsvorgaben eingeengte Wirklichkeitsdefinition. Diese bestimmt auch ihre ästhetische Kritik.

Als Herausgeber der vorliegenden Auswahl von Agenturmeldungen, Rezensionen, Berichten, Glossen, Kommentaren und Gesprächen stellte sich mir die Frage: Mit welcher Form von literarischer Öffentlichkeit haben wir es in bezug auf »Ein weites Feld« zu tun? Was wird im Fall Fonty an veränderten Beziehungen zwischen politischer Moral, Verantwortung der Intellektuellen, Öffentlichkeit und Macht sichtbar?

Im Fall Fonty steht der Schriftsteller Günter Grass mit seinem Werk vor Gericht, das jedoch nicht getrennt wird von Grass' Rolle als politisch nachdenklichem Staatsbürger, der entschieden, ja häufig aufdringlich wirkend, öffentlichen Gebrauch von seiner Vernunft macht. Weil er den maßlosen Anspruch zu erheben scheint, aus der erarbeiteten Autorität im einen Bereich (dem des erfolgreichen Schriftstellers) privilegierten Einfluß auch im anderen zu gewinnen, ist Grass seit dreißig Jahren immer wieder der Kritik ausgesetzt gewesen.

Darin zeigt sich ein allgemeines Problem produktiver Intellektueller, genauer gesagt das Problem einer Gesellschaft, die gerade von ihnen die Bestätigung von Mehrheitsmeinungen erwartet. Als Heinrich Böll sich in den siebziger Jahren einmischte, um den Bürgerkriegswahn zwischen Staat und Baader-Meinhof-Gruppe zu beenden, wurde er zur Ordnung gerufen: Er solle sich als Schriftsteller und nicht als Gewissen der Nation betätigen. Der konservative Soziologe Helmut Schelsky lieferte 1975 in einem Buch mit dem bezeichnenden Titel »Die Arbeit tun die anderen«, das die »parasitäre Existenzweise« der Klasse der Sinnvermittler und Sinnproduzenten zum Gegenstand hat, die gesellschaftlichen Ordnungsvorschriften nach: Der Pfarrer habe zu predigen, der Arzt zu heilen, der Dichter zu dichten - alles darüber Hinausgehende taste Kompetenzen und Herrschaftsgebiete anderer an und bringe am Ende die arbeitsteilige Ordnung des Ganzen durcheinander.

Die Aufteilung der Menschen in strikt gegeneinander abgegrenzte soziale Rollen macht die Gesellschaft überschaubar und sichert eigentümliche Rechtspositionen für mögliche Revierkämpfe. Man könnte sich darauf einlassen. Aber in der urprotestantischen Forderung »Schuster, bleib bei deinem Leisten!« ist die Erwartung mit gesetzt, daß zwischen den verschiedenen Kompetenzen und Berufsethiken ein Achtungsverhältnis besteht. Das aber gerade fehlt im Fall Fonty. Weder sind Kompetenz und Berufsethik des Schriftstellers respektiert worden, noch haben die Berufskritiker ihr Geschäft als eigensinnigen Auftrag verstanden, mit kompetent gehandhabter Waffe der Kritik gängigen Vorurteilen auf den Leib zu rücken.

So bilden sich in der literarischen Öffentlichkeit Projektionen: Was dem Autor vorgeworfen wird, praktizieren die Kritiker fortwährend selbst. Mit dem populistischen Einwand, Grass hätte sein staatsbürgerliches Unbehagen an der Art der Wiedervereinigung in bläßliche Romanfiguren übersetzt und damit etwas dem Handwerk des Schriftstellers und seiner politischen Organisationsphantasie Unangemessenes getan, verschafft sich die Öffentlichkeit ein gutes Gewissen. Sie muß sich auf die Mühe einer immanenten Kritik des Werkes erst gar nicht einlassen; Kriterien der ästhetischen Urteilskraft werden ersetzt durch in den Medien festgetrampelte Legitimationsformeln, an denen patriotische Gesinnung und politische Vorstellungswelt des Autors gemessen werden.

Jürgen Habermas hat in diesem Zusammenhang mit Recht von einem gesellschaftlichen Klima gesprochen, das »kollektive Beißreflexe« freisetzt: »Der ›Rückruf in die Geschichte‹ übt eine zähflüssige soziale Kontrolle aus und scheint selbst die zu erfassen, die mit nationalen Gemütslagen nichts im Sinn haben. Ein Beispiel sind die kollektiven Beißreflexe der Zunft auf den jüngsten Roman von Günter Grass. Der Skandal besteht nicht etwa in der Ablehnung des Romans, sondern im Verzicht auf ästhetische Begründung zugunsten einer blanken politischen Verurteilung. Bis auf wenige Ausnahmen war die Phalanx der Kritiker entschlossen, ihr analytisches Werkzeug gar nicht erst in die Hand zu nehmen. Der erste Schritt zur Analyse, etwa der Erzählperspektive, hätte sie nämlich darüber belehrt, daß die Äußerungen der Hauptfiguren gar nicht als Meinungen des Autors verstanden werden können. Und eine Analyse der komplexen Anlage dieses epochenverschränkenden Romans hätte sie auch darüber aufgeklärt, daß die nationalen Kontinuitäten ja keineswegs die Entstehung und den Charakter der drei offensichtlich sehr verschiedenen Regime betreffen, sondern allein die Mentalitäten, die erklären können, warum sich diese Regime mit Zustimmung ihrer Bevölkerungen so lange am Leben erhalten können. In konformistischen Abwehrreaktionen dieser Art verrät sich die Sorge um die Unversehrtheit des nationalen ›Eigenen‹ eher als in den pausbackigen Manifesten für eine ›selbstbewußte‹ Nation.« (»Frankfurter Rundschau«, 30.12.95)

Bestätigen autoritäre Werturteile lediglich das herrschende Machtgefüge und die ihm entsprechenden Realitätsdefinitionen, dann geht die eigensinnige Erfahrung mit literarischen Werken verloren. Unter solchen Bedingungen ist es nur konsequent, den ihnen eigentümlichen Wahrheitsanspruch zu verneinen. Literarische Öffentlichkeit hatte aber gerade in dieser eigenen, unverwechselbaren politischen Moral des Kunstwerkes und des Künstlers ihren geschichtlichen Ursprung und ihre Substanz.

II.

Bürgerliche Öffentlichkeit, wie sie politisch denkende Privatleute in einem von Rückschlägen und Umwegen gezeichneten Diskussionsprozeß herausgebildet haben, bezog ihre Kraft aus der Kritik von rational nicht begründeter Autorität und von Machtentscheidungen, die sich auf unüberprüfbare Legitimationsquellen wie zum Beispiel die Religion beriefen. Bevorzugtes Angriffsobjekt war stets die Zensur in jeder Form, Ziel des Kampfes war die Herstellung von Mündigkeit, der Ausgang des Menschen aus der selbstverschuldeten Unmündigkeit, wie Kant Aufklärung definierte.

Kaum zufällig ist das Buch ein besonders geeignetes Kampfmittel und dient als Wegweiser zur Aufhellung verdunkelter Sinne und zur Erweiterung des menschlichen Unterscheidungsvermögens. Urteilskraft ist das Hauptvermögen der aus »dogmatischem Schlummer« erwachten Menschen, die sich der Achtung der Menschheit in ihrer Person bewußt werden, also ihrer Würde. In Kants Begriff der Öffentlichkeit hat die mutige, den eigenen Verstand nutzende Umgangsweise mit dem Buch einen hohen Rang. Wie für ihn die »Freiheit der Feder das Palladium der Volksrechte« ist, so ist auch das Lesen Basis und wesentliches Mittel der autonomen Urteilsbildung, die die begründende Vernunft als einzige Autorität im Denken und Handeln anerkennt.

Aus den sich seit 1750 bildenden Lesegesellschaften entsteht die bürgerlich-liberale Öffentlichkeit, das Lesepublikum ist ihre entscheidende kritische Instanz. Um so merkwürdiger muß im Fall Fonty der Tatbestand erscheinen, daß ein Teil der Kritik die literarische Öffentlichkeit gegen ein Buch mobilisiert, mit dem organisationstechnischen Ziel der »Nicht-Befassung«. Das auf dem Titelbild des »Spiegel« nicht nur symbolisch zerrissene Buch wird gegenüber der Öffentlichkeit als »unlesbar« deklariert;

dem »Un-Buch«, das es eigentlich gar nicht hätte geben dürfen, wären die von einigen Großkritikern gesetzten Zunftregeln vom Autor beachtet worden, entspricht die Un-Person des Schriftstellers, an dessen Stelle im Bild der Kritiker rückt. Öffentlichkeit ist hier zu verstehen als ein mit hohem Aufwand inszeniertes Gebot der Nicht-Befassung mit einem Buch. Das Primäre wird zum Sekundären herabgestuft, statt des Autors drängt der Kritiker ins Licht der Öffentlichkeit, die Meinung des Kritikers ersetzt die Lektüre des Buches. Reich-Ranicki greift zum Kunstmittel des öffentlichen Briefes, weil dies die besten Chancen bietet, die »Ich-Zustände« des Kritikers unverhüllt in den Vordergrund zu stellen.

Was ist charakteristisch für die Rückbildungstendenzen dieser Art von bürgerlicher Öffentlichkeit? Im äußeren Erscheinungsbild zeigen sich zunächst keine spektakulären Einbrüche; daß Bücher verrissen werden, auch wenn staatlich verfügte Vorzensur nicht existiert, ist ein seit langem bekannter Vorgang. Von einem der bedeutendsten Kulturkritiker stammt das Wort: Was nicht trifft, trifft auch nicht zu. Um die ätzende Schärfe der Kritik an Grass geht es nicht – vielmehr sind es bei näherem Hinsehen zu entdeckende charakteristische Veränderungen der Öffentlichkeitsstruktur, die dem Fall Fonty sein spezifisches Gewicht geben: Es entsteht das, was vor gut 50 Jahren der polnische Philosoph Leszek Kolakowski an der stalinistischen Wertehierarchie der Informationsvermittlung aufdeckte und treffend als den geheimen »Platonismus der Öffentlichkeit« bezeichnete.

In dieser durch die bestehenden Machtverhältnisse definierten Wertehierarchie wird, ganz unabhängig von der Überprüfung des empirischen Materials, unverrückbar festgelegt, was für die Gesellschaft wichtig ist oder was vernachlässigt werden kann, unter Umständen sogar bewußt ausgegrenzt und unterschlagen werden muß. Das Empirische ist nur mehr oder weniger gelungene Realisierungsform vorgeprägter Ideenmuster – weshalb Kolakowski hier von Platonismus spricht.

Ist die klassische bürgerliche Öffentlichkeit unabdingbar geknüpft an eine Streitkultur, in der am Ende das bessere Argument und das begründetere Werturteil Geltung beanspruchen, so sind in einer Öffentlichkeit, die ihrer kritischen Substanz beraubt ist, Wertsetzungen das unmittelbare Resultat von autoritativen Machtäußerungen. Die für verständigungsorientierte Vernunft typischen Um- und Abwege der Diskussion sind hier eingespart; das Symbolspektrum möglicher Deutungen eines Kunstwerks, Sprachregelungen und Berührungstabus sind so in die bestehenden Machtverhältnisse eingebunden, daß die Mächtigen nur noch mit Gesten, Andeutungen, Blicken, Daumenbewegungen operieren müssen, um verbindliche Werturteile zu fällen. Geht der Generalsekretär, wie Kolakowski beschreibt, in eine Ausstellung neuer Bilder, so kann deren Wert, ja die Existenz des Künstlers davon abhängen, vor welchem Bild der Potentat stehen bleibt, welche Äußerung er dazu macht, welche Schlüsse die Mimik seines Gesichts erlaubt.

In unserer Gesellschaft sind derartige Werturteile und Vorverurteilungen gewiß nicht mehr unmittelbar lebensbedrohend wie die Daumenbewegungen in der römischen Arena, haben aber doch zunehmend an Bedeutung gewonnen für das, was sich Literaturkritik nennt. In der anwachsenden Angst vor Realitätsverlust verwendet die Kritik viel Energie auf die Suche nach Mehrheitsmeinungen. Immer bereitwilliger opfert sie ihren kritischen Eigensinn und fügt sich den lauter werdenden Forderungen konservativer Politiker, den Minderheitenschutz, diesen Grundpfeiler aller modernen rechtsstaatlichen Verfassungen, einzuschränken und statt dessen gesonderten Schutz der Mehrheiten zu garantieren – was nichts Geringeres bedeutet, als den zur kompakten Ideologie geronnenen Stumpfsinn der Einschaltquoten zum Verfassungsprinzip zu machen.

Es ist der Opportunismus der Literaturkritik, der mir problematisch erscheint, nicht die Notwendigkeit einer kritischen Verarbeitung von Literatur, die ohne zuspitzende Werturteile ihre kreative gesellschaftliche Funktion gar nicht wahrnehmen könnte. Aber gerade in einem Land, in dem, wie Heine bereits wußte, der Vertreibung und Vernichtung von Büchern die von Menschen folgt und die Würde des Buches von der der Menschen gar nicht so weit entfernt liegt, ist auch die schärfste Kritik gehalten, den in der deutschen Sprache subtilen Unterschied zwischen »Verreißen« und »Zerreißen« eines Buches zu respektieren. Daß der vom sozialistischen Realismus geprägte Konvertit Reich-Ranicki diesen Unterschied einebnet, mag als Hinweis auf die gebrochene Berufsethik mancher Kritiker genommen werden.

III.
Wenn wir es mit Strukturveränderungen und mit einer Substanzauszehrung der literarischen Öffentlichkeit zu tun haben, warum ist es dann gerade das Buch von Günter Grass, an dem sich diese Tendenzen kristallisieren? Worin liegt das Anstößige dieses Romans?

Die hier vorgelegte Sammlung von Kritiken vermag darauf vielleicht eine Antwort zu geben und so, auf indirektem Wege, wichtige Aspekte des ästhetischen wie politischen Wahrheitsgehaltes von »Ein weites Feld« deutlich zu machen. Um drei konzentrische Kreise bewegt sich die Kritik von Anbeginn, auch der thematische Rahmen der Rezensionen in den großen deutschen Medien erweitert sich im Laufe der Zeit nur geringfügig. Es entsteht der Eindruck, als müßten die drei negativen Grundbewertungen - es wird nicht erzählt, es bestehen Zweifel an der Wahrheitstreue des Autors, dem Staatsbürger Grass mangelt es an patriotischer Gesinnung - buchstäblich den Köpfen potentieller Leser eingehämmert werden, bevor das Publikum mit dem eigentlichen Corpus delicti (dem Buch) in Berührung kommt und eigene Erfahrungen machen kann. Bis hin zur dpa-Maschinerie ist die Presse im pausenlosen Einsatz, um das Symbolspektrum möglicher Deutungen dieses Romans im Rahmen der negativen Grundbewertungen zu halten.

Zunächst ist festzustellen, daß alle drei Kritikpunkte Probleme betreffen, die in einer mit Argumenten geführten öffentlichen Literaturdebatte durchaus ihren Platz hätten. Was kann heute im

Ernst »Erzählen« bedeuten? Vielleicht trifft ja zu, was Walter Benjamin konstatiert: »Die Kunst des Erzählens neigt ihrem Ende zu, weil die epische Seite der Wahrheit, die Weisheit, ausstirbt.« Und auch die Unterschiede zwischen Erzählung und Roman haben bei Benjamin einen geschichtlichen Erfahrungskern, der zuallererst für die heutige Zeit zu enthüllen wäre, wenn Erzählen zum bestimmenden Bewertungskriterium eines Romans gemacht wird, der epochenübergreifend gestaltet ist und Persönlichkeitsstrukturen bewußt verschränkt. Zur Charakterisierung des Romans schreibt Benjamin: »Es hebt den Roman gegen alle übrigen Formen der Prosadichtung - Märchen, Sage, ja selbst Novelle - ab, daß er aus mündlicher Tradition weder kommt noch in sie eingeht. Vor allem aber gegen das Erzählen. Der Erzähler nimmt, was er erzählt, aus der Erfahrung; der eigenen oder berichteten. Und er macht es wiederum zur Erfahrung derer, die seiner Geschichte zuhören. ... Einen Roman schreiben, heißt, in der Darstellung des menschlichen Lebens das Inkommensurable auf die Spitze treiben.« (In: »Der Erzähler. Betrachtungen zum Werk Nikolai Lesskows«)

Ich behaupte nicht, daß das die richtige oder gar einzige Position ist, um das Verhältnis des modernen Romans zum Erzählen zu bestimmen. Aber die Frage, wie Erzählen im neuen Roman von Grass aussieht, was Erzählen in einem so komplexen, mit verschränkten Zeitstrukturen arbeitenden Werk überhaupt sein kann und welche Rolle darin das Archiv als kollektives Gedächtnis spielt - das alles kann doch für eine Literaturkritik, in der noch ein Funke handwerklichen Verantwortungsbewußtseins glimmt, nicht belanglos sein, wenn sie andererseits Erzählen zum entscheidenden ästhetischen Kriterium der Romanbewertung macht. Der strategischen Absicht, den ästhetischen Eigenwert des Romans zu vernichten und die Vorlust auf ein spannendes Werk auf ein Minimum herabzusetzen, indem das Erzählen auf lederne Prosa und die Wiedergabe längst »bekannter« Thesen des Autors reduziert wird, könnte eine unter solchen Prämissen geführte Literaturdebatte freilich nur schaden.

Der zweite Eckpfeiler dieses Systems von Berührungstabus besteht im Zweifel an der Wahrheitstreue des Autors. Realitätsfragmente, die er in den Roman aufnimmt und in einen eigenen Phantasiezusammenhang einbindet, werden der empirischen Wirklichkeit, wie sie im Blickwinkel der vorherrschenden Machtgruppen erscheint, unmittelbar gegenübergesetzt. Kontroverse Deutungen, die Grass selbst in seinem Roman für diese Realitätsfragmente gibt, werden aus dem Bewertungszusammenhang vorsorglich ausgegliedert. So wird die Treuhand in ihrer kompakten Realität genau so definiert, wie die Regierungsfraktionen und ihr öffentlicher Anhang sie sehen. Es ist merkwürdig und erschreckend, wie selbstverständlich die Literaturkritiker maßgeblicher Feuilletons diese Realitätsdefinition zu übernehmen bereit sind.

Die Äußerung des CDU-Generalsekretärs Peter Hintze vom 17.8.95 gilt zwar einem Interview mit Grass, gibt aber der Kritik des Romans aggressiv die Richtung vor: »Die Ausfälle von Grass sind total geschmacklos, peinlich und von einem erschütternden Realitätsverlust gekennzeichnet. Wie tief muß dieser Mann sinken, um seine Auflage zu steigern.« Andere sekundieren Hintze, indem sie einzelne im Roman verarbeitete Realitätsfragmente herausgreifen und ins grelle Licht öffentlicher Überprüfung rücken. Klaus von Dohnanyi, seinem Selbstverständnis nach ein Bildungsbürger, fühlt sich gedrängt, seinem Freund Günter Grass wegen der Treuhandverzerrung ins Gewissen zu reden. Dem Kunstfreund Dohnanyi ist, als er seinen offenen Brief verfaßte, jene Episode aus dem Gedächtnis gefallen, die zum Schulbeispiel einer Verwechslung wurde: Franz Marc, auf das Unrealistische seiner »Blauen Pferde« angesprochen, hatte seinerzeit darauf hingewiesen, daß es ja auch gar keine Pferde seien, sondern Bilder. So sind dem früheren Bürgermeister Hamburgs Roman und wissenschaftliche Analyse durcheinandergeraten.

Sollte sich aber das Interesse auf eine gründliche soziologische und ökonomische Untersuchung der Treuhand richten, deren Gebäudekomplex im Roman mit seinem stark besetzten Symbolgehalt auf unselige deutsche Kontinuitäten verweist, so müssen all jene, die den Wortsinn für bare Münze nehmen und die Treuhand als ein durch und durch humanes Unternehmen verteidigen, mittlerweile nicht mehr im dunkeln tappen. Zahlreiche Korruptionsprozesse gegen Treuhandmitarbeiter, Verschleuderung gesellschaftlichen Reichtums durch rigorose Privatisierung selbst in Fällen, in denen die kollektive Unternehmensstruktur konkurrenzfähig produzierte, die Weitergabe in Hände dubioser westlicher Unternehmer ohne ausreichende vertragliche Sicherungsklauseln, schließlich dienstwilliges Entgegenkommen, wenn Westbetriebe östliche Konkurrenz zu fürchten hatten – das alles sind keine Vermutungen und schon gar keine Verunglimpfungen, sondern über Einzelfälle hinausgehende Fakten und nachweisbare Zusammenhänge.

Wer sich über diese Realität informieren möchte, sei hier nur auf zwei Untersuchungen verwiesen, ausgewählt aus einer inzwischen fast unüberschaubar gewordenen Masse von statistischen, ökonomischen und soziologischen Forschungsprojekten: Jan Priewe, Rudolf Hickel, »Der Preis der Einheit. Bilanz und Perspektiven der deutschen Vereinigung«, Frankfurt am Main 1991; Otto Köhler, »Die große Enteignung. Wie die Treuhand eine Volkswirtschaft liquidierte«, München 1994.

Was könnte denn im Ernst auch die moralische Qualität einer Institution sein, die durch unzweideutig formulierten Auftrag und gezielte Personalbesetzung einer Politik verpflichtet ist, die alle Barrieren, die auf dem Territorium der ehemaligen DDR dem Besetzungs- und Ausdehnungsbedürfnis des Kapitals und dem freien Markt entgegenstehen, beiseite schaffen will? Wo hat es kulturelle Beißhemmungen gegeben, durch die das aufbewahrenswerte Kollektive geschützt worden wäre?

Günter Grass setzt sich bewußt auf die Bank der Verlierer; das ist die Bank, auf der fast alle Autoren der großen Literatur ihren Platz haben. Und es führte am Kern des Romans vorbei, wollte man »Ein weites Feld« auf die Ebene eines von der Machtelite definierten Wahrheitsanspruchs reduzieren, der mit bloßen Realitätsverdoppelungen arbeitet. Skizziert werden vielmehr Mentalitäten, beschrieben werden Erfahrungen, erzählt wird von Hoffnungen und Enttäuschungen, alles aus der Sicht fühlender, handelnder und denkender Menschen, die sich in Situationen gewaltiger gesellschaftlicher Umbrüche bewegen und häufig das bedrückende Gefühl haben, als bloße Anhängsel mitgeschleift zu werden.

Solche Umbruchsphasen, in denen ganze gesellschaftliche Systeme aufeinanderprallen, Kapital- und Marktlogik in traditionelle Lebenszusammenhänge eindringen, in denen kollektive Eigentumsformen zerbrechen und überlieferte Solidargemeinschaften sich auflösen, haben seit Entstehen der bürgerlichen Welt immer wieder auch literarisch Ausdruck gefunden.

Thomas Morus mit seiner »Utopia« steht am Anfang dieser künstlerischen Gestaltung von Enteignungsprozessen: Bauern werden von ihren Höfen vertrieben, um den Wollmanufakturen Weideplatz zu verschaffen für ihre Schafe, Kirchen dienen als Ställe. Früher, sagt Morus, aßen die Menschen Schafe, jetzt fressen Schafe Menschen. Marx spricht von dieser Phase als einer der »ursprünglichen Akkumulation« für die Besitzenden, für die Verlierer ist sie eine der »ursprünglichen Enteignung«, mit »Blut und Feuer in die Annalen der Geschichte eingetragen«. Upton Sinclair beschreibt in »Das Fließband. Ein Roman aus Ford-Amerika« (1937) vergleichbare menschliche Schicksale in der Zeit der Massenproduktion.

»Ein weites Feld« hält die Atmosphäre eines geschichtlichen Umbruchs fest, den Sozialdarwinismus mit dem ihm entsprechenden Kältestrom, wie er für Gründer- und Expansionszeiten des Kapitalismus charakteristisch ist. Gerade in diesem Punkt ist der Rückgriff auf Fontane nur konsequent, dessen Romane viel von der entsprechenden Atmosphäre der Wilhelminischen Gründerzeit einfangen.

Was nun den gegen Grass erhobenen Vorwurf der Verunglimpfung wegen seiner Bewertung der Treuhand betrifft, so hat die Realität die poetische Phantasie in den meisten Punkten längst überholt. Zweifel an der Wahrheitstreue sind begründet, aber sie gelten den Anklagenden.

Der dritte, sehr stark emotional besetzte Eckpunkt des Platonismus der literarischen Öffentlichkeit ist der Vorwurf, Grass mangele es an patriotischer Gesinnung, er könne die Enttäuschung über den seinen eigenen Vorstellungen widersprechenden Vereinigungsprozeß nicht verbergen und trauere einer Situation nach, die unwiederbringlich der Vergangenheit angehört. Dieser Grass-Roman mit seiner skeptisch abwägenden Tendenz und dem Fehlen jeglicher patriotischer Hochrufe verletzt aufs empfindlichste den kollektiven deutschen Narzißmus. In einem Land, das sich seit der Wiedervereinigung anschickt, nach außen Großmachtpolitik zu betreiben und im Innern wilhelminischen Protz als Ausdruck neu gewonnener Stärke zu verehren, ist zunehmend jene Form des Patriotismus in Verruf geraten, wie sie für Heinrich Heine und Thomas Mann kennzeichnend war.

Grass hat beharrlich Vorstellungen von einem Vereinigungsprozeß vertreten, in dem zeitliches Maßhalten bei aktiver Beteiligung beider Teilstaaten im Vordergrund stehen sollte. Den konstitutiven Bestandteilen dieser Konzeption - Lastenausgleich, verfassungsgebende Versammlung statt Anschluß, Stärkung der föderativen Struktur - kann nur jemand die Vernunft absprechen, der die neuen sozialen wie kulturellen Spaltungen, die vielen Verlierer des Vereinigungsprozesses bewußt ignoriert, also entschlossen ist, Wirklichkeit zu unterschlagen.

Der Vorwurf einer Gesinnungsästhetik, der auf Abwertung des Romans zielt, erweist sich bei näherem Hinsehen als Projektion. Nicht Gesinnungsästhetik liegt dem Einwand zu Grunde, sondern die falsche Gesinnung. Denn, wie Walter Jens mit Recht betont, der »Angriff gegen die ›Gesinnungsästhetik‹ ist ein Angriff gegen einen Großteil der europäischen Literatur, von Aischylos bis Brecht«.

IV.
Die von den Meinungsführern des literarischen Kritikergeschäftes praktizierte Strategie, in bezug auf den neuen Grass-Roman ein Klima der Berührungstabus herzustellen, ihn aus dem Phantasiehorizont möglicher Leser auszugliedern, ist kläglich gescheitert. Je mehr gegen den Roman getrommelt wurde, desto mehr Bestellungen gingen beim Verlag ein, das Leserinteresse stieg rapide an.

Aus Ländern mit Zensurvorschriften ist dieser Vorgang bekannt: Die sozialpsychologische Forschung hat Zusammenhänge aufgedeckt zwischen Verleugnung und Verdrängung einerseits, der gezielten Ausblendung und »Unbewußtmachung«, wie der Psychologe Mario Erdheim diesen Vorgang nennt, und andererseits erhöhtem Interesse am Verpönten, das nur unter umgekehrten Vorzeichen wahrgenommen werden darf.

Als erkennbar wurde, daß sich die Strategen der Antiwerbung getäuscht haben, weil sich das Publikum nicht vorschreiben lassen will, was lesbar und genießbar ist, trat ein anderer Mechanismus von Schuldzuschreibung in den Vordergrund. Die massive Aggressivität, die gegenüber Grass zutage kam, hatte auch diejenigen aufgeschreckt, die sich vorher vielleicht dieses Buch gar nicht gekauft hätten. Etwas bewirkt zu haben, das nicht den eigenen Absichten entspricht, ist von den großen Dialektikern als Ironie der Geschichte bezeichnet worden. Solche Formen der Ironie reizen allerdings die Verursacher nicht zum Lachen, sondern lösen zusätzliche Schuldprojektionen aus.

Die inszenierte Öffentlichkeit der Tabuisierung, der Nicht-Befassung schlug den Initiatoren derart entgegen, daß sie um so stärker bereit waren, dieses öffentliche Spektakel um einen Roman als abgefeimte Strategie des Verlags und des Autors zu diffamieren. Die »Frankfurter Allgemeine Zeitung«, wie immer mit klugen Köpfen ganz vorne, trieb diesen Prozeß schon früh voran. Am 12.7.95 heißt es dort: »Die Inszenierung von Literatur hat entschieden an Raffinesse gewonnen und kann auf ein interessiertes Publikum zählen.« So wurden in den Kritiken und Meldungen immer deutlicher Schuldige namhaft gemacht, welche die Antiwerbung im Sinne der Werbung für das Buch inszeniert hätten, was freilich der Autonomie der Kritiker kaum schmeicheln dürfte. Diese Verdrehung zeigt sich auch darin, daß die Rede vom »Jahrhundertwerk«, als das dieser Deutschlandroman präsentiert werde, weder vom Autor noch vom Verlag stammt, sondern zum ersten Mal in der dpa-Meldung über die Frankfurter Lesung auftaucht. Grass selbst hat diesen aufgeblasenen Begriff als unsinnig verworfen.

Das Debakel der Antiwerbung im Fall des Grass-Romans ist auch eines der Kritikerzunft, die nicht einmal mehr Kartellabsprachen benötigt, um mit autoritärem Machtanspruch vernichtende Urteile über die wirklichen Produzenten und ihre Arbeitsprodukte zu fällen. Daß öffentliche Werturteile ihren guten Sinn haben, auch für die Autoren, steht für mich außer Zweifel; allerdings würde dies einen pfleglichen Umgang mit dem Werk und ein ausgeprägtes Verantwortungsgefühl im Gebrauch des kritischen Wortes voraussetzen. Beides läßt sich von mehreren Großkritikern der gegenwärtigen literarischen Öffentlichkeit nicht behaupten. Welche Verachtung und Machtanmaßung steckt in dem Urteil »langweilig und absolut wertlos«! Wie ist es möglich, daß ein Literaturkritiker, der sich nach eigener Aussage immer noch als Freund des Autors versteht, dessen Erwartungen an die Literaturkritik mit Goebbelsschen Praktiken der Manipulation vergleicht!

Die Selbstüberschätzung von machtbewußten Kritikern wie Reich-Ranicki kann freilich dazu führen, daß ihre Autorität zerbröckelt: nicht nur durch den Widerstand der Leser, sondern auch mittels Aufkündigung der Hörigkeit durch Kritiker, die aus dem System der Sprachregelungen ausbrechen, sich eigene Gedanken machen, wie es neben einzelnen Großkritikern viele Rezensenten regionaler und lokaler Blätter getan haben.

Marcel Reich-Ranicki mußte schon häufiger fehlerhafte Urteile eingestehen, wenn sich Erfolg einstellte, wenn unlesbare und langweilige, gar völlig mißratene Bücher ein interessiertes Lesepublikum fanden. 1960 schreibt Reich-Ranicki: »›Die Blechtrommel‹ ist kein guter Roman ... Phantasie ohne epischen Atem ist im Roman verhängnisvoll.« 1963 nimmt er diese Kritik an Grass' erstem Roman, der mittlerweile weltweit Anerkennung gefunden hat, weitgehend zurück: »So muß ich gestehen, daß meine private literarkritische Methode - wenn dieses Wort nicht viel zu hoch gegriffen ist - Irrtümer keineswegs ausschließt, ja sie mitunter sogar begünstigt.« Aber aus dieser Selbstkritik zieht er keine Konsequenzen. 1977 legt er fest: »Grass ist, alles in allem, gescheitert, ›Der Butt‹ dokumentiert einen künstlerischen Fehlschlag.« Diese autoritativen Vernichtungsurteile verknüpft Reich-Ranicki, da sich der Kritiker in der Einschätzung der Machtverhältnisse nie ganz sicher ist - auch Nobelpreiswürden für Grass sind nicht auszuschließen -, stets mit einer Öffnungsklausel: Grass ist der größte Meister der deutschen Sprache unserer Zeit neben Wolfgang Koeppen, er kann, wenn er nur wollte, gut schreiben, aber es geht mit Grass rapide bergab. »Die Rättin« ist »ungenießbar« (1986). Zu den »Unkenrufen« (1992) fällt ihm nur noch die Frage ein: »Ist Grass mit seinem Latein am Ende?«

Die Opferrituale, die den Einschaltquoten der elektronischen Medien zu bringen sind, produzieren offenbar eigentümliche Sozialcharaktere von Kritikern, die sogar stolz darauf sind, mit Daumenbewegungen zu arbeiten. Reich-Ranicki selbst spricht vom Kritiker als jemandem, in dessen Brust zwei Seelen wohnen. Er trete in beiden Rollen gleichzeitig auf, als Rechtsanwalt und als Staatsanwalt. Wäre das so, müßte er sich in beiden Rollen der hermeneutischen Sorgfaltspflicht befleißigen, um nicht Rechtsbeugung zu betreiben. Das Werk, in der Anklage oder in der Verteidigung, ist eine primäre Angelegenheit. Dieses zu verstehen ist Grundlage der vor Gericht verhandelten Angelegenheit. Ein Kunstkritiker, der sich dieser Sorgfaltspflicht enthoben glaubt, ist in größerer Gefahr, Fehlurteile zu erzeugen, als jemand, der die Ethik des Berufsstandes achtet. Deren Nichtachtung kann letztlich die berufliche Kompetenz des Betreffenden ebenso in Frage stellen, wie sie die Substanz einer literarischen

Öffentlichkeit schwächt, die Kritik nicht länger als produktiven Zuwachs für das Kunstwerk versteht, sondern sich lediglich mit Klassifikationen, mit Freund-Feind-Zuordnungen beschäftigt.

V.

Es gibt Romane, in die sich die eigene Phantasie einspinnen kann, ohne nennenswert Vernunft, Wissen und Urteilskraft in Anspruch nehmen zu müssen. Die Weltliteratur kennt aber auch Romane, die komplizierter gebaut sind, mit Zeitverschiebungen, wechselnden Handlungsräumen, durchsetzt mit Allegorien und Symbolen. Robert Musils »Der Mann ohne Eigenschaften« ist schwerlich ohne Kenntnis der historischen Konstellationen der K.u.K.-Monarchie zu verstehen und schon gar nicht die darin ausgedrückten Milieus und Mentalitäten.

Der neue Roman von Günter Grass stellt hohe Anforderungen an den Leser. Nur wenige Rezensenten und Literaturkritiker machen sich die Mühe, die spezifische Produktion und Arbeitsweise dieses Romans zu untersuchen, um daraus vielleicht Hinweise gewinnen zu können, wie er zu lesen sei. Einen möglichen Weg geht Walter Jens: »Ich lese ›Ein weites Feld‹ ganz anders als die Kritiker. Ich lese es mit den Werken von Fontane, Bismarck und Fontane-Biographien auf der linken Seite des Tisches - auf der rechten liegt das Buch von Grass.« Das wäre eine Zugangsweise, in der nicht nur die Produktion und Arbeitsweise des Autors reflektiert wird, sondern die eigene Beziehung zum Werk durch den Gebrauch eines vom Leser zusammengestellten Werkzeugkastens gestaltet werden kann. Romane, die auf derartige Werkzeugkästen, in denen Begriffe, Sichtweisen, andere Bücher und weitere Materialien enthalten sind, verzichten können, gibt es im Massenangebot. Jedenfalls gehört der neue Roman von Grass nicht zu dem Typus leichtfüßiger Literatur, bei dessen Lektüre man alles, was man weiß und was an Urteilen feststeht, behalten darf, ohne auf Lesegenuß verzichten zu müssen.

»Man nutze ihn als Steinbruch, nicht als Tempel«, schreibt

Christoph Dieckmann zu »Ein weites Feld«. In manchen Teilen sind es Rohmaterialien, die, aus dem Gestein herausgebrochen, noch eigener Bearbeitung bedürfen. Das betrifft die Hauptfigur Fonty genauso wie seinen Tagundnachtschatten, den ewigen Spitzel. Dienlich wäre hier manchmal, die Herr/Knecht-Literatur zu Rate zu ziehen, nicht nur, was naheliegt, Denis Diderots »Jacques le fataliste et son maître«, sondern auch Hegels subtile »Herr-Knecht-Dialektik« in der »Phänomenologie des Geistes«, die ja zum Stufenresultat das unglückliche und zerrissene Bewußtsein hat. In diesen Ich-Konstruktionen und Ich-Schatten-Gebilden, die psychologisch gesprochen durch Ich-Schwäche, durch Ambivalenzen, Mehrdeutigkeiten definiert sind, sind Machtphantasien und Ohnmachtserfahrungen stets gleichzeitig gegenwärtig. Fonty ist kein Held, er ist auch nicht der Antiheld, sondern eine Alltagsfigur im deutschen geschichtlichen Milieu, in der sich eine innere Zerrissenheit dokumentiert, die unter bestimmten Bedingungen nach sehr verschiedenen Seiten ausschlagen kann.

Die deutsche Geschichte ist die substantielle Grundlage der schriftstellerischen Arbeit von Grass. Dabei mag das Milieu, aus dem der Schriftsteller den Gestalten und Szenen spezifische Farben verleiht, Danzig oder Berlin sein. In den verschiedenen Milieus ist die Gebrochenheit, sind die extremen Ausschläge der deutschen Geschichte, ist die Spannung von Buchenwald und Weimar stets präsent. Die konkreten Erfahrungszusammenhänge der Figuren sind von den Verlusterfahrungen, die Grass prägen, nicht zu trennen. Wer die deutsche Geschichte in ihrem ganzen Umfang in sich aufgenommen hat, dem wird es schwerfallen, in reinen Farben zu malen und in Eindeutigkeiten zu schreiben. Das Adorno-Gebot, nach Auschwitz kein Gedicht mehr zu schreiben, ist laut Grass nur schreibend zu widerlegen, aber dabei sollte jede Form des Dogmatismus und des Eiferertums vermieden werden. In der Frankfurter Poetikvorlesung »Schreiben nach Auschwitz« sagt er zu Adornos Gebot: »Seiner Gesetzestafel entlehnte ich meine Vorschrift. Und diese Vorschrift verlangte Verzicht auf reine Farbe; sie schrieb das Grau und dessen unendliche Abstufungen vor.« Das ist ein zentrales Konstruktionsprinzip seiner Texte, eine aus geschichtlicher Verlusterfahrung geborene Regel zum Arbeiten. Es steckt darin aber auch ein ureigenes Prinzip demokratischer Haltung, Toleranz, Kompromißbereitschaft. So gesehen bildet Grass' »Gesinnung« eine Art Identitätssiegel, an dem seine Werke wiedererkennbar sind. Der Demokrat in Grass gestaltet sich in seinen Werken. Sie sind öffentliche Diskussionsangebote, Vorlagen und Vorschläge für ein der ästhetischen und politischen Urteilskraft zugängliches Publikum.

Wie bei wenigen anderen deutschen Schriftstellern ist die politische Seite seiner öffentlichen Tätigkeit als Wahlkämpfer, als Publizist und Mahner nur spezifische Ausdrucksform seiner Persönlichkeit und nichts als die andere Seite seiner künstlerischen Produktionen. Es sind zwei Ausprägungen desselben Zusammenhangs und jedenfalls bei ihm nicht durch ein äußerliches Einflußverhältnis bestimmt. »Kein Schriftsteller, behaupte ich, kann ganz allein aus sich einen epischen Entwurf wagen, ohne angestoßen, provoziert, von außen in solch unübersehbare Geröllhalden verlockt zu werden.« (»Schreiben nach Auschwitz«) Wenn Grass also immer wieder sein Politikverständnis, seine Essays und Stellungnahmen um die Ohren geschlagen werden, um sich die Kritik am Werk zu erleichtern und dieses einfach zum Resultat umgesetzter Thesen zu degradieren, dann verfehlt eine solche Auseinandersetzung ganz das Zentrum des Grassschen Werkes.

Reich-Ranicki schreibt 1963 in seiner »Selbstkritik des ›Blechtrommel‹-Kritikers«: »Ich bin Anhänger einer engagierten Literatur. Ich glaube, daß Schriftsteller sich nicht damit begnügen dürfen, das Leben mit reizvollen Arabesken zu schmücken und allerlei Ornamente beizusteuern. Ich glaube, daß es ihre Hauptaufgabe ist, bewußt in einer bestimmten Richtung zu wirken, also auf ihre Zeitgenossen Einfluß auszuüben. Daher suche ich in der Literatur, zumal in der erzählenden Prosa, vor allem die

Auseinandersetzung mit den großen moralischen Fragen der Gegenwart.« Er betont also die integrale Stellung des Politischen im Lebenszusammenhang eines Autors. Günter Grass sieht darin nach wie vor die Hauptverantwortung des Schriftstellers. Reich-Ranicki hat sich offenbar von dieser Verantwortung verabschiedet und mit ihm bedeutende Teile der literarischen Öffentlichkeit.

So ist heute die Frage nach der Verantwortung der Intellektuellen neu zu überdenken, inwieweit sie die großen moralisch-politischen Probleme der Gegenwart darstellen und damit erkennbar machen sollen. Das würde sich keineswegs nur darauf beschränken, Grenzsituationen wie die Kriege in Bosnien und Tschetschenien oder Verbrechen anderer Art als Provokation für die Intellektuellen gelten zu lassen, ihre öffentliche Stellungnahme einzufordern. Das ist gewiß notwendig und sinnvoll. Doch die alltäglichen Entwürdigungen, Vereinsamungen, Gewaltanfälligkeiten, das, was den Zusammenhalt und die Erosion einer Gesellschaft ausmacht, können aus der wissenschaftlichen wie aus der literarischen Öffentlichkeit nicht ausgespart werden, ohne den Wahrheitsgehalt des Untersuchten bzw. Dargestellten zentral zu berühren. Es ist buchstäblich ein weites Feld, mit dem wir es in der gegenwärtigen kulturellen Situation zu tun haben, in der in bedrohlicher Weise vom Geist der Aufklärung und der öffentlichen Vernunft abgerückt wird.

Günter Grass gehört zu den wenigen Schriftstellern deutscher Sprache, die bewußt die technokratisch institutionalisierte Arbeitsteilung zwischen künstlerischer, schriftstellerischer Produktion und politischer Tätigkeit durch ihr eigenes Werk in Frage stellen. Aber gerade die politische Seite, die beharrliche Kritik am Zusammenwuchern beider Teilstaaten unter dem rechtlichen Dach eines Anschlusses und an der gnadenlosen Überstülpung der ökonomischen und sozialen Strukturen durch ein in vierzig Jahren gewachsenes System des Westens, scheint den kollektiven Narzißmus der Öffentlichkeit am stärksten zu berühren. Diese beharrliche Kritik strapaziert offensichtlich besonders die

Nerven derjenigen, die 1990 überwiegend ähnlicher Auffassung waren, was sie heute aber verdrängen müssen, weil sie nicht mehr die Kraft aufbringen, gegen den Strom zu schwimmen.

Die literarische Auseinandersetzung mit dem neuen Werk von Grass hat noch gar nicht richtig begonnen. Die hier vorliegende Zusammenstellung von Agenturmeldungen, Rezensionen, Glossen, Kommentaren, Gesprächen hätte einen guten Sinn, wenn sich daran Arbeitsprozesse knüpfen. In deren Zentrum muß »Ein weites Feld« stehen. Aber der Roman ist aus den Strukturen und Mechanismen der von mir beschriebenen Öffentlichkeit nicht herauszuhalten. So könnte er Ausgangspunkt für eine Literaturdebatte sein, die, vergleichbar den großen öffentlichen Streitgesprächen über Werturteile, über den Positivismus, über den Zuschnitt deutscher Geschichte, neue Sichtweisen für den notwendigen engeren Zusammenhang der verschiedenen Ausdrucksweisen des Denkens und Fühlens aufzeigt. Denn die machtgeschützte Innerlichkeit dient heute immer stärker jenen, die nach rechts marschieren.

Beruhigend in diesem Zusammenhang ist der Tatbestand, daß das vormundschaftliche Verhalten der Grass-Kritiker die potentiellen Leser offenbar nicht einzuschüchtern vermochte. So ist zu hoffen, daß die produktive kritische Auseinandersetzung nicht nur dieses Buch erfaßt, sondern auch Anregungen dafür vermittelt, welchen Weg das vereinigte Deutschland politisch, moralisch und kulturell zu gehen wünscht.

Ein Hinweis ist noch nötig, der den so häufig beschworenen Schwierigkeitsgrad des Grassschen Werkes betrifft. Die Klagen mögen darin begründet sein, daß mit zunehmendem Alter eines Autors vielleicht die Erwartung entsteht, daß sich das lesende Publikum bereitwilliger auf Gedankenarbeit einläßt. Goethe hatte, als er kurz vor seinem Tod den zweiten Teil des »Faust« abschloß, die schlimmsten Befürchtungen, wie dieses Werk aufgenommen würde. Er zögerte mit dem Abschluß praktisch bis zum letzten Augenblick. Es wird berichtet, daß er es anschließend versiegelte. Das hatte einen guten Grund: Ihm war seit

Jahrzehnten bekannt, daß die Kritiker und das Publikum auf eine Fortsetzung des dramatischen ersten Teils warteten. Davon entfernte sich der zweite Teil immer stärker. So schrieb er am 8.9.1831 an Boisserée: »Es ist mir nämlich gelungen, den zweiten Teil des ›Faust‹ in sich selbst abzuschließen. Ich wußte schon lange her, was, ja sogar, wie ich's wollte, und trug es als ein inneres Märchen seit so vielen Jahren mit mir herum, führte aber nur die einzelnen Stellen aus, die mich von Zeit zu Zeit näher anmuteten ... Der Verstand hat mehr Rechte daran ... Da steht es nun, wie es auch geraten sei. Und, wenn es noch Probleme genug enthält, keineswegs jede Aufklärung darbietet, so wird es doch denjenigen erfreuen, der sich auf Miene, Wink und leise Hindeutung versteht. Er wird sogar mehr finden, als ich geben konnte. Und so wird denn das Manuskript endlich eingesiegelt, daß es verborgen bleibe und dereinst, wenn's glückt, die spezifische Schwere der folgenden Bände meiner Werke vermehren möge.«

Hätte Grass vielleicht doch lieber seinen Roman versiegeln und ihn für ein Publikum aufbewahren sollen, dem die Geschichte von Fonty-Fontane-Tallhover-Hoftaller die Folgen der mißratenen Vereinigung plausibel macht, so daß man nicht nur im Osten, sondern dann auch im Westen zu sagen gezwungen wäre: Ja, das ist ein Deutschlandroman?

Nein, eine solche Vertagung würde dem Anspruch einer kritischen Öffentlichkeit ebenso widersprechen wie dem Selbstverständnis des Staatsbürgers und Künstlers Günter Grass.

dpa-Meldungen

Günter Grass schreibt an neuem Deutschland-Roman

Köln (dpa) - Günter Grass schreibt an einem neuen Deutschland-Roman. »Das Buch, an dem ich gegenwärtig arbeite, ist von größerem Umfang als die vor zwei Jahren erschienenen ›Unkenrufe‹. Es ist ein Roman«, sagte der Autor in einem Interview mit der Deutschen Welle in Köln. Das Werk soll im kommenden Herbst zur Buchmesse erscheinen.

Nach Angaben von Grass spielt der neue Roman in der Gegenwart, werde »aber wie jede deutsche Gegenwartsgeschichte die Vergangenheit aufwerfen, sie mit hineinbeziehen«. Schon bevor die Mauer fiel, habe es erste Aufzeichnungen gegeben. Man werde sehen, daß »dieses Thema - nämlich Deutschland, belastet von alter Geschichte zu Beginn einer neuen Geschichte - von einem solchen Gewicht ist, daß dieser Roman davon bestimmt ist«, betonte der Schriftsteller in einem Interview, das der dpa vor dem Sendetermin am 4. Oktober in einer redaktionellen Fassung übermittelt wurde.

27.9.94, 10.55 Uhr

(dpa-Gespräch)
Neuer Roman von Grass bald fertig - deutsche Teilung nie akzeptiert

Berlin (dpa) - Der Schriftsteller Günter Grass arbeitet gegenwärtig an der Schlußfassung eines neuen Romans, der im Frühherbst nächsten Jahres erscheinen soll. Über den Inhalt des Werkes, das der Autor in einem dpa-Gespräch ein »dickes Buch« nannte, wollte er noch keine näheren Angaben machen. Zuletzt hatte der in Danzig geborene Autor eine deutsch-polnische Geschichte mit dem Titel »Unkenrufe« veröffentlicht.

Grass sagte in Berlin, im Rückblick stelle er fest, daß er in jedem Jahrzehnt ein episches Werk vorgelegt habe. »Das waren die ›Blechtrommel‹ in den 50er Jahren, die ›Hundejahre‹ in den 60er Jahren, ›Der Butt‹ in den 70er Jahren und die ›Rättin‹ in den 80er Jahren, und jetzt kommt etwas in den 90er Jahren heraus.« Die Grundideen für seinen neuen Roman habe er schon seit Mitte der 80er Jahre im Kopf. »Aber sie schwebten dennoch in der Luft, hatten keinen Ort und keinen Zeitpunkt. Durch die Veränderungen ab Herbst '89 war mir auf einmal deutlich, wann und wo das Spiel ansetzt.«

Grass hat viel Schelte für seine Kritik an der Art und Weise der deutschen Vereinigung einstecken müssen, die er nach wie vor für einen Verfassungsbruch hält. »Deswegen liegt auch kein Segen drauf.« Das deutsche Volk hätte seiner Meinung nach über eine neue Verfassung abstimmen müssen. »Ein Teil meiner - zugegeben - dunklen Prognosen ist doch von der Wirklichkeit noch übertroffen worden, was ich ehrlich bedaure. Ich hätte in der Sache lieber Unrecht gehabt.«

Der Schriftsteller sagte, auch die deutsche Teilung habe er nie akzeptiert. Die Einheit sei daher für ihn kein Unglück, sondern ein »wunderbares Geschenk an uns«. Die Vorleistungen hätten jedoch andere erbracht. »Wir haben doch, weder im Westen noch im Osten, nicht daran geglaubt, daß so etwas möglich ist.« Was ihn betreffe, könne man nachlesen, daß er seit Mitte der 60er Jahre über die Möglichkeit, wie dieses Deutschland wieder zusammenkommen könne, geschrieben und geredet habe, was anfangs verlacht worden sei. Nur habe er nie an eine »vergrößerte Bundesrepublik«, sondern an einen neuen Föderalstaat, einen Bund deutscher Länder, gedacht.

Ein politisches Mandat strebt der 67jährige Grass im Unterschied zu seinen Kollegen Stefan Heym und Gerhard Zwerenz nicht an. »Als 40, 50jähriger hätte ich gerne für eine begrenzte Zeit eine festumrissene Aufgabe, zum Beispiel im Bereich der Entwicklungspolitik, übernommen. Aber dies ist vorbei. Ich bin jetzt voll beschäftigt mit dem, was ich noch schreiben und zeichnen will. Und in den Wind gesprochen habe ich nun oft genug.«

Deswegen schweigt Grass noch lange nicht, wenn es zum Beispiel um die PDS geht, die eine bloße Nachfolgepartei, ein »Etikettenschwindel« sei. 90 Prozent der PDS-Mitglieder seien »alte Kader«, die ausgerechnet wieder die Sozialdemokraten bekämpften.

2.11.94, 9.13 Uhr

Neuer Grass-Roman heißt »Ein weites Feld«

Göttingen (dpa) - Der Schriftsteller Günter Grass hat nach langjähriger Arbeit einen umfangreichen neuen Roman abgeschlossen, der unter dem Titel »Ein weites Feld« im August im Steidl Verlag (Göttingen) erscheinen wird. Hauptschauplatz ist Berlin, Zeit der Handlung die Spanne zwischen Mauerfall und Wiedervereinigung. Zugleich entsteht, wie der Verlag am Donnerstag mitteilte, aus weit zurückreichenden Erinnerungen der zentralen Gestalten ein Panorama deutscher Geschichte zwischen der Märzrevolution von 1848 und der Gegenwart. Im April wird Grass im Haus der jüdischen Gemeinde in Frankfurt erstmals aus seinem neuen Roman lesen. Zur Einführung wird Marcel Reich-Ranicki sprechen.

2.3.95, 14.05 Uhr

Viel Beifall für Günter Grass' neuen Roman

Frankfurt/Main (dpa) - Für die erste Lesung aus seinem bisher unveröffentlichten neuen Roman hat der Schriftsteller Günter Grass am Dienstag abend in Frankfurt/Main minutenlangen Beifall des Publikums und des Literaturkritikers Marcel Reich-Ranicki geerntet. Grass las zwei der 47 Kapitel aus dem Buch, das unter dem Titel »Ein weites Feld« im Herbst erscheinen soll. »Es ist, wenn man so will, mein erster Berlin-Roman«, charakterisierte der gebürtige Danziger Grass das Werk vor Beginn der Lesung im großen Saal des Frankfurter Jüdischen Gemeindezentrums, der mit 750 Zuhörern ausverkauft war.

Der Roman, laut Reich-Ranicki »noch ein wenig umfangreicher als die ›Blechtrommel‹, schlägt einen Bogen über mehr als 100 Jahre deutscher Geschichte. Die eigentliche Handlung, so Grass, beginnt Ende 1989 und reicht bis zum Herbst 1991: Die Vorgänge um den deutschen Vereinigungsprozeß bilden den Hintergrund der in fünf Büchern zusammengefaßten Geschichte. In den von Grass vorgetragenen Kapiteln 3 und 4 spielen jedoch auch die Nazizeit und das Verhältnis der Deutschen zu den Juden eine breite Rolle, der Schriftsteller Theodor Fontane (1819–1898) ist allgegenwärtig.

Literaturkritiker Reich-Ranicki, der die zuletzt erschienenen Werke des 67 Jahre alten Schriftstellers verrissen hatte, nannte die Lesung in Frankfurt einen wichtigen Abend für Grass. Er wolle und hoffe, daß der neue Roman ein großes Werk sei, sagte der Kritiker in seiner Einleitung: Grass sei als Autor unberechenbar und »ein Schriftsteller von außergewöhnlichem Talent«.

25.4.95, 22.39 Uhr

Auch Reich-Ranicki applaudierte: Grass las aus »Ein weites Feld«
Von Roland Siegloff, dpa

Frankfurt/Main (dpa) - Am Ende spendete auch Marcel Reich-Ranicki Beifall: Für die erste Lesung aus seinem bisher unveröffentlichten neuen Roman »Ein weites Feld« erntete Günter Grass am Dienstag abend in Frankfurt minutenlangen Applaus vom Publikum. Er wolle und hoffe, daß der neue Grass ein großes Werk sei, hatte der ebenso renommierte wie gefürchtete Kritiker in seiner Einführung gesagt. Als Grass nach knapp anderthalb Stunden zwei der 47 Kapitel vorgetragen hatte, schien nicht nur Reich-Ranicki überzeugt.

Grass hat seinen Roman als Jahrhundert-Werk angelegt: Das Buch, laut Reich-Ranicki »noch ein wenig umfangreicher als die ›Blechtrommel‹«, schlägt einen Bogen über mehr als 100 Jahre deutscher Geschichte. Die eigentliche Handlung, erläuterte Grass, beginnt im »Wendejahr« 1989 und reicht bis zum Herbst 1991: Die Vorgänge um den Vollzug der »auf drei Kriegen beruhende(n) Einheit Deutschlands« bilden den Hintergrund. Schauplatz ist die Hauptstadt: »Es ist, wenn man so will, mein erster Berlin-Roman«, charakterisierte der aus Danzig stammende Schriftsteller und Skeptiker der Wiedervereinigung die in fünf Büchern zusammengefaßte Geschichte.

Hauptpersonen sind Theo Wuttke alias »Fonti«, der den Dichter Theodor Fontane (1819–1898) allgegenwärtig macht, und die changierende Figur seines ständigen Begleiters Tallhofer/Hofftaler. Sprachmächtig spielt Grass mit den verschwimmenden Ebenen seines Sujets. Auch die Nazizeit und das Verhältnis der Deutschen zu den Juden nehmen breiten Raum ein in den Kapiteln 3 und 4, die der Autor vor 750 Zuhörern im ausverkauften großen Saal des Jüdischen Gemeindezentrums zu Frankfurt vortrug: »Hielt nur zwölf Jahre, wirft aber einen kolossal langen Schatten«, läßt Grass seinen »Fonti« das sogenannte 1000jährige Reich kommentieren.

»Fonti« feiert seinen 70. Geburtstag bei McDonald's und in der Mitropa-Gaststätte. Bissige Bemerkungen zu Kritik und Kulturbetrieb, zu Ost und West, Spitzen gegen den »Spiegel« und »freiheitsbesoffene Redner« würzen die Lektüre. Das Buch mischt Gültiges mit Vergänglichem und kalkuliert den Blick der Nachwelt auf die Einheit mit ein: »›Go west‹ hieß eine Zigarettenreklame jener Jahre.« Die Erzählperspektive unterstreicht dies, wenn es im vierten Kapitel heißt: »Wir vom Archiv vermuten ...«, »Wir vom Archiv neigen dazu ...« oder »Wir vom Archiv lassen das unkommentiert.« Aber Grass ist mehr als ein unbeteiligter Archivar.

Der Autor Grass sei unberechenbar und »ein Schriftsteller von außergewöhnlichem Talent«, lobte Kritiker Reich-Ranicki den Gast vor der Lesung. Während des Vortrags wischte er sich erregt den Schweiß von der Stirn. Nachher unterbrach er seinen Beifall nur, um dem Schriftsteller die Hand zu drücken. Grass' Danzig-Buch »Unkenrufe« hatte Reich-Ranicki 1992 noch verrissen: »Grass hat kein Thema.« Diesmal könnte Grass dagegen der große Wurf zum derzeit vielleicht bedeutendsten Thema der deutschen Literatur gelungen sein: »Ein weites Feld« erscheint in diesem Herbst im Steidl Verlag (Göttingen) – fünf Jahre nach der Wiedervereinigung.

26.4.95, 11.08 Uhr

Grass: »Vergangenheit holt uns auch nach dem 8. Mai ein«

Berlin (dpa) – Von den zahlreichen Reden zum 50. Jahrestag des Kriegsendes am 8. Mai ist nach Ansicht des Schriftstellers Günter Grass »kein einziger Gedanke für eine neugestaltete Zukunft« ausgegangen. »Die Vergangenheit holt uns weiter ein«, sagte Grass am Sonntag in Berlin auf einer Veranstaltung zum Thema »Was bedeutet 1945 für 1995?« unter der Leitung von Peter Merseburger. Nach Meinung des Autors hat sich die »alte Bundesrepublik« in den letzten Jahren »zum Schlechteren entwickelt«. Vieles, was zu ihrem früheren Ansehen beigetragen habe wie »ein vitaler, lebhafter Föderalismus«, sei verflacht und es mache sich ein »D-Mark-Nationalismus« breit.

Grass, der gerade seinen neuen Roman »Ein weites Feld« über die jüngere deutsche Geschichte im Spiegel des Umbruchs von 1989/90 beendet hat, bekräftigte seine Ansicht, daß der deutsche Einigungsprozeß in weiten Bereichen gescheitert sei. »Was als Beitritt gewollt wurde, erwies sich als Anschluß. Dieser Verfassungsbruch wird der Geschichte noch lange anhängen.« Zudem habe die »Mißachtung der Wirklichkeit zweier deutscher Staaten« dazu geführt, daß der Vereinigungsprozeß »ausschließlich nach westlichen Maßstäben« geschehen sei.

Bei einer Neudefinition der Rolle Deutschlands in der Welt muß nach Ansicht von Grass nach wie vor ein Einsatz bewaffneter deutscher Streitkräfte in Krisengebieten ausgeschlossen bleiben. »Das verlangt unsere eigene Geschichte von uns, die Erfahrung, die wir und andere mit uns in zwei Weltkriegen gemacht haben.« Denkbar seien allerdings extra zu diesem Zweck ausgebildete »Entwicklungshilfe-Kontingente« der Bundeswehr.

14.5.95, 15.04 Uhr

Uneinigkeit um Grass-Vorabdruck zwischen »Spiegel« und Verleger

Hamburg/Göttingen (dpa) – Um den ursprünglich geplanten Vorabdruck von Teilen aus dem neuen Roman »Ein weites Feld« von Günter Grass im »Spiegel« gibt es Unstimmigkeiten zwischen dem Hamburger Nachrichtenmagazin und dem Steidl Verlag (Göttingen). Wie der stellvertretende »Spiegel«-Chefredakteur Dieter Wild am Mittwoch auf dpa-Anfrage bestätigte, hatte das Magazin die Rechte für den Vorabdruck des Werks erworben. Weil die Zeitschrift jedoch die Exklusivität nicht mehr gewahrt sah, sei der Vertrag mit Steidl gemeinsam modifiziert worden.

Verleger Gerhard Steidl hingegen betonte, von einer einvernehmlichen Korrektur des Vertrags könne keine Rede sein. Mit ihm habe niemand vom »Spiegel« gesprochen. Allerdings habe er »Gerüchte vernommen«, wonach »Spiegel«-Verleger Rudolf Augstein deutschlandpolitische Aussagen von Grass zur Einheit nicht gefallen hätten. Eine schriftliche Aufkündigung des Vertrags liege Steidl nicht vor. »Die Leute melden sich nicht bei mir, das ist kein normales Geschäftsgebaren.« Steidl meinte, ein Rechtsstreit habe keinen Sinn: »Das Problem muß inhaltlich gelöst werden. Augstein muß sich einer inhaltlichen Diskussion stellen.«

Martin Doerry vom Kulturressort des »Spiegels« betonte: »Für uns war entscheidend, daß die im Vertrag zugesicherte Exklusivität aufgebrochen wurde, weil Steidl die enorme Menge von rund 4500 Rezensionsexemplaren des Grass-Romans verschickt hatte.« Eine Intervention von Augstein habe es nicht gegeben. Der Vertrag sei gemeinsam mit Steidl dahingehend modifiziert worden, auf den Vorabdruck zu verzichten. »Herr Steidl hat dem zugestimmt. Die Konsequenzen für das Honorar müssen noch mit ihm geklärt werden.«

2001-Anzeige, Die Zeit, 22.6.95

Zweitausendeins kündigt an:

„Ein Jahrhundertroman.“ *dpa.*

Der *neue* Grass!

Dicker als „Die Blechtrommel“, ähnlich „süffig und spannend zu lesen, ein wichtiges ‚deutsches‘ Buch. Der Meister ist wieder da!“

Schon zwei Stunden nach Beginn des Kartenvorverkaufs, Wochen vorher, war die Veranstaltung im Festsaal des Frankfurter Jüdischen Gemeindezentrums ausverkauft ... Drei Fernsehteams und ein gutes Dutzend Fotografen behinderten sich gegenseitig“, berichtet der Reporter der Woche von der aufsehenerregendsten Literaturveranstaltung des Jahres: Vor 800 Zuhörer/inne/n las Günter Grass aus seinem kommenden Roman „Ein weites Feld“. Nach zwei Kapiteln („Die Sätze vibrierten vor Spannung“, Die Woche) und anderthalb Stunden „erntete der Schriftsteller minutenlangen Applaus des Publikums und des Literaturkritikers Marcel Reich-Ranicki“, beobachtete dpa und sah, wie Grass' gnadenlosester Kritiker „seinen Beifall nur unterbrach, um dem Schriftsteller die Hand zu drücken“.

„Mit ‚Ein weites Feld‘ hat Günter Grass einen 784-Seiten-Roman über die neuere deutsche Geschichte abgeschlossen, in dessen Mittelpunkt Theodor Fontane und ein Spitzel stehen“, faßt der Stern den Inhalt zusammen und ist sich ganz sicher, der neue Roman kommt „an die Spitze der Bestsellerliste ... Bissig-humorvoll, sprachschöpferisch und mit jener Lust am Außerplanmäßigen, die Grass einst zum 68er-Idol werden ließ.“ Deutschland zwischen Mauerfall und Vereinigung, zwischen Jubel und anhaltendem Katzenjammer: In seinem weit ausgreifenden Roman, der viel mehr ist als der große Roman zur Wende und Vereinigung, beschreibt Günter Grass diese Zeit aus überraschender Sicht, indem er die Vorgänge und Ereignisse, deren Zeuge wir eben waren, mit ihren Vorläufern, ihren Vorgeschichten verknüpft: von verheißungsvollen Aufbrüchen und elendem Scheitern, von unverdientem Glück und verpaßten Gelegenheiten, von Kriegen und Verbrechen, von Kleinmut, Korruption und kläglichem Verrat. Ein fantastisches Panorama deutscher Geschichte zwischen der Märzrevolution von 1848 und der Gegenwart. Die Hannoversche Allgemeine voller Vorfreude:

Foto Dirk Reinartz

Ovationen für Grass bei der Vorpremiere. Wer sein neues Buch jetzt bestellt, bekommt von uns ein Exemplar der von Sammlern begehrten Erstauflage.

„Die Präzision der Sprache, der Detailreichtum der Beobachtungen und nicht zuletzt die stets munter sprudelnde Erzählfreude lassen vermuten, daß die Lektüre des ganzen Werkes die Erwartungen erfüllt, die diese - auch von Marcel Reich-Ranicki - lebhaft beklatschte Lesung geweckt hat.“ Die Süddeutsche weiß: „Es wird ein wichtiges ‚deutsches‘ Buch.“ Die Woche jubelt: „Der Meister ist wieder da!“ Der neue Roman ist dicker als „Die Blechtrommel“ und ähnlich „süffig, spannend“ zu lesen - hören wir von Leuten, die an der Herstellung des Buches beteiligt sind. Das Buch, Erscheinungstag **28. August,** wird das übergroße Lese- und Medienereignis dieser Jahre (das zeichnet sich schon ab) und nach Erscheinen wohl erstmal schnell ausverkauft sein (das ist ziemlich sicher). Wenn Sie jetzt bei uns bestellen, bekommen Sie den neuen Grass **sofort** bei Erscheinen am 28. August, und zwar ein Exemplar der gesuchten Erstauflage! Wenn Sie jetzt bestellen, erhalten Sie **gratis** unseren Faksimiledruck einer Handzeichnung von Grass. Sie zeigt den Werkplan für den Roman, wie Grass ihn im Vorfeld der Manuskriptarbeit gezeichnet hat. Günter Grass „Ein weites Feld“. Der neue Roman hat 784 Seiten, Fadenheftung und ist in Leinen gebunden. Das Buch kostet 49,80 DM. Wir liefern Ihnen sofort bei Erscheinen einen Band aus der Erstauflage.

Erscheint am 28.8.95. Auslieferung in der Reihenfolge des Bestelleingangs, solange der Vorrat reicht. Wir merken vor.

Wo Sie den neuen Grass gleich aus der Erstauflage bekommen:

Entweder per Post direkt ins Haus (der Coupon dafür steht unten). Oder persönlich in unseren Zweitausendeins-Läden in Berlin Kantstraße 41-42, Essen Flachsmarkt 4, Frankfurt Im Parkhaus Hauptwache, Freiburg Waisenhausgäßle 3 beim Münster, Hamburg Grindelallee 71, Köln Ehrenstraße 45, München Türkenstraße 65, Nürnberg Lorenzer Straße 15-17, Saarbrücken Obertorstraße 5 und Stuttgart Esslinger Straße 8 gegenüber dem Parkhaus von Breuninger.

Hiermit wird bestellt:

Einsenden an Zweitausendeins, Postfach, 60381 Frankfurt/Main.
Telefon 069-420 8000.
Fax 069-41 50 03 oder 41 50 04.

Ich bestelle:

______ Stück „Ein weites Feld“ von Günter Grass. Und zwar aus der Erstauflage. Lieferung sofort zum Erscheinungstag (28.8.95). 784 Seiten, Leinen. Je 49,80 DM. Dazu **gratis** je einen Faksimiledruck der Zeichnung von Günter Grass. Nummer 12672.

Zahlungsweise:

☐ Ich füge 1 Post/Bankscheck bei über DM ______ + 6 DM Versand und Verpackung.

☐ Lieferung per Nachnahme. NN- & Versandkosten trage ich.

Name, Vorname

Straße, Nummer

Postleitzahl, Ort

Unterschrift, Datum Z24.6

Für die »Spiegel«-Ausgabe am 21. August ist nach Angaben von Doerry der Abdruck eines Gesprächs mit Grass geplant und eine »schon vor Monaten vereinbarte« Rezension des Grass-Romans von Marcel Reich-Ranicki. Das Interview mit Grass sei »sehr interessant und sehr harmonisch« verlaufen.

9.8.95, 13.20 Uhr

Günter Grass: Rohwedder mußte Drecksarbeit des Kanzlers machen

Hamburg (dpa) – Günter Grass will in Passagen seines neuen Romans »Ein weites Feld« »mit literarischen Mitteln« deutlich machen, wie es zu terroristischen Anschlägen wie auf den 1991 ermordeten Treuhandchef Detlev Karsten Rohwedder kommt. »Wer ein solch menschenverachtendes Instrument wie die Treuhand ins Leben ruft, muß sich nicht wundern, wenn darauf terroristisch reagiert wird«, sagte der Schriftsteller in einem Interview mit dem Hamburger Magazin »Stern«. Auf die Frage, wie er dem Vorwurf begegne, Terrorismus zu rechtfertigen, erwiderte Grass: »Es ist üblich, dem Autor zu unterstellen, er sympathisiere mit der Tat.«

Rohwedder »mußte die Drecksarbeit machen, die der Kanzler ihm zugeschoben hat. Damit geriet er ins Schußfeld.« Ein solch barbarischer Prozeß, wie ihn die Treuhand eingeleitet habe, der Hunderttausende von Menschen um ihre Existenzgrundlage brachte, setze nicht nur Trauer und Resignation, sondern auch Haß frei. Grass bezeichnete Bundeskanzler Helmut Kohl als »Lügner und Wahlbetrüger«: »Was hat er den Menschen nicht alles versprochen.«

Grass betonte, daß sein Roman zwar ein politisches Umfeld habe, aber in erster Linie ein erzählender sei. Das Buch habe keinen »Reden- oder Pamphlet-Charakter«. Es sei der »Versuch des Autors – ich hoffe, der gelungene Versuch des Autors – den Fontane-Ton im Plauderton aufzugreifen, aber nicht zu imitieren, sondern aus eigener Diktion und dem Fontane-Ton eine neue Ausdrucksform zu entwickeln«. In dem Roman, der am 28. August erscheint, spielt Theodor Fontane die zentrale Figur mit Namen »Fonty«. In dem Werk spiegele sich nicht nur deutsche Geschichte und Politik, sondern auch die Literatur, sagte der Autor.

17.8.95, 13.26 Uhr

Hintze kritisiert Grass

Bonn (dpa) – CDU-Generalsekretär Peter Hintze hat die Interview-Äußerungen von Grass scharf kritisiert. »Die Ausfälle von Grass sind total geschmacklos, peinlich und von einem erschütternden Realitätsverlust gekennzeichnet«, sagte Hintze am Donnerstag in Bonn. »Wie tief muß dieser Mann sinken, um seine Auflage zu steigern.«

17.8.95, 17.09 Uhr

Deutsche Verstrickungen: »Ein weites Feld« von Günter Grass

Berlin (dpa) – Günter Grass hat den großen Wurf gewagt und dabei hoch gepokert. Er selbst spricht von einer Herausforderung an den Leser. Der Schriftsteller beschwört mit seinem ersten Berlin-Roman »Ein weites Feld« nicht nur im Titel den Geist Theodor Fontanes, jenes großen Berliner Romanciers des 19. Jahrhunderts, den Grass als Theo Wuttke, genannt Fonty, wiederauferstehen und bis zum Mauerfall durch das 20. Jahrhundert »wandern« läßt. Begleitet wird er von seinem »Tagundnachtschatten« Hoftaller, eine an die Titelfigur aus Hans Joachim Schädlichs Roman »Tallhover« über den »ewigen deutschen Spitzel« angelehnte Gestalt.

Vorschußlorbeeren auf das »große Lese- und Medienereignis dieser Jahre« hatte es bereits gegeben, als der »Blechtrommel«-Autor im April aus seinem mit großer Spannung erwarteten Roman, der ursprünglich »Treuhand« heißen sollte, einige Kapitel las. Von dem neuen Buch des Autors wurde auch die »erste große literarische Bewältigung der deutschen Vereinigung« erwartet.

Grass hat seine eigene »gebotene Art« gefunden, einen Zeitroman zu schreiben, wie Fontane über seinen »Stechlin«-Roman notierte, sein Alterswerk. Es ist dabei ein ebenso faszinierender wie verwirrender Roman entstanden, wobei Grass versucht, des »Meisters Stil, das Dialogische und die anekdotische Kleinmalerei« in eine moderne Form zu übertragen. Das Buch ist auch eine Hommage an den »Sänger Brandenburg-Preußens« und den »stilbildenden Prosaisten und Schöpfer unsterblicher Romanfiguren«. Faszinierend ist der neue Grass-Roman daher für den Fontane-Liebhaber, der sich in dessen Werken gut auskennt und der den kunstvollen Verknüpfungen, Verschachtelungen und Zeitsprüngen mit Genuß folgen kann.

Wehe dem aber, der bei diesem literarischen Puzzlespiel seine Schwierigkeiten hat. Für ihn bleibt es ein schwer durchschaubares Vexierspiel, das wohl spätestens zur Hälfte des fast 800 Seiten umfassenden Romans zur Ermüdung führen kann, zumal eine Vielzahl von Fontane-Zitaten und Anspielungen diesen Lesern nicht verständlich sein werden. Grass hat ein riskantes Kunststück versucht: Die von Fontane zunächst liebevoll und dann zunehmend kritisch gesehene, zum Untergang verurteilte bürgerlich-preußische Welt des 19. Jahrhunderts schreibt er ins folgende Jahrhundert fort, sichtet kritisch die späteren dramatischen Ereignisse der deutschen Geschichte bis hin zum ebenso euphorisch begrüßten wie auch schmerzvoll begangenen Weg zur deutschen Einheit.

Daß dabei die am Schluß des Buches in Brand geratende Treuhandanstalt, bei der Fonty an seinem Lebensabend als literarisch und historisch ungemein kenntnisreiches Aktenboten-Faktotum dient, nicht gerade gute Noten bekommt, durfte bei Grass erwartet werden. »So jedenfalls kann es nicht weitergehen«, läßt er Fonty sagen. »Machen alles platt. Irgend jemand muß Schluß! rufen, Aufhören! Sonst fällt wieder ein Schuß wie vor wenigen Wochen. Danach war das Erschrecken groß ...« Dann läßt Grass seine Romanfigur erwägen, »ob das Ende des Treuhandchefs nicht Anstoß für eine populär wirksame Bildergeschichte sein könnte«.

Es ist nicht ohne Reiz, wie Grass Bögen schlägt von der 48er Revolution über das Attentat auf Hitler bis zum 17. Juni 1953 und den Mauerbau. Auch die Biermann-Ausbürgerung, den Golfkrieg, den Putsch in Moskau und die Umbettung der Preußenkönige nach Sanssouci webt der Autor in seinen literarischen Spaziergang durch die Zeitgeschichte ein. Dem Thema »Die Dichter und die Spitzel« wendet sich der Autor dabei immer wieder zu, angefangen von Fontanes eigenen »einschlägigen« Erfahrungen, wie der Autor meint, der das Leben des Romanciers mit all seinen kleinen Fluchten als roten Faden für das eigene Werk benutzt und dabei durchaus kritisch verfährt.

Den Roman prägen eine erstaunliche Bildervielfalt, sprachliche Virtuosität, detailreiche und oft liebevolle Beschreibungen und ein manchmal auch bissiger Humor voller Spitzen. So gibt es zum Beispiel das Geständnis eines Stasi-Mitarbeiters als »Drahtzieher der Maueröffnung« bei einer idyllischen Ruderpartie im Tiergarten. Auch eine fiktive Begegnung mit Uwe Johnson in Fontanes Geburtsstadt Neuruppin gerät Grass zu einer stimmigen Szene. Zum Schluß läßt der Autor, der das gegenwärtige Deutschland zunehmend als anstrengend empfindet, den Spitzel Hoftaller in eine Sinnkrise geraten und meint dazu: »Ihm wird, wie gelegentlich uns, die Motivation gefehlt haben.«

Wilfried Mommert

Günter Grass: Ein weites Feld, Roman, Steidl Verlag, Göttingen, 784 S., DM 49,80

21.8.95, 3.57 Uhr

Grass verbietet »Spiegel«-Interview – IG Medien kritisiert Ranicki

Hamburg (dpa) – Der Schriftsteller Günter Grass hat dem Nachrichtenmagazin »Der Spiegel« den Abdruck eines bereits mit ihm geführten Interviews untersagt. Grass ließ am Montag aus Dänemark durch den Steidl Verlag mitteilen, er wolle nicht »mit einem eigenen Beitrag in einem Magazin

Titelbild, Der Spiegel 21.8.95

erscheinen, auf dessen Titelseite das ekelerregende Zerreißen eines Buches bildhaft gemacht wird.« Eine Fotomontage auf der Frontseite der am Montag erschienenen Ausgabe des Hamburger Blattes zeigt, wie der Literaturkritiker Marcel Reich-Ranicki mit beiden Händen Grass' neuen Roman »Ein weites Feld« in zwei Stücke reißt. Im »Spiegel« ist eine Rezension Ranickis abgedruckt, der den neuen Grass-Roman negativ bespricht.

Scharfe Kritik an Ranickis Rezension übte am Montag die Industriegewerkschaft Medien. Der Gewerkschaftsvorsitzende Detlef Hensche sprach in Hamburg von einer »ärgerlichen Entgleisung«. »Nicht das Buch steht auf dem Prüfstand, sondern der Autor und politische Mensch Günter Grass«, sagte Hensche. Ranicki betreibe »das Geschäft einer politischen Polemik der üblen Art«.

Ebenfalls am Montag protestierten drei Schriftsteller vor dem »Spiegel«-Verlagshaus in der Hansestadt gegen die Berichterstattung des Magazins über den Roman. In einem Flugblatt, das der Bremer Jürgen Alberts und seine Hamburger Kollegen Uwe Friesel und Regula Venske vor dem Gebäude verteilten, hieß es: »Wir protestieren gegen diese schlimme Art der ›Literaturkritik‹, die zu einer Hetzjagd gegen unseren Kollegen aufruft. Wer Bücher öffentlich zerreißt, will Autoren psychisch zerstören.« Friesel war früher Vorsitzender des Verbandes deutscher Schriftsteller.

In seiner fünf Seiten langen Rezension, die Reich-Ranicki als Brief an Grass angelegt hat, schreibt der Literaturkritiker: »Aber, mein lieber Günter Grass, ich kann es einfach nicht fassen: In Ihrem ›Weiten Feld‹ finden sich Tausende von Sätzen über Fontanes Epik - und darunter, sage und schreibe, kein einziger, der originell oder geistreich wäre.«

21.8.95, 17.15 Uhr

Reich-Ranicki: Nicht verantwortlich für »Spiegel«-Titelblatt

Salzburg (dpa) - Der Literaturkritiker Marcel Reich-Ranicki hat jede Verantwortung für das umstrittene Titelblatt der jüngsten Ausgabe des »Spiegels« von sich gewiesen. »Man hat mich nicht gefragt«, sagte er am Dienstag der dpa in Salzburg. Er habe das Titelbild, das ihn beim Zerreißen des neuesten Romans von Günter Grass zeigt, vorher auch nicht gesehen. Schließlich sei er nur für seine Texte und nicht für diese Fotomontage verantwortlich, erklärte Reich-Ranicki.

Der Kritiker hatte in seiner fünfseitigen Rezension des Grass-Werkes »Ein weites Feld« geschrieben: »Aber, mein lieber Günter Grass, ich kann es einfach nicht fassen: In Ihrem ›Weiten Feld‹ finden sich Tausende von Sätzen über Fontanes Epik – und darunter, sage und schreibe, kein einziger, der originell oder geistreich wäre.« Reich-Ranicki sieht einen Unterschied zwischen dem jüngsten »Spiegel«-Titel und seiner Darstellung als kläffender Hund in diesem Magazin vor einigen Monaten, ohne eine nähere Begründung zu geben.

Der Vorsitzende der IG Medien, Detlef Hensche, hatte Ranickis Rezension als »politische Polemik der üblen Art« bezeichnet. Mehrere deutsche Schriftsteller hatten gegen »diese schlimme Art der Literaturkritik, die zu einer Hetzjagd gegen unseren Kollegen aufruft«, protestiert. Wer Bücher öffentlich zerreiße, wolle Autoren psychisch zerstören.

22.8.95, 15.03 Uhr

(dpa-Gespräch)
Jens: »Erwartung an Autoren, was kaum Götter leisten können«

Berlin (dpa) - Die heftige Kritik am neuen Roman von Günter Grass ist nach Ansicht des Präsidenten der Berliner Akademie der Künste, Walter Jens, auch auf eine übergroße Erwartungshaltung zurückzuführen. Die Enttäuschung über »Ein weites Feld« als Roman zur deutschen Einheit hängt für Jens auch mit einem Versagen der Politik zusammen. Die enormen Ansprüche an Grass zeigten, »wie wenig es Politikern bisher gelungen ist, Visionen zu entwickeln, die möglicherweise zum Weiterdenken, am Ende auch zum Standhalten beitragen können«, sagte Jens am Donnerstag der dpa in Berlin.

Die übergroße Erwartungshaltung zeige auch, »wie lange wir mit der Stange im Nebel herumgestochert haben und daß wir von Schriftstellern etwas erwarten, was kaum Götter leisten können«, sagte Jens. Mit einem Seitenhieb auf den Besuch von Bundeskanzler Helmut Kohl bei ostdeutschen Bürgerrechtlern am Mittwoch fügte er hinzu: »Ganz zu schweigen vom Bundeskanzler, der mit dem ihm eigenen plumpen Charme fünf Jahre zu spät eine Hommage an die Bürgerbewegung der DDR durch einen Besuch bei Frau Bohley richtet.«

Zu den Verrissen des neuen Grass-Romans »Ein weites Feld« - Grass wird dabei oft vorgehalten, literarisch gescheitert zu sein - wollte sich Jens noch nicht näher äußern. Er sei zur Zeit noch beim Lesen des Buches, das ihn allein durch den Bezug zu Theodor Fontane natürlich sehr interessiere.

24.8.95, 17.20 Uhr

Reich-Ranicki: Grass will Literaturkritik wie Goebbels

Hamburg (dpa) - Der Literaturkritiker Marcel Reich-Ranicki hat dem Schriftsteller Günter Grass vorgeworfen, ein Verständnis von Literaturkritik zu haben wie der NS-Propagandaminister Joseph Goebbels. In der ZDF-Live-Sendung »Das literarische Quartett« sagte Reich-Ranicki am Donnerstag abend in Salzburg, Grass erwarte wie einst Goebbels, daß Literaturkritiker lediglich sachlich über den Inhalt eines Buches zu informieren hätten. Dies sei aber falsch, Literaturkritik müsse bewerten und urteilen, da müsse Grass endlich belehrt werden.

Zugleich bekräftigte Reich-Ranicki sein vernichtendes literarisches Urteil über den neuen Deutschland-Roman »Ein weites Feld« von Günter Grass. Das Buch, in dem die deutsche Wiedervereinigung ein wichtiges Thema ist, sei langweilig und absolut wertlos. Der »Spiegel«-Kritiker Hellmuth Karasek und der Literaturkritiker Karl Corino vom Hessischen Rundfunk warfen Grass zudem vor, seine eigene politische Sicht der Wiedervereinigung in den Roman so einzubringen, daß die historischen Tatsachen verfälscht würden. Als infam bezeichnete Corino insbesondere die Darstellung, die Stasi habe letztlich selber die Einheit herbeiführen wollen. Corino warf Grass vor, die historischen Verhältnisse »absolut verzeichnet« zu haben. Die österreichische Kritikerin Sigrid Löffler mahnte zur Zurückhaltung, man dürfe Romanfiguren nicht mit dem Autor selbst verwechseln.

Der Roman »Ein weites Feld« hat bereits vor seinem Erscheinen am kommenden Montag überwiegend negative Kritiken hervorgerufen. Der Steidl Verlag, der das Buch mit einer Startauflage von 100.000 Exemplaren herausbringt, hatte es als Jahrhundertbuch angekündigt.

24.8.95, 23.48 Uhr

Grass und die Erwartungen - Der »Nationaldichter« im Fadenkreuz
Von Wilfried Mommert, dpa

Berlin (dpa) - Günter Grass ist einiges gewohnt. Auch von Literaturkritikern. Doch diesmal ist es ganz dicke gekommen. »Ich halte eine Menge aus«, sagte Grass am Donnerstag abend im ARD-Fernsehen, im Fontane-Zimmer in Neuruppin sitzend. »Aber gelegentlich muß ich mich von dieser Häme, diesem gestauten Mißmut, diesem Umschlag von kritikloser Bewunderung in Neid erholen.« Seit seinem sensationellen Welterfolg mit der »Blechtrommel« von 1959 gilt er nicht nur als der deutsche »Dauerkandidat« für den Literaturnobelpreis (den nach dem Krieg statt dessen bisher nur Heinrich Böll erhielt), sondern auch als der deutsche Gegenwartsautor, von dem viele ein neues »opus magnum« erwarteten, das alles enthalten sollte, was die Zeitläufte seit der »Blechtrommel« im Nachkriegsdeutschland mit sich gebracht haben.

Da hat sich seitdem natürlich einiges getan, und spätestens seit dem Epochenumbruch von 1989, dem viele Schriftstellerkollegen (wie Politiker übrigens auch) bisher mehr oder weniger hinterherhechelten, wurde der Erwartungsdruck auf Grass immer größer. Wer, wenn nicht er, sollte den neuen »großen Zeitroman« schreiben? Er schrieb ihn mit seinem jetzt vorliegenden fast 800 Seiten starken Buch »Ein weites Feld«, das den Mauerfall zum

Ausgangspunkt für raum- und zeitgreifende Wanderungen durch die deutsche Geschichte der letzten 150 Jahre nimmt und dabei zu der Kunstfigur eines »wiedergeborenen« Theodor Fontane greift. Die Idee war nicht schlecht. Die Krux war nur, daß der Autor weder die DDR gut kannte noch bisher eine besonders innige Beziehung zu Fontane hatte im Gegensatz zu seiner Frau, was Grass seit seiner »Flucht« nach Indien 1986 keine Ruhe gelassen hatte.

Bis auf wenige wohlwollende oder gar positive Ausnahmen war das bisherige Echo auf sein neues Buch vernichtend. Und so wie es in der Person des »citoyen« Grass, der sich gerne und oft mit gerechter Empörung in die politischen Alltagsgeschehnisse einmischt, begründet liegt, ist die reine Literaturkritik von der politischen Zielrichtung oft kaum zu trennen. »Die meinen nicht das Buch, die wollen mich treffen«, pflegt das ausgetretene SPD-Mitglied Grass dazu gern zu sagen, zuletzt bei den Attacken auf seine Bücher »Die Rättin« und »Unkenrufe«.

Das wird in der Tat nur selten auseinandergehalten, wie beispielsweise in der »Woche«, die sich in ihrer Rezension dem allgemeinen Tenor anschloß, in einem begleitenden Artikel aber von der »Hinrichtung eines Dichters« spricht. Und die »Zeit« meint, mit der deutschen Einheit kämen die einen wie die anderen nicht wirklich zurecht. »Grass ist gekentert? Ja, schon gut, aber im gemeinsamen Boot.«

»Ein weites Feld« aber empfanden nun viele Kritiker als reine Zumutung. Ob es die Leser (vermutlich) auch tun werden, bleibt abzuwarten. »Ganz und gar mißraten« lautete das radikale und in dieser Totalität auch ungerechte Verdikt des »Kritikerpapstes« Marcel Reich-Ranicki, Grass seit längerem in einer Art »Haßliebe« verbunden. Doch der Literaturmarkt lebt von starken Worten, die fördern nur die Auflage, wie die Verlage wissen. Aber auch differenzierter argumentierende Kollegen wie Iris Radisch in der »Zeit« befinden kurz und bündig: »Dieses Buch ist unlesbar.« Für Reich-Ranicki gibt es jedenfalls ein »ernstes Problem«, wie er am Donnerstag abend im »Literarischen Quartett« des ZDF sagte. »Was ist aus Günter Grass geworden? Wie konnte das passieren?«

25.8.95, 9.45 Uhr

Trost für Günter Grass aus Schweden

Stockholm (dpa) – Über die überwiegend vernichtenden Rezensionen des neuen Romans von Günter Grass, »Ein weites Feld«, haben auch die Feuilletons schwedischer Zeitungen ausführlich berichtet. Trost für den Autor spendete dabei am Freitag die Zeitung »Sydsvenskan« mit einem Hinweis aus der Literaturgeschichte. Das Blatt schrieb: »Man sollte sich daran erinnern, daß einst auch Nobelpreisträger Heinrich Böll für seinen meisterhaften Roman ›Ansichten eines Clowns‹ niedergemacht wurde. Und wer war der Kritiker? Marcel Reich-Ranicki.«

25.8.95, 11.12 Uhr

(Zusammenfassung)
Trost aus dem Ausland für Günter Grass – neue Breitseiten im ZDF

Stockholm (dpa) – Der Schriftsteller Günter Grass hat für seinen in Deutschland arg verrissenen Roman »Ein weites Feld« Zuspruch aus Polen und Schweden erhalten. Die schwedische Zeitung »Sydsvenskan« spendete Trost mit einem Hinweis aus der Literaturgeschichte. »Man sollte sich daran erinnern, daß einst auch Nobelpreisträger Heinrich Böll für seinen meisterhaften Roman ›Ansichten eines Clowns‹ niedergemacht wurde. Und wer war der Kritiker? Marcel Reich-Ranicki.« Der populäre deutsche Literaturkritiker bekräftigte dagegen am Donnerstag abend in der ZDF-Live-Sendung »Das literarische Quartett« sein vernichtendes Urteil über den Roman, der seiner Ansicht nach »total langweilig und wertlos« sei.

In Polen wurde »Ein weites Feld« weitgehend positiv aufgenommen. Der Deutschlandspezialist der Wochenzeitschrift »Polityka« Adam Krzeminski schrieb in der jüngsten Ausgabe des Blattes, das Buch sei ein »großartiger Roman mit langem Atem, voller überraschender Einfälle, grotesker Scherze und spöttischer Überlegungen über das deutsche Schicksal der letzten 150 Jahre«. Es sei paradox, daß der im Westen verwurzelte und aus Danzig stammende Grass »den DDR-Leuten das große Epos über die Vereinigung Deutschlands gegeben hat, das sie selbst noch nicht in Angriff genommen haben«, meinte Krzeminski in einer ausführlichen Rezension. Er bedauerte lediglich, daß Polen und Danzig jetzt »ihren Grass« verloren zu haben scheinen, der sich vom Thema Danzig gelöst und in dem »mit Verve, Sarkasmus und Phantasie geschriebenen Buch« der deutsch-deutschen Thematik zugewandt habe.

»Spiegel«-Redakteur Hellmuth Karasek und Karl Corino vom Hessischen Rundfunk warfen Grass im ZDF eine Verfälschung der historischen Wahrheit vor – wenn er beispielsweise die Stasi als menschlich schildere und behaupte, sie hätte zu DDR-Zeiten insgeheim gesamtdeutsch gedacht. Das sei infam gegenüber den Hunderttausenden, die vor den Stasi-Zentralen in Leipzig oder Berlin demonstrierten. Grass habe, sagte Karasek, ein unhaltbares Geschichtsbild: »Wenn ein Autor allen Ernstes am Schluß eines solchen Buches behauptet, es sei alles gleich, nämlich die Nazizeit, die DDR und die heutige Bundesrepublik – Political Correctness hin oder her – dann ist das eine Idiotie.«

Als inakzeptabel bewertete Reich-Ranicki das Verständnis, das Grass von der Literaturkritik habe. Wie NS-Propagandaminister Joseph Goebbels verlange Grass die Beschränkung auf die Darstellung des Inhalts eines Buchs. Das sei aber falsch, Literaturkritik müsse bewerten und urteilen, da müsse Grass »endlich belehrt« werden.

25.8.95, 13.59 Uhr

(Zusammenfassung)
Massive Kritik an Reich-Ranicki - Grass-Roman erschienen

Hamburg (dpa) - Dem Literaturkritiker Marcel Reich-Ranicki, der den am Montag in die Buchhandlungen gekommenen Günter-Grass-Roman »Ein weites Feld« als »unlesbar und absolut wertlos« verrissen hat, schlägt jetzt eine Welle der Empörung entgegen.

Der niederländische Autor Harry Mulisch bezeichnete Ranickis Art der Rezension als »literarische Neuauflage des Führerprinzips«. Schwedens führende liberale Zeitung »Dagens Nyheter« überschrieb am Montag ihre Besprechung mit der Schlagzeile »Lustmord an Grass«. Der Schweizer Autor Gerold Späth warf Ranicki »Stillosigkeit« und »allerlei Entblödungen« vor. Als unerträglich geißelte der Heidelberger Grafiker Klaus Staeck das »Spiegel«-Titelblatt, das Reich-Ranicki beim Zerreißen des Grass-Romans zeigt.

»Man bekommt bei der ganzen Diskussion den Eindruck, Grass sollte regelrecht physisch zertreten werden«, sagte Mulisch der dpa am Rande des Erlanger Poetenfestes am Sonntag abend. »Das ist alles so gnadenlos. Es geht doch nur um ein Buch.« »So einen Großkritiker mit einem solchen Einfluß zu haben ist schon sehr deutsch«, meinte er. In den Niederlanden sei dies undenkbar. Der Bestseller-Autor, von dem über 50 Bücher, Stücke und Essays vorliegen, vermutet hinter der Kritik an Grass politische Motive: »Diese Kampagne ist höchstens zu 30 Prozent literarisch. Der Rest ist Politik.«

Mit einem Plakat ergriff Staeck Partei für Grass in der Auseinandersetzung um den »Spiegel«-Titel. »Vom Umgang mit Büchern - Eine deutsche Fortsetzungsgeschichte« steht in roter Frakturschrift auf dem Poster, das als Ausschnitt des umstrittenen Titelbildes Ranicki beim Zerreißen von Grass' neuem Roman zeigt. Die »Spiegel«-Titelmontage »verläßt das Maß des im alltäglichen Medienzirkus noch Erträglichen«, kritisierte Staeck in einem am Montag verbreiteten Offenen Brief an das Hamburger Magazin. »Spiegel«-Redakteur Hellmuth Karasek hatte dagegen kürzlich die Aufmachung, die auf einem Plakat für die ZDF-Sendung »Das literarische Quartett« basiert, verteidigt. Reich-Ranicki sagte, für ihn sei allein entscheidend, ob durch ein Titelbild mehr Leute seinen Artikel lesen.

Der Rezensent des Stockholmer Blattes, Per Landin, schrieb: »Was sich zu der Grass-Fehde in der letzten Woche in deutschen Zeitungen und im Fernsehen abgespielt hat, weckt Erinnerungen an den Prozeß gegen O. J. Simpson. (...) Daß der ›Spiegel‹ zum x-ten Mal das alternde Kritikerorakel Marcel Reich-Ranicki eine vorhersehbare Rezension schreiben ließ, kann man hinnehmen. Wenn das Blatt den Rezensenten aber auf dem Umschlag Grass' Buch buchstäblich in Stücke reißen läßt, bezeugt das eine Brutalisierung des literarischen Dialogs. Reich-Ranicki spielt die Rolle eines Hohenpriesters in einem medialen Opferritual ...«

In einem der dpa übermittelten Brief solidarisierte sich Späth, der den von Grass gestifteten Alfred-Döblin-Preis erhalten hat, mit dem angefeindeten Autor. Über Reich-Ranicki urteilte Späth: »Macht den Krakeeler, schrill, dreist und schleimherzlich zugleich.« »In alter Freundschaft wünsche ich Dir Wohlergehen und Erfolg«, schließt Späth an Grass.

28.8.95, 15.01 Uhr

»Berlingske Tidende«: Art der deutschen Meinungsbildung beunruhigend

Kopenhagen (dpa) - Die konservative dänische Zeitung »Berlingske Tidende« nimmt in ihrer Dienstagsausgabe zum Streit in der Bundesrepublik über den neuen Roman von Günter Grass, »Ein weites Feld«, Stellung. Der Bonner Korrespondent des Blattes, Ole Bang Nielsen, schreibt in seiner Rezension des Buches:

»Hinter der gewaltsamen Kritik an Grass' Roman ahnt man das Nahen einer der revisionistischen Umschreibungen von Geschichte, mit denen die Deutschen sich schon früher hervorgetan haben. Ein Teil der Kritik an Grass bezieht sich darauf, daß er als Verteidiger des DDR-Staates aufgetreten sei, was eine Reihe von Deutschlands immer lauter werdenden neo-nationalistischen Intellektuellen hervorgehoben haben.

Die Kritik an Grass kann Startschuß zu einer Abrechnung mit der Ostpolitik werden, die Willy Brandt unter anderem mit kräftiger Unterstützung von Grass formulierte. (...) Viele (West-) Deutsche wollen heute am liebsten vergessen, daß man es über fast zwei Jahrzehnte bequem und natürlich fand, ein normales Verhältnis zum Staat DDR zu haben. Das kann vielleicht einen Teil der heftigen Ablehnung von Grass' Roman erklären. Es dürfte aber kaum viele andre Europäer mit Blick auf die Art und Weise beruhigen, in der öffentliche Meinung in diesen Jahren in Deutschland gebildet wird.«

29.8.95, 10.25 Uhr

Vom Umgang mit Büchern
DER SPIEGEL
Günter Grass
Ein weites Feld
Eine deutsche
Fortsetzungsgeschichte

Klaus Staeck

Ingrimstr. 3
69117 Heidelberg

Mein lieber SPIEGEL!

Im gnadenlosen Kampf der Medien um die Denunziationshoheit an der Marktanteilsfront schwinden die letzten Hemmungen.

Ständig wird lauthals das angeblich fehlende gesellschaftliche Engagement der Künstler und Schriftsteller beklagt. Gleichzeitig geraten all jene in eine Art Generalverdacht, die sich politisch einmischen, einen eigenen Standpunkt vertreten und sich den jeweiligen opportunistischen Mehrheitsmeinungen verweigern. Wie schon zu seinen Lebzeiten Heinrich Böll soll nun Günter Grass für seine politische Haltung abgestraft werden.

Es verwundert zunächst nicht allzusehr, daß sich der SPIEGEL zum BILD- und WORT-FÜHRER einer Kampagne gegen Deutschlands bekanntesten Autor macht. Vorbei scheinen die Zeiten, in denen kritische Geister im Hamburger Nachrichtenmagazin einen ebenso kritischen, trotz allem blatteigenen Zynismus, aber doch weitgehend fairen Partner erwarten konnten. In einer als Rezension getarnten Abrechnung mit den politischen Ideen von Günter Grass läßt jetzt der SPIEGEL den um kaum eine selbstinszenierte Eitelkeitsdemonstration verlegenen Medien-Zampano Reich-Ranicki sich in einer Titelgeschichte mal so richtig schön austoben.

Damit muß ein Autor leben. Eine andere Sache ist das Titelbild, auf dem der gleiche Wüterich den neuesten Roman von Günter Grass lustvoll zerreißt. Diese Titelmontage verläßt das Maß des im alltäglichen Medienzirkus noch Erträglichen. Wer offenbar inzwischen jedes Gespür dafür verloren hat, welch unheilvolle Assoziationen ein solches Bild bei vielen Betrachtern auslösen muß, sollte sich einen anderen Job suchen, in dem er weniger Unheil anrichten kann.

Das beigefügte Plakat ist eine Geste der Solidarität mit dem Kollegen Günter Grass.

(Zusammenfassung)
Verkauf von Grass-Roman gut gestartet - »Verriß tut dem Buch gut«

Hamburg (dpa) - Trotz schlechter Literaturkritiken ist der Verkauf des neuen Romans »Ein weites Feld« von Günter Grass in den Buchhandlungen gut angelaufen. Wie eine bundesweite dpa-Umfrage bei Buchhändlern ergab, ist das knapp 50 Mark teure Werk vor allem in Metropolen und Universitätsstädten ein Renner. In Ostdeutschland, wo Grass bis zur Wende weniger bekannt war, ist die Nachfrage dagegen teilweise verhalten. Der Steidl Verlag (Göttingen) hat nach eigenen Angaben die erste Auflage von 100.000 Exemplaren bereits ausgeliefert, weitere 50.000 Stück kommen nächste Woche in den Handel.

»Der Verriß tut dem Buch ganz gut«, hieß es übereinstimmend in vielen Buchhandlungen. »›Das literarische Quartett‹ war eine Werbung für das Buch«, meinte eine Saarbrücker Buchhändlerin über das Echo auf die ZDF-Sendung, in der neben anderen der Literaturkritiker Marcel Reich-Ranicki den Roman als »unlesbar und absolut wertlos« bezeichnet hatte. »Die Menschen haben zwar die vernichtenden Kritiken zur Kenntnis genommen, wollen sich aber gleichwohl eine eigene Meinung bilden und kaufen daher das Buch«, resümierte die Inhaberin einer Buchhandlung in der Universitätsstadt Münster. In Mainz stellte ein Verkäufer sogar einen »Ansturm der Solidarität« mit Grass nach der Sendung fest.

Typisch für das unterschiedliche Interesse in Ost und West sind Verkaufszahlen in Berlin. »Es gibt nichts, was in letzter Zeit bei den Belletristik-Neuerscheinungen so schnell über den Ladentisch gegangen ist wie das neue Grass-Buch«, sagte eine Verkäuferin im West-Berliner Citybezirk Charlottenburg, wo das Buch seit dem 18. August angeboten wird. Der erste Lagerbestand von 130 Stück sei restlos weg, 120 wurden bereits nachbestellt. Im Osten Berlins war die Karl-Marx-Buchhandlung bereits mit 31 verkauften Exemplaren zufrieden. Guten bis sehr guten Absatz meldeten Geschäfte - mit einigen Ausnahmen - in Köln, Magdeburg, München, Kiel, Essen und Duisburg. In der Bonner Universitätsbuchhandlung Bouvier seien die Büchertürme geradezu »weggeschmolzen«.

Zwar nicht wie Blei liege das Buch in den Regalen, aber der Verkauf sei doch eher mäßig, hieß es dagegen in Dresden und Schwerin. Beim ostdeutschen Bücherfreund sitze das Geld halt nicht so locker, hieß es. Aber auch in einigen Geschäften in Stuttgart oder München war die Resonanz »nicht überdurchschnittlich«. Auch in der österreichischen Hauptstadt Wien herrschte in Sachen Grass-Roman Absatzflaute. »Es ist absolut tote Hose«, sagte eine Buchhändlerin, während ein Kollege »nach anfänglichen Schwierigkeiten« einen besseren Verkauf feststellte.

Negative Leserreaktionen erlebten Buchhandlungen bereits in Münster. Eine neue Erfahrung mußte ein kleiner Buchladen in Schwabing machen.

Nach dem »Literarischen Quartett« ging der Verkauf des Romans um etwa 70 Prozent zurück, einige Kunden hätten das Werk sogar »als nicht lesbar« zurückgebracht und vom kapitulierenden Buchhändler ihr Geld erstattet bekommen.

29.8.95, 16.07 Uhr

Grass: In Deutschland sollte man vorsichtig sein mit Büchern

Hamburg (dpa) - Günter Grass hat erstmals öffentlich auf die überwiegend schlechte Aufnahme seines neuen Romans »Ein weites Feld« reagiert. »Nicht das Buch ist das Ereignis, sondern die Reaktion der Medien darauf«, sagte Grass in einem an seinem Ferienort auf der dänischen Insel Møn gegebenen Interview des Hamburger Magazins »Stern«. Für ihn schiebe »sich in der Kultur in erschreckendem Maße das Sekundäre vor das Primäre«. Nur wenn er zerrissen werde, komme der Autor auch noch mal vor.

»Da wir schon über Unflat reden: In einem Land wie Deutschland sollte man weiß Gott vorsichtig sein beim Umgang mit Büchern. Wir haben da eine Vorgeschichte«, sagte der Schriftsteller mit Blick auf das umstrittene »Spiegel«-Titelbild, das den Literaturkritiker Marcel Reich-Ranicki in einer Fotomontage beim Zerreißen seines Romans zeigt. Über den aus Polen stammenden Reich-Ranicki meinte Grass: »Wir haben zwei polnische Päpste. Der eine, in Rom, meint unfehlbar in Fragen sexueller Praxis zu sein. Ich habe da meine Zweifel. Der andere, in Frankfurt, meint unfehlbar im Urteil über Literatur zu sein. Auch da habe ich meine Zweifel.«

Zum Vorwurf, er habe in seinem Buch die DDR-Diktatur verniedlicht, sagte Grass auch als Anspielung auf Ranickis Vergangenheit: »Mir muß niemand Nachhilfe in Demokratie geben, schon gar keine ehemaligen Stalinisten.« Für die Verrisse seines Deutschland-Romans sieht Grass auch politische Gründe: »Die Geschichtslegende von der gelungenen deutschen Einheit wird in meinem Buch in Frage gestellt, und darauf reagieren die Menschen, die an dieser Legende mitgestrickt haben - es sind nicht wenige - wütend, nahezu haßerfüllt.«

Der langfristige Erfolg seines Romans steht für Grass außer Zweifel: »Schon in der ersten Fassung kam mir das Ganze wie ein Wurf vor. Ich bin mir bei diesem Buch ganz sicher, daß mir etwas gelungen ist ... Ich bin - auch wenn das jetzt vermessen klingen mag - sicher, daß dieses Buch sich halten wird. Es ist die dringend notwendige literarische Korrektur und Gegenstimme zu dem, was jetzt schon regierungsamtlich als Geschichte festgeschrieben wird. Auch deswegen - neben literarischen Gründen - wird es bleiben.«

(Achtung: Das Interview lag dpa vorab im Wortlaut vor.)

30.8.95, 11.21 Uhr

Simmel: »Ein an Mordlust grenzender Haß« gegen Grass

Wien (dpa) - In ungewöhnlich scharfer Form hat der österreichische Schriftsteller Johannes Mario Simmel die Kritiker attackiert, die den neuen Grass-Roman »Ein weites Feld« verrissen hatten. »Selbst wenn das Buch, das ich nicht kenne, so schlecht wäre, berechtigt das keinen, Grass mit einem an Mordlust grenzenden Haß zu begegnen, wie es zum Beispiel im Literarischen Quartett geschehen ist«, erklärte Simmel der Zeitschrift »News«.

»Am infamsten« sei es, daß Grass wegen seiner politischen Überzeugung angegriffen werde, meint Simmel. »Daß es in Deutschland Fremdenhaß, Judenhaß und Rechtsradikalismus gibt, kann niemand bestreiten. Daß Grass für seine Ansichten beschimpft wird, zeigt, wie recht er hat.«
(Achtung: Der Beitrag wurde vorab in redaktioneller Fassung veröffentlicht.)

30.8.95, 11.35 Uhr

Grass schlägt paritätisches Gremium zur PEN-Vereinigung vor

Berlin (dpa) - Der Schriftsteller Günter Grass hat eine paritätisch aus Ost und West besetzte Kommission vorgeschlagen, um die umstrittene Vereinigung der beiden deutschen PEN-Zentren vorzubereiten. Bei dieser Rückkehr zur Idee des »Runden Tisches« dürfe man sich aber nicht unter einen »falschen Zeitdruck« setzen lassen, sagte Grass am Sonntag abend auf einem Treffen von PEN-Mitgliedern beider Zentren im Literarischen Colloquium Berlin, das zuvor vom westdeutschen PEN-Generalsekretär Manfred Schlösser als »agitatorisch« und »unkollegial vorbereitet« kritisiert worden war. So hatte es auch mehrere Absagen gegeben, unter anderem von Sarah Kirsch, Günter Kunert und Hans Joachim Schädlich.

Grass äußerte sich erneut empört über den Mainzer Beschluß des westdeutschen PEN-Zentrums vom vergangenen Mai, die Kontakte mit dem Ost-PEN vorerst einzustellen. Er sei zornig gewesen und habe eigentlich damals aus dem PEN austreten wollen, doch habe er sich dann mit anderen Kollegen zu einer Doppelmitgliedschaft in beiden deutschen PEN-Zentren entschlossen. Der Präsident des Ost-PEN, Dieter Schlenstedt, betonte vor Journalisten, das jetzige ostdeutsche PEN-Zentrum sei nicht mehr identisch mit dem PEN-Zentrum der DDR. Im übrigen zeige der Fall der Schriftstellerin Monika Maron auch, daß das Stasi-Problem »nicht nur unser Problem, sondern auch grenzüberschreitend ist«.

An dem Berliner PEN-Treffen nahmen unter anderem noch Johannes Mario Simmel, die westdeutsche PEN-Ehrenpräsidentin Carola Stern, Günter Gaus, Urs Jaeggi, Adolf Muschg, Thomas Reschke, Rolf Schneider, Friedrich Schorlemmer, Klaus Staeck und Thomas von Vegesack teil.

4.9.95, 0.27 Uhr

Grass bei Lesung in der Berliner Kulturbrauerei gefeiert

Berlin (dpa) – Nachdem die Medien den neuen Roman von Günter Grass »Ein weites Feld« verrissen haben, kann der Schriftsteller offensichtlich fest mit seiner Leserschaft rechnen. Die erste Lesung nach Erscheinen des Buches am Montag in der Berliner Kulturbrauerei wurde für den Autor ein voller Erfolg. Die erwartete Diskussion blieb jedoch aus.

Zu den Besuchern im überfüllten Kesselhaus gehörten zahlreiche Prominente, darunter der Schriftsteller Stefan Heym und die Bundestagsvizepräsidentin Antje Vollmer. Trotz »einiger Hinrichtungen in den letzten Tagen« lebe er noch und gedenke es auch weiter zu tun, meinte Grass zu Beginn. Er werde sich das Wort nicht verbieten lassen, wenn es um die »Verwerfungen der deutschen Einheit« gehe.

Die Kulturbrauerei in Prenzlauer Berg ist einer der Handlungsorte des Romans. Mit Bedacht hatte der Autor bei den Texten jenes Kapitel ausgewählt, das in der früheren Schultheissbrauerei und dem heutigen Kulturzentrum spielt. Nach fast einstündigem Vortrag, der mehrfach mit Lachen und am Schluß mit viel Beifall quittiert wurde, gab Grass die Richtung für die Diskussion an: »Bitte fragen Sie nicht nach der Kritik. Darüber weiß ich auch nichts.«

Nicht einmal eine Handvoll Fragesteller fanden sich. Auf die Bemerkung, ob er nicht Angst habe, selbst zu zündeln, wenn er die Treuhand in Flammen aufgehen lasse, meinte Grass; »Ich bin nur der Überbringer der schlimmen Botschaft.« Die Treuhand sei ein »barbarisches Element der Abwicklung ohne Rücksicht auf Menschen, menschliche Existenz und Biographien«. Der Autor widersprach dem Vorwurf, die Gestalt des ewigen Spitzels Tallhover sei zu »liebevoll« beschrieben. Er wolle mit seinem Roman auch die »Stasi entdämonisieren«. Neben Ledermantel und Schlapphut gehörte zu dem teuflischen System auch die Fürsorge, meinte Grass.

5.9.95, 0.09 Uhr

Breuel von Grass' Darstellung der Treuhand enttäuscht

Berlin (dpa) – Die Ex-Treuhandchefin Birgit Breuel ist enttäuscht über die Darstellung der Treuhand in dem neuen Roman »Ein weites Feld« von Günter Grass. Sie finde darin nur die »bekannten Abziehbilder vom Plattmachen, vom Schnäppchenjagen, von der Abwicklung, von der Kaltherzigkeit«, schreibt Frau Breuel in einem Bericht in der neuesten Ausgabe der »Wirtschaftswoche«.

Grass, so die Politikerin, sei 1993 in der Treuhandanstalt mit offenen Armen empfangen worden. Die Mitarbeiter hätten ihm Berge von Materialien besorgt und ihm das Haus gezeigt. »Nun ist der Roman da, aber ich finde darin nichts von dem, was uns in der Treuhandanstalt wirklich bewegt hat«, urteilt Birgit Breuel. Nicht weil es die Treuhandanstalt gegeben habe, sei für Millionen Menschen der Arbeitsplatz unsicher geworden. Eine Weiterexistenz der DDR habe die Mehrheit nicht gewollt.

»Das alles kommt bei Grass nicht vor«. Ihm scheine es verlockender, die schlichte Legende von der Installation der Treuhandanstalt durch Bonn zu schreiben. Kritik übte die Politikerin auch an der Einstellung des Autors zu dem Mord an ihrem Vorgänger Detlev Karsten Rohwedder. Sie finde es in höchstem Maße ärgerlich, unanständig und falsch, wie Grass mit dem Mord umgehe. Ungeheuerlich findet Birgit Breuel die Äußerung des Autors: »Wer ein solches menschenverachtendes Instrument wie die Treuhand ins Leben ruft, muß sich nicht wundern, wenn darauf terroristisch reagiert wird«.

7.9.95, 15.52 Uhr

CSU/Parteitag
(Extra)
Waigel wirft Grass »Geschlichtsklitterung« beim Thema Treuhand vor

München (dpa/lby) - CSU-Chef Theo Waigel hat dem Schriftsteller Günter Grass »üble Geschichtsklitterung« wegen dessen Darstellung der Treuhandanstalt vorgeworfen. Der Bundesfinanzminister empörte sich über eine Äußerung des Autors zur Ermordung von Treuhand-Chef Detlev Rohwedder: Grass habe in einem Interview gesagt, wer ein »solch menschenverachtendes Instrument« wie die Treuhand ins Leben rufe, brauche sich nicht zu wundern, wenn darauf terroristisch reagiert werde. »Ich bin nicht bereit, diese Gemeinheit zu akzeptieren«, rief Waigel. Im neuen Grass-Roman »Ein weites Feld« spielt die Treuhandanstalt eine wichtige Rolle.

9.9.95, 13.19 Uhr

Grass-Rezension in Norwegen: Zuviel Bauchrednerei im »Weiten Feld«

Oslo (dpa) - Vorwiegend negativ ist das Urteil der führenden norwegischen Tageszeitung »Aftenposten« über den neuen Grass-Roman »Ein weites Feld« ausgefallen. In einer am Dienstag veröffentlichten Rezension meinte der Stockholmer Literaturjournalist Gabi Gleichmann, Grass habe »ein weder künstlerisch noch ideologisch bedeutendes Buch« vorgelegt. Über die Hauptperson des Romans, Wuttke, meinte Gleichmann: »Allzu oft hört man durch ihn Grass als Bauchredner Dinge über Deutschland sagen, die er im Lauf der letzten Jahre schon im Fernsehen gesagt oder in Artikeln niedergeschrieben hat.« Mit jeder Seite werde es schwieriger für den Leser, interessiert zu bleiben.

Kritisch äußert sich der Rezensent über die Aufnahme des Buches in

Deutschland, die von »Vulgarisierung« durch die Massenmedien geprägt gewesen sei: »Presse und Fernsehen haben einen grandiosen Gladiatorenkampf inszeniert.« Über die scharfen Angriffe gegen Grass meinte Gleichmann: »Grass wird nicht das erste Mal öffentlich geschlachtet und verhöhnt. Aber nie zuvor waren die Angriffe gegen ihn so schmutzig und infam.«

12.9.95, 18.23 Uhr

Dohnanyi hält Günter Grass »Verunglimpfung« der Treuhand vor

Hamburg (dpa/lno) - Der frühere Hamburger Bürgermeister Klaus von Dohnanyi (SPD) hat dem Schriftsteller Günter Grass vorgeworfen, er habe in seinem neuen Roman »Ein weites Feld« die Treuhand und ihre Mitarbeiter verunglimpft. In einem am Mittwoch bekannt gewordenen Offenen Brief Dohnanyis, der in der neuesten Ausgabe des Magazins »Stern« erscheint, wirft Dohnanyi dem Schriftsteller vor, die »pauschale Verdammung der Treuhand« in dem Roman sei »ohne jedes Fundament und sehr ungerecht«.

Dohnanyi, der selbst als Vertreter der Treuhand »an dem schwierigen Weg der Privatisierung« beteiligt war, meint in seinem Offenen Brief, unzählige Menschen hätten hart gearbeitet, um die Betriebe in der früheren DDR wiederaufzubauen. »Wie kommst Du jetzt dazu, dies als ›menschenverachtend‹ zu bezeichnen?« fragt der Politiker den Autor, mit dem er nach Angaben des »Stern« befreundet ist. Grass sei nicht in der Lage, Alternativen zur Privatisierung durch die Treuhand zu nennen. Statt dessen schiebe er in seinem »ökonomischen Wolkenkuckucksheim« praktische Fragen »mit leichter Hand« beiseite und folge seinen Gefühlen.

Eine solche Haltung kann Grass nach Ansicht des Politikers zwar als Autor in seinem Roman an den Tag legen, nicht jedoch als »öffentlich respektierter Mahner in Sachen Demokratie und Gesellschaft«. Ein Mann von der literarischen Statur wie Günter Grass dürfe mit Fragen der Politik nicht umgehen wie ein »spätgeborener Alchimist«. Grass habe mit seiner Kritik »jeden Respekt als Figur des öffentlichen Dialogs verspielt«, stellt Dohnanyi in seinem Offenen Brief fest.

13.9.95, 15.56 Uhr

Ernst Jünger lobt »schöne Sprache« des Grass-Romans

Paris (dpa) - Der Schriftsteller Ernst Jünger hat die »sehr schöne Sprache« des Günter-Grass-Romans »Ein weites Feld« gelobt und Stellung gegen eine politisierte literarische Kritik bezogen. In einem Beitrag über die Grass-Affäre, den die französische Zeitung »Le Figaro« am Donnerstag veröffentlichte, meinte der 100 Jahre alte Autor: »Ja, ich bin dabei, den Roman zu lesen. Er ist in einer sehr schönen Sprache geschrieben, und ich finde ihn interessant.« Die politisierte Kritik interessiere ihn nicht. »Sie unterteilt die Welt in Schwarz und Weiß und ist überhaupt nicht kompetent, um ein Werk in literarischer Hinsicht zu beurteilen«. Sie könne nur entstellen und verfälschen.

Verhaltener reagierte der französische Schriftsteller Michel Tournier (»Der Erlkönig«) in dem »Figaro«-Beitrag. »Ideell zielt ein literarisches Werk nur auf den literarischen Wert und sollte nur unter diesem Gesichtspunkt beurteilt werden«, schrieb Tournier. »Doch beinhaltet die geistige Freiheit des Lesers nicht, daß er ein Werk nicht genauso gut unter einem religiösen, politischen, medizinischen, wissenschaftlichen usw. Blickwinkel betrachten darf?« Grass habe ganz genau gewußt, daß er mit »Ein weites Feld« Diskussionen auslösen würde, die der Literatur völlig fremd seien, meinte Tournier. Das Werk sei gleichermaßen Pamphlet und Roman. »Der Faschismus von Céline, der Katholizismus von Claudel oder der Kommunismus von Aragon nimmt mir die Lust an ihren Werken«, schrieb Tournier: »Ich habe damit sicher unrecht.«

Der Schriftsteller Michel Déon, einer der »Unsterblichen« der Académie Française, rechnete Grass (»zumindest«) den Verdienst an, keine »Wetterfahne« zu sein. »Grass hat sich niemals als Verteidiger von Freiheit und Demokratie vorgestellt. Er hat immer auf der Seite autoritärer Staaten gestanden, vorausgesetzt, daß sie für sich beanspruchten, links zu sein.«

Den Autor Tahar Ben Jelloun erinnert die Affäre Grass an das, »was uns in der arabisch-islamischen Welt in den letzten Jahrzehnten passiert«. Er endet mit der Schlußfolgerung: »Es gibt keine geistige Freiheit, wenn das Recht, sich selbst die heikelste Geschichte auszudenken oder noch einmal zu erfinden, nicht respektiert wird.«

14.9.95, 12.47 Uhr

Grass: Deutschland »ungastlicher« und »härter« geworden

Lübeck (dpa) - Heftige Kritik an der Situation in Deutschland hat der Schriftsteller Günter Grass geübt. Das Land sei »ungastlicher« und »härter« geworden, sagte er in einem Interview mit den »Lübecker Nachrichten« (Sonntag-Ausgabe). »Die Wiederkehr des Manchester-Kapitalismus ist eine verhängnisvolle Entwicklung. Nun glaubt man, all die Fortschritte zerschlagen zu dürfen, den Sozialvertrag brechen zu können«, wird Grass in dem Interview zitiert. Das geschehe zu einer Zeit, in der die Opposition »horrend geschwächt« sei.

Das sei »ein fataler Vorgang«. Die SPD müsse endlich erkennen, daß sie nur im Bündnis mit den Grünen in der Lage sein werde, ihr Programm als Regierungspartei durchzusetzen, sagte Grass. Zu der von Politikern geäußerten Kritik an seinem neuen Roman »Ein weites Feld« meinte der Autor: »Es ist das Bedürfnis derer, die sich zu den Siegern rechnen, den Prozeß der deutschen Vereinigung als geglückt und abgeschlossen zu historisieren. Und dem widerspricht das Buch. Das stört die Politiker und verstört sie auch«. (Achtung: Das Interview wurde dpa in redaktioneller Fassung übermittelt.)

23.9.95, 17.18 Uhr

(dpa-Umfrage)
Offensive Literaturwerbung wird in der Verlagsbranche gebilligt

Frankfurt/Main (dpa) – Mit seinem Werbefeldzug für den neuen Grass-Roman »Ein weites Feld« hat der Steidl Verlag (Göttingen) neue Seiten aufgeschlagen. »Am liebsten würden wir etwas Ähnliches machen«, bekennt der Werbeleiter des Econ Verlages (Düsseldorf), Eckhard Waasmann, auf der Frankfurter Buchmesse. Erstmals sei nicht für Unterhaltungsliteratur, sondern für einen »Liebling des Feuilletons« so laut getrommelt worden, meint die Sprecherin des Münchner Heyne Verlages, Gudrun Rohe.

Der offensive Werbevorstoß für einen anspruchsvollen Autor geht auf ausgeklügelte Strategien zurück. »Das war ein geschicktes Agieren mit Meldungen und Nachrichten, um den Spannungsbogen nicht abknicken zu lassen«, beschreibt Gerhard Steidl sein Vorgehen. Sein Werbeprogramm mit rund 4500 verschickten Rezensionsexemplaren und zahlreichen Presseerklärungen hat dem Verleger nach eigenen Angaben auch Schelte eingebracht. So gebe es massive Kritik vom Börsenverein des Deutschen Buchhandels, weil jemand mit einer neuen Idee vorgeprescht sei. »Die Branche ist verschlafen wie nix.«

Der Literaturkritiker Marcel Reich-Ranicki, der als der prominenteste in Deutschland gilt, paßte haargenau ins ausgeklügelte Werbekonzept. Nicht zuletzt seine Verrisse im Nachrichtenmagazin »Der Spiegel« und im Fernsehen machten auf den Roman aufmerksam. »Reich-Ranicki hat alles getan, um Steidl viel Werbegeld zu ersparen und das Buch schnell auf die obersten Plätze der Bestsellerlisten zu befördern«, meint der Sprecher des Verlags Hoffmann und Campe (Hamburg), Frank Scheffter. Geschäftsführer Helmut Dähne vom Rowohlt Verlag (Reinbek) stimmt zu: »Der Schlagabtausch hat das Buch vier Grade bekannter gemacht, als es durch die Werbung war.«

Die Verlagshäuser hat Steidls Werbe- und Medienkampagne teilweise verschreckt. »Bei Suhrkamp-Autoren ist es nicht vorstellbar, in dieser Weise in die Öffentlichkeit zu gehen«, gibt der Assistent der Geschäftsleitung des Frankfurter Verlags, Philip Roeder, zu bedenken. Auch S. Fischer (Frankfurt) sieht die Verkaufskampagne aus Göttingen zurückhaltend: »Werbung muß dem Kulturgut Buch adäquat sein«, verlangt Geschäftsführer Wolfgang Mertz. Sein Verlag denke zwar auch darüber nach, wie Bücher ins Gespräch gebracht werden könnten, auf die Art wie Steidl werde Fischer aber sicher keine Werbung machen. Für den Berliner Aufbau-Verlag hat sich der Göttinger Verlags-Chef »ordentlich aus dem Fenster gelehnt«. Nachahmer oder eine Änderung der Werbestrategie in der Branche sieht Aufbau-Sprecherin Barbara Stang nicht.

Trotz aller Kritik ist sich die Branche auf der Buchmesse einig: Der Roman von Günter Grass mit einer verkauften Auflage von 205.000 Exemplaren und Lizenzverträgen mit 21 ausländischen Verlagen hat sich zum Bestseller des Herbstes entwickelt. Eine fünfte Auflage mit 25.000 Stück wird gedruckt. Steidl nutzt diesen Erfolg und geht seinen Werbeweg weiter. Sein Verlag lasse sich bereits etwas Neues einfallen, verrät er. Für den Fotoroman »Faust« von Modezar Karl Lagerfeld werde Anfang November in München eine »inszenierte Veranstaltung« vorbereitet.

13.10.95, 1.36 Uhr

Beim Aquarellieren fällt die Kritik von Grass »sofort ab«

Nidda (dpa/lhe) - Kritik an seinem literarischen Werk, insbesondere auch die Kritik an seinem jüngsten Roman »Ein weites Feld« scheint den Schriftsteller Günter Grass nicht lange zu beschäftigen. Wenn er ein Buch abgeschlossen habe, wende er sich sofort seinem gelernten Handwerk, dem Zeichnen und der Bildhauerei zu, sagte Grass am Donnerstag abend zum Auftakt einer Lesung aus seinem neuen Werk in Nidda (Wetteraukreis). Und wenn die Kritiker nicht gerade freundlich auf das Buch reagierten, wie jüngst auf »Ein weites Feld«, gehe er mit seiner Frau und dem Hund in den Wald. »Da kann ich aquarellieren, mit zwei Tuborgflaschen dabei, und die Kritik fällt sofort ab, so leicht ist das«, sagte er vor rund 900 Zuhörern im Bürgerhaus der hessischen Kleinstadt.

13.10.95, 9.44 Uhr

Fontane-Gesellschaft: Kontroverse Auffassungen zum Grass-Roman

Cottbus (dpa) - Der Roman »Ein weites Feld« von Günter Grass ist am Sonntag auf der Jahresversammlung der Theodor-Fontane-Gesellschaft in Cottbus kontrovers diskutiert worden. Ein Teil der Mitglieder distanzierte sich in einem Forum von den politischen Wertungen und sah anders als Grass keine Parallelen zwischen der nationalen Entwicklung im 19. Jahrhundert und der deutschen Gegenwart. Positiv wurde die große Sachkenntnis der Biographie Theodor Fontanes und seiner Lebensstationen hervorgehoben. Im Gegensatz zum negativen Urteil der Literaturkritik bewerteten die meisten Mitglieder der Fontane-Gesellschaft den Roman jedoch eher positiv. Den rund 860 Mitgliedern der Gesellschaft soll in den kommenden »Fontane-Blättern« die Möglichkeit zur Auseinandersetzung mit dem Werk gegeben werden. Auch ist geplant, Grass zu einer Lesung bei der Fontane-Gesellschaft einzuladen.

15.10.95, 16.38 Uhr

Fallada-Preis wird Günter Grass verliehen

Neumünster (dpa) - Der Hans-Fallada-Preis der Stadt Neumünster geht in diesem Jahr an den Schriftsteller Günter Grass. Die Auszeichnung ist mit 10.000 Mark dotiert. Wie die Kulturdezernentin der Stadt, Theda Fresemann, am Freitag sagte, soll mit dem Preis der jüngste, heftig diskutierte Roman des Autors »Ein weites Feld« gewürdigt werden. Die Auszeichnung wird Schriftstellern aus dem deutschsprachigen Raum zuerkannt, die »in literarisch bedeutsamer Form Gegenwartsprobleme mit politisch-sozialem Hintergrund behandeln«.

Der Fallada-Preis wurde 1981 erstmals verliehen. Anlaß war die 50. Wiederkehr des Erscheinens des Romans »Bauern, Bonzen und Bomben«, der in Neumünster spielt. Erster Preisträger der alle zwei Jahre verliehenen Auszeichnung war Erich Loest, 1993 erhielt Helga Schubert die Auszeichnung.

1.12.95, 13.10 Uhr

Grass verlegt ersten Wohnsitz von Berlin nach Lübeck

Lübeck (dpa) - Der Schriftsteller Günter Grass verlegt seinen ersten Wohnsitz von Berlin nach Lübeck. Das gab der 68jährige Autor am Mittwoch anläßlich seiner Eintragung in das Goldene Buch der Hansestadt bekannt. »Dies ist keine Entscheidung gegen Berlin, sondern eine Entscheidung für Lübeck«, sagte Grass im Lübecker Rathaus. Der Schriftsteller will bereits in wenigen Tagen sein Sekretariat, das bislang in seinem Berliner Haus war, nach Lübeck verlegen. In der Hansestadt will Grass in einem historischen Altstadthaus »dauerhaft Quartier beziehen«.

Als Gründe für seinen Umzug nannte der Schriftsteller, der seit 1987 zusammen mit seiner Ehefrau einen ehemaligen Bauernhof südlich von Lübeck als Zweitwohnsitz nutzt, die »Nähe zu Thomas Mann und Willy Brandt und das Wiedererkennen des hanseatischen Danzig im Lübecker Stadtbild«. Grass, der 1927 in Danzig geboren wurde, ist neben dem ehemaligen Lübecker Kommunalpolitiker Hans-Lothar Fauth der einzige deutsche Ehrenbürger der heute zu Polen gehörenden Stadt Danzig.

7.12.95, 11.51 Uhr

(Wochenendzusammenfassung)
60 Jahre Fontane-Archiv - Schenkung von 20 Briefen

Potsdam (dpa/bb) - Eines der bedeutendsten Literaturarchive in Deutschland, das Theodor-Fontane-Archiv in Potsdam, begeht in diesen Tagen sein 60jähriges Bestehen. Am Wochenende erhielt es dazu im Beisein von Brandenburgs Kulturminister Steffen Reiche (SPD) als Geburtstagsgeschenk von einer Heidelberger Familie 20 Briefe Fontanes, die seit Kriegsende als verschollen galten. Fontane schrieb sie 1871 aus den französischen Städten Reims und Metz, wo sich der Schriftsteller auf den Schauplätzen des deutsch-französischen Krieges für sein späteres Kriegstagebuch umsah.

Aus Anlaß des Jubiläums, zu dem auch eine literarisch-musikalische Soiree im Alten Rathaus gehörte, legte das Archiv erstmals eine umfassende Dokumentation über seine Geschichte und die bisherige Arbeit vor (»Theodor Fontane Archiv Potsdam 1935–1995 - Berichte, Dokumente, Erinnerungen«), mit zum Teil bisher unveröffentlichten oder wenig bekannten Materialien.

Es verfügt mittlerweile über etwa 20.000 bibliographische Einheiten, rund 2600 Handschriften wie Manuskripte, Briefe, Notizen und Tagebücher, etwas 5000 Abschriften von verschollenen Briefen, Gedichten und Kritiken Fontanes sowie 11.000 Ausschnitte aus Zeitungen und Zeitschriften zum Teil schon aus der Zeit Fontanes. 148 Bücher stammen aus der Handbibliothek des 1898 in Berlin gestorbenen und hier beigesetzten Schriftstellers.

Der Nachlaß Fontanes wurde schon vor dem Zweiten Weltkrieg zu einem großen Teil in alle Winde zerstreut, durch fahrlässigen Umgang, Versteigerung und schließlich Plünderung. Die Geburtsstunde des Archivs schlug, als am 18. Dezember 1935 die Provinzialverwaltung des Landes Brandenburg die damals noch umfangreichen Nachlaßbestände von den Fontaneschen Erben nach schwierigen Verhandlungen um den Kaufpreis erwarb, soweit die wertvollen Dokumente nicht schon auf Auktionen versteigert worden waren. Nach der deutschen Vereinigung gab es einen Streit um die Verlegung des Fontane-Archivs nach Berlin, was schließlich zugunsten Potsdams entschieden wurde.

Einer der fleißigsten Nutzer des Archivs war in den zurückliegenden zwei Jahren ein junger Wissenschaftler von der Technischen Universität Berlin, der, wie sich später herausstellte, im Auftrag von Günter Grass für dessen Berlin- und Fontane-Roman »Ein weites Feld« recherchierte. Grass selbst ließ sich erst nach dem Erscheinen des Buches im Archiv sehen, wie dessen Leiter Manfred Horlitz vor Journalisten berichtete. Dabei habe es ein ausführliches Gespräch über das Buch gegeben. »Ich sagte ihm, daß 100 Seiten weniger und eine etwas bessere Durchschaubarkeit dem Buch sicherlich gutgetan hätten, worauf Grass nur den Kopf wiegte und meinte: ›Aber wie ...‹«

Es sei nun mal ein Buch, das man mehrmals lesen müsse, meint Horlitz.

Der Fontane-Experte des Berliner Aufbau-Verlages, Gotthard Erler, berichtete, Grass habe entscheidend zum Absatz von Fontanes Büchern beigetragen. Die ursprünglich geplanten 3000 Exemplare der Verlagssonderausgabe von Fontanes »Berliner Frauen-Romanen« habe bei weitem nicht ausgereicht, bisher seien schon 25.000 Exemplare verkauft worden.

Minister Reiche teilte mit, das Fontane-Archiv werde vermutlich im Frühjahr von der Dortusstraße in geeignetere und günstiger gelegene Räume am Bassinplatz umziehen. Für den zum Jahreswechsel aus Altersgründen ausscheidenden Leiter des Archivs, Manfred Horlitz, werde ein Nachfolger gesucht.

10.12.95, 12.27 Uhr

Grass über Reich-Ranicki: »Mit dem Mann spreche ich nicht mehr«

Berlin (dpa) - Günter Grass will nach der harten Kritik an seinem Buch »Ein weites Feld« nichts mehr von Marcel Reich-Ranicki wissen. »Mit diesem Mann spreche ich nicht mehr«, sagte Grass in einem Interview der Illustrierten »Bunte«. Grass spricht von einem »Vernichtungsversuch« und meint: »Das sind ja keine Argumente, es ist eine Handgreiflichkeit!« Für ein Gespräch gäbe es keine Grundlage mehr.

Auch das Tischtuch zwischen Grass und Hellmuth Karasek ist zerschnitten. Grass hält Karasek für das umstrittene »Spiegel«-Titelbild zu der Reich-Ranicki-Rezension im vergangenen Sommer verantwortlich. »Karasek kommt mir nicht mehr in die Wohnung.« Seinen Berlin- und Fontane-Roman »Ein weites Feld« über 100 Jahre deutscher Geschichte bezeichnete Grass in dem Interview als einen »wesentlichen Beitrag zum Prozeß der deutschen Einheit«.

(Das Interview wurde dpa vorab im Wortlaut zur Verfügung gestellt.)

13.12.95, 4.04 Uhr

Günter Grass erhält wichtigsten dänischen Kulturpreis

Kopenhagen (dpa) - Günter Grass erhält die mit Abstand wichtigste kulturelle Auszeichnung Dänemarks, den mit 500.000 Kronen (rund 130.000 Mark) dotierten Sonning-Preis. Wie die Kopenhagener Universität am Donnerstag bekanntgab, wird der Preis für bedeutende Verdienste um die europäische Kultur an den 68jährigen Schriftsteller »als Anerkennung für sein künstlerisches Gesamtwerk und sein politisches Engagement« verliehen.

Grass ist der zweite deutsche Sonning-Preisträger. 1987 hatte der Frankfurter Philosoph Jürgen Habermas die Auszeichnung erhalten. Zu den Trägern des nach dem 1937 gestorbenen Schriftsteller C. I. Sonning benannten

Preises zählen auch der schwedische Filmregisseur Ingmar Bergman, die französische Schriftstellerin Simone de Beauvoir und der tschechische Präsident Vaclav Havel. Günter Grass, der seit den sechziger Jahren ein Sommerhaus auf der dänischen Ostseeinsel Møn besitzt, soll die Auszeichnung am 19. April in Kopenhagen überreicht bekommen.

In der Begründung für die Vergabe hieß es über Grass: »In seiner schriftstellerischen Arbeit, die zu den bedeutendsten in deutscher Sprache gehört, ist Grass ein scharfer und präziser Kritiker der westdeutschen Gesellschaft gewesen, ohne daß diese Kritik ihn dazu brachte, das kommunistische Regime in der DDR mit milderen Gefühlen zu betrachten.« Über die aktuelle Diskussion in Deutschland zu der Position des Schriftstellers nach der Vereinigung meinten die Sonning-Juroren: »Seine Stimme ist ein wichtiger Beitrag und ein zum Nachdenken anregendes Korrektiv derzeit dominierender Strömungen.«

21.12.95, 16.05 Uhr

Christo, Grass und Schimmel - die kulturpolitischen Stürme 1995
Von Wilfried Mommert, dpa

Berlin (dpa) - Der Amerikaner Christo verhalf den Deutschen mit seinem Berliner Kunstwerk »Verhüllter Reichstag« zu einem völlig neuen Republikgefühl. Günter Grass entfachte mit seinem umstrittenen Fontane-Roman »Ein weites Feld« einen Literaturstreit, und die Orientalistin Annemarie Schimmel stand wegen des ihr verliehenen Friedenspreises des Deutschen Buchhandels im Mittelpunkt der allgegenwärtigen Ängste vor dem Islam. 1995 war ein kulturpolitisch bewegtes Jahr, das nicht zuletzt auch von den immer bedrohlicher erscheinenden Sparzwängen in den Kulturhaushalten der Kommunen geprägt wurde.

Die Reichstagsverhüllung in den heißen Sommertagen war nach einer Kritikerumfrage die »Ausstellung des Jahres«. Innerhalb von 14 Tagen strömten fünf Millionen Menschen zusammen, um etwas zu bestaunen, für das alle keine rechten Worte fanden und von dem die meisten einfach nur fasziniert waren. Christo wagte sich an das »Dem deutschen Volke« gewidmete Nationalsymbol mit unbekümmerter Leichtigkeit heran und machte über Nacht den seltsam schimmernden »Eiskristall« zu einem ungeahnt friedvollen, multikulturellen Treffpunkt. Ein Lächeln lag über der manchmal ruppigen Hauptstadt, und manche sprachen sogar hoffnungsfroh von einem guten Vorzeichen für die neue Berliner Republik.

Tiefe Gräben riß dagegen die Verleihung des Friedenspreises des Deutschen Buchhandels an die Orientalistin Annemarie Schimmel auf, der vorgeworfen wurde, das iranische Todesurteil gegen den Schriftsteller Salman Rushdie gutzuheißen oder zumindest Verständnis dafür zu haben. Der

PEN-Klub wollte die Preisverleihung verhindern, die aus Bangladesch vor ähnlicher Bedrohung geflüchtete Schriftstellerin Taslima Nasrin nannte die Preisverleihung eine Schande für ganz Deutschland.

Bundespräsident Roman Herzog ließ sich davon nicht beirren und rief zu einer differenzierenden Betrachtung des Islam und zu einem Dialog zwischen den Kulturen auf, den es allerdings nur ohne Morddrohungen geben könne. Annemarie Schimmel selbst warnte in ihrer Frankfurter Dankrede davor, den Islam aus rein westlicher Sicht zu beurteilen und damit zu mißdeuten. Mehr Verständnis füreinander, lautete die Botschaft.

Nichts davon zwischen Günter Grass und seinen Kritikern - jedenfalls sieht der Schriftsteller selbst das so, von dem viele den zentralen Roman der deutschen Wiedervereinigung erwartet hatten. Die niederschmetternden Kritiken zu seinem neuen Buch bestätigten den Autor in seinen Ansichten über die hiesige Literaturkritik. Er spricht von einem »Triumph der Leser« und einer »politischen Abstrafung« seiner kritischen Haltung gegenüber der Art und Weise der deutschen Wiedervereinigung. Das immerhin 784 Seiten starke Buch wurde über 250.000 Mal verkauft.

Die meisten Kritiker bemängelten jedoch nicht den Inhalt des Werks, sondern seinen Stil, die allzu ausufernde Geschwätzigkeit und die oft nur für echte Fontanekenner nachvollziehbaren Anspielungen des Romans. Eine Minderheit von Kritikern dagegen, darunter der Berliner Herausgeber der Werke Theodor Fontanes, Gotthard Erler, prophezeien dem »Roman über ein deutsches Jahrhundert« eine dauerhafte Stellung in der deutschen Literatur.

Grass, der Ende des Jahres auch demonstrativ ankündigte, seinen ersten Wohnsitz aus der alten und neuen Hauptstadt Berlin mit ihrer brodelnden Autoren- und Verlagsszene nach Lübeck zu verlegen, hat sich auch in dem kulturpolitischen Streit einer Annäherung der beiden deutschen PEN-Zentren zu Wort gemeldet - mit einer Drohung. Er will den westdeutschen PEN verlassen, falls der sich weiterhin einer Vereinigung mit der ostdeutschen Autorenvereinigung widersetzen sollte. Grass und 80 andere PEN-Mitglieder sind inzwischen Doppelmitglieder in beiden deutschen PEN-Zentren.

27.12.95, 1.36 Uhr

Rezensionen

Alle Katzen werden grau

Der neue Grass: Nach zehn Jahren Zorn ein eher zahnloser Roman

VON ANDREAS ISENSCHMID

Verstehen kann man das schon. Es gibt auf dieser Welt nicht viel Liebenswerteres als den alten Fontane. Seine Bücher sind leicht, sein Stil ist mürb, sein Deutsch geschmeidig wie Gesang. Er setzt einen mitten ins Deutschland seiner Zeit und hält doch wunderbar Distanz dazu. Er tut das alles mit einer Ironie, die weder zynisch versalzen noch kritisch verkühlt ist. Er tut es mit Wärme, doch ohne falsche Versöhnung. Kein Wunder also, dass Autoren sich in diesen Vorgänger verlieben. Nach Thomas Mann hat es mit dem Fontanismus nun auch Günter Grass erwischt – 780 wohlabgehangene Seiten dick ist sein neuester Roman, die meisten handeln vom alten Fontane und dem neuen Berlin unserer Tage. Und alle saugen zitatreich an Fontanes Geist. Und das ist nun, näher besehen, am allerleichtesten verständlich.

Grass hat etwas lange nach einer Maxime gelebt, mit der es unsereins noch nicht mal vierundzwanzig Stunden aushielte. Sie kam aus der Schweiz, wurde, wie Grass berichtet, «leicht stotternd», dafür «wiederholt» vorgetragen. «Nicht weise werden, zornig bleiben», lautete sie. Der Ratgeber hiess Max Frisch. Man kann es mit dieser Maxime indes auch übertreiben. Und das hat Grass in seinem publizierten Zorn der letzten Jahre entschieden getan.

Der Mann, der federleichte Gedichte schreiben kann und dessen grafisches Werk den feinsten Strich zeigt, der Mann einfühlsamer und feinziselierter literarischer Essays begann nämlich die letzten Jahre auf einmal die Öffentlichkeit mit politischen Essays zu traktieren, die mit dem Holzhammer geschrieben schienen.

Es geht hier nicht darum, ob Grass mit seinen politischen Urteilen recht hat. Ich fürchte, er hat es nur zu sehr. Auch versteht man die Einsamkeit eines Linken in Zeiten von Kohl und Wurstigkeit. Es geht einzig um den unproduktiven Gebrauch, den Grass von seinem Schmerz gemacht hat. Die politischen seiner Essays waren weder überraschend noch lehrreich. Sie zeigten nur noch Grassens Schmerz, doch der ästhetische und politische Ertrag tendierte Richtung Leserbrief. Grass hatte sich in seinem Zorn unter Niveau verrannt. Ein Tonartenwechsel war überfällig. Und der bahnte sich an, als Grass sich einmal von der deutschen Öffentlichkeit besonders weit zurückgezogen hatte.

Affäre in Kalkutta

Es war vor neun Jahren, im August 1986, unser Autor hatte sich nach Kalkutta abgesetzt, als er eines Tages seine Frau im Garten mit einem Liebhaber überraschte. «Ein älterer Herr (in meinem Alter)», sieht Grass und muss weiter sehen, wie Ute den andern «zum Lächeln einlädt. Plötzlich, wie zufällig, lag auf seinem rechten Unterarm ihre linke Hand.» «Da ist was», sagt sich Grass, «da tut sich was, und zwar schon seit Jahren. Sie hat was mit einem vielzitierten Kollegen von dir, ein Verhältnis.»

Es hatte sich was getan. Der Mann, mit dem Grass seine Frau ertappt hatte, war kein Geringerer als der alte Theodor Fontane. Doch das Ertappen geschah im Traum. Grass hatte im südlichen Kalkutta «nördlich» geträumt – und sich dabei im Traum mit seinem neuen Roman infiziert. Auf den folgenden Seiten seines Kalkutta-Tagebuchs («Zunge zeigen», 1988) kann man zusehen, wie Grass im Wachzustand seinen Traum «variiert» und ausbaut. Zuerst setzt er sich zu den beiden, «Liebe zu dritt». «Theodor Fontane gehört jetzt dazu», heisst es kurz darauf. Und bald begreifen wir, worum es geht: Hier lässt sich einer, nämlich Grass, übungshalber darauf ein, die Welt mit Fontanes Augen zu sehen, ja sich selbst zu fontanisieren. Und es ist nach allem am allerleichtesten verständlich, warum er das tut: durch das Medium Fontane kann Grass die Tonart wechseln und die Welt in einer milderen Weise anblicken. Indem er sich fontanisiert, steht ihm neben dem eigenen Zorn als «Gegengift» auch Fontanes Weisheit, diese stachlige Altersradikalität, zur Verfügung.

Seit Kalkutta hat Grass – neben weiteren Holzhammer-Soli und einem erzählerischen Umweg über Polen («Unkenrufe», 1992) – seine Fontane-Phantasien in aller Heimlichkeit weiter betrieben. Er hat sie von Indien nach Deutschland und aus dem Alltag an den Schreibtisch verlegt. Und hat über das Fontanisieren den Weg zurück in den Roman und den zu einem entspannteren Sprechen über Deutschland gefunden.

«Ein weites Feld» heisst der neue Roman. Er beginnt, wo Deutschland am heissesten war und wo sich schon allerhand jüngere deutsche Romanciers die ersten Romanzähne ausgebissen haben: an der Mauer im Herbst 89. Aber statt von deutscher Bombenstimmung lesen wir von einem Alten ganz nach dem Bild Fontanes. Er plaudert, wo andere brüllen, flaniert, wo alles marschiert, statt «Wahnsinn!» sagt er öfter «ridikül» und bekennt, dass ihm «solche Ereignisse, die partout gross sein wollen, herzlich wenig bedeuten».

Wir spazieren mit diesem Alten durch den Tiergarten (dass er die Schweizer Botschaft daselbst nicht erwähnt, werden wir Grass freilich nie verzeihen, der Mann war immerhin mit einer Schweizerin verheiratet, vier seiner Kinder reden Schweizerdeutsch, und nun lässt er sich von seinen Lektoren sogar Helvetismen wie «Voressen» aus dem Buch streichen!), wir sitzen auf Bänken und sehen den Haubentauchern beim Wegtauchen zu, wir wandern über die schöne Insel Hiddensee, geniessen seine Briefe an die Tochter, schütteln den Kopf über die Treuhand und dies und das in Deutschland, wir fahren mit des Alten wiederaufgetauchter unehelicher Enkelin Bötchen und erfahren wirklich fast alles über den alten Fontane, wir hören von Ähnlichkeiten zwischen den Gründerzeiten von damals und heute und freuen uns über Ähnlichkeiten dieses Alten mit Frischs Herrn Geiser und Pingets Monsieur Songe, wir geniessen Grassens kraus verspielten Altmeisterstil. Und am Ende, nach 200 Seiten erstklassiger Prosa, setzen wir uns im Oktober 91 mit dem Alten und dem Kind in die Cevennen ab.

Aber um diese 200 bekömmlichen Seiten zu finden, müssen wir leider 780 öfter schweraufliegende zu uns nehmen. Denn Grass hat sein mürbes 200seitiges Altersrománchen in gute 500 Seiten «matière grasse» versteckt. Es war ihm nicht genug, seinen Alten aus einem Gebüsch auftauchen, ihn der Mauer entlang flanieren und ihn in der Art Fontanes etwas über Ähnlichkeiten unserer Zeit mit jener räsonieren zu lassen. Obwohl es für ein solches Romänchen ein wunderbares Vorbild gegeben hätte. Es ist im Jahre 1979 erschienen und überblendet mit leichter Hand die Nachkriegstreffen der Gruppe 47 mit einem Dichtertreffen am Ende des dreissigjährigen Kriegs. Das Buch heisst «Das Treffen in Telgte». Und geschrieben hat es Günter Grass.

Aber Grass wollte sich nicht wiederholen. Er wollte mehr und anderes, zwar eher Unfontanisches, dafür sehr Deutsches – nämlich alles. Das geht bekanntlich selten gut. Zumal alles wollen für einen deutschen Autor heute heisst; den grossen Wenderoman zu schreiben. (Der Teufel weiss, woher diese Bieridee kommt. Gibt es denn den Roman der Französischen Revolution? Und kann man nicht gerade in Frankreich lernen, dass die grossen Romane eher von ehebrechenden Arztgattinen handeln als von Staatsaktionen?)

DER 28. AUGUST *ist Goethes Geburtstag, und dann, wann sonst, erscheint der neue Roman von Günter Grass. Ein Wenderoman, was sonst. Bis jetzt gab es: Sommertheater, Kolumnenregen, Gerüchtenebel. Die Öffentlichkeit braucht ihre schriftstellerischen Vaterbilder, notfalls, um sie zu hassen. Ab sofort gibt es: die Wochen der Kritik.*

Und genau solch einen bleischweren Wenderoman hat Grass seinem altersbeschwingten Fontane ans Bein gehängt. Also hat er die Treuhand, die Währungsunion und auch die Wessis mit ihren «Schnäppchen» ins Buch gesetzt, die Abwicklungen und Evaluationen – alles, was wir aus dem TV kennen, kriegen wir nun noch einmal von Grass. Dazu den Zweiten Weltkrieg und auch – haben Sie gemerkt, was fehlt und doch keinesfalls fehlen darf? Ja, man glaubt es nicht. Die Stasi. Sogar vor allem die Stasi.

Weil der fragile Fontane diesen Wendeklotz natürlich nicht alleine schleppen kann, hat Grass ihm einen Theo Wuttke zur Seite erfunden und dem, damit die Stasi auch immer dabei sei, als «Tagundnachtschatten» den Stasimann Ludwig Hoftaller beigesellt. Wuttke ist auf den Tag hundert Jahre nach Fontane geboren, sieht abgeschnitten aus wie dieser und wiederholt in jeder Hinsicht dessen Leben. In der DDR war er für den Kulturbund Vortragreisender in Sachen Fontane, er hat zu allem und jedem sein Fontane-Zitat parat, wird «Fonty» genannt (na ja), weiss alles über den Alten, weniges von Grass Erfundenes, aber auch das, was die Biographen bis heute nicht oder eher ungern wissen wollen, nämlich dass Fontane zwei uneheliche Kinder hatte und dass er Presseagent der preussischen Regierung war. Dass alles muss nun auch Wuttke: Kriegsberichte schreiben für Göring, später eine Art IM sein und ein uneheliches Kind haben.

Das ist Konstruktionsprinzip des Romans: biographischer Pendelverkehr zwischen dem alten Fontane und dem neuen Fonty samt Spiel mit allerhand Kontinuitäten und Ähnlichkeiten der deutschen Geschichte. Auch das hätte noch gut gehen können, hätte Grass nicht das Alles, das er wollte, auch noch sehr gründlich gewollt. Er redet zwar viel von Aussparen und Weglassen (was Fontane wirklich konnte), lässt selber aber nach dem Vollständigkeitsprinzip erzählen. Ja, lässt erzählen. Dafür hat er sich nämlich einige Leute aus dem Potsdamer Fontane-Archiv erfunden (mal Mann, mal Frau, aber wann was, habe ich nicht rausgekriegt, aber Ossis wie fast alle in diesem Buch, Grass ist ganz Sprecher der Ostler). Und die walten nun ihres Amtes, wie Archivare es halt tun: Kein Detail ist ihnen zu klein. Und so wird unser Wuttke reich an Einzelheiten. Und bleibt doch arm an Leben. Er ist keine glaubwürdige Person, sondern blosse Parallelaktion zu Fontane. Je prächtiger ihn Grass mit Fontane-Kostümen ausstattet, desto auffälliger wird, wie knapp er ihn als Person hält.

Feld um Feld füllt Grass sein literarisches Kreuzworträtsel in Sachen Fontane. Man spaziert durch die Gänge der Treuhand, wo Wuttke Aktenbote ist, und wandert länglich durchs neue Brandenburg. Wenn Wuttke ausgeplaudert hat, schwatzen die vom Archiv. Und wenn beide schweigen, schwadroniert der Stasi-Hoftaller, den wir doch beinahe vergessen hätten, weil wir ihn wirklich am liebsten vergässen. Grass hat sich diesen ewigen Agenten aus einem Roman des Kollegen Schädlich geborgt («Tallhover», 1986, rororo), aber aus der witzigen Hauptrolle eines kurzen Romans eine öde Nebenhauptrolle in Schwartenlänge gemacht, bei der man nur nicht weiss, ob man sich über sie mehr aus politischen oder aus literarischen Gründen ärgern soll.

Denn politisch ist dieser Hoftaller und mit ihm der ganze Roman eine Katastrophe. Die DDR mag ja eine Provinzdiktatur gewesen sein – daran möchten wir gegenüber den Kollegen im deutschen Feuilleton und ihrer *résistance après la lettre* gern festhalten. Aber wenn einer sie so betulich und biedermeierlich hinstellt wie Grass und dazu die Stasi zu einer Art väterlich strengem Sozialarbeiter mit Aktenfimmel macht, dann möchte man in Biermannsche Rage geraten. Und fasst sich an den Kopf ob der Geringfügigkeit, zu der in diesem Roman über die Kontinuitäten der deutschen Geschichte die NS-Zeit geraten ist: einige Bootsfahrten in Frankreich, bei denen der Obergefreite Wuttke auch gleich noch zum Résistant wird.

So gemütlich wäre Fontane wohl nicht geworden. Doch in der Nacht dieses Romans wird alles mit allem verrechnet, der Résistant mit dem IM und Göring mit der Treuhand, alle Katzen werden grau, und Grau ist überhaupt das Stichwort. Denn mehr als über alles darf man über die Farblosigkeit dieses Romans staunen. Der Autor, der über Danzig, das Essen und, ja, auch über den Arsch so unverschämt sinnlich schrieb wie keiner, ist an Berlin und Fontane zum Blässling geworden. Er wollte seine Sache in zwei Jahrhunderten spielen lassen – nun spielt sie in beiden kaum halb.

Noch einmal: Vogelfrei

Bleibt eine Trouvaille für Bichsel, Peter, alt Sozialdemokrat. Sie steht auf S. 326 und preist die Insel Hiddensee: «Dort kam man auf vogelfreie Gedanken.» Nun weiss auch der alt Sozialdemokrat Grass nicht mehr, dass «vogelfrei» «geächet» heisst, postmoderne Beliebigkeit, keiner schaut mehr in den Duden, wird Bichsel da brummeln, ich trete aus der Literatur aus. Nun, wir haben ins einzige wirklich kussechte Wörterbuch geschaut, den Grimm, und freuen uns abschliessend über die Vielzahl der Stellen von Luther bis Schlegel, die vogelfrei positiv verwenden. Zu den 200 lustvollen Seiten dieses Romans und ihrem Helden können wir nun zum Beispiel sagen: «Du Vogelfreier, sei mein lustig Spiel!» Die andern 580 waren leider alles andere als ein «vogelfreies Weben und Schweben».

aus: Weltwoche, 17.8.95

Rummel um Grass: Wenn der Lärm die Literatur übertrifft

„Ein weites Feld" kommt auf den Markt – Abrechnung mit der deutschen Einheit – Gigantischer Werbefeldzug für einen neuen Roman

Von REINHARD TSCHAPKE

100 000 Exemplare sind vorbestellt, die zweite Auflage wird bereits gedruckt: Günter Grass, Autor der „Blechtrommel" und der „Unkenrufe", meldet sich jetzt mit seinem neuen Roman „Ein weites Feld" bei den deutschen Lesern zurück – begleitet von kritischen Stimmen.

Berlin – Der Werberummel um dieses Buch gleicht einer gigantischen Stufenrakete. Der Countdown läuft seit April. Zwei Stunden vor Beginn stand man vor dem Jüdischen Gemeindezentrum in Frankfurt Schlange. Erstmals las Günter Grass ein Kapitel aus seinem neuen Werk „Ein weites Feld", beobachtet von drei Kamerateams und eingeführt durch Marcel Reich-Ranicki. Der sprach sehr nett davon, daß ein wirklich Großer der Literatur auch einmal scheitern dürfe. Einmal? Reich-Ranicki hatte einst die „Blechtrommel" verrissen, später „Die Rättin" und viel später über die „Unkenrufe" auch nicht viel Gutes verlauten lassen. Aber egal. Das Zusammenspiel von Dichter und Kritiker zündete. Stehend applaudierte Reich-Ranicki. Tage darauf wurde der „große Deutschlandroman" über 100 Buchhändlern in Göttingen präsentiert.

Im Juni hob man ganz ab. Es hagelte die ungeheuerliche Menge von 5000 Lesexemplaren für Buchhändler und Rezensenten. Im gleichen Monat wurden die ersten Kapitel in der Zeitschrift „neue deutsche literatur" gedruckt. Grund genug für den „Spiegel", auf einen geplanten Vorabdruck zu verzichten. Die „zugesicherte Exklusivität" sei aufgebrochen, hieß es aus Hamburg. Außerdem sollen die deutschlandpolitischen Aussagen des Autors den Herausgeber Rudolf Augstein vergrätzt haben.

Der Steidl Verlag durfte sich trotzdem freuen, denn eilige Kritiker bedienten die Akklamationsmaschine. Martin Lüdke hatte schon im Mai in der „Woche" den schnellen Schuß gewagt: „Der Meister ist wieder da!" jubelte er. Freilich kannte Lüdke da nur 30 Seiten des Werkes. Diese Peinlichkeit muß ihn selbst erschreckt haben. Später zog er sein Urteil zurück. Der Roman sei öde, ließ der vorfristige Kritiker kleinlaut in einer Kultursendung verlauten. Mit solchen Albernheiten wurde das literarische Sommerloch gefüllt.

In diesen Tagen gelangt „Ein weites Feld" endlich in den Handel (Steidl Verlag, Göttingen. 784 Seiten, 49,80 Mark), die vorbestellte Startauflage überschreitet die Grenze von 100 000 Exemplaren. Auch der Versandbuchhandel Zweitausendundeins vertreibt die

780 Seiten und legt noch eine Zeichnung des 67jährigen Grass als Präsent hinzu, obwohl der Roman aufgrund seines Gewichts nicht als Büchersendung durchgeht, sondern als Päckchen verschickt werden muß. Als offizieller Erscheinungstag wurde der 28. August gewählt – Goethes Geburtstag. Höher ging's offensichtlich nimmer.

Oder doch? Am Montag erscheint eine Besprechung im „Spiegel". Am kommenden Donnerstag legt das „Literarische Quartett" nach, am gleichen Tag strahlt die ARD eine Sendung aus, in der ORB-Intendant Hansjürgen Rosenbauer und „Tagesthemen"-Moderator Ulrich Wickert huldvoll mit Grass sprechen und spazieren.

Der Rummel übertrifft offensichtlich das Buch. Vielleicht muß das so sein. Denn eine zentrale Figur dieses neuen Buches ist noch nicht einmal neu. Günter Grass hat sie bei seinem Kollegen Hans Joachim Schädlich ausgeborgt. Schädlichs Roman „Tallhover" liegt seit 1986 vor. Ein Plagiat?

Der Berliner Autor gab seine Einwilligung für eine weitere Verwendung der Gestalt, denn das Ansinnen von Grass war, um es mit einem Lieblingswort von Bertolt Brecht zu sagen, vernünftig. Die Figur des Tallhover, den Grass im Roman meist wortverdreht als Hoftaller fortleben läßt, scheint ausgesprochen haltbar. Kein Wunder, Tallhover ist ein Typus, er verkörpert den Denunzianten und Spitzel. Durch zwei Jahrhunderte hindurch, bis ins Jahr 1955, hatte Schädlich diese subversive Figur aufgebaut.

„Tallhover darf nicht sterben", hatte Grass an Schädlich geschrieben. Das geschah noch aus Indien, wohin der gekränkte Dichter 1986 vor den deutschen Rezensenten geflüchtet war. Längst ist Grass wieder zurück. Allerdings hatte er damals einen folgenschweren Traum: Seine Frau Ute und der alte Fontane hätten was miteinander. Unterm Birnbaum im Garten. Ein Verhältnis! Auf was man während der Stromsperre in Kalkutta alles kommen kann.

Jedenfalls ist „Ein weites Feld" die späte Frucht jener indischen Nacht. Diesmal geht Grass aufs Ganze. Sein Roman annektiert die Gestalt von Theodor Fontane (1819–1898) und rückt die deutsche Historie der letzten 150 Jahre ins Blickfeld. Als Aufhänger dient die Zeit zwischen Mauerfall und Vereinigung. Rückblenden, ermöglicht durch die beiden Hauptfiguren Ludwig Hoftaller und Theo Wuttke, entführen wiederholt ins 19. Jahrhundert.

Den Beinamen „Fonty" hat sich Wuttke redlich verdient, ist er doch mit dem schnauzbärtigen „Effi Briest"-Autor fast identisch. Fonty geht in Fontane auf, der 70jährige imitiert und zitiert den Romancier, wo immer er kann. Einst war Wuttke Soldat und ein wenig im Widerstand engagiert, nach dem Krieg zunächst, Vortragsreisender in Diensten des DDR-Kulturbundes, schleppt er nun Akten in einem Gebäude, das den Nazis als Luftfahrtministerium diente, der DDR als Haus der Ministerien und später dem vereinten Deutschland als Sitz der Treuhand. Aber eigentlich ist Fonty-Fontane der selbsternannte Kommentator Deutschlands. Ihm zur Seite steht als Stichwortgeber und „Tagundnachtschatten" der geborgte Hoftaller, ein kalter Diener vieler Herren.

Beide sind geistig und persönlich aneinander gefesselt. Beide fahren gerne Paternoster. Beide spazieren wieder und wieder durch Berlin. Und beide werden beobachtet von einem kollektiven Erzähler, dem Fontane-Archiv in Potsdam, das sich zunächst in Wir-Form ins Spiel bringt, um später ins Ich zu wechseln. Doch dieses Archiv bleibt so staubtrocken wie die Grundidee einer doppelten Identität wirkungslos. Im Grunde ist Fonty ein Zitatenspucker; und Grass bleibt uns die Begründung schuldig, warum ausgerechnet ein spleeniger Aktenbote gültige Kommentare zu Deutschland abgibt. Daß sie gültig sein sollen, steht außer Frage – sind sie doch mit der privaten, so gerne veröffentlichten Meinung des Autors identisch. Ungefiltert prasselt der politische Katzenjammer auf die Leser.

Alle Themen, die Grass seit dem Fall der Mauer bewegen, kochen hoch und über. Bis heute löffelt er an der „Einheitssuppe". Naturgemäß stört ihn das „Triumphgeheul" der „Einheit der Raffkes" Nicht im Buch, aber in einem begleitenden „stern"-Interview fiel der Satz: „Der Prozeß der deutschen Einheit beruht auf einem glatten Verfassungsbruch." Ursprünglich sollte das Buch „Treuhand" heißen, denn Grass läßt Treuhand-Chef Rohwedder – der nachts auf Rollschuhen durch seine Arbeitsstätte kurvt – die Drecksarbeit des Kanzlers machen. Das, und vielleicht die Tatsache, daß Kohl im Buch und im „stern" zweimal als „Lügner" bezeichnet wird, rief CDU-Generalsekretär Peter Hintze auf den Plan. „Die Ausfälle von Grass sind total geschmacklos, peinlich und von einem erschütternden Realitätsverlust gekennzeichnet." Scharf setzte Hintze hinzu: „Wie tief muß dieser Mann sinken, um seine Auflage zu steigern?"

Offensichtlich kann Lärm die Literatur ersetzen. Sowenig die Grummelei über die Wende bei Grass überrascht, sowenig gelingt es ihm in den fünf Haupt- und 37 Unterkapiteln, aktuelle Ereignisse mit ihrer Vorgeschichte zu verknüpfen. Nirgends wird die zeitliche Distanz geschickt überbrückt, weil es augenscheinlich nichts zu überbrücken gibt: Grass schreibt so, als schwimme alles in der gleichen historischen Soße.

Was immer zitiert wird, es kommt nicht über das Zitat hinaus. Was immer über die Zeiten hinweg montiert wird, man spürt die grobe Montage. Was immer beschrieben wird, es kratzt nur an der Oberfläche. Sicher, Wolf Biermann wird als „einst vor Schmerz schluchzender Sänger" gekennzeichnet, dem „nur noch des Selbstgerechten Geschrei" glückt. Auch die Bemerkung über Christa Wolf, die von einer „Heiligen" zur „Staatshure" erklärt wurde, ist nicht falsch, wenn auch nicht sonderlich witzig. Kein Glanzlicht erhellt die Seiten, keine Sexszene, die man genießen könnte, keine Deftigkeit, wie wir sie aus der „Blechtrommel" schätzen. Von den Mauerspechten bis zu den Holzarten des Tiergartens – alles ist bloße Registratur.

Rätselhaft, was Grass mit Fontane vorhatte. Sollte der Bezug die eigene Prominenz andeuten? Sicher, Grass ist Fontane auf den

Fersen. Aber nur als Fußnotensklave. Erschreckend ist das Scheitern auch auf einer anderen Ebene, denn sprachlich bewegt sich unser geschätzter Lesebuchautor auf dem Niveau einer altfränkischen Dreschmaschine. Mal „nimmt man an", mal wird „vermutet", dann „neigt" man gehäuft „zu der Annahme". „Der beginnende Herbst bestimmte dem Tiergarten die Farbe, doch die Kastanien wollten noch immer nicht fallen." Derlei hätten wir nicht gedacht, wahrscheinlich auch nicht aufgeschrieben. Anders Grass. Der tippt jenseits von ehrfurchtsvoll erstarrten Lektoraten. Kein Wunder, daß er für sein dickstes und vielleicht dünnstes Buch die Tinte nicht halten konnte. Was sollen wir zu Sätzen sagen wie „Viel Volk war unterwegs, auch türkisches."? Ist das Kunst oder nur ungeschickt?

Ein Berlin-Roman, wenigstens? Sicher, aber nur dann, wenn ein Berlin-Roman mit der Aufzählung von Straßen und Plätzen identisch ist. Erlöst werden wir als Leser erst, als Fonty, der zwischendurch krank und wieder gesund wird, nach England fliehen möchte, aber nur bis zum Bahnhof Zoo gelangt, am Ende doch mit seiner Enkeltochter abhaut. Das darf man verraten, weil es so wenig über diesen Schinken zu verraten gibt.

aus: Die Welt, 19.8.95

Die Uhr schlägt, das Käuzchen ruft

Da muß doch ein Zusammenhang bestehen – Günter Grass legt seinen Roman zur Wiedervereinigung vor · Von Gustav Seibt

Eines Tages faßte sich die Deutsche Literatur ein Herz und sprach zur Deutschen Literaturkritik: „Jahrelang hast du mich getadelt und gequält bis aufs Blut, weil ich keine gute deutsche Literatur mehr produziere. Jetzt habe ich mir etwas einfallen lassen. Ich erfülle dir, liebe Kritik, deinen innigsten Wunsch. Sage mir, was du willst, und du sollst es haben." Dieses verlockende Angebot stürzte die Deutsche Literaturkritik in bange Zweifel. Was sollte sie sich wünschen? Den großen Gesellschaftsroman der Bundesrepublik? Den ewigjungen Liebesroman? Das postmoderne Verwirrspiel auf Weltniveau? Packende Unterhaltung? Schließlich antwortete die Deutsche Literaturkritik: „Ich wünsche mir von dir, Deutsche Literatur, den kritischen Zeitroman zu unserer jüngst erlebten Vergangenheit! Ich will den großen Geschichtsroman zur Wiedervereinigung."

„Das hat sich gleich", rief erleichtert die Deutsche Literatur, „da fliege ich sofort zu unserem Nationalautor Günter Grass, der ohnehin auch im nächsten Jahr auf den Nobelpreis hofft, und bestelle ihm deinen Wunsch." Und so geschah es. Grass konnte einem so schmeichelhaften Auftrag nicht widerstehen, zumal die Deutsche Literatur durch den Lorbeer wirklich etwas von internationaler Anerkennung und längst fälligem Nobelpreis murmelte. Grass ahnte nicht, welche Quälerei damit ihren Anfang genommen hatte.

Zuerst war er guter Dinge. Man mußte nur die richtigen Bestandteile zusammensuchen: eine zustimmungsfähige Hauptfigur, symbolträchtige Schauplätze, die rechte, zwischen Kritik und Liebe vermittelnde Gesinnung und viel, viel historischen Stoff. Den ersten, entscheidenden Hinweis könnte Frau Ute gegeben haben, die es, wie die Widmung vor dem fertigen Buch mitteilt, „mit F. hat..." Fontane! Natürlich! Altpreußischer Ironiker, dabei Hugenottenenkel, nationalgesinnter Liberaler, Plauderer von Rang, schwebend zwischen Links und Rechts, Klassiker, aber nicht beschwerlich, nicht zuletzt ein Erzähler von und für Frauen. „Kolossal überzeugend", muß Grass sich, schon im unverwechselbaren Fontane-Ton denkend, gesagt haben, „werde den Deutschen ihre jüngsten Geschichten schön in die vergessenen Zusammenhänge rücken, Spott, Trauer hineinmischen und einen Schuß Weisheit."

Ein paar kleinere Probleme mußten freilich gleich im Vorfeld gelöst werden. Theodor Fontane lebte von 1819 bis 1898. Wie konnte man ihn in die Gegenwart bringen? Ganz einfach. Man läßt ihn wiederauferstehen, genau hundert Jahre nach dem ersten Fontane, im Jahre 1919. Also erfand Grass einen Mann namens Theo Wuttke, der es nicht nur, wie Ute, mit Fontane hat, allerdings bis zum Marottenhaften und Spinösen, sondern auch aussieht wie er, seinen Charakter hat, sich als seinen Wiedergänger empfindet und wie Fontane aus Neuruppin stammt. „Sein Spitzname sei Fonty", dachte sich Grass, und so geschah es. Auch das Titelproblem war leicht gelöst: Grass nahm einfach jenes Fontane-Zitat, das auch der kennt, der sonst gar nichts von diesem Autor weiß, und schrieb über sein Buch: „Ein weites Feld". Ist nicht auch die deutsche Geschichte ein weites Feld, über das man mit dem alten Briest endlos sinnieren könnte?

Also Fonty. Es mußte wohl sein. Denn Wuttke, das hätte doch nur nach einem Spinner geklungen. Fonty aber darf eine unklare Identität haben: Teils ist er Wuttke, teils die Verkörperung von Fontanes Nachleben, zumal sonst alles stimmt: Fonty-Wuttkes Ehe gleicht aufs Haar der Fontanes, seine Familienverhältnisse sind dieselben, er verfügt über das Gedächtnis des historischen Fontane, ja er weiß mehr als selbst die Mitarbeiter des Potsdamer Fontane-Archivs. Am Schluß kommt sogar heraus, daß Wuttke ein direkter Nachfahre des historischen Fontane ist, aus der Liebschaft mit jenem Mädchen stammend, die das Vorbild der Lene in „Irrungen, Wirrungen" wurde.

Das Fontane-Archiv ist in Grass' Roman die Instanz, die die ganze Geschichte erzählt, gleichsam ihr kollektives Gedächtnis. Die Leute vom Archiv erforschen Fontanes Leben im neunzehnten Jahrhundert, und sie nehmen Anteil an der Parallellaufbahn ihres Freundes Wuttke-Fonty durch das zwanzigste, durch Weimarer Republik, Drittes Reich, DDR und Wiedervereinigungszeit. Grass, der nach den ersten Einfällen schwer ins Basteln und Konstruieren gekommen sein muß, hat sich dafür entschieden, seine Geschichte nicht etwa chronologisch durch die beiden Jahrhunderte zu verfolgen oder einfach die beiden Leben parallel laufen zu lassen. Nein, er schränkte die erzählte Zeit auf einen Zeitraum von zwei Jahren ein, der vom 30. Dezember 1989 – Fontane-Fontys Geburtstag – bis zum Herbst 1991 reicht. In diesen zwanzig Monaten läßt er seinen Fonty durch das Berlin nach der Maueröffnung streichen, die Gegenwart kommentieren, das Vergangene erinnern, die Epochen vergleichen, sein Leben und das seines Vorbilds resümieren – alles in einem erbarmungslosen Plauderton, der nicht nur sagt, was er sagt, sondern immer auch zu verstehen gibt: Hört her, was für ein formidabler preußisch-französischer Causeur ich bin!

Als Grass' Erfindung so weit gediehen war, könnten der Deutschen Literatur, die ihm hin und wieder über die Schulter blickte, Zweifel gekommen sein, ob das ganze Konstrukt nicht zu kompliziert für die Deutsche Literaturkritik und vor allem für das Lesepublikum würde, das doch nicht nur belehrt, sondern auch unterhalten werden will. Aber nein, die Sache hatte mittlerweile eine eigene Dynamik gewonnen, und Grass setzte noch eins drauf. Fontane, schön und gut, aber wo blieben da die

Schattenseiten und die Abgründe der deutschen Geschichte? Grass erinnerte sich an Faust und Mephisto, an Don Quixote und Sancho Pansa, an Schlemihl und seinen Schatten, und er befand, es sei nicht gut, seine Hauptfigur allein zu lassen. Jetzt wurde es ganz kompliziert.

Grass stellte seinem Fonty nämlich noch einen Begleiter an die Seite, einen Mann namens Hoftaller, der aber eigentlich Tallhover heißt und aus einem 1986 erschienenen Roman von Hans Joachim Schädlich stammt. Dieser Hoftaller soll schon im neunzehnten Jahrhundert gelebt und bereits den historischen Fontane auf Schritt und Tritt begleitet haben. Hoftaller nämlich, geboren 1819, im Jahr der Karlsbader Beschlüsse gegen die nationalliberale Bewegung, ist der ewige, alle Systeme und Epochen überlebende Spitzel, Polizei-Informant, Gestapo- und Stasi-Mitarbeiter. Er ist Fontys „Tagundnachtschatten", ein fast gesichtsloser Homunkulus, noch irrealer als der wiedergeborene Fontane, zynisch immer der jeweiligen Macht dienend, Fontane mit seinen jugendlichen revolutionären Fehltritten und seinen Ehebrüchen, Fonty mit seinen in den Westen ausgereisten Söhnen erpressend. Nie weicht er ihm von der Seite.

Aus diesen Elementen – dem erzählenden Archiv, dem historischen Fontane, dem Wiedergänger Wuttke-Fonty und dem bösen Homunkulus Hoftaller – hat Grass sich die Erzählmaschine zusammengebaut, in die er nur oben seine historischen Zettelkästen einfüllen mußte, damit unten dann der große Geschichtsroman zur deutschen Nation fertig herauskomme. Stoff für nahezu achthundert Seiten füllte er oben ein, drehte an der Mühle, und unten kam Blatt um Blatt heraus. Es muß eine furchtbare Schinderei gewesen sein, ein wahre Galeerenarbeit, dieses Einfüllen und Drehen, dieses Abarbeiten von hartkörniger Materie. Und je länger man liest, desto lauter meint man ein mahlendes Geräusch zu hören, ein Schraben, Schaben und Ächzen: Unser täglich Blatt gib uns heute.

Grass hat allen Anspruch auf unser Mitgefühl. Unendlich viel mußte gesichtet und ausgewertet werden. Zunächst die Werke und die Biographie Theodor Fontanes. Die Materialbeherrschung, die Grass hier erreicht hat, ist beeindruckend. Nichts wird ausgelassen, die Briefe nicht, die Erinnerungsbände, die Kriegsbücher, die Wanderungen, die Romane. All das hat Wuttke-Fonty stets abrufbar im Kopf und zitiert es bei allen erdenklichen Gelegenheiten. Diesem Fonty hat Grass einen so symbolträchtigen Lebenslauf gegeben, daß sich ihm solche Gelegenheiten ununterbrochen bieten: Er ist Soldat im Zweiten Weltkrieg und gelangt dabei in die französischen Herkunftsgebiete der Familie Fontanes. Danach arbeitet er im Reichsluftfahrtministerium, vermutlich vor allem, um nach der Wende 1990 in dasselbe Gebäude als Angestellter der Treuhand zurückkehren zu können. In der DDR-Zeit lebt er am Prenzlauer Berg, in der Nachbarschaft der aufsässigen und Stasi-unterwanderten Künstlerszene. Er ist nicht nur in der Fontane-Forschung tätig, sondern auch für den Kulturbund, für den er anspielungsreiche Fontane-Vorträge in der ganzen DDR-Provinz hält.

Grass muß frühzeitig die Furcht befallen haben, daß sein Roman die Leser nicht nur durch die allzu vertrackte Konstruktion überfordern könne, sondern auch durch die enzyklopädische Wissensfülle, die in diese aufwendige Maschinerie eingeführt werden mußte. Also wird alles erklärt. Und tatsächlich erzeugt dieses ständige Erklären und Verdeutlichen erfolgreich den Eindruck, daß man es mit einem intellektuell äußerst schlichten Buch zu tun hat. Am 9. November 1990 schickt er seinen Fonty samt Hoftaller in die Braunkohlegebiete der Lausitz. Symbol, Symbol, denkt da der Leser dieses Kapitels, das „Am Abgrund" überschrieben ist. Er könnte glauben, diese Überschrift und das Datum des Ausflugs reichten aus, und der Erzähler könnte sich damit begnügen, leblose Mondlandschaften, düstere Himmel und bedrückendes Schweigen auszumalen. Doch weit gefehlt: Grass muß uns alles sagen, muß sagen, daß der 9. November ein „tragisches, düsteres, blutiges, so übles wie verfluchtes Datum" ist, muß mitteilen, daß die ausgeräumte Kohlengrube vor seinen Figuren ein „Abgrund wie ein offenbartes Verhängnis" sei, muß Hoftaller verkünden lassen „Altlasten nennt man uns. Los, Fonty! Hinsehen!“ Ja, ja, wir schauen ja schon hin.

Alles in diesem Buch ist Absicht, nichts ist Anschauung. Nietzsche sagte, sogenanntes historisches Denken arbeite nach dem Schema: „Die Uhr schlägt, das Käuzchen ruft, da muß doch ein Zusammenhang bestehen.“ Grass läßt ununterbrochen die Uhr schlagen und das Käuzchen rufen, ja die ganze Konstruktion seines Romans ist darauf angelegt, Uhrenschlagen und Käuzchenschrei ständig aufs ominöseste zusammenklingen zu lassen. Fonty-Wuttke ist 1942 Soldat in Frankreich, und auch Fontane war, allerdings als Kriegsberichterstatter 1870/71, in Frankreich: Da muß doch ein Zusammenhang bestehen. Die DDR-Volksarmee marschierte 1968 in der Tschechoslowakei ein; und Preussen führte 1866 Krieg in Böhmen (Fontane schrieb darüber): Da muß doch ein Zusammenhang bestehen. Göring fuhr im Paternoster des Reichsluftfahrtministeriums, und auch Ulbricht benutzte diesen Paternoster im selben, zum Haus der Ministerien mutierten Gebäude, und noch später trifft Fonty den Treuhand-Chef Rohwedder wieder in diesem Paternoster: Da muß doch ein Zusammenhang bestehen.

Doch bleiben diese mit beständigen bedeutungsvollen Seitenblicken auf den Leser herausgestellen Parallelen ominös. Eigentlich können sie immer nur eines bedeuten: daß die deutsche Geschichte der letzten zweihundert Jahre eine unheilvolle Kontinuität aufweise, die sie zu ständigen Wiederholungen zwinge. „Hab ich ja immer gesagt“, ruft Fonty auf den letzten Seiten, „im Prinzip ändert sich nichts.“ Sollte das der ganze Sinn des dauernden Gebimmels und Gekrächzes sein?

Der Erzähler Günter Grass muß sich bei der Verfertigung dieses Romans auf heroische Weise selbst verleugnet haben. Man stelle sich nur vor, er hätte die Geschichte eines Verrückten erzählt, der sich einbildet, Fontane zu sein, und mit dieser Psychose die beiden deutschen Diktaturen überlebt. Was hätte das für eine Geschichte von Weltflucht, Realitätsverlust, bildungsbürgerlicher Phantasterei, Gefühlserstarrung und politischer Verantwortungslosigkeit ergeben können! Hätte Grass sich dafür entschieden, nicht Allegorien, ein paar mühsam beatmete Symbolfiguren, in den Mittelpunkt seines Romans zu rücken, sondern einen zwar kranken, aber dafür vorstellbaren Menschen, dann wäre ihm vielleicht auch die deutsche Geschichte dieser letzten Jahrzehnte in ganz anderer Weise zugänglich geworden. Dieser malade Fonty hätte ein Gegenstück des Zwerges Oskar Matzerath aus der „Blechtrommel“ werden können, und mit seinem grotesken Blick hätte Grass eine pathologische Betrachtung der deutschen Geschichte der letzten Jahrzehnte viel beklemmender und überzeugender vorführen können. Auch manche der eher läppischen und wichtigtuerischen Vergleiche aus der Fontane-Welt, wie der, die Treuhand-Chefin Birgit Breuel sei eine neue Frau Jenny Treibel, hätten in einem Wahnsystem ihren bescheidenen Witz.

Aber Grass wollte eben nicht ein idiosynkratisches Erzählwerk schaffen, sondern seinem inneren Auftrag genügen, der deutschen Literatur ihren großen Geschichtsroman zu liefern. So hat er ein in Meinungen vollständig aufgehendes Werk geschrieben, eine gigantische Symbolmaschine zur Herstellung beliebiger Bedeutung. Was aber war zuerst? Der Verzicht darauf, eine Geschichte zu erzählen, oder der Entschluß zur politischen Allegorie nach ideologischen Vorgaben? Je länger man dieses von vordergründigsten Absichten bestimmte Buch liest, desto klarer wird: Grass hätte die von Anschauung genährte Geschichte eines Lebens in der DDR gar nicht schreiben können, weil ihm eigene Erfahrungen fehlen.

Denn historisch ist dieser Roman auch deshalb, weil er selbst die Gegenwart und die jüngste Vergangenheit so behandelt, als hätte der Erzähler sie nicht selbst erlebt, sondern nur den Quellen entnommen. Im Kern spielt Grass' Buch in Jahren, von denen alle seine Leser eigene Eindrücke haben. Und doch findet sich zu Mauerfall, Währungsreform, Abwicklung und Wiedervereinigung nichts, was über die Meinungen und die Bilder der Medien und der Wortführer in dieser Zeit auch nur im Ansatz hinausreichte. Man hat es tausendmal gehört, daß die DDR ein „Schnäppchen" gewesen sei, daß die Abwicklung „Ausverkauf" bedeutet habe, daß die Wiedervereinigung „Anschluß" war. Soll Grass diese Meinungen haben und behalten; als Essenz eines Kunstwerks sind sie etwas dünn.

Wenn er aber schon keine Anschauung von der DDR hat, so hätte Grass doch, mag man glauben, mit so viel Kenntnis ein schönes Fontane-Büchlein schreiben können, leicht mimetisch-parodistisch wie das „Treffen in Telgte", das die Barockliteratur auf unsere Zeit spiegelte. Aber Grass hat es eben gar nicht mit Fontane. Eine peinlichere Mesalliance als die zwischen dem gemütlichen, breiten Erzähler, der Grass in seinen besten Momenten ist, und dem verschwätzten Schweiger Fontane hätte man sich nicht ausdenken können. Senken wir einen Mantel der Nachsicht über dieses imitierte Fonty-Geschnarre, diesen falsch lockeren Telegrammstil, der alles „kolossal ridikül" findet und grundsätzlich „werde" statt „ich werde" sagt.

Nein, haben wir lieber Nachsicht. Man hat Günter Grass auf einen falschen Weg gelockt. Irgendwann hat man ihn glauben lassen, er sei der repräsentative Nationalschriftsteller in der Nachfolge Thomas Manns, und er habe die Pflicht, das Leben der Nation insgesamt mitzuleben und nachzugestalten. Und jetzt legt er Auftragswerke vor, Planerfüllungen, will belehren und bessern und fürs Ganze einstehen. So wurde der Roman „Ein weites Feld", dieses Zeugnis bester Absichten, heroischen Fleißes und der Abwesenheit jeglichen Kunstverstandes, eine Totgeburt, ein Monstrum. Man soll sich von der Literatur, dieser hinterhältigen alten Dame, eben nichts wünschen.

Günter Grass: „Ein weites Feld". Roman. Steidl Verlag, Göttingen 1995. 781 Seiten, geb., 49,80 DM.

aus: Frankfurter Allgemeine Zeitung, 19.8.95

Vom Glanz und Schmutz des deutschen Bürgertums

Ein kühner Entwurf, beziehungsreich ausgeführt: der neue Roman von Günter Grass

Von Theo Wuttke ist die Rede, einem ungewöhnlichen Menschen, der auch Fonty genannt wird, geboren am 30. Dezember 1919, also auf den Tag hundert Jahre nach dem Schriftsteller, dessen Name hier in einem etwas schnoddrigen Diminutiv verballhornt wird. Und nicht nur traktiert Günter Grass in seinem neuen Roman unaufhörlich Leben und Werk Theodor Fontanes, der Titel wiederholt auch wörtlich die Lieblingswendung des alten Briest: „Ein weites Feld" aus des Dichters bekanntestem Werk *Effi Briest*.

Wuttke, einst Soldat der Wehrmacht, zeitweilig in Frankreich, hernach Kulturbundredner in der DDR, dann Bürobote im Haus der Ministerien, schließlich freier Mitarbeiter der Treuhand-Anstalt, kennt Fontanes Bücher in- und auswendig, mehr noch, er scheint mit seinem Leben zeit- und milieuversetzt Fontanes Leben zu wiederholen. Neunzehntes und zwanzigstes Jahrhundert werden mit der Dichterbiographie und Wuttkes Biographie so aufeinandergelegt wie zwei mit verwandten Figuren bemalte Transparente. Konturen überlagern sich oder verzerren gegenseitig ihre Linien, was durchaus zur besseren Erkennbarkeit einzelner Züge führen kann. Zweimal Polizeistaat mit Spitzelsystemen, zweimal ein zögernder Mitmacher in der Überwachungsbürokratie, zweimal Vereinigung zu einem Gesamtdeutschland, zweimal Krieg mit Frankreich und zweimal ein Protagonist, der seine Liebe zu Frankreich nicht verleugnen will. Zweimal deutsches Bürgertum in zweihundert Jahren – und es ist ein- und dasselbe.

Es wird, um das zu demonstrieren, ein und dasselbe Leben zweimal gelebt. Das ist eigentlich nur eine Novellen-Idee. Doch der Autor hat einen Roman daraus gemacht. Das tut er im Vertrauen auf die Kraft seiner Sprache gern, und weil das, was er außerdem erzählen will, nämlich alles, was ihm in den Jahren seit 1989 zur Wiedervereinigung aufgefallen ist, in den Text hinein sollte, in dem er, anders als in Diskussionsbeiträgen, mit seinem ganzen Können und Gewicht als berühmtester deutscher Schriftsteller der Gegenwart sprechen kann, ist es ein dickleibiger Roman geworden.

Das Vertrauen des Autors in seine Sprache erweist sich als berechtigt. So viele Hürden Grass auch für das schlichte Verständnis der Erzählhandlung aufbaut, wer sie einfach umgeht und sich darauf, daß andeutungsweise eine Handlung entfaltet wird, gar nicht einläßt, kann bei der Lektüre der breit ausgeführten Szenen und Genrebilder durchaus auf seine Kosten kommen.

Einheit versaut Demokratie

Die Handlung in den fünf Büchern des Romans ist rasch rekapituliert: Wuttke erlebt die Vereinigung der beiden deutschen Staaten, die es eben erst auf ein Alter von vierzig Jahren gebracht haben, und betrachtet das alles mit großer Skepsis: „In Deutschland hat die Einheit immer die Demokratie versaut", ruft er vor fünfhunderttausend Menschen auf dem Berliner Alexanderplatz ins Mikrophon und bekommt Beifall. Sein Versuch, mit Hilfe des umgetauschten neuen Geldes nach Schottland zu eskapieren, scheitert an einem immer noch zugriffsmächtigen Mann vom Geheimdienst, der allerdings niemand anderes ist als Wuttkes anderes Ich, dessen Tätigwerden hier auch als glücklich im Sinne der Familienbande gesehen werden kann. Das zweite Buch ist der Verheiratung seiner Tochter Martha mit einem Wessi, einem Bauunternehmer aus Münster, gewidmet. Im dritten Buch trifft Wuttke eine ihm bis dahin unbekannte Enkelin, Madeleine, deren Mutter er einst in Frankreich gezeugt hat. Das vierte Buch erzählt von seinen Erlebnissen in der Treuhandanstalt. Das fünfte beginnt mit einem weiteren Versuch Wuttkes, Berlin in Richtung britische Inseln zu verlassen; der Versuch scheitert zunächst. Am Ende der insgesamt 780 Seiten ist der Held aber endgültig verschwunden, er befindet sich bei seiner Enkelin in Frankreich und schreibt eine Postkarte: „Wir gehen oft in die Pilze. Bei stabilem Wetter ist Weitsicht möglich. Übrigens täuscht sich Briest; ich jedenfalls sehe dem Feld ein Ende ab. . ."

Soweit die Privatgeschichte Wuttkes. Sie und jene Geschichte, deren Mantel auch einen Zipfel für den deutschen Bundeskanzler übrig hatte, bilden ein hübsches Match, ein Hin und Her von Kommentar und Erinnerung, das möglicherweise auch ein Eigenleben führen könnte aber jetzt noch nicht führen muß, weil jeder Leser sich an die Wiedervereinigung unter Kanzler Kohl und die Zeit davor noch gut genug selber erinnern kann.

Das Archiv erzählt

Freilich, für die Vereinigung Deutschlands unter Bismarck läßt sich das nicht sagen, und noch weniger für die Jahrzehnte davor. Und am wenigsten läßt es sich für das Stück Wirklichkeit sagen, das die beiden Zeitebenen durchgängig miteinander verbindet, verknüpft, vernäht, mit dichten, schnellen Stichen: Buchtitel, Buchthemen, Buchhelden Theodor Fontanes und unzählige Details aus dem Leben des Berlin-Brandenburgischen Dichters, der ehrgeizig und stets gekränkt am alten Preußen hing und einst seine schönste Reise vom bewunderten London nach Schottland unternommen hatte.

Das aber erklärt die exzessive Ausbeutung des Titel- und Namenvorrats aus Fontanes Werk noch keineswegs vollständig. Auch der beeindruckend gebildete Bücherfreund wird, selbst wenn er nach Maßgabe seiner Vorlieben ein Kenner Fontanes ist, beim Deuten der Zitate und Bezugnahmen nicht weit kommen. Als Studie zu Fontane, der oft, allzu oft der „Unsterbliche" genannt wird, taugt dieses

Buch mitnichten. Was da geboten wird, liest sich wie ein über die Erzählung wucherndes Gestrüpp von Fußnoten ohne den dazugehörenden Text. Wozu also diese – fast möchte man sagen – Obsession bei der Ausbeutung einer übergründlichen Lektüre des verehrten Kollegen?

Die Antwort darauf leuchtet vielleicht ein, wenn sie im Zusammenhang mit der Frage nach dem im Roman erkennbaren Erzähler der Geschichte versucht wird. Erzählt wird von einem Subjekt, das in Form eines Kollektivs erscheint und als das Fontane-Archiv in Potsdam auftritt: „Wir vom Archiv". Dieser Erzähler ist allwissend, was kaum verwundert, wenn man an eine andere Sammelstelle für Daten in der DDR denkt. Fonty wird ständig begleitet von einem Mann, der auch als sein anderes Ich vorstellbar ist – und gelegentlich im Bild so vorgestellt wird –, einem Mann, den er immer wieder seinen „Tagundnachtschatten" nennt: „Von vorne gesehen sahen sie gegensätzlich aus, von hinten gesehen zueinander passend, wie Teilstücke in einem Puzzle; doch aus jeder Sicht gaben beide ein Doppelportrait ab, geschaffen für immer neue Skizzen."

Der Mann ist der vom Geheimdienst und heißt – wie die Titelfigur des ersten Romans von Hans Joachim Schädlich – Tallhover oder Hoftaller, je nach neunzehntem oder zwanzigstem Jahrhundert, Preußen der Restaurationszeit oder Preußen im Kostüm der DDR. In solcher Perspektive gibt es keinen Unterschied zwischen Wuttke und Fontane, Fonty stand immer „unter Druck. Er wurde an kurzer Leine gehalten. Nein, schlimmer: wir vom Archiv wissen, daß er von Anbeginn unter Aufsicht gewesen ist. Bereits die Jugeseleien des Unsterblichen zeitigten Spätfolgen. Der konspirative Zirkel in Leipzig, die Liebelei in Dresden, die Berliner Tage als Apotheker und Revoluzzer: nichts geschah ohne Nachspiel. Ganz zu schweigen von seinen Tätigkeiten für die ‚Centralstelle' und als Regierungsagent in London. Ein Fangnetz war geworfen worden, in dessen Maschen der achtundvierziger Barrikadenheld und der Freund der Prenzlberger Szene zugleich zappelten; so wenig Freiheit hatte ihm der Zerfall der Berliner Mauer gebracht. Zwar stand nun alles offen, doch die anhaltende Gefangenschaft wollte kein Ende nehmen. Manchmal hörten wir Fonty rückwirkend stöhnen, und doch trug er seine doppelt geschnürte Last über alle Wendezeiten hinweg; ein Archibald Douglas, dem keine Gnade zuteil wurde."

Wo so von innen und außen her Geheimdienstarbeit greift und Archive geführt werden, gibt es nur noch wenige Geheimnisse der Person, und was ein Romandichter der alten Art von seinem Helden erzählen kann, weiß das derart gefütterte Archiv schon lange.

Aber für den Roman redet in den Berichten des Archivs, die wir uns als vom Autor unbürokratisch paraphrasiert vorstellen dürfen, glücklicherweise jede Person, wie ihr der Schnabel gewachsen ist, es wird in Briefen geredet und in Erinnerungen, in Dialogen und Vorträgen. Alles wird erfaßt, soweit es dem Vorgang nach zur Kenntnis des Archivs gelangt ist, und manches, was ohne direkten Zeugen ablief, wird knapp rekonstruiert. Das macht die Erzählung lebhaft und abwechslungsreich im Ton, verweigert dem Roman jedoch alle spontanen Gefühlsregungen.

Was indes kein Geheimdienst und kein Archiv der Welt wissen kann – und in einem totalitären Staat auch nicht wissen soll – ist, wie der Einzelne sich in die Welt der Literatur hineinträumt und wie er aus der Verschmelzung von Traum und literarischer Wirklichkeit herauskommt. So ähnlich mögen sich ehedem in der DDR sensible Bürger aus dem überwachten Alltag in den für fremde Augen und Ohren verschlossenen Binnenraum ihrer Leseabenteuer zurückgezogen haben.

Anspielungsfestival

Alle Bezüge auf Romane und Romanfiguren Fontanes, auf die Lebensdaten und Briefe des Dichters veranschaulichen mit ihrem allenfalls fragmentarischen Aussagewert eine undurchdringliche, wie hermetisch abgeschlossene Sphäre der Privatheit in dieser Umgebung, in der – sei es aus politischen, sei es aus wirtschaftlichen Motiven – kaum noch etwas privat ist. Wie zwei Menschen, die sich kennen und lieben, dann, wenn sie gleichzeitig den selben Roman oder auch nur denselben Autor lesen, sich über ihn unterhalten können in einer Weise, daß nur Stichworte ausgetauscht werden und der Außenstehende gar keine Spur dessen aufnehmen kann, wovon die Rede ist und woher das Einverständnis der Sprechenden rührt, so erscheint auch die Anwesenheit Fontanes und seines Werks bei Grass als das, was privat ist und bleibt, also, im genauen Sinne des Wortes, der Zudringlichkeit der Informationssammler entzogen sein soll: Die Literatur beraubt Geheimdienst und Archiv der Möglichkeit, alles zu wissen. Beide Sphären kommen zusammen, wenn der Kulturbundredner Wuttke öffentlich über Fontane spricht, dann wird er unberechenbar.

Steht auch der Leser dieses Romans vor diesem Anspielungsfestival als einer, der sich ausgeschlossen fühlen muß? Wer gar nichts von Theodor Fontane weiß, wird Namen und Notizen wie erfunden registrieren und an keinem Punkt weiter darüber nachsinnen. Irgendwann hat er begriffen, daß etwa mit dem „Tunnel über der Spree" ein eher konservativer bis reaktionärer Dichter-Club gemeint ist, der Fontane jene – auch anrüchigen – gesellschaftlichen Verbindungen schuf, die ihn zeit seines Lebens über Wasser hielten. Aber bis er das begriffen hat, wird er sich das eine und andere Mal fragen: was ist denn das? Wer Fontane sehr gut kennt, wird rasch merken, daß es im Namen- und Datenspiel um die Beschwörung einer exklusiven Existenzform geht, die überhaupt nicht mit Bedeutung hubert! Als Fonty seinen siebzigsten Geburtstag feiert und die Gaststätte, wo dies geschieht, etwas Schottisches darstellen soll – Fontanes Lieblingsland war Schottland – geht er mit seinem ewig aktentaschentragenden Begleiter vom Geheimdienst zu McDonalds, stopft *fast food* in sich hinein und trägt *Archibald Douglas* vor: „Ich hab es getragen sieben Jahr. . ." Damit läßt sich weiter nichts anfangen.

Zu verstehen ist nur die Gegenwart. Da porträtiert Günter Grass etwa den ermordeten Treuhand-Chef Detlev Carsten Rohwedder, der geschildert wird, wie er nachts in den Gängen seiner Dienststelle, dem früheren Reichsluftfahrt-Ministerium, Rollschuh fährt und manchmal bei Wuttke, der die Geschichte des Gebäudes zu schreiben hat, auf einem mit Manuskripten ausgestopften Sofa Platz nimmt, um sich mit ihm über Fontanes *Quitt* zu unterhalten, dessen Konflikt ihn betrifft und berührt. Also doch Bedeutung? Nicht mehr, als genau damit und ein paar Sätzen zum Inhalt schon gesagt ist, nichts Dahintergestecktes.

Denkmal für Uwe Johnson

Nur von der Gegenwart her sind auch die – soll man denken aus einem Grassschen Tagebuch in das Konvolut des Romanmanuskripts herübergewanderten? – Seiten über Uwe Johnson zu verstehen: eine rauh-ehrerbietige Porträtskizze des mecklenburgischen Autors der *Jahrestage*, dem hier Fontane und Fonty und Grass gleichsam unisono nachbarschaftlichen Respekt bekunden. Überhaupt scheint über Grass, wo er nicht politisch raisoniert, eine gewisse Altersfreundlichkeit gekommen zu sein, von ihr profitiert, um noch einmal auf den gewagten Entwurf dieses ganzen Erzählwerks zu kommen, vor allem Theodor Fontane, nicht so sehr der andere, nun wirklich unsterbliche Dichter, dessen Geburtsland Brandenburg war, Heinrich von Kleist: ihm wird – aus Fontys Sicht – eine etwas herablassende Ehrenrettung zuteil.

Taucht aus dem Entwurf, der sich einer Novellen-Idee verdankt, hier eine Idylle auf – trotz des schrecklichen Endes –, dort eine Liebeserklärung im und an den Paternoster, so kann es ein andermal wirklich dem Stoff nach eine Novelle für sich sein: Fonty als Soldat in Frankreich, Helfer der Résistance – er liest aus Fontanes Werk vor – , die ganze Gruppe wird verhaftet und ermordet, seine französische Geliebte später als Kollaborateurin geächtet, ihre Enkelin – eine Germanistik-Studentin und Fontaneforscherin – kommt nach Berlin und überreicht, die Sache hat sich dann doch aufgeklärt, Wuttke einen Orden. Es ist eine anrührende Geschichte, auch, wo Grass der Enkelin aus Frankreich erlaubt, ihm und Fonty, was Staat und Nation angeht, auf sympathische Weise zu widersprechen. Sie liebt Kleist wegen seiner *Penthesilea*. Mit den deutschen Kindern geht es – wie bei Fontanes – nicht so verständnisinnig zu. Wuttkes drei Söhne sind in den Westen gegangen und wiederholen dort die Karrieren der Fontane-Söhne.

Grund genug, in der Resignation zu verharren. Was als Entwurf eines Erzählzusammenhangs entfaltet wurde, erweist sich als Entwurf einer Topographie der deutschen Seele zwischen Politik und Literatur. Hat sich in hundertfünfzig Jahren so wenig geändert? Auf Berlin hin betrachtet vielleicht nicht. Und dieser Roman ist ein Berlin-Roman. Die Spaziergänge durch die Stadt gehören zu seinen überzeugenden Passagen, da wird der Gegenwartsroman anschaulich zum historischen Roman. Geschichte geht weiter, könnte man auch hier sagen, aber ebenso: Es geht nicht weiter ohne das Eingedenksein der Geschichte.

Ein kühner Entwurf, ein beherzter Vortrag, der Ton ist mißmutig, die Sprache klar – gibt das schon einen gelungenen Roman? Das könnte am Ende doch von seinem Anspruch abhängen, die Geschichte, die er hinter dem Rücken seiner Protagonisten erzählt, als die authentische Geschichte zu erweisen, über die nicht nur zu räsonieren, sondern von der zu reden wäre. Nach dem Untergang des Deutschen Reiches in der Hitler-Barbarei und dem Zweiten Weltkrieg schrieb Thomas Mann seinen *Doktor Faustus* – eine Wiederholung des deutschen Schicksalsbuchs, nun auf die Geschichte eines aktuellen Teufelspakts hin entwickelt. Nichts anderes hat Günter Grass unternommen. In sein Bild des unsterblichen Fontane hat er – um Kleist mit Worten zu seiner *Penthesilea* zu zitieren – den ganzen Glanz und den ganzen Schmutz des deutschen Bürgertums aus zweihundert Jahren hineingelegt. Das muß nicht auf alle Zeiten des Teufels sein; Fonty, so darf ihn ein Leser verstehen, der ihn mit diesem Roman schätzen gelernt hat, Fonty jedenfalls sieht „dem Feld ein Ende ab“. JÜRGEN BUSCHE

GÜNTER GRASS: *Ein weites Feld. Roman. Steidl Verlag, Göttingen 1995. 784 Seiten, 49,80 Mark. Der Roman wird am 28. August ausgeliefert.*

aus: Süddeutsche Zeitung, 19.8.95

TITEL

... und es muß gesagt werden

Ein Brief von Marcel Reich-Ranicki an Günter Grass zu dessen Roman „Ein weites Feld“

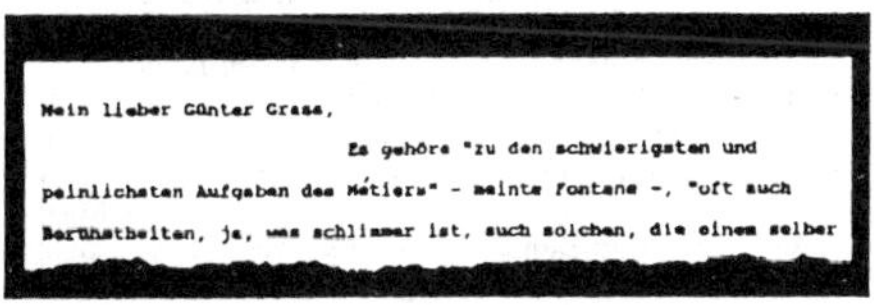
Mein lieber Günter Grass,
Es gehöre "zu den schwierigsten und peinlichsten Aufgaben des Métiers" - meinte Fontane -, "oft auch Berühmtheiten, ja, was schlimmer ist, auch solchen, die einem selber

Mein lieber Günter Grass, es gehöre „zu den schwierigsten und peinlichsten Aufgaben des Métiers“ – meinte Fontane –, „oft auch Berühmtheiten, ja, was schlimmer ist, auch solchen, die einem selber als Größen und Berühmtheiten gelten, unwillkommene Sachen sagen zu müssen“. Aber – fuhr er fort – „schlecht ist schlecht, und es muß gesagt werden. Hinterher können dann andere mit den Erklärungen und Milderungen kommen". Das ist, ziemlich genau, meine Situation.

Ich halte Sie für einen außerordentlichen Schriftsteller, mehr noch: Ich bewundere Sie – nach wie vor. Doch muß ich sagen, was ich nicht verheimlichen kann: daß ich Ihren Roman „Ein weites Feld" ganz und gar mißraten finde. Das ist, Sie können es mir glauben, auch für mich sehr schmerzhaft. Sie haben ja in dieses Buch mehrere Jahre schwerer und gewiß auch qualvoller Arbeit investiert. Sie haben, das ist unverkennbar, alles aufs Spiel gesetzt: Es ist das umfangreichste Werk Ihres Lebens geworden. Was soll ich also tun? Den totalen Fehlschlag nur andeuten und Sie schonen, Sie also wie einen „matten Pilger" (auch ein Fontane-Wort!) behandeln? Nein, das nun doch nicht. Nur eins verspreche ich Ihnen: Wer hier auf boshafte Witze und auf hämische Seitenhiebe wartet, der soll nicht auf seine Rechnung kommen. Denn schließlich geht es um eine todernste Sache – jedenfalls für Sie.

Wollten Sie einen Roman über Fontane schreiben? Wohl kaum. Sie wissen doch, daß es längst einen solchen Roman gibt und daß ein Konkurrenzkampf mit jenem, der ihn verfaßt hat, leichtsinnig, wenn nicht aussichtslos wäre. Und das ist kein anderer als Fontane selber: Aus seinen Briefen und Erinnerungen, Tage- und Reisebüchern, auch aus seinen Kritiken und nicht zuletzt aus seinen Romanen und Novellen ergibt sich ein Autoporträt, dem sich beides entnehmen läßt – wie er war und wie er gesehen werden wollte. Nein, nicht über Fontane, vermute ich, wollten Sie schreiben, sondern zunächst und vor allem über Deutschland und Berlin in den Jahren des Untergangs der DDR und also der Wiedervereinigung.

Wie beinahe alle erfolgreichen Autoren gelten auch Sie – diesen Ruf verdanken Sie natürlich Ihren Kollegen – als größenwahnsinnig. Ich bin da ganz anderer Ansicht. Nicht Größenwahn, so will es mir scheinen, hat Ihre literarische Produktionskraft in den achtziger und in unseren neunziger Jahren stark beeinträchtigt, sondern eher Unsicherheit, genauer: mangelndes Selbstvertrauen. Fast habe ich den Verdacht, daß Sie jetzt mehr an Ihr Talent als Zeichner und Graphiker glauben denn als Erzähler, als Romancier. Kritik und Publikum haben Ihre „Rättin" und Ihre „Unkenrufe" und auch zwei oder drei kleinere Bücher mit großer Entschiedenheit und meist auch sehr schroff abgelehnt. Das mag einer der Gründe Ihrer Krise sein. Ein anderer hat wohl mit der Politik zu tun.

In den sechziger Jahren (nicht etwa früher!) wurden Sie aus einem im Grunde apolitischen Künstler ein leidenschaftlicher Amateurpolitiker. Diese Vokabel sollte Sie nicht kränken: Schriftsteller, die sich der Politik zuwenden, agieren so gut wie immer als Amateure – und wenn Sie Berufspolitiker werden, dann schaden Sie der Literatur, ohne der Politik zu nützen. Nein, Ihren Beruf wollten Sie im Ernst nie wechseln, aber an der Anerkennung als Politiker war Ihnen doch sehr gelegen. In der Tat: Willy Brandt suchte Ihren Ratschlag – und hat Sie bald bitter enttäuscht. Denn er brauchte Sie, solange er um die Macht kämpfte – und als er Bundeskanzler war, wollte er von Ihnen nichts mehr wissen. Irre ich mich, wenn ich vermute, Sie hätten dies nie ganz verwunden?

Es waren auch nur Enttäuschungen, die Ihnen die deutsche Politik danach bereitet hat – zumal in der Zeit um 1990. Alles veränderte sich, und zwar viel schneller, als wir es uns je haben vorstellen können. Sie standen nicht abseits, Sie nahmen an den Geschehnissen teil – als Redner und Publizist. Einladungen zu Interviews und Diskussionen lehnten Sie nicht ab. Das ehrt Sie.

Allerdings vertraten Sie Anschauungen, für die die Mehrheit kein Verständnis hatte. Sie blieben allein. Das spricht noch nicht gegen Sie. Aber das hat Ihnen einen Schmerz zugefügt, mit dem Sie nicht zu Rande kommen konnten. Und haben Sie nicht gerade damals mit der Arbeit an Ihrem Roman „Ein weites Feld" begonnen? Man hüte sich, schrieb Schiller, „mitten im Schmerz den Schmerz zu besingen".

Wie auch immer: Sie waren offensichtlich Ihrer literarischen Mittel nicht sicher genug, um das, was sich vor allem in Berlin abgespielt hat, ohne viele Umstände zum Hintergrund einer Geschichte zu machen: Ihnen haben – und wer dürfte Ihnen das verübeln? – Kraft und Mut gefehlt und jene Risikobereitschaft, die nötig ist, wenn man vor einem leeren Blatt Papier sitzt und erzählen möchte. Erzählen ist doch – davon bin ich überzeugt – die Gegenwart erleben und das Erlebte vergegenwärtigen. Aber wem sage ich das?

Sie, mein lieber Günter Grass, meinten, Sie seien, um das Erlebte vergegenwärtigen zu können, auf einen zentralen, auf einen möglichst originellen, wenn nicht gar skurrilen Einfall angewiesen, einen Einfall, der Ihren Roman tragen und zusammenhalten sollte. Statt alle Skrupel und Hemmungen zu überwinden (ich weiß schon: solche Skrupel und Hemmungen sind bei einem weltberühmten Autor, der nicht mehr der Jüngste ist, besonders groß) und über Personen, Schauplätze und Begebenheiten so direkt und deftig, so süffig und saftig zu schreiben, wie nur Sie es können, statt sich also für die Flucht nach vorn zu entscheiden, hielten Sie einen weiten Umweg für nötig. Und jetzt sind wir wieder bei Fontane.

Sie lieben Fontane. Wer liebt ihn nicht? Zugleich imponiert er Ihnen als Kollege vom Fach. Weil er ein ganz großer Könner ist, einer, der sein Handwerk scheinbar spielend beherrscht? Gewiß, aber da ist noch etwas anderes. Der alte Stechlin – sagt Pastor Lorenzen in seiner Totenrede – sei das Beste gewesen, was wir sein können: „ein Mann und ein Kind". Man hat diese Worte oft auf Fontane selber bezogen und zu Recht. Was bedeuten sie, wenn wir an seine Schriftstellerei denken? Daß er beides auf einmal war: kritisch und naiv. Und beides in höchstem Maße. Die Synthese aus Kritizismus und Naivität ist das Geheimnis seiner Unmittelbarkeit und Gelassenheit, seiner Unbekümmertheit und Souveränität – und damit zugleich das Geheimnis seines Erzählens.

In einigen Kapiteln Ihrer „Blechtrommel" und in „Katz und Maus" ist diese Naivität sehr wohl zu spüren. Später verkümmerte sie und kam Ihnen schließlich abhanden – und das ist, vielleicht, die Krux Ihrer Epik. Fontane, mögen Sie gedacht haben, wäre Ihrem Thema schon gerecht geworden, etwa mit der Geschichte einer Berliner Familie so zwischen 1987 und 1992. Doch er und sein Werk – sie sind in jeder Hinsicht Produkte des 19. Jahrhunderts. Auch in der Phantasie lassen sie sich nicht in unsere Zeit übertragen. Aber solche Gedanken-

spiele haben Sie möglicherweise auf die Idee gebracht, den Schwierigkeiten zum Trotz Fontane zu Hilfe zu rufen.

Sie haben alles getan, was in Ihrer Macht war, um aus Ihrem Theo Wuttke, der Fonty genannt wird, nun nicht gerade eine Wiedergeburt, doch immerhin eine Art Doppelgänger unseres Fontane zu machen: Wie sein Vorbild ist Fonty in Neuruppin geboren und sogar am gleichen Tag, wenn auch hundert Jahre später. Seine Ehefrau und seine Kinder erinnern an jene Fontanes, wenn sie ihnen nicht gleichen. Er ist Bürobote in der Treuhandanstalt, dennoch kleidet er sich wie Fontane und wird ihm mit der Zeit immer ähnlicher. Er identifiziert sich mit ihm auf so ungewöhnliche Weise, daß er von dessen Romanen oder Balladen spricht, als seien es seine eigenen Arbeiten. Während einer Krankheit entwirft er in Fieberdelirien neue Schlüsse zu mehreren Romanen Fontanes. Was soll das? Wollten Sie uns etwa beweisen, daß Sie es nicht besser machen können als Fontane? Da hatten wir ohnehin keine Zweifel.

Mit seiner Besserwisserei in Sachen Fontane und mit der ewigen Zitiererei geht der Bürobote Fonty allen auf die Nerven – wie jetzt ich Ihnen, mein lieber Grass. Dagegen läßt sich nichts machen. Weil ich ein professioneller Besserwisser bin? Nicht nur. Sie können ja beinahe alles besser als ich. Doch gibt es etwas, was ich mit Sicherheit besser kann als Sie – nämlich Ihr Buch beurteilen. Der Grund ist sehr einfach: Ich habe es nicht geschrieben. Sie wissen ungefähr oder vielleicht sogar genau, worauf Sie es abgesehen haben; und Sie können nicht vergessen, wie das Ganze in jahrelanger Arbeit entstanden ist. Dieses Wissen aber muß Ihre Sicht einschränken, es trübt Ihren Blick auf das in 781 Seiten vorliegende Ergebnis.

Ich denke nicht daran, Ihnen zu unterstellen, Ihr betagter Bote sei ein leibhaftiger Anachronismus nur infolge eines schriftstellerischen Betriebsunfalls geworden. Nein, so haben Sie ihn gewollt. Sie lassen ja über ihn sagen: „Im Prinzip lebt Vater alles noch mal durch, was längst schon verschütt ist." Und: „Man denkt, draußen kutschieren se noch mit ner Pferdebahn. Und nur Petroleumfunzeln gibt's, kein bißchen Elektrisch." Aber ist Ihnen nicht aufgefallen, daß dieser Bote, der seit vielen Jahren im selben Gebäude arbeitet (wo einst das Reichsluftfahrtministerium war, in DDR-Zeiten das Haus der Ministerien und dann die Treuhandanstalt), der das Bleibende verkörpern soll und die Tradition, daß er nichts anderes als eine mühselige Konstruktion ist? Bei Lichte betrachtet, gibt es eine Figur namens Fonty in dem Roman „Ein weites Feld" überhaupt nicht. Nur diesen Namen gibt es.

Indes: Ein Schweißfuß – diese Volksweisheit, die ich aus einem Stück von Brecht kenne, wird Ihnen zusagen –, ein Schweißfuß kommt selten allein. Da in Ihrem Roman sehr wenig geschieht und Sie Hunderte von Seiten mit Reflexionen und Mitteilungen, mit Diskussionen und Briefen füllen, brauchten Sie für Ihren Fontane-Narr Fonty einen ständigen Begleiter, einen Gesprächspartner. Um hoch zu greifen: Ihrem Miniatur-Faust wollten Sie einen kleinen Mephisto an die Seite stellen. Den haben Sie aber nicht erfinden wollen, vielmehr haben Sie sich ihn aus dem 1986 erschienenen Roman „Tallhover" des Kollegen Hans Joachim Schädlich geholt.

Dessen unverwüstlicher, nämlich schon 1819 geborener Titelheld personifiziert die politische Polizei, die der jeweiligen

Staatsmacht treu dient, die sie beschützt – vom alten Preußen über das Kaiserreich und das nationalsozialistische Deutschland bis zur DDR. Eine Märchenfigur also und wiederum eine Konstruktion. Nur hat dieser Tallhover bei Schädlich einen guten Sinn, eine klare Funktion. Mit seiner Hilfe verbindet Schädlich auf einleuchtende Weise Episoden, die in verschiedenen Epochen spielen.

Autor Schädlich

In Ihrem Buch jedoch kann Tallhover, den Sie „Hoftaller" nennen, diese übergreifende Funktion nicht haben. Bei Ihnen fungiert er als Fontys „Schrittmacher und Aufpasser", er ist sein „Tagundnachtschatten". Gewiß hat Schädlich Ihnen die Verwendung seiner nicht unoriginellen Figur (gern oder ungern) gestattet. Mit Verlaub: Wie hätten Sie wohl reagiert, wenn ein deutscher Schriftsteller gewünscht hätte, zum Helden seines Romans den Oskar Matzerath aus Ihrer „Blechtrommel" zu machen – vielleicht unter dem Namen „Ratzemath"?

Jedenfalls war es eine fatale Idee, neben das künstliche Geschöpf im Mittelpunkt, neben Fonty also, noch eine Marionette hinzustellen. Das Unglück, das schon geschehen war, wurde verdoppelt. Ein so sorgfältig kalkulierender Artist wie Sie, Günter Grass, mußte irgendwann die Fragwürdigkeit, ja die Unmöglichkeit dieser Konzeption schon merken. Sie schreiben: „War Fonty ohne seinen Tagundnachtschatten vorstellbar? Hätte dessen Abwesenheit nicht sogleich eine Geschichte beendet, deren Pointen vom Echo lebten und, mehr oder weniger mißtönend, zweistimmig gesungen sein wollten? Was bleibt übrig, fragten wir uns, wenn Hoftaller wegfällt?" Und etwas weiter: „Hoftaller war nicht sterblich!" – sehr richtig: Was nicht lebt, kann nicht sterben. Und daß die Geschichte zweistimmig gesungen sein wollte, stimmt nicht. Denn eine Geschichte gibt es hier eben nicht, leider.

Vor bald 30 Jahren meinte ich, im Grunde seien Sie, obwohl es ein Roman war, der Sie berühmt gemacht hat, doch vor allem ein Geschichtenerzähler. Früher habe ich es bedauert, daß Ihnen in Ihren Romanen (anders als in Ihren glänzenden Erzählungen „Katz und Maus" und „Das Treffen in Telgte") keine Ganzheit gelingen will, daß Sie meist nur Bilder, Szenen und Episoden aneinanderreihen. Jetzt bedauere ich, daß wir in dem „Weiten Feld" derartige in sich geschlossene Abschnitte vergeblich suchen.

Ihr Fonty, lesen wir, vertraute dem Ich-Erzähler an, „daß er sich leergeschrieben habe". Um Gottes willen, sollte das für Sie selber gelten? Fonty gesteht knapp: „Mein Wörtersack ist leer . . . Kein Funke will springen." Aber nein: Ihr Wörtersack ist nicht leer, er ist sogar prallvoll, sein Inhalt purzelt ununterbrochen heraus. Doch in der Tat will kein Funke springen. Bescheidener ausgedrückt: Meist ergeben die klangvollen Wörter und Wendungen erstaunlich wenig oder gar nichts. Deshalb müssen wir, Ihre mittlerweile leidgeprüften Leser, stöhnend in Kauf nehmen, daß Sie sich ständig wiederholen.

Darstellungen werden uns vorenthalten, mit Feststellungen werden wir überhäuft. Wie oft kann man uns mit der Auskunft belästigen, daß die gute Stube in Fontys Familie der „Poggenpuhlsche Salon" genannt wird? Mit der weltbewegenden Frage, ob der Paternoster im Haus der Treuhand abgeschafft oder, wie Fonty meint, doch erhalten werden müsse, langweilt er die Menschen seiner Umgebung. Warum müssen auch wir darunter leiden? Wozu nennen Sie beinahe alle bekannten DDR-Schriftsteller, wenn Sie über selbige, ob es nun Becher ist oder die Seghers oder Bredel, Bobrowski, Fühmann oder Hacks, wortwörtlich nichts zu sagen haben, wenn wir mit solchen Mitteilungen abgespeist werden wie: „die noch kürzlich vom Parteikollektiv gerügte Wolf"? Nur über Heiner Müller finden sich einige (wenn auch nicht unbedingt gerechte) Sätze.

Rundheraus gesagt: Sie überfordern die Geduld selbst Ihrer gutwilligsten Leser. Und ganz schlimm wird es, weil Ihr möglicherweise etwas seniler Oberlangweiler Fonty nicht aufhören kann, über die Romane und Novellen des von ihm so geliebten Fontane zu sprechen, richtiger: zu plappern. Er kennt sie alle, er informiert uns, die wir diese Romane ebenfalls und meist schon in unserer Jugend gelesen haben, über einzelne Figuren und Motive. Aber, mein lieber Günter Grass, ich kann es einfach nicht fassen: In Ihrem „Weiten Feld" finden sich Tausende von Sätzen über Fontanes Epik – und darunter, sage und schreibe, kein einziger, der originell oder geistreich wäre. Wie ist das möglich? Ich gebe zu, ich bin ratlos, ich habe keine Antwort auf diese Frage.

Natürlich zitieren Sie Fontane ausgiebig – und so, wie die Dinge liegen, muß ich sagen: Je mehr in Ihrem Buch von ihm stammt, desto besser für uns und für Sie. Die Sache ist aber die, daß Sie die entliehenen Texte, woher Sie sie auch genommen haben (am häufigsten wohl aus seiner Korrespondenz), meist nicht kenntlich machen. Ihr Fonty verfaßt also viele und lange Briefe, die in Wirklichkeit von zwei Autoren geschrieben wurden – von Ihnen und von Fontane. Aber wer hat was geschrieben? Ein Fontane-Forscher kann das vielleicht erkennen, ich kann es nicht immer. Denn, erstens, umfaßt das Werk Fontanes Zehntausende von Seiten, und, zweitens, imitieren Sie seinen Stil, zumal den Plauderton, gar nicht übel.

Wahrscheinlich sind Sie auf diese Leistung besonders stolz, ich hingegen würde auf sie gern verzichten. Seit bald 40 Jahren habe ich eine Schwäche für Ihre hämmernde, Ihre unverwechselbare Diktion in der Prosa und auch in der Lyrik, und es tut mir leid, daß es Ihnen jetzt offenbar Spaß macht, bisweilen mit verstellter Stimme zu sprechen. Überdies entsteht durch diese Textmischung ein etwas riskantes Durcheinander. Ich will Ihnen ein Beispiel geben. In einem Brief Ihres Fonty heißt es: „Alles, was sich deutsch nennt, wird vom Mittelmaß beherrscht." Das ist dumm und ärgerlich.

Nun bin ich in dieser Hinsicht besonders empfindlich: Seit mir zum ersten Mal ein antisemitischer Satz an den Kopf geschmissen wurde – ich war noch ein Kind, und es war in einer deutschen Schule –, fürchte ich nationale und ähnliche Verallgemeinerungen. Wir wissen ja, wohin das geführt hat. Jetzt, mein lieber Günter Grass, werden Sie vielleicht triumphieren: Ätsch, ätsch – reingefallen. Denn dieser Satz über die deutsche Mittelmäßigkeit, werden Sie eventuell sagen, ist gar nicht von mir, sondern von unserem großen Fontane. Mag ja sein, ich bin da nicht sicher. Nur: Unsinn bleibt Unsinn.

Fontane war ein Schnellschreiber, dem (gar nicht so selten) auch ein törichtes Wort aus der Feder geflossen ist, zumal in [redacted] seinen zahllosen Briefen. Mit Fontane-Zitaten hat man schon viel Unheil ange-

richtet, übrigens auch im Dritten Reich. Kurz und gut: Es wäre besser, Sie spielten mit offenen Karten, dann könnten wir nie auf die unangenehme Idee kommen, Sie wollten uns, sich bei Fontane reichlich bedienend, ein wenig übers Ohr hauen. Freilich könnten Sie sich auf Thomas Mann berufen: Er habe in seiner „Lotte in Weimar" authentische Äußerungen Goethes mit eigenen verbunden, ohne dies je erkennbar zu machen. Schon wahr, nur lautete meine Antwort: Leider, leider. Denn auch Thomas Mann hat mit dieser allzu bequemen Methode zur Verwirrung beigetragen.

Das Unglück Ihres Romans besteht wohl darin, daß Sie sich zwar unentwegt auf Fontane berufen, daß Sie ihn zitieren und imitieren und mitunter auch plündern, daß es Ihnen aber nicht gelingen will, das, worauf es hier ankommt und was gerade er wie kaum ein anderer deutscher Schriftsteller gekonnt hat, von ihm zu lernen – nämlich: Gedankliches ins Sinnliche zu übertragen, Geistiges also sichtbar und anschaulich zu machen.

Das heutige Deutschland, das Ihnen ganz und gar mißfällt, sei zur Einheit unfähig, der alten DDR weinen Sie eine kleine Träne nach, die Zukunft der Nation sehen Sie in düstersten Farben. Schon gut. Aber alles wird nur behauptet und nicht erzählt, nur verkündet und nicht gezeigt. Von wem? Sie selber sagen über diese und ähnliche Themen nichts – und wie sollten Sie es, da Sie ja in dem Roman nicht vorkommen und niemand den Erzähler im Buch mit Ihnen verwechseln wird. Sie lassen den alten Büroboten Fonty reden und den ewigen Spitzel Hoftaller, der (unter anderem) für das Reichssicherheitshauptamt gearbeitet hat und dann ein Mann des Staatssicherheitsdiensts war – und der zu verstehen gibt, es irgendwie weiterhin zu sein. Jedenfalls sei er, sagt uns Fonty, „kolossal auf dem laufenden" und habe den „richtigen Riecher".

Warum also ist die DDR zusammengebrochen? Hoftaller erklärt es: „Die drüben haben uns fix und fertig gemacht. Kein Wunder! Die gaben das Tempo an, wir mußten Schritt halten . . . Wettlaufen, wettrüsten, bis wir außer Puste, ausgelaugt, leergeschrappt waren. Nun ist das ganze schöne Volkseigentum für die Katz . . ." Und die Maueröffnung? Die sei von der Stasi längst geplant gewesen, aber die Greise in Wandlitz wollten nichts davon hören. Was soll der Blödsinn? Sollte damit etwa die Mentalität der Staatssicherheitsleute charakterisiert werden?

Der andere Zeitkritiker in Ihrem Roman, der alte Fonty, redet nicht vernünftiger, beispielsweise: „War siebzig-einundsiebzig nicht anders. Deutsche Einheit ist immer die Einheit der Raffkes und Schofelinskis." Hier spätestens weiß man, daß der alte Fonty ein hoffnungsloser Wirrkopf ist, der von der historischen Entwicklung in den letzten zehn Jahren nichts kapiert hat. Die Treuhand hält er für ein Gesamtkunstwerk, ein Gegenstück zu Bayreuth, das „Götterdämmerung en suite im Programm" habe. Wer in den Mittelpunkt eines Romans einen dummen Menschen stellt, muß damit rechnen, daß dessen Dummheit sich ausbreitet und das Ganze infiziert.

Eine knappe Beurteilung der DDR kann man im „Weiten Feld“ ebenfalls finden: „Was heißt hier Unrechtsstaat! Innerhalb dieser Welt der Mängel lebten wir in einer kommoden Diktatur.“ Auch dies sagt Fonty. Niemand widersetzt sich seiner Ansicht, nirgends wird sie korrigiert. Im Gegenteil, in diesem Roman gibt es zahlreiche, mehr oder weniger beiläufige Äußerungen über die DDR, und sie sind stets von diesem Geist, etwa: So schlimm war es ja wieder nicht, die Leistungen sollte man nicht übersehen, und auch in Wuppertal oder Bonn wird nur mit Wasser gekocht.

Mein lieber Günter Grass: Ich möchte nicht mit Ihnen über Ihre politischen Ansichten, die ich, verzeihen Sie, nicht immer ganz ernst nehmen kann, hier diskutieren. Es ist nicht meine Sache, Sie über die DDR zu belehren. Aber es ist mein Recht, mich zu wundern. Sie wissen so gut wie ich, daß das SED-Regime Millionen Menschen unglücklich gemacht, daß es Unzähligen, darunter, beispielsweise, unseren Kollegen Walter Kempowski und Erich Loest, Jahre ihres Lebens geraubt hat. Sie wissen, besser als ich, daß und wie die Literatur in diesem Land unterdrückt wurde. Sie wissen sehr wohl, daß die DDR ein schrecklicher Staat war, daß hier nichts zu beschönigen ist. Doch Ihr Roman kennt keine Wut und keine Bitterkeit, keinen Zorn und keine Empörung. Ich gebe zu, ich kann das nicht begreifen, es verschlägt mir den Atem.

Und ich kann es um so weniger begreifen, als Sie zur generellen und, wie ich meine, ungeheuerlichen Verurteilung der Bundesrepublik nach der Wiedervereinigung sehr wohl fähig sind. Zu Fontys Bekanntenkreis gehört ein Jude namens Freundlich,

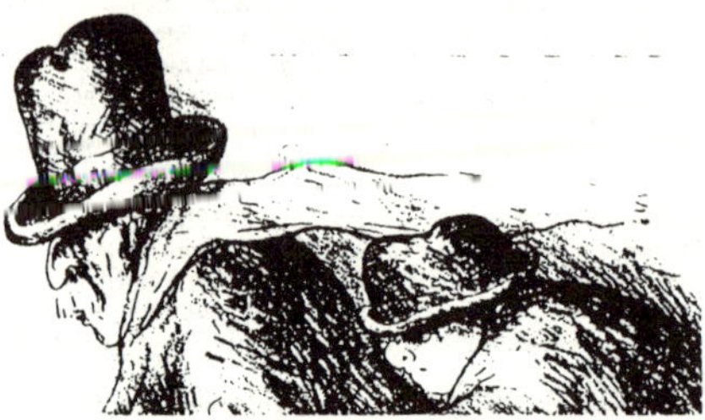

ein Professor, der in DDR-Zeiten Ärger mit der Partei hatte und dem nun westliche Professoren Kummer bereiten, weil sie „sich anmaßen, seinen wissenschaftlichen Rang zu evaluieren“. Er glaubt, es handle sich um antisemitische Schikanen, er verübt Selbstmord, denn: „Für Juden ist hier kein Platz.“ Seiner Frau empfiehlt er, nach Israel zu emigrieren. Lieber Günter Grass, haben Sie keine Ahnung, wie es den Juden in der DDR ergangen ist, haben Sie nicht gehört, daß Tausende von Juden aus der ehemaligen Sowjetunion (und auch aus anderen Ländern) in den letzten Jahren in der Bundesrepublik Asyl gefunden haben? Ich habe keine Lust, mich hier über dieses Thema zu verbreiten, nur eines ist für mich sicher: Sie wissen nicht, wovon Sie reden.

Doch kommt es noch schlimmer in Ihrem Roman: Ähnlich wie Freundlich will auch Fonty nach der Wiedervereinigung nicht mehr in Deutschland leben. Seiner Enkeltochter schreibt er: „Alles sagt mir: Nichts wie raus aus dem Land, in dem für alle Zeit Buchenwald nahe Weimar liegt, das nicht mehr meines ist oder sein darf.“ Ganz abgesehen davon, daß Buchenwald auch zu DDR-Zeiten nicht weit von Weimar lag, kommt mir das bekannt vor. Haben Sie nicht, lieber Günter Grass, vor einigen Jahren, als eines Ihrer Bücher von bösen Kritikern verworfen wurde, lauthals erklärt: Jetzt nichts wie raus – und sind nach Indien geflogen? Und werden Sie sich jetzt wieder einmal von Deutschland abwenden wollen?

Aber daß ich es nicht vergesse. Da gibt es in Ihrem Buch eine Episode, die völlig aus dem Rahmen fällt. Sie schildern ein Treffen mit Uwe Johnson. Sie schildern es wunderbar. Das kann keiner besser als Sie. Aber es sind nur fünf Seiten von 781.

Es grüßt Sie in alter Herzlichkeit

Ihr Marcel Reich-Ranicki

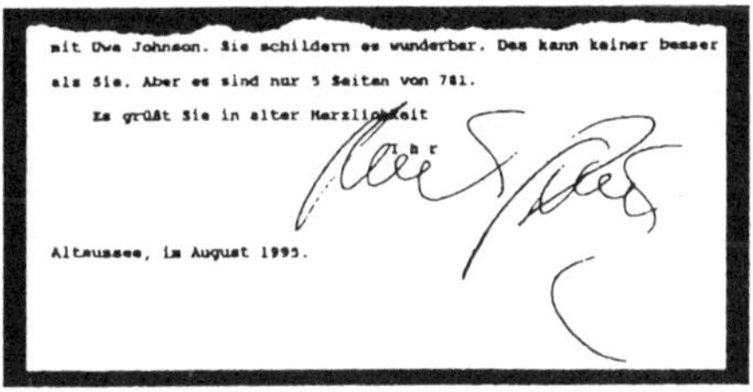
mit Uwe Johnson. Sie schildern es wunderbar. Das kann keiner besser als Sie. Aber es sind nur 5 Seiten von 781.

Es grüßt Sie in alter Herzlichkeit

Ihr

Altaussee, im August 1995.

aus: Der Spiegel, 21.8.95

Nicht alles aus Gold, was glänzend klingt

„Ein weites Feld" – Günter Grass' neue Herausforderung

Da liegt es nun, ein weites Feld, und keiner, keiner kommt dran vorbei. Monatelang geisterte Günter Grass' neuer Roman durch Deutschlands Blätterwald, beworben wie keiner zuvor. Jetzt ist er, mit einer Startauflage von 100'000 Exemplaren, im Handel.

Die Handlung, auch das hat sich mittlerweile herumgesprochen, bleibt weitgehend aus; dem Dichter geht's, mehr als sonst, um Gedanken, Ideen, Assoziationen, Spiel. Mutmaßungen über Deutschland, kurz nach der Wende, kurz vor der Einheit und überhaupt. Seine Helden, zwei Plaudertaschen vor dem Herrn, entlieh Grass der Literaturgeschichte. Da ist einmal Theo Wuttke, der als Aktenbote in der frischgebackenen Treuhandanstalt arbeitet und gleichzeitig ein Wiedergänger Theodor Fontanes ist, des „großen Unsterblichen", mit dem er, durch 100 Jahre Deutschland ge-

trennt, Geburtstag und -ort teilt.

„Wir vom Archiv nannten ihn Fonty", führt Grass den alten Herrn ein - und schon jetzt hat diese Einführung Aussichten auf den Titel des meistzitierten Satzes der aktuellen Literatur. Fontys Gegenspieler, Sparringspartner, „Tagundnachtschatten" gehört eigentlich dem Schriftsteller-Kollegen Hans Joachim Schädlich: „Tallhover", der ewige Spitzel, wird zum Hoftaller gewendet - nur wer sich ändert, bleibt sich treu, und treu ergeben spitzelt Hoftaller dem Fonty hinterher.

„Ein weites Feld" ist kein deftiges Epos wie die „Blechtrommel", keine pointierte Erzählung wie „Das Treffen in Teltge", eher hirn- als herzlastig im Reigen der Kopfgeburten - und doch: O Jahrhundert, o Wissenschaft! Es ist eine Lust zu lesen.

Das liegt *nicht* an den vertrauten politischen Anmerkungen des Dichters Grass. Zur Einheit, die er nicht mag, zur DDR, der er nachtrauert, zur bösen Treuhand, zur „regierenden Masse" in Bonn. Zu Biermann, Anderson und Co ... Deutschland damals, 1870/71, verpatzte Einheit, Deutschland heute ... Nun gut. Das Weltbild ist schlicht, die Provokation gefällig: Hier ist nicht alles Gold, was glänzend klingt. Doch wenn man annimmt, daß Fonty, wie man annehmen darf, im Sinne des Erfinders plaudert, ist *dieser* Grass sich seiner Fehlbarkeit bewußt - und weiß mit ihr zu spielen. „War bloße Mache", bekennt Fonty/Fontane, auf allzu wildes Politisieren angesprochen. „Aber besseres gibt's auch - und das bleibt."

Dies „weite Feld" wird wohl bleiben. Die wunderbaren Causerien à la Fontane, der Mut zu prallen 800 Seiten ohne eine einzige Geschichte ...

Wer seinen Fontane nicht (mehr) kennt, sollte allerdings dringend zur Nymphenburger Ausgabe greifen, Briefwechsel inklusive. Grass fordert sein Publikum; manches liest sich wie bester Tratschke. „Und mich", plauscht Hoftaller über alte Tunnel-Zeiten, „glaubte man mit dem Namen eines mausetoten Stückeschreibers in russischen Diensten ehren zu können. Wurde übrigens geboren, als ein Student Kotzebue erdolchte ..." Na, wer war's?

Somit wäre, wenn sonst nichts wäre, der neue Grass immer noch ein Schlüsselroman für Gebildete. Sonst ist aber noch was. Ein zorniger, oft ungerechter Roman übers deutsche Wesen. Eine kluge Hommage. Ein ironisches Getändel mit Zeit und Raum. Perfekt dahingeplauderte Sprache, schlimmstenfalls wie gut kopierter Fontane - bestenfalls und oft genug wie guter Grass. Er kommt übrigens drin vor, der Dichter. Mit „grimmigem" Blick, „hängendem Schnauz" und Baskenmütze betrachtet er das Neuruppiner Fontane-Denkmal, ignoriert Freund Fonty und entschwindet. „Fonty wird sich seinen Teil gedacht haben; auch er neigte dazu, was ihm nicht paßte, zu übersehen und tatsächliche Lücken mit den Kindern seiner Laune aufzufüllen." Der Leser wird den Wink verstanden haben; und was ihm nicht paßt, versüßen ihm des Dichters launige Kinder. **Ira Panić**

Günter Grass, Ein weites Feld, Steidl, 781 Seiten, 49,80 Mark

aus: Hamburger Morgenpost, 21.8.95

Der neue Roman von Günter Grass – ein Roman der Wende?

Hoftaller plus IM Fonty, ein sehr weites Feld

Von FRITZ RUDOLF FRIES

Noch hatte der Bundeskanzler seinen weiten Mantel der Geschichte nicht gnädig über die Pfuscharbeit der deutschen Vereinigung gebreitet, als Günter Grass im Fernsehen mit Rudolf Augstein stritt: Denn war nun der Zug im November 1989 abgefahren, wie Augstein meinte, oder ließen sich da noch Weichen stellen, wie Grass hoffte?

Mir kommen, um es gleich zu sagen, die beiden Hauptfiguren in Grass' erwartetem, vom Steidl Verlag in diesen Tagen mit lautem Trommelschlag angekündigten Roman „Ein weites Feld" wie Persiflagen auf den aufsässigen Autor und den alleswissenden Zeitungsmann vor. Der eine, der Aktenbote Theo Wuttke alias IM Fonty, ist naiv. Der andere, Fontys *Tagundnachtschatten* Hoftaller alias Tallhover, ist perfid. Die Naivität des Autors, hier nun endlich, nach den vielgeschmähten „Unkenrufen" (1993) den Roman der Wende vorzulegen, korrespondiert mit der Naivität des Erzählers, eines unbedarften Germanisten aus dem Potsdamer Fontane-Archiv. Theo Wuttke könne der wiedergeborene Theodor Fontane sein. Dies alles wird das alarmierte Feuilleton weniger interessieren als die Chuzpe des Autors Grass: Die DDR war nicht so, wie es die Enquete-Kommissionen, unterm Vorsitz streitbarer Schwarzröcke, im nachhinein gerne sehen möchten.

Der Grundtenor des Romans überrascht nicht, wenn wir uns daran erinnern, wie Grass in den letzten Jahren in seinen Reden, Aufsätzen, Interviews, allein auf weitem Feld, der sachlich-kluge Interpret deutsch-deutscher Befindlichkeiten war. Oder wie es Emmi Wuttke einmal sagt: Für die Westler „bleiben wir Ostelbier, heidnische Protestanten, Ketzer im Grunde, was ja stimmt..." Und am liebsten hören sie, „daß wir von früh bis spät gelitten und uns wie im KZ gefühlt haben".

Doch worum geht es? Und wer erzählt hier was? Der Erzähler, einer jener „fleißigen Fußnotensklaven" des Potsdamer Fontane-Archivs, ein „damals" zu Fall gekommener, in der Produktion sich bewährender Germanist, hat den Titel des Romans gestiftet, jenes populäre Wort des alten Briest in Fontanes Roman „Effi Briest": „Ein weites Feld, Luise, nicht wahr?" Auf diesem weiten Feld begibt sich Jahre vor dem hundertsten Todestag des „Unsterblichen" Erstaunliches. Denn die Fontane-Forscher kennen seit Jahren einen Gewährsmann für ihre Forschungen. Es ist der nunmehr betagte Aktenbote und einstige Festredner des Kulturbundes Theo Wuttke; siebzigjährig im Jahr, da die Mauer fällt und der Roman beginnt. Ein kauzig belesener Mann, mit wehendem Schottenschal bei jedem Wetter, weißmähnig und schnauzbärtig, grad so, wie Liebermann den Alten einst gezeichnet hatte. 1919 in Neuruppin geboren, ist er wie sein Idol bereit, in allen Lebenslagen „die Mühsal einer verkrachten Existenz zu spiegeln". Mit Frau und Tochter lebt er in der Berliner Kollwitzstraße in bescheidenen Verhältnissen. Die Söhne spielen kaum eine Rolle; einer ist aus der Art geschlagen und ein bigotter Verlagskaufmann für evangelische Schriften geworden.

Die zweite literarische Auferstehung in diesem Roman aber ist jüngster Herkunft. Es ist der *Tagundnachtschatten* des Alten, ein Herr Hoftaller. Als ein Herr Tallhover war er die Erfindung von Hans Joachim Schädlich und Titelfigur eines um 1986 vielbeachteten Romans. Bei Schädlich ein Finsterling und Geheimagent aus den Tagen des Metternich-Systems, und somit ein möglicher Weggenosse Fontanes. Schädlich führte ihn in Todessehnsucht an sein bürgerliches und literarisches Ende. Grass – mit Duldung des Urhebers? – schenkt ihm das ewige Leben. Der ranke Wuttke, der untersetzte Hoftaller, bei Grass verwischen sich ihre Konturen. Als Adlatus des Kulturbundredners Wuttke hält Hoftaller alias Tallhover seine schützende Hand über Wuttke, wie schon einmal, als der von Fontane Erleuchtete der Schutzbefohlene des Gestapo-Mannes Hoftaller im Reichsluftfahrtministerium war, in das später die „Treuhand" einziehen würde. Hoftaller gehört zu Fonty, wie man den Alten liebevoll im „Archiv" nennt, so untrennbar wie dessen märkischer Wanderstock bzw. – wenn der Vergleich nicht auf Kosten Wuttkes hinken würde –, wie Mephisto zu Faust. Faszinierende, die Galerie unvergeßlicher Personen aus dem Hause Grass ergänzende Figuren sind sie beide. Und so bestimmen sie die surreale Tonlage der ersten hundert Seiten des rund achthundert Seiten starken Romans – auf Kosten aller anderen Figuren.

Während der Aktenbote und Rentner Wuttke bzw. Fonty seine Hintergründe immer nur über das abgesicherte Wissen aus Fontanes Leben und Werk erreicht (und man muß schon wie Grass ein profunder Fontane-Kenner sein, um alles mitzukriegen), so bleibt sich Hoftaller alias Tallhover über alle Brüche der Zeit gleich. Seine graue Banalität macht ihn vertraut. Er verkörpert die Banalität des Bösen, von der Hannah Arendt schrieb, als sie in Jerusalem den Prozeß gegen Eichmann verfolgte.

Aber Hoftaller bei Grass ist kein Unmensch. Seine Inkarnation zu DDR-Zeiten ist nicht ohne Komik. Als er in den Augen seiner Dienststelle am 17. Juni 1953 versagt, wird er ins Staatsarchiv strafversetzt. Das macht ihn depressiv. Und so verläßt er den Arbeiter-und-Bauern-Staat. In Köln und Pullach wird er vom BND als „Revolat" in den Akten geführt. Allein, die Herren dort wollen von seinem Wissen nicht profitieren. So tätigt er Großeinkäufe für den Bau der Mauer und kehrt rehabilitiert in sein Amt zurück. Überzeugt ist er von nun an, „daß auch der Westen die Mauer wollte. War ja alles einfacher danach. Für beide Seiten". Spätestens seit der Sputnik-Affäre sieht Hoftaller voraus, was kommen würde. Seine Berichte „über den Zerfall staatlicher Ordnung" werden von der Partei „nicht zur Kenntnis genommen". Und wer hat später, dem Westen zum Schaden, die Mauer geöffnet, wenn nicht Hoftaller und Seinesgleichen aus der Normannenstraße? Ich frage mich nicht ohne Amüsement, wie dieser Roman von der Gauck-Behörde gelesen werden wird. Hoftaller, ein Wende-Lied auf den Tschekisten?

Auch Theo Wuttke kennt seine „Abschweifungen ins historische Feld", wenn er über den preußischen Sieg über Dänemark und Österreich räsonniert – damals wie heute diese Siegesfeiern am Brandenburger Tor, und der Tonfall der Redner bleibt austauschbar. Doch von den PDS-Parolen seines Hoftallers will er nichts wissen. Er ist für den „Raubtiergeruch" der neuen Freiheit. Da hat Hoftaller Mühe, ihn bzw. den „Unsterblichen" an seine schlechten Artikel in der „Kreuzzeitung" zu erinnern, an seine Konformität mit Preußen wie mit dem Dritten Reich, ganz zu schweigen von Fontys Jahren in der DDR: „Und je schneidiger sich der Sozialismus Ihrem geliebten Preußen anpaßte, umso mehr war Ihnen Freiheit schnuppe." Fonty, ein deutscher Mann, ein Meister des Rückzugsgefechts in die deutsche Innerlichkeit. Auch diese Figur hat es in sich.

Der Alte, der sich nicht weigert, Hoftallers Ansinnen zu folgen und ein paar Akten aus der Normannenstraße in ein

Biedermeiersofa auf dem Dachboden der „Treuhand" zu verstecken, Fonty-Wuttke läßt sich nicht gern in die eigene Biographie gucken. Ob Hoftaller ihn als IM Fonty geführt hat oder nicht, ist ihm schnurz. Denn hat er nicht ganz im Geiste des Alten in seinem Herwegh-Club zu Leipzig oder im Tunnel über der Spree vermittelt – nämlich zwischen den sich anarchistisch gebenden Dichtern und der immer besorgten Staatssicherheit? „Teils wurde er bis zum Erhabenen verklärt, teils zum Maskottchen verniedlicht." Und wenn bei Fonty nach 1989 zwei Dichterlinge in schwarzem Leder auftauchen, zwei Finsterlinge, deren Namen jeder kennt, fällt es Fonty nicht schwer, die alles verzeihende Güte des Alters zu praktizieren.

Spätestens hier fragt sich der einigermaßen beschlagene Leser: Wer ist dieser Fonty, der am 4. November 1989 auf dem Alexanderplatz seine zündende, zugleich warnende Rede hält neben Christa Wolf und Stefan Heym? Und zu welchem Autor aus DDR-Tagen paßt diese Inkarnation des alten Fontane? Es ist ein Kreuzworträtsel mit fünf Buchstaben: GRASS. Kein anderer hat die Dichterszene im Prenzlauer Berg in den späten DDR-Jahren so inspiriert und zugleich beunruhigt wie Günter Grass. Unter der Hand offenbart sich hier die seltsame Nostalgie mancher westdeutscher Autoren und Intellektueller: Sie wären gerne so verrucht-verfemt gewesen wie unsereiner. Die ironische Distanz zu diesem Seitenthema des Romans ist gering, da Grass an sich kein ironisch beschwörender Rauner des Imperfekts ist.

Die Kunst des Weglassens hatte Fontane dem Romanschreiber empfohlen – und meisterlich vorgemacht. In der zweiten Hälfte des Romans aber herrscht bei Grass der Eifer der Addition. Ganze Kompendien gesammelter Nachrichtenmagazine können getrost in den Ramsch gegeben werden. Was bemerkenswert nach dem Fall der Mauer war, hier wird's festgehalten. Gewiß, die Binnenhandlung folgt den Kleinbürgeridyllen Fontane'scher Romane. Fontys Tochter heiratet den Westunternehmer Grundmann und zieht nach Schwerin. Hoftaller kauft sich einen Trabi – und der Berliner Roman wird zum Reiseroman. Von Hiddensee bis ans Erzgebirge wird die Topographie der alten DDR Ereignis. Doch schließlich taucht da eine kleine Französin auf, Fontys Enkeltochter, Endprodukt einer Liaison, die der Weltkriegs-Soldat Wuttke in Frankreich gehabt. Das Mädchenkind Madeleine Aubron, ganz „zartbittere Schokolade", erinnert nur auf den ersten Blick an jenes Urmodell, das Fontane zu einem seiner schönsten Romane, „Effi Briest", verführte. Madeleine, das Deutsche erschreckend gut parlierend, ist geschwätzig, eine Kopfgeburt, bestenfalls eine Parodie auf die deutsch-französischen Beziehungen seit Adenauer und de Gaulle. Sie plant eine Seminararbeit über die Hunde bei Fontane. Wuttke verfällt ihr ganz. Und während es ihm, dank Hoftallers Wachsamkeit, nicht gelingt, in Fontanes geliebtes Schottland zu entkommen, der Enkeltochter gelingt die Entführung nach Frankreich. Von hier schreibt der glückliche Großvater: „Bei stabilem Wetter ist Weitsicht möglich. Übrigens täuschte sich Briest: ich jedenfalls sehe dem Feld ein Ende ab. . ." Wie ist das gemeint? Ich weiß es nicht.

Doch der eigentliche Schluß gleicht dem fünften Akt eines Theaterstücks: Aktenbote Wuttke hält einen seiner beliebten Vorträge über den „Unsterblichen" in den Räumen der „Treuhand". Und alle, alle kommen, im Kostüm Fontane'scher Figuren und unter falschem Namen. Die Chefin gar als Frau Jenny Treibel aus der Berliner Halbwelt. Fonty redet sich heiß, so daß am Ende die Feuerwehr anrückt, weil das Gerücht aufkommt, die Treuhand brennt.

Aber nichts brennt. Und Hoftaller verschwindet zu neuen Ufern, zu neuen Diensten?

Ich habe das Buch mit einem Seufzer der Genugtuung (so viele treffende Stellen!) und einem Seufzer der Erleichterung aus der Hand gelegt. Wie hätte Fontane diese unsere Jahre beschrieben?

Günter Grass: Ein weites Feld. Roman. Steidl Verlag Göttingen. 784 S., Leinen, 49,80 DM.

aus: Neues Deutschland, 21.8.95

Seite 2 * BILD * 22. August 1995

Günter Grass Nur noch Blech in der Trommel

Am 28. August, Goethes Geburtstag, erscheint sein Roman „Ein weites Feld"

Von DR. DANA HORÁKOVÁ

„Ich hoffe nur, daß, wenn mir nichts mehr einfällt, oder wenn ich mich nur noch **wiederhole**, daß mir dann jemand – am **liebsten** meine Frau – aufs Maul schlägt und mir das Schweigen verordnet." Das sagte er in September 1991. **Günter Grass** (67), der Möchtegern-Nationaldichter.

Grass wartet seit seiner „Die Blechtrommel" (1959) auf den **Nobelpreis für Literatur**.

Im Frühjahr bat er zu einer Lesung seines neuen Buches „Ein weites Feld".

Na gut: **Goethe** las auch – für seine Gäste, weil's seinerzeit so Sitte war. Auch **Thomas Mann** las aus seinen Manuskripten – für seine Freunde. Und danach stritten sie über den Text.

Grass ließ anschließend den Tag bekanntgeben, an dem die Öffentlichkeit an sein Buch herangelassen wird: 28. August.

Das ist Goethes 246. Geburtstag.

Klar haben wir den Hinweis kapiert: Da nimmt ein Literatur-Titan das Erbe eines anderen Titanen an.

Allein dieser Grass'sche Anspruch verwandelte sein Buch in ein **Schlüsselwerk**.

Grass. Geboren in Danzig als Sohn eines **Kolonialwarenhändlers**. Luftwaffenhelfer, verwundet, US-Kriegsgefangener. Nach der Entlassung Steinmetzlehre, **Kunststudium**. Er spielt in einer Jazz-Band mit Fingerhüten auf Waschbrettern.

1955 wird er erstmals mit einem Preis gekürt – für seine **Gedichte**. Er wird Berufsschriftsteller, Wahlkampfhelfer der SPD, Hobby-Politiker. Er trinkt Rotwein und Grappa, kocht gern. Vier Kinder aus erster Ehe, **zwei** Söhne, die seine zweite Frau Ute in die Ehe brachte. Markenzeichen: halbe Lesebrille, Walroß-Schnurrbart.

●●●

In den letzten Wochen vor der Buch-Auslieferung plaziert Grass Interviews. Sagt z. B.: „Ich mute dem Leser etwas zu ... er verlangt danach."

Nennt man ihn „Meister", lächelt er nur.

Werbung muß sein. Eine der Werbegrundregeln jedoch besagt: Ist das Produkt schlecht, wird es eine gute Werbung killen.

Wie ist das Grass'sche „Produkt"? 784 Seiten.

Das Thema? Deutsche Wiedervereinigung **aus der Ostsicht**. Die beiden Hauptfiguren? ***Theo Wuttke***, ein Ostberliner Bürobote, der bei der **Treuhand** arbeitet und sich (fast) für eine Wiedergeburt des großen Dichters **Theodor Fontane** (1819–1898) hält. Er kleidet sich, denkt und schreibt (Briefe) wie „**Fonty**". Und wenn Grass selbst hier und da von Fontane **abschreibt**? Wörtlich? Ach, nur ein Erbsenzähler würde doch da Worte zählen!

Mann des Tages

Die zweite Figur: der Spitzel ***Hoftaller***, Wuttkes „Tagundnachtschatten". Und daß Grass Hoftaller aus dem Roman „Tallhover" (erschienen 1986) seines Kollegen Hans Joachim Schädlich holte? Den Charakter behielt, **den Namen umdrehte?** Ach, so was kann mal passieren. Dazu sind die Kollegen schließlich da.

Wo spielt **es**? In Berlin. Und was passiert? **Nichts.** Rein gar nichts. Nicht einmal ein Gedankenaustausch ...

Warum Fontane? Weil Grass träumte, seine Frau Ute, Fontane sowie er selbst hätten ein Liebes-Erlebnis zu dritt. Die Widmung im Buch lautet: „Für Ute, die es mit F. hat ..." Außerdem liebt er (sagt er) Fontanes Texte (wie wir alle).

Textproben.

Über den Zusammenbruch der DDR: „Die drüben haben uns fix und fertig gemacht. Die gaben das Tempo an, wir mußten ... wettlaufen, wettrüsten, bis wir außer Puste ... waren. Nun ist das ganze schöne Volkseigentum für die Katz..."

Über die Einheit: „Deutsche Einheit ist immer die Einheit der Raffkes und Schofelinskis."

Über die DDR: „Was heißt hier Unrechtsstaat! Innerhalb der Welt der Mängel lebten wir in einer kommoden Diktatur." Was das ist? Heimatbeschimpfung. Ernst gemeint.

Wie ist das Buch sonst? Keine Story, keine Seele. Was dann? Leeres Gerede.

Ausgeliefert werden 100 000 Exemplare.

Wer mag sie kaufen?

★★★

Fazit. Grass liebt sein Land nicht. Kennt nicht die Menschen, für die er schreibt. Er sollte mal durch Deutschland wandern. Allein, zu Fuß. Gucken, lauschen ... nachdenken.

Schreiben kann er. Phantasie hat er. Und auch treue Leser – Günter Grass (67). Mit 32 schrieb er „Die Blechtrommel". Den SCHLÜSSELROMAN der deutschen Nachkriegszeit, der – verfilmt – einen Oscar erhielt. Seitdem wartet die Nation auf das nächste große Werk. Ein Druck, dem Grass nicht standhält...

aus: Bild-Zeitung, 22.8.95

Die Deutschstunde

Günter Grass' Gründerzeitopus «Ein weites Feld»

Das erste Kapitel sei immer die Hauptsache, schrieb Fontane, «und in dem ersten Kapitel die erste Seite, beinahe die erste Zeile». Drei bis vier Jahre hat Günter Grass auf den ersten Satz seines jüngsten Romans gewartet, das jedenfalls hat er diese Woche dem «Stern» anvertraut. In Kalkutta, 1986, hat es begonnen, als der Morgenlandfahrer seine Ehefrau Ute im Traum mit Fontane erwischte – so steht es in der Indien-Epistel «Zunge zeigen». Dann kamen die deutsch-polnischen «Unkenrufe», und immer noch wartete Grass. Nun steht der Satz da, auf der ersten von 784 Seiten «für Ute, die es mit F. hat» (Widmung). Bei richtigem Aufbau, beschied der preussische Ahnherr, mit dem auch Günter es hat, «muss in der ersten Seite der Keim des Ganzen stecken». Der Keim des Dilemmas steckt bei Grass schon in der ersten Zeile.

«Wir vom Archiv nannten ihn Fonty; nein viele, die ihm über den Weg liefen, sagten: ‹Na Fonty, wieder mal Post von Friedlaender?›» Diese schulterklopfende Verbrüderung mit einer historischen Figur, die Wahl eines ebenso diffusen wie aktengläubigen Erzählers («Wir vom Archiv») und der bemühte «Plauderton» sind dem Buch nicht bekommen. So «ähnlich spontan wirkend» – um Grass' Charakterisierung von Fontanes «Filibusterreden» zu zitieren – und gleichzeitig angestrengt beginnt diese Deutschstunde in 5 Büchern und 37 Kapiteln. Und so bleibt sie auch. Wenn das Archiv erzählt ...

Kopfzangengeburt

Mit dem Lebensmotto des alten Briest, nach dem die Wahrheit «ein weites Feld» ist, hat Günter Grass seinen Fontane-Roman überschrieben. Vielleicht wollte er sich damit Mut machen für einen freien Umgang mit dem Respekt gebietenden Protagonisten und den Unmengen Material; es hat nicht gereicht, um ihn von seiner Faktentreue zu erlösen. Grass' neues Buch, von einem beispiellosen Mediengetöse präludiert und in den neuerdings so beliebten Vorabkritiken schon zum ultimativen Wenderoman, ja zum Jahrhundertwerk ausgerufen, ist auch ohne die hysterisch hochgeschraubten Erwartungen eine herbe Enttäuschung. Eine Kopfzangengeburt, selbstgefällig im Stil, umständlich in der Ausführung. Dozierend, detailkrämerisch und miesepetrig wie ein Archivangestellter hat der Fontane-Freund sein «weites Feld» bestellt. 150 Jahre deutsches Ungemach von der Vorgeschichte des Zweiten Deutschen Reichs bis zu den Spätfolgen des Dritten. Aufstieg und Fall des deutschen Bürgertums, die ewige Wiederkehr des germanischen Willens zur Macht und vor allem «den ganzen Kladderadatsch, der sich Gegenwart nennt», hat er seinem Helden «Fonty» aufgebürdet; eine Last, die den zeitgenössischen Wiedergänger Fontanes zum deutschlandpolitischen Thesenträger verurteilt. Mauerfall, Stasisumpf, Währungsunion und Treuhand-Imperialismus projiziert der Erzähler zurück auf den deutschen Eroberungswillen und hat für jede historische Sekunde ein Fontane-Zitat parat.

Die Anstrengung, Fontanes Biographie samt anderthalb Jahrhunderten deutscher Geschichte im Zettelkasten zu stemmen, muss gigantisch gewesen sein. Schon 1990 hat der unermüdliche Vereinigungskritiker seine Ansichten zum deutschen «Anschluss» und zum «Schnäppchen namens DDR» zu Papier gebracht und seither vielfach öffentlich wiederholt. Nun hat er zu diesen Meinungen noch 800 Seiten Archivmaterial nachgeliefert. Und nicht nur sein Fonty kommt aus dem Archiv, auch der zweite Held des Romans hat einen Vorgänger. Hoftaller ist eine reanimierte Wiederauflage des Stasispitzels «Tallhover», den Hans Joachim Schädlich 1986 zum Leben erweckt und am Schluss seines gleichnamigen Buches umgebracht hat.

Hoftaller ist der ewige Denunziant, ein wendiger Bürokrat im nahtlos wechselnden Dienst von Kaiser, König, Führer und sozialistischem Vaterland. Er kennt sich aus in Fontanes Biographie und zitiert aus seinen Romanen und Briefen mit der beflissenen Kunstferne eines Verwaltungsmenschen. Er ist der zeitlose Spitzel in wechselnder Kluft – Uniform, Anorak, grauer Flanell – das verbeamtete schlechte Gewissen, das Fonty/Fontane mit seinen Jugendsünden erpresst. Doch vor allem ist diese Mettwurstbrot futternde Inkarnation deutscher Gemütlichkeit eine Zumutung. Sie verdankt sich offenbar einem Verdikt von Fontane, nach dem wir «den Verbrecher so gestalten müssen, dass wir uns mit ihm versöhnen können».

Diener der Diktatur

Haben wir uns so die Komparsen der Stasi, die Diener der Diktatur, die ewigen Schergen und Mörder im Dienst der Macht vorzustellen: so onkelhaft nett und fürsorglich streng wie dieser Kegelbruder aus einer DDR zum Anfassen? Dieser Hoftaller, der schon anno 1870 auf den Spuren des Kriegsberichterstatters Fontane schnüffelnd gewandelt sein soll, der später den Wehrmachtsgefreiten Theo in Frankreich als Résistant überführt, der zu DDR-Zeiten den Kulturbundreisenden Wuttke am «Prenzlberg» ausspioniert und in der Modrow-Ära als Stasi-Restposten und Grassscher Erzählmotor den Aktenboten Fonty mit dem Inhalt seines eigenen Ordners konfrontiert: er ist nur die zweite Seele in Fontys Brust und Fonty die Feiertagsausgabe seines klebrigen «Tagundnachtschattens».

«Dieses Paar, wie gemacht für Auftritte vor gewichtigem Hintergrund», dieses herzinnige faustische Bündnis, am Biertisch gefestigt und «geschaffen für immer neue Skizzen»: es überlebt alle Kriege und Krisen, denn «was bleibt übrig, wenn Hoftaller wegfällt» und was von der Romankonstruktion, «deren Pointen vom Echo lebten» –

schon weil nichts unkommentiert bleiben darf und jede Begebenheit doppelt gemoppelt erzählt wird?

Er habe «dem drögen Verlauf der Historie zu folgen und das Innenleben eines scheusslichen Gebäudes nach aussen zu kehren», jammert der bemitleidenswerte Erzähler. Wer immer ihm diese Bürde auferlegt hat, er hat ihm das Wissen um «die Penetranz datenfixierter Archive» mit in die Wiege gelegt; ja selbst die bohrende Frage, «ob soviel Sekundäres nicht kolossal ledern sei». Es scheint geradezu Grass' Ehrgeiz gewesen zu sein, alle Einwände, die man gegen das Buch vorbringen kann, selbst schon hineinzuschreiben. Er muss wohl am meisten darunter gelitten haben, dass ihm «der Unsterbliche nur noch Fussnoten, Querverweise und sekundären Schweiss abforderte».

Dazu passt eine Geschichtsauffassung, die sich zum «Symbol der ewigen Wiederkehr» ein angestaubtes Modell des Personenverkehrs auserkoren hat: den Paternoster, situiert an einem symbolischen Ort der deutschen Geschichte in Berlin-Mitte. Gebaut von den Nazis, zum Ministerium des realexistierenden Sozialismus und später zum Sitz der Treuhand im wiedervereinigten Deutschland avanciert, ist das ehemalige Reichsluftfahrtministerium in der Normannenstrasse als Hort für das knarzende Rad der Geschichte geradezu prädestiniert.

Im Paternoster vereint: Ulbricht und Goebbels, Himmler und «Honni». Vom Reichsmarschall bis zum Treuhandchef Rohwedder – Grass begreift «die Mechanik der Wende in Gestalt eines rastlos dienstwilligen Personenaufzugs». Genau das wird dem Buch zum Verhängnis. Denn wozu dieses Wiederkäuen von Aufstieg, Wende und Fall, wenn es nur dem mechanischen Beweis dienen soll, dass «im Prinzip sich nichts ändert»? Empfehlung der Treuhand: «Der Paternoster gehört ausrangiert.»

Was ist geschehen? Wo ist die Suppendampfseligkeit aus dem «Butt», die Kartoffelacker-Erotik der «Blechtrommel», der gerontische «Rumpelkammer»-Sex aus den «Unkenrufen», all das muntere Treiben unter Bauernröcken geblieben, das eher durch den Magen als in die Nebenhirnrinde geht und Grass den Ruf eingetragen hat, ein handgreiflicher, «deftiger» Erzähler zu sein? Hat Fonty, dessen Vorbild Fontane den Frauen immerhin einen Ehrenplatz in seinen Romanen anwies, der, infolge «zu grosser Lendenkraft» zwei uneheliche Kinder in die Welt setzte und vier im «Dreissigjährigen Krieg» mit Frau Emilie, hat er achthundert Seiten lang kein Privatleben?

Ach die Frauen. Sie kommen, bis auf die «niedliche Kleine», Fontys «textorientierte» Enkeltochter, womöglich am schlechtesten weg. Tochter Martha: eine mürrische, zu Katholizismus und einem westdeutschen Grundstücksmakler bekehrte Betschwester des Marxismus-Leninismus. Mutter Emmi: eine zeternde, «fleischige Bastion» in kurzärmeliger Kittelschürze, die mit Blasentee, Wurstsemmeln und klatschender Nachbarin vor der Glotze sitzt und den Golfkrieg fachmännisch kommentiert – kein Wunder, dass Fonty das Männerbündnis eher behagt. Und das nur, weil der alte Fontane gesagt hat, dass «die Liebe ein Papperlapapp» ist?

Irrungen, Wirrungen abermals

Und dann, doch, auf ein paar Seiten einmal – «Herztöne und ihr Echo», Irrungen, Wirrungen abermals – wird plötzlich eine andere Melodie angeschlagen, weht ein Zauber über die Seiten und über die märkischen Seen. Wenn Theo mit seiner Liebsten ins Boot steigt, sich ein weicher Nachsommerglanz auf die Liebenden und die Erinnerung senkt und eine versponnene Altweibersommermilde das Quellenmaterial in Literatur verwandelt: dann hört man das Fontanesche Echo in den Sätzen und vergisst das ganze Leitartikelgerede, den Leitzordnerklang und vor allem den preussischen Schnarrton von Friedrich Wilhelm III., «dessen jeden Satz zu Kleinholz hakkende Redeweise wir nachzuahmen gelernt hatten» – leider.

Dann hört man die Herztöne dieser Prosa und spürt, was man fast vergessen hat: Dass Günter Grass ein Autor ist, dem, wie seinem grossen Vorbild, «die Jahrhunderte durchlässig werden können» und nach dessen innerer, nämlich literarischer Geographie «die Spree in die Rhone» zu fliessen vermag. Und «mit Hilfe der ihm allzeit dienstbaren Zeitschleuse hätte er wiederholt aschblondes Haar beleben und einstiges Liebesgeflüster von Ruderblättern abtropfen lassen können». Ja, hätte. Doch schon ist der Zauber verflogen, schon kreuzt der unvermeidliche Tagundnachtschatten Hoftaller auf und «verklickert dem Objekt Fonty einige Tatsachen».

Die Tatsachen. Die Tatsachen allein sind verderblich für die Literatur. Die pocht auf ihr leidenschaftliches Verhältnis zur Zweideutigkeit und hält es im übrigen mit dem alten Briest: «Was richtig ist, muss nicht wahr sein. Die Wahrheit ist ein weites Feld.»

Andrea Köhler

aus: Neue Zürcher Zeitung, 23.8.95

Günter Grass/Starker Doppler-Effekt

Im neuen Roman «Ein weites Feld» lebt Theodor Fontane im DDR-Aktenboten Fonty weiter.

Ein zahnloser Roman.» «Grau.» «Biedermeierlich.» So klingen erste Töne der Kritik zu «Ein weites Feld» von Günter Grass. Das Feuilleton grollt.

Verstimmt hat viele Kritiker nicht das Buch, sondern dessen Vorboten. Altmeister Grass, 68, und sein Steidl Verlag werden an dem gemessen, was sie in den letzten Monaten selbst vorgegeben haben. Vom ultimativen «Wenderoman» war die Rede, sorgfältig wurden der Öffentlichkeit Häppchen der «literarischen Sensation» eingespeist – eine generalstabsmässig geplante Pressekampagne.

Sympathisch war die penetrante Vermarktung des «neuen Grass» nicht, der kommenden Montag auf den Markt geworfen wird. Insofern war die Verstimmtheit des Feuilletons, das ohnehin lieber neue Stars macht als alte zu loben, voraussehbar. Doch ist «Ein weites Feld» wirklich die «Katastrophe», als die es schon bezeichnet wurde? Mitnichten.

Vielmehr ist «Ein weites Feld» zum typischen Alterswerk geraten – gelassen und abgeklärt im Ton, hoch artifiziell in der Konstruktion. Wer dem Schöpfer der «Blechtrommel» vorwirft, dass dessen neustes Buch «verkühlt» sei, verkennt, dass seither 36 Jahre vergangen sind und der jugendliche Zorn verraucht ist. «Ein weites Feld» hält Distanz zur jüngsten deutschen Geschichte. Diese wird deutlich gespiegelt, nicht aber über sie gerichtet. Grass schlägt eine Melodie an, die bei allen sarkastischen Nebentönen versöhnlich klingt.

Theo Wuttke, kurz Fonty genannt, heisst sein Held und ist nacheinander literarischer Kriegsberichterstatter im Zweiten Weltkrieg, Redner des DDR-Kulturbundes, Aktenbote in derselben DDR, linguistischer Berater der Treuhand nach der Wende – Grass präsentiert den deutschen Intellektuellen auf dem Gang durch dieses Jahrhundert.

Ist dieser Gang ein aufrechter Gang? Fonty funktioniert meist brav. Und doch ist er subtil subversiv. Wenn von ihm verlangt wird, deutsche Landser in Frankreich mit kulturhistorischen Vorträgen moralisch aufzumöbeln, dann schwafelt er folgsam von Goethe und der Kanonade zu Valmy. Doch zur gleichen Zeit strahlt die Résistance Referate – ebenfalls von Fonty – aus, welche durch ihre Nachdenklichkeit die Kampfkraft der Truppe schwächen – vielleicht, irgendwie, um sieben Ecken.

All zu heldisch ist das nicht, wie auch Fontys Nadelstiche gegen die DDR-Obrigkeit sehr fein bleiben. Und doch ist dem Intellektuellen in seinem Wortgefängnis ein «Tagundnachtschatten» beigesellt: Agent Hoftaller, schon für die Nazis tätig und auch in der DDR am richtigen Platz. «Den einen gab es nicht ohne den anderen»: Sucht Fonty auszubrechen, will er im Zug aus dem wiedervereinigten Berlin fliehen, so folgt ihm Hoftaller und bringt ihn zur Räson. Stets führt der Stasi-Mann Aktenmaterial mit, das Fontys Familie arg belasten könnte, sollte er nicht kooperieren.

Mit einem gekonnten Trick macht Grass aus dem einen Paar Fonty-Hoftaller zwei Paare und ebenso aus dem einen deutschen Jahrhundert zwei Jahrhunderte. Die zündende Idee kam ihm in Kalkutta, wo er im August 1986 seine Frau Ute mit Theodor Fontane höchstpersönlich im Bett erwischte. Zwar war das nur ein Traum. Doch Fontane ging Grass nicht mehr aus dem Sinn. Indem Fonty, der genau deshalb Fonty heisst, in literarischer Besessenheit dauernd und überall Fontane zitiert und das eigene Leben bis in die kleinsten Verästelungen des Alltags mit dem «Unsterblichen» auskleidet, wird das 20. zum 19. Jahrhundert – werden beide austauschbar. Und so kann Grass mit Anspielung auf Fontanes «Jenny Treibel» über die Raffkes nach der Gründung des Deutschen Reiches 1871 und nach der Wiedervereinigung 1989 notieren: «Immer wird es die Treibels und deren Verwandtschaft vom Stamme Nimm geben.»

Fragt sich, ob es den deutschen Intellektuellen zwischen Anpassung und Widerstand mitsamt dem ihn stets im Zügel haltenden Schatten auf immer geben wird – Untote auf endlos weitem Feld. Für Fonty besteht mehr Hoffnung auf Abgang aus der Geschichte als für Stasi-Mann Hoftaller, der sich nach der Wende gleich agil im neuen Westler-Outfit samt Ami-Schirmmütze präsentiert. Fontys Erlösung kommt von aussen, nicht aus Deutschland, sondern aus Europa, von der Jugend. Es ist seine – einer Résistance-Liaison entspringende – französische Enkeltochter Nathalie Aubron, mit welcher der Greis schliesslich Deutschland entflieht.

Der Roman endet mit einem Kartengruss aus dem Niemandsland. Fonty samt Enkelin senden ihn dem Fontane-Archiv zu, das die Geschichte erzählte: «Wir gehen oft in die Pilze. Bei stabilem Wetter ist Weitsicht möglich. Übrigens täuschte sich Briest; ich jedenfalls sehe dem Feld ein Ende ab.»

THOMAS WIDMER

aus: Facts, 24.8.95

«Ein weites Feld»/ «Ein Buch von stichelnder Kraft»

Der Ex-DDR-Schriftsteller Hermann Kant über den «neuen Grass», in dem er selbst angerempelt wird.

Obwohl die Startzurüstungen für «Ein weites Feld» eher militärischen Zuschnitts waren und Züge vom Aufmarsch Powells gegen Hussein trugen, ermangelt es diesem Roman keineswegs an Genialität. Goethens Geburts- als Grassens Publikationstag freilich, hm! – Kann der Verleger wollen, dass man seinen Autor erstickt aus dem gehäuften Vorschusslorbeer zerrt? Oder kollegial zu Tode lacht? Vermutlich wäre das Buch auch ohne den enormen Anschub zu vergleichbar enormem Umlauf gekommen. Es ist, selbst wenn der Segen der Päpste in Quirinal und Quartett ausbleiben sollte, ein Erzählstück, das den Glauben an Kraft und Herrlichkeit von Literatur nur mehren kann.

Zwar liegt hiermit ein rabiat gegenwärtiger Gegenwartsroman vor, der sich (fast) auf die Region beschränkt, in der 40 Jahre lang die DDR gelegen war – von deren Rückgliederung ins ältere Deutschland die Geschichte auch erzählt –, doch dürfte sich dieses Stück Prosa als Bedenk- und Streitstoff nächster und kommender Zeiten erweisen. Es ist so «provinziell» wie die «Blechtrommel» oder, anderes Kapitel, anderes Pflaster, andere Machart, «Der grüne Heinrich», dessen Erfinder Keller mit dem von Grass umkreisten Fontane weit mehr als das Geburtsjahr gemeinsam hat. Einen «schrecklichen Schweizer» nannte, dieser jenen. Was beide – und auch den Danziger Grass – nicht hindert, in aller Welt als bessere Teile ihrer Herkunftsorte dazustehen.

Ganz sicher wird die Klage ertönen, es sei arg schwierig, sich auf dem fast 800 Seiten weiten Erzählfeld zurechtzufinden. Wieder einmal die Fülle der Gesichte, Namen, Daten, Zitate, Anspielungen, Maskeraden, Rösselsprünge, Rochaden, Anekdoten, Stänkereien, Parallelen, Varianten, Tricks und Brüche. Vor allem die Doppelung von allem! Doppelung der Zeit in Geschichte und Zeitgeschichte. Zum doppelt hundertjährigen Kalender das gedoppelte Personal. Nicht nur der unsterbliche Fontane ist im allzu sterblichen Fonty ein zweites Mal da, nicht nur der Geheime Tallhover im Geheimdienstler Hoftaller. Beinahe jede Figur wirft einen «gepaarten Schatten», so gut wie alle Rollen des Stücks sind doppelt besetzt. Jedoch, wenn das ginge, mit ein und demselben Schauspieler. In diesem Zauberwerk geht es. Der Autor und sein Dramaturg, beide Grass geheissen, machen, dass es geht.

Noch einmal auf Genialität zu kommen: Gemeint ist vor allem die Idee, aus der sich die Erzählung baut; gemeint ist die Technik ihres Gefüges. Hat man sich mit deren Regeln verabredet, beginnt Genuss. Kühnste Erzählschritte scheinen nun selbstverständlich. So simpel er wirken mag, so gross ist auch der Einfall, die Erzählperspektive mit den Auftaktsworten «Wir vom Archiv...» zu bestimmen; das schlägt kürzeste Wege zu jeglichem Material und erledigt die lästige Frage: «Woher weiss der Autor das?» In kleinen schnellen Sätzen ist Fontane seinem Nachschöpfer (wem denn nicht?) über, doch gelingen auch diesem wohltuend viele. Hier einer, der sogar für die privatesten Parzellen des Weiten Feldes gilt: «Die Politik blieb draussen, kroch aber durch alle Ritzen.» – Und leiht Gründe für einen absehbaren Glaubenskrieg her, zu dessen doppelten Feldgeschrei sich – was da Ästhetik, was da schöne Literatur – jeweils passende Zitate im Romantext finden werden. Den einen dürfte die Ansicht reichen, «der Sieg über den Kommunismus (habe) den Kapitalismus tollwütig gemacht»; den anderen, solchen wie mir, langt die Behauptung vom perpetuellen Antisemitismus der Kommunisten zu.

Ein zwerchfellgefährdender Humorkerl ist Grass auch weiterhin nicht; bei genügend Anlauf erheitert er aber gründlich. Wenn Fonty und sein Schatten nach langer Fahrt in die Braunkohle, jenen Stoff, aus dem in der DDR die Träume waren, den Anschlusstäter Kohl mit dem Gesang von «Mutter, der Mann mit dem Koks ist da!» abfeiern, möchte man zu ihnen in den (als Erzählvehikel überstrapazierten und fad modischen) Trabi kriechen und bösen Maules mittun.

Tief gefallen

Hermann Kant, 69, ist in Deutschland heute eine Unperson. Zu DDR-Zeiten aber sass er im ZK der SED und präsidierte den Schriftstellerverband. «Escape» heisst Kants neues Buch, das Ende dieses Monats erscheint.

Dies ist ein Buch, zu dem wir allesamt – Zeichen seiner stachelnden Güte – weitere Geschichten wüssten. Eines, dessen stichelnde Kraft sich auch zeigt, wenn unzählige Leute es anders geschrieben hätten: Ist die Glienicker Brücke nicht verschenkt? Oder das dossierpralle Sofa? Warum kommt bei Rheinsberg nicht Tucholsky vor, der ein Fontane-Nachfahr wie kaum ein anderer war? Oder neben dem Neuruppiner Dichter Fontane die Neuruppiner Dichterin Strittmatter? Wieso fehlt Robert Havemann beim ohnehin verhunzten Juni-Auflauf vorm Haus der Ministerien? Und was entging uns, als Grass entging, dass Gerhart Hauptmann, über dessen Förderung durch Fontane er doppelt und dreifach berichtet, von starkem Einfluss auf James Joyce gewesen ist! Zur entfallenen schottischen Reise eine irische noch; ein weiteres Feld für Zensur und Archiv: Ulysses, man denke, kam von den Webern her!

Fussnote: Wenn alle Kritiken, laut Fontane & Grass, «wie von Verbrechern geschrieben» sind, könnte dieser Rezensent wo nicht verlorene, so doch verletzte Ehre geltend machen. Er unterlässt jede defensive Gewalttat, weil er zwar vom Verfasser angerüpelt wird, jedoch auf eine, mit F.-&-G.-Vokabeln, kolossal ridiküle und ihn mild stimmende Weise. Sollte er etwa auf «diesen Kant, der nur zufällig so ehrenhaft heisst», sowie auf den «Kantschen Zynismus als kategorischem Imperativ» und den «Kantschen Imperativ kategorischer Feigheit» replizieren, beim anderen K., der übrigens auch nur zufällig K. geheissen habe, harrten über das Mindest-Zitat vom «kategorischen Imperativ» hinaus noch die K.-Vokabeln «Vernunft» und «Urteilskraft» ähnlich origineller Verwendung? Oder sollte er gar auf G.s wenig illuminierte Namenswitze ebenso unbelichtet antworten, an diesen Stellen habe man den Grass nicht wachsen hören? – Von mir aus mag es der Mann so weiter treiben, vorausgesetzt, er schreibt um seine Schimpfe wieder einen Roman von solcher Stärke herum.

aus: Facts, 24.8.95

Fremde an einem Tisch

Günter Grass' opulenter Roman „Ein we tes Feld"

Zugegeben, seit der Wende, seit 1989 stand sie irgendwie im literarisch-politischen Raum, aber niemand hat sie beachtet und aufgeworfen: die Frage, was denn wohl Theodor Fontane zu all dem gesagt haben würde, was die Deutschen in diesen Jahren beschäftigt: die „sanfte Revolution", die wiedergewonnene Einheit der Nation, die Art und Weise, wie sie verwirklicht wird und wer, möglicherweise, die Gewinner und die Verlierer der einmaligen Vorgänge am Ende des Jahrhunderts sind. Der Märker aus Neuruppin, der während seines langen fleißigen Lebens in zwanzig Berliner Wohnungen zu Hause war, hat wie kein zweiter alles „mitgemacht", was verteufelt dem ähnelt, was in diesen Jahren um uns herum passiert.

Der Apotheken-Angestellte Fontane ist als junger Mann im März 1848 auf die Barrikaden geeilt und hat bei der Berliner Revolution mit dem Gewehr in der Hand mitzuagieren versucht, wenn er auch die Tür der Kirche, deren Glocke er läuten wollte, versperrt fand. Übrigens ist der andere, damals noch unbekannte Protagonist jener Zeit, Bismarck, zeitgleich mit einem Haufen seiner Bauern aus Schönhausen aufgebrochen und, komisch maskiert und mit Pistole, in die Potsdamer Garnison marschiert, um seinem Monarchen aus der Patsche zu helfen; man hat ihn wieder heimgeschickt. Bismarcks Reichsgründung, in drei Kriegen erreicht, hat der Dichter der Mark und der Berliner Gesellschaft dann allerdings einverständig bejubelt und die heimkehrenden Regimenter 1871 freudig begrüßt: „Die Linden hinaus erdröhnt ihr Schritt, Preußen und Deutschland fühlen ihn mit ..." Später hat Fontane dann genauer hingeschaut und mit dem Adel, der Kirche, dem ewigen Reserveoffizier, den Berliner Kommerzienräten, Geldschneidern und Raffkes seiner Zeit, der ganzen „Treibelei", abgerechnet.

Da Fontane nun einmal aus biologischen Gründen nicht mehr Einblick in unsere Einheits-Wurstelei nehmen kann – wer könnte denn uns wenigstens die Illusion seiner Präsenz verschaffen und uns einreden, wie er über die Wiedervereinigung gedacht haben könnte? Ein Gegenwartsautor, der so virtuos und psychologisch sensibel, aber zugleich so gradlinig und realistisch hintereinander weg schriebe wie Thomas Mann oder Theodor Fontane selbst, ganz gewiß nicht. Nur einer wohl kann den Autor des „Stechlin", der „Effi Briest" – mit der geflügelten Schlußformulierung „. . . Das ist ein allzu weites Feld" – auftreten lassen: Günter Grass natürlich. Er ist immer schon unser „Spezialist" fürs Fiktive, Verzwickte, für gewagte, aber auch plausible Zeitsprünge gewesen; Grass, der selbst das chronologische Prinzip der Historiker für Fiktion und Gewohnheit hält, der seit der „Blechtrommel" von 1959 mit Kunstfiguren, zeitaufhebenden Perspektiven und allerlei erzählerischen Tricks erfolgreich hantiert; Grass, der seine Leser schon in die Steinzeit („Der Butt") oder in eine Raumkapsel („Die Rättin") entführt hat.

Nur der Danziger konnte also wohl sprechen: „Fontane erscheine!" und die Suggestion entstehen lassen, der märkische Schilderer beuge sich über unsere schöne traurige neudeutsche Wiedervereinigungslandschaft. Liebevoll-respektlos nennen Grass und das Potsdamer Fontane-Archiv, die Erzählgemeinschaft des Romans („Wir vom Archiv . . ."), den auferstandenen Autor „Fonty" und geben ihm auch noch einen Zwillingsbruder namens Theo Wuttke, gleichfalls in Neuruppin, aber hundert Jahre später geboren, an die Seite, denn Fontanes Lebenszeit muß ja glaubhaft in die Gegenwart verlängert werden.

Fonty-Wuttke verschweigt uns den Namen des gegenwärtigen Kanzlers, einer tragenden Figur der Wiedervereinigung, charakterisiert ihn aber wie den großen

Bismarck als einen „Mogelanten" und Lügner, definiert den Pfälzer und Vereinigungskanzler als „Bismarck"-Verschnitt. Und schon liegt – kaum ist der neueGrass-Wälzer in den Buchhandlungen erhältlich – einigen Kritikern „Ein weites Feld" quer in Magen und Hirn. Schon ist die Aufregung groß und ein Diskussionsmarathon im Gang wie noch bei jedem größeren Buch des Romanciers. Jeder will sich an dem Mann reiben, hochranken und ein bißchen selbst Bedeutung borgen; von einem Autor, der die deutsche Literatur formal wie kein zweiter vorangebracht und in der Welt bekannt gemacht hat.

Aber weiter im Text. „Fonty", der als Theo Wuttke in der ehemaligen DDR auf Kulturbundreisen Vorträge über sein Liebessujet, die Romane Theodor Fontanes natürlich, gehalten hat, als siebzigjähriger Frührentner Aktenbote im DDR-Haus der Ministerien – früher Görings Luftfahrtministerium – war und von der Treuhand, die nach der Wende den traurig-berüchtigten Bau bezog, übernommen worden ist, braucht einen Gesprächspartner zum Plauschen und Quasseln, um seine Befunde auf seinen neuen „Wanderungen" durch die ersten zwei Berliner Nachwendejahre – vom Mauerfall bis zur Ermordung des Treuhandchefs Rohwedder ungefähr – an den Mann und die Leser zu bringen.

Den Wanderkollegen für „Fonty" entnahm und entlieh – berechtigterweise - Grass dem Kollegen Hans-Joachim Schädlich: der hatte 1986 als DDR-geschädigter Autor sich die Erfahrungen mit dem Zwangsregime in dem Roman des (fiktiven) ewigen deutschen Spitzels „Tallhover" von der Seele geschrieben. Tallhover-Hoftaller, mit ebenfalls über hundertjährigem Lebensweg, begleitet als Geheimpolizist in Zivil das Fontane-Double durch die Berliner Stehkneipen, Bezirke, Wohnungen, und vor allem immer wieder ins Potsdamer Fontane-Archiv. Dort wird alles protokolliert; dort soll das ganze Fonty-Material dann auch endgültig in die Kisten und Keller kommen. Aber erst müssen wir es nacherleben und als Roman lesen.

Was für ein Stoff! Natürlich hat man anfangs etwas Mühe, mit der durch die Zeit springenden Vierfach-Identität des Zentralpersonals des Buches, das obendrein den erstmals vom Erzähler im „Tagebuch

„Vergegenkunft" exzessiv

einer Schnecke", dort aber in einfacherer Form, ausprobierten Zeitbegriff der „Vergegenkunft" exzessiv handhabt. Auch gewisse Sprach-Redundanzen, die noch alle Grass-Bücher mitschleppten, stoßen zunächst zurück. Aber den Musen sei Dank: geduldige Lektüre hilft.

Denn wer hier historische Zitate sammelt und miteinander vergleicht – was ist von Fontane, was denkt hier Grass? – oder Sentenzen klaubt und böse Sprüche über politische Zeitgenossen für den Roman hält, gerät leicht auf den Holzweg. Die erprobte Montage-Kunst von Grass hat einen fast achthundert Seiten langen „stream of consciousness", einen Bewußtseinsstrom, organisiert, der durch die Landschaft der deutschen Wiedervereinigung fließt, und auf dem wir alle – Politiker, Literaten, Künstler, die vielen sogenannten kleinen Leute, vor allem die Wendeopfer drüben – auf unserem schaukelnden Schiffchen dahintreiben.

Mitnichten ist da nur Fontane im Mittelpunkt. Der Dichter steht vielmehr am Ufer, winkt und ruft den in die Zukunft schippernden Deutschen seine Ratschläge und Warnungen zu. Zwei große deutsche Geschichtsepochen mit vielen Fragezeichen spiegeln sich ineinander. Grass hat sie zusammengebracht und -geschaut und versucht den Erzählstrom so strudelnd breit wie möglich zu halten. Neben dem Brief im fortentwickelten Fontane-Ton wird das Buch vom Volkssprachton des Berliner „Sprechanismus" getragen. Aber der aufmerksame Leser entdeckt im Erzählfluß immer wieder große epische Inseln und Szenen, die unmittelbar an die Wucht und Qualität der schon klassischen Schilderungen der „Blechtrommel" oder der „Hundejahre" erinnern und mit ihnen sogar, scheint es,konkurrieren wollen.

Als ein vielbedeutendes Zentrum des Buches gibt sich die Hochzeitsfeier in der Familie Wuttke zu erkennen, über viele Seiten sich hinziehend. Die „Ostmaus" Martha-Mete Wuttke heiratet den Bauunternehmer Grundmann aus dem Westen; die Ehe wird später geschieden werden, aber vorher stiftet sie ein grandioses Stück deutscher Literatur. Da ruft, zur Verwirrung der Hochzeitsgesellschaft, der katholische Priester Matull den „Zweifel" zum neuen christlichen Gott aus; die Ostgäste stimmen, wie sie's gewohnt waren, Aufbau-Lieder aus FDJ-Zeiten an, und die Wessis an der Tafel fallen mit ihren Vorwürfen und ihrem Hochmut über die neue Verwandtschaft her. Dann: „Kein Gesang mehr. Um den Tisch saßen wir fremd ... Nur Pfarrer Matull hatte ein passendes Wort übrig: ‚Wir kennen uns nicht. Wir erkennen einander nicht.'" Wie wahr!

Auch ein bös-satirisches Buch wieder. Literarisches Kabarett bringt Grass im Paternoster des Treuhand-Hauses in Gang. Da sind sie noch einmal, all die deutschen „Helden", an der Spitze „Hermann Hester" (Göring) und seine Fliegerschar, Ulbricht, Modrow, die da im knarzenden Bonzen-Heber nach oben fahren und dann – auf der anderen Seite – ins Nichts der Geschichte stürzen. Viele überraschende, fiktiv-witzige personelle Begegnungen stiftet der Text. Der erste Treuhand-Chef, in Düsseldorf ermordet, wird im Paternoster mit Fonty bekannt und holt sich bei Wuttke guten Rat, wenn er nicht gerade Trainungsrunden auf Rollschuhen dreht.

Natürlich geht es auch nach Neuruppin, wo beide Helden herstammen, im Trabi versteht sich; dort zwingt der Stasi-Funktionär Hoftaller („Wir können auch anders!") den widerstrebenden Fonty aufs Fontane-Denkmal. Nach der Wende aus Gewohnheit immer noch im Dienst, verhindert der „Tagundnachtschatten" zwei Fluchtversuche Wuttkes ins Ausland. Viele Szenen und Einfälle enthüllen ihren Sinn erst im Nachdenken über sie.

Warum aber will Fonty-Wuttke Deutschland verlassen? Unzählige viele weite Fel

Wie in Geheimschrift

der beackert Grass hier; Vieldeutigkeit, Dunkelheit zuhauf, wie im richtigen Leben auch, manches in diesem Buch scheint wie in Geheimschrift abgefaßt – weiß der Autor selbst, was alles bedeutet bei einem Thema, dessen Zukunft, Ergebnis, Erfolg in den Sternen stehen? Zum Schluß gelingt es Fonty doch, seinem Schatten zu entwischen. Mit seiner Ururenkeltochter, der intelligenten Studentin Madeleine, die, wie Hoftaller herausgefunden hat, Wuttke im letzten Krieg mit einer Französin gezeugt hat, löst er sich von Familie, Volk und Staat. Eine der schönsten Fiktionen und Utopien des Textes vielleicht.

Aus Frankreich, der Heimat des Hugenotten Fontane, kommen glückliche Postkarten des ungleichen Paares, die uns sagen wollen: Die wahre Wiedervereinigung wird doch erst die Jugend, die nächste Generation schaffen und wohl auch genießen können. Günter Grass hat den vielbesprochenen, langerwarteten Roman der deutschen Einheit geschrieben und überzeugend hingekriegt, der ein Roman der „Zwieheit" geworden ist. Darin steht irgendwo geschrieben: „Ob ein Staat besser ist, als zwei waren, wird sich zeigen." Ein großes Buch. *Wolfgang Ignée*

Günter Grass: Ein weites Feld. Roman. Steidl Verlag, Göttingen. 784 Seiten, 49,80 Mark.

aus: Stuttgarter Zeitung, 24.8.95

Ein wüstes Feld

LITERATUR Günter Grass liefert in seinem neuen Roman »Ein weites Feld« kein Sittenbild der deutschen Vereinigung, sondern eine Revue seiner Vorurteile

VON THOMAS SCHMID

Als in der Wahlnacht des 18. März 1990 Otto Schily sein Mißfallen über das ihm nicht zupaß kommende Ergebnis der ersten freien und zugleich letzten Volkskammerwahl der DDR zum Ausdruck bringen wollte, hielt er eine Banane in die Kamera. Fünf Jahre später wird die Banane in Günter Grass' Vereinigungsroman als »jene dazumal demonstrativ beliebte Südfrucht« bemüht. Furchterregend holpern sie: Sprache wie Botschaft.

Und das immer wieder. An der offenen Mauer Berlins findet sich ein Mauerbruch verkaufender Händler, dem – da er dem Helden großzügig ein Stückchen schenkt – »offenbar genug Gewinn zugeflossen war«. Wir befinden uns in der »Zeit der steilen Hoffnungen und Runden Tische«, aber auch »der großen Worte und kleinstriezigen Bedenken«, nicht zuletzt in der Stunde »der abgesägten Bonzen und schnellen ersten Geschäfte«. Deutschland ist, mal wieder, auf abschüssiger Ebene. Und an Silvester wird es dann, am Brandenburger Tor, ganz schlimm, auch sprachlich: »Mit dem ums Tor versammelten Volk schäumten Sekt und Büchsenbier über. Wie losgelassen hüpfte die Menge.« Die dumme.

Mein Gott, ist das beziehungsreich...

Günter Grass wollte wohl schreiben, was so oft angemahnt worden ist: den großen Zeitroman, der die Geröllmassen der neueren Geschichte kraftvoll mit sich führt, der kühn den Bogen über die Zeiten schlägt und im Schicksal einzelner Menschen deutsche Verhängnisse (auch, mit Verlaub, Hoffnungen?) sichtbar macht. Geschrieben hat er einen Wälzer, dessen karge Handlung zäh über die Seiten wandert; einen Roman, in dem das Romanhafte immer wieder nur angekündigt wird; ein politisches Pamphlet, das in ein kleines Figurentheater übersetzt worden ist. Fiktion, die Fiktion vortäuscht.

Der Held, der keiner sein soll, heißt Theo Wuttke, wurde am 30. Dezember 1919, genau hundert Jahre nach Theodor Fontane, wie dieser in Neuruppin geboren. Fortan nehmen die bedeutungsvollen Parallelen kein Ende mehr: Wuttke schreibt im Krieg Berichte vom Kriegsgeschehen in Frankreich – wie lang vor ihm Fontane auch; er ist später – natürlich vor allem in Sachen Fontane – Vortragsreisender des Kulturbundes der DDR und gibt diese Arbeit mit einem kleinen Eklat 1976 auf – genau hundert Jahre, nachdem Fontane den Posten des Sekretärs der Preußischen Akademie der Künste aufgegeben hatte. Mein Gott, ist das beziehungsreich...

Wuttke, der später im Haus der Ministerien Aktenbote wird und nach der Wende am gleichen Ort für die Treuhand arbeitet, ist ein Original, eine Art Fontane-Imitator, ein Fontane-Kujau, ein sanfter Spinner auch, der parallel zum »Unsterblichen« leben will, sich mehr schwejk-, als fontanehaft durch die Zeiten windet: ein großmäuliger Halb-Bohemien, den seine Freunde »Fonty« nennen, ein durch die Zeiten und Systeme schlurfendes Original. An seinen Fersen, immer und überall, ein gewisser Tallhofer, ein Mann der Obrigkeit, der den Unvorsichtigen fürsorglich überwacht, ein geheimdienstlicher Schatten, in Fonty »verwebt« bis zur Ununterscheidbarkeit.

Wuttke allein – also ohne die Übermacht des Tankers Fontane, ohne Tallhofer und ohne das große deutsche D – hätte was werden können: ein neuer Oskar Matzerath, von dem es Kleinbürgergeschichten zu erzählen gäbe. Grass aber hat es vermieden, die deutsche demokratische Kleinbürgerwelt zu erforschen: Was er da – in endlosen Aufzählungen – zu berichten hat, wirkt wie das erzählerische Pendant zu Günter Gaus' essayistischen Lobliedern auf das stille Glück im sozialistischen Winkel. Doch Grass wollte viel mehr: Zwei deutsche Vereinigungsgeschichten – die nach 1870/71 und die nach 1989 – sollten so ineinander verschränkt werden, daß dem Leser ein Licht aufgehe und er Kontinuitäten deutscher Geschichte, durchweg dunkle, erkenne.

Damals wie heute, so die Botschaft, »lauter Illusionen und massive Großsprecherei«: Gründerzeit und Schnäppchenmacherei. Wenn dem so wäre – wir hätten's gerne erzählend dargelegt bekommen. Doch der Erzähler Grass, den wir von früher kennen, hält sich verborgen, wir hören immer nur den Klageton des Talk-Show-Gastes. Und was wir hören, das kennen wir: Es ist das alte Lied von der immerwährenden deutschen Misere. Wo immer des Autors Blick hinfällt, erkennt er das Erkannte. Identität bis zum Überdruß, kaum Differenz. In der Nacht dieses Romans sind alle deutschen Katzen grau.

Viel gäbe es über die – vergessene – deutsche Einigung von Anno dazumal, viel auch über die multimedial begleitete deutsche Einigung von vorgestern zu erzählen, und mit Parallelen und Kontinuitäten brauchte nicht gegeizt zu werden, Geschichte auf Geschichte. Dazu aber wäre nötig, was Grass abhanden gekommen ist: Neugier und Lust auf Stoff, auf Ereignisse, auf Menschen. Grass werkelt sich jedoch im altväterlichen Nörgelton über die knapp 800 Seiten, macht das Deutschland von ehedem so wenig plastisch wie das von gestern und heute, weiß immer alles besser und hat alles eingeordnet, bevor es erzählt ist. Seine Figuren sind Marionetten, und trotz der gewaltigen Wortfülle erscheint das Buch eigentümlich leblos: eine quasselstrippige, doch monotone Revue festgefügter Vorurteile.

Die Wessis, die Grass über die Seiten schleift, sind von einer trampelhaften Dummheit, weit über das Karikaturhafte hinaus. Wie am Schnürchen tönt der Unternehmer: »Wir kleckern nicht, wir klotzen!« Oder: »Hart arbeiten werdet ihr müssen, verdammt hart arbeiten, sonst läuft hier nichts.« Und die Weststudentin ist das Dummchen, dem Dresden natürlich nichts, Amsterdam

Für das Neue sollten wir recht eigentlich leben

hingegen viel sagt, dem die Vokabel »irrsinnig« aus dem Mündchen tropft und das die leeren Sätze mit »also« beginnt. Grass zeichnet verbissen ein Zerrbild des Westens, wie es Propaganda-Autoren der DDR kaum skurriler entworfen hätten. Es ist immerhin ein West-Autor, der den Treuhand-Chef so beschreibt: »Eine Person, der mit Jacke und Hose der Erfolg wie angepaßt saß. Ein ganzer Kerl sozusagen.«

Da darf eines nicht fehlen: der Vereinigungsprozeß II als kolonialer Vorgang – West reißt sich Ost unter den Nagel. Grass versucht gar nicht erst, irgend etwas spür- und riechbar zu machen. Er bleibt bei der Behauptung – und bei dem *running gag*, der immer wieder zur Bezeichnung Helmut Kohls herhalten muß: »die regierende Masse«. Selten so gelacht! Und selten das Besondere dieses hartnäckig das Besondere meidenden Kanzlers so verkannt.

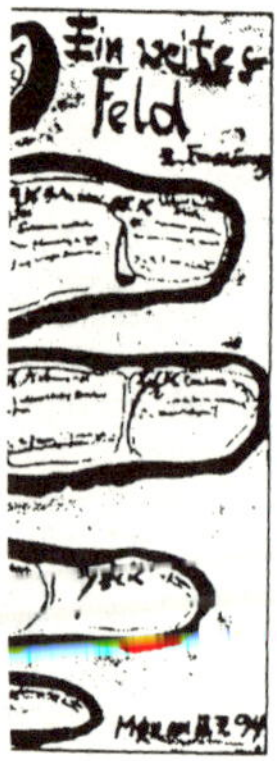

Grass mag die neue Bundesrepublik noch weniger als die alte, und die Abneigung scheint so stark zu sein, daß der Autor sich gar nicht mehr um zutreffende Beobachtungssprachen bemüht, sondern gleich die Klischees liefert. Netter, so scheint es, kommt ihm die DDR – die »kommode Diktatur«, wie Wuttke einmal einwirft – vor. Da ist, meint Grass, etwas verloren- und untergegangen, und er will es erzählend bewahren. Doch auch hier kommt dem Autor die prästabilierte Meinung in die Quere, und Ost-Berlin erscheint als liebenswürdig-verquetschte Kleinbürgeridylle. Der Osten, dem Grass erzählend beispringen will, wird zur Puppenstube, von Öde und Totalitarismus nicht die Spur.

Günter Grass hat immer schon dazu geneigt, beim Erzählen projekteschmiedend vom Erzählen zu erzählen. Das klingt modern, und deswegen ist oft übersehen worden, daß Grass im Grunde ein altmodischer Autor ist: einer, der gerne freiweg erzählt, der Garn spinnt, Familienepen mag, das Konkrete, die Dinge, die Gerüche feiert. All das kam in der »Blechtrommel« glücklich zum Tragen, weil die Welt, von der dieser Roman seinen Ausgang nahm, zu den Grass'schen Werkstatt-Künsten paßte: Es war eine altmodische Welt, fernab, ein Universum verlorener Einzelheiten.

Grass ist es im Grunde nie gelungen, seine Künste an der Gegenwart zu erproben. Schon der in Westdeutschland spielende Schluß der »Blechtrommel« blieb blaß und wirkte mühsam konstruiert. Jetzt hat der Autor den Westen als eine kapitalistische Klimper-Ödnis beschrieben – und den Osten als Idylle verklärt. Dabei kommt es zu einem höchst eigenartigen Effekt: Da die DDR eher sympathisch erscheinen soll, hebt Grass an ihr das Altmodisch-Kleinbürgerliche hervor, das wir aus seinem Danzig schon kennen – und das hier (beispielhaft in den Räumen des Luftwaffenministeriums) auch die Atmosphäre des Dritten Reichs zu prägen scheint. Günter Grass hat die deutsche Vereinigung nicht gewollt und das mit Auschwitz begründet. Seltsam, daß alles das, wofür die Realität und Metapher Auschwitz steht, in diesem Zeitroman nicht vorkommt!

Was 1989 und danach in Deutschland geschah, war ein Ereignis im radikalen, schroffen Sinne des Wortes: unvorhersehbar, in den Berechnungen nicht enthalten. Derlei muß die Kunst des Erzählens herausfordern. Grass hat die Herausforderung angenommen – und das Ereignis mit einer nicht endenwollenden Erzählmasse weggeredet. Die Neugier auf das Neue, – die den alternden Fontane auszeichnete, fehlt ihm ganz. Fontane schwamm von seinen konservativen Ufern weg. Grass hingegen bleibt beharrlich auf dem trockenen Acker des alten Linkskonservatismus sitzen. Im »Stechlin« heißt es doch: »Alles Alte, soweit es Anspruch darauf hat, sollten wir lieben, aber für das Neue sollten wir recht eigentlich leben.« ●

aus: Wochenpost, 24.8.95

In wechselnden Zeiten

Zwei Jahre, zwei Jahrhunderte: »Ein weites Feld«, das neue Buch von Günter Grass

VON HERBERT GLOSSNER

Wende-Roman? DDR-Reminiszenz? Stasi-Groteske? Wanderungen durch die Großstadt Berlin? Literatur über Literatur? Von allem etwas und in allem ein Schelmenroman, in dem Fonty als Wiedergänger von Theodor Fontane auftritt

■ Im voraus gab es die PR-Spielchen des Verlags und die mitspielenden Medien samt ihren Kritikern: „Wer ist der erste im ganzen Land?" Es gab das Tabu des Erstverkaufstags 28. August und dann doch vorher die Grass-Stapel in den Buchhandlungen. Es kam des Autors verständliche Sperre seines „Spiegel"-Gesprächs, weil die Titelseite „das ekelerregende Zerreißen eines Buches" (seines Buches) „bildhaft" mache. Auch dies alles: ein weites Feld.

Der Titel, den Grass sich vom bekanntesten Fontane-Zitat aus „Effi Briest" nahm und in seinem Roman selbst an die zehnmal variiert, reizt, damit zu spielen. Und zugleich die Sache, wie es der alte Briest zu tun pflegte, auf sich beruhen zu lassen.

Was zählt, ist der Roman. 773 Seiten Text, 37 Kapitel, gegliedert in fünf Bücher. Ein Lesevergnügen, wenn die Lust erst geweckt ist, wenn Herz und Verstand so richtig drin sind in der Grassschen Topographie, der politischen, der berlinischen und literarischen. Für viele – nicht auszuschließen – vielleicht eine Lesestrapaze, und sie möchten seufzen wie Dichterkollege Paul Heyse bei der Lektüre von Theodor Fontanes „Vor dem Sturm": „Das Ende ist sehr herzbewegend, aber es sollte *früher* dahin kommen."

Das bleibt Geschmacksache. Schließlich erzählt eine Mitarbeiterin des Fontane-Archivs in Potsdam – „Wir vom Archiv" – die Geschichte von Fonty, dem Original vom Prenzlauer Berg, und seinem „Tagundnachtschatten" Hoftaller. Da will jede Einzelheit bedacht und ausgebreitet sein. Sammelleidenschaft also, beharrliches Beobachten und Ausschöpfen aller erreichbaren Quellen begründet die Allwissenheit der Erzählerin. Und kein einziges Mal, auch in der Widmung nur verschlüsselt, fällt der Name Fontane: „Für Ute, die es mit F. hat . . . "

Er ist „der Unsterbliche", kenntlich in seinem Leben, seinem Wortschatz, in seinen Büchern und Briefen, in deren immer wieder herbeigerufenem Personal. Und gespiegelt in Fonty, der auf den Tag genau hundert Jahre nach dem Unsterblichen, am 30. Dezember 1919, und am selben Ort, in Neuruppin, geboren wurde.

Fonty, bürgerlich Theo Wuttke, hat schier jedes geschriebene Fontane-Wort, und seherisch ein paar ungeschriebene dazu, allzeit zitierbereit. Nach kurzem Lehrerdasein bereiste er als Kulturbundredner die DDR, stets Fontane im Gepäck und auf den Lippen, riskierte auch mal eine zuviel, zog allzu deutliche Parallelen zwischen dem preußischen Obrigkeitsstaat und der Arbeiter-und-Bauern-Macht („Gegen Demokraten helfen nur Soldaten!"), was ihn als Aktenboten ins Haus der Ministerien beförderte.

Fonty, Fontanes „Wiedergänger" auch in vielen biographischen und familiären Details, gelingt es mühelos, „ganz ohne Zwinkern der Unsterbliche zu sein", er nähert sich ihm in der Handschrift, in Gestalt und Habit an, pflegt redend und briefeschreibend dessen „Bummelton". Fonty „sind die Jahrhunderte durchlässig gewesen", notiert das Archiv.

Mit der Öffnung der Mauer, November/Dezember 1989, beginnt die Geschichte. Nach einem furiosen Finale in der Kulturbrauerei am Kollwitzplatz, wo Fonty aus seinem Manuskript „Kinderjahre" liest, dann aber extemporierend die neue Treuhand-Chefin aus Anlaß der tausendsten Abwicklung zur Gastgeberin eines Kostümfests macht („Frau Jenny Treibel läßt bitten"), verklingt sie Mitte Oktober 1991 sanft mit einer Postkarte aus Frankreich. „Übrigens täuschte sich Briest; ich jedenfalls sehe dem Feld ein Ende ab ...“

Da hat sich Hoftaller schon zu neuen Taten aus dem Staub gemacht. Der ewige Spitzel, den Grass stracks aus dem 1986 erschienenen Roman „Tallhover“ von Hans Joachim Schädlich geholt und als Hoftaller auf den Kopf gestellt hat. Allgegenwärtig den Objekten seines Observierens, immer die Finger dazwischen, unsterblich, denn Leute wie er werden immer und überall gebraucht. „Für uns gibt's kein Ende.“

»Skeptisch bleiben, nicht zynisch werden«

Schädlich nämlich, der bei Grass als Tallhovers „Biograph“ ins Spiel kommt, läßt in einer beklemmend genau entlarvenden Sprache seinem beflissenen Kriminalkommissar ebenfalls die Jahrhunderte „durchlässig“ werden. Er begleitet ihn von 1842, dem „staatsfeindlich“ aufgeladenen Vormärz, durch Preußen und das neugegründete Kaiserreich nach Weimar, ins Reichssicherheitshauptamt der Nazis und ins Ministerium für Staatssicherheit der DDR, stets der Subversion auf den Fersen. Als er nach dem 17. Juni 1953 die Parteilinie verfehlt, wird er entlassen.

Krank, verwirrt steigert er sich in sein Versagen hinein und wartet auf den Tod. Aber Grass läßt ihn als „Hoftaller, vormals Tallhover“, weiterleben, schreibt seine schmierige Präsenz fort, verleiht ihm Macht und Infamie über die Wende hinaus, läßt ihn in dunklen Andeutungen drohen. „Sie verstehen“, sagt er zu Fonty. „Will ungern deutlicher werden ... Kann aber auch anders ...“

Es gibt noch Material genug unter Verschluß. Auch über Wuttkes Vergangenheit, der, wie der Unsterbliche, als Kriegsberichterstatter in Frankreich tätig und also „sich vom Atlantikwall bis in die Cevennen hinein auf der Spur gewesen“ ist. Hoftaller zieht eine „angeblich folgenreiche Liebesaffäre“ hervor, die allerdings in Gestalt der Enkeltochter Madeleine, einer „zartbitteren Person“, im Deutschen wie bei Fontane zu Hause, Fontys Trost im Alter wird. Was Hoftaller sich gutschreibt.

Nicht nur geht Grass' Sprache ganz andere epische Wege als Schädlichs kalte Präzision. Schädlich arbeitet die gnadenlose Obsession des Täters durch die Opfer heraus. Grass dagegen versucht, in dem ungleichen Paar, das doch von hinten „ein einträchtiges Bild“ abgibt, das bekannte Phänomen einer symbiotischen Beziehung anschaulich zu machen. Hoftaller ist Fontys „Leib-und-Magen-Spitzel“, den er zum Abschied umarmt. Das nimmt zwar aller aufgesetzten Stasi-Hektik die Spitze, wird auch mit subtiler Ironie durchgehalten, ist aber doch, vor schlimmer Wirklichkeit, ein allzu leichtes Spiel.

Genüßlich hält Hoftaller Fonty des Unsterblichen Sympathien für den Herwegh-Kreis und die Revolution vor, dann aber dessen Londoner Agententätigkeit im Sold der „Centralstelle für Presseangelegenheiten“ (einer Zensurbehörde, schönfärberisch „Literarisches Kabinett“ genannt und von den Biographen dezent umschrieben). Und das Archiv weiß, daß auch Fonty, trotz aller Eigenmächtigkeiten in Frankreich wie im Kulturbund, „dem jeweiligen Staatswesen dienstbar“ war (und immer auch ein bißchen Widerstand riskierte).

Das Gebäude, in dem Fonty und Hoftaller „in wechselnden Zeiten“ bezahlte Arbeit verrichten, liefert Grass die Klammer für sein Wendethema: Ecke Wilhelm-, Leipziger Straße, ehemals Reichsluftfahrtministerium, dann Haus der Ministerien im Arbeiter-und-Bauern-Staat, schließlich Sitz der Volkseigentum abwickelnden Treuhand und inzwischen, was Fonty noch nicht wissen kann, ausersehen für den Bundesfinanzminister.

Der Paternoster, der den Reichsmarschall, den „Spitzbart“ Ulbricht wie den Chef der Treuhand transportierte, wird Fonty zum unbedingt erhaltenswerten Symbol: „Er begriff die Mechanik der Wende in Gestalt eines rastlos dienstwilligen Personenaufzugs. Soviel Größe. Soviel Abstieg. Soviel Ende und Anfang.“ Während Fonty in der Kulturbrauerei feurig redet, fällt der Paternoster einem sonst nicht weiter nennenswerten Brand zum Opfer. Totalschaden. Fonty taucht unter.

Relativiert das den Fatalismus, der aus Fontys Bild spricht? Am 4. November hatte er auf dem Alexanderplatz ausgerufen: „Skeptisch bleiben ist besser als zynisch werden“ und: „In Deutschland hat die Einheit immer die Demokratie versaut!“ Der politische Redner Günter Grass fragte nach der Wende gegen den Strom: „Wie wurde dieser Einheit genannte Pfusch möglich?“ Der Poet Grass schrieb seine düsteren „Novemberland“-Sonette.

»Wo Haß gegen Härte steht«

Aber im Roman überstrahlen Wuttkes liebenswerte Fontaneität, seine wandernde Hommage an Berliner Örtlichkeiten zwischen Prenzlberg und Tiergarten all den „Kladderadatsch, der sich Gegenwart nennt“; so bitter, oft nur zartbitter Grass auch den Gang der Dinge begleitet: die Währungsunion, den 3. Oktober, den Einzug der Hohenzollernsärge in Potsdam, die Geschäfte der Treuhand.

Nach dem Mord am ersten Treuhandchef Detlev Rohwedder, der namenlos bleibt, doch mit großer Sympathie gezeichnet ist, läßt er Fonty eine provokante Parallele ziehen, nicht stimmig, aber denkanstoßend: zum Wilderer Lehnert Menz, der den hartherzigen Förster Opitz erschießt, nach Amerika auswandert und seine Tat bei einem Rettungsversuch in den Bergen mit dem Tod sühnt. „Quitt“ heißt Fontanes Roman, über den Fonty mit seinem Chef nächtens philosophiert („Wo Haß gegen Härte steht, liegt das Motiv auf der Hand“).

Noch schärfer (und schiefer) fällt der Vergleich mit der Guillotine der Französischen Revolution aus, vor der er den Bundeskanzler, die „regierende Masse“, sicher weiß – „er ist verächtlich, nicht aber hassenswert“. Und beharrt: „Millionen Arbeiter und Angestellte sind einem Enthauptungsprozeß unterworfen, dem zufolge zwar nicht der einzelne um einen Kopf kürzer gemacht wird, doch kappt das Fallbeil seinen Erwerb, seinen bis gestern noch sicheren Arbeitsplatz, ohne den er, jedenfalls hierzulande, wie kopflos ist."

Aber auch das hebt Fonty auf in Selbstironie – „weil ich oller Griesgram so toll vom Leder ziehe ... und überhaupt den schwarzseherischen Blick habe".

Ein Schelmenroman. Ein Fontane-Verführer. Durchgeschrieben, mit dem Gespann Fonty-Hoftaller wie der Unsterbliche weit ausschweifend und seinem roten Faden folgend, der eben Fontane und die deutsche Wende heißen könnte. Ohne Winkelzüge oder gewundene Seitenwege, die in früheren Büchern oft Sackgassen waren; wohl aber mit bissigen, auch mal nostalgischen Seitenblicken auf Alltag und Kulturbetrieb der DDR.

Was tut's, daß mancher Kalauer stehenblieb („zielstrebig tauschte er", nach dem Geldwechsel, „die Bundesbank gegen eine Tiergartenbank"); daß Fonty eine „Dionysostonne" unterkommt, wenn Diogenes gemeint ist, oder daß er die Episode mit dem toten Franzosen nach Deetz statt, richtig, nach Dreetz verlegt!

Sollen doch die einen wieder den notorischen Unkenrufer wittern, andere eine Fontane-Manie beklagen oder die ganze Komposition ausufern sehen: Seit Oskar in der „Blechtrommel" – wenn auch nicht mit der sprachlichen Sprengkraft von 1959 – ist Grass keine so skurrile, farbige Figur mehr gelungen wie Fonty mit all seinen Schwächen und Stärken.

Günter Grass: Ein weites Feld. Roman. Steidl Verlag, Göttingen. 784 Seiten, 49,80 DM

aus: Das Sonntagsblatt, 25.8.95

„Ich bin nicht Ihr Mann!"

Ein unbekannter Brief von **THEODOR FONTANE** *an* **GÜNTER GRASS** *zu dessen neuem Roman.*

Entdeckt und mitgeteilt von **WERNER FULD**

SEHR GEEHRTER HERR KOLLEGE GRASS!

Zu den vielen Unterlassungssünden meines Lebens muß ich nun, da ich Ihren Roman gelesen habe, auch diese rechnen: Ihnen nicht gleich geschrieben zu haben, als ich mit sehr gemischten Empfindungen Ihren Plan eines großen Zeitromans aus der Presse erfuhr. Ein Panorama deutscher Geschichte sollte es sein, von der abgebrochenen Ouvertüre 1848 über die Fanfaren der Reichsgründung 1871 bis zum Schlußchor der deutschen Einheit 1989, alles miteinander verwoben und dennoch klar die Verläufe der geschichtlichen Entwicklung herausgearbeitet.

Schon wieder Gustav Freytag? fragte ich mich, dessen langwierige Romane ich, wie Sie wissen, mit dem breitesten Respekt abgeurteilt habe, damit uns, dem Publikum und den Autoren, so etwas künftig erspart bleibe. Aber ich habe auch der Presse nicht geglaubt, weil ich selbst viel zu lange Journalist war, da wird immer übertrieben. Eine Novelle wird er uns schenken, dachte ich, ein Pendant und längst fälliges Seitenstück zum „Treffen in Telgte", mehr gibt diese deutsche Einheit literarisch nicht her. Wenn man sie auf 200 Seiten verdichtet, muß es genügen.

Dann kam das Leseexemplar mit tatsächlich fast 800 Seiten und auch schon die Reklame, es handle sich um einen „Jahrhundertroman". Da war es endgültig zu spät, um Sie zu warnen –, wovor, sage ich Ihnen gleich – denn ich las mich hinein in Ihr Werk und sank in eine Nervenpleite, die mich vollends apathisch machte. Davon sollen wirklich 100 000 Stück gedruckt und verkauft werden? Ich kann es nicht glauben.

Bei meinen Romanen habe ich immer gedacht, natürlich werden sie keine 100 000 Herzen im Fluge erobern, nicht mal 1000, weil es eben nicht die Zeitung von morgen ist, mit dem neuesten vierfachen Mord auf der Titelseite. Und nun kommen Sie mit den Zeitungen von vorgestern und legen uns das Bündel auf den Tisch. Wer soll das alles noch einmal lesen? Ich gebe ja zu, es ist alles anständig, gebildet und fleißig, und mitunter auch von einer das Herz treffenden Schlichtheit; im ganzen genommen aber ist es trocken und ledern und mehr historische Konrektor- als Dichter-Arbeit. Sie erklären dem Leser lauter unwichtige Dinge, statt ihn zu unterhalten; Sie zählen auf, wo Sie erzählen müßten.

Bei Ihrem Buch will mich ein Gedanke nicht verlassen: daß es keine allzu glückliche Stunde war, in der Sie den Plan faßten, diesen Roman zu schreiben und ihm ein Vollmaß an Kraft und Arbeit zuzuwenden, das auf einem anderen Gebiete segensreicher zu verwenden gewesen wäre. Denn mit allem Respekt gesagt, haben Sie vielleicht nie mit größerer Kunstfertigkeit gearbeitet, um dieses Panorama deutscher Geschichte hinzukriegen, aber Ihre Gestalten sind, wie alles nicht auf eigenem Grund und Boden Gewachsene, nur Schatten: der von Schädlich entliehene „Tallhover" ebenso wie die „Fonty" genannte Person, von der Sie glauben, sie fülle mich aus.

Sie agieren wie ein Zauberer, der diese Schatten leben läßt. Wollend oder nicht, Sie spielen mit dem Publikum, Sie machen ihm etwas vor. Aber statt im Leben Ihrer Gestalten aufzugehen und deren Sprache zu sprechen, lassen Sie, lieber Kollege Grass, alle Personen lieber Ihre Sprache sprechen.

Das ist für mich schon deshalb ein Hauptärgernis, weil ich in Ihrem Buch als „Fonty" die tragende Rolle spiele. Nicht nur der Name ärgert mich, der sich in eine Verbiederung von „Gorbi" bis „Schumi" hineinkratzt, wie ich sie nie nötig hatte, sondern mich stört vor allem, daß ich bei Ihnen nicht ich geblieben bin. War Ihnen meine bescheidene Existenz als Theodor Fontane nicht ergiebig genug? Mußten Sie mich ausgerechnet als Bürobote Theo Wuttke, dieses subalterne Talent für gleitende Übergänge, von einem Unrecht ins nächste auferstehen lassen? Meinetwegen soll er Kulturbundredner sein, aber nicht als falscher Wiedergänger von mir. Ich bestehe darauf, daß ich meine eigenen Sätze sagen darf.

Meine Briefe und Meinungen sind ja nun bekannt, neuerdings sogar meine Tagebücher. Und Sie, verehrter Kollege, haben nicht nur das zweibändige Werk benutzt, in dem Hans-Heinrich Reuter mich vor 30 Jahren über den sozialistischen Leisten geschlagen hat, sondern auch das anständige Buch von Helmut Ahrens. Und dennoch redet ihr „Fonty" nie wie ich, sondern immer wie Sie. Sie zitieren ellenlang meine Briefe, aber am Ende steht dann Ihre Meinung drin und nicht meine. Sie sind ein Magier der Manipulation, der einen Schatten reden läßt, weil Sie selbst keine Stimme mehr haben. Ihr Organ hat sich, wie wir alle wissen, in den furchtlosen Diskussionen um die deutsche Einheit ermüdet und erschöpft. Reden und Vorträge, Einwürfe und Abrechnungen, wir erinnern uns, daß Sie nichts unversucht ließen, um uns von dem Schaden, ja sogar vor der Unmöglichkeit einer deutschen Einigung zu überzeugen. Die Geschichte hat anders entschieden. Wir haben nun die deutsche Einheit, und da sollten Sie eines dafür aufgeben: Ihre alte Stellung als Lehrmeister der Nation. Aber Sie wollen immer noch recht behalten, jetzt mit Hilfe des Romans und meiner Person. Nicht mit mir, lieber Herr Grass, ich bin nicht Ihr Mann.

Ich habe das, was Sie mir in den Sinn legen, nie gedacht. „Kolossaler Mumpitz alles. Steht mir jetzt schon fest: In dieser Einheit ist der Spaltpilz drin.“ Das soll ich gedacht haben, sozusagen als Verlängerung von 1871 ins Jahr 1989 hinein? Den jetzigen Bundeskanzler einen „Bismarck-Verschnitt“ genannt haben und nicht genug davon kriegen, an seiner Entscheidung für die Einheit herumzunörgeln? Und sogar, als der Treuhandchef erschossen wurde, in einem Brief an meine Enkeltochter Madeleine über diesen Kanzler den furchtbaren Satz geschrieben haben: „Seinesgleichen war nie zu treffen, was schrecklich genug ist“? Ich las es auf Seite 626 und wand mich vor seelischem und physischem Unbehagen.

Darf ich Ihnen in Erinnerung rufen, was ich wirklich darüber denke, Sie können es ausführlich in meinem Erinnerungsbuch „Von Zwanzig bis Dreißig“ nachlesen: „Eine Regierung hat nicht das Bessere bzw. das Beste zum Ausdruck zu bringen, sondern einzig und allein das, was die Besseren und Besten des Volkes zum Ausdruck gebracht zu sehen wünschen. Diesem Wunsche hat sie nachzugeben, auch wenn sich darin ein Irrtum birgt ... Wenn Bismarck so phänomenale Triumphe feiern konnte, so geschah es, sein Genie in Ehren, vor allem dadurch, daß er seine stupende Kraft in den Dienst der in der deutschen Volksseele lebendigen Idee stellte. So wurde das Deutsche Reich aufgerichtet, und nur so.“ So kam es auch zur Vereinigung der beiden deutschen Staaten, als die Mächte schwach und der Zeitpunkt günstig war, und nur so. Sie, werter Kollege, haben diese deutsche Einheit nicht gewollt, aber das Volk wollte sie. Nun wenden Sie als der Unterlegene alle Ihre literarischen Kräfte nachträglich darauf, „die deutschen Kümmernisse, all das, was wir unserer Einheitssuppe eingebrockt haben“ mit „La Terreur, der Guillotine“, also mit der Schreckenszeit der Französischen Revolution zu vergleichen oder gar bei der Arbeit der Treuhand an jene Zeit zu erinnern, als „überall Besitz und Vermögen der Juden in Deutschland unter Treuhand gestellt wurde“. Das ist perfide und in dummer blinder Wut geschrieben. Mit mir und meiner Stellung zu den historischen Ereignissen, deren beschreibender Zeuge ich gewesen bin, hat es nichts zu tun. Daß ich als Fälschung meiner selbst in Ihrem Buch vorkommen muß, ist eine Demütigung, und was ich bei diesem Buch gelitten habe, spottet jeder Beschreibung. Es ist eigentlich keine Szene vorhanden, die mich nicht verstimmt, verärgert, verdrossen oder gar entrüstet hätte.

Sie hätten Leitartikelschreiber werden müssen, aber vom Dichter, der Sie ein halbes Leben lang sein wollten, haben Sie nun gar nichts mehr. Sie haben die deutsche Nation düpiert, weil wir alle noch

ein großes Buch von Ihnen erwartet hatten. *Doch* schlecht ist schlecht, und es muß gesagt werden. Hinterher können dann andere mit den Erklärungen und Milderungen kommen.

Gewiß hätte ich Sie frühzeitig warnen können, obwohl ich im Zweifel bin, daß Sie meine Hilfe angenommen hätten. Denn aus meiner Biographie müßten Sie wissen, was ich Ihnen sagen wollte. Ich habe nämlich genauso beeindruckt wie Sie, fünf Jahre nach der Reichsgründung, mit einem dicken Zeitroman angefangen, der „Allerlei Glück" heißen sollte. Aber die Zeiten haben sich, wie bei Ihnen, anders entwickelt, als ich es in meinem Plan vorsah, und hierin war ich klüger als Sie und habe diesen Stoff wieder aufgegeben. Man kann nicht alles haben wollen, lieber Kollege, je mehr man mitnimmt, je mehr fehlt einem. Hätten Sie dran gedacht ...

IN DIESEM SINNE

aus: Die Woche, 25.8.95

Die Bitterfelder Sackgasse

Günter Grass ist an dem Versuch, ein großes deutsches Geschichtsepos zu schreiben, gescheitert. Mit seinem verplapperten Thesenroman „Ein weites Feld" hat er, so scheint es, von der Literatur Abschied genommen

Von Iris Radisch

Wer wird das lesen? Freiwillig und bis zum Ende? Siebenhunderteinundachtzig Seiten? Die Legion der gutwilligen Käufer des neuen Grass-Buches vermutlich nicht. Die vielen ausländischen Leser, die dieses Prunk- und Paradestück der deutschen Gegenwartsliteratur in bisher fünf bereits vereinbarten Übersetzungen bald erreichen wird, erst recht nicht. Denn dieses Buch ist unlesbar.

Das schreibt sich nicht so leicht. Ohne Trauer und enttäuschten Respekt ist vom Scheitern des großen Meisters nicht zu berichten. Wer hätte sich nicht gewünscht, was von besinnungslosen Vorabkritikern schon vor Monaten behauptet wurde: die Wiederkehr des alten Erzählmagiers, die Neugeburt des unbekümmerten Artisten der Zeitgeschichte, des ungezähmten Wortmetzes und Buchhauers Günter Grass? Wer verehrte ihn nicht noch immer, den Autor der „Blechtrommel" und der Erzählung „Katz und Maus", der Werke, die alle redlichen, gutgemeinten Lehrstücke, die hölzerne Abhandlung „Örtlich betäubt", das apokalyptische Pamphlet „Die Rättin" oder das Indienbuch „Zunge zeigen" bis heute überstrahlen? Diesen frühen Meisterwerken, ihrer fast körperlichen Intelligenz, ihrem atemlosen Rhythmus, ihrer fremdartigen, allegorischen Perspektive ist es zu verdanken, daß ihr Autor noch immer weltweit als Heros der deutschen Gegenwartsliteratur gefeiert und in hohen Auflagen verlegt wird. Ein Unbekannter hätte für das jüngste Buch dieses populärsten aller noch lebenden großen Nachkriegsautoren kaum einen Verlag gefunden. Doch noch immer lebt die deutsche Literatur vor allem von ihren Legenden. Ein Dummkopf, der nicht wünschte, die Legende hielte noch einmal, was sie seit langem nur mehr verspricht.

„Ein weites Feld" heißt das annoncierte „Jahrhundertwerk". Fontane also. Ehefrau Ute, die es, wie die Widmung verrät, „mit F. hat", und die auch in persona, „mager, hochgewachsen, von gotischem Reiz", an der Seite ihres Gatten im „Weiten Feld" auftritt, hat Grass mit Fontane vertraut gemacht, damit, so steht es in der kurzen Skizze „Tallhover kann nicht sterben", notiert auf der Indienreise im Jahr 1986, „wir fortan unsere Liebe zu dritt ..." Nun ja.

Auf derselben Reise las Grass, der Zufall wollte es, ein Buch von Hans Joachim Schädlich: „Tallhover". Ein kühnes Protokoll über den ewigen Spitzel, der von Bismarcks Sozialistenverfolgung bis zur deutsch-demokratischen Dissidentenhatz stets „für die Sache" und das wechselnde Vaterland, kühl bis ans Herz hinan, im Dienst stand. Ein steinerner Dauergast des Verrats, Kollaborateur der preußischen Unterdrückungsmaschinerie durch die Jahrhunderte, ein Mann, der, selbst ein Nichts, in der Welt des Verdachts, des Wahns und des Geheimnisses die Verhältnisse zum Tanzen bringt.

Eine Idee ward geboren. Grass machte ein Romankonzept. Und so kommt es, daß nun Fontane und Tallhover respektive deren profane Nachbildungen Fonty und Hoftaller zwei entscheidende Jahre lang, von 1989 bis 1991, auf Turnschuhen durch das Berlin der Imbißstuben und Abziehbilder schlendern. Zwei Herren aus der Leihbücherei auf dem Weg durch eine Stadt, die derart plakativ und schemenhaft ins Bild kommt, als gäbe es sie gar nicht, als hätte sie ihr Autor nie gesehen.

Aus zweiter Hand sind Ort und Personen, dürftig und schleppend der mühsam konstruierte Handlungsverlauf. Ein Mann, von Beruf Aktenbote, der einen Dichter doubelt, und ein ehemaliger Staatssicherheitsbeamter, der auf ungenaue Weise mit einer literarischen Figur eines weiteren Dichters verwandt ist, reden miteinander. Sie reden bei McDonald's, sie reden am Brandenburger Tor, sie reden im Tiergarten und im Keller der Treuhandanstalt. Sie machen Ausflüge ins Märkische und in die Lausitz, durchstreifen plaudernd die Ferieninsel Hiddensee. Sie erinnern sich an gemeinsame DDR-Zeiten, sie vergleichen die Gegenwart mit dem alten Preußen und der Bismarckzeit, sie lamentieren über die Wende, die vertanen Chancen und fachsimpeln bei all dem unermüdlich über Fontane. Der Rest, ein paar Familiengeschichten, Treuhand-Anekdoten und Nervenleiden abgezogen, ist Wiederholung. Im letzten Romandrittel bricht selbst dieser dünne Handlungsrahmen fast zusammen, und die bisher dürftig in Szenen und Situationen eingebetteten Gespräche werden nun durch seitenlange, kaum noch mit einer Handlung verknüpfte Briefzitate ersetzt. Fast scheint es, als habe sich Günter Grass mit diesem form- und anschauungslosen Papiergerippe von der Literatur verabschiedet. Als habe er, begleitet von diesem ewig in sich kreisenden Gerede, mit Bedacht seine letzte große Reise in die Wüste der totgeborenen Bücher geplant.

Richtige Menschen, komplizierte Charaktere mit Ab- und Untergründen, mit Gewissensnöten und neuzeitlichem Seelenleben waren noch nie die Sache des Erzählers Günter Grass. Die Liebe trommelten sich seine Figuren aus dem Leib, die Sehnsucht hing ihnen als Schraubenzieher um den Hals, das Leben kotzten sie sich, wenn es denn sein mußte, buchstäblich vor die Füße. Manieristische Personen allesamt, deren Innenleben sich nie im Verborgenen, im Zweifelhaften und Unwägbaren, sondern im Offensichtlichen, im Bildhaften und Grotesken abspielte.

Doch selbst von dieser plastischen Menschenschnitzkunst ist jetzt nichts mehr zu spüren. Held Fonty, im bürgerlichen Leben Theo Wuttke, geboren am 30. Dezember 1919 in Neuruppin, genau hundert Jahre nach seinem Idol Fontane, ist ein literarischer Pappkamerad, der im Grassschen Karikaturenstadl nichts zu suchen hat. Dieser Kerl, der von Hut bis Kinderzahl und Ehekrise das Leben des großen Meisters nachlebt, der als Geheimdienstmann im Reichsluftfahrtministerium arbeitet und im Krieg für Tallhover spitzelt, der als IM „Fonty" auf dem Prenzlauer Berg für Hoftaller tätig ist und im Haus der Ministerien Akten verschwinden läßt, der als Muster-DDR-Intellektueller für den Kulturbund Fontane-Vorträge schreibt, wohlwollende Gutachten über Heiner Müllers frühe Theaterstücke verfaßt, am 4. November 1989 auf dem Alexanderplatz eine vielbeachtete Rede hält und der schließlich als Treuhand-Mitarbeiter endet – kurz, dieser deutsche Durchschnitts-Wuttke ist auf dem Hackbrett der Gegenwartsgeschichte zusammengeschnitzelt worden. Ein bißchen Spitzelei, ein bißchen Widerstand, ein bißchen Kulturbürgertum, ein bißchen Underground, ein bißchen Aktenstaub, ein bißchen märkischer Sand: Stasi, Stasi, Fontane, Strich, fertig ist des Deutschen Gesicht.

Sein mephistophelischer Schatten Tallhover/Hoftaller hingegen, der stets das Böse will und stets das Gute schafft, ebenfalls 1919 geboren, aber bei Schädlich bereits zur Bewachung des Herwegh-Kreises, des Genossen Radek und der Leninschen Ärzteschaft rastlos im Einsatz, ist nicht nur eine flache, sondern eine skandalöse Figur, gegen deren beschauliches Fortleben im Grassschen Geschichtsbaukasten sich ihr Erfinder

Schädlich verwahren müßte. „Mein Schutzengel", „mein Leibundmagenspitzel", „mein altvertrauter Kumpan", ein „Sinnbild mir zugeordneter Unsterblichkeit" nennt Wuttke seinen Freund und Führungsoffizier. Ein Mann, der seinem Schützling noch jedes Mal „bei drohender Gefahr das Sprungtuch gespannt" hat. Ein Hausfreund mit Zigarre und Trabi, der seinem „Objekt", das schon „aus Tradition mit Verdächtigungen und schuldhaften Verstrickungen lebte", im Krankheitsfall die Suppe rührt. „So sehen wir in einem Netz verstrickt / das Opfer und den Täter", dichtet Theo Wuttke, wohnhaft Prenzlauer Berg, Kollwitzstr. 75, einem Ort, an dem „der Verrat ein und aus ging und wie Wechselgeld im Umlauf blieb". So war das schon immer, so ist das noch heute.

Der leutselige Geschichtsrelativismus des enttäuschten Sozialdemokraten Günter Grass macht aus seinen Figuren Marionetten eines unabänderlichen und immer wiederkehrenden Weltenlaufs. So agieren die Prenzelberg-Poeten nicht anders als ihre Kollegen vom „Tunnel über der Spree", sind Kohl und Bismarck gleichermaßen „kolossale Mogelanten", sieht Theo Wuttke in der Wiedervereinigung nichts als eine Wiederkehr der Gründerjahre – wie es auf Erden überhaupt nur wenig gibt, das den Hobbyhistoriker und Vorruheständler nicht an anno einundsiebzig gemahnte: „So kraus es verfilzt liegt, das Historische breitet sich dennoch übersichtlich." Früher der „raffende Blick auf Junkerland in der östlichen Altmark", heute gehen die Grundstücksspekulanten in den neuen Bundesländern auf Schnäppchenjagd.

Was 200 Jahre deutscher Geschichte in einem großen politischen Roman zu durchdringen versprach, läuft in dieser räsonierenden Rückschau, die das Allerneueste stets zum Allerältesten erklärt, auf einen flachen Geschichtsslapstick hinaus, der sein Sinnbild in dem unzählige Male ins Bild gerückten Paternoster der Treuhandanstalt gefunden hat. Schon immer fuhr dieser Personenaufzug rauf und runter. Und alle hat er schon transportiert, den feisten Reichsmarschall im Reichsluftfahrtministerium, den Staatsratsvorsitzenden Ulbricht im Haus der Ministerien, seinen Nachfolger „Honni", Schuhe voran, Hütchen zuletzt, und schließlich, da Kanzler Kohl, „die regierende Masse", nicht verzeichnet ist, immerhin den Treuhand-Chef Rohwedder. Aufstieg und Abstieg von Göring bis Rohwedder, wie gewonnen, so zerronnen, so viel „Wende", soll das wohl heißen, und doch nichts Neues unter der Sonne.

Bei so viel großzügigen Vergleichen bleibt das zu Vergleichende auf der Strecke. Keine der zitierten Epochen im Wuttkeschen Geschichtspanorama wird anders denn in einer schlichten Trivialversion vorgestellt. Weit entfernt vom Vorbild Fontane, für den Preußenliebe und Preußenhaß, wehmütiger Abschied von der Vergangenheit und skeptische Hingabe an die Moderne vielfach verknüpft und letztlich unwägbar blieben, kennt Nachfahr Fonty Freund und Feind nur allzu genau. Da schnurrt nicht nur Fontanes Preußen auf die handfeste Metapher von der „preußischen Renommiersucht", den dummdreisten „Reserveleutnant", den „beschränkten rappschigen Adel" zusammen. Da wird vor allem die ostdeutsche Vergangenheit, wird die westöstliche Gegenwart ins grob verzerrte Bild gerückt.

Läßt man den „Schutzengel" Stasi, die „hingemachte" Christa Wolf, das Verrats-Idyll Prenzlauer Berg, die sogenannten unausweichlichen „schuldhaften Verstrickungen" für diesmal beiseite, bleibt immer noch der in endlosen Reprisen vom Duo Hoftaller/Fonty gestrickte Mythos von einer DDR-Bevölkerung, die nicht nur die Wiedervereinigung nicht gewollt habe, sondern von der Stasi dazu getrieben wurde, bleibt die Mär von einer Masse, die nicht wußte, was sie wählte, und die ihr „Volkseigentum" einer fremden Kolonialmacht ausgeliefert habe. Die These von den Kolonialherren, die über eine unmündige Bevölkerung hergefallen seien und sie, nein nicht mehr mit Glasmurmeln, aber mit Bananen dazu gebracht hätten, ihre Goldschätze zu verschenken, kennt man nicht nur aus den Äußerungen und Aufsätzen der DDR-Intellektuellen der Grass-Generation, sondern auch aus den Aufsatzbänden „Deutscher Lastenausgleich" und „Ein Schnäppchen namens DDR", die Günter Grass in den letzten Jahren veröffentlicht hat.

Was dort enttäuscht und verbittert vorgetragen wurde, kehrt im Roman in einem variantenarmen Stammtischpalaver wieder. Wie oft ist von den „Filetstückchen" die Rede, die sich die westdeutschen Raffkes schnappen, unermüdlich wird das „Schnäppchen" bemüht, das sich tollwütige Kapitalisten sichern, überall, heißt es, müsse das Geld den fehlenden Gedanken der Einheit ersetzen – einer Einheit, die ohnehin nichts tauge, denn in Deutschland habe die Einheit angeblich schon immer die Demokratie versaut. Dumpfes Stimmvieh waren demzufolge die Ostdeutschen, Kinder, die sich die sozialistische Freiheit durch westliches Obst ersetzen ließen. Einzig Fonty weiß gemeinsam mit seinem Autor immer alles besser und ist selbstredend auch im Stande, noch „der schönsten Westverpackung den inbegriffenen Schwindel abzulesen".

Welchen Erfolg Günter Grass mit derartigen Analysen der ostdeutschen Verhältnisse in den neuen Bundesländern haben wird, bleibt abzuwarten. Gut vorstellbar, daß die Ostdeutschen solche Belehrungen über ihre eigene Vergangenheit als Versuch der geistigen Kolonialherrschaft abtun. Die Rolle des großen Geschichtsinterpretators, der weiß, was das Volk zu essen und zu wählen hat, und der ihm den „dritten Weg" des Reformsozialismus am liebsten genauso verordnet hätte wie die Bonzen zuvor den Staatssozialismus, mag ihre skurrilen Meriten haben – als Erzählposition eines großen epischen Werkes ist sie nurmehr eine Bitterfelder Sackgasse.

Ideologisch gefestigt hätte man einen solchen Thesenroman einmal genannt. Und gefestigt ist vor allem der Standpunkt der diversen Erzähler, die alle wie aus einem Munde sprechen und Ge-

genrede, Widerständigkeit und Vielfalt gar nicht erst aufkommen lassen.

Erzählt wird ausschließlich aus ostdeutscher Perspektive oder dem, was Grass dafür hält. Den Hauptpart des Romans hat ein Erzählerkollektiv aus Potsdam übernommen, das im Hauptberuf Anstellung im Fontane-Archiv gefunden hat. Diese Herren und Damen lauern beim Besuch auf Hiddensee hinter den Dünen, verstecken sich beim Ruderausflug im Tiergarten hinter den Büschen, notieren und kommentieren die Wuttkeschen Dauerreden, schwadronieren aber auch selbständig, doch ganz im Sinne ihres Protagonisten – dessen gezierten Sprachgestus sie ohnehin übernommen haben („Entfesselt und chorisch gestimmt, begann der Schwellkörper deutscher Sangeslust zu tönen") – über den „neuesten Willen zur Macht" und die „fordernd auftretenden Kolonialherren". In den Nebenrollen halten Emmi Wuttke und Tochter Martha kleine Ansprachen, die das volkstümliche Element, den berühmten „Berliner Sprechianismus", illustrieren sollen: „Ich hab ihn nur noch reden lassen und nischt mehr gesagt ... So ist mein Wuttke nun mal." Fehlt noch die französische Enkelin, die ein gestelztes Fontane-Deutsch zum besten gibt: „Gestatten Sie mir, bitte, die Erwartung auszusprechen, daß Sie sich weiterhin Großpapas Wohlergehen verpflichtet fühlen mögen." Und natürlich das Gesprächsteam Hoftaller/Fonty, der eine forsch, ewig beleidigt, ewig klagend, der andere im Grassschen Spätstil plaudernd – ein wenig hausväterlich, ein wenig umständlich, ein wenig amtsdeutschartig, ziemlich humorlos und reichlich geschwollen: „Habe aber dennoch in meinem Bericht das Vergangene beleben und der Gegenwart als mächtigen Kraftstrom zuleiten können."

Abgesehen von kleineren Unstimmigkeiten, welche die Rolle der Staatssicherheit bei der Inhaftierung Loests oder der Behandlung Uwe

Schlecht Gedachtes läßt sich nicht gut erzählen

Johnsons betreffen, sind sich Fonty und sein Führungsoffizier in allen wesentlichen Fragen der Gegenwart einig: „Mittlerweile setzt hier alles auf Gewalt." Abschieds- und Endzeitstimmung macht sich breit. „In Deutschland ist keine Bleibe mehr", seine besten Söhne treibt es mal wieder in die Emigration. Am Ende des Romans werden beide Herren mit unbekanntem Ziel verschwinden.

Auch das Gegenwärtige breitet sich übersichtlich. Mögliche Ein- und Widerredner in diesem Chor der Verfolgten, etwa der West-Schwiegersohn Grundmann („Wir nehmen, was wir kriegen. Wir kleckern nicht, Schwiegervater, wir klotzen!") oder der West-Sohn Friedel („Diese Verbrecher. Versaut haben sie euch. Endgültig vorbei ist das, hört ihr!"), werden in ihren Kurzauftritten als zwei Varianten westdeutscher Charakterfratzen vorgeführt, ein moralinsaurer Pietist der eine, ein skrupelloser Grundstücksspekulant der andere, und schnell abgefertigt. Das Ergebnis solch einstimmigen Erzählens ist ein bei allem materialen Aufwand, bei allem Personenreichtum und liebevollen (literatur-)historischen Recherchen armseliger, leb- und konfliktloser Roman, in dem alles platte Anekdote und Meinung bleibt, sich nichts in Literatur verwandeln will. Der große Geschichtsroman enthält keine Geschichten. Der breiten Gegenwartsschilderung fehlt jede Gegenwärtigkeit.

Die fixe Idee, zunächst zwei deutsche Geschichtsepochen kurzerhand in eins zu setzen, dann östliches Recht und westliches Unrecht wie Erbsen auseinanderzusortieren und schließlich aus alldem ein Buch zu zimmern, mußte scheitern. Nicht nur, weil die Idee nicht stimmt, sondern vor allem, weil sich schlecht Gedachtes nicht gut erzählen läßt. Unbegreiflich, wie Grass, dessen frühe Romane vor anschaulichen und bildhaften Einfällen schier zu zerbersten drohten, die Wirklichkeit so ganz abhanden kommen konnte. Deprimierend mitanzusehen, wie er Gegenwart und Vergangenheit gleichermaßen aus seinem wohlsortierten Zitatensäckerl abzuspeisen sucht, sich scheinbar für alles engagiert und für nichts wirklich interessiert. Für Fontane nicht, der trotz fleißig rapportierter Briefstellen und biographischer Detailforschung ein willkürlich in den Roman verpflanzter Bildungs-Füllstoff bleibt, einzig tauglich, für offene deutsch-deutsche Rechnungen instrumentalisiert zu werden. Und für die deutsche Gegenwart nicht, deren große Ereignisse, Maueröffnung, Vereinigung, Währungsunion, nur umrißhaft wie aus allzu großer Ferne abgetuscht wirken.

Günter Grass und sein wunderbarer verknarzter Realismus, der die Welt einmal verwandelt und überflogen hat, sind in diesem monströsen Alterswerk müde und erschöpft am Boden einer verplapperten Sonntagspredigt angekommen. Da, wo kein Vogel mehr singt, kein Pferdekopf stinkt und kein Mensch mehr Gefühle in Suppen verwandelt.

„Viel Geschrei und wenig Wolle." So hieß das einmal bei Fontane.

■ **Günter Grass:**
Ein weites Feld
Steidl Verlag, Göttingen 1995; 784 S., 49,80 DM

aus: Die Zeit, 25.8.95

Jörg Magenau

Geheimdienstdossier oder Doktorarbeit?

Selten ist ein Roman schon vor seinem Erscheinen so zerrissen worden wie Günter Grass' »Ein weites Feld«. Der »Spiegel« allegorisierte den Verriß gar: Auf dem Titelbild dieser Woche sieht man den Kritiker Reich-Ranicki den Grass-Roman auseinanderreißen. Die IG Medien demonstrierte daraufhin vor dem Hamburger Spiegel-Gebäude: wer Bücher zerreiße, betreibe die psychische Zerstörung von Autoren. Eine Farce. Richtig aber ist, daß in den bisher erschienenen Besprechungen »Ein weites Feld« stets politisch argumentiert wird. Die massive Kritik an der Art und Weise der Wiedervereinigung und an der Treuhand, die sich im Roman findet, wird zum Argument gegen das Werk. Reich-Ranicki wirft ihm vor, daß es keine »Wut und keine Bitterkeit, keinen Zorn und keine Empörung« gegenüber der DDR aufbiete. So wird der Streit zum Politikum und die Literaturkritik blamiert sich. Die folgende Besprechung – vor der allgemeinen Sturzflut der Verrisse geschrieben – versucht eine literarische Kritik der Werkes, über dessen reißenden Absatz man sich jetzt erst recht keine Sorgen zu machen braucht.

Die Marktforschung hat festgestellt: Der Trend geht zum dicken Buch. Lang anhaltende Identifikationsangebote sind gefragt, Untertauchen in phantasievoller Weiträumigkeit und ergiebige Erholung von der Langeweile des Alltags. Da kommt ein Werk mit dem fontaneschen Titel *Ein weites Feld* gerade recht. Seit Monaten schon wurde sein baldiges Erscheinen in den Feuilletons beraunt als *das* Ereignis des jährlich weiter nach vorn verlegten Bücherherbstes. Da nahe endlich der seit fünf Jahren so unablässig und schmerzlich vermißte Roman zur Wende. Ein Opus magnum! Ein Opus maximum zumindest! Und tatsächlich: das Ding ist dick. 784 Seiten. Es verspricht Brisanz, geht es doch, wie durch Flüsterpropaganda hinreichend publik, um das Thema Nummer eins: Literatur und Staatssicherheit und außerdem um nicht weniger als die »ganze« deutsche Geschichte. Und es ist von Günter Grass, wenn es nicht von Theodor Fontane ist – denn um den geht es auch. Ein sehr weites Feld also.

An Käufern wird es nicht mangeln. Aber wer hat die Geduld, es auch zu lesen? In der späten Mitte des Romans stößt man auf ein Verständnis heischendes Fontanezitat, als hätte der Autor den Lesergroll schon antizipiert: »Du beklagst Dich über meine Weitschweifigkeit. Die Weitschweifigkeit aber, die ich übe, hängt doch durchaus auch mit meinen literarischen Vorzügen zusammen. Ich behandle das Kleine mit derselben Liebe wie das Große ...« Ja, das waren einmal die Vorzüge von Günter Grass, der von seinem ersten Erfolg, der *Blechtrommel*, bis zu seinem letzten Roman *Unkenrufe*, stets eine Poetik pflegte, in der die große Geschichte gebrochen in der kleinen Perspektive des Alltags aufscheint. Das funktioniert, wenn das erzählte »Kleine« so opulent, phantasievoll, lebenskräftig und geschichtenreich funkelt wie in der *Blechtrommel*. Und wenn das »Große« darin eine neue, überraschende Brechung erfährt, die andere Erkenntnisse freisetzt als ein Geschichtsbuch.

In *Ein weites Feld* muß man sich auf gemächliche Spaziergänge zweier älterer Herren durch Berlin gefaßt machen, auf endlose Ruderpartien im Tiergarten und ereignisarme Ausflüge in die Mark Brandenburg, nach Hiddensee oder in die vom Tagebau verschlungene Landschaft bei Pritzen. Keine der Hauptpersonen dieses Alterswerks ist jünger als 50, außer der Enkelin des Helden – und die gerät im verzückten Blick des Großvaters zum vergoldeten Kitschbild rosiger Jugend. Die leise Erotik ihrer händchenhaltenden Vertraulichkeit ist alles, was von der einst derben, üppigen Sexualität in Grass' *Danziger Trilogie* übriggeblieben ist. Auch eine Ost-West-Hochzeit geht als nüchterne Familienfeier erotikfrei über die Bühne. Erwartungsgemäß scheitert die Ehe stellvertretend fürs große Ganze: »Man muß trennen, was nicht zusammengehört.« Selbstverständlich darf der in den Westen gegangene Sohn des Helden und Bruder der Braut nicht fehlen, um seinen DDR-Verwandten das Schuldbekenntnis abzuverlangen – bevor er selbst als Spion der Hardthöhe enttarnt zu werden droht. Ebenso zwingend vorgeschrieben ist in einem Wende-Roman der akademische Freund, der im Zuge der Abwicklung seinen Universitätsposten verliert und sich das Leben nimmt. Und dann geistern da noch wie verelendete Vampire ein paar ausgemergelte Dichter vom Prenzlauer Berg als Statisten durchs Geschehen, reuige Sünder im schwarzen Büßergewand.

Mag sein, daß die Wirklichkeit selbst die Klischees diktiert, so wie sie auch die äußeren Duftmarken vorschreibt, die in emblematischer Verdichtung Geschichte symbolisieren: von den obligaten Mauerspechten, den videoverewigten Sylvesterraketen am Brandenburger Tor und den berühmten Menschenschlangen vor den Banken bis zur unvermeidlichen Menge vor dem Reichstag, die zum Vollzug der Einheit die Nationalhymne singt. Aber wozu schreibt einer das in aller Breite auf, als hätten wir es nicht selbst miterlebt? Zielt er auf ein Publikum im 21. Jahrhundert, das alles längst vergessen hat? Arbeitet Günter Grass zielstrebig an Nachruhm und Unsterblichkeit? Oder handelt es sich schlicht um die Rache des Einheitsskeptikers, der seinen Lesern die Geduld abfordert, die sie in der Wirklichkeit nach 1989 nicht aufbringen wollten? Sein Erzähler plaudert es an einer Stelle aus: »Das Blatt soll neu gemischt werden – oder simpel gesagt: Es gefällt uns, Deutschlands Einheit ein wenig zu verzögern.« Wenn es das ist, so sei Grass der Spaß gegönnt. Lesen müßte man den Wälzer deshalb nicht. Aber es soll ja um die Stasi gehen, das war versprochen, und deshalb weiter im Text.

Zeitalter der Archive

Das zentrale Thema – Observation und Konspiration, Wissen und Macht – wird bereits in der Rahmenkonstruktion eingeführt: Der Erzähler stellt sich – wie könnte es im Gauck-Zeitalter anders sein – als Beschäftigter eines Archivs vor. Nachdem die Aktivisten der Geschichte abgedankt haben, übernahmen die Archivisten die Macht und das Mandat des Erzählens. Nach dem Ruin der fahnenflatternden Utopisten sind die Sammler von Vergangenheitspartikeln vorläufig die einzig verbliebenen Geschichtsarbeiter. In ihnen lebt der nahezu allwissende Erzähler noch einmal auf: als allwissendes Kollektiv. Folglich spricht Grass' Erzähler am liebsten im Plural: »Wir vom Archiv ...«.

Dieses Archiv ist zwar eine wissenschaftliche Einrichtung, damit beschäftigt, den Nachlaß Fontanes zu verwalten. Doch zugleich verfolgt der erzählende Archivar als lebendes Objekt seines Interesses das Fontane-Double Theo Wuttke, eine Art Reinkarnation des berühmten Neuruppiners und ebendort, auf den Tag genau hundert Jahre später, geboren. Wuttke, genannt Fonty, ist ein alternder, einigermaßen erfolgloser Schriftsteller und einstiger Kulturbundvortragreisender in Sachen Fontane. Doch weil er nichts tut, als Fontane zu zitieren und dessen Leben nachzustellen, werden alle seine Schritte und Äußerungen pflichtschuldigst registriert, gesammelt und archiviert.

Der Erzähler, »von Berufs wegen hellhörig«, ist über jeden Zweifel am eigenen Tun erhaben, steht er doch im Dienst der Wissenschaft. Er spricht mit Fontys Frau und Tochter (die wie die des großen Vorbilds Emilie und Martha heißen) oder hockt zusammen mit seinen Archiv-Kollegen im Wald und in den Dünen verborgen, um Fontys Spaziergänge zu belauschen: die deutsche Redewendung von den »lauschigen Plätzchen« gewinnt eine neue Dimension. Da ist es auch nicht verwunderlich, daß das wissenschaftliche Archiv unter Kontrolle des Geheimdienstagenten Hoftaller steht.

Observation erscheint damit von vornherein in einem neuen Kontext: nicht bloß als unappetitliche Spitzelei, sondern als gewöhnliche Wissenschaft. Die Grenzen sind nur schwer zu ziehen, geht es doch bei beiden Tätigkeiten darum, Wissen zu schaffen. Für den Spitzel ist das keine Frage der Moral, sondern des Berufsethos, des Willens zur Information. Kein Zweifel: Der Roman ist zu lesen als akribisches Geheimdienstdossier und zugleich als wissenschaftliche Doktorarbeit, zusammengetragen mit der Sammelleidenschaft eines Eichhörnchens.

Vielleicht liegt darin auch der tiefere Grund der Weitschweifigkeit. Sowohl Zettelkästen als auch Stasiakten sind bekanntlich kein allzu munterer Lesestoff. Da wird manche Belanglosigkeit gleich mehrfach aus unterschiedlicher Perspektive erzählt, etwa dann, wenn den Berichten über Fonty noch die Kommentare seiner Frau beigefügt sind, die sich inhaltlich kein bißchen, stilistisch aber dadurch unterscheiden, daß Emmi heftig berlinert. Das entspricht ganz der traditionellen Rollenverteilung, nach der die Frau nichts Eigenes zu sagen hat, sondern fürs Gemüt zuständig ist – und das spricht gerne dialektal. Immerhin schreibt der Erzähler besser als manche Stasi-Leute – er ist ja an Fontane geschult. Und so läßt sich sein Bericht auch als Hommage auf Fontane lesen, als stilistische Mimikry und als Maskenspiel: Man könnte glauben, nicht Günter Grass, sondern Theodor Fontane habe ihm die Feder geführt. Aber vielleicht hat Grass schon immer wie Fontane geschrieben, und wir haben es bloß nicht bemerkt.

Mimikry

Schaut man genau hin, dann gleicht Fonty nicht nur Fontane, sondern auch dem Autor bis auf die Schnurrbartspitze: »Nicht etwa wilhelminisch gezwirbelt, kaum gebürstet hing ihm der Schnauzbart über die Oberlippe hinweg und verdeckte mit den Mundwinkeln deren häufiges, weil nervöses Zucken.« Und wem Fonty nicht grassisch genug ist, der kann den Autor auch leibhaftig durchs Romangeschehen stolpern sehen. So wie Hitchcock seine Filme durch einen Kurzauftritt signiert, hält es auch Grass. Er erscheint zusammen mit seiner Frau als Touristenpaar, das knipsend und lärmend das Fontanedenkmal in Neuruppin umkreist, scheinbar ohne zu bemerken, daß da oben, neben Fontane, Fonty sitzt und einen Vortrag über Literatur und Zensur halten will – eine der zentralen Stellen des Romans. Damit keine Zweifel an seiner Identität aufkommen, wird dieser Tourist mit Baskenmütze und Pfeife ausgestattet und spricht in einem – wie der Erzähler notiert – auf Vorpommern verweisenden Dialekt.

Grass macht sich an dieser Stelle einen Spaß daraus, die Handlung zu »stören«. Ach, hätte er es doch konsequenter getan. Hätte er sich doch stärker eingemischt und nicht alles seinem fontanisierenden Erzähler überlassen. Hätte er seine Romanfiguren nicht dazu mißbraucht, in langen Dialogen kritische Kommentare zum Einheitsprozeß geben zu müssen. Das klingt stellenweise, als müßten sie Text aus Grass-Essays aufsagen. »Ob ein Staat besser ist, als zwei waren, wird sich erst noch zeigen müssen«, heißt es dann. Oder, über die Währungsunion: »Ach das viele Geld und noch viel mehr Geld – Geld war ja da; nur Geld war da – brachte nicht den ersehnten Wohlstand, sondern zog sich, nachdem es rasch Konsumgelüste gestillt hatte, eilig in den Westen zurück, wo es, samt abgeschöpftem Gewinn, wieder auf Bankkonten ansässig wurde.« Das ist ja alles sehr richtig, und doch: Hätte Grass es gemacht wie Fonty, über dessen schriftstellernde Tätigkeit der Erzähler notiert: »Zuviel Material. Fonty strich mehr, als er stehen ließ.« – es hätte ein lesbarer Roman werden können.

Wendehals oder Haubentaucher

Das zentrale Figurenpaar, Theo Wuttke und sein »Tagundnachtschatten« Hoftaller, scheint aus Fernsehen, Literatur und Wirklichkeit bekannt. Erst vor wenigen Monaten schickte Volker Braun einen arbeitslosen Schriftsteller und einen abgewickelten Parteifunktionär räsonierend und nicht voneinander loskommend durch die Wendelandschaft Berlins. Sein Dialog *Der Wendehals* war ein satirisch knapper Kommentar zum Zeitgeschehen. Grass gibt diesem unzertrennlichen Paar epische Breite. Doch statt des *Wendehalses* kommt nun der *Haubentaucher* zu metaphorischen Ehren. Fonty sitzt gerne an einem kleinen Teich im Tiergarten und vergnügt sich an den »Kunststücken des Haubentauchers, der mal weg, mal da war, unverhofft, plötzlich, nach Lust und Laune, und nach jedem Auftauchen triumphierte seine elegante Frisur unbeschädigt.« So verhält sich auch Fonty selbst: nicht wendehälsisch, sondern indem er untertaucht, wenn ihm etwas zu nahe kommt. Sich wegducken ist ein besseres Prinzip, um durch die Strudel der Geschichte zu kommen, als genickbrechende Wendemanöver.

Auch Hoftaller ist kein Wendehals. Halb väterlicher Freund, halb Führungsoffizier, ewiger Agent der Info-Elite, weicht er nie von Fontys Seite. Hoftaller ist die Reinkarnation des Geheimdienstmannes Tallhover aus Hans Joachim Schädlichs 1986 nur in Westdeutschland erschienenem gleichnamigen Roman. Tallhover, geboren in der ersten Hälfte des 19. Jahrhunderts, überlebte bei Schädlich bruchlos alle Systeme, bis er sich, im Dienste der DDR, schließlich selbst zum Tode verurteilte. Grass schrieb damals über Schädlichs Roman in seinem Reportagenband *Zunge zeigen*: »Aus dieser Sicht werden hundert Jahre deutscher Geschichte zum Dauerfall, zur nicht abgeschlossenen, nicht abschließbaren Akte« und erhob Einwände gegen den »erfunden« anmutenden »beschlossenen Tod« des Helden: »Ich werde Schädlich schreiben: nein, Tallhover kann nicht sterben.«

Witzig und elegant, wie Grass die fiktionale Anleihe erzählerisch bewältigt, indem er seinem Hoftaller Schädlichs *Tallhover* ins Bücherregal stellt und ihn sagen läßt: »Ist schwierig, aber lesenswert. Stimmt im großen ganzen, nur nicht das Ende. Habe nie Todeswünsche geäußert. Hätte mit dem Autor gerne persönlichen Kontakt aufgenommen, aber das Objekt Schädlich zog es vor, uns, den Arbeiter- und Bauernstaat zu verlassen.« An anderer Stelle sieht man auf einem Bild den Stasimann Hoftaller ein Puzzle legen, auf dem das Adjektiv »schädlich« zu erkennen ist. So ist *Ein weites Feld* ein erzählerischer Einspruch gegen einen anderen Roman, ein Spiel mit der Fiktion, die ihr Material zugleich zu erkennen gibt.

Der IM als Opfer

So logisch und einleuchtend die Unsterblichkeit des Geheimdienstmannes, so gesucht wirkt die teils inszenierte, teils wahnwitzige, teils als genetisches Wunder präsentierte Doppelung Fonty/Fontane. Diese Konstruktion scheint allein der erzählerischen Notwendigkeit geschuldet, eine zweite Figur mit ähnlicher historischer Reichweite zur Verfügung zu haben – mit dem Erfolg, daß Grass Opfer dieses sehr schematischen Konzeptes wird und das Romankonvolut nicht mehr zu bändigen vermag. Denn nun darf Fonty nichts mehr erleben, das Fontane nicht so oder so ähnlich 100 Jahre früher schon einmal durchmachen mußte, sei es das Nervenfieber, die Arbeit an der Autobiographie oder Kriegserlebnisse. Dabei wäre Fontys Leben allein geschichtsträchtig genug, auch wenn es sich nur um einen einzigen Ort zentriert: das Gebäude in der Berliner Wilhelmstraße, das einst als Reichsluftfahrtministerium, später als Haus der Ministerien und schließlich als Treuhandgebäude Berühmtheit erlangte. Theo Wuttke ging hier als Soldat und Sonderberichterstatter aus dem Kriegsgebiet in Frankreich ein und aus – schon damals von Tallhover protegiert, der dafür sorgte, daß er nicht an die Front, sondern ins sichere Hinterland kommandiert wurde. Als Gegenleistung sollte Theo Wuttke die Stimmung in der Truppe erkunden und »weinerliche Kasinoabende auf Nebentöne abhören«.

Später arbeitet er hier als Aktenbote der DDR-Bürokratie. Im Paternoster, plakatives Symbol für ewiges Auf und Ab und Kreislauf der Geschichte, stellt sich Hoftaller an Fontys Seite, um Einblick in die Akten zu verlangen, eine jahrzehntelange Gewohnheit, die die beiden auch fortsetzen, nachdem Fonty von der Treuhand als Aktenbote übernommen wird. Was folgt, ist Treuhandkritik in Romanform. Die Einwände gegen eine staatliche Vereinigung als Treuhandstreich und ideenlose Verwaltungsaufgabe bündeln sich in der Figur des durchaus sympathischen Chefabwicklers, der – wohl im Unterschied zu seinem historischen Vorbild Rohwedder – weiß, daß er hier das Falsche tut, daß er bloß als Treuhandlanger der »regierenden Masse« in Bonn agiert. Nachts fährt er auf Rollschuhen durch die weiten Flure des Gebäudes und räsoniert mit Fonty in Vorahnung seines baldigen Todes. Da kann der Erzähler rückblickend den Schlaumeier markieren, als hätte er schon immer gewußt, daß der Treuhandchef ermordet werden würde – eine Besserwisserposition, die den Anschein der Authentizität der Erzählhaltung stört.

Während Fonty schließlich damit beauftragt wird, ein freundlicheres Wort für »Abwicklung« zu finden – Grass' satirische Einfälle sind leider oft allzu naheliegend – läßt Hoftaller brisante Akten verschwinden, auch belastendes Material über Fonty – etwa den Bericht, den er einst über die Premiere von Heiner Müllers »Umsiedlerin« verfaßt hatte. Die Stasi empfand die positive Einschätzung des Stücks zwar als Sabotage, immerhin scheute Fonty sich nicht, ihr Berichte zu liefern. Nicht nur aufgrund dieser Parallele erinnert Fontys Beziehung zu Hoftaller an den Fall Monika Maron, der Fall eines »kritischen« Stasiberichts, der scheinbar weniger kompromittiert, weil er gut geschrieben ist. Und so wie Maron sich – laut Aussage ihres hauptamtlichen Ansprechpartners – weinend verabschiedet haben soll, als die Stasi die Zusammenarbeit 1978 einstellte, so zählebig wie die Freundschaft des blinden Moderators Lutz Bertram zu seinem Führungsoffizier die Wende überdauerte – so changiert auch die Unzertrennlichkeit Fontys und Hoftallers zwischen Zuneigung und Überdruß, Gängelung und Gewohnheit, Erpressung und Freundschaft. Grass ist damit ein gültiges Bild der komplexen Beziehung Autor – Führungsoffizier gelungen, jenseits billiger Moralisierung, ohne Dämonisierung der Stasi – vielleicht ein bißchen zu einverständig aus der Großvaterperspektive, die die DDR als biedermeierliche Puppenstube erscheinen läßt.

Entlastung erhält Wuttke zudem durch sein ebenfalls kompromittiertes historisches Vorbild, denn – so deutet der Erzähler an –, Fontane war ins Zensurwesen verstrickt, als er für die preußische »Centralstelle für Presseangelegenheiten« arbeitete. Das ist die einzige Stelle, an der die mühsame Fontane-Konstruktion mehr ist als ein hölzernes Gerüst, das in erbitterter Konsequenz zusammengenagelt wurde. Die Selbstaufgabe der Autonomie des Autors, so zeigt Grass in der Verknüpfung Fonty/Fontane, sein Paktieren mit der Macht, ist nicht nur ein Thema unserer Tage. Der »Stasikontakt« ist bloß die besondere historische Erscheinungsform der Kooperation zwischen Autor und Staat. Ein Grund mehr, die Debatte mit etwas größerer Gelassenheit zu führen.

Wäre Wuttke eine Figur aus dem wirklichen Leben, würde er eines Montags mit großem Geschrei im *Spiegel* als IM entlarvt: also auch du, Wuttke. Und Fontane ginge es heutzutage nicht viel besser. Grass beschreibt seine Romanfigur dagegen eher als Opfer, als liebenswert skurrilen Schwächling, der sich aus einem Abhängigkeitsverhältnis nicht befreien kann. Als gelegentlich mutig, oft aber feig. Als durchaus willfährig und in keiner Hinsicht brauchbar für Legenden. Der behäbige Tonfall mag, auch wenn er stellenweise nur schwer zu ertragen ist, in einer Zeit seine Berechtigung haben, in der – wie es im Roman heißt – »Schriftsteller Schriftsteller an den Pranger stellten. Um nicht beschuldigt zu werden, beschuldigten sie. ... Eine Heilige wurde zur Staatshure erklärt, und jenem einst vor Schmerz schluchzenden Sänger glückte nur noch des Selbstgerechten Geschrei.« Grass will nicht schreien, sondern plaudern. Er verplaudert sich. Er will nicht spalten, sondern versöhnen. Das hat schon Johannes Rau als Wahlkampfmotto nichts genutzt. In *Ein weites Feld* ist die Gegenwart wie unter Spinnweben ruhiggestellt, die Figuren wirken blutarm und papieren. Im Archivstaub vergraben, verlieren auch kritische Spitzen ihre Schärfe.

Grass' konsequentes Eintreten für Christa Wolf war schon während der öffentlichen Schlacht um ihre Stasikontakte richtig. Es ist heute richtiger denn je, nachdem sich im pfleglichen Umgang der Öffentlichkeit mit Monika Maron – eine ähnlich gelagerte, aber viel spätere, und deshalb unverständlichere »Verstrickung« als die Christa Wolfs Ende der 50er – gezeigt hat, daß es nicht wirklich darum geht, was jemand getan hat, sondern allein um die künstlerische und politische Opportunität *heute*. Grass' Roman ist ein sympathischer Einspruch gegen staatsanwalthaftes Gebell. Die richtige Einstellung allerdings kann dieses allzu weite Feld auch nicht retten.

aus: Freitag, 25.8.95

Irrtümlich die erste Fassung gedruckt – oder?

784 Seiten Günter Grass. „Ein weites Feld" will vieles sein: Wenderoman, erzählte Zeitgeschichte, Fontane-Parodie. Harmloser, langweiliger hat Grass nie geschrieben.

Von Rüdiger Görner

Selten ist ein bedeutender Schriftsteller so gescheitert. Was sich in der zweiten Hälfte seines letzten Romans, „Unkenrufe" (1992), bereits abgezeichnet hat, entfaltet sich in Günter Grass' neuem Roman „Ein weites Feld" aufs peinlichste: Seine einst sprachmächtige Prosa zerfasert, wirkt betulich nostalgisierend, seine einst vor Einfällen sprudelnden Wortkaskaden sind zu einem stehenden Fluß geworden, über dem allenfalls noch Eintagsfliegen im fahlen Licht der Abenddämmerung surren.

Resignativer, harmloser, langweiliger als in diesem Roman hat Grass nie geschrieben.

Was sich da mühsam über beinahe 800 Seiten schleppt, will allzu vieles sein: Wenderoman, erzählte Zeitgeschichte und eine Fontane-Parodie. Das Ergebnis ist eine flaue Mixtur, ein Cocktail aus Fontane-Versatzstücken und Anleihen bei Hans Joachim Schädlich und dessen Roman „Tallhover" (1986), der von einem im 19. und 20. Jahrhundert zeitübergreifend tätigen Beschatter handelte. Bei Grass taucht er wieder auf, zuweilen als Tallhover, zumeist aber als Hoftaller, ein geborener Wendehals oder „Haubentaucher“, charakterlos, subaltern, auf verschlagene Weise einfältig. Er beschattet Theo Wuttke, den alle Welt auf Grund seiner Fontane-Besessenheit „Fonty“ nennt. Grass führt beide zunächst als zwei alte Mauerspechte ein, die sich so ihre Gedanken machen zum Fall des Honecker-Regimes. Aus ihnen hätte eine neudeutsche Version von Flauberts Bouvard und Pécuchet werden können, originelle Querköpfe; bei Grass gleichen sie Imitaten, Wachsfiguren.

Ominöse Stichworte fallen bereits im ersten Kapitel des Romans: „überdehntes Gedächtnis“, „Abschweifungen ins historische Feld“, „erstarrte Protestchiffren“. Das sind denn auch die Menetekel, die diese schwerfällige Komposition nicht mehr los wird. Man könnte natürlich behaupten, Grass habe Menschen zeigen wollen, die ihre Identität verloren haben: Wuttke, Kulturbund-Redner von einst, Aktenbote im Haus der Ministerien und Liebhaber von Paternostern, hat kein Eigenleben. Er spielt Fontane, lebt dessen Leben nach und zwingt sogar seine Familie, fontanehaft zu leben. Und Hoftaller ist nichts als ein Vehikel anonymer Staatsapparate.

Für eine geraffte, pointierte Erzählung hätte dieser Stoff ausgereicht. Statt dessen überfordert Grass sein Material, streckt es mit essayistischen Exkursen über Fontane und die Wende und die Neureichen vom Schlage der „Jenny Treibel“ aus den Gründerjahren. Fonty sieht wie der leibhaftige Fontane aus, Hoftaller wie das gähnende Nichts. Diese Charakteristika werden im Laufe des Romans bis zum Überdruß variiert; das Wiederholungsprinzip schläfert den Leser ein und bringt eine anfangs noch gewitzt wirkende Leitmotivtechnik völlig um ihre Wirkung.

Thomas Mann schrieb seinem Bruder Heinrich nach der Veröffentlichung des Romans „Jagd nach Liebe“, man könne nicht begreifen, wie er, Heinrich, es fertiggebracht habe, Vormittag um Vormittag mit diesem Machwerk zuzubringen. Man wundert sich tatsächlich auch im Falle dieses Romans, daß der Verfasser der „Blechtrommel“ und der „Hundejahre“, des „Treffens in Telgte“ und des „Butt“ dieser Müdigkeitsprosa nicht überdrüssig wurde, daß er diese sein „Weites Feld“ überwuchernde Langeweile selbst ertragen konnte. Nicht einmal anzüglich ist dieser Roman (mit Ausnahme der Widmung: „Für Ute, die es mit F. hat . . .“ – nun ja), nie auch nur ein bißchen ausfallend. Die Kritik an den deutschen Verhältnissen hat nichts Zubeißendes, dann und wann irrlichtert das Wort „Kanzler“ durch die Sätze. Es soll ein Reizwort sein, aber die Spitzen stoßen ins Leere.

Nur einmal, ein Kapitel lang, das 15., glaubt man sich an die Prosa des Könners Grass erinnert. „Weshalb die Braut weinte“, lautet der Abschnitt. Gemeint ist Wuttkes Tochter Martha (mit der er wie Fontane mit seiner Mete umgeht). Sie ehelicht den Westler Heinz Martin Grundmann, einen (natürlich) arrogant auftretenden Scheckbuch-Menschen. Doch nicht diese Trauung ist das Spektakuläre, sondern die Worte sind es, die der Pfarrer zu diesem Anlaß findet. Er schwört nämlich bei dieser Gelegenheit dem Glauben ab: „Ja, ich will ohne Glauben sein! Denn, liebe Gäste, wurde nicht hierzulande zu viel und zu lange geglaubt? War Glaube nicht wohlfeil wie eine Hure? Und ist nicht wiederum neuer Glaube – diesmal der Glaube an die Allmacht des Geldes – billig zu haben und doch hoch im Kurs? Laßt endlich Gott aus dem Spiel. Gott existiert nur im Zweifel. Entsagt ihm! Müde aller Anbetung, lebt er vom Nein. Ihn dürstet nach nichts. Längst hätte der Glaube Gott abgetötet und in ein schwarzes Loch gestürzt, wenn nicht des Zweiflers Ruf – ‚Es ist kein Gott‘ – ihm Stachel und Ansporn, Labsal und Manna gewesen wäre.“ Negative Theologie à la Grass. Immerhin beschert sie uns eine der wenigen zitierenswerten Stellen in diesem Roman.

Doch ja, es gibt noch ein paar Kauzigkeiten, die zu nennen sich lohnt. Wuttkes – sprich: Fontys – „Denkschrift zugunsten des Paternosters" etwa, oder seine Wortspitzfindigkeiten, im altpreußischen Abbreviaturton vorgetragen: „Schlage an Stelle von abwikkeln das Wort umtopfen vor. Raus aus dem volkseigenen, rein in den privaten Topf."

Eine Spur Verwirrung – nicht Spannung – entsteht gegen Schluß, wenn wir von Wuttkes Soldatenjahren in Frankreich erfahren, die ihn hautnah mit der Résistance in Berührung gebracht haben. Die Frucht dieser im Nebulösen belassenen Liaison des jungen Wuttke taucht in der zweiten Generation als „Enkelin" Madeleine auf, eine Dea ex machina, die ihren fontaneschen Großpapa künftig umsorgen wird, und zwar in Frankreich. Wuttkes Gattin und Tochter, dank des Westler-Schwiegersohns zu Neureichen avanciert, leisten gegen diese usurpatorisch veranlagte Enkelin keinen Widerstand.

Am Ende bleibt von Fonty noch eine Postkarte, auf der er Fontane zu korrigieren wagt: „Übrigens täuschte sich Briest; ich jedenfalls sehe dem Feld ein Ende ab . . .", schrieb's (zur Erleichterung der Leser) und begab sich in die umsorgende Obhut von la petite Madeleine. Mehr war nicht. Nein, zur Schadenfreude über dieses in epischer Überlänge ausgebreitete Scheitern des Günter Grass besteht kein Anlaß. Eher stimmt es traurig, diesen Autor sich so vergreifen zu sehen. Aus Grass kann kein Fontane des vereinigten Deutschland werden. Sein „Weites Feld" ist ein bloßes Fontane-Sammelsurium geworden, ohne die Gewitztheit des alten Neuruppiners und ohne dessen Causeur-Kunst. Grass ist sich mit diesem Roman gründlich untreu geworden. Seine Prosasätze verfügen nur noch über die Schärfe gezogener Zähne.

Es wäre grotesk, auf Grund dieser novellistischen Fehlleistung einen Klagegesang über das Ende des Romans anstimmen zu wollen. Diese Kunst blüht derzeit (wenngleich zumeist außerhalb des deutschsprachigen Literaturgeländes) wie schon lange nicht mehr. In heimischen Gefilden gedeihen derzeit verstärkt Essays und Gedichte, wenngleich die Verleger dies kaum zur Kenntnis nehmen. Nun gebe ich zu, daß ich Grass' Roman tatsächlich zunächst wie eine Parodie auf die große Romankunst der Vergangenheit und Gegenwart gelesen habe. So unwahrscheinlich kam es mir vor, daß Grass dermaßen belanglos schreiben könnte. Dann wieder hatte es den Anschein, als handele es sich bei diesem Vorausexemplar, das für Rezensenten zusammengeleimt wurde, irrtümlich um eine erste, noch zu kürzende Fassung. Auch daß der Erstverkaufstag der 28. August (nein, nicht Fontanes, sondern Goethes Geburtstag) sein sollte, glich einem parodistischen Gag. Aber nein, es hat mit allem seine Richtigkeit: Diese Endlosprosa ist der neue Grass. Sein nächster Roman dürfte wohl im Goethe-Jahr 1999 zu Fontanes Geburtstag vorliegen.

Gleichzeitig mit dem „Weiten Feld" ist der Essayband „Die Deutschen und ihre Dichter" von Grass erschienen, der verschiedene Textarten zusammenfaßt, Versuche, Polemiken, Briefe, Laudationes, Gedichte, die zwischen 1960 und 1994 entstanden sind. In diesen Texten, Brosamen eigentlich, haben wir ihn freilich noch einmal vor uns, den prägnanten, wagemutigen Günter Grass, den unermüdlichen Aufklärer mit spitzer Feder, den subtil würdigenden Schriftsteller (noch immer ein Genuß, seinen Versuch über Döblin zu lesen), den politischen Diaristen und feinfühligen Nekrologen (Gedicht über Bachmann, Nachrufe auf Johnson und Frisch), den bewegenden Briefeschreiber (Brief an Christa Wolf vom 9. Februar 1993, in dem er sie bittet, nicht zur „Emigrantin" zu werden – trotz der Kampagne gegen ihre Erzählung „Was bleibt") und den Anwalt der

Zivilcourage (Rede zum dritten Jahrestag der Morddrohung gegen Salman Rushdie).

Dieser Essayband bringt auch einen Auszug aus der Reisereportage „Zunge zeigen" (1988), der Grass' Beschäftigung mit Schädlichs „Tallhover"-Roman dokumentiert und seine später offenbar obsessiv gewordene Begeisterung für Fontane, der Döblin als Hausgott von Grass abgelöst hat. In Indien also dürfte in Grass der Plan entstanden sein, Schädlichs Tallhover mit etwas Fontaneschem zusammenzubringen, im Land des Glaubens an die Seelenwanderung. Doch was er dann schließlich über sein „Weites Feld" hat geistern lassen, war nur noch das Gespenst seines einstigen novellistischen Könnens. □

aus: Die Presse, 26.8.95

Ein zu weites Feld

Der Fontane-Forscher Helmuth Nürnberger über Günter Grass' 781 Seiten lange Aufarbeitung der deutschen Geschichte

HAMBURG. Eine glänzende Idee, sicherlich. Und mit Witz, Überblick und ausgekochter Schreibkunst ins Werk gesetzt, die die Sentimentalität scheut wie der Teufel das Weihwasser, so daß keinen Augenblick zu befürchten steht, hier würde eine der althergebrachten fiktiven Lebensbeschreibungen um Künstlers Leid und Lust vorgeführt. Hier soll kein Individuum überhöht, kein Schaffensprozeß legendenhaft verklärt werden.

Vielmehr geht es um die deutsche Geschichte, schlichter gesagt, um menschliche Erfahrung in den Wechselfällen der Zeit, an denen unsere Epoche so reich ist. So erfindet Grass seinen Theo Wuttke, den er am 30. Dezember 1919 — also auf den Tag hundert Jahre nach Fontanes Geburt — in Neuruppin zur Welt kommen läßt und mit einer gleichsam Fontaneschen Biographie ausstattet. Ermöglicht wird dies durch Wuttkes immer perfektere Fontane-Kennerschaft, die ihm in verschiedenen Lebenslagen, nicht zuletzt in Berührung mit den herrschenden politischen Systemen, Möglichkeiten der Identifikation eröffnet. Fontane wird auf diese Weise zu einer exemplari-

schen Figur, die zwar selbst niemals auftritt, aber in Zitaten, Anspielungen und deutlichen Übereinstimmungen jederzeit gegenwärtig ist. Die Brüche seiner Biographie werden einsichtig aus der Erfahrung unserer Zeit. Der vom Schicksal gebeutelte Wuttke, eine Art Theo Normalverbraucher, der sich in die Literatur verirrt hat, erweist sich als Widergänge, in dem sich der Leser seinerseits erkennen kann, besonders wenn er, wie Wuttke, ein Bürger der DDR gewesen ist. Bereits Biermann hat in seiner Nachbildung des Heineschen „Wintermärchens" den kargen Ost-Staat in gewisser Weise als Nachfolger Preußens gesehen.

Mehr noch: Unschwer ließ sich das Jahr 1889, ein Wendejahr in der Biographie Fontanes (70. Geburtstag; Ausscheiden aus der „Vossischen Zeitung"; endgültig „freier" Schriftsteller, der die großen Romane des letzten Lebensjahrzehnts schreiben wird), in Beziehung setzen zum Jahr der Wiedervereinigung hundert Jahre später. Eine „Wende" erfährt in Grass Erzählung aber noch die andere Hauptfigur des Romans: das ist Hoftaller, der — eine zweite Anleihe des Autors, diesmal bei der Gegenwartsliteratur — seinen Namen Hans-Joachim Schädlichs Roman „Tallhover" (1986) verdankt. Schädlich hat in seinem Tallhover, einem alterslosen Beamten der politischen Polizei zwischen dem Vormärz und der Ära Ulbricht, gleichsam die Figur des ewigen Spitzels geschaffen. Grass stellt Hoftaller, den „Spezialisten für Systemwechsel", der 1989 bereits neue Auftraggeber wittert, Wuttke als „Tagundnachtschatten" zur Seite.

Erneuerung des immer Gleichen? Oder doch ein Lernprozeß? Zu den irritierenden Erfahrungen des gegenwärtigen Europa zählt nicht zuletzt die Wiederkehr bereits durchlebter, aber nur scheinbar überwundener Erfahrungen und Phänomene. Und wie steht es mit den (wirklich oder vermeintlichen) Wiederholungen auf Irrwegen deutscher Geschichte? So recht weiß der Erzähler des Romans es selbst nicht, wie sollte er auch. Es ist schwer, aus Geschichte zu lernen. Philologisch betrachtet, ist das Buch mit großer Sachkenntnis geschrieben. Die Spezialforscher, die interpretationsmächtigen Germanisten, die im Verdacht stehen — selbstverständlich völlig grundlos —, das Vergnügen an der Literatur zu reduzieren, werden wenig auszusetzen finden. Gewiß, einige zählebige Meinungsklischees, etwas das von dem mangelnden Verständnis Emilie Fontanes für die Kunst ihres Mannes, wie es Gerhart Hauptmann und nicht zuletzt der Dichter selbst mitverschuldet haben, behaupten sich auch in Grass' Vorstellung oder werden von ihm unbedenklich benutzt. Die komische Wirkung solcher Verkennung auf Spätere ist garantiert. Auch wird gelegentlich in etwas durchsichtiger Weise aktualisiert, obschon gewiß nicht aus Naivität. Grass — um es zu wiederholen — kennt die vielschichtige Stoffwelt des Fontaneschen Werkes, besonders natürlich auch die Briefe, deren künstlerische Selbstaussagen mit spürbarem Interesse zitiert werden. Man kann sich ausmalen, wie das Spiel der Einfälle, das den Roman lebendig erhält, in Gang kam und sich fortsetzte, bis hin zu dem letzten: Theo Wuttke nicht sterben (das war ja auch noch zu früh!), sondern mit „La petite" in eine menschenleere Gegend in Frankreich entschwinden zu lassen. Fontane, soviel scheint gewiß, liebte seine jugendlichen Heldinnen. Passionierte Leser(-innen), der erfahrene Lektor Helmit Frielinghaus mögen Grass bei seinen Recherchen unterstützt haben. Er hat das Buch seiner Frau gewidmet („Für Ute, die es mit F. hat ..."), von deren Fontane-Lektüre wir bereits seit der gemeinsamen Indien-Reise des Paares unterrichtet sind. Oft verrät er ein ausgesprochenes Insider-Wissen, beschreibt die Gründung der Fontane-Gesellschaft und ähnliches. Er schaltet einen Fachmann als Erzähler ein. Daher beginnt der Roman mit dem Satz: „Wir vom Archiv nannten ihn Fonty."

Ein vorzüglicher Auftakt. Fontane selbst, der, wie viele seinesgleichen, auf erste Sätze schwor, müßte zufrieden sein. Das Ärgernis, das einigen neueren, schnell aus zweiter Hand geschriebenen Lebensdarstellungen des in Mode gekommenen Autors für den Liebhaber anhaftet: daß sie nämlich alles durcheinanderbringen, wenn es sich nur vermeintlich gut liest, tritt also bei Grass nicht einen Augenblick in Erscheinung. Tatsächlich benötigt er genaues Wissen auch aus einem ganz speziellen Grunde: Um die Verknüpfungen zwischen der Biographie Fontanes und seines Theo Wuttkes, zwischen dem vergangenen und dem gegenwärtigen Jahrhundert glaubhaft herzustellen, bedarf es vieler kleiner Aufhänger aus wirklichen und vermeintlichen Entsprechungen, die sich nicht durch intuitive Einfühlung, sondern nur durch die Kenntnis der Fakten gewinnen lassen.

Da beginnen nun aber auch die Schwierigkeiten. Wie jeder Gegenwartsroman darf „Ein weites Feld" die alltägliche Gegenwart als selbstverständlich voraussetzen. Grass' Roman (Startauflage 100 000 Exemplare!) erfordert aber darüber hinaus, sollen seine besten Effekte zur Geltung kommen, Vertrautheit mit Fontanes Biographie und Werk. Nun ist der französische Märker wohl einer der wenigen älteren deutschen

Schriftsteller, die auch wirklich gelesen werden und zumindest in seinen Hauptwerken geradezu populär. Der Leser wird sich also des „Archibald Douglas" sowie Fontanes Schottland-Begeisterung erinnern und sein Vergnügen daran haben, daß Theo Wuttke seinen 70. Geburtstag bei McDonald feiert und daß nicht, wie in „Jenseits des Tweed", von Lachs-Forellen aus dem Kinross-See, sondern von Spezialitäten wie Chicken McNuggets, Hamburger Royal TS, McRib und dem doppelstöckigen Big-Mac die Rede ist. Anderes aber ist (durchaus zum Vorteil des Ganzen) weniger drastisch-eingängig. Die „Fußnotensklaven" (Grass) werden eines Tages eine kommentierte Ausgabe des Romans herzustellen haben ... Das ist nicht als Einwand gegen seine Kunstfertigkeit gemeint. Die „Blechtrommel" aber, mit der er in der Werbung vorschnell verglichen wurde, war da doch von anderer Beschaffenheit.

Siebenhunderteinundachtzig Seiten wollen gefüllt sein. Zuweilen führt der Wälzer nicht nur dem Schauplatz nach durch märkischen Sand. Herzerwärmendes (so verschmelzen Mathilde von Rohr und die ehrwürdige Nestorin der Fontane-Forschung zu einer Person und Beichtmutter) wechselt mit Banalem, Gegenwartsunlust mit geschichtlichen Absurditäten. So läßt Grass seinen Theo Wuttke, der ambivalenten Beziehungen Fontanes zum preußischen Adel eingedenk, in Vorbereitung des 20. Juni mit dem Feldmarschall von Witzleben und anderen Teilnehmern der Verschwörung gegen Hitler korrespondieren. Das ist starker Toback, halten zu Gnaden. Hübsch erfunden sind doe Episoden um Wuttkes illegitimes Enkelkind Madeleine, die bereits genannte „La petite", womit natürlich ebenfalls auf Fontanes Biographie angespielt istDaß es eine solche Enkelin in anderer Weise, als Grass vermuten konnte, tatsächlich gegeben hat, gehört noch zu den unveröffentlichten Ergebnissen der Fontane-Forschung. So durfte in diesem Fall die Phantasie unwissend ihre bunten Flügel entfalten.

Überall sonst — und es kann nicht anders sein — ist es Grass, der auf jene Verklärung verzichtet, die der Fontaneschen Kunst in einer schönen Weise zu eigen ist. Hier stößt die Erzählung an eine letzte, unverrückbare Grenze. „Der Unsterbliche" — wie der Erzähler seinen Dichter ironisch-liebevoll nennt — erweist sich für die nachschaffende Bemühung als zuletzt unerreichbar, sein Tonfall als unwiederholbar. Grass hat, mit des alten Briest Worten, „ein weites Feld" beschrieben. Aber wie lauten doch die letzten Worte Briests im Roman: „Ach, Luise laß ... das ist ein *zu* weites Feld."

Was also bleibt?

Ein glänzender Einfall. Kein großer Roman, aber ein kluges, menschliches Buch.

HELMUTH NÜRNBERGER

aus: Flensburger Tageblatt, 26.8.95

„Wie aus der Zeit gefallen: zwei alte Männer"

Günter Grass und sein „Weites Feld" oder Archivberichte aus der Gründerzeit der Berliner Republik

Von Wolfram Schütte

Am Anfang stand eine private Eifersuchtsvision, die der Autor öffentlich gemacht und nun in einer Begleitbroschüre zur Ankündigung seines neuen Romans noch einmal publiziert hat. Grass, mit seiner Frau Ute 1986/87 nach Kalkutta entwichen — die Verrisse *Der Rättin* („Für Ute") hatten ihn dazu provoziert —, „träumte" in Bengalen: „Ute und der alte Fontane unterm Birnbaum in unserem Garten. Und mich träumte ich hinterm geschlossenen Fenster, entrückt, aber doch nah genug, um zu begreifen: Da ist was, da tut sich was, und zwar schon seit Jahren. Sie hat was mit dem vielzitierten Kollegen von dir, ein Verhältnis, in dem du nicht vorkommst... Das alles träumt mir, aber der feste Vorsatz auch, nicht das Fenster aufzureißen und Schluß! zu rufen, nicht in den Garten wie hin zum Tatort zu laufen, sondern ein Glas aus der Küche zu greifen, im Vorbeigehn einen Stuhl mitzunehmen und mich den beiden und ihrer Vertrautheit (auf einer Bank) hinzuzuzählen, damit wir fortan unsere Liebe zu dritt..."

„Für Ute, die es mit F. hat..." lautet die Widmung des sieben Jahre später publizierten Romans *Ein weites Feld* — wohl auch privat? Dem geträumten und öffentlich gemachten Voyeurs-Notat eines schon seit Jahren währenden literarischen Treue- & Ehebruchs folgte nicht der „Schluß!"-Ruf des Eifersüchtigen. Der von den literarischen Vorlieben seiner Frau Gehörnte träumt, sich der Vertrautheit der beiden zu einer menage à trois „hinzuzuzählen". Nun hat er sich hinzu*erzählt*, indem er sich in den geliebten Alten (oder den Geliebten, den Alten ?) ganz und gar *hinein*erzählt hat: „Für Ute, die es mit F. hat" (immer noch?) — und mit G. G., der ihr seinen Fontane-Roman schrieb. (Damit sie nicht mehr fremdgehen muß?)

Auf dem geographisch und zeitlich weit entfernten Vorfeld des Romans findet sich noch ein zweites Motiv, das ihn tiefgreifend prädestinierte. Nicht nur der Calvinist „Fontane gehörte jetzt dazu" (in Kalkutta bei Einkäufen und Besichtigungen: als allgegenwärtiger Schatten); auch der von dem zeitgenössischen Kollegen Schädlich als Umbruchexemplar Grass mit auf die Reise gegebene Roman *Tallhover* begleitet ihn auf der Flucht aus Deutschland (wie Fontane die verehelichte *Stechlin*-Leserin).

„Ein Buch", notierte Grass damals zu *Tallhover*, „das auswegslos seinem Grundeinfall folgt: Der schier unsterbliche Agent, Spitzel, Geheimdienstmann überlebt alle Systeme... Aus dieser Sicht werden hundert Jahre deutscher Geschichte zum Dauerfall, zur nicht abgeschlossenen, nicht abzuschließenden Akte... Systemwechsel als fließende Übergänge in Geheimdossiers... Der Leser kann sich selbst in den Geschichtsverlauf und dessen Aktenordnung einfädeln oder als Ablage begraben." Grass mißfällt jedoch, daß Schädlich seinen Helden zum Selbstmord verführt: „Ich werde Schädlich schreiben: nein, Tallhover kann nicht sterben" — schon gar nicht kurz nach dem 17.Juni 1953. Denn, was weder Grass noch der DDR-Flüchtling Schädlich 1987 wissen konnten: die „Tallhovers" wurden ja geradezu seit damals „massenhaft" gebraucht, was erst im Augenblick ihres Falls zwei Jahre später als DDR-„Weltniveau" ihrer Stasi offenbar wurde.

„Systemwechsel als fließende Übergänge in Geheimdossiers": für den Skeptiker der „überstürzt vollzogen deutschen Einheit" mit seinen fortgesetzten Unkenrufen eines falschen deutschen Lastenausgleichs, bei dem der deutsche Westen den Osten schluckt und sich dabei den Magen verderben wird —: für den öffentlichen Zeitkritiker Grass ordnet sich die deutsche Misere um diesen Satz von 1987; und der rechtzeitig Heimgekehrte breitet den „Dauerfall" einer mehr als hundertjährigen deutschen Geschichte nun in seinem *Weiten Feld* weiträumig aus: indem er Fontane (als Fonty) und Schädlichs Tallhover (als Hoftaller) zu einer „miteinander verwachsenen Doppelgestalt" in der unmittelbaren „Wendezeit" (89/90) geografisch kreuz & quer durch Berlin und die vergehende DDR sich bewegen läßt; und zeitlich von der unmittelbaren Gegenwart in die deutsche Vergangenheit des 19. Jahrhunderts Fontanes sich zurückbuchstabiert: „Vergegenkunft", wie Grass derlei Zeitchangement einmal nannte — auf Fontane-Spuren an Gegenwartsorten.

Theodor Fontanes Leben & Werk, Herkunft, Reisen, Wohnung, dessen Meinungen und Ansichten zur Zeit (vornehmlich in den Tausenden von Briefen dieser Plaudertasche) sind ihm dabei Stecken und Stab für Nach-Erzählwanderungen von den hugenottischen Vorfahren bis zur Treuhand, vom Geburtsort Neuruppin bis zum finalen Verschwinden Fontys in den Cevennen. Denn „Fonty", der genau 100 Jahre nach Fontane in dessen Geburtstort 1919 zur Welt gekommene Theo Wutke, ist ein schrullig-ironischer Widergänger, der sich von Kind auf dem großen Vorgänger bis ins Aussehen und die Schrift „abgekupfert" hat — wie Grass, beim Gang über sein *Weites Feld* nicht ohne H.-H. Reuters und Charlotte Jolles' Fontane-Arbeiten weitergekommen wäre. Sie sind die mehrfach genannten Paten seines Romans.

Und Hoftaller alias *Tallhover*, Fontys „Tagundnachtschatten", den er als seinen „altvertrauten Kumpan" anredet — gelegentlich tritt er als der (Havannas rauchende) stinkende „Schwefelgelbe" (sowohl Bismark als auch Teufel) auf oder als Schutzengel Fontys —, ist „das Gedächtnis in Person": der systemübergreifende, staatsbedienstete Geheimaufklärer, der die Sünden der menschlichen Welt archiviert hat: ursprünglich made between Germany (east & west) by Hans-Joachim Schädlich.

Dieses komische Paar („lang und schmal neben breit und kurz"), erkennbar zwischen Don Quichote & Sancho Pansa, Pat & Patachon, Oliver & Hardy, ja sogar grotesk verzerrt zwischen Faust & Mephisto situiert, läßt Günter Grass in seinem Roman die Bühne der Fiktion betreten — die Bühne für Scherenschnitte, Bilderbögen, malerische Stilleben, hingeworfene Skizzen und kinematographisch festgehaltene Figurationen in einem der merkwürdigsten Romane der deutschen Literaturgeschichte. Man wird an des späten

Heinrich Manns *Atem* und *Empfang bei der Welt* erinnert — symbolische Reminiszensen des Alten Europas —, denen der Bruder Thomas „Greisenavantgardismus" zugesprochen hatte. Unverkennbar ein Alterswerk ist der jüngste Roman von Günter Grass auch.

★

Sein *Weites Feld* ist mindestens so „unpraktisch und sperrig" wie das von Grass so genannte „hübsche Geschenk" des „größer gewordenen Vaterlands", dessen gegenwartshistorisierenden Darstellung, Kritik und geschichtlichen Stellung der Roman sich mit Haut & Haar verschrieben hat; und dessen *artistischer Widerrede* er sich verdankt. Mit deren immanenter ästhetischer Stringenz steht und fällt er.

Dem Vorwurf, sich leitartikelnd hinter seinen kopfgebürtigen seltsamen Helden zu verstecken, wird Grass sowenig entgehen wie früher Peter Weiss der Invektive, mit der *Ästhetik des Widerstands* einen zwar häretischen, dennoch aber weitgefaßten Lehrgang der kommunistischen Bewegung geschrieben zu haben. Zu sehr decken sich nämlich die im *Weiten Feld* versammelten, auf alle Personen versträuselten Ansichten, Meinungen und Stellungnamen zur deutschen Gegenwart, dem „Abwickeln", „Evaluieren" und „Plattmachen" der ehemaligen DDR mit den bekannten Äußerungen des Zeitgenossen Grass. Und weil sie neben abwägender Zustimmung häufiger Kopfschütteln, Ärger und Zorn provozierten und auf der ganzen Linie pessimistisch allen Hoffnungen auf die bekannten „blühenden Landschaften", auf Einigkeit und Freiheit widersprechen, stehen sie einer *literarischen Lektüre* des Romans sperrig entgegen. Und weil der „unsterbliche" Dichter und der unsterbliche Spitzel in einer ewigen deutschen Kumpanei von Grass gezeigt werden, die beim gegenseitigen Abschied auch noch in einer Umarmung terminiert, dürfte Grass allein schon deswegen das Gebell der Wachhunde moralistischer Trennschärfe entgegenschlagen — ganz zu schweigen vom literarischen Biographen *Tallhovers*, der seine mythische Figur nicht nur ent-, sondern auch gewendet sehen dürfte: zum Nothelfer seines Opfers.

Mutmaßlich ging es manchen zeitgenössischen *Stechlin*-Lesern ähnlich — mit Fonates kritischen Abgesang auf das alte Preußen, bei dem soviele Tabus der Zeit verletzt wurden. Aber gesetzt, das *Weite Feld* sei Grassens *Stechlin*, also eine Summe von Werk & Zeit & Person — so hatte der späte Fontane noch den hoffnungsvollen Ausblick auf den „vierten Stand"; Grass aber, bei seinem Berlin-deutschem Wendepanorama, kann nur noch, nachdem er mit Fontane-Blick auf die '89/90 wiederholte falsche Gründerzeit geblickt und zuletzt das Treuhandschlamassel aufgetischt hat, seine „aus der Zeit gefallenen zwei alten Männer", das literarisch-geheimdienstliche Kommentatorengespann, *hoffnungslos* verschwinden lassen: den einen nach Südamerika (Kuba oder Miami?), den anderen bei den Nachfahren seiner hugenottischen Vorfahren in den Cevennen. Kein Ort für Utopien, nirgends. Und wenn Fonty das letzte Wort hat („Übrigens täuschte sich Briest; ich jedenfalls sehe dem Feld ein Ende ab..."), dann dürfte auf das eigene Ende anspielen, den Tod.

★

Ein weites Feld nicht als ein weiteres Feld Grass'scher *Zeitpolemik* sondern als den historischen *Roman* der Gegenwart und die Vergegenwärtigung deutscher Historie zu lesen, heißt jedoch, an ihm den vollzogenen Übergang vom „barocken Fabulierer" im Zeichen Grimmelshausens zum entschiedenen *Manieristen* zu konstatieren. Mit der die „Gruppe 47" um Hans Werner Richter zum *Treffen in Telgte* allegorisierenden Erzählung von 1979 hat ästhetisch das *Weite Feld* seine nächste Verwandschaft: als changierender Doppelblick, als jetztzeitliche Verspiegelung von 1889 & 1989.

Der Zugriff des Manieristen Grass hat Konsequenzen, deren anti- oder a-realistischer Gestus allen Liebhabern „realistischen Erzählens" wider den Strich gehen. Sie säßen einem Mißverständnis auf, erwarteten sie eine *Blechtrommel (II)* made in Gesamtgermany. Denn es wird hier weniger *erzählt*, als daß die Beschreibungsvorgänge *beschrieben* würden, aus denen sich der Roman herstellt: als Bild gewordene Montage historischer und zeitgenössischer Zitate. Kein „allwissender Erzähler" waltet im *Weiten Feld* souverän seines gottgleichen Amtes; er verbirgt sich hinter dem „Kollektiv des (Fontane-) Archivs", das „Blatt um Blatt" füllt, um den „ganz gestrigen, von Liebermanns Hand gezeichneten Greis" sich beschwörend „nahe zu rücken", nachdem er endgültig entschwunden ist.

Der Verweis auf Liebermanns Porträt ist signifikant für die literarische *maniera* des Buchs der Aus- & Abschweifungen: das Beschreiben-Erzählte stammt aus zweiter Hand, die sich „vergegenkünftig" an bekanntem zeitgeschichtlichen und historischem Material entlangschreibt; Zitat und Montage, archivarische Pedanterie und Transparenz auf Leben und Werk Fontanes sind Mittel und Voraussetzung, von der Folie des Historischen in die ironisch-parodistische Kopie der Gegenwart zu überblenden. Vexierspiel aus Rekonstruktion und Wiederholung im Fadenkreuz der Überwachung: das literarische Vergnügen. Der einstige Wirklichkeitsfresser käut hier bewußt wieder.

Daß *Ein weites Feld* deshalb erkennbar ein ausgepichtes „Kunstprodukt" ist, darf ihm keiner bei Strafe eigener ästhetischer Ignoranz abfällig nachrufen; denn sein „Künstliches" ist ihm künstlerische Voraussetzung, Absicht und: Form. Man kann ja schließlich einem Hochseilartisten nicht vorwerfen, daß er kein Bodenturner ist; oder Arcimboldo nicht, er sei kein Rubens. Grass, heißt das, baut seinen Roman aus versammelten Fertigteilen; seine Fiktion ist deren Konstruktion. Von Goethes *Faust* über Thomas Manns *Doktor Faustus* zum *Weiten Feld*: eine metaphysich ausgenüchterte Deutsche Doppelbiografie der Untertanen. „Fonty": das ist kein häßlicher Heinrich Mannscher Heßling, sondern ein liebenswerter Spinner; und der Mephisto Hoftaller: ein Taschendämon. Zusammen: die unheimlich harmonische Verwandtschaft von Dichtung und Überwachung.

Der Grassche Hochseilakt eines doppelstimmigen Gegen- & Nicht-Vergangenheitsromans sieht sich jedoch einem Dilemma gegenüber. Der Mythos, den er ihm zugrunde legt — nämlich Fontanes Leben & Werk als Vorwegnahme des Aktuellen —, ist (anders als die homerische *Odyssee* für den Joyce des Bloomsday-*Ulysses* oder Nietzsches Lebensgeschichte für Manns „Leverkühn") nicht kulturpräsent. Grass muß also ein Doppeltes im Roman schultern: die Konstituierung des historischen Modells Fontane *und* dessen aktueller Fonty-Variante. Literaturhistorische Didaktik und poetische Animation.

Schlüssig wird deshalb, daß die Aufgabe, den Roman als erinnerte Aufzeichnung zu schreiben, an das Kollektiv des Archivs delegiert werden mußte; dessen archivarliche Penibilität „rechtfertigt" denn auch die vielfachen Themen- und Motivwiederholungen auf doppelte Weise: durch berufsbedingte Pedanterie (humoristisch) und als Konstituierung eines durch Wiederholung erst existent werdenden Mythos (erzählimmanent). Was dem auf fortschreitende Neuinformation gedrillten Realismusleser im *Weiten Feld* wie ein fortgesetztes Recycling mehrfach zerkauter und zermalener Zitate, als Erzählredundanz erscheinen mag, hat in solcher Mythosbegründung seine humoristisch unterfütterte ästhetische Stimmigkeit. Freilich ist selbst langmütigen Lesern nicht endlos solche selbsreferentielle Geduld an „Kleinmalerei und Gedächtniskrümel" abzuverlangen: der Roman hat steinige Längen und dröhnende Überinstrumentierungen (z. B. im Rohwedder-Kapitel), die ihm negativ zu Buch schlagen.

Das „Archiv" als aktueller „Autor" des Romans *Ein weites Feld* ist aber auch deshalb das Zentrum dieses, in sich verspielten (& auch selbstverliebten) Romans der Komplexitäten & Komplizitäten, weil es — zuinnerst mit der Aktualität des Gegenwartsstoffs verbunden — die *ästhetische Variante* der *politischen* Archivarien ist, für die der Doppelname Tallhover/Hoftaller steht. Mit der doppelten Buchführung des Romans — nämlich imitatorisch sowohl den mit Briefen und minimalem Stühle-Rücken arbeitenden Fontane des *Stechlin* zu kopieren, wie auch diese Doppelbiografie und ihr Zeitbild aus verdeckten Observationen, „ausgewerteten" Briefen, gesammelten Zitaten und erschlossenen Ortsterminen als *Archivakte* zu kompilieren — steht das Buch in einem großen Spagat sowohl mit einem Bein in der Vergangenheit wie mit dem anderen in der Gegenwart. Ein ironischer Quasi-Stasi-Roman.

Der pragmatische Pessimist Grass ist auf anstößige Art souverän genug, die sammlerische Informations- & Observationspedanterie und -Leidenschaft als Janusgesicht von „Aufklärung" sowohl bei dem Dichter- als auch bei dem geheimen Staatsbürgerarchiv der Staatssicherheit am Werk zu sehen. Obwohl Hoftaller als „schlimmer Finger" namhaft gemacht (und ihm z. B. die Vertreibung Johnsons, von Tallhovers „Biographen" Schädlich und die Inhaftierung Loests von Fonty angelastet) wird, bleiben die individuellen lebenstragische Momente von realexistenten Stasi-Tätlichkeiten in diesem Epochenbild unterbelichtet. Über Fontanes zeitweilige konservative Abhängigkeiten und bestechlich-bestecherische englische Dienstfertigkeiten hinaus, geht Grass sogar soweit, Fonty nicht nur, sondern auch dessen Tochter und dessen in der Bundesrepublik lebenden Söhnen Stasi- (sprich: Hoftaller-)Kontakte anzudichten. Die fortgesetzte Prussifizierung (qua DDR) radikalisiert die Abhängigkeiten; und die „Kapitalisierung" der ehemaligen DDR macht aus Fontys Tochter und Frau (bislang parodistische Kopien ihrer Fontaneschen Urbilder) „Karriere bewußte Geschäftsfrauen". Und die Treuhändlerin Breuel erscheint als ein Frau Jenny Treibel redevivus.

Grass' allegorischer Roman, der manieristisch wird, indem er seine eigenen ästhetischen Verfahren exemplifiziert, „folgt" freilich weitgehend „ausweglos seinem Grundeinfall" (wie er über Schädlichs *Tallhover* schrieb), indem er Fontanes Lebenssituationen (zwischen 1819/98) mit Fontys imitatorischen Nachleben (von 1919/91) ineinander überblendet. Das geht z. B. zwischen 70/71 und 39/45 nicht ohne gewaltsame Verharmlosungen ab. Daß der kriegsgefangene Fontane danach zum preußischen Mißfallen keine antifranzösischen Pamphlete schrieb, läßt seine Grass'sche Wiedergeburt gleich zum Verschworenen der Résistence werden, der die Kampfmoral der Wehrmacht durch das Vorlesen von Fontaneschen Kriegsberichten im lokalen Partisanenfunk angeblich geschwächt hat und folglich spät dafür mit einem französischen Orden ausgezeichnet wird. Da packt der Allegoriker zuviel auf die schwachen Schultern seines Nachfahrenmodells. Wie er auch, um die Voyeurs- & Observationstätigkeit des Archivs, das den Roman schreibt, zu begründen, sich zu den absurdesten Verrenkungen verleiten läßt; freilich, wie wir wissen: die Stasi nicht minder. Komisch bleibt's in diesem und in jenem Fall gleichwohl; und unheimlich.

Andererseits bietet das monumental konzipierte Reichsluftfahrtsministerium, das nach Görings Besitz zum Gründungsort der DDR und dann zu deren „Haus der Ministerien" wurde, um schließlich Sitz der die DDR „abwickelnden" Treuhand zu werden, einen real-existierenden historisch-poetischen Ort für Grass, um an ihm, in dem Wuttke/Fonty erst als Kriegsberichterstatter, dann als Aktenbote aus- & einging, deutsche Geschichte symbolisch zu versammeln. Der von Fonty zeitweilig erfolgreich verteidigte Paternoster versinnbildlicht „die Mechanik der Wende in Gestalt eines rastlos dienstwilligen Personenaufzugs"; und der von Fonty in wechselnder Begleitung im westberliner Tiergarten beobachtete Haubentauer „verkörperte das Prinzip des Untertauchens" (und unversehrten Wiederauftauchens): zwei sich ergänzende deutsche Opportunitätsverhalten, die der illusionslos-nüchterne Roman *Ein weites Feld* als deutsche Kontinuität eines Jahrhunderts konstatiert. Ein nicht gerade schmeichelhaftes deutsches Selbstbildnis.

Der historisierenden Doppelverspiegelung des Romans treten mannigfache literarische detail- & selbstironische Spiegelkabinette zur Seite. Das *Weite Feld* hat hinlänglich Platz, die zeitbedingten Sprach-, Gedanken- & Meinungsklischées zu archivieren, ist dehalb eine Fundgrube für spätere Zeiten: der Gegenwartsroman der „Wende" als Herbarium versteinerte Ansichten, Metaphern, Wortverdichtungen. Wie der sich Fontane „abkupfernde" Fonty dessen Arbeitszimmer kopiert, so hält der Roman an einer Stelle die Fonty-Bibliothek fest, aus der sich Grass den Grundstock seines Buchs zusammenexzerpierte. Je weiter Grass sein *Weites Feld* erzählerisch ausbreitet, desto ununterscheidbarer gehen Fontanes Worte, Tonfall und Weltansichten über Fonty zu Grass über: — und doch bleibt *Ein weites Feld* ein (neuer, später) Grass-Roman bis zuletzt, weil der Personalstil des Autors unverkennbar ist. Grass könnte sich nicht verleugnen, selbst wenn er's wollte.

Daß der Autor der Geliebten, „die es mit F. hat", ein Eingedenken Fontys auf Hiddensee widmet; und daß er, als Hoftaller Fonty in Neuruppin zur Besteigung des dortigen Fontane-Denkmals zwingt, „ein ungleiches Paar" auftreten läßt (nämlich das Ehepaar Grass), „das einen ganz anderen Roman lebte", und die beiden Touristen die beiden erstarrten Geistererscheinungen beim Photographieren gar nicht sehen — das gehört schließlich als letzter Stempel einer manieristischen Handschrift zur ironischen Versiegelung des literarischen Gemäldes *Ein weites Feld*.

Günter Grass: *Ein weites Feld*. Roman. Steidl Verlag, Göttingen 1995, 784 Seiten, Leinen, 49,80 DM.

aus: Frankfurter Rundschau, 26.8.95

Simpel oder simplizianisch? Langweiliger Zettelkasten oder literarische Urkunde der Einheit?

„Zur unentwirrbaren Zweideutigkeit verdammt!"

Der neue Grass „Ein weites Feld" – pro und contra: Ein Streitgespräch zwischen MZ-Literaturredakteuren

Günter Grass beschwört mit seinem Roman „Ein weites Feld" den Geist Fontanes, den er als Theo Wuttke, genannt Fonty, wiederauferstehen und zur Zeit des Mauerfalls durchs 20. Jahrhundert wandern läßt. Fonty führt Fontanes Leben noch einmal, 100 Jahre später. Begleitet wird er von seinem „Tagundnachtschatten" Hoftaller, dem ewigen deutschen Spitzel. Das Duo spazierte durchs Dritte Reich, durch die DDR und die Bundesrepublik. Arbeit fanden die beiden immer im selben Gebäude: erst ist es das Reichsluftfahrtministerium der Nazis, dann das Haus der Ministerien der DDR, dann die Treuhand. Grass schlägt einen Bogen von der 48er-Revolution über die Reichsgründung 1871, vom Frankreichfeldzug Hitlers bis zum Mauerfall. Die Einheit kriegt keine guten Noten. Weil das Buch in der Redaktion umstritten ist, diskutieren die MZ-Literaturredakteure Manfred Stuber und Karl Birkenseer pro und contra.

Karl Birkenseer: Ich hatte zuerst ein Vorurteil wegen der Presseaussendungen des Verlags. Die gedruckten Auszüge wirkten auf mich konstruiert und papieren. Nach 10, 15 Seiten Lektüre im Buch selbst aber kam ein überraschtes Aufhorchen, dann zunehmende Begeisterung.

Manfred Stuber: Bei mir war es genau umgekehrt. Ich hatte in den neuen Grass große Erwartungen gesetzt. Aber beim Lesen wurde mir dann schnell langweilig. Über weite Passagen habe ich mich regelrecht durchkämpfen müssen.

Birkenseer: Was hat mir gefallen? Die Ironie. Was bei Grass oft eine gewisse Schwere erzeugt, sein erzählerischer Ernst, tritt in den Hintergrund. Das beginnt bei der Erzähler-Position. Erzählt wird das Buch von Mitarbeitern des Fontane-Archivs, offensichtlich unterschiedliche Personen, mal Frau, mal Mann. Spätestens, wenn dieses Erzählerkollektiv ausschwärmt, um, in den Büschen versteckt, die Helden zu belauschen, wird die Erzählkonstruktion als eine ironische deutlich. Der jeweilige Ich-Erzähler als Archivrat, der alles sammelt, sichtet, ordnet und dem Leser präsentiert, wird vorgeführt als einer, der sich anschleichen muß wie Old Shatterhand und Sam Hawkens.

Das ist die Ironisierung einer Erzählhaltung, wie sie in der modernen Literatur geradezu vorgeschrieben ist, die Haltung des indirekten, konjunktivischen Erzählens. Das wird hier auf eine gar nicht böse, aber treffende Weise aufgespießt.

Stuber: Das Archiv leistet im Grunde dieselbe Arbeit wie Fontys ständiger Begleiter, sein „Tagundnachtschatten", also sozusagen sein Stasi-Führungsoffizier. Die Sammelarbeit in der Literaturgeschichte wird verglichen mit der Spitzelarbeit des Geheimdienstes. Beide überwachen, rekonstruieren, sammeln Material, um über eine Figur optimal Bescheid zu wissen. Das ist ironisch – und an den Haaren herbeigezogen.

Birkenseer: Mag sein, daß die Figur des Spitzels, der sich durch die Epochen deutscher Geschichte mit immer neuem Gesicht und den alten Methoden schlängelt, zu sehr humanisiert wird. Aber vielleicht ist das nötig, um die Problematik deutscher Einheit nachvollziehbar und sinnfällig zu machen.

„Ein weites Feld" ist teils böse Fundamentalkritik an der Vereinigung als einem Prozeß der Kolonialisierung. Andererseits bringt Grass die deutsche Einheit auf einen viel gangbareren Weg, als es der „regierenden Masse", wie Fonty den Kanzler Kohl nennt, gegeben war. Durch die Verbindung einer literarischen Figur mit der Geschichte der letzten 150 Jahre wird eine Identität geschaffen, die über den Vereinigungstermin hinaus eine positive Perspektive eröffnet: auf eine Einheit, die sich eher durch Literatur definiert als durch die ebenso vorhandene, untrennbare Symbiose des deutschen Menschen mit seinem jeweiligen Bewacher. Was vorgestellt wird, ist ein aufgefächertes Bild des deutschen Untertanen. Andererseits ist das ein Identifikationsangebot.

Stuber: Die beiden Figuren sind zwei Seiten der deutschen Medaille. Fonty, der Künstler, ist die eher catilinarische Existenz, der potentiell rebellische Geist. Hoftaller ist der staatliche Büttel, der alles unter Kontrolle halten muß. Also: der Dissident und der Funktionär. Wir Deutschen haben ja Marx, aber auch Eichmann hervorgebracht.

Birkenseer: Fonty spricht einmal vom Menschenrecht auf Zweideutigkeit. Daraus ergibt sich der rote Faden des Buchs. Zweideutigkeit bedeutet einerseits Lockerheit, Unabhängigkeit. Andererseits ist der Mensch, vor allem der deutsche, zu einer unentwirrbaren Zweideutigkeit verdammt, und die beiden korrespondierenden Teile können nicht mehr voneinander lassen. Die Zumutung liegt darin, daß Grass den Lesern sagt: In jedem von euch steckt ein Spitzel. Das ist keine Verharmlosung, sondern die Aufforderung, den Spitzel in uns selbst zu suchen, das Problem nicht zu delegieren an Gerichte und Stasi-Behörden.

Am Schluß, als beide sich trennen und Hoftaller verschwindet, umarmt Fonty seinen Tagundnachtschatten, den er meist als ziemlich lästig empfunden hat. Der Autor signalisiert damit eine unaufhebbare Haßliebe.

Stuber: Ja, die Figuren. Ich habe da ein Unbehagen. Grass nimmt alles, was er erzählt, aus zweiter Hand. Er schöpft nichts aus seinem wirklichen Leben, alles stammt aus dem Zettelkasten, dem Archiv. So gesehen ist das „erzählende Archiv" selbstkritische Einsicht. Grass hat den Fontane regelrecht geplündert, er zitiert sein Werk, seine Briefe rauf und runter. Es ist fast eine verkappte Fontane-Biographie.

Und die zweite zentrale Figur, Hoftaller, der ewige Spitzel, ist einem Roman von Hans-Joachim Schädlich entliehen. Ich kann mir nicht helfen: In solchem Umfang muß ein Autor nur dann borgen, wenn er seinen eigenen Einfällen nicht mehr recht vertraut.

Birkenseer: Warum er ständig Fontane zitiert, seine Titel und Figuren? Doch um zu zeigen: Was im 20. Jahrhundert passiert, hat eine Entsprechung im 19. Jahrhundert. Revolution, Vereinigung, Reichsgründung, vielleicht die Katastrophe.

Stuber: Diese Parallelsetzung hat ihre Entsprechung im skeptischen Geschichtsbild von Grass. Fontane glaubt ja an die ewige Wiederkehr des Gleichen. Der Geschichtsskeptiker Grass sieht in der Historie einen absurden, sinnlosen Prozeß, aus dem der Mensch eigentlich nichts lernt. Es gibt keinen linearen Fortschritt, immer wieder passieren die gleichen Dummheiten. Darum setzt er die deutsche bürgerliche Geschichte im 19. Jahrhundert mit der des 20. gleich: Fontane und seine Reinkarnation Fonty. Das funktioniert aber nur mit großen Opfern: mit Ungenauigkeiten, Begradigungen, Vereinfachungen. Grass ist ein ganz großer Vereinfacher.

Birkenseer: Aber sein Roman ist es nicht. Es werden da immer wieder Gegenstimmen laut. Etwa die Figur der Madeleine, diese nachgereichte Enkeltochter Fontys aus einem Kriegs-Verhältnis mit einer Französin. Madeleine widerspricht Fontys pessimistischem Bild der Einheit. Gerade sie als Französin legt Wert auf nationale Identität.

Das Bild für den ewigen Umlauf der Geschichte ist der Paternoster-Aufzug in der Treuhand. Aber Grass stellt in diesen Paternoster verschiedene Figuren. Es macht einen Unterschied, ob Göring, Pieck oder Rohwedder mitfährt. Nehmen wir den Treuhandchef Rohwedder. Obwohl er der Ober-Abwickler ist, wird er als sehr sympathische Figur geschildert.

„Ein Allerweltswissen, das in jedem beliebigen Lexikon drinsteht"

Stuber: Gut, Grass wählt nicht die gröbste Stufe der Simplizität, sondern die zweitgröbste. Er differenziert, aber nach Schema F: Die Franzosen haben ein erstaunlich unbefangenes Nationalgefühl, wir wissen es alle. Die Bösen sind nie ganz böse. Sogar ihr Chef wäre nicht so übel, wenn er könnte, wie er wollte. Der Böse ist Kohl, er hat den netten Rohwedder ins Feuer geschickt. Mir ist das zu naheliegend.

Birkenseer: Dieser Einwand ist vielleicht zu journalistisch gedacht. Man kann Romanfiguren nicht sehen, als wären sie lebende Menschen. Es sind Figuren innerhalb eines poetischen Konzepts. Grass' Konzept ist weniger simpel als simplizianisch. Es sind Figuren wie aus Grimmelshausens „Simplizissimus", eher aus der Tradition des Barock zu verstehen, feste Typen, die mit Geschichten aufgeladen werden.

Literatur ist ja nicht bloße Abspiegelung der Wirklichkeit, sondern ein Fantasieangebot, das im Kopf des Lesers „ausgetragen" wird und dann in die Wirklichkeit hinausspringt. Viel Kritik am „Weiten Feld" geht auf dieses Mißverständnis zurück.

Stuber: Gut, es sind keine psychologischen Charaktere, sondern Typen. Aber Grassens Typisierung ergibt eben eine leblose Spiegelung von Wirklichkeit, mit der Berechenbarkeit von Schachfiguren. Archivplünderung und leblose Kunstfiguren – das Ergebnis ist eine Totgeburt. Mich würden an der Vereinigung Prozesse zwischen lebenden Menschen mehr interessieren.

Überkonstruktion am Reißbrett hat schon manchen Grass angekränkelt. Als müßte er, weil er seiner Kreativität nicht sicher ist, eine artistische Vorauslegitimation setzen.

Birkenseer: Aber aus diesen Figuren heraus wuchern und sprudeln doch fortwährend Geschichten. Und die sind in einer ironischen Konstruktion aufgehoben, wo sich alles ständig spiegelt, widerspricht und bricht. Die Konstruktion gerät in ein Schweben, das die wahre Qualität dieses Buches ist.

Stuber: Geschichten gibt es in dem Buch doch kaum. Über weite Passagen werden ziemlich zähe Vorgänge beschrieben, die weder Handlung noch atmosphärisches Leben haben: ein Besuch auf Hiddensee, auf der Glienicker Brücke, Spaziergänge durch den Tiergarten, ein Ausflug nach Rügen. Zwei, drei Kapitel breiten die Hochzeit von Fontys Tochter mit einem West-Makler aus – die Spiegelung der deutschen Einheit in der Ehe. Meist wird das Ganze dann noch mal wiederholt in Fontys Briefen. Man ist gezwungen, die Symbolik, die einem dauernd um die Ohren geschlagen wird, als Inhalt zu nehmen.

Birkenseer: Ich habe ein ganz anderes Buch gelesen. Ich habe es mit zunehmender Spannung gelesen und finde, daß Grass der deutschen Literatur ein ganz großes Geschenk gemacht hat. Ein Buch, das Humor hat und das mich vorantreibt, als ob's ein Krimi wäre. Die Sprache ist weit von den manieristischen Kaskaden anderer Grass-Bücher entfernt. Nur auf den letzen 100 Seiten bricht es ein, weil hier wirklich nur noch die Konstruktion abgewickelt wird. Weniger erzählerisches Pflichtbewußtsein und mehr Mut zum Fragment wäre mir da lieber gewesen.

Stuber: Ich finde im ganzen Buch kaum einen Moment der Spannung, des Suspense. Und die Sprache! Grass machte öfter den Fehler, sich in einen manierierten Tonfall zu verlieren. In diesem Fall ist es der Fontanesche Plauderton, den er aus dessen Briefen destilliert hat. Ein Kunststück ohne Substanz, mit oft peinlichen Zügen. Banalitäten werden künstlich aufgeblasen, indem sie in preußischen Telegrammstil gegossen werden. Grass hat seine Ursprünglichkeit seiner manieristischen Artistik geopfert.

Birkenseer: Was mir auffällt, ist die Bekehrung des Autors Günter Grass zu einem schlankeren Deutsch. Doch es bleibt überall Grass' eigene Sprache.

Stuber: Meines Erachtens hat er sich mit der Übernahme eines Fontaneschen Gestaltungsprinzips selbst ein Bein gestellt: das Nebensächliche so ernst nehmen wie die Hauptsache! Fontane kann das, er kann in kleinen Dingen Atmosphäre erzeugen. Grass kann es nicht. Er braucht grobe Paukenschläge.

Aber ich möchte einem Mißverständins vorbeugen: Viele werden das Buch nicht mögen, weil ihnen Grass' harsche Kritik an der Einheit mißfällt, die ganze Tendenz. Aber auch wenn einem die politische Position Grass' im Prinzip sympatisch ist, kann man es platt finden.

Birkenseer: Der Bürger Grass hat bewiesen, daß er ein kritisches Verhältnis zur Einheit hat. Der Autor Grass schafft eine neue Form der Einheit in der Literatur, indem er zeigt, daß die Geschichte der letzten 150 Jahre in der DDR stärker repräsentiert war als in der Bundesrepublik: einerseits die Untertanenmentalität, andererseits ein Deutschlandbild vor der Amerikanisierung, das sich auch aus bodenständigen Traditionen nährt. Was in diesem Roman geschieht, ist die Rückholung unserer Geschichte in die Gegenwart. Das ist möglicherweise ein stärkerer Kitt als die ökonomische Einheit. Insofern ist dieser Roman so etwas wie die literarische Gründungsurkunde des größeren Deutschland.

Stuber: Das entspräche Grass' Konzept von der Kulturnation, die ihm als geistige Einheit lieber ist als die politische Einheit, die er für gefährlich hält. Das wäre immerhin eine frohe Botschaft fürs Volk. Aber ich fürchte, daß Grass alle Fontane-Nichtkenner verprellt. Die Möglichkeit, ein repräsentatives Volksbuch der Vereinigung als Kulturnation zu schaffen, wird unterlaufen von germanistischer Faktenhuberei, die die Masse eher abschreckt.

Birkenseer: Aber das ist eine Mystifikation! Fast alle Fontane-Anspielungen erklären sich selbst.

Stuber: Der eine Teil der Leser wird abgeschreckt durch das vorausgesetzte Spezialwissen, der andere Teil wird sagen: Was da über Geschichte und Literaturgeschichte steht, ist bekannt: Allerweltswissen, das in jedem Lexikon drinsteht.

Birkenseer: Viele Leser werden einfach in ihrer Wohnzimmerwelt bleiben und es nicht wagen, in diesen Erzählraum einzutreten. Es gab in den letzten Jahren kaum ein Buch, an das man so voraussetzungslos herangehen muß, um sich bezaubern zu lassen. Natürlich wird man auf Schritt und Tritt auf Dinge stoßen, die man kennt. Aber nur, wer dieses Wissen hinter sich läßt und sich von der Grass'schen Phantasie- und Bilderwelt bezaubern läßt, wird dem Roman gerecht werden.

aus: Mittelbayerische Zeitung, 26.8.95

Große Geschichte und Privates im Zeitraffer

„Ein weites Feld" – Neuer Roman von Günter Grass im Steidl Verlag

Von Werner Thuswaldner

Zu den österreichischen Millenniumsfeiern im kommenden Jahr müßte eigentlich einer unserer Schriftsteller einen entsprechenden Roman vorlegen. Aber wer denn? Zugegeben, tausend Jahre sind viel, zuviel wahrscheinlich. Zweihundert würden auch schon genügen, das 19. und das zu Ende gehende 20. Jahrhundert. Das Genre des historischen Romans hat an Popularität nichts verloren, genauso wie das Drama, das sich mit Geschichte und Zeitgeschichte beschäftigt, noch immer nicht ausgedient hat. Man denke nur an Thomas Bernhards „Heldenplatz".

Zweck dieses Artikels sollte es sein zu sagen, ob der neue Roman von Günter Grass schlecht oder gut ist, ob der Daumen nach oben oder nach unten weist. Fortschrittliche Publikationen arbeiten mit einer simplen Grafik, die den jeweiligen Kurswert eines Buchs, eines Autors oder auch eines Regisseurs oder Dirigenten anzeigt. Dem vorliegenden Fall ist aber auf so simple Weise kaum gerecht zu werden. Daher sei zunächst um ein wenig Geduld gebeten.

Kann von einem österreichischen Leser erwartet werden, daß er Theodor Fontane zu seinem Favoriten macht? Kann vorausgesetzt werden, daß ein österreichischer Leser mit brennendem Interesse die preußische Geschichte der vergangenen zweihundert Jahre durchhecheln möchte? Die österreichischen Vorbehalte gegenüber Preußen sind nicht gerade gering. Hugo von Hofmannsthal wußte über den unüberbrückbaren Gegensatz viel zu sagen und zeigte, daß es zwei ganz verschiedene Welten seien. Das hat nicht allein mit dem Krieg von 1866 zu tun und mit der Schmach von Königgrätz. Der preußische Emporkömmling Baron Neuhoff macht sich im „Schwierigen" mit seiner indezenten Großspurigkeit in einem fort lächerlich.

Fontane als Repräsentant des 19. Jahrhunderts

Hofmannsthal ließ keinen Zweifel darüber aufkommen, wer wem seiner Meinung nach überlegen ist. Das Wetteifern im Stolz auf die Geschichte ist nicht zu übersehen. Stirbt Kaiserin Zita, bringt dies in Wien fast ebenso viele Menschen auf die Beine wie der Einmarsch Hitlers, und der ORF überträgt einen Tag lang live. Andrerseits wird die Überführung der Sarkophage Friedrichs des Großen und dessen Vaters zur endgültigen Beisetzung nach der deutschen Wiedervereinigung zum Großereignis und Staatsakt. Grass kommt in seinem Roman ausführlich darauf zu sprechen, Seine Sympathien gehören Hans Heinrich Katte, dem Jugendfreund des großen Fritz, dem er bei dessen Flucht geholfen hatte, wofür er hingerichtet wurde.

Grass nimmt Theodor Fontane als Repräsentanten für die Geschichte des 19. Jahrhunderts. Und das ist eine gute Wahl. Da bleibt nationale Hybris außen vor, denn Fontane ist hugenottischer Abstammung, so wie die Verleger Reclam, der Spion Guillaume oder der letzte DDR-Kanzler de Maizière. An Fontane läßt sich tatsächlich zeigen, wie krumm und widersprüchlich die Wege der Geschichte sind. Er begeisterte sich an der Revolution von 1848 und schrieb radikal-demokratische Aufsätze. Dann aber folgte ein Bruch und er wurde als Journalist Angestellter der preußischen Regierung — ein konservativer Staatsknecht. Wohl schien er sich eine Portion Skepsis zu bewahren, doch hatte er sich — opportunistisch? — auf die Seite der Obrigkeit geschlagen und war als Berichterstatter von den Kriegen gegen Dänemark, Österreich und Frankreich den geschichtlichen Entwicklungen so nahe wie möglich.

Vorbehaltlose Verherrlichung der deutschen Einigung 1871 und der Zustände, die danach kamen, ist ihm nicht nachzusagen. Über den preußischen Adel hatte er nichts Gutes zu sagen, er hielt ihn für hoffnungslos verstockt.

Ein Strom von Fontane-Zitaten und Anspielungen

Grass setzt für die Lektüre seines Romans voraus, daß einer seinen Fontane gelesen hat, daß man mit den Figuren der Romane vertraut ist, mit Baron Innstetten ebenso wie mit der materialistischen, neureichen Frau Jenny Treibel, mit dem Personal aus dem „Stechlin", dessen Unterhaltung ständig um den Gegensatz zwischen alter und neuer Zeit kreist, genauso wie die Aufsteigerin aus engem Kleinbürgermilieu, Mathilde Möhring. Es ist vielleicht nicht nötig, sämtliche Schlösser in der Mark Brandenburg zu kennen, aber doch einige. Und Berlin sollte einem auch nicht ganz fremd sein. Potsdamer Straße 134c heißt die wichtigste Adresse, denn dort hat der Dichter gewohnt — mit seiner Frau Emilie, die ebenfalls hugenottischer Abstammung war, und seinen vier Kindern, von denen ihm Martha, Mete genannt, besonders nahestand.

Fontane ist in dem Roman von Grass für die preußisch-deutsche Geschichte des 19. Jahrhunderts zuständig. Dazu erfand er eine Figur, Theo Wuttke, die genau hundert Jahre später als Fontane, also 1919 (und wie Fontane ebenfalls in Neuruppin), auf die Welt kommt und die ihr Leben durch die bewegten Jahrzehnte unseres Jahrhunderts steuern muß. Theo Wuttke ist, so würden die Leute sagen, ein Original, denn er kommt altmodisch daher, stets mit Shawl und einem breitkrempigen Hut. Er ist aber alles andere als ein Original, sondern ein Plagiat von Fontane, indem er — bewußt oder unbewußt — dessen Leben nachlebt und unentwegt aus dessen Werk zitiert. Theo Wuttke wird „Fonty" genannt. Es gelingt ihm, einigermaßen heil davonzukommen: Im Dritten Reich ist er Kriegsberichterstatter und dient sich den herrschenden Nazis an. Mit dem SED-Regime kommt er auch zurecht, hält Vorträge für den Kulturbund und dosiert seinen Widerstand so, daß er gerade nicht anstreift. Die Wende bedeutet nicht das Aus für ihn, vielmehr macht er sich auch jetzt, biegsam bis ins hohe Alter, dienstbar. Niemals in der ersten Reihe, sondern stets nachgeordnet und immer mit Skepsis. Bedingungslos ergeben ist er nur seinem großen Vorbild Fontane, dem er auch äußerlich bis ins Detail, also auch den wuseligen Schnurrbart, ähnelt.

Grass erzählt die beiden Lebensläufe nicht etwa chronologisch, sondern — und das ist das Grundprinzip des Romans — parallel und so ineinander verwoben, daß Fonty und Fontane zu einer Figur werden. Wie Fontane erlebt Fonty schwere Krisen — Fontane nannte sie „Nervenpleiten" —, und wie er rettet er sich im hohen Alter aus einer schweren Krankheit mit der Niederschrift der Erinnerung an seine Kindheit. Grass sagt, woher er die Methode hat: Von Fontanes Lehrer am Neuruppiner Gymnasium, Dr. Elssner.

Der habe es verstanden, wie Fontane sich erinnerte, „beim Deutschunterricht mit geschichtlichem Zitat und beim Geschichtsunterricht mit literarischen Belegen die unsinnige Trennung dieser Fächer aufzuheben". Dieser Lehrer habe zeitlich weit entlegene Ereignisse, wie etwa die von Felix Dahn geschilderte Völkerwanderung mit den sozialen Zuständen im vorindustriellen Deutschland — in Hauptmanns „Webern" seien sie dargestellt — so nah zueinandergerückt, „daß ich seitdem jenes zeitraffende Verständnis von Literatur und Geschichte habe, das mir Vergangenes in zukunftstrunkene Präsenz, das heißt die Unsterblichkeit gewiß macht".

Parallelen im Privaten und in der Politik

Eingedenk dieses Verfahrens erklärt sich Grass die Geschichte des 19. und des 20. Jahrhunderts als eine Abfolge von Entsprechungen und Parallelitäten. Hier gibt es genügend Grund, mit Zweifeln zu kommen. Grass hat die große Geschichte im Auge, aber er schwelgt genauso gern in den Niederungen des Alltags, und seine ganze Hingabe gehört gerade Szenen aus diesem Bereich, und dann kommt, wenn etwa Fontys Frau im Dialekt loslegt, Farbe ins Spiel.

Funktioniert die Parallelaktion? Im Bereich des Privaten sehr gut, denn Grass bildet den Lebenslauf Fontys akribisch der Biographie Fontanes nach. Beispielsweise hat der eine wie der andere eine ledige Tochter. Grass kommt immer wieder auf Fontanes Fehltritt als junger Apotheker in Dresden zurück, zu einer Zeit, da er bereits mit seiner Emilie verlobt war. Und hundert andere Details stimmen im Leben der beiden überein. Aber ist auch die Geschichte der beiden Jahrhunderte parallel verlaufen? Das wird wohl niemand behaupten können. Da wie dort gab es Kriege, da die Wiedervereinigung, dort die Gründung des Deutschen Reichs, Widerstand gegen das herrschende System kam vor, aber auch geschmeidige Anpassung. Und Mißtrauen.

Die Obrigkeit kommt ohne Spitzelsystem nicht aus. Grass zeigt, daß der in politischem Auftrag nach London geschickte Fontane kontrolliert worden ist. Er gibt Fontane die Figur Hoftaller bei, und bei Fonty wird daraus Tallhover, den sich Grass aus dem gleichnamigen, 1986 erschienenen Roman von Hans Joachim Schädlich entliehen hat. Tallhover ist Fonty in der Nazizeit auf den Fersen, ebenso wie zu DDR-Zeiten, und auch nach der Wende läßt er ihn nicht aus den Augen. Die beiden sind unzertrennlich. Tallhover, Fontys „Tagundnachtschatten", ist Agent und Schutzengel in einem; er hält die Leine kurz und arbeitet mit erpresserischen Drohungen, bietet in Krisenzeiten aber auch verläßliche Hilfe. Grass widmet sich der Darstellung dieser Symbiose mit erzählerischer Lust. Daß Tallhover herausfindet, Fonty sei der Ururenkel Fontanes, ist des Guten zuviel.

Wie am Beispiel von Fontys Biographie der Verlauf der jüngsten deutschen Geschichte gezeigt werden soll, gelingt in einzelnen Zügen überzeugend. Kontinuität und Wechsel führt Grass vor, indem er die Aufmerksamkeit des Lesers auf das von den Nazis gebaute Reichsluftfahrtministerium lenkt.

Wie in einer filmischen Sequenz und in der Art eines kleinen Welttheaters treten die Personen der Geschichte in einem Paternoster auf- und abfahrend auf: zuerst Göring, dann, als aus dem Gebäude das Haus der Ministerien wurde, Ulbricht und Honecker, und schließlich, nach einem neuerlichen Wechsel, nach dem Einzug der Treuhandgesellschaft, deren Leiter Detlev Rohwedder. Fonty, so will es Grass, kann keiner dieser Geschichtsknicke etwas anhaben und steht jedem System zur Verfügung.

Urteile über sympathische und widerliche Zeitgenossen

Sollte die ganze deutsche Geschichte dieses Jahrhunderts ins Bild kommen? Dann würden aber beträchtliche Lükken klaffen. Denn aus den Nazigreueln kann sich Held Fonty völlig heraushalten. Für den Widerstand ist er mit Papieren unterwegs. Viel mehr ist nicht.

Erzählt wird in dem Roman aus der Perspektive eines Mitglieds des 1935 gegründeten Fontane-Archivs in Potsdam. Viele Namen fallen, und manchmal bleibt es auch bei eindeutigen Beschreibungen ohne Namensnennung. Grass nimmt Stellung zu den Zeitgenossen, gibt seinen Vorbehalten zu dieser Art Wiedervereinigung Raum und läßt Sympathie — etwa gegenüber Uwe Johnson — und tiefste Abneigung — gegenüber Kohl — erkennen.

Kein Daumen zuletzt, der eine Richtung anzeigt, sondern das Bekenntnis: Ich habe das große Buch von Grass mit Anteilnahme und Respekt gelesen und seinen behäbigen Stil, auch sein gelegentliches Abgleiten in den Kitsch sehr genossen.

aus: Salzburger Nachrichten, 26.8.95

„Nicht etwa wilhelminisch gezwirbelt, kaum gebürstet, als unbeschnittener Wildwuchs hing ihm der Schnauzbart über die Oberlippe hinweg."

Archiv für Kunst und Geschichte, M. Fleitmann. Digitale Bearbeitung: Maria Jessel

Schwellkörper Deutschland

„Ein weites Feld", Günter Grass' Roman über die Wiedervereinigung, ist das Protokoll einer Abschottung. Angesichts der künstlerischen Pleite des berühmtesten deutschen Schriftstellers verwandeln sich Rezensenten in Therapeuten ■ Von Jörg Lau

Gestern abend nach Geschäftsschluß werden die meisten Buchhändler ihre Türme gebaut haben. In den Morgenstunden dieses Samstags beginnt der Verkauf des neuen „Stapeltitels" – so nennt die Branche die willkommenen sicheren Bestseller der verbliebenen literarischen Prominenz. Heute ist endlich auch die Sperrfrist für Rezensionen vorbei; sie wurde freilich von der überregionalen Presse nahezu flächendeckend mißachtet. Seit dem vergangenen Samstag sind täglich Kritiken erschienen, deren formaler Variantenreichtum – von der ironischen Fabel über die Trauerrede bis zum jovialen Offenen Brief – die Einhelligkeit im Urteil nur um so deutlicher hervortreten läßt: die „Abwesenheit jeglichen Kunstverstands" diagnostizierte Gustav Seibt (*FAZ*), „unlesbar" fand Iris Radisch (*Die Zeit*) das Werk und schlichtweg „schlecht“ nannte es Unser Lautester im *Spiegel*. Es wird die Unabweislichkeit des künstlerischen Mißlingens gewesen sein, die selbst bürgerliche Blätter zur Unterschreitung der Sperrfrist veranlaßte: Wenn absehbar alle verreißen müssen und also die Distinktion im Urteil schwierig wird, will man wenigstens zu den ersten gehören. Das ist verständlich.

Verständlich auch, daß eine solch niederschmetternde künstlerische Pleite wie Günter Grass' neuer Roman den therapeutischen Geist auf den Plan ruft. „Nein, haben wir lieber Nachsicht. Man hat Günter Grass auf den falschen Weg gelockt“, schrieb Seibt. Unser Lautester beteuerte: „Ich halte Sie für einen außerordentlichen Schriftsteller, mehr noch: Ich bewundere Sie – nach wie vor.“ Iris Radisch erinnerte wehmütig an die Triumphe mit der „Blechtrommel“ und „Katz und Maus“, und ihre Zeitung stellte neben den dann doch sehr entschiedenen Verriß eine Verteidigung des Intellektuellen Günter Grass von Gunter Hofmann: „Der Republik fehlen, fünf Jahre nach der Vereinigung, ein, zwei, viele Grass.“

Das sind, wenn auch womöglich herzlich unaufrichtige, so dennoch im Kern sympathische Gesten, die zeigen, daß der Zustand der hiesigen Literaturkritik nicht nur ihrer ästhetischen Urteilskraft, sondern auch dem Taktgefühl nach, nicht der schlechteste ist. So weit die gute Nachricht.

Die schlechte Nachricht: Das therapeutische Getue wird nichts nützen, die freundlichen Gesten werden nicht zu Günter Grass durchzudringen vermögen. Denn dies ist der überwältigende Eindruck, den sein neuer Roman hinterläßt: Hier hat sich einer unempfindlich gemacht, abgeschottet, eingesponnen.

Wie das? Es handelt sich doch, dem Vernehmen nach, bei vorliegendem Roman um ein Gegenwartsepos, das die Jahre 1989 bis 1991 ins Visier nimmt? Der Fall der Mauer, die Währungsunion, die Ermordung des Treuhandchefs Rohwedder, der Golfkrieg und dergleichen eben noch durch die Nachrichten ventilierte Ereignisse sind sein Material, und das müßte doch bedeuten: Hier setzt sich einer aus, hier läßt sich einer ein. Weit gefehlt. Der zentrale Glaubenssatz von Grass' Poetik steht auf Seite 628. Er ist der Hauptfigur „Fonty“ in einem Brief an seine Tochter untergeschoben: „Ach, Kind, nichts Neues geschieht!“ Das klingt sonnig und abgeklärt, aber man sollte sich nicht täuschen lassen: Die Gegenwart als Wiederkehr des Alten, bloß verkleidet in neuem Gewand, erscheinen zu lassen, das ist die Rache eines, der sich übergangen fühlt. Wenn sich die Geschichte nicht um Günter Grass' Vorgaben schert, so wird er sich halt ein Erzählmaschinchen bauen, mit dem sich zeigen läßt, daß nichts wirklich Neues geschehen ist. Dies ist kein Gegenwartsroman, sondern ein Gegengegenwartsroman.

Nehmen wir nur die Sache mit Rohwedder, sie ist symptomatisch dafür, wie Günter Grass sein künstlerisches Kapital verschleudert. „Fonty", alias Theo Wuttke, der als Aktenbote bei der Treuhand arbeitet, schreibt in dem erwähnten Brief an seine Tochter über die Ermordung seines Dienstherrn. Er hat ihn mit einem gewissen Mitleid betrachtet, weil er vom Kanzler vorgeschickt wurde, um „die Drecksarbeit" bei der Aufteilung der neuen ostdeutschen „Kolonien" zu leisten. Dann ist plötzlich nur noch von dem Kanzler die Rede, der Rohwedder als „Pappkameraden" benutzt hat: „Glaub mir, Kind, ihm wird keiner was antun. Seinesgleichen war nie zu treffen, was schrecklich genug ist."

„Was schrecklich genug ist" ... Man muß das noch einmal nachbuchstabieren, damit es nicht in den katzbuckelnd freundlichen Beschwörungen des „Verfassungspatrioten" und „einsamen Trommlers" Grass untergeht: Als dem höchstem Ausdruck deutschen Mittelmaßes wird hier, wie beiläufig und indirekt auch immer, dem Kanzler jener Treffer gegönnt, den der getreue Rohwedder abbekam. Die therapeutische Kritik nimmt Grass nicht mehr ernst genug, um von dem Vorhandensein solcher Gewaltphantasien in seiner neuesten Prosa überhaupt Notiz zu nehmen. Das sollte man aber tun, denn sonst sieht man nicht, wie Grass jene Ressentiments bearbeitet, die ihn beim Schreiben angetrieben haben.

Hat er sie denn bearbeitet? Die meiste Zeit sehen wir ihn vor ihnen Zuflucht suchen – in der Geschichte. Sie bietet sich seinem Blick als ein Spiegelkabinett der Analogien, in dem alles aufeinander verweisen kann, weil nichts wirklich miteinander zu tun hat: „Attentate waren schon immer die Regel. [..] Ich sehe Charlotte Corday. Ich sehe den Dolch und Marat in der Badewanne. Jetzt stößt sie zu." Dann scheinen ihm Bedenken gekommen zu sein: Kann man vielleicht die „deutschen Kümmernisse" doch nicht „mit La Terreur, der Guillotine und der Tugendherrschaft des Wohlfahrtsausschusses auf ein Maß bringen"? Ach was! Kleinliche Bedenken, sind doch „Millionen Arbeiter und Angestellte einem *Enthauptungsprozeß* unterworfen, demzufolge zwar nicht der einzelne um einen *Kopf kürzer* gemacht wird, doch kappt das Fallbeil seinen Erwerb, seinen bis gestern noch sicheren Arbeitsplatz, ohne den er, jedenfalls hierzulande, wie *kopflos* ist". Das streift ganz ohne Absicht den Kalauer, aber lachen mag man doch nicht darüber, denn die Lehre solcher kopfloser Korrespondenzen, von denen dieses Buch überläuft, ist allzu trostlos: Alles schon mal da gewesen, „im Prinzip ändert sich nichts“, wie Fonty einmal sagt.

Überhaupt: *Fonty*! Die Läppischkeit dieses Spitznamens ist Grass nicht verborgen geblieben: „Zugegeben: es klingt albern, wie Honni oder Gorbi“ – aber auch hier hat er seine Bedenken leichtsinnigerweise in den Wind geschlagen. Wie zum Trotz und aus Verstocktheit muß nun alle Naslang der Nervensägenname repetiert werden – eine fortgesetzte Qual, kaltschnäuzig und rücksichtslos durchgezogen: „Und viele, die mit ihm im Paternoster auf und ab fuhren, nannten ihn *Fonty*: ‚Nimmt kein Ende mit den Akten, was, *Fonty*?‘ – ‚Was gibt's denn Neues, *Fonty*?‘ – ‚Immer schwer zu tragen, was, *Fonty*?‘“ Aufhören! Ja, *Fonty* ist ein famoser Einfall, ja, ich bin ein kapitalistischer Spion, ja, ja, ja!

Und nun, da schon von Fonty die Rede war – man stumpft irgendwie ab, es tut schon gar nicht mehr weh; probieren Sie das ruhig einmal zu Hause: „Fonty, Fonty, Fonty ...“ –, nun muß leider doch die Konstruktion dieses Erzählwerks erklärt werden. Fassen wir uns kurz: Theo Wuttke, die Hauptperson, hat den besagten Spitznamen durch einen Spleen erworben – er ist ein Fontane-Kenner von monströsem Wissen. Er weiß sogar mehr als die Mitarbeiter des Fontane-Archivs, zu deren Stab er einmal gehört hat. „Wir vom Archiv“ – das ist die dubiose, schemenhafte erzählerische Instanz, durch die wir Kenntnis von den Irrungen, Wirrungen des Helden bekommen. Bevor Fonty/Wuttke Aktenbote wurde, war er Lehrer, Soldat und vor allem Redner für den Kulturbund der DDR. In dieser Funktion ist er über Land gereist und hat das Werk seines Vorbilds erläutert und dabei manche Invektive gegen die muffigen Verhältnisse im Lande losgelassen. Aber damit nicht genug – er ist von Grass mit allen Insignien eines veritablen Wiedergängers Theodor Fontanes ausgestattet worden: Sein Äußeres stimmt mit dem des „Unsterblichen“ überein, ebenso seine Familienverhältnisse, sein Geburtstag fällt auf den des Urbilds und sein Wissen über das Leben und Werk Fontanes ist eigentlich zu groß, um bloß erlernt zu sein – wir müssen es für Erinnerung halten.

Ihm zur Seite steht ein gewisser Hoftaller, den er seinen „Tagundnachtschatten“ nennt, auch er von schillernder Identität – wie heute Fonty hat er einst schon den wahren Fontane ausgehorcht. Vorbild dieses Finsterlings ist Tallhover, eine Figur aus einem Roman von Hans Joachim Schädlich, ein archetypisch korrupter Spitzel, der in seiner Karriere der preußischen Polizei und der Gestapo ebenso anhänglich zur Verfügung stand wie jetzt der Stasi.

Diese Anlage ist alles andere als kompliziert. Man kapiert sofort, worauf die Montage der in zwei Jahrhunderten sich abspulenden Leben von Fonty/Wuttke/Hoftaller hinauslaufen soll: „An einem windstill klaren Dezembertag des Jahres 89, als das Wort ‚Einheit' mehr und mehr an Kurswert gewann, sagte Fonty plötzlich laut und von Hoftaller nicht zu dämpfen, jenes lange Gedicht mit dem Titel ‚Einzug' auf, das am 16. Juni 1871 im Berliner Fremden- und Anzeigenblatt pünktlich zum Anlaß gedruckt gestanden hatte und dessen Reime das siegreiche Ende des Kriegs gegen Frankreich sowie die Reichsgründung und die Krönung des preußischen Königs zum Kaiser der Deutschen feierten." Es folgt auszugsweise das Fontanesche Gedicht, das in steif hurrapatriotischem Ton die deutschen Truppen durchs Brandenburger Tor und unter die Linden begleitet: „Die Linden hinauf erdröhnt ihr Schritt, Preußen-Deutschland fühlt ihn mit [...]" Die Reichsgründung und die Wiedervereinigung, die Soldaten der Einigungskriege und die Flanierenden in der Stadt werden hier mittels Fonty/Wuttkes Langzeitgedächtnis in Verbindung gebracht. Diese Verbindung ist kaum weniger sinnlos und willkürlich als die Verbindung zwischen den Mördern des Treuhandchefs und der Marat-Attentäterin Charlotte Corday. Hier wird nichts sichtbar außer einem Geschichtsbild, das man in glücklicheren Tagen reaktionär genannt hätte. Nur noch ein Beispiel dafür. Diesmal spricht Hoftaller, aber der Ton ist seltsam vertraut, als habe der wendige Agent kurz zuvor einen kritischen Kommentar von Günter Grass zur Einheit gelesen. Wir können uns irgendwo einblenden: „‚Ein Schnäppchen machen' heißt das bei denen. Und mit der harten Mark kommen 'ne Menge Aufkäufer. Sind übrigens schon da, um sich Greifbares auszugucken. Na, Fonty, diese Sorte kennen Sie doch. Sind alle vom Stamme Nimm, Ihre Treibels und Konsorten. Die machen bei uns ihren Schnitt. Am Potsdamer Platz schnibbeln sie jetzt schon rum. Nicht nur die Japse. Klar doch: Mercedes voran."

Um Mißverständnisse zu vermeiden: Dieses Stammtischgeschwätz über die „Raffkes" und „Schofelinskis", das Grass seinen verschiedenen Bauchrednerpuppen in den Mund legt, wird nun nicht etwa über Hunderte von Seiten ausgebreitet, um von der Logik des Romans desavouiert zu werden – es ist die Logik des Romans. Adorno schrieb über Balzac, reaktionär sei an ihm nicht die konservative Gesinnung, sondern die „Komplizität mit der Legende vom raffenden Kapital. In Tuchfühlung mit den Opfern des Kapitalismus, vergrößert er zu Monstren die Exekutoren des Urteils, die Geldleute, die den Wechsel präsentieren. Sie lenkt ab: die wilden Jäger teilen bloß die Beute". Eben dies ist eine der dürftigen Lehren des neuen Buchs von Günter Grass. Und dabei könnte es für uns gerade von entscheidender Bedeutung sein zu erkennen, was „die Japse" von jenen Treibels unterscheidet, die Grass uns pseudojovial als ewiges Muster anbietet. Mag sein, dies ist kein Thema für die Literatur, „eben weil in der bürgerlichen Welt vom Entscheidenden sich nicht erzählen läßt" (Adorno). Aber nichts könnte Günter Grass ferner liegen als solche Skrupel.

Im Gegenteil. Er hat sogar eine Metapher für das Bewegungsgesetz der Geschichte gefunden: den Paternoster im Gebäude der Treuhand, zu DDR-Zeiten Haus der Ministerien, von den Nazis erbaut als Reichsluftfahrtministerium. Er wird im Laufe seiner Geschichte von Göring, Honecker und Rohwedder benutzt. Ständig fuchtelt Grass der Leserschaft mit seiner Entdeckung vor der Nase herum. Und für die Blöden und die Begriffsstutzigen, die bis auf Seite 568 noch nicht geschnallt haben, daß der Aufzug ein Bild für die Wiederkehr des Immergleichen ist, wird die Sache dann noch einmal erbarmungslos durchgepaukt. „Im Paternoster geeint. Vom Reichsmarschall bis zum Chef der Treuhand. Er begriff die Mechanik der Wende in Gestalt eines rastlos dienstwilligen Personenaufzugs. Soviel Größe. Soviel Abstieg. Soviel Ende und Anfang."

Soviel Größe. Soviel Abstieg. Und so wenig Vertrauen auf die eigenen Einfälle. Einmal läßt Grass seine beiden Helden, den Spitzel und sein Objekt, im Tiergarten zusammen konspirativ rudern. Der seitenlangen Beschreibung der Bootsfahrt steht folgender Vierzeiler voran: „So sehen wir in einem Netz verstrickt / das Opfer und den Täter; / ob so viel Nähe sie verschwistert, gar beglückt, / stellt sich als Frage ohne Antwort später". Grass scheint trotz dieser Orientierungshilfe zu fürchten, daß die Menschen da draußen unter ihren Leselampen das Klassenziel nicht erreichen. Er geht lieber auf Nummer Sicher: „Was man jetzt vom Ufer aus hörte, waren Anweisungen, die Hoftaller erhielt und denen er folgte, weil sein Objekt beim Platzwechsel im Ruderboot erfahren war. Ein feierlich täppischer Tanz. Oder eine Umarmung jener Art, die auf der bekannten Versicherung beruht: Wir befinden uns beide in einem Boot."

Wie zum Hohn heißt es an anderer Stelle, „daß die Technik des Aussparens nun mal zum Schreiben wie das Verschweigen zur Ehe gehöre". Günter Grass aber spart nichts aus und verschweigt nichts, bis auch der letzte Leser, der noch einen Funken Stolz hat, augenblicklich das mit diesem Autor geteilte Boot wird verlassen wollen, wie weit auch immer es noch vom rettenden Ufer entfernt sein mag.

Wäre einem das Buch auf diese Weise nicht so bald verleidet und herzlich egal, man möchte sich noch über manches wundern – über die paranoide Theorie etwa, die Stasi habe die deutsche Einheit gewollt und letztlich auch in die Wege geleitet; über den peinlich krampfigen Humor, wenn ein Essen bei McDonald's Anlaß zu Exkursen in die schottische Geschichte der Clan-Kämpfe zwischen den Macdonalds und den Campbells gibt; vor allem aber über die trostlosen Frauengestalten, bei deren Ausmalung sich die ganze Unvereinbarkeit der Welten von Grass und der Fontane zeigt. Sie sind entweder mürrisch, verbiestert und ein bißchen dumm, wie die gesamte Fonty-Sippe, mit Ausnahme der französischen Enkeltochter, für die „grand-père" eine „zartbittere" Regung verspürt. Oder sie sind kalt und böse wie die Nachfolgerin des Treuhandchefs: „Nur eine Frau konnte ihren Haß so auf den Punkt bringen. Nur eine Frau kann bei der hier geforderten Abwickelei genug Härte beweisen. Er wäre dafür auf Dauer zu schwach gewesen, so robust er äußerlich wirkte. Doch eine Frau steht das durch [...]" Dann doch lieber einen Männerbund, und wenn es auch der mit einem erpresserischen Spitzel ist.

Was Wunder, daß man bei dieser Lage Sex auf dem „weiten Feld" vergebens sucht. Nein, nicht völlig vergebens. Als politische Metapher darf sich das Sexuelle gelegentlich einschleichen, beispielsweise beim Festakt zur Feier der deutschen Einheit vor dem Reichstag. Der abgenutzte Spruch vom „Schoß, der fruchtbar noch" sei, ist mit Recht als frauenfeindliche Politmetapher gegeißelt worden. Ich möchte für den erigierten Schwanz die gleiche Verschonung in Anspruch nehmen. Denn was für ein trauriges Bild männlicher Sexualität steckt dahinter, wenn eine so angenehme Regung wie eine Erektion das Schreckbild des neuen Dumpf-Deutschlands liefern muß: „O ja! Ein Singen hob an. *Entfesselt* und chorisch gestimmt, begann der *Schwellkörper* deutscher Sangeslust zu tönen." Deutschland, ein singender Schwanz – Günter Grass hat sich wahrlich eine kalte Dusche verdient.

aus: taz, die tageszeitung, 26.8.95

LITERATUR

EIN WÖRTER-SACK

Der neue Roman von Günter Grass „Ein weites Feld“: Erwartung und Enttäuschung

DAS MEDIEN-ECHO

DIE SCHLACHT UMS BUCH

Das Medienereignis *„Ein weites Feld“ muß mit dem Autor Günter Grass, der immer schon polarisierte, vor allem aber mit dem Thema der deutschen Vereinigung zu tun haben. Höchste Erwartungen versetzten den Kulturbetrieb in Hysterie. Nachdem der Steidl Verlag schon früh 4500 Exemplare im In- und Ausland verschickt hatte, durchbrach er plötzlich ein Tabu des Buchhandels: Er lieferte zehn Tage vor dem von ihm festgesetzten Erscheinungstermin am 28. August aus.*

Der geschickt vom Verlag inszenierte Überraschungscoup wird dem Verkauf des Romans (erste Auflage 100000, weitere 50000 diese Woche) nützen. Hilft das aber Günter Grass?

Noch nie *ist das Werk eines prominenten Schriftstellers in Deutschland so heftig abgelehnt worden wie Grass' neuer Roman. Marcel Reich-Ranicki, der über die stärkste Resonanz beim Lesepublikum verfügt, in einem Brief an den Autor im „Spiegel“: „Doch muß ich sagen, was ich nicht verheimlichen kann: daß ich Ihren Roman „Ein weites Feld“ ganz und gar mißraten finde.“ So ein Urteil wirkt verheerend, muß Grass tief treffen.*

Gustav Seibt, Literaturchef der „Frankfurter Allgemeinen Zeitung“ sekundierte: „So wurde der Roman …, dieses Zeugnis bester Absichten, heroischen Fleißes und der Abwesenheit jeglichen Kunstverstandes, eine Totgeburt, ein Monstrum.“

Das Urteil *der „Süddeutschen Zeitung“, „ein kühner Entwurf“, kann wenig trösten. Grass und sein Verleger werden sich fragen müssen: Was haben wir da angerichtet?*

→ DAS WERK
Der neue Roman von Günter Grass ist im Steidl Verlag Göttingen erschienen und kostet 49,80 Mark (781 Seiten)

Der Fall scheint klinisch, ist aber poetisch. Es handelt sich um eine Bewußtseinsspaltung, genauer eine Bewußtseinsdoppelung. Um eine Art Wiedergängertum oder Reinkarnation.

Der Fall heißt Theo Wuttke. Und heißt Fonty. Theo Wuttke ist Aktenbote im „Haus der Ministerien“ oder in dem, was nach der Auflösephase der DDR von ihm noch übrig ist: nämlich das Verwaltungsgebäude der „Treuhand“.

Er ist zugleich aber die Wiederkehr des hier so genannten „Unsterblichen“, und damit ist Theodor Fontane gemeint. Und Wuttke war mehr noch: Luftwaffensoldat im Dienste Hermann Görings und in dieser Eigenschaft als Kriegsberichterstatter tätig. Dem nämlichen Gebäude zugehörig, durch das er schließlich in dessen Spätphase Akten befördert, im Auf und Ab des Paternosters. Denn damals war es Reichsluftfahrtministerium.

Wuttke konnte das lauthalse Berichten im Dienste seines jeweiligen Staats nicht lassen, hat das kulturelle Erbe der DDR als Propagandaredner durch die ostdeutschen Lande getragen, Völkerfreundschaft und Humanismus inklusive: all dies aber in einem sehr eigenen, vielmehr im fontanischen Tonfall und in des Dichters imitationsperfekter Nachfolge. Seine Leute nannten ihn „Fonty“.

Die Mimikry ist vollkommen, jede Einzelheit gleicht sich jeder Einzelheit an, und die Übergänge sind bruchlos.

Beide sind am gleichen Tag geboren, nur um einhundert Jahre getrennt (1819:1919). Geboren sind sie in der gleichen Stadt: Neuruppin. Herkunft und Verhältnisse, auch die Charaktere der Eltern sind einander ähnlich bis gleich. Vier Kinder gibt es in jeder der beiden Ehen, drei Söhne (natürlich mit den gleichen Namen hier wie da) und die Tochter, die hier wie da Mete genannt wird und die hier wie da ein unglücklich angelegtes Wesen ist.

Hier wie da ist auch die Ehefrau von pragmatischem Unverständnis für des Mannes Genie, und Ehe wird als Schicksal tapfer – wenn auch nicht eben schweigend – getragen. Hier wie da die gleichen Nervenkrisen, die gleichen Heilmethoden, und selbst die Handschrift des Sterblichen gleicht der des „Unsterblichen". So auch die Wortwahl, der Sprach- und Briefstil. „Ridikül" und „kolossal" bleiben die Lieblingsfüllsel. Der da redet, als habe er „Quasselwasser" getrunken, ergeht sich in fontanischer Plauderattitüde: ein routinierter Causeur in der Rolle seines Über-Ich.

Fonty umgibt sich, er staffiert sich aus mit den Kulissen und dem Personal der Fontanischen Romane, mit dem Leben und Sterben, dem Lieben und Scheitern ihrer Figuren. Vor allem aber, um es mit Emmi der Gattin zu sagen: „... daß er, wenn er von seinem Einundalles redet, sich immer irgendwie reinmogelt, als wenn er alles nachplappern muß".

Er muß. Und so besteht denn die Welt seiner Sprache und seiner Bilder und seiner Themen aus ineinandergleitenden Zeitsprüngen. Hundert Jahre sind vor ihm wie ein Tag. Ein Jahrhundert löst sich auf im anderen. Die Bilder überblenden, die Konturen überlagern sich, und jeder Vorgang hat seine vorgängige Entsprechung, seine vorgängige Parallele.

Das aber heißt: Will man Wuttke-Fonty verstehen, muß man in Fontanes Lande gehen. Und muß sich rüsten mit der Kenntnis der Romane von „Vor dem Sturm" bis zu „Effi Briest" und dem „Stechlin", aber auch mit den Briefen, vor allem denen an die Tochter Mete und an Friedländer – darüber hinaus mit den „Wanderungen" und den umfänglichen Schilderungen dreier Kriege.

Besonderes Gewicht indessen kommt in dem Geflecht der biografischen Bezüge den Ehebruchs- und Liebesgeschichten Fontanes zu. (Hier ist die genaue Kenntnis von „Irrungen Wirrungen" nützlich.) Dort weist das Schicksal der Romanfigur Lene Nimptsch viel Ähnlichkeit auf mit dem einer Magdalene Strehlenow, der Geliebten des Jungapothekers Fontane in dessen Dresdener Jahren. Magdalene hatte zwei Kinder von ihm.

Das wiederum muß Fonty zu zwanghafter Nachahmung stimulieren. Der Luftwaffensoldat verläßt fliehend Frankreich. Seine französische Geliebte bleibt in Schande zurück. Die Enkelin aber vergibt und besucht den Grand-Père und ist in ihrer mädchenhaften Anmut, mit romantischem Charme und deutschem Ernst die liebenswerteste Figur dieser allzu vielen siebenhunderteinundachtzig Seiten.

Eine Rechtfertigung des Autors Grass deutet sich an, wenn er eine Briefstelle Fontanes an die Gattin Emilie zitiert: „Du beklagst Dich über meine Weitschweifigkeit. Die Weitschweifigkeit aber, die ich übe, hängt doch durchaus auch mit meinen literarischen Vorzügen zusammen. Ich behandle das Kleine mit derselben Liebe wie das Große ..." Hier mag sich der Grafiker und Zeichner Grass angesprochen fühlen. Seine Kunst der akribischen Hingabe an das Detail, der abstufenden Schattierung und spinnenbeinigen Schraffur bestimmt auch seine Schreibweise.

Alles dies ist zwar viel, aber es ist noch nicht genug. Denn zu Wuttke und seinem „Einundalles", dem „Unsterblichen", tritt die Kontrast- und Partnerfigur: der Mit- und Gegenspieler Hoftaller. Mit Fonty zu widerstrebender Einheit verknäuelt auf Gedeih und Verderb. Meistens auf Gedeih.

Hoftaller, von Fonty auch sein „Tagundnachtschatten" genannt, ist der Agent schlechthin, dient dem von jeglicher Moral abgelösten Prinzip der Staatshörigkeit und hat sich der Vorstellung von Ordnung und Recht nicht blind, aber blindlings ergeben.

Grass verdankt die dubiose Figur Hans Joachim Schädlich und seinem Roman „Tallhover" (1986 bei Rowohlt).

Sie hat bei ihm etwas gemütvoll Mephistophelisches. Seiner Natur nach gänzlich treulos, ist Hoftaller doch Wuttke betreuend zugetan, mit ihm heillos verbunden wie Täter und Opfer.

Kein einfaches Konzept, wie man sieht. Grass hat sich ein zettelkastenstrotzendes Labor eingerichtet, hat nach gewohnter Methode recherchiert und geforscht.

Sein angelesenes Arsenal an Wissen und Kenntnissen verwirrt den Unkundigen und mehr noch den Kundigen, der ständig etwas zu übersehen fürchtet. Das vertrackte Spiel der ständigen Überblendung kann wohl schwindeln machen. Hier Fontane in Dresden, oder doch Wuttke? Hier Wuttke in Frankreich, oder doch Fontane?

Das Wechselspiel will nicht enden, auch nicht die langen, aufs kunstvollste gedrechselten Reden im Fontane-Sound – dieser Mischung von gespielter Schnoddrigkeit und gewitzter Weisheit.

Alles schön und soweit auch gut. Warum aber tut man sich so schwer mit der Lektüre? Warum hemmt Überdruß den Lesefluß und macht die Bewältigung des dicken Bandes zu einem zähfließenden Erlebnis? Weil dieser Roman keiner ist. Weil er just das schuldig bleibt, was des Romans Wesen ist, nämlich die Demonstration eines Menschenlebens und -erlebens.

In ihm findet kein Fortgang statt, kein Geschehen, alles löst sich auf in punktuelle Episoden, in eine Reihung von Bilderbögen. Die oft zitierte „Fox-Tönende-Wochenschau" kann sehr wohl herhalten für die Charakterisierung des hier vorliegenden Verfahrens: Sequenz von Genrebildern, Serie von Momentaufnahmen, getragen von Rede und Widerrede und den Kunstbögen einer seitenfüllenden Suada.

Mit all dem hat Grass, seinem Lehrer Alfred Döblin getreu, auch einen Berlin-Roman geschrieben, in präziser Beachtung topographischer und sprachlicher Eigenheiten. Vor allem ist er fixiert auf eine neuerdings in Berlin angesiedelte Institution, auf die „Treuhand". Ihr Wirken ist ihm das Modell allen sozialen Elends, wie es die Wiedervereinigung in den neuen Ländern angerichtet hat – „plattmachend" und schäbiger Raffgier und kolonialen Beutezügen den Weg bereitend.

Der Roman der Wiedervereinigung sollte es wohl werden. Mehr noch: eine ehrgeizige Allegorie auf das utopische Einheitsstreben der deutschen Nation und dessen allemal üblen Folgen – von 1848 über 1871 bis heute. Da stehen sie nun, die Hoftallers und Wuttkes, überrascht von der Wiedervereinigung – wie alle – in der Vereinigung die Einheit suchend – wie alle.

Die Umsetzung dieses großen Konzepts ist Grass nicht gelungen. Sein Held, in dem als Medium sich alles Licht und Dunkel der Vorgänge bricht, ist eben doch nur eine Kuriosität. Eine bizarre Eigenwilligkeit, kauzig, humorig, schwatzhaft und von sprunghafter Phantasie. Was ihm und Hoftaller in den Blick und unter die Finger gerät, wird überspült von der Flut einer fontanesken Prosa.

„Ein weites Feld" ist eine kunstvoll gezirkelte Arena – gezirkelt mit den Instrumenten der Bildung, des Wissens, der wuchernden Detailbesessenheit. Aber die Vorstellung, Fontane wieder auferstehen zu lassen in seinem Ururenkel (denn als solcher, was Wunder, wird Wuttke zum Ende hin aktenkundig gemacht), reicht allenfalls aus für das Format einer Erzählung. Die Idee ist nicht vital genug, um die lastende Gewichtigkeit eines Romangebäudes zu tragen. Und so zerrinnt und versandet in dem weiten Feld der fast 800 Seiten, was gebändigt und diszipliniert wohl ein Stück reizvoller und sinnlicher Prosa hätte werden können.

Bleibt die Frage: Wer erzählt die ganze lange Geschichte der kurzen zwei Jahre vom Winter 1989 bis zum Herbst 1991? Erst spät führt ein „Ich" sich ein, und langsam nur begreift man, daß hier „das Archiv" sich zum allwissenden Erzähler, zum auktorialen Verfasser macht. Jenes Fontane-Archiv in Potsdam also, seit jüngstem der „Stiftung Preußischer Kulturbesitz" zugeordnet, und seine referierenden Mitarbeiter bleiben im Dunkel, allenfalls merkt man, daß einmal eine weibliche, dann wieder eine männliche Person observiert, begleitet und kommentiert.

Grass schreibt, räsoniert und schildert seitenlang wie Fontane. Nur: Er ist nicht Fontane.

Es gibt ein sich gegenseitig bedingendes Verhältnis von Gegenstand und Darstellung, eine Entsprechungsbeziehung zwischen den jeweiligen Problemen und ihrer literarischen Bemeisterung. So war es bei Fontane, und die Konstellation war optimal. Heute aber zerbricht keine Liebe mehr unter dem eisigen Diktat des Standesunterschiedes, und kein hoffärtiger Ehrenkodex löst mehr die tödliche Duellkugel aus. Weil aber Grass die politischen und sozialen Probleme unserer Zeit mit der Sprach- und Bildwelt Fontanes darstellen will, verliert er sich in abundanter („überflüssiger") Weite. ■

PETER WAPNEWSKI

aus: Focus, 28.8.95

Mit Fonty und Wuttke im Paternoster durch die deutsche Geschichte

Eine polnische Sicht auf den neuen Roman von Günter Grass „Ein weites Feld" und seine historische Dimension

Der exzellente Kenner der deutschen Politik und Kultur ADAM KRZEMINSKI **hat seine in der jüngsten Ausgabe der Wochenzeitung „Polityka" erschienene und in Polen vielbeachtete Rezension des Romans von Günter Grass der Märkischen Oderzeitung in einer deutschen Fassung exklusiv zur Verfügung gestellt.**

Haben wir Polen etwa unseren Grass verloren? Die große Danziger Trilogie – „Die Blechtrommel", „Katz und Maus" –, aber auch der hier immer noch nicht vollständig übersetzte Roman „Der Butt" – hat „unseren Grass" in die Weltliteratur eingeführt. Und mit ihm Danzig, das zwar einst unter den polnischen Königen eine große Handelsmetropole war, doch nach 1795 ermattete, durch Königsberg zerdrückt wurde. Als Grass das Danziger Thema anfaßte, glitzerte es und sprühte Funken bis hin zu seiner „Rättin". Als er mit seiner Prosa in die deutschen Lande zog, wie beim „Treffen in Telgte", oder gar noch weiter – nach Indien und China, wie mit den „Kopfgeburten oder Die Deutschen sterben aus" –, riskierte er einen anämischen Schub. Als er wiederum eine hochaktuelle Story mit Danziger Erinnerungen anreicherte – wie im „Tagebuch einer Schnecke" oder in der „Rättin" –, lebte er auf.

Nach der Vereinigung Deutschlands hat sich die Lage geändert. Die Berührung Danzigs in den „Unkenrufen" hat dem Autor keine Kraft mehr gegeben. Das Danziger Thema brannte sich irgendwie aus. Doch keineswegs hat sich der 68jährige Grass ausgebrannt. „Ein weites Feld" ist ein wunderbarer Roman, mit langem Atem erzählt und zugleich barock glitzernd, voller überraschender Ideen, grotesken Spaßes und spöttischen Nachgrübelns über das deutsche Schicksal der letzten 150 Jahre.

Es ist Paradox: Günter Grass, ein Danziger Schriftsteller, der jahrelang zuerst in Westberlin lebte und seit einiger Zeit in Behlendorf ansässig ist, unweit von Mölln, woher auch Till Eulenspiegel stammte und wo 1993 Türken „abgefackelt" wurden, hat den „DDRlern" jenes große Epos über die Vereinigung Deutschlands geschenkt, an das sie sich selbst noch nicht heranwagten – weder Hermann Kant, der ja zu erzählten wußte, doch nun durch Selbstbemitleidung und Groll vergiftet ist, weder … Ach, lassen wir die Namen. Für die immer noch mehr oder weniger schweigenden DDR-Schriftsteller hat sich Günter Grass phantasievoll zu Wort gemeldet.

Gestalten arbeiten für und gegen die Obrigkeit

In diesem Roman sind nicht nur der Mauerkomplex und die Stasi, der Zusammenprall von Ossis und Wessis, die Treuhand – dieser ganze Schluckauf der Vereinigung – vorhanden, sondern auch ein witziges Spiel mit der deutschen Historie. „Ein weites Feld" ist die Geschichte eines Schriftstellers und eines Agenten zugleich. Es ist diese ewige Zweideutigkeit des Talents und der Karriere, der Verstrickung sowohl in die (übertreiben wir nicht) Zusammenarbeit mit der als auch in die (auch hier übertreiben wir nicht) Opposition gegen die Obrigkeit. Die Hauptfigur ist Theo Wuttke, genannt „Fonty", ein Fest-Redner, ein „Sinnstifter", der im Namen des Kulturbundes durch die DDR tingelt. Fonty hat selbstverständlich seinen Schutzengel aus der „Firma". Der Engel heißt Hoftaller, ist ein Intellektueller und fast ein Familienfreund, sogar dann, als Fonty infolge seiner unbotmäßigen Randbemerkungen zur Biermann-Affäre in Ungnade fällt und seinen lukrativen Job eines populären Intellektuellen und eines subtilen Propagandisten verliert. Mehr noch, Hoftaller ist ein „Mäzen", der dafür sorgt, daß sein „Objekt" sich weiterhin entwickelt, auch wenn er momentan zum Aktenboten im geschichtsträchtigen Haus der Ministerien an der Berliner Otto-Grotewohl-Straße degradiert wurde.

Der Zugang Fontys zu den Akten ist für die „Firma" recht bequem. Im Paternoster sieht man beide gelegentlich miteinander tuscheln und Aktentaschen tauschen. Doch dieser Paternoster ist nicht nur ein Agententreff, er ist auch eine Zeitmaschine, in der auf Hermann Göring mit seinem Gefolge Walter Ulbricht mit dem seinigen und nach 1990 auch der Chef der Treuhand folgen. Wer einmal in diese Zeitmaschine einsteigt, bleibt in ihr für lange, so lange, wie das Gesetz der ewigen Wiederkehr die deutsche Geschichte bestimmt. Das Gebäude wurde 1935 für das Luftfahrtministerium hergerichtet, und in dieses Gebäude kam auch Wuttke als ein Presse-Unteroffizier, der zuerst aus dem besetzten Polen, dann aber vornehmlich aus Frankreich berichtete.

Wie auch später zu DDR-Zeiten verstand Wuttke es gut, sich nicht zu gefährden, die brenzligen Frontsituationen zu meiden und in der „Etappe" blumige, mit historischen Kenntnissen gespickte Reportagen an die Zentrale zu schicken. Und bis dahin ist Wuttke ein Abziehbild eines anderen Opportunisten und Schriftstellers – Theodor Fontanes, der sich nach der von den Demokraten schandhaft verpfuschten Revolution von 1848 vom preußischen Innenministerium anwerben ließ, um nach London geschickt zu werden und die einstigen Freunde aus der „Szene“ zu bespitzeln. „Fonty“ – ein Platzhalter der DDR-Intellektuellen, Fontane – ein Platzhalter der deutschen Literatur zwischen Goethe und Thomas Mann. Beide Chronisten einer atemberaubenden Enge, der eine Chronist des Preußens Bismarcks, der andere des „roten Preußens“ von Stalins Gnaden.

Fontane und Wuttke, Fonty und Hoftaller – mal „unheilige Dreifaltigkeit“, mal „siamesische Zwillinge“ (bis hin zum Austausch der künstlichen Gebisse!), ein Schriftsteller und ein Agent sind im Roman Zeugen und Schauspieler der Vereinigung Deutschlands.

Der deutsche Leser wird wohl einen Mordsspaß haben, im Roman die Ereignisse zu verfolgen, an denen er noch vor kurzem teilnahm. Der polnische Leser dagegen wird in einigen Jahren (wenn das Buch bei uns erschienen ist) sich in die Atmosphäre jener Jahre hineinfühlen können, die Deutschland und auch Europa geändert haben: von den Mauerspechten über die Menschenschlangen der „DDRler“, die auf 100 Mark „Begrüßungsgeld“ warteten, bis hin zu den längst vergessenen Eintagsfliegen, die zu Sternen der Öffentlichkeit wurden, um dann als „Stasi“-Verstrickte in die Dunkelheit zu fallen.

Der polnische Leser wird bei Grass auch Spuren unserer „Trauung“ oder „Hochzeit“ finden. Es ist eine Vermählung der Tochter Fontys mit irgend einem Bauspekulanten aus dem Westen. Eine mißlungene Hochzeit, auch wenn ein katholischer Priester Matull (polnisch „Tölpel“) ganz gescheit für das Grass'sche „Prinzip Zweifel“ plädiert und sogleich als Kryptokommunist verschrien wird. Diese Hochzeit ist sowieso nur gestundet. Der westliche Karrierist kommt sofort um, bei einem Frontalzusammenstoß mit einem Trabi. Eine spöttische Metapher, wie die Ossis es zu etwas bringen können? Nein. Grass braucht einen Vorwand, um die „Deutsche Familie“ auch mal bei einem Begräbnis zusammenzubekommen.

„Ein weites Feld“ ist ein humorvolles, manchmal auch giftiges Gemälde über den „Anschluß“ der Ostdeutschen und ein witziger Spott über die aktuelle Politik. Es ist aber auch ein Abriß der (Selbst)Befreiung eines Schriftstellers von den Schutzengeln, vom Schreibzwang, und überhaupt von der öffentlichen Rolle des Schriftstellers.

Grass ist der längst fällige „Wenderoman“ gelungen

So ist der Rahmen des „Weiten Feldes“, eines dicken, saftigen Romans, mit Verve, Sarkasmus und Ironie gesetzt. Dieses 800 Seiten dicke Buch glitzert mit wunderbaren Anekdoten und Ausflügen in die Geschichte. So wie die „Danziger Trilogie“ den Badestrand in Brösem oder die kaschubischen Kartoffelfelder in die Weltliteratur eingeführt hat, so hat Günter Grass jetzt auch den DDR-Deutschen das geschenkt, wozu sie selbst nicht imstande zu sein scheinen – eine literarische Legende ihres Landes. Das ist keineswegs ein „weites Feld“ – diese Gegend mit schönen Seen in Mecklenburg, mit der grausig aufgerissenen Erde bei Hoyerswerda, wo die Braunkohle gefördert wird. Doch diesem grauen „postDeDeeRschen“ Landstrich gab Günter Grass Leben und eine literarische Legende. Wiederum bekommt das Graue die Farbe.

Und wir Polen? Es ist nicht ausgeschlossen, daß wir tatsächlich „unseren Grass“ verloren haben. Es ist schon erstaunlich, wie er sich im

„weiten Feld“ von seinem Danzig befreit hatte, wie wenig für „Fonty“ und seinen „Schutzengel“ der östliche Nachbar gegenwärtig ist. Wenn die beiden in Frankfurt/Oder sind, sehen sie weniger Slubice als Kunersdorf, wo der Alte Fritz eine große Schlappe erlitt. Sicherlich, sie sehen noch den „Polenmarkt“ in Berlin und erinnern sich daran, daß die Wuttkes irgendwann mal in West-Preußen ansässig waren. Und wenig mehr. „Fonty“ ist ganz gen Frankreich oder England gewendet. Und das ist verständlich.

Und dennoch haben wir Polen unseren Grass nicht ganz verloren. In einer wunderbaren Szene der Rückführung der beiden Hohenzollern-Leichen nach Potsdam läßt Grass auf den „alternativen Feierlichkeiten“ eine polnische Theatertruppe aus Rzepin mit einer Pantomime auftreten. Das Thema? Friedrich und Katte.

Eine schöne Idee: Die Polen – begleitet vom Rhythmus der nicht unbedingt blechernen Trommeln – erinnern die Deutschen an die andere Seite Preußens, die Erziehung durch Brechen der Charaktere. Katte nämlich war ein Jugendfreund Friedrichs, ein Schwärmer, ein musischer Mensch. Zusammen mit dem Kronprinzen wollte er fliehen. Friedrichs Vater, ein Rüpel und brutaler Mensch, ließ Katte vor den Augen Friedrichs köpfen.

Es ist nett, daß Grass gerade den Polen die Rolle der Blechtrommler, die die erneut erstarkten Preußen an die andere Seite ihrer Geschichte erinnern sollen, zuweist. Das wäre auch ein Programm für Dorota Pacciarelli, die Leiterin des polnischen Kulturinstituts in Berlin. Solange wir kein eigenes „Weites Feld“ haben, können wir den Deutschen auf der weiß-roten Blechtrommel die andere Seite ihrer Seele vorspielen.

Wir haben Günter Grass also nicht ganz verloren.

aus: Märkische Oderzeitung, 30.8.95

Nur von außen...

Von Sascha Anderson

...kann es so aussehn, als beginne ein Kind, plötzlich zu rennen. „Ein weites Feld“ ist die auf achthundert Seiten verdichtete Erzählung über das Verschwinden der Berliner Mauer. Das Plötzliche, das Telegrammartige der Beschreibungen und der Dialoge sprechen eine Sprache, wie ich sie von Günter Grass und von der sich scheinbar nur selbst in Schwung haltenden Geschichte her kenne. Ich unterscheide Schriftsteller, denen die Geschichte in ihrer politisierten Gestalt oft bis zum Hals steht, und die aus diesem Grunde anhand des Textes, der durchaus Hebel sein will, versuchen, sich in Bewegung zu versetzen.

Andererseits jene Texte, die nicht an sich, sondern willentlich einen Halt bilden; die also nicht die Geschichte anhalten, aber in ihr halt machen. Solcherart Text ist mir näher. Aber nur wenigen Prosaschriftstellern ist es gegeben, sich diesem Wesen des Textlichen auszuliefern. Sie wehren sich gegen das Ewige und favorisieren das Unsterbliche. Ihr Mittel hierfür ist Bewegung in der Form einer Gebärde über die Zeiten. So auch Günter Grass, der sich Theo Wuttke alias Fonty alias Fontane, dem Plauderer in Ruhelosigkeit, ausliefert. Doch nur umgekehrt würde ein Schuh daraus. Grass wie Fontane hätten sich, um Halt in der Geschichte, der Erinnerung zu finden, Wuttke und seinem Schatten, dem ewigen Spitzel zu verschreiben, der nach dem Ende der Geschichte und also in dieser Geschichte nur Gutes tut.

Familie Wuttke, eine Ballung von Stoizismen, wie sie typisch ist für das Berlinerische, das mehr als ein politisches System im Zusammenbruch erlebt hat, steht zwar in der Mitte dieser Geschichte, wird aber von den Beschreibungen, die noch bis in ihre pseudo-wörtlichen Reden eindringen, so an den Rand gedrängt, daß der immer noch Lesende sich den Text auf Diskette und einen Computer anstelle des Bücherregals wünscht, um die Menschen von den Meinungen (des Autors) zu trennen. Das Dilemma des Textes sehe ich in seinem Grundsätzlichen „von außen". Günter Grass ist außerhalb dieser Geschichte und er ist auch außerhalb dessen, was sie ausmacht. Immer wieder verglühen menschliche Zusammenhänge in einer weltgeschichtlichen Atmosphäre, vom Grass'schen Willen zur Politik dominiert, im Kitsch kleiner Happy Ends. Der Stern steht, und die Sternschnuppe bleibt unsterblich.

Mehr und vor allem Detaillierteres hätte ich von dem, was Günter Grass über Deutschland denkt, erfahren wollen und weniger seine zu oberflächlichen Masken versteiften Versatzstücke einer Wirklichkeit, die, wenn sie das Westdeutsche bespricht, ausweicht und am Ostdeutschen mit der verzweifelten Gebärde des sich nicht mehr tatsächlich hingeben Könnenden scheitert. Erst wenn der Autor über die Oder geht und vom noch Östlicheren (seines Ursprungs) spricht, habe ich ein Gefühl von Lebendigem. Die wenigen Zeilen, wo dies in seinem Buch geschieht, stehen fremd im Text und vor mir. Allerdings in einer Fremdheit, die mir nähergeht als all sein Klischieren im Osten der Stadt. Dann doch lieber unverständlich von innen (ungefährlich fürs System wie die Prenzlberger, die in seinem Roman so schön Unbeschriebenen), als verständlich von außen. Hinter dem Stil, der ja mit Kunst wenig zu tun hat, sondern eher mit einem Weltbild, scheint aus diesem Buch der Kunstwille hervor und verbrämt das Gesagte.

Die Pointen sind Analogien

wie die klügeren Sätze Zitate. Würde dieses wie jenes weniger prononciert, wäre mehr Raum geblieben für das, was ich an Wichtigem hinter den tagespolitischen Telegrammen vermute. Aber vielleicht hätte „Ein weites Feld" 1600 Seiten gebraucht, um den Eindruck von Weitschweifigkeit zu verhindern. Günter Grass, der als ein Kenner der Feinheiten des Steindrucks bekannt ist, pflegt hier den Linolschnitt mittels der Kreissäge. Querschnitt bis man den Wald vor lauter Gedanken nicht mehr sieht. Ein weites Feld.

■ Günter Grass: Ein weites Feld. Steidl Verlag, 784 S., 49.80 DM

Sascha Anderson,

Jahrgang 1953, steht für die Verstrickung deutscher Intellektueller mit der Staatssicherheit. Zu DDR-Zeiten galt der umtriebige „Dichterfürst vom Prenzlberg" als zentrale Figur der Ost-Berliner Subkultur. Entsprechend groß war das Entsetzen, als 1991 das Ausmaß seiner Spitzeltätigkeit bekannt wurde. 1980 aus Dresden in die Hauptstadt gekommen, war der Lyriker für die „Firma" eine ideale Figur, um die widerspenstige Kulturszene auszuspionieren. 1986 siedelte Anderson nach West-Berlin über. Nach der Wende gründete er das Druckhaus Galrev, dem er heute noch angehört.

aus: Berlin Ticket, 31.8.95

Kritik

PETER GLOTZ

Preußen-Deutschland birgt keine Verheißung

Günter Grass' neuer Roman *Ein weites Feld*

Zumindest *einen* Klagegesang kann man jetzt einstellen: daß die deutsche Literatur sich nicht um die großen Probleme des eigenen Volkes, die Zeitgeschichte, die Politik kümmere. Mögen andere Goldpirol, Grünspecht und Dompfaff besingen, den 284. Beweis für die Beziehungsfähigkeit der Menschen liefern oder in der Niemandsbucht gründeln, Günter Grass hat getan, was immer wieder eingefordert wurde. Jetzt liegt er vor, der große Wiedervereinigungsroman, Schauplatz Berlin, mehrere Dutzend pralle Figuren, eine aggressive Perspektive, 784 Seiten lodernde Prosa, ein kräftiger Fußtritt in den Hintern des nationalen Bürgertums. Schäumt, verehrte Alteigentümer, tobt, liebenswerte Kanzlerverehrer, richtet den Daumen nach unten, geschätzte Sanftrevolutionäre – an dem dicken Ding, das der Danziger da auf den Tisch geknallt hat, kommt Ihr schwerlich vorbei. Jedenfalls nicht mit ein paar säuerlichen Bemerkungen im Feuilleton. Deutschlands bekanntester Schriftsteller ist durch den Kamin gefahren und sitzt jetzt, rußgeschwärzt, mitten in der guten Stube, wo die Elite der Nation gerade die Sprachregelungen abgestimmt hatte. Man wird sich mit ihm auseinandersetzen müssen.

Was gar nicht so leicht sein wird. Denn Grass ist einerseits frech oppositionell. Er schreibt aus der Perspektive eines kauzig-intelligenten Prenzlberg-Ossis, des Aktenboten Theo Wuttke, einer unangepaßten Wiedergeburt Theodor Fontanes in kleinbürgerlicher Dimension – und dieser Wuttke nimmt kein Blatt vor den Mund: »Alles sagt mir«, so resümiert »Fonty«, die Hauptfigur des Romans, nach der Wiedervereinigung »Nichts wie raus aus dem Land, in dem für alle Zeit Buchenwald nahe Weimar liegt, das nicht mehr meines ist oder sein darf, in dem mich wenig hält. Schon die alte Frau von Wangenheim (eine Figur Fontanes) hat das furchtbar richtig gesehen, als sie mit ihrem allerkatholischsten Gesicht sagt: Preußen-Deutschland birgt keine Verheißung!« Andererseits war dieser Grass aber nie ein Baldachinträger der Kommunisten. Er hatte nichts mit der DDR am Hut. Das beweist seine intrikate Gegnerschaft zur Engelmann-Fraktion im Schriftstellerverband ebenso wie sein frühes Stück *Die Plebejer proben den Aufstand*. Ein Antikommunist, der gegen die »Raffkes« antritt, gegen »den Herrschaftsbeginn des neuen Geldes«, die »Mogelanten«, die »Wiederkehr der Gründerjahre«, die allzu große »Happigkeit«. Das heißt, daß sich ein Wessi in die neue Ostfront (der Heiner Müllers, Frank Castorffs, Christa Wolfs usf.) einreiht. Schmerzhaft für's Establishment. . .)

Kommt dazu, daß Grass die historische Perspektive sucht. Einerseits erzählt er über »Fonty«, den genau 100 Jahre nach Fontane geborenen Fontane-Narren, Kulturbund-Redner und späteren Aktenboten sowie dessen »Tag- und Nachtschatten«, seinen Stasibetreuer Hoftaller. Andererseits ist dieser Zweier-Pack sozusagen die Reinkarnation des »Unsterblichen«, nämlich Theodor Fontanes und dessen Geheimdienstschatten Tallhofer. Fonty zitiert das Werk seines »Einundalles« kapitelweise aus dem Kopf, Hoftaller, erst Gestapo, später Stasi, kennt auch die Akten Tallhofers; er ist ein »Prinzip«, wird von jedem Regime gebraucht. Auf diese Weise gerät die kleindeutsche Vereinigung von 1871 genauso in den Blick (und in die Kritik) wie die Wiedervereinigung von 1989, und zwar aus doppelter Sicht: aus der Perspektive des immer regimekritischen, aber eben auch auf's Überleben abonnierten Intellektuellen (Fontane/Fonty) wie des zynischen Ordnungsmannes (Tallhofer/Hoftaller).

Eine böse Pointe von Grass: die Dienste waren natürlich *für* die Vereinigungen, auch hinter Schabowskis maueröffnendem Black out stand die Stasi. So wird die Fabrikation des »Einig-Vaterland« im ewigen Hin und Her des Dialogs der zwei Protagonisten durch und durchgekaut, was zur Zerstörung sämtlicher Vereinigungslegenden führt. Am Schluß ist Fontys Fazit »belustigt«: »Doch die Schuld ist ein weites Feld und die Einheit ein noch weiteres, von der Wahrheit nicht zu reden.« Das kommt davon, wenn »die Geschichte« aus dem Blickwinkel von zwei zusammengezwungenen »Kumpanen« am Fuß der Hierarchie, also von unten beleuchtet wird und dazu immer aus demselben Gebäude, das bei den Nazis Görings Luftfahrtministerium, in der DDR »Das Haus der Ministerien« und danach der Sitz der »Treuhand« war. Aus dem Paternoster dieses Kolosses an der Leipziger Straße wirken die Haupt- und Staatsaktionen seltsam unheroisch. Fonty, heißt es, »begriff die Mechanik der Wende in Gestalt eines rastlos dienstwilligen Personenaufzugs. Soviel Größe. Soviel Abstieg. Soviel Ende und Anfang.« Keine Chance für's Konstruktive. Grass hat die Chance, Kohls Gustav Freytag oder gar Kohls Treitschke zu werden, ausgeschlagen.

Man mag sich über manche Schlaumeierei, manch »kleinstriezige Bedenken«, manche Bosheit aus der Küche des Zweier-Packs ärgern. Bläst der Wind in der Berliner Republik wirklich aus der »Hofpredigerecke«, der Ecke der Stöckers, die dreckige Antisemiten waren? Hat der Sieg über den Kommunismus den Kapitalismus wirklich »tollwütig« gemacht? Hatte die »Treuhand« der Birgit Breuel (der ermordete Rohwedder wird chevaleresk gehandelt) so viele Alternativen, wie insinuiert wird? Unbestreitbar aber liefert der Erzähler Grass doch unvergeßliche Szenen und Figuren, übrigens auch den ersten saftigen Berlin-Roman seit Döblins *Berlin Alexanderplatz*. Ob die Sprachprobleme der Deutschen aus Ost und West kurz nach der Vereinigung je wieder so prägnant (und komisch) dargestellt werden wie in jenen hinreißend exakt gemeißelten 30 Seiten, auf denen das Hochzeitsessen der Martha Wuttke (Ost) mit dem Bauunternehmer Heinz Martin Grundmann (West) geschildert wird, ist zweifelhaft. Die kleine Vignette über den wegevaluierten jüdischen Rechtsprofessor Freundlich an der Universität Jena, den Sohn eines in Ungnade gefallenen Ulbricht-Ministers der 40er Jahre – Freundlich junior begeht nach seiner Abwicklung Selbstmord –, ist eine unanfechtbare Umsetzung »deutschen Schicksals« in Poesie. Und die Geschichte vom halb verzweifelten, halb fitnesswütigen Treuhandchef, der die riesigen Linoleumflure seiner Behörde nächtens mit Rollschuhen abfährt und im Zimmerchen des Beraters Fonty ein Gläschen volkseigenen Weinbrands angeboten bekommt, ist eine gelungene Parabel auf die immer wieder versuchte und selten gelingende Versöhnung zwischen großen Wessis und kleinen Ossis. Im übrigen hat sich die Sprache von Grass an Fontane noch einmal geschärft, ins Berlinische verfeinert und belebt. Das »weite Feld« ist einer der wichtigeren deutschen Romane in der dürren Periode deutscher Epik seit 1945.

Allerdings fehlt ihm der Mut zur Simplizität, das Zwingende, das *Katz und Maus* auszeichnete oder die großen Romane von Nabokov oder Garcia Marquez. Dazu finassiert Grass zuviel. Die Erzähler sind Fontane-Archivare (»Wir vom Archiv«). Wieso geben sie sich soviel Mühe um einen alten Sonderling, daß sie ihn bis hin zum Kahnfahren observieren? Im ersten Buch wird dem Leser ganz wirr im Kopf; Fontane verschwimmt ständig mit Fonty und Hoftaller mit Tallhofer; das ist gewollt, aber eben auch gesucht. Braucht man, um die Immergleichheit von Agenten darzutun, die Tallhofer/Hoftaller-Konstruktion? Braucht man den Bezug auf ein Buch *Tallhofer* von Hans Joachim Schädlich, und sollte man es gar gelesen haben? Und ist die stupende Fontane-Kenntnis des armen Fonty (der sich auf Seite 685 sogar als illegitimer Ururenkel Fontanes herausstellt) nicht vor allem ein Mittel, um den Unsterblichen seitenlang zitieren zu können? Sind mit einem, mit einem Wort, diese Konstruktionen nicht allzu kompliziert, künstlich, unglaubwürdig und verfisselt?

Wahrscheinlich ist das die Vorliebe von Grass für's Groteske. Oskar Matzerath war ein Zwerg und konnte Scheiben zersingen. Fonty gleicht Fontane auf's Haar und verwechselt den eigenen Schwiegersohn mit dem seines Einundalles. Die Absursidät der Welt wird nur sichtbar, wenn man sie in Spiegelscherben reflektiert. Aber diese Technik hat ihre Grenzen.

Günter Grass: Ein weites Feld. Roman, Steidl Verlag, Göttingen 1995, 784 S., DM 49,80

aus: Die Neue Gesellschaft, September 1995

■ Wirtschaft + Politik ■

Auferstanden aus Romanen

Im Frühjahr 1993 war Günter Grass in der Treuhandanstalt in Berlin. Er wurde mit offenen Armen empfangen, wir besorgten ihm Berge von Materialien und zeigten ihm das ganze Haus. Wir wußten also, daß sich Grass mit der Arbeit der Treuhandanstalt beschäftigt und daß er sich mit uns, unseren ganz persönlichen Handlungen, Motiven, Fehlern und Erfolgen auseinandersetzen würde. Ich war daher neugierig auf das, was er in seinem angekündigten historischen Roman über diese Zeit und über die Sache sagen würde.

Nun ist der Roman da, aber ich finde darin nichts von dem, was uns in der Treuhandanstalt wirklich beschäftigt hat. Nichts über das nächtelange Ringen mit weltweit agierenden Unternehmen, um sie zu einer Investition in Ostdeutschland zu bewegen. Nichts über die Versuche, Unternehmen vor dem Ende zu bewahren, die die Konkurrenz im Westen lauthals für überflüssig erklärte. Nichts über unser Ringen um die Zusammenarbeit zwischen Mitarbeitern aus Ost- und Westdeutschland.

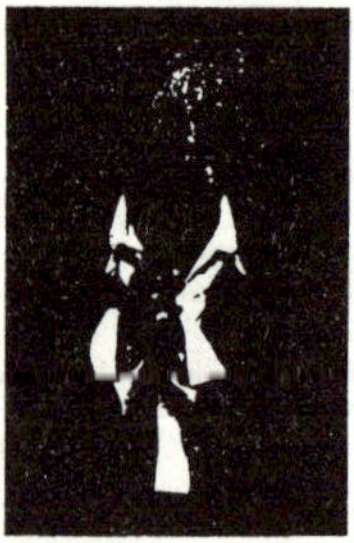

Birgit Breuel über Günter Grass und die Treuhand

Statt dessen finde ich die bekannten Abziehbilder vom Plattmachen, vom Schnäppchenjagen, von der Abwicklung, von der Kaltherzigkeit, die Beschreibung der Symbolik des Hauses, des Paternosters.

Ich habe immer gewußt und auch unüberhörbar gesagt, daß der Prozeß des wirtschaftlichen Neuanfangs den Menschen unendlich viel zumuten mußte. Denn mit dem Zusammenbruch des gesamten sozialistischen Wirtschaftskreislaufs war eine Entwertung nicht nur wirtschaftlicher, sondern auch menschlicher Höchstleistungen verbunden, die von den Menschen nicht verstanden werden konnte. Die Rahmenbedingungen hatten sich fundamental geändert. Nicht weil es die Treuhandanstalt gab, wurde daher für Millionen Menschen der vermeintlich sichere Arbeitsplatz unsicher. Es war der Zusammenbruch eines Systems und die nachfolgende Entwertung aller Strukturen und Märkte, die diese einschneidenden Ereignisse erzwangen. Die Einbettung der DDR-Industrie in den militärisch-industriellen Komplex des Ostblocks, der ganze sozialistische Wirtschaftskreislauf ist doch in den Jahren seit 1990 zusammengebrochen. Die Menschen in Ostdeutschland haben das Tor von innen aufgestoßen. Eine Weiterexistenz der DDR nach dem Ende der Vorherrschaft der SED hat die Mehrheit der Bürger nicht gewollt. Das alles kommt bei Grass so nicht vor, ganz im Gegensatz zur Diskussion in der Bevölkerung.

1990 wurde in der Volkskammer entschieden, die Sanierung der Betriebe, die Privatisierung und die Abwicklung der nicht sanierbaren Teile ungeteilt auf die Institution Treuhand zu übertragen. Dies könnte man in seinem historischen Ablauf darstellen, aber es scheint sehr viel verlockender, daraus die schlichte Legende von der Installation der Treuhandanstalt durch Bonn zu machen.

Günter Grass räumt mit Legenden nicht auf. Für mich hat er dieser formelhaften schlichten Sicht der Dinge keinen neuen Blick hinzugefügt oder hinzufügen wollen. Der Autor leuchtet nicht hinter die Klischees, er läßt seine Bilder personalisiert umherstolzieren, mal auferstanden aus Romanen, mal scheinbar der Gegenwart entlehnt. Ich kann mit solcher Symbolik nicht viel anfangen, meinem Erkenntnisprozeß hat diese Lektüre wenig hinzugefügt. Grass wird damit auch nicht der hochdifferenzierten Diskussion unter den Menschen in Ostdeutschland gerecht. Das weite Feld scheint nicht nach Dresden oder Rostock zu reichen, irgendwo in Berlin hört alles immer wieder auf. Und genau diese Enge des Horizonts bedrückt mich als Leser und wird durch die reichen Assoziationsangebote der historischen Rückbezüge für mich nicht aufgewogen.

Meine erste Reaktion auf den Roman ist also Enttäuschung. Das ist eine sehr subjektive Wertung, wie ich überhaupt meine, daß wir uns alle miteinander hüten sollten, in die Attitüde der Objektivität zu fallen. Wir sind immer noch mittendrin in einem Prozeß, der jedenfalls den Menschen in Ostdeutschland immer alles, denen im Westen aber eigentlich bis auf den Solidaritätszuschlag kaum etwas abverlangt hat.

Neben der Enttäuschung gibt es auch einen Anflug von Ärger. Ich finde es in höchstem Maße ärgerlich, unanständig und falsch, wie Grass mit dem Mord an Detlev Karsten Rohwedder umgeht. Nicht in seinem Roman, wohl aber in einem Interview sagte Grass: „Das Buch macht mit literarischen Mitteln deutlich, wie es zu solchen Anschlägen kommt. Wer ein solch menschenverachtendes Instrument wie die Treuhand ins Leben ruft, muß sich nicht wundern, wenn darauf terroristisch reagiert wird."

Ein solcher Satz ist ungeheuerlich! Ich sage ohne Sorge, in eine dichterische Freiheit einzudringen: Wer so spricht, mißachtet die Würde derer, die diese Revolution in Deutschland zustande gebracht haben, er verunglimpft jene, die sich bewußt sind, daß ein unendlich schmerzlicher Übergang durchgestanden werden muß.

Wie keine andere Institution war die Treuhandanstalt gefordert zu handeln ohne Erfahrung, zu entscheiden ohne ausreichende Grundlagen und zu gestalten ohne ein langfristiges Konzept. Damit standen wir von Anfang an in der Gefahr zu hoher Erwartungen. Viele Menschen in den neuen Ländern haben uns gehaßt für das, was wir zu entscheiden hatten und was wir durchsetzen mußten. Aber viele haben auch verstanden, daß wir um ihre Arbeitsplätze gerungen haben.

Die Autorin war von 1991 bis zur Auflösung der Behörde Ende 1994 Präsidentin der Treuhandanstalt.

aus: Wirtschaftswoche, 7.9.95

Offener Brief von Klaus von Dohnanyi . . . an Günter Grass

»Du verspielst jeden Respekt als Figur des öffentlichen Dialogs«

In den Streit um Günter Grass und seinen neuen Roman mischt sich nun auch Klaus von Dohnanyi ein. Der frühere Bundesminister, Hamburgs Erster Bürgermeister und Brandt-Vertraute hält seinem Freund historische Fehleinschätzungen und politisches Lagerdenken vor. Am schlimmsten aber seien seine Verunglimpfungen der Treuhand

im Verlaufe der literarischen Debatte um Deinen neuen Roman hast Du wieder so böse Äußerungen zum politischen Weg in die deutsche Einheit gemacht, daß ich Dir öffentlich antworten möchte.

Ich akzeptiere natürlich, daß Du den wiedervereinigten deutschen Nationalstaat, obwohl eingebunden in die Europäische Union, für eine schlechte Lösung hältst. Deine Überzeugung, das vereinigte Deutschland sei zu groß für das übrige Europa, teilst Du mit vielen Bürgern und Politikern unserer Nachbarländer. Insbesondere mit Margaret Thatcher, die dies in einem »Spiegel«-Interview vor einiger Zeit ganz unverblümt als Grund dafür angab, warum sie die Wiedervereinigung 1989/90 verhindern wollte. Du hattest ja in Deiner Tutzinger Rede Ende Januar 1990 deswegen auch unsere Nachbarn aufgefordert, uns Deutschen notfalls die Wiedervereinigung schlicht durch Einspruch zu verbieten.

Ich will mit Dir nicht darüber streiten, ob die nationale Einheit den Deutschen noch nie gut bekommen sei: Denn in der Tat, seit das Deutsche Kaiserreich 1871 entstand, wuchs in Europa die Unruhe über dessen Stärke und in Deutschland mit dieser Stärke der Übermut. Aus diesem Gemisch entstand der Sprengstoff des Ersten Weltkrieges. Dieser wiederum wurde dann auf dem Hintergrund des für Deutschland unerträglichen Versailler Vertrages und einer trotzigen deutschen Unbelehrbarkeit zum Nährboden für den Nationalsozialismus. Insofern könnte man rein äußerlich eine Kausalkette bis zu den größten Verbrechen der Menschheitsgeschichte ziehen, für die wir Deutsche zwischen 1933 und 1945 die Schuld und noch heute die Verantwortung tragen.

Allerdings läßt sich auch nicht bestreiten, daß Kriege in Europa nicht nur von der vereinten deutschen Nation geführt wurden, sondern zuvor über Jahrhunderte gerade gegen die kleinen deutschen Teilstaaten, und zwar mit dem Ziel, diesen die staatliche Einheit Deutschlands unmöglich zu machen. Man fürchtete die vereinigte Stärke der deutschen Nation. Immer wieder war es zentrales Ziel der Politik der europäischen Großmächte, die Einheit Deutschlands notfalls auch militärisch zu blockieren. Und man könnte deswegen durchaus auch der Meinung sein: Wäre es früher gelungen, gegen die Interessen der anderen europäischen Großmächte eine vereinigte deutsche Staatsnation zu schaffen, so wären uns das Trauma des Dreißigjährigen Krieges, die Raubzüge Ludwig XIV. und die Napoleonischen Eroberungen vermutlich erspart geblieben, ebenso übrigens wie der völkische Ersatz, den wir für den fehlenden deutschen Staat suchten.

Alles natürlich Spekulation: Aber doch auch ein Hinweis darauf, daß nicht allein der Einheit Deutschlands die Schuld an den Schrecken der europäischen Bruderkriege zugeschrieben werden kann.

Doch wie gesagt, dazu kann jeder (wenn er oder sie sich denn genug Mühe gegeben hat in Geschichtsfragen, nicht nur Meinungen, sondern auch Kenntnisse zu haben) natürlich ein eigenes Urteil haben. Eine ganz andere Frage ist es aber, wie man mit der Gegenwart und der Vereinigung von 1989/90 umgeht. Denn in diesem Prozeß und seinen Folgen stecken wir noch mittendrin. Hier trafen und treffen wir selbst Entscheidungen!

Deine ablehnende Haltung teilst Du zwar mit vielen deutschen Intellektuellen und einigen politischen Gruppierungen. Kein Einwand. Dein Ausdruck aber, der Prozeß der deutschen Einheit beruhe auf einem »glatten Verfassungsbruch«, trifft mich auch persönlich. Ich habe mich nämlich mit vielen anderen, auch mit Willy Brandt, politisch bemüht, genau das zu bewirken, was Du so schroff verurteilst. Ich hielt

»Ein Mann von Deiner literarischen Statur und von Deiner Wirkung darf mit Fragen der Politik nicht umgehen wie ein spätgeborener Alchimist«

den Weg der Vereinigung über Artikel 23 Grundgesetz für richtiger als den über Artikel 146 Grundgesetz, der eine vom Volk beschlossene Verfassung vorsah.

Du bezeichnest den Weg über Artikel 23 Grundgesetz als ein »Bubenstück«, als einen »Mutwillen«, der sich gewiß noch einmal rächen werde. Diese Darstellung ist aber auf eine abenteuerliche Weise falsch und uninformiert: Zwar ist es richtig, daß auch die Auffassung vertreten wurde, zur Wiedervereinigung wäre entsprechend Artikel 146 Grundgesetz eine neue, vom Volk beschlossene Verfassung erforderlich gewesen. Aber aus keiner seriösen Quelle habe ich bisher gehört oder gelesen, daß dies die eindeutig einzig mögliche Interpretation des Grundgesetzes gewesen sei. Was berechtigt Dich zu dieser apodiktischen und intoleranten Auffassung? Warum soll ich mich, der ich für den Beitritt nach Artikel 23 war, eines »Bubenstücks« oder »Verfassungsbruchs« bezichtigen lassen?

Zu Deiner Belehrung nur ein Zitat aus dem Kommentar zum Grundgesetz von Schmidt-Bleibtreu, Klein (erschienen 1967 bei Hermann Luchterhand, damals wohl auch Dein Verlag): »Im übrigen schließt Artikel 146 Grundgesetz nicht aus, daß eine Wiedervereinigung – gegebenenfalls in Teilabschnitten – nach Artikel 23 Grundgesetz vollzogen und damit das Grundgesetz zur gesamtdeutschen Verfassung würde«; es werden dann weitere Quellen für diese Auffassung aufgeführt. Deine Behauptung, dies sei ein »glatter Verfassungsbruch«, ist also etwa so, als würde ich behaupten, ein Roman über 300 Seiten sei Kitsch, und schon deswegen wäre jeder Verriß des »Ein weites Feld« gerechtfertigt. Auch in der Politik ist die eigene Meinung noch kein Ersatz für Fakten.

Wenn ich Dich richtig verstehe, wärest Du 1989/90 für eine deutsche Konföderation und eine schrittweise, weitgehend selbständige Anpassung der demokratisierten DDR an das westliche Wirtschafts- und Gesellschaftssystem gewesen. Ich finde, Du machst hier nicht nur von Deiner Meinungsfreiheit Gebrauch. Denn Du sagst nicht (und kannst auch nicht sagen!), »ich kann es besser, ich weiß eine Lösung«, wie Martin Walser Dir, dem Intellektuellen, kürzlich in einem sehr sanftmütigen Interview angeraten hat. Ich finde, daß ein Mann von Deiner literarischen Statur und von Deiner Wirkung gerade außerhalb der Literatur mit Fragen der Politik nicht umgehen darf wie ein spätgeborener Alchimist. Politik ist ein Handwerk, wie die Literatur auch eines ist.

Und so wenig, wie Du akzeptieren würdest, daß zum Beispiel der Bundeskanzler den Schriftstellern Ratschläge über Satzbau und Sonettform erteilen würde, so wenig können wir uns mit Deiner nicht begründeten Pauschalkritik abfinden.

Deine Lösung hätte viele schwierige Fragen gestellt, von denen ich hier nur einige wenige aufschreiben kann. Vielleicht kannst Du sie mir ja beantworten:

1. Hätte man in einer Konföderation eine demokratisierte und wirtschaftlich selbständige DDR ohne Paß und Zollgrenzen zur Bundesrepublik Deutschland führen können? (Die Fachleute sagen nein.) Die Lage wäre dann aber heute an der alten Zonengrenze etwa wie an der deutsch-polnischen Grenze. Wärest Du bereit gewesen, eine solche Paß- und Zollgrenze auch gegen den Willen der Bevölkerung durchzusetzen?

2. Wie hätte in einer demokratisierten DDR eine solche eventuelle Grenzziehung in Berlin gestaltet werden können? Weiterhin in der Stadt, also entlang der bisherigen Mauergrenze? Oder um ganz Berlin als freier internationalisierter Stadt, unter Einbeziehung des bisherigen West-Berlin? Wäre für West-Berlin eine neue, zusätzliche Grenze gegenüber Westdeutschland akzeptabel gewesen? Oder hätte das vereinigte Berlin ein Teil Westdeutschlands werden sollen, nun zum ersten Mal auch mit einer Zoll- und Paßgrenze zwischen Ost-Berlin und der demokratisierten DDR? Gibt es andere Vorschläge?

3. Welche Folgen für Deutschland und Europa wären entstanden, wenn man den Deutschen die Selbstbestimmung der Vereinigung versagt hätte? Hätte das nicht zwangsläufig auf beiden Seiten in Deutschland zur Bildung starker, nationalistischer Wiedervereinigungsparteien führen müssen? Welche Folgen für unsere politische Kultur und das politische Schicksal Europas hätte das gehabt?

4. Ist es realistisch, anzunehmen, daß die westdeutschen Wähler bereit gewesen wären, über einen längeren Zeitraum Finanzsubventionen an einen selbständigen ostdeutschen Staat zu geben, auch dann, wenn Ostdeutschland zum Beispiel kein privates Eigentum an den Produktionsmitteln größerer Betriebe zugelassen hätte? Oder, wenn in wirtschaftlich unverantwortlicher Weise nicht wettbewerbsfähige Arbeitsplätze aufrechterhalten geblieben wären? Wäre nicht vielmehr das Ost-West-Problem in Deutschland und Europa verschärft worden, wenn Westdeutschland solche Bedingungen an Ostdeutschland gestellt hätte (hätte stellen müssen!), aber keine gesamtstaatliche Mitverantwortung für die sozialen Ergebnisse dieser »Auflagen« mitgetragen hätte? Man kennt ja die Probleme des internationalen Währungsfonds in solchen Fällen.

Es waren solche Fragen und Antworten und bestimmt nicht nationalistische Borniertheit, die 1989/90 viele Nachdenkliche, unter anderem auch

Willy Brandt, auf eine schnelle staatliche Vereinigung Deutschlands im Einklang mit den Alliierten drängen ließen, und zwar trotz der schwerwiegenden wirtschaftlichen Folgen, die ich zum Beispiel voraussah. Dies war nicht Deine Position: Aber praktische Antworten zu den sehr praktischen Fragen, die erst wirklich zu einer Alternative hätten führen können, habe ich auch von Dir bisher nicht gehört. Ohne solche Antworten aber machst Du doch nur Voodoo-Politik: Die Wirtschaft ist kein Feld beliebiger künstlerischer Einfälle. Es gibt hier viele, wenn auch komplexe Erkenntnisse. Auch hier gilt also Voltaires Diktum: In der Geometrie gibt es keine Sekten!

Nun komme ich zum letzten, für mich schmerzlichsten Teil Deiner Schimpfereien: die Verunglimpfung der Treuhand und ihrer Mitarbeiter. Im Mai 1990 wurde ich noch von der damaligen de-Maizière-Regierung gefragt, ob ich den Vorsitz im Aufsichtsrat der aus dem bisherigen Schwermaschinenkombinat gebildeten Takraf AG mit über 30000 Beschäftigten übernehmen würde. Ich sagte zu und wurde am 3. Juli 1990 gewählt. Die Treuhandanstalt war der Eigentümer. In vielen Einzelfragen hätte auch ich mir eine andere Treuhand-Politik gewünscht. Zum Beispiel glaube ich, daß bei den großen Unternehmen eine längerfristige Risikobeteiligung des Staates nützlich gewesen wäre. Aber ich gebe zu: Es gab gewichtige Argumente gegen meine Position. Natürlich waren da auch Betrüger bei einzelnen Privatisierungen – aber wo gibt es keine Fehler? **Deine pauschale Verdammung der Treuhand ist jedoch ohne jedes Fundament und sehr ungerecht.**

Ich war ja auch ein Vertreter dieser Treuhand im mitbestimmten Aufsichtsrat der Takraf, in dem auch zehn Arbeitnehmervertreter saßen. Nur einmal haben diese sich auf dem schwierigen Weg der Privatisierung, der uns über 60 Prozent der Arbeitsplätze und drei Betriebsschließungen kostete, der Stimme enthalten; niemals haben sie gegen meine Vorschläge gestimmt. Habe ich, haben sie alle, nur die »Drecksarbeit« dieses »menschenverachtenden Instruments« Treuhand für Kanzler Kohl gemacht, wie Du unsere Arbeit nennst? Nicht von der Wiedervereinigung, sondern von den Kommunisten wurden die Unternehmen (die ja vor 1945 genauso wettbewerbsfähig waren wie die im Westen) zerstört! Wie ich haben unzählige Menschen in der Treuhandanstalt hart gearbeitet, um diese Betriebe wieder aufzubauen. Auf meine Aufsichtsratsentgelte habe ich verzichtet, damit sie anderen Zwecken zugeführt werden konnten. Wie kommst Du jetzt dazu, dies als »menschenverachtend« zu bezeichnen?

Mein Brief wäre wirklich zu lang, würde ich Dir hier auch noch die Fragen nach einer konkreten Alternative zur Privatisierung durch die Treuhand stellen. Welche staatliche Stelle hätte zum Beispiel die Investitionsmittel für rund 8000 nicht privatisierte Unternehmen verteilen sollen? Hätte der Staat als Eigentümer die unerläßlichen Rationalisierungen überhaupt durchsetzen können (man denke an Bahn und Post im Westen)? Wie hätte man welche Unternehmen mit wieviel westdeutschen Steuermitteln ausstatten sollen, bis sie westdeutsche Unternehmen vom Markt hätten verdrängen können? Und so weiter: lauter praktische Fragen, die Du in Deinem ökomonischen Wolkenkuckucksheim leichter Hand beiseite schiebst, um Deinen Gefühlen zu folgen. Das kannst Du ja als Autor im Roman tun. Aber doch nicht als öffentlich respektierter Mahner in Sachen Demokratie und Gesellschaft. Da mußt Du Dir dann schon etwas Sachverstand erarbeiten, ehe Du uns solche Grobheiten an den Kopf wirfst.

Zur Kritik an Deiner literarischen Arbeit gibt es Trost: Das wird ohnehin erst in fünfzig Jahren entschieden! Aber daß Du heute jeden Respekt als Figur des öffentlichen Dialogs verspielst, das zählt jetzt.

Ich finde das schade und meine, Du solltest Dich für Deine sprachlichen Entgleisungen (natürlich nur die außerhalb des Romans!) entschuldigen.

In diesem Zusammenhang: Reich-Ranicki ist kein »polnischer« Literatur-Papst, sondern ein bedeutender deutscher Kritiker, dem wohl auch seine größten Widersacher zugestehen müssen, daß seine Bedeutung in Deutschland für die Verbreitung eines tieferen Verständnisses zur Literatur am ehesten dem vergleichbar ist, was wir etwa Rudolf Augstein oder Sebastian Haffner in der Politik verdanken. Man müßte ja auch diesen beiden deswegen nicht zustimmen! Und wenn Reich-Ranicki von Dir als »ehemaliger Stalinist« charakterisiert wird: Wie hättest Du dann wohl Andrej Sacharow oder gar Jean-Paul Sartre beschreiben müssen? Ich verstehe diese unkontrollierten Ausfälle wirklich nicht!

Vielleicht könntest Du Dich ein wenig näher an Fontane halten. Zu dessen politischer Position schreibt Charlotte Jolles in »Fontane und die Politik« (Aufbau Verlag Berlin 1983): Fontane mochte Bismarck nicht, aber »Fontane bewunderte die politische Leistung des Kanzlers wie die keines

»Du mußt Dir schon etwas Sachverstand erarbeiten, ehe Du uns solche Grobheiten an den Kopf wirfst«

anderen Staatsmannes seiner Zeit. Andererseits behielt er zeit seines Lebens gegenüber Bismarck eine ausgesprochene Abneigung.« Dies wegen der »Art und Weise, wie sich der Politiker Bismarck durchsetzte«. Mußt Du Bundeskanzler Kohl, dem Willy Brandt großen Respekt wegen seiner politischen Leistungen bei der Wiedervereinigung zollte, blank nur einen »Lügner« nennen? Fontanes Haltung war nach

Charlotte Jolles möglich, weil ihn »das Gerechtigkeitsstreben des Historikers... zu einer weitgehenden Objektivität, zu einem Allesverstehen« führte. Diese Art Weisheit, oder doch mindestens ein Bemühen darum, schulden wohl auch wir unserem fortgeschrittenen Alter.

Ich meine, Du solltest den Abschied vom »Lager-Denken« nicht bei Deinen Kollegen kritisieren, sondern vielleicht auch im Interesse Deiner literarischen Arbeit, gewiß aber um Deiner politischen Wirkung willen, selbst vollziehen.

Mit herzlichen Grüßen,

aus: Stern, 14.9.95

Oskar Lafontaine zu Günter Grass

Napoleon sagte einmal, die Geschichtsschreibung ist die Summe der Lügen, auf die sich die Mehrheit verständigt. Wenn einer, während sie noch dabei sind, die jüngere Geschichte zu schreiben, einige Wahrheiten sagt, dann regt sich Widerstand. Fünf Jahre nach der deutschen Einheit ist die Mehrheit dabei, sich auf die Geschichtsschreibung zu verständigen. In diesen Prozeß der kollektiven Wahrheitsfindung platzt das Buch von Günter Grass „Ein weites Feld".

Er sagt seine Wahrheiten, und sie gefallen vielen nicht. Wie sollten sie auch. Da schreibt einer: „Denn daß Parolen wie ‚Wir sind das Volk!' wetterwendisch sind, war mir sicher. Man mußte nur ein einziges Wörtchen austauschen, und schon war die Demokratie weg und die Einheit da. So schnell ging der jüngsten Revolution das Pulver aus..."

Ja, Günter Grass geht noch weiter und sagt, der Prozeß der deutschen Einheit beruhe auf einem glatten Bruch der Verfassung, die uns aufgefordert hatte, in freier Selbstbestimmung die Einheit und Freiheit Deutschlands zu vollenden. Die staatliche Einheit ist hergestellt. Wenn sie auch beinahe wegen der mangelnden Bereitschaft, die polnische Westgrenze anzuerkennen, und der mangelnden Bereitschaft zur Abstimmung unseres Vorgehens mit unseren Verbündeten und der ehemaligen Sowjetunion gescheitert wäre. Das kann man bei Gorbatschow und Thatcher nachlesen.

Wie aber ist das mit der Freiheit? Freiheit ist das Recht eines jeden Menschen, sein Leben selbst zu bestimmen und zu verantworten. Hier setzt Günter Grass an. Zu viele hatten beim Einigungsprozeß das Gefühl, nicht mitentscheiden zu können. Zu viele in den neuen Ländern verloren ihren Arbeitsplatz. Sie wurden abgewickelt, erfuhren, daß Fähigkeiten und Erfahrungen, die sie ein Leben lang erworben hatten, plötzlich wertlos wurden. Günter Grass hält fest an der Vorstellung, daß die Menschen ihr Leben selbst gestalten wollen, sich ihren Wohlstand selbst erarbeiten wollen.

Die jahrelangen Transferzahlungen aus dem Westen werden nicht immer als Wohltat, sondern oft als Demütigung empfunden. Wer sich ausgehalten fühlt, fühlt sich nicht frei. Zwar hatte Dostojewski einst geschrieben, daß die Menschen, vor die Wahl gestellt, die Freiheit oder das Brot zu wählen, sich mit Freuden für das Brot entscheiden würden. Aber Grass bleibt dabei, daß diesmal Freiheit und Brot möglich waren. Solange in einer Konsumgesellschaft der Begriff der Freiheit auf die Fähigkeit, frei einkaufen zu können, verkürzt wird, sind solche Botschaften vielleicht nicht überall verständlich.

Der Bundeskanzler besuchte kürzlich die Bürgerrechtler und bemerkte, daß er in Ostberlin Männer und Frauen getroffen habe, die eine aufrechte Überzeugung lebten. „Ich werde nicht zulassen", so sagte er, „daß diese Stimmen verstummen." Wer legt demnächst unserem Bundeskanzler das Buch von Günter Grass auf seinen Schreibtisch?

Wir lesen, daß Grass darüber verärgert sei, daß die Geschichte ihm nicht gefolgt sei. Es könnte aber auch sein, daß vielfach Verärgerung darüber besteht, daß die Geschichte den freudigen Prognosen von den blühenden Landschaften, von dem bald einsetzenden industriellen Aufschwung und der Versicherung, vielen wird es besser, niemandem aber schlechter gehen, nicht gefolgt ist.

Wie auch immer, ein Buch, das die jüngste deutsche Vereinigung behandelt und das fünf Jahre danach den Beifall der großen Mehrheit fände, das wäre mit Sicherheit schlechte Literatur.

Oskar Lafontaine ist stellvertretender Vorsitzender der SPD und Ministerpräsident des Saarlandes

aus: Die Zeit, 22.9.95

Ein weites, doch fruchtbares Feld

Der neue Roman von Günter Grass widersteht allen Verrissen

Bildzitat aus „Hunte-Report"

Das berühmte Fontane-Wort vom „weiten Feld" aus „Effi Briest" hat nicht nur den Titel für den neuen Roman von Günter Grass abgegeben, es bietet sich inzwischen auch schon zur Charakterisierung der öffentlichen Resonanz an, die jener gefunden hat. Das „Spiegel"-Bild mit dem visuell ins Büchervernichtende gesteigerten Verriß, die verbale Exekution im ‚Literarischen Quartett", bei der Sigrid Löfflers Versuch zu differenzieren schon im Keime erstickt wurde, das ‚Einerseits' der „Zeit" auf der Titelseite und ihr ‚Andererseits' im Feuilleton – der niederländische Autor Harry Mulisch hat es beim Namen genannt: „Diese Kampagne ist höchstens zu 30 Prozent literarisch, der Rest ist Politik."

Ganz offensichtlich haben diejenigen, die in den einflußreichsten Medien den Ton der Debatte über das zu diesem Zeitpunkt den Lesern noch gar nicht zugängliche Buch angaben, bei der Lektüre vor allem nach politischen Äußerungen des Autors zur allerjüngsten Vergangenheit Ausschau gehalten. Mit Besorgnis, wie man sich denken kann; denn Grass hatte in seinen publizistischen Wortmeldungen seit Ende 1989 keinen Zweifel daran gelassen, daß er sich einen anderen Weg in der DDR und zur Einheit gewünscht hätte als den „Anschluß, der Beitritt genannt wurde". Im Roman blickt er nun auf diesen zurück, und er tut es nicht ohne Zorn und Sarkasmus. Für Feierstunden zum 5. Jahrestag des 3. Oktober 1990 eignet sich sein Text keineswegs. Verweigert er doch sowohl die gängige Verteufelung der DDR als auch jede Bewunderungsgeste gegenüber den „blühenden Landschaften", die jener versprochen hatte, der im Roman immer nur als „die regierende Masse" apostrophiert wird. Ebensowenig jedoch, das sei unmißverständlich und Mißverständnissen vorbeugend betont, ist „Ein weites Feld" als Brevier für DDR-Nostalgiker geeignet. Es handelt vielmehr in der Tradition Fontanes „vom Leben, das mal so und mal so ist" und legt den Finger auf neue *und* alte Wunden. Folgende Aussage der Hauptfigur Theo Wuttke, genannt Fonty, die Reich-Ranicki dem Autor besonders übelgenommen hat, sei als Beispiel hierfür zitiert. Der 70jährige resümiert nach einer Auseinandersetzung mit seinem „selbstgerecht daherredenden" Sohn aus dem Westen seine Erfahrungen mit dem Land, in dem er den größten Teil seines Lebens gelebt hat: „Was heißt hier Unrechtsstaat! Innerhalb dieser Welt der Mängel lebten wir in einer kommoden Diktatur." Für Reich-Ranicki bedeutet das von Grass gebrauchte Adjektiv ein Sakrileg, fordert es doch zu einer differenzierenden statt zu der von ihm gewünschten pauschalisierenden Betrachtungsweise heraus. Aber das Adjektiv hebt andererseits das ihm folgende Substantiv nicht auf. Und dieses signalisiert einen Krebsschaden der DDR, ihr nie überwundenes Demokratie-Defizit mit seinen die Möglichkeiten des einzelnen wie die Produktivität der Gesellschaft zwanghaft einengenden Folgen, wofür der Roman genügend Beispiele parat hält, So erweist sich schon der Vorwurf, Grass beschönige die DDR-Realität, als simple Unterstellung. Der eigentliche Skandal beginnt jedoch dort, wo die Kritik ihren politisch motivierten Ärger ästhetisch verbrämt am literarischen Werk ausläßt, indem sie es – und wer erinnert sich da nicht an unrühmliche Beispiele aus unserer eigenen Geschichte – als „unlesbar" und schlechthin „wertlos" diffamiert,

Doch wir sollten nicht auf sie hören, sondern uns an Fontys Tip halten, den er einer Sekundärliteratur bevorzugenden Germanistikstudentin gibt, indem er ihr den „möglichen Gewinn beim Lesen von Originaltexten anzupreisen" versucht. Wer sich unvoreingenommen auf das – zeitlich allerdings nicht unaufwendige – Leseabenteuer der 780 Seiten des Romans einläßt, wird reichlich belohnt werden. Zwar muß er, wie es besagte Studentin an Fontane bemängelt, mit „ewigen Spaziergängen" und „endlosen Dialogen" rechnen, dafür wird er aber literarisch auch nicht mit Fast food à la McDonald's abgespeist. Stattdessen erfährt er, wenn schon diese weltweit operierende Imbißkette ins Blickfeld gerät, Details aus der Geschichte des schottischen McDonald-Clans. Denn Theo Wuttke kennt seinen Fontane, teilt dessen Vorlieben und sieht ihm sogar auffallend ähnlich, so daß in seinem Bewußtsein die eigene Biografie mit der des „Unsterblichen" verschmilzt.

Durch diesen Kunstgriff macht sich Grass (wie schon in der Erzählung „Das Treffen in Telgte") „die Jahrhunderte durchlässig", ermöglicht er sich „zeitraffende Verkürzungen", die ein erhellendes Aneinanderrücken von Einheit 1871 und Einheit 1990, von Gründerrausch und Treuhandpraxis oder vom 11. Plenum und Karlsbader Beschlüssen gestatten. Die Bindung Fontys an seinen „Tagundnachtschatten" und „Leibundmagenspitzel" Hoftaller, in dem Grass die Figur des ewigen Geheimpolizisten Tallhover aus Hans Joachim Schädlichs gleichnamigen Roman weiter- und eigentlich erst richtig aufleben läßt, tut ein übriges, um einen Diskurs über die Gegenwart zu entfalten, der aus geschichtlicher Erfahrung gespeist ist. Und der an manchen Stellen eine pointierte Form erhält, die an den Dialog Kalle – Ziffel in Brechts „Flüchtlingsgesprächen" denken läßt. Ein weiterer Grundeinfall von epischer Relevanz betrifft einen zentralen Schauplatz des Romans, das ursprüngliche Reichsluftfahrtministerium in Berlin, das zu DDR-Zeiten als Haus der Ministerien und danach von der Treuhand genutzt wurde.. Der 1919, also genau 100 Jahre nach seinem Idol (und wie dieser in Neuruppin) geborene Theo Wuttke hatte schon als Luftwaffensoldat dort zu tun. Später, nachdem sich der „Kulturbundreisende" in Sachen Fontane wegen zu eigenständiger Gedanken „in die Nesseln gesetzt" hatte, war er von Hoftaller hier als Aktenbote untergebracht worden. Schließlich übernimmt ihn auch die Treuhand als ein zum Haus gehörendes Faktotum und überträgt ihm eine neue Aufgabe: er soll ein freundlicheres Wort für Abwicklung ausfindig machen.

Die Spannweite der sich an dieser Konstellation entzündenden Einfälle des Autors reicht vom Spiel mit dem Paternoster des Hauses als Geschichtssymbol bis zur Idee einer Treuhand-Feier aus Anlaß der 1000. Abwicklung unter dem Motto „Frau Jenny Treibel läßt bitten". Überhaupt werden immer wieder Figuren Fontanes herbeizitiert, und zwar nicht nur die allgemein bekannten. Eine Folge hiervon könnte sein, daß mancher Leser Lust bekommt auf Lektüre der entsprechenden Originaltexte. Günter Grass hätte sicherlich nichts dagegen. Sein Roman ist nicht zuletzt auch eine Liebeserklärung an diesen „Unsterblichen". Wobei zugleich dessen imposante Gestalt gegen jede Denkmalhaftigkeit aufgerauht wird. Widersprüche einer Existenz in einer Zeit geschichtlicher Umbrüche auch hier. Grass greift „überraschende Entdeckungen" der neuesten Fontaneforschung auf, wenn er etwa, der britischen Germanistin Charlotte Jolles folgend, vertrauliche Berichte über den „Preußischen Agenten Fontane" in London ins Spiel bringen läßt (natürlich von Hoftaller). Er hat die vom Potsdamer Theodor-Fontane-

Archiv herausgegebenen „Fontane Blätter" genau gelesen. Man könnte es also auch als Dankesgeste gegenüber der hier geleisteten Kleinarbeit deuten, daß er das „Wir" eines solchen Potsdamer Archivs zur Erzählinstanz des Romans gemacht hat. Außerdem ist dieses natürlich bestens geeignet, eine Gestalt wie Theo Wuttke mit Interesse und Akribie zu beobachten. Vor allem aber mit Sympathie und Respekt: „er bot Anlaß zum Lächeln und wurde uns dennoch nie lächerlich" – lautet eine Schlüsselstelle.

Daß man als Leser ebenso empfinden kann, belegt die Meisterschaft des Erzählens von Grass, einer Altersprosa, die liebevolle Kleinmalerei mit ironischer Schärfe zu verbinden weiß, die emotional aufgewühlt sein kann, ohne sentimental zu werden. Man möchte Fonty am liebsten auf seinen Berliner Wanderungen zwischen Prenzelberg und Tiergarten begleiten. Man glaubt ihm fast alles (nicht zu glauben vermag ich ihm die Rede am 4. November 89 auf dem Alexanderplatz), und wenn man einmal nicht mit ihm und seinem Autor einer Meinung sein kann (bei mir ist dies etwa in Hinblick auf sein Bild von Hermann Kant der Fall), so belebt das nur den imaginären Dialog mit ihm, in den man immer stärker hineingezogen wird. Unverkennbar sind dabei wir ostdeutschen Leser im Vorteil. Grass hat seinen Roman nicht nur durch den Fontanebezug in landschaftlich vertrautem Gelände angesiedelt, er hat sich bei der Wahl der Hauptfiguren, zu denen vor allem noch die Familie und Freunde von Fonty gehören, sowie in der Erzählperspektive auf hiesige Erfahrungen und ihre DDR-Wurzeln eingestellt. Eindrucksvoller Beleg hierfür ist beispielsweise die Schilderung einer deutsch-deutschen Hochzeit unmittelbar nach der Währungsunion. Immer wieder eröffnet sich – manchmal in einem Nebensatz – ein weites Feld für Assoziationen, durch die sich eigenes Erleben mit der fiktiven Welt des Romans verbindet, Diese Perspektive des Buches ist jedoch weder ein rein stoffliches noch ein primär erzähltechnisches Phänomen, dahinter steht vielmehr eine grundsätzliche Entscheidung der Person des Autors: Günter Grass hat sich mit seinem Roman über die „Einheit" solidarisch an die Seite jener gestellt, die sich nicht als deren Gewinner verstehen können.

Prof. Dr. Klaus Pezold

aus: Leipzigs Neue, 22.9.95

Elsbeth Pulver

Tagebuch mit Büchern

Nicht nur der neue Roman von Günter Grass, sondern auch die ihm zugedachten Verrisse haben mittlerweile zur Aufregung im Feuilleton gesorgt: Die Vizepräsidentin des Deutschen Bundestages, Antje Vollmer, stellte sich vor Grass und beklagte eine «Entzivilisierung» der literarischen Öffentlichkeit (Ende der Unschuld, Die Zeit, Nr. 37, 8.9.95), und einer der von ihr gemeinten, Hellmuth Karasek, replizierte der «verehrten Literaturtalkerin im besseren Geiste» in der Nummer darauf (Wahnsystem Verschwörung, Nr. 38, 15.9.95). Umso aufschlussreicher wirkt darum Elsbeth Pulvers Tagebuch, weil es die Situation der Kritikerin vor dem grossen Feuilleton-Sturm beschreibt.

Blankenburg, 31. Juli 1995

«Wie hältst du's mit dem neuen Grass?» so heisst die Frage, die sich dieses Jahr der Kritikerzunft ultimativ stellt – und der sich, kein Zweifel, die Prominentesten ihrerseits stellen werden, möglichst wirkungsvoll, mit einem Salto rückwärts oder einer Doppelschraube. Keine Redaktion, die nicht tupfgenau auf den «Erstverkaufstag» hin (wenn's nur nicht ausgerechnet der Goethe-Geburtstag wäre!) mit einer Besprechung aufwartet. Das macht's den Feuilleton-Kunden einfach: sie merken sich die Erstverkaufsdaten und wissen, was sie wann in *jeder* Zeitung lesen können – und schliesslich nicht mehr lesen wollen.

Und wie wird das Urteil über das Buch lauten? Wird der oberste Chef aller Kritiker auch bei diesem Buch wie bei allen früheren betonen, Grass sei ein bedeutender deutscher Schriftsteller, aber gerade dieses Buch sei misslungen? Ich weiss es nicht – bin auch nicht sicher, ob «gelingen» und «misslingen» gute literarische Kriterien sind; sie geben dem Schulmeister in uns zu viel Macht!

Der neue Grass ist ein «Ereignisbuch» par excellence. So, parallel zu den «Erlebnisferien», nenne ich die Bücher, in denen Literatur zu einem (Medien-)Ereignis gemacht wird. Bei Grass ist es, der Verlag will es und die Medien helfen mit, ein Hurrikan. Es bleibt nicht ohne Folgen, wenn einer so laut trommelnd die literarische Bühne betritt, sie sofort zur politischen weitet, manchmal zum Tribunal. Und wenn es ihm dazu noch ernst ist (und das bestreiten nicht einmal seine Feinde), dann ist das wohl die grösste, eine unerträgliche Provokation. Dass aber ein Autor zugleich und manchmal für die gleichen Leute das politische Gewissen und der Buhmann der Nation sein kann, das ist wohl gegenwärtig nur in Deutschland möglich.

Bei «solchen» Büchern trete ich im allgemeinen schon vor der Schlacht den Rückzug an, ziehe die Decke über den Kopf und versinke in Winterschlaf. Nur so, ich schwör's, kann die Leserin in mir überleben. Gar nicht wenige Leser/Leserinnen verhalten sich übrigens gleich wie ich und bestätigen meine These, dass der Literaturbetrieb zum Feind der Literatur geworden ist. Diesmal verhalte ich mich anders. Vor einer Woche habe ich das Leseexemplar von «Ein weites Feld» erhalten, sofort damit angefangen, über Tage hinweg gelesen, dieses «kolossale Buch» von 784 Seiten. Natürlich ist es viel zu lang, wie viele Bücher, die sich in den Buchhandlungen stapeln; es verleitet zum Überspringen (nach Enzensberger eine legitime Form des Lesens, die anarchische). Dennoch der Wunsch, jetzt gleich darüber zu schreiben: in der Stille «vor dem Sturm». Warum? Weil ich mit mir selber ein Spiel spielen, weil ich wissen will, ob man das kann: mit einem «Ereignisbuch» so umgehen, als wäre es einfach ein interessantes Werk, das ernstgenommen werden will. Wenn sich dann am 28. August herausstellt, dass ich mich ganz ausserhalb des Kritiker-Trends befinde, dann ist hier festgehalten: So habe ich das Buch gelesen.

3. August

Es ist ein Fontane-Roman (vielleicht ein Grund für meine Liebe auf den ersten Blick?), es ist zugleich ein Buch über das heutige Deutschland, vor allem Ostdeutschland, nach dem Fall der Mauer also, und es bringt, wichtiger, die deutsche Geschichte der letzten zwei Jahrhunderte ins Spiel (ja, es gibt Spielelemente darin!). Das Thema ist umfassend, von hybridem Anspruch; dennoch ist «Ein weites Feld» im tiefsten kein hybrides, kein grosssprecherisches Buch – schon die Hauptfigur wirkt als Garant gegen solche Allüren. Mit den Augen Fontanes gleichsam, aus einer Fontaneschen Perspektive wird die Zeit, wird die deutsche Geschichte gesehen: aus der Sicht eines Zweiflers und Skeptikers, der aus der Ambivalenz der Urteils, aus den Widersprüchlichkeiten nie herauskam, nie herauskommen wollte. Und diese Art der Wahrnehmung, von Grass neu gefasst, eben der Fontane-Blick, der das Sensationelle redimensioniert, wirkt, heutzutage, wo ganz andere Sehweisen (einseitigere, weniger menschliche) dominieren, ungewöhnlich; mich hat er geradezu elektrisiert.

Wie bringt man Fontane und die Gegenwart zusammen? Und wie schreibt man einen Fontane-Roman – ohne dem Stil der *biographie romancée* zu verfallen? Der Einfall, der Grass erlaubt, zu Fontane Nähe zu gewinnen und Distanz zu wahren, ist ein Geniestreich. Er erfindet sich einen, der genau hundert Jahre nach Fontane, also 1919, und wie dieser in Neuruppin geboren ist, und der von klein auf den märkischen Dichter bewundert und schliesslich bis zur Identifikation in ihm lebt. Dieser Theo Wuttke avanciert in der DDR zum Vortragsredner im Dienste des kulturellen Erbes, wurde dann zum Aktenboten im Haus der Ministerien degradiert; er kennt seinen Fontane fast auswendig und wartet jeweils mit so treffenden Zitaten auf, «dass er in dieser und jener Plauderrunde als Urheber auftreten konnte». Zwar weigert er sich, der Partei beizutreten und nimmt dafür einige Schikanen in

Kauf, ist aber ein Dissident nur von Fall zu Fall, und vor allem, weil er seine oft in Zitaten versteckten Sticheleien gegen das Regime nicht lassen kann; er plaudert sich, nach einer Formulierung seines Vorbilds, oft in die «Nähe des Hochverrats heran». Er zitiert Fontane nicht nur, sondern lebt sein Leben nach und weiter, sein Bewusstsein umfasst zunehmend zwei Leben, schleppt 150 Jahre deutscher Geschichte mit. Man nennt ihn «Fonty», belächelt und bewundert ihn zugleich.

Ein Zwitter also, ein Doppelwesen; eine Kunstfigur und doch kein blosses Konstrukt, sondern aus nachvollziehbarem Erleben geboren. Welcher Leser, welche Leserin hat es nicht erfahren, dass man plötzlich aus dem Werk eines Autors nicht mehr herauskommt, schliesslich anfängt, in dessen Sprache zu denken – bis man der eigenen Umgebung durch dauerndes Zitieren auf die Nerven fällt? So steckt in Theo Wuttke auch etwas von der Intensität des Lesens, dessen Evokation desto mehr rührt, je seltener es geworden ist.

Wenn Grass in der «Blechtrommel» ein Kind kreierte, das mit drei Jahren sein Wachstum einstellt, wählt er in «Ein weites Feld» die Perspektive eines alten Mannes, der sich gleichsam weigert, ein anderer zu sein als der von ihm geliebte «Unsterbliche». Das ist seine Lebensrolle, in sie bezwingt er auch seine Familie hinein (begreiflich, dass sie alle, auch wenn sie ihn lieben, dem Zwange gern entkommen). Theo Wuttke aber wird mehr und mehr ein Wiedergänger, in ihm aufersteht ein Fontane unserer Zeit, lebendiger Beweis, dass der in der Bildungswelt als unsterblich Gepriesene tatsächlich weiterlebt.

16. August

Bin für zwei Tage nach Bern gefahren und habe lange in meinen Büchern gestöbert und herumgelesen. Die Grass-Lektüre hat mich viel gelehrt, hat mir bewusst gemacht, wie viel ich (die ich mich für eine leidliche Kennerin Fontanes hielt), nicht wusste – und vor allem, wie viel ich wusste, ohne es ernstzunehmen. Ein wenig snobistisch habe ich mich, wie die meisten, auf die späten Romane konzentriert – und also jenen Aspekten keine Bedeutung beigemessen, die es Grass ermöglichen, in Fontane eine Schlüsselfigur der deutschen Geschichte zu sehen, die sich wie kaum eine andere eignet, die Gegenwart zu erhellen – und auch zu verfremden. Dass Fontane die drei Kriege, die im 19. Jahrhundert zur deutschen Einigung führten, als Kriegsberichterstatter begleitete, habe ich mir nie konkret vorgestellt. Man bedenke: zwölf Jahre seines Leben hat er an seine Kriegsbücher verwendet, verschwendet, hat er, relativ kritiklos, jene Kriege beobachtet und beschrieben, durch die eine Bertha von Suttner (und nicht nur sie) zur Pazifistin wurde; und nicht genug: er hat («Und siehe da, zum drittenmal ziehen sie ein durch das grosse Portal») die siegreichen Truppen mit grossen Gedichten begrüsst. Politisch war er in seinem langen Leben so etwas wie ein Wendehals, wechselte von revolutionären zu stockkonservativen Ansichten (ich sag's nicht gern), und hatte freilich, das betont sein Wiedergänger, zu Anpassung Grund genug, musste er doch mit seiner Journalisten-Feder die Familie durchbringen; kein heutiges Stipendium kam ihm zu Hilfe. Das alles ruft Grass mit Anspielungen und Zitaten in Erinnerung – und lässt doch an der Grösse Fontanes keinen Zweifel.

Wie kaum ein anderer Autor war Fontane geprägt, ja eingefärbt von der deutschen Geschichte, er hat sie erlebt und mitgetragen (nicht mitbestimmt), er hat sie erlitten und ausgehalten. Dabei hat er lange Zeit die Konsequenzen der Machtpolitik nicht klar durchschaut; seine Perspektive war eine beschränkte, sehr persönliche. Gerade so aber ist sie als Romanperspektive interessant – und deckt sich nicht einfach mit der des Autors. Dass es andere Arten der Wahrnehmung gibt, radikalere, wird angedeutet, oft an unauffälliger Stelle. Käthe Kollwitz (Wuttke wohnt an der Strasse ihres Namens) «habe den Blick nicht abwenden können», wird einmal beiläufig gesagt. Fontane, der Unsterbliche, so gut wie sein Wiedergänger, können sehr wohl wegsehen – das Dunkle wenigstens insofern wegschieben, als sie nicht davon reden. Theo Wuttke zieht die Konsequenz aus ihrer beider Leben, wenn er am Grabe Kleists diesen «anderen Unsterblichen», den Antipoden Fontanes, als einen «Preussen der besseren Sorte» lobt, «einen ungehorsamen...von dem man das strikte Nein, sogar den Tyrannenmord – aber den geglückten» hätte lernen können: ein radikales Verhalten also, wie es dem Fontaneschen Geist nicht gegeben war. Zu seinen, Fontanes und Fontys, kleinen Tugenden zähle dagegen die, «den Menschen nicht ändern zu wollen». Von einem, der die Menschen nicht ändern will, erzählt der Roman, seine Sehweise (und das ist nicht die von Grass, der das grosse Nein des Trommlers nicht vergessen hat!) bestimmt das Buch. Wer die Menschen nicht ändern will, bringt, im Sinne der Aufklärung, die Welt nicht weiter; fehlte uns aber dieser Blick, der Sinn für die menschliche Schwäche, würde die Welt unmenschlich. Und das, meine ich, hat der Trommler Grass von Fontane gelernt.

8. August

Monika Maron, eine besonders hartnäckige Regimekritikerin, war offenbar in den späten siebziger Jahren unter dem zierlichen Namen Mitsou auch eine Stasi-Informantin. Sie nimmt die Enttarnung leicht, stellt die Mitarbeit als eine Affäre («revolutionäre Romantik») dar, die man heute nicht mehr verstehen könne, und hat damit wohl recht. Unangenehm in der Erinnerung ist mir (wie auch dem Gewährsmann der NZZ, der die Enttarnung Marons durch den «Spiegel» sachlich referiert) leider die ungewöhnliche Härte geblieben, mit der sie nach der Wende über die «anderen» Bewohner der DDR urteilte. (Nebenbei gefragt: Ist Selbstgerechtigkeit auch eine ästhetische Kategorie, zählt sie beim Urteil über ein Werk? Insofern vielleicht, als dadurch die Wahrnehmung auf eine Art eingeengt wird, die das Werk zuletzt uninteressant macht.)

Dass auch Grass dem Thema «Stasi» in seinem Roman grosses Gewicht gibt, hat mich anfänglich, als ein allgemein zu oft bemühtes Erklärungsschema, gestört. Und eigentlich nur mit dem Kopf habe ich begriffen, dass er den Spitzel, den er dem Theo Wuttke als Tagundnachtschatten beigesellt, schon aus formalen Gründen braucht. Aus einem Fontane/Fonty-Porträt allein, im leeren Raum, entsteht kein Roman, und gerade Fontane braucht einen Gegenpart und Partner, in dem die gesellschaftlichen Instanzen und Ordnungsmächte Präsenz gewinnen – nicht nur als eine reale Macht, sondern auch als eine Art sekundäres gesellschaftliches Gewissen. Diese Funktion, meine ich, erhält der Spitzel, der den Theo Wuttke so konsequent begleitet, als observiere er in ihm das ganze Geistesleben.

Auch diese Figur hat ihre literarischen Wurzeln. Grass stützt sich dafür auf den 1986 erschienenen Roman «Tallhover» von Hans Joachim Schädlich, lässt dessen Hauptfigur, den «ewigen» Spitzel, eben Tallhover, auferstehen, der, im Jahr der Ermordung Kotzebues und also im Geburtsjahr Fontanes geboren, unentwegt und besessen die Verdächtigen observiert. Ohne diesen Roman (den ich in den letzten Tagen mit Gewinn gelesen habe), ohne die literarische Vorarbeit Schädlichs, wäre die Hoftaller-Figur undenkbar; Schädlich war es, der den Spitzel als eine überzeitlich-unsterbliche Figur kreiert, als einen, der unter jedem Regime aufersteht und in dem die Wandlung der Linken von der observierten zur observierenden Partei sichtbar wird. Vielleicht hat Schädlichs Buch Günter Grass die Idee gegeben, zwei Jahrhunderte deutscher Geschichte zusammenzusehen; er, Schädlich, geht dabei chronologisch vor; Grass blendet die zwei Zeiten in einer Person, in einem Bewusstsein zusammen. Die Figur des Spitzels hat er aber nicht nur übernommen, sondern auch umgestaltet. Sein Hoftaller ist nicht, wie bei Schädlich, ausschliesslich ein Verfolger, der seine Objekte am liebsten alle einkerkern oder töten möchte, sondern zugleich ihr Freund und Helfer, und mit dieser freundlich-tükkischen Methode kann er sie am wirkungsvollsten unter Druck, am besten bei der Stange halten. «Man weiss nie, hilft er – oder legt er ihn rein», beschreibt die Frau von Wuttke den Zustand einer permanenten Verunsicherung.

15. August

Was mich an diesem Buch fasziniert, sind aber nicht in erster Linie die Figuren, sondern das Beziehungsnetz, das im Bewusstsein Theo Wuttkes aus verschiedenen Zeiten, Figuren, Zitaten entsteht, die Spiegelungen der heutigen Personen in der Romanwelt Fontanes. Schon die Nennung der Fontaneschen Romanfiguren, ihre Namen (und man weiss, wie sorgfältig der Autor sie gewählt hat) evoziert eine unvergleichliche Atmosphäre. Das Hoppenmarieken, der Graf Holm, der Polizeirat Reiff, Corinna Schmidt und Mathilde Möhring, Lene Nimptsch und Botho von Rienäcker, die kleine Agnes mit den roten Socken, die Poggenpuhl-Töchter und Pastor Lorenzen, sie alle bringen ihre Lebensluft mit sich; sie stehen für die Vielfalt der Fontaneschen Menschen, die allesamt mehr oder wenig geprägt und gefesselt sind durch die gesellschaftlichen Mächte, sich anpassen und unterordnen, und doch einen Rest Freiheit retten, etwas wie Würde bewahren. Und gerade in diesem Gemisch von Gebundenheit und Anpassung und unverwechselbarer Individualität werfen sie auch Licht auf die DDR-Realität. Deren Struktur und Regime war gewiss diabolischer, als Grass es darstellt; doch ihm gelingt, gerade durch Anspielung auf die Werke Fontanes, eine Ahnung von der Situation der einzelnen Menschen zu vermitteln. «Wie man zum Wohle Preussens die eigene Meinung vermeidet», heisst der Titel eines Fontane-Vortrags Wuttkes (der natürlich der Zensur zum Opfer fiel). Für wie viele Menschen gilt dieser Satz, wenn man «Preussen» passend ersetzt durch: «Nation», «Sozialismus», «Geschäft», «Partei», «Familie», «Karriere», «Ansehen» undsoweiter undsofort!

Solchen halbverborgenen Sätzen, korrespondierenden Motiven nachzugehen, darin liegt für mich der Reiz der Lektüre; bei aller Grassschen Redundanz: die wichtigen Schlüsselwörter sind bei ihm versteckt. Es geschieht übrigens wenig in diesem Buch – und kaum etwas, das von der Hauptfigur, diesem Doppelwesen, angeregt würde; denn beide, Fontane wie sein Wiedergänger, gehören zu den ewigen Beobachtern und Spaziergängern; notfalls gehen sie auf dem Teppich im Studierzimmer auf und ab. Nur zweimal entwickelt Theo Wuttke eigene Initiative, fasst er einen Entschluss: Er unternimmt zweimal einen Flucht- oder Ausreiseversuch – und scheitert zweimal (erst zuletzt gelingt die Ausreise).

Wegtauchen, wie die Haubentaucher unters Wasser tauchen, das ist, schon im ersten Teil, sein dringender Wunsch, wenn er – eine der schönsten Stellen – nach dem Fall der Mauer wieder im Tiergarten auf einer Bank sitzt und die Wasservögel beobachtet. Sich entziehen, nicht nur den privaten Bindungen einer einengenden Ehe, sondern der ganzen deutschen Geschichte zweier Jahrhunderte («Alles sagt mir: nichts wie raus aus dem Land, in dem für alle Zeit Buchenwalde nahe bei Weimar liegt, das nicht mehr meines ist oder sein darf»); Ausreisen als ein radikales Weggehen, letztlich ein Die-Welt-Verlassen: Sterben. Die letzte Reise Wuttkes führt indirekt in den Tod, und endlich kommt auch der Unsterbliche zur Ruhe.

20. August

Der vereitelte Flucht- oder Ausreiseversuch: das aber ist ein Kardinalthema der alten DDR und ihrer Literatur. Zwar versucht der Protagonist in «Ein weites Feld» die Ausreise erst nach der Wende, als sie eigentlich selbstverständlich geworden ist; aber er wird von den alten, gespensterhaft überlebenden Mächten zurückgeholt, von Hoftaller, der ihn mit Druck und Versprechen zur Rückkehr zwingt, als hätte er noch reale Macht – während er wohl nur noch ein Gespenst ist, eine Stimme im Inneren des Fluchtbereiten, sein Schatten im Jungschen Sinn, der ihn gegen seinen bewussten Willen zurückruft und zwingt, zwei Leben zu Ende zu leben: das des Unsterblichen und das seine. (So habe ich das verstanden.)

Aber die Flucht wird von Grass auch als ein preussisches Thema – vielmehr ein preussisches Tabu – ins Spiel gebracht. Die gescheiterten Ausreiseversuche des Theo Wuttke finden eine eigenartige Entsprechung in einer preussischen Lesebuchgeschichte, die wie ein leise angeschlagenes Leitmotiv durch den Roman geht: es ist die Geschichte des Leutnants Katte, der, ein Freund des preussischen Kronprinzen, des nachmaligen Friedrich des Grossen, diesem bei einem Fluchtversuch behilflich war

(Nichtpreussen müssen die Geschichte memorieren wie andere die von unserem Tell). Als die Sache entdeckt wurde, fiel er der Staatsraison zum Opfer: Er wurde hingerichtet, während der Kronprinz überlebte – aber, um Härte und Gehorsam zu lernen, der Hinrichtung beiwohnen musste. Fontane hat die Geschichte für die «Wanderungen durch die Mark Brandenburg» recherchiert und nacherzählt und hat – ich hab's nicht gern gelesen! – den Hinrichtungsbefehl für richtig erklärt. Dieser Text nun (ein paar scheinbar unwichtige Seiten im Werk des Unsterblichen) beschäftigt und stört seinen Wiedergänger von Anfang an, er will den Text umgestaltet sehen, und zwar so, dass nicht mehr Friedrich II., und schon gar nicht der Soldatenkönig, sondern Katte als Held dargestellt würde. Der Fluchthelfer, Helfer gegen den wachsenden Machtstaat und seine Unmenschlichkeit – ein Held! Das eröffnet neue Perspektiven, utopische Möglichkeiten, wie die deutsche Geschichte hätte ablaufen können (ich komme ins Phantasieren). Friedrich II. hätte dann weiter Flöte gespielt, wäre nicht der Grosse geworden, die Härte und Kulturlosigkeit des Soldatenkönigs hätte keine Nachfolge gefunden!

Wenn die obligate Frage auftaucht, ob Grass wirklich einen wichtigen (um Himmels Willen nicht *den*) Roman zur deutschen Geschichte geschrieben habe, dann muss man mehr als bei den expliziten Sätzen bei solchen halbverborgenen Motiven ansetzen. Grass entwirft zwar nicht einen neuen Fontane, aber er entwickelt die Figur des Wiedergängers zu einer Korrektur des Urbilds, treibt ihn, kurz vor dem Tod, in eine neue Auflehnung gegen jene Ordnungsinstanzen, die Fontane stets ambivalent beurteilte – und denen seine Figuren ihren Tribut zahlen mussten: manchmal im Tod, und manchmal «nur» im Verzicht auf Glück.

Das vermutlich erklärt, so weit Erklärung möglich ist, warum Grass einen geradezu märchenhaften Schluss erfindet oder erflunkert. Der letzte Fluchtversuch nämlich gelingt. Aber nicht aus eigener Kraft. Auch ihm steht eine «Fluchthelferin» zur Seite – die reizende Figur einer illegitimen Enkelin. Sie kommt aus Frankreich, und führt den Grossvater, sei es Fontane oder Wuttke, zu seinen hugenottischen Anfängen zurück. Diese Geschichte war mir in der Erfindung etwas zu leichtgewichtig, zu märchenhaft – bis ich plötzlich begriff (manchmal taugen ja auch die schlechteren Einfälle eines Autors etwas!), worum es Grass ging: einen Ausweg aus den Lähmungen und Behinderungen zu finden, denen die Kattes – und auch viele Fontane-Figuren – zum Opfer fielen und fallen. Da gewinnt es plötzlich Sinn, wenn der alte Wuttke auf dem Rummelplatz Achterbahn fährt: als kehre er zurück in die Kindheit seiner Lieblingsfigur, der unglücklichen Dissidentin Effi, die im elterlichen Garten auf der Schaukel minutenlang ihr reinstes Glück erfuhr.

24. August

Ich habe mir bis zum 28. August Schreibefrist gegeben. Aber auch auf Erstverkaufstage ist kein Verlass mehr; die ersten Kritiken sind schon vor Tagen erschienen. Und Marcel Reich-Ranicki, der auf dem Titelblatt des «Spiegels» das Buch von Grass handgreiflich zerreisst, beweist einmal mehr, dass er es ist, der in der Kritik den Ton angibt – oder den Ton der Zeit fabulös trifft. Denn: ausnahmslos alle Besprechungen, die ich zu Gesicht bekommen habe, sind negativ, und auch die Formel, die ich für ein Markenzeichen von MRR hielt, seinen speziellen Günter-Grass-Spagat («ein bedeutender Autor – aber das Buch ist misslungen»), auch diese Formel taucht in fast allen Besprechungen auf. Hat sich das Muster MRR jetzt flächendeckend durchgesetzt?

Ausmass, Schärfe und Uniformität der Ablehnung übersteigen das gewohnte Mass, sie übertreffen auch jede Erwartung, die ich haben konnte – und also auch das Ausmass meines Abstands zur allgemeinen Übereinkunft. Zugegeben: im Chor der Neinsager allein zu sein, macht für Augenblicke schon ratlos. Soll ich jetzt, ein gründlich begossener Pudel, mit Tastendruck das Geschriebene löschen und mich behutsam einsingen in den Chorgesang? Aber: ein begossener Pudel verkriecht sich ja nicht in eine Ecke, sondern schüttelt, wie jeder

Hund, sein nasses Fell möglichst in der Nähe der Menschen kräftig aus, und wenn die Sonne scheint, steht er bald wieder lockig, adrett und präsentabel da und vergisst, dass er eben noch ein Begossener war.

So auch ich. Es bleibt dabei: So, wie ich's aufgeschrieben, habe ich das Buch gelesen. Polemik will ich mir im übrigen verbieten und klicke sie, soweit geschrieben, vom Bildschirm weg. Doch gestatte ich mir drei (echte, nicht rhetorische) Fragen:

Erstens: Warum weckt das Buch solche Aggressionen, dass es ganze Zeitungsseiten braucht, sie auszuleben? Man könnte ja, falls es sich wirklich um einen non valeur handelt, auch – schweigen und weitergehen! Und warum – zweite Frage – argumentiert man so allwissend, ohne einer möglichen anderen Lesart auch nur eine Ritze (und, wichtiger, damit dem Buch eine faire Chance) zu lassen? So dass nun, nach einer Woche, das Urteil feststeht, als käme es von der Bischofskonferenz – oder dem Politbüro. Und, letzte Frage: Habe ich recht mit der Vermutung, das sei gegenwärtig nur im deutschen Sprachgebiet denkbar: dass man einen Autor, den man immer noch als einen «Grossen» bezeichnet, so ausgesucht lustvoll in die Pfanne haut?

Was Grass betrifft: Gehört er vielleicht doch zu den Karawanen, die weiterziehen, während die Hunde noch lange bellen? Das Unisono der Empörung hat die Überzeugung in mir befestigt.

Günter Grass, Ein weites Feld. Roman. Steidl Verlag, Göttingen 1995.
Hans Joachim Schädlich, Tallhover. Roman. Rowohlt, Hamburg 1986.

aus: ZeitSchrift 5/95, Oktober 1995

Gotthard Erler

Parallelbiographie

Günter Grass: „Ein weites Feld", Steidl Verlag, Göttingen

Um es vorwegzunehmen: ich stimme nicht in den hysterischen Chor ein, der ein paar Wochen lang sein „Kreuzigt ihn" durch deutsche Feuilletons zeterte. Dabei bin ich weder durch meine namentliche Anwesenheit in dem fast allerorten inkriminierten Buch noch durch die Tatsache präokkupiert, daß Grass den ersten und einzigen Vorabdruck dieser Zeitschrift, der ndl, übergab. Ich mag vielmehr vom Prinzip Fairneß in der Literaturkritik nicht lassen und habe etwas gegen Schläge unterhalb der Gürtellinie. Alle Beteiligten sollten zwischen Verreißen und Zerreißen zu unterscheiden wissen. Die konzertierte Aktion im Zeichen des zerfetzten Grass-Buches, mit dem der „Spiegel" in einem Anfall hochgradiger Takt- und Geschmacklosigkeit aufmachte, hat etwas Beängstigendes. Freunde aus England und den USA riefen besorgt bei mir an: „Was macht ihr Deutschen? Genügen euch die Bücherverbrennung von 33 und die Bücher auf der Müllkippe von 90 immer noch nicht? Müßt ihr jetzt unliebsame Bücher dem Reiß-Wolf übergeben?"

Auch wenn die Kritikerprominenz vehement leugnet, unter politischen Aspekten über Grass herzufallen und zum Beweis Handlungsarmut, Erzählerimpotenz und blutleere Figuren anführt, die nur leitartikelnde Sprachröhren des Autors seien – das eigentliche Unbehagen rührt ganz offensichtlich von dem überaus kritischen Bild her, das Grass von der gegenwärtigen Bundesrepublik zeichnet.

Der trickreiche Werbefeldzug des Göttinger Steidl Verlages hatte die Erwartungen freilich allzu hoch gespannt, indem er das Buch als *das* säkuläre literarische Ereignis zum Thema „Wende und Nachwende" suggerierte. Das ist es sicher nicht, aber *ein* sehr ernst zu nehmendes Werk über Deutschland nach dem Fall der Mauer ist es zweifellos. Daß Grass bei dieser Gelegenheit seine oft bekundete Aversion gegen die deutsche Einheit wiederholen würde, war zu erwarten. Warum also das aggressive Geschrei?

Ein wichtiger Grund dürfte sein, daß Grassens Vorbehalte – fünf Jahre nach der Vereinigung – konkreter und substantieller motiviert sind und er seine Attacken auf die Arroganz der Macht und auf die Unbeweglichkeit und Reformunwilligkeit des Establishments direkt von den Folgen der vielbeschworenen Einheit ableitet und diese damit erneut in Frage stellt. Aber bitte: erstens legt er seine Unmutsäußerungen seinen Figuren in den Mund; und zweitens: sollte ein solcher Dissens nicht ein völlig normaler Vorgang in einem pluralistisch-demokratischen Gemeinwesen sein? Ist das nicht Teil der legitimen Auseinandersetzung zwischen Geist und Macht? Man muß sich ja Grassens Überzeugungen nicht anschließen, obwohl einem – speziell aus östlicher Sicht – vieles einleuchtend und sympathisch ist.

Symbolträchtiger Schauplatz des Buches ist jenes kafkaesk anmutende Gebäude in der Leipziger Straße in Berlin, in dem die Treuhandanstalt in den letzten Jahren den schrottreifen Wirtschaftsnachlaß der DDR (den Grass im Hinblick auf die betroffenen Menschen so schrottreif nicht finden kann) privatisiert und das heißt oft genug „abgewickelt", plattgemacht hat.

In den dreißiger Jahren errichteten die Nazis den Koloß als „Reichsluftfahrtministerium", Domizil jenes Hermann Göring, der Meier heißen wollte, wenn je ein feindliches Flugzeug über Deutschland auftauchen sollte. Die englischen und amerikanischen Bomber kamen zu Zehntausenden, legten Berlin weithin in Schutt und Asche, aber der Gebäudekomplex des braunen Luftwaffenchefs überstand alles ganz leidlich, so daß sich nach dem Kriege nun die roten Diktatoren ihr „Haus der Ministerien" darin einrichten konnten, das wirtschaftlich-organisatorische Zentrum der DDR. Nach dem Fall der Mauer zog dann die Treuhand ein, um ebendieses DDR-Erbe in die Bundesrepublik zu integrieren.

Ein geschichtsträchtiges Gehäuse also, das mit Faschismus und Krieg, Teilung Deutschlands und Vereinigung, mit Konzentration, Mißbrauch und Neuverteilung der Macht zu tun hat. Grass war in der Wahl dieses Schauplatzes gut beraten, zumal das Haus mit seinen bekannten Paternoster-Aufzügen ein überaus plausibles Symbol für peinliche Gleichläufe bietet: ewiges Auf und Ab mit scheinbaren Wendepunkten in Boden und Keller. Und genau um solche fatalen Kontinuitäten der deutschen Geschichte geht es Grass, der die Vorgänge von 1989/90 in Parallele sieht mit denen von 1871: Bismarcks „aus Blut und Eisen gepanschte Reichsgründung" und der „überzuckerte Einheitsbrei der gegenwärtig regierenden Masse".

Um diese provokante historische Perspektive erzähltechnisch bewältigen zu können, hat sich Grass etwas Besonderes ausgedacht, und dieser produktive Grundeinfall verdient zunächst einmal gewürdigt zu werden. Er hat Theo Wuttke erfunden, der, auf den Tag genau, hundert Jahre nach Theodor Fontane in Neuruppin geboren wird. Wuttke ist ein Literat und ein Fontane-Enthusiast von einer beneidenswerten Fontane-Kenntnis. Er hat praktisch dessen Gesamtwerk einschließlich der Briefe parat und jederzeit ein passendes Zitat zur Verfügung. Mehr noch, er schlüpft regelrecht in die Fontane-Biographie. Er lebt in dessen Wort- und Gedankenwelt und weiß selber nicht so genau, wo seine reale Existenz sich mit der anverwandelten Biographie Fontanes vermischt. In diesem Wiedergängerhabitus, den er völlig verinnerlicht, erlebt und erleidet er deutsche Geschichte des 20. Jahrhunderts und ist beides: Fontane und „Fonty", und auf diese Weise ist Geschichte des 19. und 20. Jahrhunderts stets nebeneinandergestellt.

Diese Konstellation hat Grassens liebevolle Beziehung zu Fontane zur Voraussetzung, dessen literarisches Werk er hochschätzt (der „Unsterbliche"), den er aber unter politischen Aspekten für eine problematische Natur hält, die in ihrer skeptisch-schmiegsamen Haltung zu Preußen, in der Mischung aus zeitweiligem Opportunismus und wachsender Distanz den Typus des deutschen Intellektuellen verkörpert. Der Haubentaucher im Tiergarten, der, unberechenbar, „mal da, mal weg war", wird zur Metapher.

Mir hat es ungeheuren Lesespaß bereitet, wie Grass (den man fortan zu den hervorragenden Fontane-Kennern rechnen muß) seinen Wuttke mit Variationen Fontanescher Persönlichkeitsmerkmale sowie Familien- und Lebensumständen ausrüstet. Auch Wuttke ist ein besessener Plauderer, der zitatensicher und anekdotenfroh drauflos schwadroniert – ähnlich Fontane, der nach Auskunft seiner Frau auch ohne Rücksicht auf seine Zuhörer seinen Faden gesponnen haben muß.

Wuttke beginnt seine Laufbahn als Journalist, besser gesagt: als Kriegsberichterstatter für das Göringsche Luftfahrtministerium. Grass läßt ihn vor allem in Frankreich unterwegs sein und Artikel schreiben, in denen Literarisch-Kulturelles dominiert und Propaganda für die Wehrmacht kaum vorkommt. Daß er klammheimlich sogar für die Résistance gearbeitet haben soll, ist ein bißchen unglaubwürdig, doch der Vergleich mit Fontane fördert denkbare Parallelen zutage. Fontane hat bekanntlich ein Dutzend seiner besten Jahre auf die Beschreibung der Kriege von 1864, 1866 und 1870/71 verwandt, die Schauplätze „in Feindesland" jeweils persönlich erkundet und seine drei offiziösen „Kriegsbücher" mit privaten Reiseberichten begleitet, in denen er unverhohlen seine Sympathien für Land und Leute des „Gegners" bekundete.

Nach dem zweiten Weltkrieg wird

Wuttke in der DDR Vortragsreisender für den Kulturbund mit zunehmender Distanz zur DDR-Kulturpolitik, und auch dabei parallelisieren sich Fonty und Fontane: die Abwendung Fontanes von Preußen nach den demütigenden Erfahrungen mit der Ministerialbürokratie und der dissidentische Wuttke, dem man immer mehr in seine Vortragsmanuskripte hineinzensiert. Wuttke, im Prenzlauer Berg zu Hause, bekommt schließlich (und da ist kein Vergleich mit Fontane mehr möglich) eine Anstellung als Aktenbote im besagten Haus der Ministerien und wird von der Treuhand übernommen. Dort hat er Begegnungen der dritten Art mit dem ersten Treuhandchef, dem Grass ein lesenswertes, geradezu sympathisches Porträt widmet, während dessen Nachfolgerin am Schluß in einer grotesken Persiflage als Frau Jenny Treibel erscheint. Die Verknüpfung des „Quitt"-Romans (in seiner Konfrontation von staatstragendem Förster und revoltierendem Wilddieb) mit dem Mord an Rohwedder ist allerdings schwer nachvollziehbar.

Auch aus dem Familien- und Freundeskreis Fontanes taucht mancher Doppelgänger auf, der in der Wuttke-Biographie Sinn macht. Da ist der jüdische Professor Freundlich in Jena, mit dem Wuttke bekenntnisreich korrespondiert und der an Georg Friedländer erinnert, jenen schlesischen Juristen, dem der alte Fontane briefverborgen seine politischen Bekenntnisse anvertraute. Und da sind vor allem Wuttkes Kinder – natürlich vier wie bei den Fontanes. Auch ihre Lebensläufe ähneln einander: George ist als Starfighter-Pilot der Bundeswehr ums Leben gekommen (der Offizier George Fontane starb an einer Blinddarmentzündung), Theo ist hoher Beamter in Bonn (Theodor Fontane jun. war Beamter in der Heeresverwaltung), Friedel ist Verleger in Wuppertal (Fontanes Jüngster verlegte in Berlin) und Tochter Martha, nach Fontaneschem Gebrauch Mete genannt, heiratet in späten Jahren den Baulöwen Grundmann (bei der historischen Mete war es der mehrfach verwitwete Architekt Fritsch).

Während all diese Figuren konkrete Vorläufer bei Fontane haben, ist der ständige Begleiter Theo Wuttkes, sein Tagundnachtschatten, eine literarische Fiktion, leider aber ein historisch-reales Phänomen. Denn das Buch ist auch ein Roman vom ewigen Spitzel und vom ewigen Bespitzeltwerden. Was immer Wuttke macht – Hoftaller, sein allwissender Aufpasser, ist dabei. Er (oder ein anderer seines Namens) hat ihn schon in Frankreich beobachtet, wußte von seinen oppositionellen Intentionen am Prenzlauer Berg. Und mühelos kann Grass auch am Beispiel deutscher Überwachungsmechanismen jene fatalen Kontinuitäten über die Jahrhunderte hin transparent machen. Denn was Hoftaller für Wuttke, war Tallhover für Fontane; vom preußischen Polizeiagenten, der den revolutionären Leipziger Herwegh-Club observierte, bis zum Stasi-Mann, der die Literaturszene des Prenzlauer Bergs beschnüffelte – immer sind die „Dienste" präsent. Grass läßt (und auch das zähle ich zu den bemerkenswerten Einfällen) die Gestalt des Tallhover, die in Hans Joachim Schädlichs gleichnamigem Roman stirbt, in „produktiver" Umkehr fortleben, weil er mit Recht überzeugt ist, daß ein Tallhover sterben kann, daß aber die Spezies der Tallhover alias Hoftaller ewig leben wird.

Auch hier ist der Vergleich mit Fontane nicht an den Haaren herbeigezogen: seit einigen Jahren weiß man, daß er in der England-Zeit im Auftrag des dänischen Geheimdienstes von dem Journalisten Edgar Bauer überwacht worden ist, der in seinen „Konfidentenberichten" nach Kopenhagen das aufschrieb, was Fontane zum Beispiel in seinen Londoner Tagebüchern nicht festhielt. Vielleicht war jener Edgar Bauer eine ähnlich farb- und lautlose Kreatur wie Hoftaller – von einer unheimlichen Allgegenwart, aber nicht unbedingt unsympathisch. Daher auch die Kritik an der Hoftaller-Gestalt – so könnten die Stasi-Leute nicht gewesen sein. Doch, sie können, und Grass zweifelt nicht, daß sie mit ebensolchen Eigenschaften längst wieder tätig sind.

Das faszinierende Spiel zwischen Realität und Fiktion, zwischen Fontane und Fonty hat für mich nur an einem Punkt sein Problematisches. Überall da nämlich, wo in Fontanes Lebensgeschichte die spannenden weißen Flecke oder die dunklen Phasen sind, setzt Grass seine konkrete Phantasie ein und füllt die Lücken aus, unter dem Motto: „So etwa könnte es gewesen sein." Das betrifft beispielsweise die beiden vorehelichen Kinder, von denen man erst (und nur) durch den spät veröffentlichten Brief an Bernhard von Lepel vom 1. März 1849 weiß. Die Geschichte fällt in Fontanes lange Verlobungszeit, von der nicht viel bekannt ist, da Emilie Fontane nach seinem Tod die Briefe aus der Brautzeit verbrannt hat. Bei Grass aber ist die Angelegenheit so detailliert nachzulesen, daß Zweifel gar nicht möglich scheinen: Magdalena Strehlenow heißt die Mutter in seiner Version, und Grass malt überzeugend aus, wie der Apotheker und die Gärtnerstochter auf der Elbe rudern, wie Lene Nimptsch aus „Irrungen, Wirrungen" eine Roman-Reminiszenz an die Dresdener Magdalena und wie schließlich Theo Wuttke ein direkter Nachkomme aus jenem illegitimen Verhältnis ist. Dabei wird das Rudern, das Bootfahren motivisch kunstvoll in das ganze Buch verwoben – aber: Name und Biographie der Magdalena Strehlenow sind die Erfindung von Günter Grass. Das sollten alle Fontane-Freunde wissen, die sich vielleicht schon lange für diese frühe Affaire interessiert haben.

Auch das offensichtlich so tatkräftige Team „Wir vom Archiv", das sozusagen den Erzähler vertritt oder ersetzt, hat mit dem tatsächlichen (ebenfalls sehr rührigen) Potsdamer Fontane-Archiv nichts zu tun, in dem Grass, während der Arbeit am Buch, gar nicht gewesen ist. Die mit gutem Grund vielerwähnte „Frau Professor Jolles in London" gibt's dagegen wirklich (Gott sei Dank), so wie's den ebenfalls zu Recht vielgelobten Biographen Hans-Heinrich Reuter gab. Und so jongliert der Autor zwischen Dichtung und Wahrheit, und selbst hochspezialisierte Kenner werden oft Mühe haben, die Übergangsstelle zu finden, wo die aktuelle Schwadronnage Fontys ins „echte“ Fontane-Zitat übergeht. Aber warum eigentlich nicht? Thomas Mann hat seine Anleihen bei Goethe auch nicht gekennzeichnet. Fontys Verdoppelung als Wuttke und Fontane „ging so glatt auf, daß ihr das Publikum mühelos folgen konnte“ – sagt Grass, und wer will, kann das auch finden.

Ich habe das Buch als einen Roman über die Fortsetzung problematischer Seiten deutscher Geschichte gelesen, fand viel nachdenklich stimmende Betrachtungen und hatte oft das Gefühl, daß sich hinter dem kauzigen Gestaltenpaar Fonty–Hoftaller eine Parodie auf Don Quijote und Sancho Pansa verbirgt. Mir hat der Berliner Gegenwartsroman Spaß gemacht mit seiner präzisen Erfassung der geistigen und realen Topographie der Stadt. Und ich habe mich amüsiert bei dieser außergewöhnlichen Romanbiographie Theodor Fontanes, die mehr kluge Anregungen und mehr bedenkenswerte Einsichten über Fontane enthält als alle Fontane-Biographien seit Reuter zusammengenommen. Ich habe mich nicht gelangweilt, obwohl ich gestehe, daß „ein weites Feld“ nicht unbedingt 800 Seiten hätte haben müssen. Günter Grass, der sich so gut bei Fontane auskennt, hätte sich getrost jener hübschen Anekdote erinnern sollen, die der „Stechlin“-Autor gelegentlich zum besten gibt: Heine soll angesichts von Alexandre Dumas' dickleibigen Romanen gesagt haben: „Lieber Dumas, Sie haben gut schreiben, aber wer soll es lesen?“

Alles in allem: kein Jahrhundert-Buch, aber ein Buch über das Jahrhundert, und der Moralist Grass beruft sich mit dem erfundenen Schelm Fonty und dem sympathisch anverwandelten Fontane auf aussagefähige Zeitzeugen.

aus: neue deutsche Literatur 6/95, November 1995

Mediendebatte

GLOSSE

Grass kreißte und gebar „Ein weites Feld“

Selbstgänger ahoi! Es kreißte der Dichter auf weitem Feld, und schon die Vollzugsmeldung gerät zur literarischen Sensation. Monatelang wurden wir angefüttert mit Schwangerschafts-Bulletins; jetzt ist's vollbracht: Günter Grass leistete seinen Beitrag, „Ein weites Feld“, zur deutschen Einheit, und wie's das Markgesetz befiehlt, gehört dem Werk allenfalls das letzte Wort. Nein, diese Vorfreude. Ist es nicht zu und zu schön, daß wir jetzt schon wissen, was der August uns bringen wird: DEN großen deutschen Roman wendigen Inhalts und von tieferer Bedeutung. Es muß mal wieder Grass sein, man gönnt uns ja sonst nicht viel. Die allmähliche Verfertigung des Buches ist werbewirksamer als jede Lektüre; wer lesen will, ist eh von gestern. Die Musik spielt in der Zeit der technischen Reproduktion und zwar zum Tanz auf allen Hochzeiten und gegen bares Geld. Wenn wir dereinst im August erfahren, was der amtierende deutsche Dichter uns sagen will, ist das Ganze längst totes Holz. Das Geschäft mit der Poesie – „Ein weites Feld“. Ein zu weites . . .

ira

aus: Hamburger Morgenpost, 4.3.95

Grass über alles

Ein Feld wird bestellt. Im August wird Günter Grass seinen jüngsten und dicksten Roman veröffentlichen, dicker noch als die „Blechtrommel“, und die hat bereits 750 Seiten. Anders jedoch als Peter Handke, der vom „Jahr in der Niemandsbucht“, seinem Buch der letzten Offenbarungen, nichts an die Öffentlichkeit dringen ließ, bis das fertige Werk auf dem Tisch des Buchhändlers lag, sucht Günter Grass die Probe vor dem Ereignis: Vorgestellt und eingeführt von Marcel Reich-Ranicki, las er in der Jüdischen Gemeinde in Frankfurt aus dem Manuskript. Schon vorher war manches nach außen gedrungen. Bekannt war vor allem, daß Günter Grass sich die Hauptfigur von einem Kollegen geborgt hat. „Tallhover“, der ewige Spitzel und Musterfall eines deutschen Bürgers, ist von Hans Joachim Schädlich ausgeliehen. Böswillige raunten schon von einem „Plagiat“. Aber das ist nicht wahr: Am Ende des Buches, meldet der Verlag, werde auf Hans Joachim Schädlich als den Schöpfer des „Tallhover“ verwiesen. Günter Grass hatte, wie es heißt, den Autor des „Tallhover“ bereits 1992 gefragt, an diesem Helden ein wenig weiterschreiben zu dürfen. Denn bei Schädlich stirbt der Geheimpolizist mitten im Kalten Krieg. Und schließlich scheint diese unredliche Figur so plausibel zu sein, daß Hans-Christoph Buch ihr bereits im vergangenen Jahr ein Werkchen („Der Burgwart der Wartburg") gewidmet hatte. Überhaupt – wer bei der Uraufführung von eineinhalb der insgesamt siebenunddreißig Kapitel des neuen Buchs mit dem Titel „Ein weites Feld" – das kommt von Fontane – dabei war, dem war bald klar: Auf die Originalität des Materials dürfte es Günter Grass wohl zuletzt angekommen sein. Eineinhalb Stunden las der Schriftsteller, am Ende sichtlich erschöpft, aus seinem Werk, eilig, unruhig, immer wieder durch dieselbe Satzmelodie hastend. Ein riesiges Gebäude türmte er schon in diesem Ausschnitt auf, unzählige Fragmente einer deutschen Geschichte der letzten einhundertfünfzig Jahre, versammelt im langen Leben zweier Gestalten, die zudem mit zwei Identitäten und in hunderterlei Konstellationen auftreten: Tallhover oder Hoftaller, der Spitzel, hat einen Knecht in Fonty oder Theo Wuttke, der ihm das Material herbeischafft für seine geheimen Dienste. Fonty ist aber nun irgendwie Fontane, der „Unsterbliche", der große Beobachter, und gemeinsam wandeln die beiden durch die beiden deutschen Länder der Jahre 1989 bis 1991, und darin spiegelt sich die ganze Geschichte seit 1848. Ein deutscher Gesamt-, Totalroman. Auch er ist eine Art von Offenbarung. Solcher Buchführung ist es einerlei, ob sie mit historischen oder literarischen Materialien umgeht. Sie „vermutet" oder „nimmt an" oder „neigt zu der Annahme", und das ist mit dem Enthusiasmus eines Beobachters nicht zu verwechseln. In diesem Archiv sind alle Akten gleich, und jede Beschreibung eignet sich für einen Verrat. Wer wollte sich da noch über eine geliehene Figur erregen? Alles ist hier Indiz, und das einzelne ist gleichgültig im Angesicht einer Instanz, die das Material für das ideelle Weltgericht sammelt. Denn so ist der Deutsche: ein Untreuer zu jeder Zeit, „ein Archibald Douglas, dem keine Gnade zuteil wurde". Mit diesen Worten schloß Günter Grass. Mag sein, daß wir es nicht besser verdient haben. Das Publikum applaudierte. Denn es gibt einen, der das alles weiß. stei

aus: Frankfurter Allgemeine Zeitung, 27.4.95

Der Durchbruch für Grass?

„Auch Reich-Ranicki applaudierte." Der dpa war das die Schlagzeile für ihren Bericht wert. Der Grund für die bemerkenswerte Wallung folgte dann nach einem Doppelpunkt: „Grass las aus ‚Ein weites Feld'"

Gewiß doch, es hätte auch andersrum stehen können, so, wie sich's im profanen Leben gewöhnlich abspielt: erst lesen, dann klatschen. Aber der Reporter beherrscht eben sein Handwerk. Für ihn gilt: Das Wichtigste zuerst! Und daß der Grass aus einem neuen Werk las, kam schließlich schon des öfteren vor. Aber wann sieht man den Reich-Ranicki schon mal applaudieren?

Diesmal also, und in Frankfurt, tat er's. Weshalb denn nicht nur in der Überschrift, sondern auch im Bericht selbst die rührigen Hände des Großkritikers vor der poetischen Zunge des Dichters Erwähnung finden. Was dann auch den Chef vom Dienst überzeugt haben muß, denn der Bericht ging durch. Und zwar mit diesem Anfang: „Am Ende spendete auch Marcel Reich-Ranikki Beifall: Für die erste Lesung aus seinem bisher unveröffentlichten neuen Roman ‚Ein weites Feld' erntete Günter Grass am Dienstagabend in Frankfurt minutenlangen Applaus vom Publikum".

Satz zwo stellt dann klar, daß minutenlanger Applaus vom Publikum nicht ohne weiteres zu haben ist, schon gar nicht bloß fürs Lesen. Marcel baute vor: „Er wolle und hoffe, daß der neue Grass ein großes Werk sei, hatte der ebenso renommierte wie gefürchtete Kritiker in seiner Einführung gesagt", sagt uns der Chronist des Abends. Und nun endlich darf er auch zur Nebensache kommen: zu Grass. Als der „nach knapp anderthalb Stunden zwei der 47 Kapitel vorgetragen hatte, schien nicht nur Reich-Ranicki überzeugt".

Wie es aussieht, wenn R.-R. überzeugt ist, wird uns nach einigen Abschweifungen, den Grass-Roman betreffend, im krönenden Absatz des Agenturberichtes beeindruckend geschildert. „Während des Vortrags wischte er sich erregt den Schweiß von der Stirn. Nachher unterbrach er seinen Beifall nur, um dem Schriftsteller die Hand zu drücken." Was dieser gewiß als Versöhnungsgeste und feuchten Ritterschlag zu würdigen wußte, denn: „Grass' Danzig-Buch ‚Unkenrufe' hatte Reich-Ranicki 1992 noch verrissen". Jetzt endlich applaudiert der Kritiker dem Dichter, und die dpa schlußfolgert daraus versonnen, was nun hoffentlich auch alle Buchhandlungen und Kleinkritiker kapieren werden: „Diesmal könnte Grass dagegen der große Wurf ... gelungen sein".

Wir aber legen die Meldung mit dem guten Gefühl aus den Händen, daß der Grass nun endlich seinen literarischen Durchbruch geschafft haben könnte. Und daß wir es niemand anderem als dem berühmten und gefürchteten Marcel Reich-Ranicki zu danken haben. *PETER BERGER*

aus: Neues Deutschland, 27.4.95

Vor-Premiere für den Grass-Roman „Ein weites Feld":

Dem „Opus magnum" des Nobelpreis-Kandidaten das Terrain bereitet

Im Herbst erscheint im Steidl-Verlag Günter Grass' neuer Roman „Ein weites Feld". Um dem „Opus magnum" seines Autors schon frühzeitig das Sortiments-Terrain zu bereiten, hatte Grass-Verleger Gerhard Steidl am vergangenen Freitag zum zweiten Mal nach der Grass-Erzählung „Unkenrufe" (1992) zu einem „Buchhändlertreffen" mit dem Autor nach Göttingen eingeladen. 120 Gäste waren gekommen und zollten Grass mehr als nur höflichen Applaus.

Seit Februar 1992 gilt Steidl-Verleger Gerhard Steidl in der Buchbranche als Erfinder der „Vor-Premiere": Seinerzeit hatte er ca. 50 Sortimenter zu einem „Buchhändlertreffen" mit dem Autor an den Verlagssitz Göttingen eingeladen, um ihnen die von Herbst auf Frühjahr vorgezogene Grass-Erzählung „Unkenrufe" bereits vorab vorzustellen. Ziel der Veranstaltung damals: Steidl, der bislang vor allem das graphische Werk Grass' betreut hatte, wollte im Sortiment gut Wetter machen, denn die Verkaufserfahrungen waren – vor allem mit dem Roman „Die Rättin" – nicht mehr die besten.

Dieser Sorgen ist Steidl, bei dem Grass nach jahrelangen Querelen mit seinem Verlag Luchterhand Literatur 1993 ganz vor Anker gegangen ist, inzwischen ledig: „Unkenrufe" hat sich laut Steidl bislang knapp 145 000 Male verkauft, hinzu kommen ca. 70 000 seit April '94 verkaufte dtv-Taschenbuchexemplare.

Vor den am Freitag vergangener Woche versammelten 120 Buchhändlern, die Steidl zur Vorab-Präsentation des neuen Grass-Romans „Ein weites Feld" wiederum nach Göttingen eingeladen hatte (darunter ca. ein Drittel aus den neuen Bundesländern), gab sich der Verleger denn auch selbstbewußt und ließ zunächst den Autor zu Wort kommen: Nach einer kurzen Einführung durch Lektor Helmut Frielinghaus – „,Ein weites Feld' ist mehr als nur ein Roman zur ,Wende'" – las der von einem Nebenhöhlen-Katarrh stark beeinträchtigte Grass im Jungen Theater über eine Stunde aus drei (von 37) Kapiteln seines mit 781 Seiten bisher umfangreichsten und ersten (Grass:) „Berlin-Romans".

Zwar hat er die vielschichtige, nach dem Fall der Mauer einsetzende Handlung im Berlin der Jahre 1989 bis 1991 angesiedelt, der Erzählbogen aber spannt sich zurück bis in die Zeit Fontanes und umfaßt 150

Jahre deutsche Geschichte. Grass bereits Ende vergangenen Jahres gegenüber Buchreport: „Nur vor diesem Hintergrund werden die Dinge, die heute in Deutschland geschehen, transparent" (Buchreport 46/94).

Das Publikum, das schon während des Vortrags spontan Zustimmung bekun-

det hatte, zollte Grass am Ende begeistert Applaus; Steidl: „Eigentlich bleibt mir nicht mehr zu tun, als sie zu bitten, diesem Opus magnum auch den besten Verkaufsplatz in Ihrer Buchhandlung einzuräumen."

Um sie ganz sicher zu machen, gewährte er den Sortimentern Einblicke in seine Marketing-Aktualitäten, für die er inklusive Anzeigenwerbung 450 000 DM bereitgestellt hat: In dieser Woche wurde ein Autorenkatalog an Buchhandel und Presse versandt, dem Ende Mai 8000 Leseexemplare folgen. Am 6. Juni liest Grass, der erstmals am 24. April vor 750 Gästen im Jüdischen Gemeindezentrum (Frankfurt/M.) aus „Ein weites Feld" vorgetragen hat und dabei sogar von seinem schärfsten Kritiker, Marcel Reich-Ranicki, lobend-erwartungsvolle Kommentare zu hören bekam, auf dem Bibliothekarstag in Göttingen.

Ab Sommer wird dann „Ein weites Feld" in der verlagseigenen Druckerei gedruckt. Steidl hat Papier für 100 000 Exemplare Startauflage geordert, denn: „Ich habe ein sehr gutes Gefühl."

Genährt wird dieses Gefühl auch von dem großen Medien-Interesse: Zwar haben Grass/Steidl noch nicht über Vorabdruck-Rechte und Interview-Termine entschieden – lediglich die Literaturzeitschrift „neue deutsche literatur" (Aufbau) darf bereits in ihrer Ausgabe Mai/Juni Auszüge aus den ersten drei Kapiteln bringen – aber es liegen bereits zahlreiche Anfragen (u. a. von „Spiegel" und „stern" sowie TV- und Hörfunksendern) vor.

Anfang August setzt Steidl mit einem Kundenprospekt zu Buch und Autor nach und beginnt mit der Auslieferung des Romans, dessen Preis mit Blick auf das ostdeutsche Lesepublikum bewußt unter der 50-DM-Schwelle liegen wird (49 DM). Erstverkaufstag ist der 4. September, die Buchpremiere wird tags darauf in der Berliner Kulturbrauerei gefeiert.

Anschließend geht Grass auf eine schon jetzt ausgebuchte Lesereise (über 40 Termine). Sie wird nur unterbrochen für ein einwöchiges Treffen mit ca. 15 internationalen Übersetzern in Göttingen – fest verkauft ist „Ein weites Feld“ bereits nach Frankreich, Italien, USA, Großbritannien und Südkorea – und einen dreitägigen Besuch der Frankfurter Buchmesse.

Neben der Vorstellung von Textauszügen und der Präsentation des Marketings für „Ein weites Feld“ hatte Steidl noch ein Bonbon parat: Nach einem Ortswechsel zum nahegelegenen Verlag erlebten die Sortimenter, wie Grass eine neue, vollautomatische und digital gesteuerte Bogen-Offset-Druckmaschine in Betrieb nahm, auf der auch „Ein weites Feld“ gedruckt wird – die von ihm signierten ersten Bogen waren heiß begehrt.

Beim Büffet nutzen viele Buchhändler die Gelegenheit zum Gespräch mit dem Autor, der immer wieder als Kandidat für den Literatur-Nobelpreis genannt wird. Steidl: „Verdient hätte er ihn.“ Grass selbst zeigte sich am Ende der Veranstaltung ebenso zufrieden wie sein Verleger und die Gäste: „Die breite Zustimmung zu meinem Roman hat mich sehr gefreut.“ Der Erfurter Buchhändler Kurt Peterknecht stellvertretend für viele Sortimenter-Kollegen: „Eine tolle Veranstaltung, die sich positiv auf unseren Einsatz für Grass’ neuen Roman auswirken wird.“

Zuständig für diese Seite: Ulrich Hesse

aus: Buchreport, 4.5.95

Die ersten drei Kapitel des neuen Werks von Günter Grass – Titel: „Ein weites Feld“ – liegen jetzt vor

Ein 784-Seiten-Roman gegen die Wiedervereinigung

Von ULRICH SCHACHT

Der in Göttingen ansässige Steidl-Verlag, sei 1992 das Haus, in dem Günter Grass, 68, seine Bücher erscheinen läßt, hat in dieser Woche einen 18 Seiten umfassenden Werbeprospekt an Buchhandel und Redaktionen verschickt, der Auskunft über den im Herbst erscheinenden neuen Roman des Autors gibt.

Laut Prospekt trägt das Werk den Titel „Ein weites Feld“ und nimmt damit eine berühmte, zum Sprichwort gewordene Sentenz des Dichters Theodor Fontane auf. Zugleich wird darauf hingewiesen, daß das Buch 784 Seiten umfassen und damit umfangreicher ausfallen wird als der Roman „Die Blechtrommel“ aus dem Jahr 1959, der Grass weltberühmt gemacht hat.

Schließlich bietet der Verlagsprospekt – neben Einzelsätzen und einem Abschnitt aus dem Text sowie Fotografien und Zeichnungen – auch „einige Daten zum Buch“, die eine generalstabsmäßig vorbereitete Verbreitungsstrategie von „Ein weites Feld“ beschreiben.

Zwischen einer ersten öffentlichen Lesung aus dem Manuskript Ende April im Jüdischen Gemeindehaus in Frankfurt und einem internen Treffen mit Buchhändlern in Göttingen wenig später wird am 1. Juni ausweislich der Datenliste der „Versand der Leseexemplare an Rezensenten und Buchhänder“ erfolgen; am 6. Juni eine Lesung „anläßlich des Deutschen Bibliothekarstags in Göttingen“.

Der Erstverkaufstag wird der 28. August sein; am 4. September gibt es dann die „Buchpremiere in der Kulturbrauerei“ in Berlin; am 4. Oktober schließlich folgt ein Übesetzertreffen mit Grass in Göttingen, und ab dem 12. Oktober ist die Anwesenheit von Grass auf der Frankfurter Buchmesse angekündigt.

Das alles wäre nicht der Rede

wert, wenn es im Zusammenhang nicht schon einige Ereignisse gegeben hätte, die aus der an sich plausiblen Art eines Verlages, dem neuen Werk eines seiner Autoren einen optimalen Start zu verschaffen, eine durchschaubare Werbekampagne im Rahmen der Organisation des deutschlandkritischen Zeitgeistes erkennbar werden lassen.

Darüber hinaus versuchen Grass und sein Verleger offenbar schon im Vorfeld des Erscheinens des neuen Romans durch die Schaffung eines geneigten kulturpolitischen Klimas, Einfluß auf die zu erwartende Kritik am Buch zu nehmen.

Deutlich wurde das mit dem Auftritt von Grass im Jüdischen Gemeindehaus zu Frankfurt am Main.

Ausgerechnet Großkritiker Marcel Reich-Ranicki moderierte und kommentierte den Abend – jener Kritiker also, dessen geradezu vernichtenden Rezensione zum Roman „Die Rättin" oder zur Novelle „Unkenrufe" Grass in hellen Zorn und tiefe Verbitterung getrieben hatten, von den scharfen Invektiven gegen diesen und andere Kritiker durch ihn ganz zu schweigen.

Noch im Januar dieses Jahres geißelte Grass in einem Gespräch mit der „Süddeutschen Zeitung" diese Kritiker. Sie suchten nur Anlässe, um sich selbst zu feiern und degradierten Autoren zu Stichwortgebern. Eben deshalb „entbehre die Kritik zur Zeit in Deutschland des intellektuellen Ethos und der handwerklichen Redlichkeit".

Doch anscheinend hat sich das so beschriebene Klima innerhalb von nur wenigen Monaten geändert.

Reich-Ranicki und Grass umarmten sich verbal auf offener Bühne, priesen gegenseitig ihre Vorzüge und lächelten über die Schwächen des anderen hinweg. Um was zu erreichen?

Zunächst einmal eine Reaktion des nationalen Feuilletons. Das verfaßte denn auch sogleich Überschriften wie: „Der Dichter und seine Nation". Oder gar: „Der Meister ist wieder da!" Und eine Illustrierte fragte ihre Leser mit rhetorischer Gewißheit: „Der Bestseller des Jahres?", denn mit „Ein weites Feld" habe „Günter Grass einen 784-Seiten-Roman über die neuere deutsche Geschichte abgeschlossen, in dessen Mittelpunkt Theodor Fontane und ein Spitzel stehen".

Bis zu diesem Zeitpunkt war man solcher Berichterstattung ziemlich hilflos ausgeliefert, denn nirgends lag ein Stück Text vor, das das auffällige Entzücken sonst so rabiater Kritiker hätte rechtfertigen können.

Inzwischen ist das anders. Nun sind die ersten drei Kapitel des neuen Romans von Grass gedruckt. Man kann sie nachlesen in der neuesten Ausgabe der Zeitschrift „neue deutsche literatur" 3/95, die im Aufbau-Verlag Berlin erscheint und früher dem Schriftstellerverband der DDR gehörte. Heute wird das Blatt kurioserweise von einer Schweizer Stiftung und dem österreichischen Bundesministerium für Kultur unterstützt.

Die hier abgedruckten 50 Romanseiten sind in der Tat äußerst brisant. Aber nicht, weil im Mittelpunkt Theodor Fontane und ein Spitzel stehen, wie behauptet wird, sondern – mit fatalen Konsequenzen, was die sprachliche Qualität des Romans betrifft – ein ideologisches Ressentiment.

Wogegen? Gegen den Wiedervereinigungsprozeß in Deutschland im allgemeinen und die Romanfigur eines prominenten zeitgenössischen Kollegen von Grass im besonderen.

Die Kritik von Grass an Tempo und Verlauf des deutschen Vereinigungsprozesses ist bekannt. Grass glaubt, daß man sich für den staatlichen Einigungsvertrag ein paar Jahre politisch-geistigen Einigungstanz unter seiner Mentorschaft als Vorlauf hätte verordnen sollen. Er behauptet dies heute noch im Prinzip und hat seine Sicht, die die politischen Realitäten des Jahres 1989 in Deutschland, Europa und der Welt partout nicht zur Kenntnis nehmen wollte, in Reden, Essays und Interviews flächendeckend ausgebreitet. Texte „Wider das dumpfe Einheitsgebot", wie er es nannte.

Aber das reichte ihm offensichtlich nicht. Er mußte aus seinem politischen Irrealismus und seinem Vorurteil gegen die Wiedervereinigungspolitik Helmut Kohls und Willy Brandts, dem er deshalb die ideelle Freundschaft aufkündigte, offensichtlich, jedenfalls beweisen es die 50 ersten vorliegenden Seiten, einen Roman machen. Der kann aber nur denen gefallen, denen die Wiedervereinigung mißfällt, denn sprachlich handelt es sich um Illustrationsprosa, wahllos angereichert mit biographischen und Werkdetails aus dem Fundus „Theodor Fontane".

Da Grass aber keine wirkliche Roman-Idee hat, sondern nur eine politische These unter die Leute bringen will, wird Fontane als Steinbruch mißbraucht, um einem Konstrukt Gestalt zu geben, das mit einer gnadenlos planierten, einst lieblichen Landschaft verglichen werden muß.

Fontane, ein Meister des Deutschen, wird mit einem ideologisierten Trümmer- und Jargon-Deutsch quasi ins Aktuelle rekonstruiert. Dabei heraus kommt aber nur ein Sprach-Homunculus, der nichts über sich, aber alles über die versiegten kreativen Fähigkeiten seines Schöpfers aussagt.

Das ist – für den Autor der „Blechtrommel" und des Theaterstücks „Die Plebejer proben den Aufstand" – traurig genug.

Am allerschlimmsten ist jedoch die Tatsache, daß Grass sich mit „Ein weites Feld" nicht nur an Fontane vergriffen hat, sondern auch an einer der bedeutendsten Figuren der deutschen Gegenwartsliteratur: an dem deutschen Polizeispitzel „Tallhover" des gleichnamigen Romans von Joachim Schädlich aus dem Jahre 1986.

Schädlichs von der deutschen Literaturkritik einhellig und enthusiastisch gefeierter Roman hat Günter Grass nämlich in einem wesentlichen Punkt ganz und gar mißfallen: in der Tatsache, daß Schädlich seinen Negativhelden zwar eine Spitzelkarriere im Metternichzeitalter beginnen ließ, den Prototypen eines Dieners des reinen Staates jedoch Mitte der

50er Jahre zum Sterben brachte – als gescheiterten Spitzel des Ministeriums für Staatssicherheit der DDR.

Schädlich, früher ein enger Freund von Grass, der sich für ihn eingesetzt hatte, als Schädlich noch in der DDR lebte, ist in den vergangenen Jahren auch öffentlich zum scharfen Ankläger gegenüber der SED-Diktatur, ihren Folgen und ihren westlichen Verteidigern geworden. Schädlich war zugleich nie bereit, seine scharfe DDR-Kritik mit einer gleichzeitigen und gleich scharfen Kritik an der Bundesrepublik zu betreiben.

Das brachte ihm nicht nur zu Günter Grass eine Differenz ein. Schädlich und Grass haben 1992 einen Briefwechsel zu jener Tallhover-Figur geführt, an der Grass kritisierte, daß sie ihm zu früh weggestorben sei durch ihren Erfinder: Hans Joachim Schädlich. Denn dieser Prototyp Tallhover hätte mindestens noch eine Weile beim Verfassungsschutz oder BND oder bei der CIA angestellt gewesen sein müssen, um glaubwürdig zu sein. Hans Joachim Schädlich hat der WELT am SONNTAG gegenüber bestätigt, daß es diesen Briefwechsel gegeben hatte und daß er abgebrochen worden sei.

Die unaufhebbare Differenz hat Günter Grass offenbar jedoch nicht stutzig werden lassen, sondern auch zu Konsequenzen getrieben, die literarästhetisch eine Katatstrophe und politisch Unsinn bedeuten.

Einen Roman schreibt man nicht aus einem Ressentiment heraus, damit vernichtet man ihn – egal, wieviel Seiten er umfaßt. Schädlichs deutscher Polizeispitzel „Tallhover", der bei Grass mit schlichtester Umkehrungsphantasie „Hoftaller" heißt, darf in Günter Grass' Roman „Ein weites Feld" nur deshalb wiederauferstehen und weiterleben, um der deutschen Gegenwartsöffentlichkeit mitzuteilen:

„Nein, Tallhover hat nicht Schluß gemacht, hat nur die Seiten gewechselt. Das hat mein Biograph leider nicht glauben wollen, hat die im Westen gängige Freiheit fehleingeschätzt . . ."

Wie sehr Grass mit dieser Kritik die Großmeister im kulturpolitischen Zeitgeistgewerbe damit bedient haben muß, verriet einer der ihn Feiernden, der sich nach der Lesung von Grass in Frankfurt dazu hergab, „Schädlichs Tallhover auf Dauer als blaß und blutleer" zu denunziern, während „die Figur bei Grass sofort wieder lebendig" würde.

Grass habe damit den „großen deutschen Roman über Wende und Mauerfall" geschrieben . . ., er, unser Altmeister, Günter Grass".

Ein anderer Kritiker allerdings mochte sich solche Blöße nicht geben und notierte zu dem Gehörten: „Das war eher Geschichtsversion, weniger Alltagsrealismus."

aus: Welt am Sonntag, 21.5.95

Wir müssen klotzen

BUCHMARKT Bestseller werden gemacht. Wie das neue Buch von Günter Grass – bevor es erscheint

VON PETER MICHALZIK

Nehmen wir mal an, ein Kritiker käme – nach Erscheinen am 4. September – zu dem Schluß, Günter Grass' neues Buch sei ein großer Roman. Die Presse könnte die Nachricht dann nicht mehr verbreiten, denn die Vokabeln sind schon verbraucht. Bereits im April, ohne daß irgend jemand das Werk nur annähernd kannte, allein nach einer Lesung in Frankfurt, war von einem »deutschen Ereignis«, »Jahrhundertwerk«, »begeisterten Kritikern«, dem »Bestseller des Jahres« die Rede.

Solche Vor- und Vorvorberichterstattung reüssiert, wie oft bei marktschreierischen Medienentwicklungen vom Futurismus bis zu Berlusconis Mediokratie, besonders in Italien: Fünf Monate lang, bis zur Veröffentlichung auf der Frankfurter Buchmesse im vergangenen Herbst, berichtete die italienische Presse erhitzt über Ecos neuestes Buch. Obwohl damals noch Zufälle mitspielten, wirkte die Vorpresse mit ihrer schrittweisen Enthüllung, als wäre sie exakt auf den Frankfurter Stichtag hin inszeniert.

Die deutsche Übersetzung wurde der Öffentlichkeit fünf weitere Monate später präsentiert. Auch hier die austarierte Steigerung der Ereignisse: Eco gab in Mailand die mittlerweile sprichwörtlichen Interviews im Stundentakt. Um dem ganzen die Krone aufzusetzen, ironisierte der Meister die Situation dann höchstselbst in einem launigen Aufsätzchen, in dem er sich gegen Interviews mit Schriftstellern aussprach.

Das Vermarktungsmodell »Eco« wird längst auch bei deutschen Autoren angewandt. Was in Allerweltsverlagen ohnehin gängige Praxis ist, hat renommierte Häuser erreicht. So war die Rezensionskette zu Klaus Harpprechts Thomas-Mann-Buch ebenso perfekt choreographiert wie der schon ein Jahr dauernde Erfolg von Hœgs »Fräulein Smillas Gespür für Schnee« genau vorbereitet war.

Das Schema der Buchinszenierung ist immer das gleiche: Die Vorberichterstattung heizt die Erwartung an, schrittweise werden Details offengelegt (zuerst die Sensation: »Er schreibt wieder«, dann der Titel, der Inhalt, pikante Details), Journalisten reißen sich um Interviews, weil sich alle drum reißen. Bis das Buch erscheint, oft präzise getimt. Geschickt wurden Buchheims 1472 Weltkriegseiten »Die Festung« am 27. April auf die Welt losgelassen. Die angesichts des heraufziehenden 8. Mai unter Gedenkhunger stehende deutsche Öffentlichkeit verlangte nach Neuigkeiten vom Krieg, da war Buchheim wunderbar plaziert. In den Presseabteilungen der Verlage spricht man da von perfekter Medienchoreographie und einer

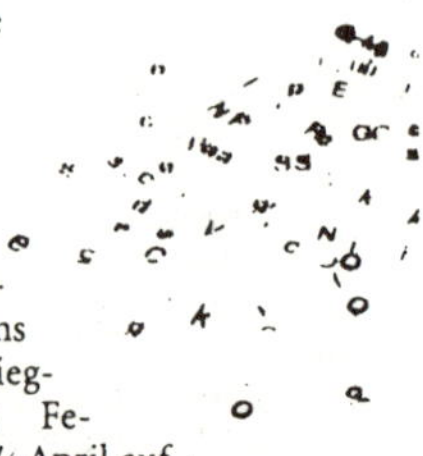

Spannungskurve, die bis zum Erscheinen des Buches hält.

Bücher werden aufgebaut wie Politiker. Höhepunkt der wahrscheinlich millionenschweren Kampagne für Buchheim – verläßliche Zahlen, auch der Auflage, sind nicht zu bekommen – waren Titelgeschichte, Interview und Vorabdruck in einer Zeitung, die zum

Ein Buch wird wie ein Politiker aufgebaut

gleichnamigen Unternehmen wie Buchheims Verlag Hoffmann & Campe gehört. Interessant ist dabei, daß man in diesem Verlag, seit »Scarlett« im gnadenlosen Massengeschäft hochversiert, hinter solchen Aktionen weder Strategie noch Absicht sehen möchte, sondern den Erfolg des Buches allein seinen literarischen Qualitäten und der Unangepaßtheit des Autors zuschreibt.

Felicitas Feilhauer, Marketingleiterin im namhaften Haus Hanser, wo man heute mehr Bestseller produziert als in anderen Verlagen, gibt offen zu, daß bei den erfolgsverdächtigen Titeln fast nurmehr mit äußerlichen Argumenten geworben werden kann. »Das hat es früher nicht gegeben«, meint sie, aber: »Der Markt funktioniert nur noch über Verdrängung. Wir müssen klotzen.« Nur so lassen sich Gewinne erwirtschaften, die in literarische Kostbarkeiten gesteckt werden, wie Hanser sie verläßlich, trotz kleiner Auflagen, unter die Leser bringt.

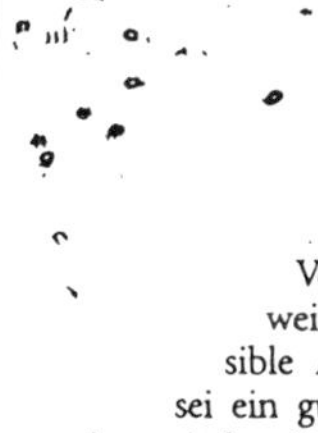

Wichtig ist am Buch oft nur, daß es als Rohmaterial für die Kampagne taugt. Auf die Frage, welche Bücher sich für solche Vermarktung eignen, weiß Feilhauer eine plausible Antwort, Hœgs Buch sei ein gutes Beispiel: »Das ist ein typisches Buchhändlerinnenbuch: eine nicht unfeminine Einzelkämpferin, eine spannende Geschichte, schön erzählt, ein realer Konflikt, in diesem Fall die Auseinandersetzung zwischen Dänemark und Grönland.«

Unwohl wie Felicitas Feilhauer fühlt sich Martina Gollhardt, die noch bei dem nicht minder renommierten Fischer-Verlag für die Pressearbeit verantwortlich ist. Sie sieht in dem inszenierten Rummel Versuche, einen heißgelaufenen Buchmarkt am Leben zu halten. »Der Erscheinungstermin wird zum virtuellen Ereignis für die Vorvorberichterstattung: Wenn das Buch da ist, interessiert es keinen mehr.« Erkenntnisse, was von den Bestsellerauflagen gelesen wird, gibt es nicht. Die aus dem Berufsleben scheidende Martina Gollhardt aber ist sicher: »Ich bin überzeugt: die Leute kaufen und lesen nicht.«

Natürlich gibt es Autoren, die sich entziehen wollen. Peter Handke etwa verweigert das Versenden von Vorausexemplaren und gibt keine Vorabinterviews. Auch Günter Grass gehört eher in die Kategorie dieser Verweigerer. Bis zum Erscheinen seines neuen Buches wird er kein Interview geben, hat er seinem Verleger Gerhard Steidl gesagt. Überraschend, daß gerade Steidl einen genauen Fahrplan zur Grass-Vorberichterstattung veröffentlicht hat. »Das machen doch alle«, sagt er. Steidl, ein Buchprofi, spricht von einer kranken, kaputten Branche.

Sein Verlegerfreund Thomas Loest ist dagegen voller Bewunderung für Steidl. Um die 10 000 Leseexemplare wird dessen Verlag ab dem 1. Juni verschicken. Loest: »Das steigert sich bis zum 4. September, der Buchpremiere. Am Vorabend kann dann Herr Wickert etwas dazu erzählen, und die Leute rennen tags drauf in die Buchläden.« ●

aus: Wochenpost, 1.6.95

Wohin damit?

Kinder, ein Rätsel. Was ist das: angenehm handlich, etwa 12 mal 20 mal 4 cm, und schimmert sanft, in gedämpftem Grau, besonders im diffusen Licht einer Leselampe. Ein hübsches Geschenk, und seit zwei Tagen können die (intellektuellen) happy few dieses Landes es zur Hand nehmen, „zum persönlichen Gebrauch“, zärtlich über den rauhen Einband streichen, es entblättern ... *Ein weites Feld* ist es, so die Lösung, ein Leseexemplar des neuen Buchs von Günter Grass, das im Herbst auf den Markt kommt.

Kinder sind, wir wissen es, allemal die besten Leser, und wer ein guter Leser sein will, mußte immer aufs neue wieder Kind werden. Mit Oskar zum Beispiel, dem Blechtrommler aus Danzig, oder – ja, damals funktionierte es noch, zum letzten Mal vielleicht – mit dem fabulierenden Butt. Nun also der dritte Streich, die Tour mit dem alten Flaneur Fonty durch die Wendejahre, vor der Jahrhundertwende ...

Große Erzählliteratur kommt immer aus der Tradition des Märchenerzählens, so suggeriert es auch die Idylle, die Atmosphäre auf den Arbeitsphotos, mit denen der Steidl Verlag uns einstimmt auf das Großereignis Grass: Einblicke in die kreative Klausur des Schreibers, Stapel von Blättern und Büchern, der Meister mit Pfeife und Füller in der Hand, oder über die Reiseschreibmaschine auf dem Stehpult gebeugt; drumherum diverse Leseproben, Zitate, Photos von Berlin. Eine perfekte Inszenierung, durchgeplant bis ins letzte Detail, mit Blick auf den entscheidenden, den Erscheinungs-Tag: Montag 4. September.

Die Professionalität des Unternehmens beeindruckt, Grass wird sicher das diesjährige Rennen machen und die Konkurrenten Eco und Buchheim auf die Plätze verweisen. Der neue Jahrzehntroman als Großprojekt, als „event“: Was einst sich entwickelt hat aus Lektüre und Diskussion, aus persönlicher Betroffenheit und Begeisterung, soll nun vorprogrammmiert werden. Der Pioniergeist ist dahin, was einst eine erste Forschungsreise ins Unbekannte, Ungewisse war, kommt nun daher wie eine durchorganisierte Gruppenreise. Und die literarische Welt strahlt leider nicht mehr so himmelblau wie der Prospekt.

Grass ist als Organisator stärker gefordert denn als Erzähler – und auch sein eigener Introitus klingt ein wenig doppeldeutig: „So waren wir beim Thema. Es ging um das größer werdende Vaterland, also um jenes hübsche Geschenk, das uns gemacht worden war, sich aber bald als unpraktisch und sperrig erweisen sollte: Wohin damit? Was fangen wir mit uns an? Wie lebt man mit so viel Größe?“ göt

aus: Süddeutsche Zeitung, 10.6.95

OSKAR NEBEL: **Untendurch**

Im deutschen Feuilleton herrschen Kriegszustände. Kriegsursache ist der neue Grass («Ein weites Feld»), ein Buch, von dem gesagt werden kann, dass es die deutsche Literaturfrage der zweiten Jahrhunderthälfte beantworten wird: Ist Grass WELTLITERATUR, oder ist ihm bei der «Blechtrommel» lediglich das Anfängerglück zur Seite gestanden?

Die diese Frage klären müssen, sind die Koryphäen der deutschen Literaturkritik; und es ist ganz klar, dass derjenige keine Koryphäe mehr ist, der am 29. August zu keiner der führenden deutschsprachigen Publikationen gehobenen Anspruchs als Grass-Rezensent zugelassen wird (am 28. August läuft das Besprechungs-Embargo ab, das nervenzerreibend und kriegstreibend über den 784 Seiten des Romans, Leinen, Steidl Verlag, Göttingen, liegt).

Die wichtigste Information voraus: Reich-Ranicki, obwohl ihm Schirrmacher die FAZ versprochen hat, schreibt im «Spiegel»! War der «Spiegel» schneller, oder hat Seibt den Herausgebern der «Frankfurter Allgemeinen» mit Brandlegung am Verlagsgebäude gedroht, wenn er den Grass dem FAZ-Pensionär überlassen muss? Oder hat Augstein, nachdem er sich wochenlang mit dem Gedanken trug, womöglich selber... hat Augstein, eventuell von Schirrmacher angeregt, Reich-Ranicki der FAZ abgekauft, um im eigenen Blatt Hage zu verhindern, gegen den Karasek vorzugehen gezwungen gewesen wäre, während er Reich-Ranicki wg. anderweitiger Zusammenhänge als Überlösung akzeptieren muss und allenfalls auf der Basis seines Starmitarbeiter-Vertrags der «Bunten» ein Interview über den neuen Grass gewähren kann?

Wer schreibt über Grass?

Kommt Zeit, kommt Radisch – möchte man da fast ein wenig scherzhaft sagen. Tatsächlich müsste in der «Zeit» auf Grund seiner Anciennität Greiner, aufgrund der tatsächlichen Machtverhältnisse allerdings die Radisch. Ausser die Gräfin pocht auf das gemeinsame ostpreussische Kulturerbe, das sie mit Grass verbindet – aber würde sie das Gleichgewicht mit Schmidt riskieren, der immerhin mit Grass in der gleichen Partei ist? Und sind der «Zeit» überhaupt genügend Rezensions-Exemplare zugestellt worden, um alle, die Ansprüche auf Grass anzumelden legitimiert sind, mit der doch wohl nicht ganz zu vernachlässigenden Lektüre zu versorgen?

Bei der «Süddeutschen» stehen natürlich Willms und Busche an; und hier scheint der Fall ausweglos, ein Königsopfer unvermeidlich, es sei denn, di Lorenzo moderiert auf Seite 3 eine Doppelbesprechung mit Überlauf und einer exzellenten Zusammenfassung der Handlung des neuen Romans von Günter Grass, die von Sartorius selbstloserweise nicht gezeichnet wird.

Jedenfalls kann keiner der Erstlingisten von der «Süddeutschen» durch ein Ausweichmandat in der «Neuen Zürcher Zeitung» abgefunden werden, weil an der Falkenstrasse Meyer unter Äusserungszwang steht. Pikanterweise würde er, wenn er Grass für sich reservierte, der neuen Literaturchefin, die er soeben eigenverantwortlich ins Haus geholt hat, den grossen Eintritt in die Elite der literarischen Vordenker fürs erste gerade mal vermasseln. (Wer weiss, wie bald wieder einmal ein deutscher Dichter ein Buch schreibt, das zu rezensieren mit einer Weihe verbunden ist, der teilhaftig zu werden kriegsmässige Anstrengungen lohnt?)

Wir sind natürlich gespannt, wer in der «Weltwoche» über den neuen Grass schreibt.

aus: Weltwoche, 6.7.95

Ein allzu weites Feld

Warten auf Grass: Wie die Medien sich die Zeit vertreiben

Am Anfang war die Meldung. Günter Grass, so ließ der Steidl Verlag im März verlauten, habe nach mehrjähriger Arbeit einen Roman abgeschlossen, der im August unter dem Titel „Ein weites Feld“ erscheinen werde. Von einem Panorama deutscher Geschichte zwischen der Revolution von 1848 und der Gegenwart war die Rede, von einem großen Berlin-, einem Wende- und Nachwende-Epos.

Da sank uns das Herz, denn das kannten wir doch schon aus den mahnenden Essays, grummelnden Einreden und mißgelaunten Interviews, mit denen Grass seit sechs Jahren den Einigungsprozeß begleitet. Und während uns das Herz sank, hörten wir nicht, daß die Maschine, die in jenem kühlen März leise zu summen begonnen hatte, bereits lauter und vernehmlicher summte. Im April war sie schließlich nicht mehr zu überhören: Günter Grass, eingeführt von Marcel Reich-Ranicki, las vor achthundert Zuhörern und drei Kamerateams im Frankfurter Jüdischen Gemeindezentrum zum erstenmal öffentlich aus seinem Werk. Es war voll im Saal, sehr voll; nicht jeder saß bequem; zudem schienen die Sätze des Romans, wie der Dichter sie vortrug, von außerordentlicher Länge; und überhaupt kann niemandem verübelt werden, wenn er an diesem Abend keine rechte Begeisterung verspürte, denn die Romane von Grass entwickeln ihre Stärken wohl kaum beim Vorlesen.

Grund genug also, zu schweigen und den 28. August abzuwarten, Goethes Geburtstag, an dem das fertige Buch ausgeliefert werden soll. Doch der Rezensent Martin Lüdke konnte nicht an sich halten. Noch vor Erscheinen des Leseexemplars durfte er in der „Woche“ jubeln: „Der Meister ist wieder da!“ Und als wollte er dem Satiremagazin „Titanic“ Konkurrenz machen, schwor er die Leserschaft mit einem wolkigen atmosphärischem Protokoll des denkwürdigen Abends auf das Kommende ein: „Dann wurde es urplötzlich ernst und ganz ruhig im Saal. Grass begann zu lesen. Schon mit den ersten Worten war klar: Er geht aufs Ganze. Die Sätze vibrierten vor Spannung.“

Was hier vibrierte, war vor allem die Keßheit, sich nach dreißig Seiten eines 800-Seiten-Buches mit einer Vorabrezension ins Freie zu wagen, die „unseren Altmeister“ Günter Grass schon für das Vorhaben umarmt, einen Roman über Wende und Mauerfall geschrieben zu haben. Im selben Zug verhöhnte Lüdke die jüngere Schriftsteller-Generation, die vor dem Berlin-Thema versagt habe. Tatsächlich war es ihr wohl lediglich nicht gelungen, des Rezensenten huldvolle Aufmerksamkeit zu erringen.

So verging der Mai mit einer Peinlichkeit. Es kam der Juni und mit ihm das Leseexemplar. Schweigen senkte sich über das Land: Die Kritiker lasen. Aufgeschreckt wurden sie durch den neuerlich gesteigerten Lärm der Grass-Akklamationsmaschine: Der Zweitausendeins-Buchversand kündigte „Ein weites Feld“ in seinem Katalog als „Jahrhundertroman“ an, zitierte Lüdkes Torheiten aus der „Woche“ sowie die Deutsche Presse-Agentur, derzufolge Marcel Reich-Ranicki seinen Beifall für Grassens Lesung nur unterbrochen habe, „um dem Schriftsteller die Hand zu drücken“.

Vielleicht sind hier aber schon ein paar Hände zuviel gedrückt worden. Bei Zweitausendeins bekommt, wer den neuen Roman jetzt bestellt, nicht nur ein Exemplar der „gesuchten“ Erstauflage (Startauflage 100 000 Stück – wenn der Werbetrick die Zahl nicht höher treibt), sondern auch „exklusiv und gratis“ den Faksimiledruck einer Handzeichnung von Grass. Einen halben Zentimeter weiter unten und völlig unironisch wird die zehnbändige, über 6000 Seiten starke Grass-Werkausgabe derweil für 59 Mark angeboten.

Es wäre allerdings merkwürdig, wenn nicht auch die Grass-Gegner längst die Maschinen angeworfen hätten. Da es erwiesenermaßen nicht um Literaturkritik geht, sondern um deren mediale Schwundstufe, die auf gründliche Lektüre oder die Nachprüfbarkeit der Argumente nicht mehr angewiesen ist, füttern sich Zeitungen und Fernsehen gegenseitig mit Geschwätz, sofern es eine vage Nähe zum

Thema ahnen läßt. Im „Kulturweltspiegel" der ARD kamen jüngst Literaturkritiker zu Wort, die den Roman „Ein weites Feld" als öde und langatmig abtaten – unter ihnen auch Martin Lüdke, der seinen Seitenwechsel vielleicht deshalb so entschlossen vollzog, um nach den Sommerferien wieder von vorn beginnen zu können.

Doch ob nun die Öffentlichkeit wie im Falle Grass schon drei Monate vorher kirre gemacht wird, oder ob eine Neuerscheinung wie Handkes „Jahr in der Niemandsbucht" gleichsam als geheimnisvoller Segen über die Gläubigen kommt: Die Inszenierung von Literatur hat entschieden an Raffinesse gewonnen und kann auf ein interessiertes Publikum zählen.

Man erinnere sich dagegen an Theodor Fontanes Roman „Effi Briest", der Günter Grass den Titel lieferte. Und man lese die Briefe, die Fontane seinen Kritikern vor und nach Erscheinen der Rezensionen schrieb – viele ausführliche, strategisch kluge und genau berechnete Briefe, mit denen er dankte, wo zu danken war, und den einen oder anderen Rüffel weltmännisch wegsteckte. Fast auf den Tag vor hundert Jahren schrieb Fontane etwa an Siegmund Schott, der eine Rezension in der Münchner „Allgemeinen Zeitung" in Aussicht stellte: „Von einem so wohlgesinnten Manne in einer so hervorragenden Zeitung besprochen zu werden" könne dem Autor „nur hoch erfreulich" sein. Er, Fontane, werde sich also erlauben, dem Rezensenten den Roman „gleich nach seinem Erscheinen" zustellen zu lassen. Gleich nach seinem Erscheinen? Ach, was für Zeiten!

PAUL INGENDAAY

aus: Frankfurter Allgemeine Zeitung, 12.7.95

KOPFSPRUNG

Betr.: Operation «G«

VON EMANUEL LA ROCHE

Meldung: Operation «G» läuft planmässig. Sämtliche Zwischenziele wurden erreicht. Da Entscheidung mit Tag X herannaht, folgt Rückblick auf bisherigen Verlauf.

Die Operation «G» sah vor,

- dass ca. im Zeitpunkt X –24 Wochen die Meldung lanciert wird, G. sei zur Offensive bereit;
- dass im Zeitpunkt X –18 Wochen in Frankfurt a. M. ein kleines Manöver veranstaltet wird, bei dem G. persönlich Einblick in seine abgeschlossenen Vorbereitungen gibt, wobei die Anwesenheit sowohl des berühmten Sachverständigen M. R.-R. als auch mindestens dreier Kamerateams anzustreben ist;
- dass im Zeitpunkt X –15 Wochen die Nachrichtenspezialisten des Stabes möglichen Partnern (bzw. Gegnern) zu diesem Zweck speziell aufbereitetes Material zuspielen, das Ziel und Inhalt der Operation verdeutlicht, um so die propagandistische Überlegenheit sicherzustellen;
- dass im Zeitpunkt X –13 Wochen ca. 10 000 ausgewählte Meinungsbildnerinnen und Meinungsbildner vollen Einblick in sämtliche Unterlagen erhalten, um die Kampagne medienmässig abzusichern, wobei an dieser speziellen Front erfahrungsgemäss mit Verlusten zu rechnen ist;
- dass im Zeitpunkt X –12 Wochen als flankierende Massnahme ein zweites Manöver mit G. veranstaltet wird, diesmal im Göttinger Hauptquartier der Operation «G»;
- dass im Zeitpunkt X –10 Wochen die Bevölkerung über geeignete Mittel (Inserate etc.) direkt beeinflusst wird, um so den Erfolg am Tage X zu sichern.

Weitere Massnahmen nach dem Tag X sind vorgesehen.

Achtung, alles Nachfolgende streng geheim! Folgt Entschlüsselung:

G.= Grass, Günter. Operation = Roman, betitelt «Ein weites Feld», 784 Seiten. X = 28. August, Erstverkaufstag und Goethes Geburtstag. (Achtung: G. nicht identisch mit diesem G.!) Operationsziel: Am Abend dieses Tages müssen 100 000 Exemplare des neuen G. verkauft sein.
Ende.

(Fussnote des Journalführers: So werden heute Bücher gemacht. Jetzt brüten die Kritikerinnen und Kritiker über dem weiten, propagandistisch sauber hergerichteten Feld. Arme Kerle. Hoffentlich hat G. darauf auch irgendwo «eine ordentliche Sauerei» arrangiert, die M. R.-R. beim letzten G. so arg vermisste.)

aus: Tages-Anzeiger, 10.8.95

Warten auf den neuen Grass

Wie man Kritiker quält

Im vergangenen Jahr erklärten einige prominente Literaturkritiker, das wichtigste Buch der Saison sei ohne Zweifel Peter Handkes Tausendseitenwerk „Mein Jahr in der Niemandsbucht". Das sagten sie, bevor sie den Roman gelesen hatten; Handke hatte dafür gesorgt, daß (so gut wie) niemand das Buch in die Hand bekam, bevor es nicht in den Buchhandlungen auslag.

Das wichtigste Buch dieses Herbstes ... wer jetzt „ist der neue Grass!" sagt, weiß möglicherweise, wovon er redet. Der Steidl Verlag hat als Werbemaßnahme fast 5000 Exemplare vorab unters lesende Volk gestreut – die meisten Bücher könnten froh sein, wenn sie diese Zahl als Gesamtauflage erreichten. Der Gratis-Grass geht an Kritiker und Redakteure, zumeist aber an Buchhändler: Die sollen nach der Lektüre verstärkt ordern. Schließlich liegt die Startauflage bei 100 000, und die zweite Auflage ist schon im Druck.

Im Druck sind auch die Kritiker. Seit Monaten haben sie das Buch, haben es gelesen und dürfen nichts darüber schreiben! „Sperrfrist" heißt diese Übung in der Branche; vor dem Erscheinungstag, dem 28. August, sind Rezensionen verboten oder wenigstens verbeten. Werbung allerdings ist erlaubt, und so füllt der Steidl Verlag zwei ganze Seiten im „Börsenblatt" mit dem vielstimmigen Aufschrei des begeisterten Buchhandels („hinreißende Spannung" – „gleich zweimal nacheinander gelesen" – „sprachlich exzellent" – „der beste Grass seit der Blechtrommel" usw.).

Vor dem 28. August (Goethes Geburtstag, wie findige Kritiker recherchiert haben) wird dieser Feldzug durch keinen mäkelnden Mißton behindert, auch nicht durch despektierliche Reporterfragen: Grass hat sich nach Portugal zurückgezogen und sämtliche Interviews abgelehnt.

Grass

Für das deutsche Feuilleton, das bis in die Niederungen von „Bunte" und „Focus" neuerdings die als wichtig geltenden Neuerscheinungen gerne mit Vorab-Stories bedenkt, ist diese Verbindung aus Entzug und Verbot eine regelrechte Tortur. Wenn sich Grass an den Kritikern, von denen er sich mißhandelt fühlt, hätte rächen wollen, er hätte es nicht raffinierter anfangen können.

Der frustrierten Zunft bleibt nur, sich mit sich selbst zu beschäftigen. Was, fragt der eine, hat Marcel Reich-Ranicki, der unermüdliche Grass-Erzieher („ein großes Talent"), mit seiner Einführung zu jener legendären Lesung im April gemeint? und was bezweckt? Wie, fragt sich ein anderer, schafft es Martin Lüdke, der nach jener Lesung und zwei Kapiteln Hörprobe ins kritische Delirium verfallen war („der Meister ist wieder da"), die Kurve zum Verriß zu kriegen, ohne vollends das Gesicht zu verlieren? Zugegeben: alles keine Fragen, die irgendeinen Leser und Literaturfreund interessieren. Aber die lange, leidige Wartezeit! Und nirgendwo eine richtige „Geschichte" zum neuen Grass!

Da kommt, endlich, ein Affärchen in Sicht und gerade recht: Der „Spiegel", der sich Vorabdruckrechte auf den Grass-Roman gesichert hatte, verzichtet jetzt darauf – mit der Begründung, wegen der vielen Vorabexemplare sei die Exklusivität nicht mehr gewahrt. Eine alberne Begründung: Denn Leseexemplare, wenn auch nicht zu fünftausenden, verschickt jeder professionelle Verlag von seinem Spitzentitel. So albern ist sie, daß sie flugs Spekulationen über die „wahren Gründe" auslöst: Hat Herausgeber Augstein, Praeceptor Germaniae, etwa an Grass' Vereinigungskritik Anstoß genommen und den Abdruck aus nationaler Verantwortung gekippt? Das wäre ja noch alberner. Oder fand die Kulturredaktion das Buch nicht gut genug? Dann verstünden die Herren ihr Geschäft, Auflage zu machen, aber schlecht.

Am 21. August wissen wir mehr. Dann ist es zwar immer noch eine Woche bis zum Erscheinen des Buches, aber für den „Spiegel" Zeit, die erste Rezension zu bringen. Autor: Marcel Reich-Ranicki. Drei Tage später stellt er den neuen Grass im „Literarischen Quartett" vor. Empört durchbrechen auch wir jetzt die Sperrfrist und verraten, was MRR schreiben (und sagen) wird: „Ich habe mich entsetzlich gelangweilt. Dieser Roman ist entschieden zu lang. Das ist schade. Der Autor hat doch so viel Talent." MARTIN EBEL

aus: Badische Zeitung, 11.8.95

Auf die Plätze

Es ist nicht leicht, den Beruf des Literaturkritikers zu definieren. Ein Vorschlag kam jüngst von dem Dichter Robert Gernhardt. Gernhardt beschrieb den Kritiker als Kellner, der den Lesern die neue Literatur serviert. Dabei gibt es Kellner und Oberkellner. Die Oberkellner reichen die wichtigen Platten, also die Bücher der Großautoren wie Handke, Grass oder Botho Strauß. Das ist das traurige Los der Chefs, der großen und kleinen Literaturpäpste. Sie können nicht rufen: Kollege kommt gleich. Das Publikum will das Hauptgericht vom Oberkellner selbst serviert bekommen. Gernhardts Vergleich ist gemein. Er unterschlägt das Moment des Wettlaufs. Das Publikum nämlich ist ungeduldig. Wer zuerst kommt, darf zuerst servieren. Im letzten Winter führte das bei Peter Handkes „Mein Jahr in der Niemandsbucht" zu einem veritablen Schnelllesewettbewerb: Schon nach wenigen Tagen erschienen von dem über tausend Seiten dicken Buch, von dem keinerlei Vorausexemplare oder Fahnen kursierten, ausführliche Rezensionen. Eine reife Leistung. Sie wurde freilich weit überboten von der italienischen Kritik, die im letzten Jahr Umberto Ecos „Insel des vorigen Tages" bereits vor dem Erscheinen rezensierte, und zwar, der Einfachheit halber, ganz ohne Textgrundlage. Als das Buch dann erschien, war es schon vergessen. Die Literaturgeschichte wird es demnächst wiederentdecken. Jetzt, bei dem neuen Roman von Günter Grass, liegt der Fall noch einmal anders. „Ein weites Feld", so der im Sinne von Fontane heiter darüberstehende Titel, kommt Ende August in die Buchhandlungen. Doch der Fachwelt liegt er seit Wochen in einer Auflage vor, von der ein Jungromancier nur träumen kann. 4500 Leseexemplare gingen in alle Welt und alle deutschen Redaktionen. Seit Wochen lesen die Kritiker besinnlich dieses dicke Buch und harren aufs Ende der Sperrfrist an Goethes Geburtstag, dem 28. August – ein feines, heiter darüberstehendes Datum. Etwas Getuschel und Rumoren belebt unterdes die dösige Sommerpause. Die Kritiker schlendern auf die Plätze. Man schüttelt die Schreibhände aus, man räuspert sich und testet die Mikrophone. Selbst die eher kulturfernen Nachrichtenagenturen notieren die Platzaufstellungen. Der „Spiegel", so die Deutsche Presse-Agentur, soll einen schon vereinbarten Vorabdruck abgeblasen haben, weil durch die hohe Anzahl der Leseexemplare die Exklusivität gebrochen sei. Grass-Verleger Steidl vermutet eher politische Differenzen: Dem „Spiegel" passe Grass' deutschlandpolitische Linie nicht. Am 24. August, so kündigt das ZDF im Börsenblatt des deutschen Buchhandels an, werde im „Literarischen Quartett" über „Ein weites Feld" gestritten. Wer wollte danach noch den „Spiegel" lesen? Also will das Nachrichtenmagazin vorher kommen. Auch die anderen Organe werden sich jetzt auf die Plätze begeben. Der fürsorgliche Oberkellner wird seine Gäste lieber gelassen bedienen. Und er wird sein Publikum ermahnen: „Schling nicht so!" gs.

aus: Frankfurter Allgemeine Zeitung, 11.8.95

Das Streiflicht

(SZ) Wenn seinerzeit der alte Goethe ein neues Buch herausbrachte, dann sah er, bei seinem Hang zum Sinnigen und Stimmigen, natürlich auch darauf, daß das Ereignis gut eingebettet war in den Lauf der Ereignisse, daß Bezüge obwalteten: Sei es, daß die Sterne günstig standen, sei es, daß ein bedeutendes Datum – Günter Grass' Geburtstag etwa – zu bedenken war, sei es, daß Cotta Vorschuß gezahlt hatte und nicht länger hingehalten werden konnte. Günter Grass wiederum ist keiner, der solch kleine Aufmerksamkeiten vergäße, und so einigten sich denn er und sein Verlag darauf, den neuen Roman *Ein weites Feld* am 28. August erscheinen zu lassen – 246 Jahre nach Goethes unvergeßlichem Eintritt in diese Welt. Heute, zehn Tage davor, kann man sagen, daß sich die Wahl des gesegneten Datums auszahlt, denn es herrscht, wie weiland unter den Gestalten der Goetheschen *Wahlverwandtschaften*, ein „Fahrenlassen und Ergreifen", ein „Fliehen und Suchen", desgleichen die literarische Welt lange nicht mehr erlebt hat.

Das heißt: Von Fahrenlassen kann eigentlich keine Rede sein. Es ist ein einziges Ergreifen, und es findet, samt Fliehen und Suchen, in der Literaturkritik statt. Man muß sich das ungefähr folgendermaßen vorstellen. Marcel Reich-Ranicki will Grass in der *FAZ* besprechen und bekommt von Frank Schirrmacher den Zuschlag – voreilig, wie sich zeigt, denn auf ihrer beider ehemaligem Stuhl sitzt ja nun Gustav Seibt, der selbst besprechen will. Grass ist immer Chefsache! Daraufhin beschließt Reich-Ranicki, im *Spiegel* zu schreiben, was ihm Hellmuth Karasek erlaubt, obwohl er, schon um seinen Nachfolger Volker Hage zu düpieren, das selbst hatte erledigen wollen. Einziger Trost: Hage ärgert sich, so oder so. Nun beschließt der *Spiegel*, eine Woche vor Goethes Geburtstag mit dem Grass herauszukommen, was wiederum den Seibt ganz empfindlich trifft: Er hat sich nämlich vor einer Ewigkeit, am 11. August, in einer Glosse über das Gehechel ausgelassen und muß nun, um Reich-Ranicki und Schirrmacher zu beschämen, schon morgen mit seiner Rezension vorprellen. Jetzt steht der *Spiegel* saudumm da, weil, wenn er erscheint, alle schon die *FAZ* gelesen haben und weil noch dazu der *Stern* gestern ein Interview mit Grass brachte, wo alles Wesentliche drinsteht, insbesondere, daß Grass für den ersten Satz („Wir vom Archiv nannten ihn Fonty") wohl drei oder vier Jahre brauchte.

Angeblich denkt Grass bereits seit 1991 über den ersten Satz seines nächsten Buches nach. Es soll am 25. Februar 2003 erscheinen, dem 200. Jahrtag des Reichsdeputationshauptschlusses, und wieder von Deutschland handeln. Der Arbeitstitel *Die düstere Straße* kommt von der Adresse des Steidl-Verlags: Düstere Straße 4 in Göttingen. An die Kritiker werden 50 000 Vorab-Exemplare verteilt, Reich-Ranicki bespricht das Werk im Rahmen einer Eurovisions-Sendung ...

aus: Süddeutsche Zeitung, 18.8.95

Sommerrätsel

Die hochsommerliche Samstagsglosse beteiligt sich diesmal an einem beliebten Urlaubsvergnügen, dem Rätselraten im Kreise der Lieben. Kleine Hilfe: es ist im weiten Feld der Literatur angesiedelt. Wohlaufgemerkt nun also. Von wem stammt dieser Satz: „Wer so etwas tut wie Rohwedder, gegen eine wehrlose Bevölkerung, die im Einigungsverfahren niemals zu dieser Frage gehört worden ist, soll sich nicht wundern, wenn er erschossen wird"? Von der RAF? Nein! (siehe Hilfestellung) Von Brecht? Geht nicht, ist schon zu lange tot! Kroetz vielleicht? Kümmert sich nach Kir Royal wieder mehr um kleine Leute als um große Tiere! Werner Schwab? Falsch, sein Terror spielt sich im Intimen ab.

Aber mit den Dramatikern ist man schon auf der richtigen Spur. Wir haben diese Namen schließlich wohlweislich aufgerufen, wollen wir doch die Geduld des hochverehrten Publikums nicht überstrapazieren. Machen wir – schließlich ist es heiß am Strand, aber auch im Redaktionskontor – der Verwirrung ein Ende. Das Zitat stammt von Rolf Hochhuth, und es hat nicht zuletzt dafür gesorgt, daß seinem letzten Stück „Wessis in Weimar" vor gut drei Jahren eine Aufmerksamkeit zuteil wurde, die es eigentlich kaum verdient hatte. Jedenfalls wenn wir den Theaterkritikern glauben, denen ja bekanntlich auch nicht alles für bare Münze abzunehmen ist. Das wollen wir aber hier nicht vertiefen, weil es ein anderes Thema wäre. Hochhuth habe dem tödlichen Terroranschlag auf den ehemaligen Treuhandchef nachträglich die Weihe der Zwangsläufigkeit verliehen, hieß es damals in empörten Reaktionen aus der Politik. Der Skandal war da und der Autor wieder einmal in aller Munde.

Man kennt diese Art von Erfolgsrezept in der medialen Welt, die Aufgeregtheiten eher schätzt als Substanz. Umso erstaunlicher, daß ein Mann wie Günter Grass nun nach ähnlichem Muster vorzugehen scheint. Liest man das Interview im „Stern" zu seinem neuen Roman „Ein weites Feld", ist eine Nähe zu spüren, die man bei diesen beiden Autoren so nicht vermutet hätte. Zitat: „Wer ein solch menschenverachtendes Instrument wie die Treuhand ins Leben ruft, muß sich nicht wundern, wenn darauf terroristisch reagiert wird." Grass auf Hochhuths Spuren? Haben sich zwei neue Dioskuren des deutschen Geisteslebens zu einer wunderbaren Freundschaft gefunden? Ein befremdliches, vielleicht gar nicht lösbares Rätsel dieses schönen Sommers – die Verschwisterung von Epik und Dramatik im Geiste der Propaganda. jwn

aus: Stuttgarter Zeitung, 19.8.95

Gib mir den Grass

Und keiner hat's gewußt: Der neue Roman ist bereits im Buchhandel

Sofort, soforter, am sofortesten. Das große Warten auf den neuen Grass-Roman, sofern es überhaupt begonnen hatte, ist beendet: Er ist da. Die meisten Münchner Buchhändler jedenfalls hatten „Das weite Feld" bereits gestern zum Verkauf ausliegen. Die Rezensionen, in Zeitungen und Fernsehen, Magazinen und Boulevardblättern, folgen dieser Tage Schlag auf Schlag. Und Verleger Steidl, der den geplanten 28. August als Erstverkaufstag endgültig geplatzt sieht, stöhnt: „Das ist, brutal gesagt, eine Form der Erpressung. Man kann nur Lösegeld zahlen und nicht die Polizei einschalten."

Offiziell erlaubt ist der ganze Grass-Hokuspokus nämlich keineswegs. „Rein rechtlich", so der Verleger, könne man sich zwar mit einstweiligen Verfügungen wehren. Doch außer langen Rechtsstreitigkeiten bringe das keinem etwas. Warum die Buchhandlungen denn die Bücher-Pakete überhaupt schon bekommen hätten? Das habe mit den komplizierten Vertriebsstrukturen zu tun. Hätte man da nicht noch einmal einen Hinweis auf den Erstverkaufstag beilegen können? „Was soll's", sagt Steidl.

So nehmen denn die Mißverständnisse ihren Lauf. Wohl nicht nur bei *Biazza*, *CoLibris* und der *Autorenbuchhandlung* hat man in den Paketen gewühlt, gestutzt und dann frohgemut die Bücherstapel getürmt. Der feinsinnige Plan, an Goethes Geburtstag auch Grass kreißen zu lassen, ist geplatzt. Es war eine Frühgeburt. aw

aus: Süddeutsche Zeitung, 19.8.95

DER SPIEGEL

DAS DEUTSCHE NACHRICHTEN-MAGAZIN

Hausmitteilung

Betr.: Günter Grass

Eine Blechtrommel war nichts dagegen: Mit gewaltigen Paukenschlägen kündigte der Göttinger Steidl Verlag dieses „Opus magnum" an – das jüngste Buch des Günter Grass, berühmtester unter den lebenden deutschen Schriftstellern, dem der SPIEGEL nun zum viertenmal eine Titelgeschichte widmet. Zeitig und exklusiv sicherte sich der SPIEGEL die Rechte für einen Vorabdruck etlicher Passagen aus dieser Neuheit, „Ein weites Feld". Doch als es dann etwas zu lesen gab, kamen Chef- und Kulturredaktion in Verlegenheit. Die zum Abdruck gedachte Romanstrecke erwies sich als ein überaus sperriger Kurs durch deutsche Geschichte, und selbst dem besonders bemühten, literarisch bewanderten Leser mußte es da schwerfallen, zwischen den Bruchstücken eine Richtung zu erkennen. Da zudem der Verlag um die 4500 Exemplare des „Jahrhundertwerks" (dpa) im Vorwege an die Fachwelt verteilte, war auch von der Exklusivität nicht viel übriggeblieben.

Grass-Titel (1963)

Gute Gründe also, auf den Teilabdruck zu verzichten, doch bei den Betroffenen hörte es sich anders an. Rudolf Augstein, wurde kolportiert, habe sein Veto eingelegt, und zwar auch deshalb, so hieß es allen Ernstes, weil er mit Grass in Fragen der deutschen Vereinigungspolitik über Kreuz sei. Als der SPIEGEL den Vorabdruck des „Weiten Feldes" ablehnte, hatte Augstein gerade mal ein Viertel davon überflogen, und die Vorstellung, politischer Dissens trübe bei ihm das literarische Urteil, ist nun wohl allzu naiv. Augstein hatte schon 1966 das Anti-Brecht-Stück von Grass „Die Plebejer proben den Aufstand" im SPIEGEL rezensiert. Dennoch war es vom Steidl Verlag werbetechnisch nicht ungeschickt zu insinuieren, der neue Grass sei dem SPIEGEL politisch zu suspekt, gar zu brisant.

Reich-Ranicki-Titel (1993)

Ganz ähnlich wie den SPIEGEL-Redakteuren muß es dem Kritiker Marcel Reich-Ranicki ergangen sein. Der hatte bei einer ersten Lesung als deren Gastgeber der Grass-Neuheit höflich applaudiert: Was hätte er nach der schmalen Kostprobe aus einem 784-Seiten-Opus auch anderes tun können! Reich-Ranicki ist ein unabhängiger Mann, eine kritische Institution, wie kein anderer geeignet, das mit mächtigem Wirbel promovierte Grass-Epos für den SPIEGEL zu würdigen. Zudem trägt er dem SPIEGEL noch einiges nach: Die Titelkarikatur des Hefts 40/1993, die ihn als Bücher zerfetzenden Kampfhund zeigte, hatte ihn aufgebracht: „beschämend und empörend".

Augstein wurde übrigens 1963 von der *Zeit* als Böll-Verehrer gebeten, eine Gegenkritik zu dem ungewöhnlich scharfen Reich-Ranicki-Verriß des Romans „Ansichten eines Clowns" zu schreiben – er gab jedoch in seiner Kritik dem vernichtenden Urteil Reich-Ranickis recht. Damals.

aus: Der Spiegel, 21.8.95

TITEL

Dichter und Kritiker: ein Paar

Selten hat ein Buch schon vor seinem Erscheinen soviel Aufsehen erregt wie „Ein weites Feld", der Deutschland-Roman von Günter Grass. Seit Kritiker Marcel Reich-Ranicki im April dieses Jahres dem Autor bei einer Lesung daraus applaudierte, wartet alle Welt gespannt auf sein Urteil – es wurde ein Brief von grimmiger Melancholie.

Nichts Geringeres als den Roman seiner Epoche wollte er schreiben: „Dies eine Mal wußte ich, was ich wollte und was ich mir aufgab." Thomas Mann saß in Amerika und mühte sich immer noch mit dem „Doktor Faustus", als der Zweite Weltkrieg zu Ende ging, erst in Europa, dann in Asien.

Deutschland war das Thema des entstehenden Romans. Der damals 70jährige Autor war stolz darauf, daß „das Deutsche zur Grund-Conception des Buches gehört und seinen tiefsten Gegenstand bildet". Das sperrige Buch, im Januar 1947 abgeschlossen, konnte dort, im geschlagenen Land, erst 1948 erscheinen, in einer Startauflage von immerhin 30 000 Stück.

Fast 50 Jahre danach wieder ein Wälzer über Deutschland, diesmal gleich mit einer Startauflage von 100 000 Exemplaren an deutsche Buchhandlungen ausgeliefert: „Ein weites Feld"*.

Sein Autor ist Günter Grass, 67, der berühmteste lebende deutsche Schriftsteller, seit Jahren auf der Vorschlagsliste für den Literaturnobelpreis. Nahezu fünf Jahre hat Grass für das Schreiben des voluminösen Opus gebraucht: knapp 800 Seiten sind es geworden, und leicht hätten es 2000 werden können, wie er dem SPIEGEL verriet: „Ich habe viel weggelassen."

Der Titel des Romans zitiert Theodor Fontanes Roman „Effi Briest". Fontane (1819 bis 1898) spielt auch, verkleidet in einen heutigen Wiedergänger namens Theo Wuttke alias Fonty, die Hauptrolle im Buch. Schon im Kalkutta-Tagebuch „Zunge zeigen" (1988) geisterte der Grass-Kollege als stiller Begleiter durch die Seiten. Und auch eine andere Idee wurde beim Indien-Aufenthalt 1986/87 geboren: den Romanhelden aus Hans Joachim Schädlichs „Tallhover" (1986) wiederauferstehen zu lassen – mit Wissen Schädlichs.

Aber erst die sich anbahnende politische Vereinigung Deutschlands, so berichtet der Autor, habe dem Romanprojekt Ziel und Richtung gegeben. Und so bilden sie nun ein literarisches Paar: Fonty, der ehemalige DDR-Bürger, der nach der Wende als Bote in der Treuhandanstalt arbeitet, und Tallhover, den Grass zu Hoftaller wendet, Spitzel wie eh und je, mit Fontanes ebenso wie mit Fontys geheimsten Schicksalswegen aus Stasi- und anderen Geheimdienstakten vertraut.

Die beiden plaudern, flanieren durch Berlin und Umgebung und können nicht einmal jetzt voneinander lassen, wo die DDR nicht mehr ist. Während die beiden im Trabi sitzen oder gemeinsam wassertreten, reden sie vor allem über Deutschland. Berichtet wird das alles von Mitarbeitern des Potsdamer Fontane-Archivs („wir vom Archiv").

„Ein weites Feld" spielt kurz nach dem Mauerfall, greift aber zugleich weit zurück ins vorige Jahrhundert. Vor allem sei es ihm darauf angekommen, so Grass, „den gegenwärtigen Prozeß der deutschen Einheit vor dem Hintergrund der ersten Einheit von 1870/71 ablaufen zu lassen".

Ein Kraftakt. Entsprechend haut, seit Monaten, der Steidl Verlag auf die Werbepauke. Das Wort vom „Jahrhundertroman" machte die Runde, als noch nicht einmal eines der 4500 Vorabexemplare an Buchhändler und Kritiker verschickt war.

Bei der ersten Lesung aus dem Roman im April dieses Jahres spendete der Kritiker Marcel Reich-Ranicki, der Grass nach Frankfurt eingeladen hatte, stehend Beifall. Seither wartet die Literaturwelt auf kein Urteil zum neuen Roman so gespannt wie auf das des „Frankfurter Rezensenten" (so Grass einmal in Anlehnung an Lichtenberg). Der Chefkellner der Kritik serviert diese Woche im SPIEGEL (siehe Seite 162).

„Wer hier auf boshafte Witze und auf hämische Seitenhiebe wartet, der soll nicht auf seine Rechnung kommen", schreibt Reich-Ranicki, 75, einleitend in einer harschen Kritik, die in der Form eines bekenntnishaften Briefes an den Kritisierten daherkommt.

Die Abweichung vom Rezensionsritual erklärt sich aus der langen gemeinsamen – und verzwickten – Geschichte der beiden Heroen. Seit dem Debütroman „Die Blechtrommel" (1959) folgt der Kritiker den Spuren des Dichters. Grass sieht darin eine Art Zwangsehe.

Die Liaison littéraire begann gleich mit einer Fehlzündung, denn Reich-Ranicki mochte die „Blechtrommel", den späteren Welterfolg, nicht besonders und mäkelte kleinkariert daran herum. Später hat er eine selbstkritische Revision dieses Fehlurteils verfaßt.

Auf Reich-Ranicki konnte sich Grass nie verlassen. Da mochte der Kritiker noch so sehr die Novelle „Katz und Maus" (1961) oder den Gedichtband „Ausgefragt" (1967) loben, schon mit dem Roman „Örtlich betäubt" (1969) sah er den Schriftsteller „auf einem Tiefpunkt seines Weges" angelangt. Und so ging es weiter: „Der Butt" (1977) war für ihn „ein künstlerischer Fehlschlag", „Die Rättin" (1986) fand er „ungenießbar", die Erzählung „Unkenrufe" (1992) ein „Malheur".

Da blieb dem Dichter wenig Trost: Freundliches zur Erzählung „Das Treffen in Telgte" (1979) und insgesamt, bei aller Kritik, die wiederkehrende, aber eben auch ein wenig gönnerhafte Beteuerung des Rezensenten, Grass zähle zu den „größten Meistern der deutschen Sprache unserer Zeit".

Wie der Romanheld Fonty seinen „Tagundnachtschatten" Hoftaller nicht abschütteln kann, so blieb Reich-Ranicki an der Seite von Grass als treuer, wenn auch häufig unbequemer und unerwünschter Begleiter. Das seltsame Paar ist längst in die deutsche Literaturgeschichte eingegangen.

Die zunehmende Härte in der Auseinandersetzung zwischen Autor und Rezensent hatte (und hat) nichts mit Antipathie zu tun; sie verrät, im Gegenteil, eine tiefgründige wechselseitige Hochachtung. Das jeweilige Enttäuschtsein des einen vom anderen resultiert aus ungewöhnlich hochgespannten Erwartungen auf beiden Seiten.

Reich-Ranicki hoffte stets, Grass werde eines Tages *der* Repräsentant der deutschen Nachkriegsliteratur sein – neben Heinrich Böll, und, nach dem Tod des Kölner Nobelpreisträgers, auch an Bölls Stelle. Grass seinerseits träumte vom Segen des prominentesten deutschen Literaturkritikers, dessen Plädoyers sogar bei der Stockholmer Nobelpreis-Jury wahrgenommen werden und dessen Urteile in der ZDF-Sendung „Das literarische Quartett" Tausende von Buchhändlern (und Lesern) mobilisieren. Am Donnerstag dieser Woche wird sich das TV-Quartett auch über den neuen Grass-Roman beu-

Der Schreckensort Auschwitz verbietet den Einheitsstaat

gen.

Wie das Beispiel Böll lehrt, ist in Deutschland die Rolle des ersten literarischen Repräsentanten nicht ohne auffällige politische Zwischenrufe zu haben. Die Karriere des politischen Mahners Günter Grass führte den Schriftsteller in den sechziger Jahren an die Seite der SPD, 1965 wurde er erstmals auch zum SPD-Wahlredner („Loblied auf Willy").

Schon 1967 plädierte er für eine baldige Konföderation beider deutscher Staaten: „Es gilt einen Anfang zu wagen, denn die Zeit arbeitet nicht für uns." Und 1970 schien es ihm gewiß zu sein: „Es wird keine Vereinigung der DDR und der Bundesrepublik unter westdeutschen Vorzeichen geben."

Als dann 1989 die Berliner Mauer geöffnet wurde, fürchtete er öffentlich, daß nun in der Bundesrepublik „das Wiedervereinigungsgeschrei wieder losgeht". Je deutlicher die Auflösung der DDR sich abzeichnete, desto schriller wurde die Widerrede von Grass. Zuletzt – 1990 – beschwor er gar Auschwitz als „Ort des Schreckens", der einen deutschen Einheitsstaat verbiete. Als der dann doch kam, geißelte der Autor das „menschenverachtende" Treiben der Treuhand.

Hat sein politisches Engagement den Schriftsteller Grass beschädigt? Ist er über den politischen Ärger auch als Romancier übellaunig geworden?

Der Roman „Ein weites Feld" ist, wie Reich-Ranicki darlegt, von den politischen Ansichten des Autors nahezu erdrückt worden. Am Ende, so scheint es, ist dem Erzähler Grass gerade die Aussicht, der erste literarische Repräsentant des Landes werden zu können, zum Verhängnis geworden.

Autor Grass: Die Zwangsehe mit dem Kritiker mündet immer wieder in Enttäuschung

aus: Der Spiegel, 21.8.95

Grass – Ein Vorgeschmack

Noch gibt es den neuen Roman „Ein weites Feld" von Günter Grass nicht zu kaufen. Trotzdem ist die Grassomanie bereits voll ausgebrochen – unter vehementer Mitwirkung des Verlags. Aber vielleicht verdeckt der Rummel nur die Angst vor den Kritikern.

Von SN-Gastautorin Sigrid Löffler

So sinnig war die Sache ausgedacht. „Erstverkaufstag: 28. August 1995 — Bitte keine Rezensionen vorher". Der neue Grass, ausgeliefert an Goethes Geburtstag — wenn das nicht als hübscher Kratzfuß intendiert war, quasi von Klassiker zu Klassiker. Habedieehre, Herr Kollega! Und am selben Tag, gleichsam wie bestellt zum Erscheinungstermin, vielleicht schon die ersten respektvollen Huldigungs-Rezensionen, die sich anheischig machen, dem Günter Grass jenen Klassiker-Rang nun endlich zuzuschreiben, den ihm ein voreiliger Tropf in Unkenntnis des Buches schon vor Monaten angedichtet hatte — mit dem albernen Jubelruf „Der Meister ist wieder da".

Wie gesagt: so oder so ähnlich muß er sich die Sache ausgedacht haben, der kleine Steidl Verlag in der Düsteren Straße zu Göttingen, der den großen Grass verlegen darf und nun offenbar hofft, Grassens Fontane-Roman „Ein weites Feld" — gewiß die am neugierigsten erwartete Neuerscheinung dieses Bücherherbstes — könnte sich als neuer Mega-Erfolg à la „Blechtrommel" entpuppen, wenn man nur geschickt genug die Reklametrommel wirbelt. Bloß: so ist die Sache nicht gelaufen.

Und daß sie nicht so gelaufen ist, könnte damit zu tun haben, daß die Vermarktungsstrategien des Verlages entweder nicht geschickt genug oder aber nur allzu geschickt ausgetüftelt waren. Allzu clever — das läuft ja gerne auf „nicht clever genug" hinaus. Allzu clever ist es beispielsweise, schon Wochen vor dem Erscheinungstermin nicht weniger als 2500 Leseexemplare an Kritiker und andere Interessenten zu verschicken, also fast schon eine ganze kleine Buchauflage, und dann noch darauf zu hoffen, daß die Branche bis zum Stichtag Goethe-Geburtstag dichthält.

Allzu clever ist es auch, den Buchhandel, der wie erträumt die ersten 100.000 Grass-Exemplare geordert hat (so daß ganz hektisch tonnenweise Papier für die zweite Auflage gekauft werden mußte), damit vor den Kopf zu stoßen, daß man gleichzeitig auch dem 2001-Vertrieb gestattet, seinerseits „Ein weites Feld" zu vertreiben. Und allzu clever ist es wohl auch, darauf zu spekulieren, daß die Erzrivalen „Spiegel" und „stern" alle beide je mit einem Grass-Interview und einem Grass-Vorabdruck aufwarten könnten.

Vielleicht ist es eben nicht clever genug, die Konkurrenz-Verhältnisse auf dem Bücher- und dem Medienmarkt derart zu unterschätzen. Vielleicht aber — ein Verdacht, der einem kommt, wenn man die fast 800 Seiten

Grass glücklich hinter sich gebracht hat — kann der Roman einfach nicht halten, was die Vorausreklame versprochen hat.

Vielleicht verbirgt sich hinter der ganzen Grassomanie, hinter diesem Vorausrummel-Overkill, nichts anderes als die klammheimliche Angst vor dem Scheitern. Nämlich die Furcht, der sorgfältig geplante Aufmarsch aller Grass-Freunde in den Medien, aufgeboten zum Flankenschutz, versammelt zum Fernseh-Gruppenbild mit Dichter und beschäftigt mit nichts als dem Winden von Vorschußlorbeeren, könnte nicht ausreichen, „Ein weites Feld" abzuschirmen gegen den Zugriff der Kritiker.

Jedenfalls ist daran, daß die Sache nicht ganz nach Verlagsplan gelaufen ist, „Das literarische Quartett" am allerwenigsten schuld, das sich den neuen Grass am 24. August vornehmen wird. Schließlich kommt dem „Quartett" der Hamburger „Spiegel" zuvor, der bereits am heutigen Montag seine Grass-Rezension veröffentlicht, worin der Kritikerpapst in Form eines Briefes an den „verehrten Günter Grass" den Roman als „ganz und gar mißraten" qualifiziert. Dem „Spiegel" wiederum ist der „stern" zuvorgekommen, der dem „Weiten Feld" schon vier Tage vorher eine sage und schreibe 24 Seiten lange Text- und Bildstrecke (inklusive Grass-Interview) widmete — übrigens zeitgleich mit der Hamburger „Woche", die mit einem Grass-Vorabdruck aufwartete.

Dieser Wettlauf der Medien im Gerangel darum, wer die Sperrfrist für den neuen Grass noch früher durchbricht als die Konkurrenz, hat natürlich mit dem politischen Reizthema des Romans zu tun: In „Ein weites Feld" erzählt Günter Grass im wesentlichen das deutsche Wende-Jahr 1990, das Jahr der Wiedervereinigung — samt Währungsumstellung und Gründung der Treuhandanstalt, aber bis hin zur Ermordung des Treuhand-Chefs —, indem er diesen Vereinigungsprozeß rückspiegelt ins vergangene Jahrhundert und in Parallele setzt zur deutschen Einheit, wie sie 1870/71 von Bismarck bewerkstelligt wurde. Beide Male, daran läßt Grass kaum einen Zweifel, wurde die Einheit verpfuscht: dem „Schwefelgelben" (Bismarck) steht nach Meinung des Roman-Protagonisten Theo Wuttke, „Fonty" genannt, „Die regierende Masse" (Kohl) an Stümperei nicht nach.

Apropos Fonty. Der Roman besteht aus lauter Parallelaktionen, nicht nur, was die beiden deutschen Vereinigungen betrifft. Wuttke-Fonty ist eine Parallel-Figur zu Theodor Fontane, auf den Tag genau um 100 Jahre verschoben. Theo Wuttke — zu DDR-Zeiten Kulturbund-Vortragsreisender und später Aktenbote und Paternoster-Fahrer im Gebäude der Treuhand, vor allem aber fanatischer Fontane-Leser — hat mit dem bewunderten Vorbild, dem märkischen Wanderer und souveränen Berlin-Causeur, nicht nur den Geburtstag (30. Dezember) und den Geburtsort (Neuruppin) gemein, sondern auch die hugenottische Herkunft, die zänkische Ehefrau namens Emilie, drei Söhne namens Georg, Theodor und Friedel, sowie eine zu „Nervenpleiten" disponierte Tochter Martha („Mete").

Fonty, eine verkrachte Existenz wie Fontane, entwickelt sich im Laufe seines Romanlebens immer mehr zum Fontane-Double und Wiedergänger — Fontane/Fonty ist das intellektuelle Lackmuspapier, das im Verlaufe von 170 Jahren deutscher Geistesgeschichte abwechselnd gelaugt und gesäuert wird. Denn: wo ein deutscher Dichter ist, ist der deutsche Spitzel nicht weit. Zum Prinzip Fontane/Forty, dem ewigen schwankenden Intellektuellen, gehört das Prinzip Tallhover/Hoftaller, der ewige observierende Gegenspieler und jedem System dienstbare Polizeispitzel, den Grass sich beim Schriftstellerkollegen Hans Joachim Schädlich ausgeborgt hat. Und gemeinsam blüht ihnen nun das, was Grassens Verleger trotz aller Reklame-Cleverness nicht manipulieren kann — die Kritik. Demnächst auch in dieser Zeitung.

aus: Salzburger Nachrichten, 21.8.95

Abrechnung

Erst köchelte die Suppe lau vor sich hin. Lange vor dem Erscheinungstermin seines neuen Romans „Ein weites Feld" fütterte Günter Grass mit Appetit-Happen in Gestalt des ersten Kapitels die Öffentlichkeit. Mancher plädierte auf Meisterwerk, anderen kam schon das Gähnen. 5 000 Leseexamplare wanderten an Redaktionen und Buchhändler zur Vorabinformation – die Erwartung wuchs. Am vergangenen Wochenende die ersten Rezensionen: Begeisterung kam auch bei gewogenen Kritikern nicht auf. Sogar Marcel Reich-Ranicki, zu Beginn der Werbekampagne enthusiasmiert, schreckte zurück. Im „Spiegel" dieser Woche findet Grass' Roman vor den Augen des Großkritikers keine Gnade mehr. Spannungsabfall? Keineswegs. Reich-Ranickis Urteil allegorisiert das Magazin auf dem Titelblatt in einer Fotomontage. Hier ist der Echauffierte bei seiner liebsten Tätigkeit zu sehen: beim Zerreißen – Grass' Roman wird entzwei gefetzt. Endlich Skandal. Und siehe, diejenigen, die vorher mit allen Mitteln um die Aufmerksamkeit des Publikums gebuhlt hatten, sind zutiefst beleidigt. Voran der Großschriftsteller. Grass ließ mitteilen, er mache „sein Urheberrecht geltend" und untersage „den geplanten Abdruck eines Spiegel-Gesprächs", das er für den Abdruck bereits freigegeben hatte: „Ich möchte mit einem eigenen Beitrag nicht in einem Magazin erscheinen, auf dessen Titelseite das ekelerregende Zerreißen eines Buches bildhaft gemacht wird." Eine Divenhaftigkeit, die für den derzeit im dänischen Urlaubsort schmollenden Grass nicht neu ist: schon 1986 zog er beleidigt nach Indien, als seinRoman „Die Rättin" ungnädig aufgenommen wurde. Gegen Reich-Ranickis Kritik läßt Grass indes kein Wort verlauten. Diese Dummheit besorgen andere: der Steidl Verlag verwahrt sich dagegen, den Roman „ganz und gar mißraten" zu nennen und bezeichnet den Kritiker als „bücherfetzenden Fanatiker". Detlef Hensche, Vorsitzender der IG Medien, meint nun sei „die Stunde der Abrechnung gekommen", da Grass „für alle, die eine neue nationale Rolle der Bundesrepublik suchen, ein Ärgernis" gewesen sei. Schlimmer treiben's die Demonstranten, die vor dem „Spiegel" gegen das Titelbild protestieren. Tenor der Flugblätter: „Wer Bücher öffentlich zerreißt, will Autoren physisch zerstören." Mag die Logik dieser Argumentation – auch der in solchen Fällen übliche Hinweis auf die Bücherverbrennung fehlt nicht – verstehen, wer will. Umso deutlicher das Ressentiment gegen das öffentliche Verhandeln literarischer Angelegenheiten wie das insgeheime Plädoyer für die Willfährigkeit des Kritikers. Wer will eigentlich mit wem abrechnen? Bösartig ist MRR's Kritik im übrigen an keiner Stelle. Die Verlagsbranche weiß es seit langem: Verrisse machen ein Buch schneller zum Bestseller als innige Lobpreisungen. TM

aus: Der Tagesspiegel, 22.8.95

Steidl plant bereits die dritte Auflage des neuen Grass-Romans

Profitables Lizenzgeschäft / Weitere Renner sind Karl Lagerfeld und Haldor Laxness

Gerhard Steidl Druckerei und Verlag, Göttingen. Die Zeitungen, der Hörfunk und das Fensehen sind voll von Günter Grass. Sein neuer Roman „Ein weites Feld" zählt zu den wichtigsten literarischen Neuerscheinungen dieses Jahres, auch wenn es von vielen Rezensenten verrissen wird. „Das ist heute nicht mehr so wichtig", sagt Gerhard Steidl, der Verleger des Buches. Noch vor einigen Jahren hätten die Verrisse in großen Zeitungen zu einem Umsatzeinbruch geführt. Heute ist der Verkauf unabhängig von der Rezensentenmeinung. Dahinter steckt offenbar kein Trotz, denn Steidl hat bereits für die dritte Auflage das Papier bestellt. Die erste Auflage von 100 000 Exemplaren ist vergriffen, die zweite Auflage von 50 000 Exemplaren „fast weg", und die dritte Auflage wird noch einmal zwischen 50 000 und 100 000 Exemplare betragen. Das beschert dem kleinen Göttinger Verlag in diesem Jahr einen großen Umsatzsprung. Steidl möchte als vorsichtiger Kaufmann über den finanziellen Erfolg aber erst sprechen, wenn er eingefahren ist. Aber eine deutliche Steigerung der im vergangenen Jahr erreichten 12 Millionen DM Umsatz erwartet er schon.

Für Steidl wird Grass aber auch dann noch ein Renner sein, wenn hierzulande der Medienrummel um sein neuestes Werk längst abgeklungen sein wird. Im Ausland sei Grass' Ansehen noch erheblich höher als im Inland, sagt Steidl. Allein die spanischsprachige Auflage sei fast so hoch wie die deutsche. Auf das hohe Ansehen sei auch die kritisierte Versendung von 4500 Freiexemplaren an Buchhandlungen und Rezensenten zurückzuführen. Steidl weist darauf hin, daß auch der Verlag Luchterhand, von dem Steidl 1993 die Weltrechte an dem Grass'schen Werk gekauft hat, 1977 von dem Roman „Der Butt" 4000 Leseexemplare versandt hat. Inzwischen seien in Deutschland neue private Rundfunkanstalten und auch Zeitschriften hinzugekommen, aber vor allem sei in Osteuropa nach der Wende ein viel größerer Markt zu bedienen. „Jede polnische Zeitung hat ein Besprechungsexemplar angefordert", sagt Steidl.

Das Auslandsgeschäft ist ihm sehr wichtig. „Die Lizenzabteilung ist ein hochprofitabler Bereich für uns", versichert er. Sieben Übersetzungen des neuen Romans von Grass seien bereits verkauft und ein erstes Übersetzertreffen mit dem Autor für den Herbst geplant. Werbung muß man bei dem Medienrummel um Grass kaum machen. Dennoch ist der Werbeetat für das Buch „Ein weites Feld" mit 450 000 DM für ein Buch recht hoch, wenn auch verglichen mit Markenartikeln in anderen Branchen fast lächerlich klein. Außerdem enthält der Werbeetat neben klassischer Anzeigenwerbung auch 70 000 DM für Verkaufsständer in den Buchgeschäften, sogenannte Displays.

Bei Steidl dreht sich zwar vieles, aber längst nicht alles um Grass, auch wenn die Gesamtauflage der Werke des Autors bei 20 Millionen Exemplaren liegt. Die meisten sind davon allerdings noch vom Luchterhand-Verlag verkauft worden, den Grass anläßlich eines Besitzerwechsels verließ. Damals war Steidl als Verlag belletristischer Literatur ein noch junges Haus.

Der heute 44 Jahre alte Steidl ist Autodidakt. Er begann in den siebziger Jahren kurz nach seinem Abitur als Theaterfotograph. 1994 beging Steidl sein fünfundzwanzigjähriges Jubiläum als Unternehmer. Dem Entwurf von Theaterplakaten folgte bald der eigene Druck. Zugute kam ihm die Zonenrandförderung, außerdem das kulturelle Umfeld der siebziger Jahre, als Druckgraphiken groß in Mode waren. Steidl druckte Joseph Beuys ebenso wie den politischen Graphiker Klaus Staeck, dem der altlinke Sozialdemokrat Steidl auch politisch nicht fern stand. Ein linker Verleger sei er aber seit langem nicht mehr, versichert Steidl. Sein verlegerisches Motto laute, Spannung wecken für wichtige Themen. Das Programm solle heute nicht mehr links sein, sondern aufklärerisch wirken. Daher umfasse es Literatur ebenso wie Kunstbücher, Fotografie, Politik und Philosophie. „In unserem Gemischtwarenladen hat außer Ratgebern fast alles Platz", sagt Steidl. In der Hitliste der Autoren folgen nach Grass der Modemacher Karl Lagerfeld, für dessen Fotobücher die Weltrechte auch in Göttingen liegen, und der isländische Literaturnobelpreisträger Haldor Laxness. Jedes Jahr, wenn die etwa 300 000 deutschen Island-Touristen ihren sommerlichen Urlaub auf der Atlantikinsel planen, steigt bei Steidl die Nachfrage nach Laxness-Büchern und endet ebenso planmäßig im August.

Das Buchprogramm trägt je nach Renner im Jahr zu 30 bis 50 Prozent zum Umsatz bei. Die Druckerei ist auch weiterhin eine tragende Säule des Verlages. Der neue Roman von Grass wurde allerdings nur zum kleinsten Teil im eigenen Haus gedruckt. Daran arbeiten zur Zeit drei große externe Druckereien. Die Ertragslage bezeichnet Steidl als gut. Wegen der hohen Wertschöpfung im eigenen Haus, „außer Papier und Farbe kaufen wir im Normalfall nichts zu", liege die Vorsteuerrendite bei 8 bis 10 Prozent, in guten Jahren sogar höher, sagt Steidl. Er ist daher zuversichtlich, daß sein Haus die derzeitige Überproduktion am deutschen Buchmarkt überleben werde, weil die Qualität der Produkte, vor allem beim Druck, ganz im Vordergrund der Arbeit stehe. Auch die Form der Personengesellschaft soll sich nicht ändern, „weil ich persönlich verantwortlich sein will für die Arbeit", sagt Steidl. geg.

aus: Frankfurter Allgemeine Zeitung, 22.8.95 (Wirtschaft)

Großes Trara auf „einem weiten Feld“

Die Medien-Schlacht um den neuen Roman von Günter Grass, der erst an Goethes Geburtstag erscheinen sollte

Von Helmut Schmitz

Der Autor sei, so formuliert es sein Verleger, „gelinde gesagt: entsetzt“. Auf die Rückfrage, worüber denn Günter Grass entsetzt sei, fügt Gerhard Steidl erläuternd hinzu, daß man seit Mai Gespräche geführt habe über die Markteinführung des Romans und daß Grass darauf gedrungen habe, „gleiche Chancen für alle Medien“ zu gewährleisten. Deshalb die Sperrfrist für Kritiker und Buchhändler von *Ein weites Feld*, das sich unterdessen als Sturzacker einander hinterherhechelnder Rezensionen erwies.

Der 28. August war als Starttag genannt worden, und erst hämischen Zeitungsnotizen will der Verleger entnommen haben, daß dieses Datum mit dem von Goethes Geburtstag identisch ist. Daran habe kein Mensch gedacht, weshalb natürlich auch alle Mutmaßungen über beginnenden Größenwahn bei Grass null und nichtig sind, wie man hinzufügen darf. Warum aber ausgerechnet ein Montag — weil da der *Spiegel* erscheint und der nicht den Samstags-Literaturseiten der Tageszeitungen hinterherhinken wollte? Mitnichten, beteuert der Verleger: weil da die Fracht der samstäglichen Bücherwagen aus den Lagern der Grossisten zuverlässig zum Verkauf ausgelegt werden kann. So einfach war das.

Aber nichts funktionierte. Spätestens, als das Hamburger Nachrichtenmagazin bekanntgab, daß es sich beim neuen Grass mitnichten an die Sperrfrist des Verlages für die kritische Auseinandersetzung mit dem Werk zu halten gedenke, war der Damm gebrochen. Normalerweise würden derartige Termine beachtet, so Steidl, de facto könne man gegen Verstöße nichts machen: man müßte wegen jedes einzelnen prozessieren, Gerichtsentscheid frühestens nach einem einem Jahr. Erste Übeltäter waren übrigens zwei Rezensenten im *ARD-Kulturweltspiegels;* letzte Woche machten die *Tagesthemen* den Casus zur Nachrichten-Kritik, und am vergangenen Wochenende konnten auch überregionale Blätter die Tinte nicht mehr halten. *Süddeutsche Zeitung* und *Frankfurter Allgemeine* veröffentlichten eine wirr schlingernde Zustimmung und eine geradeaus stampfende Ablehnung — und waren dem *Spiegel* zuvorgekommen.

Dort ergriff am Montag jener Mann das Wort, dem fernsehschauende Nichtleser als deutschen „Literaturpapst“ huldigen und der damit das Kunststück fertigbrachte, sich selbst zu überholen. Erst am Donnerstag dieser Woche nämlich kann Marcel Reich-Ranicki auch in seinem im *ZDF* aufspielenden „Literarischen Quartett“ den Grass verreißen und verreißen lassen, woran kein Zweifel besteht, wenn man sieht, wen er als Gast geladen hat.

Bei all diesem Auftrieb — die *ARD* folgt zeitlich am Donnerstag auf das *ZDF* mit gleich zwei Grass-Sendungen — können natürlich Autor und Verleger nicht nur empört sein. Schließlich ist die erste Auflage von 100 000 Exemplaren schon an die Buchhandlungen ausverkauft, weitere 50 000 sollen in zehn Tagen folgen, nachdem der Papierlieferant eilends aus den Sommerferien zurückkam. Und wer am Montag einen Blick in die Buchhandlungen warf, der sah allüberall *Ein weites Feld* sich ausdehnen. Anfang vergangener Woche hatte der Verlag, nachdem sich das Wettrennen der schreibenden und sendenden Zunft abzeichnete, die Auslieferung um sieben Tage vorgezogen, so daß die ersten Exemplare schon am Freitag den je nach Temperament verdutzten oder beglückten Käufern bereitlagen.

„Wir haben gewußt, was auf uns zukommt“, räumt Verleger Steidl freimütig ein und weist zugleich alle Vermutungen weit von sich, den ganzen Rummel samt Sperrfristverletzung zumindest billigend in Kauf genommen, wenn nicht gar bewußt angeheizt zu haben. Mußte nicht der Umstand, daß 4500 Rezensions- und Leseexemplare fast ein Vierteljahr vor Erscheinen des Buches vorlagen, ganz von alleine einen entsprechenden Druck produzieren? Mitnichten, beteuert der Göttinger Büchermacher; die umfänglichen Grass-Werke seien immer frühzeitig vorab versandt worden, und auch die Anzahl keineswegs außergewöhnlich. So wurden 1977 vom *Butt*, damals durch den Luchterhand-Verlag, bereits 4000 Stück verbreitet, und kein Hahn krähte danach. Heute gäbe es sehr viel mehr Medien, die bedient sein wollten. Und wenn der *Spiegel* einen Vorabdruck aus dem Roman habe platzen lassen mit der Begründung, durch die Vielzahl von dessen Vorboten sei die „Exklusivität" durchbrochen, dann könne er, Steidl, nur bitter auflachen: Nach seinen Unterlagen habe allein das Hamburger Magazin 87 (in Worten siebenundachtzig) Voraus-Exemplare angefordert!

Der Autor selbst gab den Hamburgern auch noch eine drauf. Aus seinem dänischen Urlaubsdomizil ließ er verlauten, daß er kraft seines Urheberrechts den Abdruck eines mit ihm geführten und von ihm redigierten Gesprächs verbiete: „Ich möchte mit einem eigenen Beitrag nicht in einem Magazin erscheinen, auf dessen Titelseite das ekelerregende Zerreißen eines Buches bildhaft gemacht wird." Der *Spiegel* hat nicht etwa mit dem Konterfei des Autors aufgemacht, sondern mit dem des Kritikers, der handgreiflich in einer Bildcollage das tut, was er im Innern des Blatts schriftlich besorgt. Der Verleger empfindet diese Behandlung seines Autors als „reine Abstrafung". Die beginne dann schon in der Anrede der als Brief kostümierten M.R.-R.-Kritik: „Mein lieber Günter Grass" — das braucht man nur, langgedehnt, auf dem zweiten Wort zu betonen . . .

Das Medienereignis *Ein weites Feld* hängt sicherlich sowohl mit der Person des Schriftstellers zusammen, der schon immer polarisierte, als auch mit dem (Neben-)Thema seines Romans, der deutschen Vereinigung, die er sehr west-kritisch beäugt. Das frühe, vorauseilende Echo bestätigt ihn überdies in seiner Position als führender Vertreter der deutschssprachigen Literatur. Daß er in seinem Buch dem alten Fontane — von dem er den Titel entlehnte — eine Art Wiedergeburt beschert, hat gewiß auch etwas zu tun mit dem Selbstanspruch als realistischer Erzähler, allerdings mit einem Schuß Phantastik, wie er seit der *Blechtrommel* international anerkannt ist.

Apropos: fast die Hälfte der 4500 Vorausexemplare ging nicht etwa an deutsche Kritiker und Buchhändler, sondern ins Ausland. Und kaum hatten sie das ihre in den Händen, da konnten sich die deutschen Sortimenter schon richtig aufregen, da ging der erste Ärger los. Der Verlag hatte auch das Versandunternehmen *2001* beliefert, welches wiederum in seiner Selbstanpreisung den Eindruck erweckt, als gebe es den neuen Grass bei ihm quasi exklusiv, und das mit einer Extragabe, der Zeichnung einer Hand, beschriftet mit dem Editionsplan, eigenhändig angefertigt vom Meister.

Den Ärger über diese vermeintliche Bevorzugung der sonst meist mit sagenhaft billigen Sonderauflagen das Sortiment vergrätzenden *2001*-Konkurrenz suchte Steidl durch eine ungewöhnliche Anzeige zu vertreiben. Sie nannte Namen und Adresse aller Buchhandlungen, die auf schriftliche Aufforderung hin mitmachten und versprach den vorbestellenden Kunden als Schmankerl eben jene Grass-Zeichnung. Worauf *2001*-Chef Kroth reaktionsschnell auf einen Schelm anderthalbe setzte und seinen Kunden eine zeitgenössische Liebermann-Zeichnug des Romanciers Fontane beilegte. Im Eifer des Gefechts war den cleveren Versendern dabei entgangen, daß der dickleibige Grass'sche Wälzer doch nicht gar so schwer ausfiel, wie sie — und daraufhin ihre Versandkosten — kalkuliert hatten. Jetzt kriegen die Post-Kunden von *2001* in Sachen *Ein weites Feld* einen Portokostenrückerstattungs-Gutschein . . .

Die ganze, freilich nicht nur unerfreuliche Angelegenheit dürfte dem Buchhandel eine Lehre sein. Bloß welche? Es gibt nämlich eigentlich nur zwei Möglichkeiten, für eine Neuerscheinung zu werben: durch großes Trara und (außer-)planmäßige Spannungssteigerung; oder durch das schiere Gegenteil, nämlich Stillschweigen und Geheimnistuerei.

Als Suhrkamp den letzten Handke heraus brachte, *Mein Jahr in der Niemandsbucht*, da sollen sich Rezensenten noch vor Tau und Tag vor dem Frankfurter Verlagshaus eingefunden haben, um ihr Exemplar am Stichtag in Empfang zu nehmen — vorher gab's nix, und die Post hätte zu lange gebraucht. Und der neue Ransmayr mit dem geheimnisvollen Titel

Morbus Kitahara, den der Fischer-Verlag nächsten Monat herausbringt: von dem gibt's auf ausdrücklichen Wunsch des Autors überhaupt keine Vorausexemplare.

Allenfalls werden, so ist zu hören, ausgewählte und besonders vertrauenswürdige Rezensenten mit Fahnenabzügen beehrt. Bei Fischer muß man derzeit also nur Zeitungen und Fernsehen im Auge haben, um zu wissen, wer nicht in Frage kommt. Die *FR*-Rezension des neuen Grass erscheint übrigens, wie geplant, nächsten Samstag. Zwei Tage vor Goethes 246. Geburtstag.

aus: Frankfurter Rundschau, 22.8.95

Grass und Reich-Ranicki

Ein Rekord-Feld

Von HELMUT SÖRING

Unwahr ist, daß Günter Grass und Marcel Reich-Ranicki sich auf einem weiten Feld bei Telgte trafen und allen Unkenrufen zum Trotz bei einem Butt beschlossen, mit der Öffentlichkeit Katz und Maus zu spielen. Wahr hingegen ist, daß jenes Blechtrommel-Gewitter, das Marcel I., unser Kritiker-Papst, mit seinem Verriß im „Spiegel" über das jüngste *Opus Günti* auslöste, vorherzusehen war.

Denn wir wissen doch: „Ein Roman, der mehr als 200 Seiten stark ist, ist ein schlechtes Buch." So lautet eine der Reichschen Enzykliken – und der neue Grass ist ein 784 Seiten starkes Stück – das konnte nicht gutgehen!

Aber darum geht es im Grunde nicht, auch nicht um des Grass-Verlegers Steidl Befürchtungen, diese Form der Auseinandersetzung würde im Ausland noch verheerendere Konsequenzen haben als in der Bundesrepublik.

Wir kennen diese Töne! Ludwig Erhard, weiland Bundeskanzler, griff 1965 in die Goebbelssche Phrasenkiste, entdeckte in der modernen Kunst „unappetitliche Entartungserscheinungen" und nannte Dichter „ganz kleine Pinscher". Und Franz Josef Strauß bezeichnete mißliebige Autoren als „Ratten und Schmeißfliegen". Selbst Goethe tönte: „Schlagt ihn tot, er ist ein Rezensent!"

Ob „Ein weites Feld" nun ein guter oder schlechter Roman sei, ist nicht mehr das Thema. In einem Land, wo der Kritiker angesehener ist als der Dichter, wird die Diskussion um das Buch mal wieder alle Rekorde brechen: Steidl kann die nächsten 100 000 andrucken, das „Literarische Quartett" wird allerhöchste Einschaltquoten erzielen, Grass kommt mit dem Tantiemen-Zählen kaum nach, und Reich-Ranicki wird wieder landauf, landab zu Talkshows gebeten. Schon Ulrich Wickert, der neuerdings in den „Tagesthemen" für eigene Werke werben darf, weiß: „Der Ehrliche ist der Dumme."

aus: Hamburger Abendblatt, 22.8.95

Vom Werden eines Werkes

Ein weites Feld, der neue Grass

Von Julia Schröder

Der Schriftsteller Günter Grass mag das deutsche Feuilleton nicht mehr sonderlich. Zwar äußert er sich nach wie vor gerne in Zeitungen, Rundfunk und Fernsehen, nutzt das Forum der Medien, um seinen Ansichten zu allerlei politischen und ästhetischen Fragen weitere Verbreitung zu sichern. Aber „das Feuilleton", das ihn im Schriftbild irgendwie an „die Inquisition" erinnert, das tut ihm nicht nur „die Literaturkritik" (lies: „Marterwerkzeug") an, das ist auch der Ort, wo der rechte Rollback ausgeheckt wurde und wird. Und dies ist für ihn so ziemlich alles, was seinen eigenen Meinungen über deutsche Einheit, Nation, sozialistische Utopie und so weiter widerspricht. Allein: Einmal, in den vergangenen Wochen nämlich, haben die Medien auf geradezu atemraubende Weise gespurt. Und das deutsche Feuilleton tut dem Schriftsteller Günter Grass zur Zeit einen Gefallen nach dem anderen.

Um zu begreifen, warum das so ist, muß sich der interessierte Betrachter folgendes Szenario vorstellen: Ort der Handlung ist der gesamtdeutsche, seltsam leerlaufende Literaturbetrieb, die Zeit die Mitte der neunziger Jahre, da man füglich eine literarische Verarbeitung des Einigungsprozesses erwarten darf, auf gehobenem Niveau und mit Bestsellerqualitäten, wenn's geht. Held des Dramas ist einer der Heroen der deutschen Nachkriegsliteratur, der wie kaum ein anderer die Geschicke der Bundesrepublik und so weiter... – man kennt die Schlagworte. Weitere Figuren: der clevere deutsche Verleger Steidl und eine ganze Reihe von Vertretern des oben genannten deutschen Feuilletons.

Exposition: Der Held unternimmt es, ebenden Roman über den deutschen Einigungsprozeß und wie derselbe schiefgegangen ist, zu schreiben, sitzt mehrere Jahre daran und hat schließlich 784 Seiten fertig. Er nennt sein Projekt „Ein weites Feld", denn Fontane kommt bei den gebildeten Ständen immer gut an. Der clevere Verleger macht im Frühling den gesamtdeutschen Literaturbetrieb mit einer geschmackvoll bebilderten Vorabbroschüre (Grass am Schreibtisch; Grass im Atelier; Brandenburger Tor, Ostseestrand, Stasizentrale) neugierig. Programmatisch ist diesem „Reader" ein Zitat aus dem Roman vorangestellt, das in der Frage „Wie lebt man mit so viel Größe?" gipfelt. Gemeint ist das größere Vaterland, aber auch Autor und Verlag leben offenbar im Vollbewußtsein eigener Größe, mit der sie in den folgenden Monaten ganz prima zurechtkommen. Zwischen April und dem Buchmessenmonat Oktober nämlich spulen sie ein Programm ab, das den Betrieb vollends kirre machen soll.

Dramatische Steigerung. 25. April: Grass liest in Frankfurt, im Jüdischen Gemeindehaus und moderiert von Marcel Reich-Ranicki, aus dem neuen Roman. 28. April: Grass liest in Göttingen, Sitz des Steidl-Verlags, vor Buchhändlern aus dem neuen Roman. Anfang Juni: Viereinhalbtausend Leseexemplare – was keine schlechte Gesamtauflage für eine literarische Neuerscheinung wäre – werden an „ausgewählte" Rezensenten und Buchhändler verschickt. Die Rede ist, bevor es jemand gelesen hat, von einem „Jahrhundertwerk". 6. Juni: Grass liest in Göttingen vor Bibliothekaren aus dem neuen Roman. Begleitend zeigen die Medien die beabsichtigte Wirkung: Die „Süddeutsche Zeitung" hat Anfang Januar ihre Leser auf das epochale Ereignis vorbereitet, in der „Woche" freut sich Martin Lüdke, bisher als Kritiker bekannt, bereits im Mai, „der Meister" sei „wieder da", der „Stern" druckt erst eine Jubelarie, dann ein Interview mit Grass, verschiedene Rundfunkanstalten porträtieren Autor und Buch. Alles dies, wohlgemerkt, bevor der Titel erschienen ist.

Erscheinen sollte, muß man sagen. Als Erstverkaufstag war feinsinnigerweise der 28. August, der Geburtstag des anderen Olympiers der deutschen Literatur – J. W. Goethe – vorgesehen. Aber die entfachte Neu-Gier ist zu brennend. Meint der clevere Verleger, und läßt die ersten von hunderttausend vorbestellten Exemplaren in den Buchhandlungen eintröpfeln.

Es folgt der Wendepunkt des Dramas, von dem noch nicht klar ist, ob es als Tragödie oder nicht doch als Posse endet: Zugleich mit diesen ersten Exemplaren erscheinen die ersten echten Rezensionen. Jürgen Busche von der „Süddeutschen", bereits bei Handkes jüngstem Opus als Schnellbesprecher dickleibiger Bücher hervorgetreten, diagnostiziert am Samstag, 19. August, messerscharf, das Buch enthalte „Glanz und Schmutz des deutschen Bürgertums"; ob das „schon einen gelungenen Roman" gebe, fragt er zwar, gibt aber keine rechte Antwort. Überzeugender ist da schon die Buchbesprechung des Berliner Korrespondenten der Deutschen Presse-Agentur: „Günter Grass hat den großen Wurf gewagt und dabei hoch gepokert", meint er erfrischend und ohne Scheu vor schiefen Bildern. Der Schriftsteller beschwöre „in seinem ersten Berlin-Roman ‚Ein weites Feld' nicht nur im Titel den Geist Theodor Fontanes, jenes großen Berliner Romanciers des 19. Jahrhunderts", und das Ergebnis sei ebenso faszinierend wie verwirrend. Und Marcel Reich-Ranicki, seit Jahrzehnten dem Autor in einem Gefühl verbunden, das ganz gern als Haßliebe bezeichnet wird, langt montags drauf im „Spiegel" zu: Grass sei „ein leidenschaftlicher Amateurpolitiker", und der „Umweg über Fontane" überfordere die Geduld der gutwilligsten Leser.

Dramatische Verwicklung: Der „Spiegel" hatte zuvor schon seinen Teil am vorzeitigen Rummel ums „Weite Feld" erledigt, indem er die eingekauften Auszüge eben nicht vorabdruckte. Grass und Steidl nutzen die Gelegenheit zu verbreiten, „Spiegel"-Herausgeber Augstein hätten Grass' politische Ansichten, wie der Roman sie spiegelt, nicht gepaßt.

Ob, was sich momentan abspielt, als Katastrophe des spannenden Schauspiels zu bezeichnen wäre, bleibe dahingestellt. Jedenfalls hat Reich-Ranicki zwar einen für seine Verhältnisse freundlichen Verriß geschrieben. Aber der „Spiegel" mit seinem erstaunlichen Instinkt für geschmackvolle Titelbilder hat den Rezensenten dergestalt mit einem Exemplar des von ihm besprochenen Buchs montiert, daß der Eindruck entsteht, er zerreiße es buchstäblich in der Luft. Jetzt haben Günter Grass und Gerhard Steidl natürlich wieder einen schönen Anlaß zur öffentlichen Erregung. Steidl befürchtet „verheerende Konsequenzen" für das Ansehen der deutschen Literatur im Ausland. Grass verbietet seinerseits dem „Spiegel" den Abdruck eines bereits autorisierten Interviews.

Und auch die Öffentlichkeit bringt endlich ansatzweise Wut, Empörung und Betroffenheit auf: Vor dem „Spiegel"-Verlagshaus in Hamburg haben gestern, wie eine Nachrichtenagentur meldet, „mehrere Demonstranten" protestiert, weil der Titel des Magazins sie daran erinnere, wie „Moslems die ‚Satanischen Verse' zerrissen", und auch „an die Szenen in Berlin 1933". Machtvoll tritt indes der bekannte Literaturliebhaber Detlef Hensche, Vorsitzender der IG Medien, dem bisher gar nicht so übermäßig geschätzten Ex-Kollegen (der einst wegen des Gewerkschaftskurses aus dem Verband deutscher Schriftsteller austrat) zur Seite: Was Reich-Ranicki geschrieben habe, sei „Polemik der üblen Art" und eine „Abrechnung". Da kann eigentlich nicht mehr viel schiefgehen, auch wenn Reich-Ranicki am Donnerstag abend im „Literarischen Quartett" kaum gnädiger mit Grass' bisher dickstem Buch umgehen wird. Ob Lob oder Verriß: wem es gelingt, ein derart geballtes öffentliches Interesse auf die eigene Person und die eigene Arbeit – Stückpreis 49,80 Mark – zu vereinigen, hat in jedem Fall gewonnen. Und in jedem Fall werden hinterher die Wunden geleckt, welche „die Literaturkritik" angeblich geschlagen hat.

Ach was, Drama, ach was, Posse – ein Lehrstück ist's, was sich da abspielt, mit hinreichend grotesken Zügen, daß es einem Grass gefallen müßte, wenn er nicht grad drin vorkäm. Den Kommentar zu all dem hat der Held selbst im vergangenen Jahr in seiner Rede zur Verleihung des Großen Literaturpreises der Bayerischen Akademie der Schönen Künste formuliert: „Die permanente Selbstfeier des Sekundären bestimmt nicht nur den Zeitgeist, sie verkörpert ihn. Das Sekundäre erlaubt sich, als Original aufzutreten. Nicht das neuerschienene Buch ist Ereignis, sondern der sekundäre Reflex." – Widerwärtig, gell? Aber es lohnt sich.

aus: Stuttgarter Zeitung, 22.8.95

Es knallt und stinkt

Der neue Günter Grass: Jetzt setzt es was

Kommentar

Am 28. August 1995, Goethes 246. Geburtstag, erscheint „Ein weites Feld", der neue Roman von Günter Grass, das wichtigste Werk seit Danzigeinunddanzig, voluminös, epochal und nobelpreisverdächtig. Der beziehungsreiche Auslieferungstermin signalisiert, daß es sich um Weltliteratur handeln muß. Entsprechend laustark rumpelt es in den Kulissen.

Schwer zu sagen, wer sich bis jetzt am wildesten gebärdet hat. Der *Stern*, der *Spiegel* und die *Bunte* haben sich mit aller Macht ins Zeug gelegt. „Der Traum des 67jährigen Günter Grass: Fontane, meine Frau Ute und ich – eine

Menage à trois", teilte der *Stern* mit und gab Grass auf sechs farbenfroh illustrierten Interviewseiten die Gelegenheit, sich ins rechte Licht zu setzen („Ich bin Geschichts-Skeptiker"). Auf den Bildern sieht man den Geschichts-Skeptiker mit Frau Ute und mit Pfeife in der Schnute, herausgeputzt wie ein Kanzlerkandidat in der Wahlbroschüre, in Erwartung seines Publikums, von dem er annimmt, es verspüre „einen regelrechten Heißhunger auf diese Art Zumutungen". Da kommt die Konkurrenz nicht mit. Oder doch?

„Der Chefkellner der Kritik serviert diese Woche im Spiegel", frohlockt sie vier Tage später. Marcel Reich-Ranicki, der Grass erst vor kurzem bei einer Lesung aus dem neuen Roman demonstrativ sekundiert und stehend applaudiert hat, urteilt nun im *Spiegel*, der Roman sei „ganz und gar mißraten", denn er sei nicht „direkt und deftig", nicht „süffig und saftig" genug, ja „es verschlägt mir den Atem", wenn auch nicht die Chefkellnersprache. Auf dem krawallträchtigen Titelbild sieht man Reich-Ranicki den Roman direkt und deftig in zwei Stücke reißen; eins süffig, eins saftig. Hier boxt der Literaturpapst im Kettenhemd. Günter Grass, geübt in der Rolle der beleidigten Leberwurst, hat prompt reagiert und dem *Spiegel* die Veröffentlichung eines bereits geführten Interviews verboten. Literatur ist das, was nie gelingt; Kritik ist das, was knallt und stinkt.

Noch ist allerdings unklar, wie Grass den gemeinen Seitenhieb pariert, den ihm die *Bunte* beigebracht hat. Sie stellt in ihrer aktuellen Ausgabe den Roman „Ein weites Feld" bloß kurz in der Rubrik „menschen + spiele" vor („Das Bunte-Kreuzworträtsel – diesmal aus der Welt der Literatur") und dann auch noch mit dem falschen Titel: „,Ein weites Land' ist die wichtigste Neuerscheinung im literar. Herbst. Der Autor schrieb auch ‚Die Blechtrommel'. Wer ist es?" Dreimal dürfen Sie raten.

Gerhard Henschel
Redakteur der „Titanic"

aus: taz, die tageszeitung, 22.8.95

Viel heiße Luft in Deutschlands Giftküchen

Meine lieben Leserinnen und Leser,
der Sommer war sehr groß. Doch unfehlbar kündigt sich bereits die nächste große Jahreszeit an; jene, in der bekanntlich die Winde losgelassen werden, die Blätter treiben, in der gewacht und gelesen wird. Mit anderen Worten: der Bücherherbst. Auf den Fluren berühmter Zeitungshäuser können die Rezensenten ihre Winde nicht länger halten; nach all dem Wachen und Lesen muß die heiße Luft endlich raus; triebhaft verlangen die saisonal sich blähenden Blätter nach unverzüglicher Verdauung dessen, was früher Literatur genannt wurde. Und wer sich früher mit der schweren Kost der Literaturkritik herumplagte, der schreibt neuerdings leichtverdauliche Briefe.

„Lieber Günter Grass", schrieb etwa die „taz" in ihrer Montagausgabe: Leider könnten ihre Redakteure nicht zur Premiere des neuen Fontane-Romans von Grass kommen. Aber ob Grass nicht mal Lust habe, bei der Fontane-Gruppe der „taz" vorbeizuschauen. Marcel Reich-Ranicki, „unser Lautester" (E. Henscheid), durfte seinen Brief sogar auf der Titelseite des „Spiegel" beginnen: „Mein lieber Günter Grass . . ." Und er hörte – „wachen, lesen, *lange* Briefe schreiben . . ." – erst auf Heftseite 169 wieder auf: „Es grüßt Sie in alter Herzlichkeit Ihr Marcel Reich-Ranicki".

Meine lieben Leserinnen und Leser, worum geht es? Nicht um Kunst jedenfalls. An der Tatsache, daß ein Schriftsteller namens

Günter Grass einen Roman namens „Ein weites Feld" geschrieben hat, interessiert den Literaturbetrieb lediglich seine eigene Betriebsamkeit – die Literatur scheint nur noch zu stören. Wer hat schon Lust (und/oder Zeit); sich mit einem fast 800 Seiten langen Romantext bedächtig auseinanderzusetzen? Wen interessiert derlei? Schließlich hat „die Literaturwelt" nicht auf eine neue Arbeit von Grass „gespannt" gewartet, sondern auf das zugehörige Urteil von Marcel Reich-Ranicki – weiß wiederum „Der Spiegel". Und: „Der Chefkellner der Kritik serviert diese Woche im Spiegel" – na, so ein Zufall! Wo aber die Kellner den ganzen Laden schmeißen, haben Köche (wie Günter Grass) kaum noch etwas zu melden, die Gäste (bzw.. Leser) nichts zu bestellen: Gegessen wird, was auf den Tisch kommt.

Und hier kommt wirklich alles auf den Tisch! Die Kellner der „Süddeutschen Zeitung" meldeten sich bereits am vergangenen Freitag aus der Gerüchteküche, um genüßlich die Kollegen von „Spiegel", „FAZ" und „Stern" vorzuführen, wie sie sich im Bemühen um das Erstservierungsrecht einer Grass-Kritik en passant auch gegenseitig zerfleischten. Jedenfalls, so die „Süddeutsche", mußte der Literaturchef der „FAZ", um Chefkellner – hieß es nicht früher Oberkellner? – Reich-Ranicki „zu beschämen, schon morgen mit seiner Rezension vorprellen". Und wer prellte dann am Sonnabend solidarisch gleich ein bißchen mit? Natürlich die „Süddeutsche" (in Gestalt ihres fixen Kellnerburschen Jürgen Busche).

„Der Spiegel" jedoch, der alles gern noch etwas heißer serviert, als es je gekocht wurde, ließ sich die bereits zerlaufende Butter nicht mehr vom schimmelbedrohten Brot nehmen. Er setzte der Nation nicht nur den „Brief" seines Chefkellners Reich-Ranicki vor, sondern auch eine „appetitliche" Titelbildmontage, auf der der Kritiker den neuen Grass-Roman buchstäblich in der Luft zerreißt. Postwendend meldeten sich nun endlich auch der Koch und dessen Küchenchef, der Göttinger Verleger Gerhard Steidl.

Letzterer ließ verbreiten, Reich-Ranicki sei offenbar zum „bücherzerfetzenden Fanatiker" mutiert: Ähnlich wie dem ständig mit seinen Alkoholproblemen kokettierenden Schauspieler Harald Juhnke gehe es dem Großkritiker wohl hauptsächlich darum, für Schlagzeilen zu sorgen und selbst in den Medien ganz vorn zu sein. Grass selbst verbot den Abdruck eines bereits mit ihm geführten „Spiegel"-Gesprächs. Und eine kleine Solidaritätsdemo vor dem Verlagshaus des „Spiegel" in Hamburg verkündete per Flugblatt: „Wer Bücher öffentlich zerreißt, will Autoren physisch zerstören."

Meine lieben Leserinnen und Leser, zwar sind die Winde losgelassen (und leider nicht mehr einzufangen), zwar schreiben auch wir lange Briefe – ob aber tatsächlich schon der Bücherherbst begonnen hat, bleibt zweifelhaft. Manche Anzeichen sprechen eher dafür, daß die anhaltende Hitzewelle in Deutschlands literarischen Gift- und Garküchen zu jenen Verdauungsstörungen geführt hat, unter denen sich unsere Blätter dieser Tage so stinkig aufblähen.

Selbst wir, zugegeben, fühlten uns nicht mehr ganz frei von heißen Lüften. Diese werden hiermit abgefackelt. Günter Grass' Roman „Ein weites Feld" jedoch wollen wir erst dann rezensieren, wenn wir wieder völlig auf dem Posten sind. Also dann, wenn wir ihn in aller Ruhe tatsächlich gelesen haben.

Es grüßt Sie in alter Herzlichkeit

Ihr Rainer Mammen

aus: Weser-Kurier, 22.8.95

Die Kritikkritiker

„Schlagt ihn tot!"

VON EKKEHARD BÖHM

Es ist Literaturkrieg in Deutschland. Ausgelöst hat ihn nicht etwa ein Buch, sondern die Kritik (und ihre Aufmachung) an ihm. Verfaßt hat sie Marcel Reich-Ranicki, im Fernsehen zum Showmaster des Literaturbetriebs aufgestiegen, für den „Spiegel", dessen Titelbild eine Fotomontage zeigt, in der Reich-Ranicki mit grimmiger Miene das Buch in zwei Teile zerreißt. Da muß man den fünfseitigen Text im Heft fast schon gar nicht mehr lesen. Das Opfer: der neue Roman „Ein weites Feld" von Günter Grass.

Und nun schäumen sie alle (und das veranlaßte selbst „Bild" – o Medienwunder –, eine Besprechung des Buches zu veröffentlichen). Wütende Autorenkollegen von Grass versammelten sich vor dem „Spiegel"-Haus in Hamburg und verglichen das Verdikt mit dem iranischen Todesurteil gegen Salman Rushdie oder der deutschen Bücherverbrennung 1933. Und Detlef Hensche, Vorsitzender der IG Medien, meint, es handle sich bei dem „Verriß" um eine politische Aktion: Es solle mit einem Mann abgerechnet werden, der vor neuem deutschen Machtstreben warne.

Politik oder Literatur?

Grass selbst ist natürlich auch beleidigt und hat dem „Spiegel" den Abdruck eines Interviews mit ihm verboten (es war aber schon gekippt). Ob er es schon vergessen hat, daß er einmal den Kritiker Hellmuth Karasek einen „Wadenpisser" genannt hat? Sicher, von Goethe stammt der Spruch „Schlagt ihn tot, den Hund, er ist ein Rezensent!", aber ansonsten war die Beschimpfung von Literaten (nicht von Kritikern) sonst oft trauriges Vorrecht von Politikern – die „ganz kleinen Pinscher" Ludwig Erhards oder die „Ratten und Schmeißfliegen" Franz Josef Strauß'. Harsche Töne nun also auch in der Zunft selbst.

Wobei der Ärger wohl nicht nur von beleidigtem Autorenstolz herrührt – siehe Hensches Schutzaktion. Denn Marcel Reich-Ranicki hat in seiner Kritik nicht nur literarische Gründe für seine Ablehnung des Grass-Buches vorgebracht. Er hat Grass auch vorgeworfen, er sei ein enttäuschter „Amateurpolitiker", auf den keiner hören wolle und der in „Ein weites Feld" der verflossenen DDR heimlich nicht nur eine Träne nachweine. Immerhin, er macht diesen Vorwurf am Buch fest. Befähigen literarische Weihen zu höherer politischer Einsicht? Eine Frage, die man sich nicht nur bei Grass schon oft gestellt hat.

Bleibt der Göttinger Verleger Gerhard Steidl, ein Mann, der hörbar mit zwei Zungen spricht. Den Feuilletonisten erzählt er, Reich-Ranicki sei ein „bücherzerfetzender Fanatiker", der „geistig-intellektuelle Ware" zerstöre. Er habe das Buch wahrscheinlich gar nicht richtig gelesen (ein gängiger Vorwurf gegen unliebsame Kritik). Und selbst der arme Harald Juhnke, der mit all dem gar nichts zu tun hat, muß als Vergleich herhalten: Reich-Ranicki gehe es nur darum, Schlagzeilen zu produzieren.

Spricht er mit Wirtschaftsjournalisten, hört es sich ganz anders an. Denn Steidl weiß ganz genau, daß Rezensentenlob oder -verriß für den Absatz eines Buches unerheblich sind. Hauptsache, es wird herausgestellt – und zwar so groß wie möglich. Genau das aber geschieht mittlerweile. Deshalb kann Steidl seinen im Vergleich zu den großen Verlagen geringen Werbeetat schonen, und frohgemut hat er bereits die dritte Auflage des Grass-Werks in Auftrag gegeben – die ersten 150 000 Exemplare sind praktisch schon verkauft. Das bedeutet einen großen Aufschwung für den Umsatz seines Hauses.

Vorrauschen im Medienwald

Je länger der Rummel also dauert, desto lieber wird es Steidl wohl sein. Und so kann man seine finstere Drohung, man werde zusammen mit Kollegen aus anderen Verlagshäusern überlegen, wie man Marcel Reich-Ranicki die Flügel stutzen könne, auch getrost tiefer hängen. Wie macht man denn das? Soll er kein Leseexemplar mehr bekommen? Gibt es beim nächsten Grass nur noch 4499 Ansichtsbücher? Oder gar keine mehr? Dann verscherzte man sich doch glatt das gewaltige Vorrauschen im Medienwald, das gerade Steidl mit seiner Postwurfaktion angefacht hat und das schließlich in einem albernen Wettrennen um die Durchbrechung der Sperrfrist für Besprechungen endete.

Womit wir von der Kritik an der Kritik über politische Unterstellungen bei Marketing-Überlegungen gelandet wären. Und die Literatur? Ach ja, da gibt es doch dieses Buch, das inzwischen offenbar längst vergessen ist. Stell dir vor, es ist Literaturkrieg in Deutschland, und keiner hört hin. Weil nämlich alle damit beschäftigt sind, Bücher zu lesen. Ach, wär' das schön.

aus: Hannoversche Allgemeine Zeitung, 23.8.95

Martin Oehlen

Der Kick am Kiosk

Wie der „Spiegel" mit Günter Grass umgeht
Reich-Ranicki beeinflußt Kasse und Karriere

Der neue Roman von Günter Grass ist in aller Munde. Das könnte den Autor in der dänischen Sommerfrische erfreuen. Tut es aber in diesem Falle selbstverständlich nicht. Denn die Aufmerksamkeit hat zunächst einmal wenig mit der künstlerischen Finesse oder dem deutschen Thema zu tun. Vielmehr kocht die Aufregung hoch, weil wieder einmal Montag war und sich das Magazin „Der Spiegel" im allgemeinen und der Literaturkritiker Marcel Reich-Ranicki im besonderen auf „Ein weites Feld" eingelassen haben. Eine Frage: Was darf die Kritik?

Das bunte Heft zum Wochenbeginn hat offenbar eine feste Vorstellung, welche Antwort die passende ist. Denn schon zum zweiten Mal plazierte es Reich-Ranicki als Bücherzerreisser auf dem Titelblatt. Da spürt man die Hypersensibilität von der Alster auf jedem Quadratmillimeter: Schließlich ist es schon mindestens tausend Jahre her, daß auf deutschem Boden Bücher zerstampft, verbrannt, zerrissen wurden. Der Schrecken von gestern ist reif für den Kick am Kiosk. Willkommen in der Rocky-Horror-Spiegel-Show!

Hündischer Zerfetzer

Reich-Ranicki hat sich, als er vor zwei Jahren als hündischer

Zerfetzer dargestellt wurde, über die Illustration empört. Ob ihm nun die aktuelle Variante besser gefällt, die ihn als Grimmkopf mit dem zerrissenen Grass-Novum zeigt, wagen wir zu bezweifeln. Allerdings erstaunt, daß ihn die grobe Präsentation von einst nicht abgehalten hat, abermals in dem Magazin zu publizieren — mag sein, daß dessen Finanzkraft und Renommee die offenkundige Verdrängung forciert haben.

Die Bereitschaft, sich im Zweifelsfalle um die Vergangenheit nicht sonderlich zu bekümmern, ist eine Eigenart des Großkritikers: Was gestern war, zählt dann heute nicht mehr. Schon recht berüchtigt ist, daß MRR den Grass-Roman „Die Blechtrommel" erst negativ beschied, aber Jahre später, als der Welterfolg unumstritten war, dieses Urteil revidierte. An dieses Wechselbad erinnert die Szene anno 1995. Denn der Kritiker selbst rollte Grass im April den Teppich aus, als er in Frankfurt Gastgeber der ersten Lesung aus dem neuen Roman war; nun zieht er dem Autor den Teppich unter den Füßen fort, vermeldet den „totalen Fehlschlag" und läßt den „lieben Günter Grass" durch die Blume (Distel) wissen, er hätte sich besser mit seinen Zeichnungen beschäftigen sollen. Reich-Ranicki fühlt sich wohl in der Abteilung Show. Das ist der Rede wert, weil er der bekannteste Kritiker Deutschlands ist, mit vielen Verdiensten um das literarische Leben und mit Einfluß auf Kasse und Karriere der Autoren. Wohl endgültig im „Literarischen Quartett" des ZDF hat er bemerkt, daß er mit Urteilen der derben Art am heftigsten auffällt. Gerade die Haudrauf-Ekstasen machen den Mann in einer Zeit populär, die wenig Lust auf Differenzierung und Nachdenklichkeit hat.

Gerhard Steidl, einsatzfreudiger Verleger des Grass-Romans, hat nun geäußert, der Literaturbetrieb werde sich mit der dominierenden Position Reich-Ranickis kaum noch lange abfinden können. Das klingt nebulös und deshalb bedrohlich. Darum sei die allergrößte Selbstverständlichkeit vermerkt, daß es nie und nimmer darum gehen kann, dem Kritiker das Urteilen zu verbieten. Wer immer sich in die Öffentlichkeit begibt, der muß mit Kritik rechnen — mit positiver wie negativer.

Nein, hier sind nur fromme Appelle möglich. Zum Beispiel der, das Bewußtsein dafür zu wecken, daß ein Lacherfolg noch kein Beweis für die Richtigkeit eines Argumentes ist. Daß Marcel Reich-Ranicki nur eine Stimme auf dem weiten Literaturfeld ist. Und daß es nur einen Papst gibt, der aber keine Kritiken schreibt.

aus: Kölner Stadt-Anzeiger, 23.8.95

Im „Spiegel" betätigt sich Marcel Reich-Ranicki als Reißwolf

Warum ich den neuen Grass trotzdem lese

Von PETER BERGER

Wie ist denn nun das neue Buch von Grass? Ich wüßte es, wenn ich ihn gelesen hätte. Aber dank einer stabsmäßig geplanten Start-Kampagne des Steidl-Verlags kommen die Rezensenten über uns in einer nahezu geschlossenen Formation, und die Zweitverwertung des Werkes durch die Medien ist in vollem Gange, bevor die Erstverwertung beginnen konnte: die Lektüre.

Die wird nun auch noch ein wenig warten müssen. Denn noch ehe die Leser den Umschlag des Romans „Ein weites Feld" in den Auslagen der Buchhandlungen erblicken konnten, sprang ihnen an den Kiosken das Titelblatt des Nachrichtenmagazins „Der Spiegel" ins Auge. Da sieht man den Bucheinband zwar auch, doch leider schon wieder im Zustand seiner gewaltsamen Auflösung: Ein Kritiker mit den ausdrucksvollen Zügen des literaraturkritischen Conferenciers Marcel Reich-Ranicki zerfetzt hier das klafterdicke Werk in wütender Wallung. Mit dem Ergebnis, daß wir uns nun nicht nur genötigt sehen, auch den derart annoncierten Verriß Reich-Ranickis im Inneren des Blattes zu lesen, der fast so weitläufig ist wie das episch „Weite Feld" selber, sondern dazu noch Protesterklärungen von Günter Grass, der IG Medien und mehreren Schriftstellerkollegen gegen diese rüde Art von Literaturkritik. Inzwischen gibt's auch Beteuerungen aus der Chefetage des „Spiegel" in der Presse, daß der Titeleinfall doch eigentlich ganz harmlos sei. Eine Naivität, die Reich-Ranicki lieber nicht teilen möchte. Am Dienstag versicherte er gegenüber dpa, man habe ihn nicht gefragt und er habe das Bild vorher nicht gesehen. Soviel Vertrauensseligkeit verwundert nun freilich, nachdem er sich vor einiger Zeit schon einmal heftig gegen einen Spiegeltitel verwahren mußte, der ihn als beißfreudigen „Kampfhund" dargestellt hatte.

Das Magazin will den Unterschied zwischen Verreißen und Zerreißen offenbar nicht wahrhaben, die bildliche Umsetzung freilich macht ihn deutlich: Hier wird ein Buch vernichtet, nicht nur vernichtend verrissen, und die Verachtung für ein Stück Literatur läßt sich vernichtender kaum ausdrücken. Bleibt nur noch die Steigerung, daß man ein Feuerzeug unter den „Schmöker" hält. Eine Assoziation, die durchaus nicht aus der Luft gegriffen ist, wie ein Agenturfoto mit den Schriftstellern Jürgen Alberts, Regula Venske und Uwe Friesel beweist. Sie halten vor dem Verlagsgebäude des Magazins ein Papier mit der Aufschrift hoch: „Spiegel-Titel in Stürmer-Manier“.

Günter Grass findet den Spiegeltitel „ekelerregend“ und sein Zorn ist verständlich: weise, mein' ich, ist er nicht. Denn mit seinem Titelbild ist dem Nachrichtenmagazin ein Selbsttor gelungen, wie es treffsicherer nicht sein konnte. Die Scharfrichterpose des Großkritikers M. R.-R. verweist stilgerecht auf die rezensorische Exekutionsposse, die er auf den Innenseiten veranstaltet. Und die der geneigte Leser nun beim besten Willen nicht mehr ernst nehmen sollte: Mit diesem Frontbild haben sich Blatt und Kritiker öffentlich von der Kunstkritik verabschiedet und auf das weite Feld der Medienunterhaltung begeben, in der es bekanntlich nicht geschmacklos genug zur Sache gehen kann.

Meister Marcel hat seine Exekutionsprosa im Stil eines Offenen Briefes verfaßt („Mein lieber Günter Grass“). Ein Kunstgriff, der ihm nicht nur ermöglicht, sich beim Delinquenten gönnerhaft anzubiedern, sondern ihn auch zum hemmungslosen Gebrauch des Wörtchens „Ich“ ermächtigt. Und in der Tat ist hier nicht der Autor des neuen Buches die Hauptfigur, sondern der Rezensent; der sich in Szene setzt, als sei das Buch eigentlich nur für ihn geschrieben, und der auch kaum ein Hehl daraus macht, daß es im Grunde völlig ausreichend ist, wenn er es für uns gelesen hat. Zumal er seinem lieben Günter Grass, und damit auch uns, „nicht verhehlen kann“, daß er das neue Buch „ganz und gar mißraten“ findet. Immerhin verspricht er dem Autor: „Wer hier auf boshafte Witze und hämische Seitenhiebe wartet, der soll nicht auf seine Rechnung kommen.“ Ein Vorsatz, den er leider nicht durchhalten kann, denn schließlich will er auch selber auf seine Rechnung kommen. Für handzahme Artigkeiten zahlt der „Spiegel“ gewiß nichts.

Wohl aber für Bosheiten von allerliebster Zierlichkeit, die dem Literaturpapst allzeit mühelos zur Hand sind. Wenn er beispielsweise dem lieben Grass unterstellt, daß der neuerdings mehr an sein Talent als Graphiker denn als Erzähler glaube, dann ist das nichts anderes als die charmante Ermunterung, doch bitte umgehend den Beruf zu wechseln.

Natürlich glaubt der Großkritiker an das literarische Talent des Schriftstellers Günter Grass, wie er nicht müde wird zu versichern. Aber daß dieser mit seinem neuen Roman die Epoche zwischen zwei deutschen Reichseinigungen mit fontaneschem Sarkasmus und Grass'schem Spott reflektiert, stürzt den Rezensenten bald schon in eine tiefe Glaubenskrise. Roman-Sätze wie „Deutsche Einheit ist immer die Einheit von Raffkes und Schofelinskis" kann er mit jener gönnerhaften Nachsicht, zu der er sich eingangs verpflichtet hatte, einfach nicht hinnehmen. „Sie wissen nicht, wovon Sie reden", rügt er seinen lieben Günter. Das gilt auch für „zahlreiche mehr oder weniger beiläufige Äußerungen über die DDR" im Roman, die vermuten lassen, daß in diesem „schrecklichen Staat" gelegentlich auch was geleistet wurde.

Sehr zum Verdruß des Rezensenten wird im Roman nirgends korrigiert, daß die Hauptfigur, die das Fontanesche Idiom spricht, die DDR eine „kommode Diktatur" nennt, die DDR-Verweserin Treuhand aber mit Bayreuth vergleicht, das „Götterdämmerung en suite im Programm" hat. So viel linkslastige Metaphorik verleitet den Literaturpapst schließlich dazu, seinerseits auf jegliche Pointe zu verzichten und im schönsten Klartext zu räsonnieren: „Wer in den Mittelpunkt eines Romans einen dummen Menschen stellt, muß damit rechen, daß dessen Dummheit ... das Ganze infiziert". Und möglicherweise sogar den Leser, denn Dummheit steckt an. Besonders, wenn sie so reizvoll mit der Zunge von Grass und Fontane redet, wie den kargen Kostproben zu entnehmen ist, die uns Reich-Ranicki genehmigt.

Für die wir ihm trotz allem doch danken müssen. Denn selbst noch in seiner verdrießlichen Aufbereitung haben sie Appetit gemacht. Ein Buch, das auf so interessante und geistreiche Weise dumm sein soll, wie der „Spiegel"-Text vermuten läßt, ist auch durch den mördorischsten Verriß nicht tot zu kriegen.

aus: Neues Deutschland, 23.8.95

Durch ein umstrittenes „Spiegel"-Titelbild gerät die Premiere des neuen Romans von Günter Grass zum Duell

Das große Hauen und Stechen auf einem weiten Feld

Kritiker Reich-Ranicki lieferte den Verriß, die Verantwortung für die Fotomontage weist er zurück – Magazin ließ Vorabdruck platzen

Von unserem Redaktionsmitglied Peter Kümmel

STUTTGART – Zivilisation erkennt man daran, daß Kämpfer nicht aufeinander einschlagen, sondern einander nur anbrüllen. Kulturbetrieb erkennt man daran, daß die Kämpfer am Gebrüll ganz gut verdienen. Jetzt, mitten im Sommer, erhebt sich gewaltiges Getöse um den neuen Roman von Günter Grass, „Ein weites Feld" (offizieller Erstverkaufstag: 28. August). Nie wurde das Lesepublikum aufwendiger an eine Buchpremiere herangeführt, und der Medienbetrieb besorgt den Rest. Die aggressivste Ereignis-Inszenierung hat jetzt der „Spiegel" vorgelegt. Das Nachrichtenmagazin macht aus der Buchpremiere ein Duell zwischen dem obersten Kritiker und dem berühmtesten Schriftsteller Deutschlands: Reich-Ranicki gegen Grass.

Seit Monaten wirbt der Göttinger Steidl Verlag mit gewaltigem Aufwand für den neuen Grass, und die Medien wiegen sich in Vorlust. Doch so lange *er*, Marcel Reich-Ranicki, sich nicht zum „Weiten Feld" geäußert hatte, konnte der Roman nicht als erschienen gelten. Denn das Gesetz des Literaturmarktes lautet: Ein so großes Buch (784 Seiten zu 150 Jahren deutscher Geschichte) braucht den größten Kritiker als Leser und natürlichen Gegner.

Die Frage war nur: Wie und wo würde R.-R. Stellung nehmen? Im April hatte Grass erstmals öffentlich aus „Ein weites

Feld" gelesen, in Frankfurt, auf Einladung Reich-Ranickis. Damals hatte der Kritiker stehend applaudiert, woraus die Beobachter schlossen, daß der neue Grass ein „Wurf", ein „bedeutendes Buch", ein „Jahrhundertwerk" (dpa) sein müsse.

Doch jetzt erweist sich: Reich-Ranicki hat nur aus Freundlichkeit applaudiert. Tatsächlich findet er das Buch völlig „mißraten". Die Wahrheit steht im „Spiegel". Dort verreißt der Kritiker das „weite Feld" im doppelten Sinne: verbal im Kulturteil und augenfällig in einer Fotomontage auf der Titelseite. Reich-Ranicki, zur Zeit im Urlaub, hat inzwischen jede Verantwortung für dieses Titelbild zurückgewiesen: „Man hat mich nicht gefragt."

Prompt zog Grass ein Interview zurück

Wie auch immer: Günter Grass zog am Montag ein Interview zurück, das er dem „Spiegel" schon gegeben hatte. Er wolle nichts mehr zu schaffen haben mit einem Blatt, „auf dessen Titelseiten das ekelerregende Zerreißen eines Buches bildhaft gemacht wird". Schon seit Wochen ist das Verhältnis zwischen Autor und Magazin ziemlich zerrüttet: Eigentlich hatte der „Spiegel" Passagen des „Weiten Feldes" exklusiv drucken wollen, nahm aber wegen der 4500 Rezensionsexemplare, die seit langem im Lande kursierten, davon Abstand. Das brachte Leben in die Gerüchteküche. Die Behauptung, dem Spiegel-Herausgeber Augstein habe Grass' ganze politische Richtung nicht gepaßt, wird vom Magazin als „allzu naiv" abgetan. Und auch wer glaubt, das Blatt räche sich mit dem Titel-„Verriß" an seinem verhinderten Exklusivautor Grass, sitzt natürlich böswilligen Unterstellungen auf . . .

Das Titelbild freilich hat Wirkung: Die IG Medien organisierte flugs eine Minidemonstration vor dem „Spiegel"-Haus, in der sie das Blatt mit den Methoden des Naziblattes „Der Stürmer" in Verbindung brachte: „Wer Bücher öffentlich zerreißt, will Autoren psychisch zerstören."

Wie jede deutsche Kultur-Debatte der jüngsten Zeit wird auch diese in die Tiefen der deutschen Vergangenheit geraten: Darf in einem Lande, in dem Bücher verbrannt und Künstler verfolgt wurden, das Zerreißen von Büchern gezeigt werden? Darf man ein künstlerisches Werk, wenn auch bloß symbolisch, derart vernichten? Diese Diskussion um „political correctness" wird uns für den Rest des Sommers begleiten. Die IG Medien nennt den „Fall Grass" bereits in einem Atemzug mit der Verfolgung Salman Rushdies und den Bücherverbrennungen von 1933.

„Spiegel"-Chefredakteur Stefan Aust ahnt grimmig, was auf ihn zukommt: „Geht es nicht ein paar Nummern kleiner?" Aber steht dem „Spiegel" diese Bitte zu? Wohl kaum. Die Hamburger wählten selbst das grellste Sommerloch-Format, um auf ihre Grass-Vernichtung aufmerksam zu machen. Das Blatt versorgt seine Leser mit einer raunenden Personality-Story, welche unter der Überschrift „Dichter und Kritiker: ein Paar" Grass und Reich-Ranicki als siamesische Zwillinge des Literaturbetriebs outet. Einer, so erfahren wir, kann ohne den anderen nicht sein, und „die zunehmende Härte in der Auseinandersetzung zwischen Autor und Rezensent hatte (und hat) nichts mit Antipathie zu tun; sie verrät, im Gegenteil, eine tiefgründige wechselseitige Hochachtung". Die Frustration auf beiden Seiten, das weiß der „Spiegel" genau, „resultiert aus ungewöhnlich hochgespannten Erwartungen auf beiden Seiten".

Hübscher Kitsch im Dienste des Medienstars R.-R.: Da wird ein Kritiker zur Vatergestalt erhöht, welche jeden Mißerfolg des Schützlings als persönliche Niederlage erlebt. Was Grass' „hochgespannte Erwartung" an Reich-Ranicki angeht, so wird sie wohl in der Hoffnung auf eine wohlwollende Rezension bestanden haben. Daraus wurde nun nichts. Aber Grass darf sich zugute halten, daß noch niemand von Deutschlands Großkritiker derart *persönlich* vernichtet wurde. Reich-Ranicki wählt – *human touch* tut immer gut – die Form des offenen Briefes. Mit dem Jammer eines Arztes, der dem Patienten eine verheerende Diagnose, dem Vater in spe eine Totgeburt mitteilen muß, schreibt Reich-Ranicki: „Das ist, Sie können es mir glauben, auch für mich sehr schmerzhaft . . . Sie haben, das ist unverkennbar, alles aufs Spiel gesetzt . . . Was soll ich also tun? Den totalen Fehlschlag nur andeuten und Sie schonen . . . Nein, das nun doch nicht."

Ein vernichtendes Urteil mit persönlicher Note

Nein, er schont ihn nicht. Für eine einzige Passage im „Weiten Feld" findet der Kritiker übrigens doch Lob, aber diese Passage umfaßt fünf Seiten. Fünf von 784 Seiten. Dennoch endet Reich-Ranickis Publicity-Glanzstück mit einem Gruß „in alter Herzlichkeit". Das ist, da sind wir sicher, ganz ernst gemeint. Denn der Brief wird beiden nützen – dem Schreiber und dem Empfänger.

aus: Stuttgarter Nachrichten, 23.8.95

Times mager

Spiegel-Fechtereien

Von Wolfram Schütte

Der Literaturkritiker Marcel Reich-Ranicki hat jede Verantwortung für das umstrittene Titelbild der jüngsten Ausgabe des *Spiegel* von sich gewiesen, meldet dpa; schließlich sei er nur für seine Texte und nicht für eine Fotomontage verantwortlich, die simuliert, ihn mit mürrischem Blick und hocherhobenen Armen beim Zerreißen des jüngsten Romans von Günter Grass abgelichtet zu haben. Reich-Ranicki, berichtet dpa weiter, „sieht einen Unterschied zwischen diesem jüngsten *Spiegel*-Titel und seiner Darstellung als kläffender Hund in diesem Magazin vor einigen Monaten, ohne eine nähere Begründung zu geben".

Da hat der dpa-Reporter eine Spur gewittert. Zu Recht. Zwar war auf dem Titelblatt des *Spiegel* 40/93 *kein* kläffender Hund mit M.R.-R.s bulligem Kopf zu sehen, sondern, wie der narzißtische *Spiegel* in seiner jetzigen „Hausmitteilung" schreibt: ein „Bücher zerfetzender Kampfhund". Die Karikatur habe R.-R. „aufgebracht", schreibt der *Spiegel* heute. Der Aufgebrachte habe sie „beschämend und empörend" genannt; daß er sie auch als „antisemitisch" empfunden habe, verschweigt der *Spiegel*.

Nun kann man sich fragen, ob die damalige Titelbild-Karikatur wirklich „beschämend und empörend" oder gar „antisemitisch" war; denn zum einen gehört die karikaturistische Verbindung von Mensch und Tier zum satirischen Repertoire seit der Antike; zum anderen hat sich der Kritiker schreibend und telegen in persona agierend (*Literarisches Quartett*) den Spitznamen eines „Literaturpapstes" nicht durch sanftzüngige Marien-Elogen, sondern durch seine mimisch verstärkten „beißenden", zyklische Verrisse im *Literarischen Quartett* erworben.

Ihn als Kampfhund Marke „Der Verreißer" zu titulieren, entspricht also ziemlich genau seinem öffentlichen „Image", mit dessen anreißerischer Verbildlichung ja bereits das sonst zimperliche ZDF geworben hatte. Die Mutation des sensiblen Handwerks von Literaturkritik in ein neronisches Daumen-Heben oder -Senken, in päpstliche Bannflüche ex cathedra und in eine zeitgemäße Ex-und-Hopp-Mentalität, die kategorisch festlegt, was literarisch „In" oder „Out" zu sein hat: — *das* ist doch einzig und allein Reich-Ranickis populäre „Leistung". Das Medium als Massage, der Mittler als Nachricht. „Dem Verreißer" wird von seiner Klientel applaudiert wie dem „Würger" im Wrestling-Ring; und weil der *Spiegel* neben einer kritischen Instanz der deutschen Publizistik auch ein sehr deutsches Zentralorgan der Schadenfreude ist, hat er in diesem literaturkritischen agent provocateur sich selbst gefunden.

So verhält sich das karikaturistische Titelbild des Kampfhundes Marke „Verreißer" zum Buch & Autor zerreißenden Mißmutigen dieser Woche wie ein idealisierendes Standbild zur Momentaufnahme der realen Person: der Verreißer bei der Arbeit des Zerreißens.

Und „der Unterschied"? Kein kleiner: zuerst ist R.-R. Objekt und nun Subjekt, einmal fühlte er sich als Opfer und jetzt fungiert er als Täter — und sein *Spiegel*-Opfer ist Grass. Daß R.-R. sehr wohl von seiner *Spiegel*-Instrumentalisierung wußte, mußte, ihn der Lüge zeihend, ihm der Feuilleton-Chef des *Spiegel* und Mit-Schreiber einer Reich-Ranicki-Biographie, in der *taz* nachrufen: R.-R. habe, was auf ein Gemälde *Moses und die Gesetzestafeln* anspiele, gesehen und auch für gut befunden.

Was das alles mit Literatur, mit Kritik, mit Öffentlichkeit zu tun hat? Nichts. Es ist nur das bislang aggressivste Zusammenspiel von populärer Medienmacht zur lustvollen öffentlichen Hinrichtung eines Autors und seines Buchs. Heute kommt das *Literarische Quartett* noch hinzu, so daß zumindest auf diesem Kultur-Gebiet berlusconische Verhältnisse herrschen.

aus: Frankfurter Rundschau, 24.8.95

Günter Grass und sein neuer Roman „Ein weites Feld": Warum die Kritik zur politischen Abrechnung wird

Hinrichtung eines Dichters

VON MANFRED BISSINGER

Eine Chance hatte das Buch nie. Und sein Autor schon gar nicht. Gehört er doch zu den ganz wenigen Prominenten in diesem Land, die die Wiedervereinigung zwar wollten, nur eben nicht als Kolonisation des Ostens durch den Westen. Er hat begründet, warum eine langsamere Gangart nicht nur Geld gespart, sondern Millionen von Menschen die Identität bewahrt hätte. Er war wie wenige dazu legitimiert, gehörte er doch schon seit Jahrzehnten zu denen, die sprachgewaltig und unbeirrbar das autoritäre DDR-Regime gegeißelt hatten. Von vielen seiner heutigen Gegnern kann das nicht behauptet werden. Er hatte Einreiseverbot ins sozialistische Deutschland, seine Bücher wurden dort nicht verlegt, ihm war die tägliche Anbiederei von Politik, Wirtschaft und linker Kultur-Schickeria an die autoritäre Ideologie zuwider. So war er – widerwillig – als Kritiker des zusammenwachsenden Vaterlandes zwar geduldet, wenn auch ob seines Starrsinns immer seltener gefragt. Sein Land schmückte sich gerne im Ausland mit ihm; zu Hause hörten die Honoratioren am liebsten weg.

Ausgerechnet so einer, der nie Ruhe geben will, der nicht vergessen mochte, auch die nicht, die ungeniert mit den SED-Machthabern paktiert hatten und sich jetzt dreist als Widerstandskämpfer aufspielen – ausgerechnet so einer legt fünf Jahre nach der Vereinigung den ersten großen Roman zum deutschen Drama vor. 784 Seiten, über zwei Jahrhunderte erzählt, orientiert an und identifiziert mit dem Nationaldichter Theodor Fontane, oft mehr als sperrig und so ganz und gar nicht für die medienübliche Verwurstung geeignet. Ein Buch, das gelegentlich schwer zu lesen ist, weil es zum Denken zwingt und schon deshalb polarisierend wirkt. Ein Buch aber auch voller Komik, vor allem aber eines, das Salz in die noch längst nicht abgeheilten Wunden der Wiedervereinigung streut. Möglicherweise zu hermetisch, um der „Blechtrommel"-Nachfolger zu sein.

Aber darum geht es in der Anti-Grass-Kampagne auch nicht. Hier verkommt Literaturkritik zur politischen Denunziation, hier wird ein Dichter an seiner nationalen Zuverlässigkeit gemessen. Er „liebt sein Land nicht", verleumdet ihn „Bild", und Marcel Reich-Ranicki kanzelt den Autor im „Spiegel" ab: „Ihre politischen Ansichten kann ich nicht immer ganz ernst nehmen."

Ja, er soll nicht mehr ernstgenommen, er soll aus dem Olymp verbannt werden. Man könnte es auch Abrechnung nennen. Fünf Jahre nach dem verdienten Untergang des Sozialismus soll noch einmal klar Schiff gemacht werden. Verlangt ist der nationale Konsens, und der verträgt abweichende Positionen nur noch schwer. Früher, ja früher, da gab es Debatten, Streit, Lager. Heute regiert der Mainstream das öffentliche Showbiz. Für Minderheiten ist kein Platz mehr. Der Kopf darf noch für ein kurzes Duell erhoben werden, aber nur, um anschließend publikumswirksam abgeschlagen zu werden. Der Dichter also immerhin auf dem „Spiegel"-Titel, aber nur, um von seinem Kritiker im wahrsten Sinne des Wortes zerrissen zu werden. Daß dieser auch ja zum richtigen Urteil komme, dafür hat der „Spiegel"-Herausgeber und Grass-Kontrahent zu Zeiten der Wiedervereinigung, Rudolf Augstein, in mehreren Gesprächen persönlich gesorgt.

Es geht schon lange nicht mehr um Inhalte; was zählt, ist die Performance. Selbst die Kruzifix-Debatte ist ein Beispiel dafür. Da klagt die schwarze Nomenklatura über das Urteil des Bundesverfassungsgerichtes, und außer einigen widerborstigen Kommentatoren setzt keiner mehr politische Akzente dagegen. Niemand geißelt die Verlogenheit derjenigen, die plötzlich das Abendland bedroht sehen, aber fein geschwiegen haben, als der Staat sang- und klanglos den Buß- und Bettag kassierte.

Wo ist nur die Opposition geblieben? Rudolf Scharping kurvt durch seine Ortsvereine und jammert lieber über den Konkurrenten, als sich kämpferisch vor das Karlsruher Gericht zu stellen, die FDP hat ihre alte antiklerikale Überzeugung im Archiv abgelegt, die Grünen wissen erst mal nicht, ob das Kreuz für sie pazifistisch oder militant sein soll, und warten mit einer gemeinsamen Meinung lieber bis zum nächsten Parteitag. Nirgendwo mehr Gegenwehr. Die Bastionen können kampflos geschleift werden.

Und die Intellektuellen? Sie sind schon seit 1990 abgetaucht, vereinzelt, sprachlos. Da muß einer stören, der sich weder verbiegen noch sich den Mund verbieten läßt. Der sich eben nicht in seinen Herrgottswinkel verkriechen mag, sondern den Blick für Zusammenhänge schärfen will.

Der intellektuelle Diskurs in Deutschland wird nur noch von der Frage bestimmt: Wie stehst du zu Helmut Kohl? Neben ihm existiert keiner mehr, und wer keine schlüssige Antwort parat hat, wird ausgeblendet. Um nicht mißverstanden zu werden: Der Kanzler hat Statur, tatsächlich mehr als all die anderen, die augenblicklich auf der politischen Bühne agieren. Aber darüber kann doch nicht vergessen werden, mit welchen Fehlern und Versäumnissen gerade die deutsche Vereinigung belastet war und immer noch ist. Das aber ist es, was zuallererst an Grass' neuem Epos stört. Nachdenkliches, Schwieriges ist nicht gefragt, einmal mehr wiegt der Kritiker schwerer als das Werk. In einem solchen Klima würde selbst Thomas Manns „Doktor Faustus" mit all seinen verdeckten Anspielungen und versteckten Pointen wenig Freunde finden. Im ersten Durchgang zu schwierig. Kein Fall für Entertainment. Also nichts für die 90er Jahre.

Ja, lieber Freund Günter Grass, warum haben Sie nur keine Liebeserklärung an Ihr Land geschrieben? Die könnte noch so schwierig, noch so verschachtelt, noch so sperrig sein. Das Land würde Ihnen alle Sünden vergeben.

aus: Die Woche, 25.8.95 (Titelseite)

Literarischer Königsmord

Der neue Roman von Günter Grass hält den Kulturbetrieb seit Wochen in Atem. Nun ist aus dem Medienrummel ein Medienskandal geworden

VON JÜRGEN KESTING

Tief ist der Boden des Sommerlochs. Sollte man es nicht unergründlich nennen? In ihm sind allerlei Themen versenkt worden – das christliche Symbol des Kruzifixes, die Affäre um Steffis Steuern und was sonst immer passierte und alsbald dissolvierte. Warum soll nicht auch mal die Literatur grassieren, warum ein Buch nicht 100 000mal gedruckt werden, warum nicht in die Schlagzeilen gelangen, warum nicht auch ein Autor mal zum Star werden?

Warum soll ein Buch nicht dem „Stern" für neun farbige Doppelseiten – mit einer Foto-Wanderung durch die Schauplätze des Romans – die Bildunterschriften hergeben? Warum sollte sich nicht Fontane, als unfreiwilliger Ko-Autor, im Grabe umdrehen, sich alle schnöden Scherze mit seinem Namen verbitten – ein Brief liegt der WOCHE vor und ist auf nebenstehender Seite zu lesen – und brieflich seine Einsicht widerrufen, daß das Plagiat die schönste Form eines Kompliments ist?

Wenn es doch nur um das Buch selber ginge. Aber es geht um die Selbstfeier der Kritik. Daß ein Roman im „Spiegel" in 430 Zeilen und mit niederschmetternder Gewogenheit – „Ihr Marcel Reich-Ranicki" – verrissen wird, nun gut. Daß es aber auf dem einzigartig degoutanten Titel bildlich zerrissen, daß das Räsonieren wichtiger wird als das Buch selber und der Kritiker zum Hohepriester eines Opferrituals, läßt den Schluß zu, daß Buch wie Autor der medialen Verwertungsmaschine ziemlich gleichgültig sind. Von dem Größenwahn, den der Kritiker allerdings dem Autor unterstellt, zeugt eine TV-Werbekampagne des „Spiegel", in der MRR höchstpersönlich den „Lieben Günter Grass" wissen läßt, daß er dessen Werk „ganz und gar mißraten" findet. Ist Grass nun eine beleidigte Leberwurst, wenn er, wie an diesem Montag geschehen, per Pressemeldung den Abdruck eines Interviews, das der „Spiegel" mit ihm geführt hat, untersagen läßt? Begründung: „Ich möchte mit einem eigenen Beitrag nicht in einem Magazin erscheinen, auf dessen Titelseite das ekelerregende Zerreißen eines Buches bildhaft gemacht wird."

Der Medienskandal ist da, das Buch sollen wir eigentlich gar nicht mehr lesen. Alle Meinungen darüber sind längst auf dem Markt. Die Meinung über die Meinungen werden am

24. August sechs Stunden lang im Fernsehen dargeboten: Für die ARD berichten Hansjürgen Rosenbauer und Ulrich Wickert über „Das Comeback eines Abgeschriebenen". Im ZDF disputiert „Das literarische Quartett", vermutlich nach der Vorgabe seines Platzhirsches, über das neuerliche Scheitern eines Ausgeschriebenen; und die Journale der Dritten Programme mögen darüber diskutieren, ob der literarische Rufmord nicht doch zu den aussichtsreichen Verbrechen zählt. Er ist zumindest ein deliziöses Delikt. *Wer* hat nur gesagt, daß eine Krähe der anderen kein Auge aushackt?

Wie wunderbar! Es ist gefüllt, das Sommerloch. Die Meinungen haben Hochwasser. Die Wortführer der Verrisse haben bitter-beißend und fast einhellig befunden, die 784 Seiten seien ledern-langweilig und ermüdend langatmig, eigentlich ein „Geschnarre". Das Buch verfolge Absichten, gewähre dem Leser aber keinerlei Ansichten. Es verdiene nicht mehr als die Gnade des Vergessens. Allenfalls sei es der respektvollen Nachsicht anzuempfehlen, handele es sich doch bei dem Autor, daher ja Maître Marcels grimmige Melancholie, um einen der „größten Meister der deutschen Sprache unserer Zeit", gar um den Prätendenten des längst verdienten Nobelpreises: Günter Grass.

Dessen Roman „Ein weites Feld" ist tot(-gesagt) und boomt wie der Prozeß um O. J. Simpson. Die Anteilnahme ist groß, aber die Chancen auf Freispruch sinken. Stündlich treten neue Ankläger auf, die gleichzeitig das Richteramt ausüben. Rezensionen seien, so schrieb der Satiriker Georg Christoph Lichtenberg, „eine Art von Kinderkrankheit, die die neugeborenen Bücher mehr oder weniger befällt ...". Beim neuen Grass aber wurden bereits nach den pränatalen Voruntersuchungen gravierende Mißbildungen entdeckt. Als der Verlag, à la mode marktschreierisch, das Epos der Wende und Nachwende ankündigte, höhnte Paul Ingendaay schon ob des Themas sogleich in der „FAZ": „Da sank uns das Herz, denn das kannten wir doch schon aus den mahnenden Essays, grummelnden Einreden und mißgelaunten Interviews, mit denen Grass seit sechs Jahren den Einigungsprozeß begleitet."

Vorurteile sitzen wie rostige Nägel. Das über den Dichter der

„Blechtrommel" lautet, aus ihm sei längst Grass-Griesgram geworden. Aufgestiegen zum Großschriftsteller, abgestiegen in Ruhm, verfangen in Verbohrtheit. Ein Autor, der seine Kritiker enttäuscht hat, die ihn so gern auf den zuletzt von Thomas Mann besetzten Stuhl des Repräsentanten gesehen hätten – hat Grass ihn je beansprucht?

Vielleicht hätte der seit langem eingeklagte Roman der Vereinigung von einem Jüngeren geschrieben werden müssen: von einem Zeugen, der Opfer war. Warum dann trotzdem die Gier auf das *ius primae noctis* mit dem Buch? Warum Kritik nach der rhetorischen Methode – „Ich halte Sie für einen außerordentlichen Schriftsteller" –, die mit gönnerhaftem Lob die heftigsten Hiebe verteilt? Warum eine fast ausschließlich formalistische Verwerfung der literarischen Konstruktion mit ihrer Technik des Montierens und Zitierens, durch die das Buch zu einem Labyrinth wird und zu einem literarischen Quiz voller Anspielungen – ohne je so verrätselt zu sein wie der mehrfach zum Vergleich herangezogene „Doktor Faustus" von Thomas Mann?

Auf die Auseinandersetzung mit dem Thema des Buches indes, dem „J'accuse" gegen den kollektiven und hochgemuten Triumph über den Zusammenbruch des realsozialistischen Systems, hat sich bisher eindrücklich nur ein einziger prominenter Kritiker eingelassen: Jürgen Busche, der Politik-Chef der „Süddeutschen Zeitung". Der schreibt nur über das *Buch*, in das Grass „den ganzen Glanz und den ganzen Schmutz des deutschen Bürgertums seit zweihundert Jahren hineinlegt".

Das ist das Anstößige an Grass' Werk, manchmal bis zur prekären politischen Animosität: Es stört die Ästheten, weil es nicht sinnlich-erzählerisch vorgeht, und es verstört die politisch Andersdenkenden, weil es den kommoden Konsens des kapitalistischen Triumphes agitativ anprangert. Aber seine Anstöße müßten diskutiert werden wie einst der blasphemische „Mescalero"-Brief in der Göttinger Studentenzeitung von 1977, der klammheimliche Freude bekannte ob des durch Attentäter erschossenen Generalbundesanwalts Buback.

Grass spielt mit einer Parallel-Aktion – der Ermordung des Treuhandchefs Karsten Rohwedder – offenbar auf diesen Fall an (wenngleich er sich dezidiert von derlei Terrorakten distanziert). Die ersten politischen Reaktionen auf Grass' wütend-deutliche Kritik an Kanzler Kohl zeigten, daß er nicht nur seinen Kritikern auf die Nerven geht, sondern einen Nerv getroffen hat.

Wenn zigtausend dasselbe denken, so noch einmal Lichtenberg, denken alle das Falsche. Offenbar meinen die meisten, einen Fehler zu machen, wenn sie nicht tausend Fehler finden in diesem Buch. Oder wenn sie nicht gleich das ganze Buch als einen Fehler hinstellen und die Chance eines literarischen Königsmordes nutzen.

Grass könnte, wie Karl Kraus, glatt größenwahnsinnig werden, wie wenig Anerkennung er findet. Und sich mit dem Gedanken trösten, daß es zähe Kinder gibt, die alle fieberhaften Infektionen, verursacht durch die Viren der Rezensionen, überstehen.

aus: Die Woche, 25.8.95

Günter Grass und sein neuer Roman: Als Literat gescheitert, als Intellektueller unentbehrlich

Die Einsamkeit des Trommlers

Von Gunter Hofmann

Platt und unfair wirkt es, wie der *Spiegel* auf seinem jüngsten Titelbild den Kritiker Marcel Reich-Ranicki ein Buch zerreißen läßt. Das Objekt dieses Zerrisses, der aggressiver sein will als ein Verriß: „Ein weites Feld“, Günter Grass' hochzielendes Epos über Deutschland und die Einheit, zu Fontanes Zeiten und heute.

Von der Popularität Reich-Ranickis möchte der *Spiegel* profitieren, was erlaubt ist. Das wollte er schon, als er einst auf dem Titel den Großkritiker als wüsten Kampfhund darstellte, eine Geschmacklosigkeit mit Tradition. Profitieren wollte er aber auch noch vom Grassschen Ruhm, in einem Interview (das dieser empört zurückzog). Man weiß nicht, worüber man sich mehr wundern soll: über die Entgleisung, den Opportunismus des Blattes – oder über Marcel Reich-Ranicki, der in dieser *Inszenierung* noch mitspielen mag. Aber gut, Markt ist Markt.

Grund genug gibt es, anläßlich dieses Buches vom literarischen „Scheitern“ zu sprechen. Aber es gibt auch gute Gründe, für einen Augenblick von den künstlerischen Kriterien abzuschweifen und sich der öffentlichen Figur Grass zuzuwenden. Scheitert denn nur Grass?

Seit der „Blechtrommel“ (1959) steht er für eine Literatur, die ihren Ort und ihre Zeit in der Gesellschaft hat. Seit seinem Engagement für Willy Brandt („Tagebuch einer Schnecke“) und die „Espede“, an der er beinahe so leidet wie an Deutschland, steht er auch für das Heraustreten der Autoren aus dem Gehäuse von Klage und Anklage, in dem sie sich in der frühen Adenauer-Republik eingerichtet hatten. Aber er „blieb verdächtig“, notierte Enzensberger später. Die deutsche „Apartheid“ wurde letztlich nicht überwunden. Das lag aber nicht nur an den Politikern. Seine geringe Erfahrung, fuhr Enzensberger seinerzeit fort, sage ihm, daß die Politik das „Reich der Wiederholungen“ sei. Langsam und langweilig – eben nicht sein Reich.

Grass hingegen ist ein Einmischer geworden. Er will immer etwas, manchmal zuviel, auch diesmal. Aber Köpfen und Federn wie ihm hat es die Republik (West) mit zu verdanken, daß die Demokratie liberaler geworden ist. Darin gottlob unverbesserlich, schrieb Grass kürzlich in einem Briefwechsel mit dem japanischen Nobelpreisträger Kenzaburo Oe, den die *Frankfurter Rundschau* veröffentlichte: „Wir Alten ... sind weiterhin verantwortlich und sei es mit unserem Handwerkzeug, den Wörtern.“ Er beharre auf dem altmodischen Anspruch der Schriftsteller auf Resonanz. In dem Sinne verkörpert Grass, insofern wirklich einer der letzten Bundesrepublikaner, ein Mitbringsel der alten Republik für die neue.

Das hebt die literarischen Urteile nicht auf. Auch engagierte Literatur kann glücken oder mißlingen. Schön, wenn sie sinnlich lobt, was der von Grass vorgelegten Fontane-Nachempfindung nicht gelingt. Andererseits wird in der vereinten Republik stets gefragt, wo denn die Stimme der Intellektuellen bleibe. Aber wehe, sie mischen sich wirklich ein. Und dann auch noch mit der „falschen“ Meinung! Sicher verbarrikadieren sich Politiker und Intellektuelle nicht mehr im verbissenen Gegeneinander von einst. Und Helmut Kohl illuminiert sich schon mal gerne mit Besuchen bei Ernst Jünger. Das gehört zur Show. Aber

Zum selben Thema Seite 43:

Die Bitterfelder Sackgasse

Iris Radisch rezensiert den neuen Roman von Günter Grass

ZEITmagazin, Seite 18:

Dichterfürst im Starschnitt – fünf Bilder zum Medienereignis

ein Dialog, wie er zum Beispiel den deutschen Vereinigungsprozeß mit seinen kulturellen und psychologischen Dimensionen hätte begleiten können, findet nicht wirklich statt. Er ist gescheitert, bevor er begann.

Die Kritik von Grass am Kanzler, mehr noch als die am ermordeten Treuhand-Chef Rohwedder (der das machen mußte, was er die „Drecksarbeit" nennt), spiegelt dieses Mißverhältnis wider. Für Grass verkörpert die Treuhand geradezu das Gegenstück zu seinem Vereinigungsmodell: Zwei konföderierte Staaten, aber eine Kulturnation, die mit sich ins Gespräch kommt.

Der Dialog, den auch Grass nicht befördert, scheitert aber keineswegs an ihm allein. Das Schweigen der intellektuellen Elite im Osten gerade in diesen Übergangsjahren hat Folgen. Es fehlen einfach die Stimmen. Ja, natürlich auch Stimmen wie die von Christa Wolf. Sie haben sich selber und einander wortlos gemacht oder sind wortlos gemacht worden. Den einen ist nachgesagt worden, sie hätten die Einheit nicht gewollt und mit der DDR ihre Utopie verloren. Den anderen ist (zumeist vom Westen aus) bescheinigt worden, die Staatsmacht habe sie korrumpiert. Dritte haben sich angeklagt, weil sie nur auf die richtige Gesinnung geschaut und das Defizit künstlerischer Qualität verkannt hätten. Rückblicke und Verurteilungen ohne Ende. Meist haben es die anderen falsch gemacht.

Grass klagt nicht nur über das entstandene Vakuum. Er verkörpert außerdem wie nur noch Jürgen Habermas ein politisches Denken, das schreibend um Auschwitz kreist. Darin steckt gleichfalls ein Stück der alten Bundesrepublik, und nicht ihr schlechtestes. Auschwitz war auch das Argument von Grass gegen die staatliche Vereinigung. Das ist ihm besonders verübelt worden. Man mag anderer Meinung sein, aber legitim ist es, so zu denken. Es mag undifferenziert klingen. Aber es ist tausendmal richtiger als die „differenzierten" Argumente eines Ernst Nolte, die doch nur zurückführen hinter den alten Grundkonsens.

Was also Grass' Scheitern angeht: Am Ende ist es auch unser Scheitern. Nicht nur er hat seine liebe Not damit, den Stellenwert der Vergangenheit zu klären. Gewiß, Grass schreibt aus dem Westen. Er hat die DDR wohl nicht intim gekannt. Aber haben wir, wie Grass im Westen groß geworden, so genau über die Mauer gesehen, und kennen wir den Osten um so vieles besser? Richtig, die Ereignisse überfluten ihn und sein Buch. Er ordnet sie kaum. Wem geht es anders? Stimmt, er klammert sich an die Oberfläche. Aber dieses Bild vom Patchwork-Deutschland, verrät es nicht viel über die Realität?

Und wer, bitte sehr, wäre denn letztlich nicht gescheitert an der Einheit? Die Politik hat sich abgerackert. Aber ein Gesamtkunstwerk ist dabei wahrlich nicht entstanden. Oder Filmemacher, Theaterleute und wir Journalisten: Haben wir denn vor 1989 die Erosionen gesehen und später über bessere Alternativen verfügt, hinreichend mitgestritten? Mit der Einheit kommen die einen wie die anderen nicht wirklich zurecht. Jeder für sich nicht. Grass ist gekentert? Ja, schon gut, aber im gemeinsamen Boot.

Die großen Erwartungen und die Enttäuschung, der Ruf nach dem nationalen Opus des repräsentativen Autors – das verrät so besehen auch nur den hilflosen Wunsch nach einer Selbstvergewisserung, die es nicht gibt. Der frühe Grass, wenn's den bloß noch gäbe! Und die gute alte Zeit, wer holt sie zurück? Die Kritik jagt oft genug einem Phantom nach. „Wartesaal Deutschland 1995 Stimmenreich": Dieses Stück wird demnächst im Deutschen Theater in Berlin gegeben. Mit einem Streich bringt dieser Titel die Republik auf den Begriff. Den Rest mag sich jeder zusammensetzen. Die Enttäuschung ist nicht nur literarisch begreiflich, sie ist auch politisch bedingt. Es verrät sich die Sehnsucht darin zu retten, was zerfasert: die Welt von gestern. Jetzt leben wir in einer Welt, in der die Großautoren keine Schlüsselrolle spielen und die dem Zugriff der Politiker entgleitet.

Der Republik fehlen, fünf Jahre nach der Vereinigung, ein, zwei, viele Grass. Schreibende Zeitgenossen, Dramatiker, Intellektuelle, die sich wie er – und hoffentlich weniger empfindlich – ins „Reich der Wiederholungen" wagen. Die ein paar Grundsätze ernst nehmen – und Worte auch. Gut, Grass, der einsame Trommler, ist darum keine tragische Figur. Er ist kein Heinrich Heine. Er hat also die „Blechtrommel" nicht noch einmal geschrieben. Wieder nicht. Der Schuft! Aber zugleich hat er ungebrochen die Intellektuellen attackiert, die sich derzeit kriegsfreudig „mit dem Wortplunder nebulöser Opfergänge behängen".

Er hat sich einen Verfassungspatrioten genannt und gezeigt, daß darin mehr stecken kann als im Einheitspathos von vielen anderen. Solches Hinschauen und Mitmachen bekommt der künftigen Berliner Republik immer noch besser als die Haltung derer, die nur zuschauen, Zensuren erteilen und ansonsten auf Greenpeace vertrauen.

aus: Die Zeit, 25.8.95 (Titelseite)

Günter Grass – allein auf weitem Feld

Im großen Spiel mit den Büchern gibt es keine festen Regeln

Von GERHARD VON GLINSKI

Der Kulturbetrieb frißt seine Kinder. Was dem deutschen Schriftsteller Günter Grass und seinem neuen Roman „Ein weites Feld" widerfährt, ist nur ein Beispiel dieses seit längerer Zeit laufenden Prozesses. Freilich ein herausragendes, bei dem nicht nur der Autor, sondern auch seine Kritiker und sein Publikum unkalkulierbaren Schaden nehmen können, wenn sie nicht aufpassen. Denn das Werk und die künstlerische Leistung rücken in diesem Prozeß immer weiter weg: Nicht mehr das Buch ist wichtig, sondern die Fama des Buches. Nicht mehr der Schriftsteller, sondern das Bild des Schriftstellers in der Öffentlichkeit.

[redacted]

Ganz neu ist das nicht. Im Lichte der Kulturgeschichte betrachtet, hat es diese Wechselwirkung zwischen Autor und Publikum immer gegeben. Wer schreibt, will wirken. Er will sein Bild der Welt leibhaftig in der Welt sehen. Der Kulturbetrieb ist deshalb für ihn unentbehrlich. Ihm, dem Autor, muß an Aufsehen und Öffentlichkeit gelegen sein – nicht nur aus ideellen, sondern auch aus materiellen Motiven. Aus dieser Einsicht heraus ist beispielsweise in Frankreich der Prix Goncourt, der angesehenste literarische Preis, nur mit symbolischen fünfzig Francs dotiert; erst das damit verbundene Ansehen soll die Auflage hochtreiben und die Kasse füllen.

Der Fall Günter Grass hat allerdings mehr mit dem inneren Zustand der deutschen Literatur zu tun, ihrem Kreisen um sich selbst und mit ihrer Unübersichtlichkeit für das Publikum: Eine Ansammlung junger Talente mit ungewisser Durchschlagskraft wird überragt von den grau gewordenen Köpfen einer Generation, die diese literarische Gesellschaft überhaupt erst möglich gemacht hat und die nicht aufgeben will oder kann. Der bekannte Autor wird aus den Notwendigkeiten des Marktes heraus zur Leistung gedrängt oder fühlt sich dazu aus Selbstachtung genötigt. Das junge hoffnungsvolle Talent – siehe den Fall des mit dem Georg-Büchner-Preis ausgezeichneten Lyrikers Durs Grünbein – wird mit einer vertrauensvoll gewährten Vorschuß-Auszeichnung geradezu zur Leistung dienstverpflichtet. Das ratlose Publikum aber hält sich an die Etiketten und entdeckt in manchem Fall den Betrug erst zu spät.

Es sind nicht nur die oft genug angeklagten Verleger, die dieses Spiel vorantreiben. Auch die Kritiker haben teil daran. Wer zum Beispiel die Juroren des Ingeborg-Bachmann-Preises ansieht, wie sie nach altrömischer Imperatorenmanier im Licht der Fernsehscheinwerfer den Daumen aufrichten oder senken, wer die Katzbalgerei des „Literarischen Quartetts" beobachtet, wer als Zuschauer bei alldem unversehens eine masochistische Lust bei sich selbst feststellt, ist Mitspieler in diesem Betrieb. Ganz zu schweigen davon, daß Grass' lautstarker Gegenspieler, der Kritiker Marcel Reich-Ranicki, mit einem Bein im Lager der Autoren steht – dank seiner Anthologien und Aufsatzsammlungen, deren Marktwert wiederumdurch seine Kritikerrolle erhöht wird.

[redacted]

Wer zieht hier die Grenze? Wer setzt die Maßstäbe? Die Verlegenheit ist groß, wie sich in allen Jury-

Sitzungen zeigt. Man kann schon froh sein, wenn sich aus dem Widerstreit der Meinungen, Vorlieben und Abneigungen so etwas wie ein Parallelogramm der Kräfte ergibt, das eine Entscheidung ermöglicht. Absolute Gerechtigkeit gibt es dabei nicht. Die Wahrheit ist, daß allgemein verbindliche Maßstäbe nicht zu haben sind, wie es sie auch früher nicht immer gegeben hat.

Das Verhältnis des Autors zu seinen Lesern ist ohnehin nie in starre Regeln zu pressen. Hat der Ruhm erst einmal einen gewissen Pegelstand überschritten, wird es beispielsweise für den vor die Publikation gesetzten Lektor immer schwieriger, dem Autor entgegenzutreten und ihn in seinem eigenen Interesse im abgewogenen Maß zu halten.

Selbst auf den Faktor Zeit, der schon so manchen aufgeregten Kunstrichter Lügen gestraft hat, ist nicht Verlaß. Die Moden und Betrachtungsweisen wechseln oft genug. Sieh da! Theodor Fontane – von Günter Grass als Zitatenlieferant benutzt – wurde nicht immer so hoch geschätzt wie heute. Georg Büchner schon gar nicht, der von den Nachkriegsintellektuellen zur Ikone erklärte Revolutionär.

Den Drang des Publikums zum absoluten Meisterwerk, zum Leuchtturm inmitten einer Welt der Ungewißheiten, wird das nicht bremsen. Wenn seine Einbildungskraft nur groß genug ist, wird es ihn am Ende auch finden.

aus: Rheinischer Merkur, 25.8.95 (Titelseite)

Hinter den Schlagzeilen

Wer zwanzig Telefonbücher einer Großstadt innerhalb von fünf Minuten quer durchreißen kann, ist ein Star bei „Wetten daß ...?" Wer Literatur witzig und böse vor Publikum auseinandernimmt, also verreißt, kann in einer Fotomontage auch mal Bücher zerreißen und so für das „Literarische Quartett" werben. Marcel Reich-Ranicki erscheint als Zerreißer auf Anzeigen des ZDF. Darf man Bücher zerreißen? Oder funktioniert eben so Werbung?

Nun bildet der „Spiegel" MRR mit einem konkreten Buch auf seinem Titel ab. In seinen Händen der neue Roman von Günter Grass „Ein weites Feld". Auf den Innenseiten findet sich die Rezension des Kritikers.

Die Fotomontage schockiert. Damit auch Leser, denen der Romantitel nichts sagt, gleich merken, es handele sich hier um Günter Grass, ist das Foto des prominenten Schriftstellers in eine Buchhälfte montiert. Wer Artikel von Reich-Ranicki kennt, wer ihn im Fernsehen gesehen hat, der kann sich eigentlich gar nicht wundern. Dieser Mann polemisiert, spitzt zu, übertreibt gern. Er hält das für eine Tugend des Kritikers. Grass müßte das wissen.

Mit seinen Artikeln in der „Frankfurter Allgemeinen Zeitung", spätestens aber seit Erfindung des „Literarischen Quartetts" hat Reich-Ranicki den Markt mehr beeinflußt als die Literatur. Die Themen der Fernsehsendung werden vorher angekündigt. So können sich Buchhändler darauf einstellen, die besprochenen Bücher in größerer Zahl für den Tag danach bereitzuhalten. Die Käufer kommen, sagt die Erfahrung.

CORNELIA GEISSLER, Feuilleton, über

Marcel Reich-Ranicki

Als beim „Quartett" am Donnerstag noch einmal vom „Spiegel"-Titelbild die Rede war, offenbahrte Reich-Ranicki: „Mich interessiert nur eins: Haben durch dieses Bild mehr Menschen den Spiegel gekauft und meinen Artikel gelesen? Ja? Na, dann ist es gut so." Also hat die Werbung funktioniert.

Wie weit darf man mit Übertreibungen gehen? In der freien Presse ist vieles erlaubt. Grass, eine „Persönlichkeit des öffentlichen Interesses", kann sich gegen die Verwendung seines Buches und seines Bildes auf dem Titelblatt eines Magazins nicht wehren. Er äußert trotzdem seinen Protest. Und die Boulevardpresse macht aus dem Streit einen „Krieg".

An das „Weite Feld" waren hohe Erwartungen geknüpft. Sicher hat Grass' Verlag sie mit seiner Werbekampagne geschürt. Einer, der die Erwartungen entschieden befördert hat, ist aber Marcel Reich-Ranicki. Denn er hatte schon im April eine Lesung des Schriftstellers aus dem Manuskript moderiert und suggeriert, es handele sich um ein großes Ereignis. Heute entschuldigt er sich damit, damals nur die ersten Seiten gekannt zu haben. Heute erklärt er jedoch auch, der Roman sei von der *ersten* bis zur letzten Zeile mißlungen – abgesehen von den fünf Seiten über Uwe Johnson gegen Ende.

Marcel Reich-Ranicki ist ein Medien-Mann. Man muß ihn nicht so schrecklich ernst nehmen. Wer prüft schon jeden Satz von Thomas Gottschalk? Grass' Buch erweist sich nicht als der große Wurf zum Thema Deutsche Einheit. Es ist wirklich kein Vergnügen, den Roman zu lesen. Andere Kritiker formulieren ihre Enttäuschung darüber in seriösen Rezensionen. Aber das ist ja weniger werbewirksam.

aus: Berliner Zeitung, 26.8.95

Der kleine Ajatollah in uns

*Günter Grass und ein weites Feld vorauseilender medialer Unruhe: „Buch darf, Kritik kann, Skandal muß sein". – **Wendlin Schmidt-Dengler** über die jüngste „Generalmobilmachung an der literarischen Front".*

Zeichnung: Ernst Reyer, Foto: Fischer

KOMMENTAR DER ANDEREN

Tee darf, Zucker kann, Rum muß sein; das gilt vom Grog, und vom Literaturbetrieb gilt: Buch darf, Kritik kann und Skandal muß sein, woraus zu folgern ist, daß der Literaturbetrieb auch ohne die Literatur auskommt. Ganz ohne Buch geht es freilich nicht, wie die jüngste Aufregung im Kielwasser des vereinigten deutschen Staatsschiffs zeigt:

Streit um Pole-position

Günter Grass hat sich der Zeit um die Wende in Romanform angenommen; schon die Ankündigung versetzte die deutschen Kritiker in Unruhe, und selbst in der um ernsthafte Auseinandersetzung mit Literatur bemühten Jury des Südwestfunks gab es Streit um die Pole-position beim Rennen um die besten Plätze für Rezensionen und Interviews. Und ehe das Buch, der Roman *Ein weites Feld*, überhaupt in die Hände des Publikums kommen konnte, zeigt der *Spiegel*-Cover mit (nicht besonders geglückter) Fotomontage, wie Reich-Ranicki es mit den seinen zerreißt: Ein Bild, das sich als Schulbeispiel für eine Allegorie der Literaturkritik eignet. Und darunter steht: *„Mein lieber Günter Grass ..." Marcel Reich-Ranicki über das Scheitern eines großen Schriftstellers.* Die Botschaft hören wir wohl, und es ist dabei gleichgültig, ob uns der Glaube fehlt oder nicht. Wäre Grass nicht gescheitert, wäre das Ganze halb so lustig; und weil ein großer Schriftsteller gescheitert ist, freut sich die Kritik.

Kleine Schriftsteller haben es da besser – oder auch nicht; sie können nicht so gut scheitern, wie Grass das kann, zumindest rechnet man bei ihnen im voraus damit, daß sie scheitern.

In den Kritiker-Köpfen steckt offenkundig eine sehr solide Vorstellung vom Gelingen und Scheitern in der Kunst. Hausaufgabe: Versetzen Sie sich für drei Stunden in den Geist und Stil Reich-Ranickis und wählen Sie zwischen folgenden Themen: a) Wie Goethe mit *Faust II* scheiterte; b) Warum Kleist durchgehend scheiterte; c) Warum Musil mit seinem *Mann ohne Eigenschaften* nicht mehr zuwege brachte als ein fragwürdiges Fragment. Die Literaturgeschichte – ein Seestück mit Schiffbruch für Zuschauer. Am Ufer sitzen Literaturwissenschaftler und Kritiker und sagen: „Wieder einer!".

Auf dem Schiff sitzt nämlich selten einer, der den genannten Professionen angehört; diese Herren buchen gerne eine Kreuzfahrt im Mittelmeer, wo sie unter sich sein können. Doch lassen wir die Marine-Metaphorik; der *Spiegel* schlägt einen anderen Bildbereich vor:

Marschbefehl

„Das Literarische Quartett" würde, meint er aus Anlaß von Reich-Ranickis Grass-Verriß, „Tausende von Buchhändlern (und Lesern) mobilisieren". Jetzt wird es militant: Generalmobilmachung an der literarischen Front. Naturgemäß faule Leute würden so auf die Literatur aufmerksam, da der Einberufungsbefehl ins Haus steht: Es muß um eine gute Sache gestritten oder gegen eine üble Sache ins Feld gezogen werden.

Erinnern wir uns: Kaum ein Buch, ein Theaterstück von Thomas Bernhard, das Kritiker und Publikum nicht in gehorsam vorauseilende Unruhe versetzt hätte. Und wenn dann der Text da war oder die

Generalprobe vorbei, konnte man mit alledem nicht viel mehr anfangen als mit dem sprichwörtlichen Mäuschen, das der Berg geboren hat. (Und verschätzte sich dabei gewaltig, denn, so meine ich, in Bernhards Texten sind Energien enthalten, die sich der sorgfältigen Lektüre erschließen und noch lange vorhalten.)

Schnell verdaut

Ähnliches widerfuhr Elfriede Jelinek und Peter Turrini. Handkes 1000-Seiten-Roman *Mein Jahr in der Niemandsbucht* wurde blitzschnell besprochen, und in einem bundesdeutschen Blatt wurden sogar zwei Kritiken nachgereicht, obwohl die erste schon abschließenden Charakter hatte. Denn etwas weiter hinten, da ist von einem Krieg zu lesen, und dann sieht alles doch ganz anders aus. Und der Betrieb wird schnell mit dicken Büchern fertig: Handkes Werk stand für kurze Zeit auf der einen oder anderen Bestenliste, um dann so ab- und eingesegnet in den Regalen zu verschwinden.

Ransmayrs Roman *Die letzte Welt* von 1988 wurde fast unisono gelobt; im Rückblick scheinen die Kritiker oft selbst nicht recht gewußt zu haben, was sie taten. Sie hatten (war es der dunkle Drang, war es das Bedürfnis nach Abwechslung) gut gehandelt, und in diesem Buch ist auch parabolisch dicht das zu finden, worum es im Literaturbetrieb geht:

Ransmayrs Hauptfigur, der Dichter Ovid, wird verbannt; der Imperator, der sich für den Autor und sein Werk so gut wie gar nicht interessierte, hat eine rätselhafte Geste gemacht, und das setzt den „Apparat“ in Bewegung, der meint: Der Imperator will den Dichter verbannen, und so geschieht es auch. Nicht das, was der Dichter schrieb, interessiert, sondern wie die Macht auf ihn reagiert. Das Publikum will den Helden haben, es will das Opfer haben, nicht aber das Buch. Der Text selbst steht in einer leeren Mitte, er ist im besten Fall Katalysator für Vorgänge, deren Abläufe mit seiner Beschaffenheit nichts zu tun haben.

Wie gut, ...

Und so sieht die Literatur sich einem gespenstischem Leerlauf gegenüber, dessen Anlaß sie ist, und der ihr wiederum suggeriert, wie dankbar sie ihm zu sein hätte, weil man so wenigstens Notiz von ihr nähme.

Wie gut, daß es Klagenfurt gibt, wie gut, daß es das *Literarische Quartett* gibt, wie gut, daß es verbannte Dichter gibt, Täter, die man bewundern, oder Märtyrer, an denen man Anteil nehmen kann, im Fernsehen zwei Minuten, aber immerhin.

Am Unterhaltungswert der genannten Unternehmungen zu zweifeln, wäre töricht, und die Wahrheit lachend zu sagen, sollte auch niemandem verwehrt sein, aber Performance und Reflexion über Literatur zusammenzubringen, das ist ein Kunststück, das noch einige Künstler und sehr wenige Kritiker zuwege bringen. Daß in der Literatur vieles mehr zu haben wäre und viel differenzierter als in dem Showbetrieb, der sich ihrer mitunter gnädig annimmt, das ficht kaum einen an, denn die Mühe des Lesens muß anderen Mühen weichen.

... daß es Ranitzki gibt

Das Lesen wird den Kritikern überlassen, und da gerne Reich-Ranicki, und der besorgt das mit Geschick, freilich auf seine Weise. Lesen kostet Zeit, und die hat man nicht. „Wer Zeit hat, denkt, wer keine hat, verblödet“, hat Doderer gesagt. Und wer nur auf den Lärm hört, der um die Literatur gemacht wird, der hat sie und sein Denken aufgegeben.

Verläßlichen Quellen zufolge hat der Ajatollah Khomeini Rushdies *Satanische Verse* nicht oder nur ein paar Seiten gelesen; aber er fühlte sich zum Urteil berechtigt. Und jeder von uns hat in sich eine solche Veranlagung zum Ajatollah.

Günter Grass' neuer Roman mag gut oder schlecht sein, die Lektüre des Buchs bringt gewiß mehr Gewinn als die bombastische Debatte, mit der sich der Literaturbetrieb interessant zu machen versucht.

Wendelin Schmidt-Dengler *ist Professor am Institut für Germanistik der Universität Wien.*

aus: Der Standard, 26.8.95

Reich-Ranicki belehrt Grass: Kritik muß werten

mar **Berlin** – Harsche Worte fielen im „Literarischen Quartett“. Marcel Reich-Ranicki warf Günter Grass vor, indem er erwarte, daß Kritiker lediglich sachlich über den Inhalt eines Buches informierten, habe er ein Verständnis von Literaturkritik wie einst Joseph Goebbels. Damit spielte Reich-Ranicki auf den sogenannten „Kunstbetrachtererlaß“ von 1936 an.

Vor der Reichskulturkammer hatte Goebbels im November 1936 erklärt, daß künftig an Stelle der von jüdischen Literaten wie Heine und Kerr pervertierten Kunstkritik der Kunstbericht treten werde. Der solle weniger Wertung als vielmehr Darstellung und Würdigung sein. Dem folgte am 30. November auf der Goebbels-Pressekonferenz das Verbot der Kunstkritik, das ausdrücklich auch das „Buchbesprechungswesen“ einbezog, denn eine „absolute Wertbestimmung können allein der Staat oder die Partei geben. Ist eine solche Wertbestimmung gegeben, dann selbstverständlich steht es dem Kunstschriftsteller frei, mit diesem Wert zu messen.“ Und weiter: Maßstab für „Form und den Inhalt der Kunstbetrachtung ist der Leserkreis ... In einer Fachzeitschrift wird im Gegensatz zur Tageszeitung auch eine eingehende und in manchen Dingen schärfer wertende Fachbesprechung möglich“ sein.

Diese Weisung wurde mit Überschriften wie „Vom Kunstrichter zum Kunstmittler“ oder „Vom Kunstrichter zum Kunstdiener“ bekanntgemacht. Zugleich war festgelegt worden, daß der nationalsozialistische „Kunstschriftleiter“ mindestens 30 Jahre alt zu sein hätte, da die Beschäftigung mit „künstlerischen Dingen eine gewisse Lebenserfahrung und Lebensreife bedingt“. Erwartet wurden von dem „Kunstschriftleiter“ unter anderem „Lauterkeit des Herzens und der Gesinnung des Nationalsozialisten“.

Später erläuterte Goebbels an einem Beispiel die Wirkung dieses Kritikverbotes: „Man stelle sich vor, der Herr Kritiker A. nähme eine ablehnende Haltung zu irgendeiner Sache ein, von deren Wert er, der Minister, überzeugt wäre ... Er würde sich dann nicht wundern dürfen, wenn plötzlich vor seinem Fenster einige 100 SA-Männer stehen und rufen: ‚Heraus Du Saboteur‘“.

Vor diesem Hintergrund ist Reich-Ranickis Anmerkung verständlich, Grass müsse sich darüber belehren lassen, daß Literaturkritik bewerte und urteile.

aus: Die Welt, 26.8.95

Streiten ja, aber nicht hinrichten

EXPRESS-Brief an Marcel Reich-Ranicki

Lieber Marcel Reich-Ranicki,

es gehöre, so zitierten Sie im „Spiegel“ Fontane, „zu den schwierigen und peinlichen Aufgaben des Métiers, oft auch Berühmtheiten, ja, was schlimmer ist, auch solchen, die einem selber als Größen und Berühmtheiten gelten, unwillkommene Sachen sagen zu müssen“.

Ich halte Sie für einen außerordenlichen Kritiker. Ihre Verdienste sind unbestritten. Was Sie über Thomas

Mann schrieben, ist für viele Literaturfreunde ein Erlebnis. Ihre Artikel sind geschliffene journalistische Kunst. Und wenn Sie sagen, der Grass-Roman „Ein weites Feld“ sei mißraten, so ist das Ihr gutes Recht. Damit muß Grass leben.

Der Bücher-Zerreißer: Marcel Reich-Ranicki macht Reklame für seine ZDF-Show.

Ihre öffentliche Hinrichtung des Autors allerdings ist ekelhaft. Ihr Auftritt im „Literarischen Quartett“ war billig inszeniertes Theater. Eine Schmierenkomödie, die mich an wohlbekannte Schauprozesse erinnerte. Ihre gezielten Pointen, die das Publikum zum Lachen brachten, Ihr Stichwortgeber Karasek, der nach jeder Tirade beifallheischend die Kulleraugen verdrehte und sein Patschhändchen in die Kamera hängte („Hab` ich das nicht fein gemacht, Marcel“). Und Sie entblödeten sich nicht, einen Vergleich zwischen Grass und Goebbels herzustellen.

Und dann - wie unwürdig - forderten Sie mit sich überschlagender Stimme hysterisch: „Grass muß endlich belehrt werden...“

Ja, Gottvater Marcel Reich-Ranicki, das genau wollen Sie. Autoren sollen kriechen vor Ihnen. In einer Rede auf Martin Walser sagten Sie einmal: „Je berühmter ein Schriftsteller, desto größer seine Gier nach Ruhm“. Wenn diese Formel stimmt, dann läßt sie sich auch auf Sie anwenden. Bei Ihnen kommt noch die Gier nach Einschaltquoten hinzu.

Warum eigentlich fühlen Sie sich so persönlich beleidigt? Der Grass hat das doch nicht für Sie geschrieben, sondern für seine immer noch riesige Lesergemeinde in aller Welt.

Apropos „belehrt werden“: Haben Sie nach Ihrem Lügenauftritt über Ihre Agentenvergangenheit (Vergessen wir sie, es ist lange her) dazugelernt? Vom schlimmen „Spiegel“-Titelbild hätten Sie nichts gewußt, sagen Sie (dpa, 22. 8). Wie „Spiegel“-Kulturchef Mathias Schreiber der „taz“ mitteilte, ist es Ihnen sehr wohl vorgelegt worden.

Es existiert ja auch in ähnlicher Weise als ZDF-Plakat.

Der Hinweis von Hellmuth Karasek, es sei dem Mosesbild Michelangelos nachempfunden, war Wasser auf die Mühlen ihrer Selbstgefälligkeit, das konnte jeder sehen - Moses, Michelangelo, Marcel, das ist doch was.

Ihr bösartiges Spiel um den Grass-Verriß macht Sie zur Karikatur eines Kritikers. Wie es auch anders geht, bewies zuvor im NDR-Bücherjournal Ihr Kollege Dieter Zilligen. Auch er wies auf die Schwächen des Romans „Ein weites Feld" hin und sagte: „Es lohnt sich darüber zu streiten." Streiten, lieber Marcel Reich-Ranicki, nicht exékutieren.

Ihr Werner Aschemann

aus: Express Köln, 26.8.95

Ermüdung am Ende der Grass-Woche

„Das literarische Quartett" vom 24. August – Anzahl der Fernsehzuschauer (Millionen)

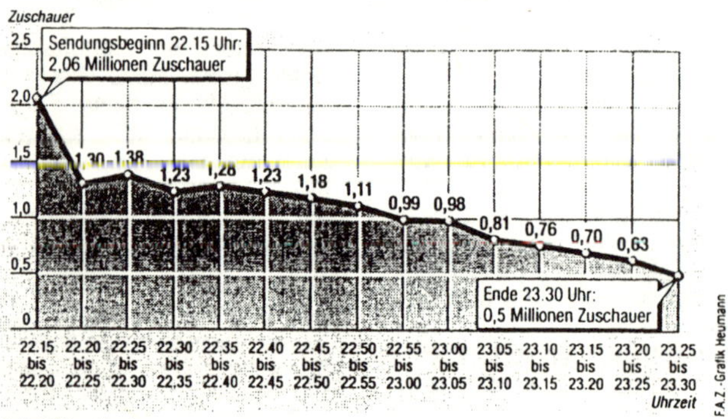

Quelle: GfK-Fernsehforschung

Noch nie in der deutschen Nachkriegs-Literaturgeschichte wurde eine Neuerscheinung mit vergleichbarer Erregung in den Medien behandelt wie der Roman „Ein weites Feld" von Günter Grass, der seit Ende letzter Woche im Buchhandel ist. Abschluß und Höhepunkt der Grass-Woche war das „Literarische Quartett" am Donnerstagabend. Doch selbst ein Zuschauermagnet wie diese Sendung vermochte das Publikum nicht mehr auf Dauer zu fesseln: Bereits in den ersten Minuten, während die Handlung des Romans referiert wurde, sprangen 700 000 Zuschauer ab, ein Schwund, der sich in den folgenden Zeitblöcken langsamer, aber kontinuierlich fortsetzte. Eine „Hinrichtung" war in Illustrierten und Fernsehblättern angekündigt worden. Sollte das Fernsehpublikum doch weniger schadenfroh sein als vermutet? Oder ist es nur ungeduldig? F.A.Z.

aus: Frankfurter Allgemeine Zeitung, 26.8.95

Die Kritik

3 x Grass (ZDF/ARD)

Feld unter

Nichts und niemand hat sich geändert. Schaut man nach Jahresfrist aus gegebenem Anlaß wieder einmal das *Literarische Quartett* im ZDF an, dann sitzt das Stammtrio da wie immer und der Gast meist im Abseits. Der Wortführer fällt den anderen in die Rede, wann und wie es ihm gefällt. Sein Hamburger Adjutant läßt sich's wohlig gefallen und sucht nach der Manier des Klassenzweitbesten, wenigstens eine Pointe dazwischenzuschieben. Die Dame aus Österreich richtet anklagend die Augen gen Himmel und hat allen Grund dazu. Sie wurde nicht nur am Argumentieren, sondern schon am Sprechen gehindert vom Chefentertainer. Das war nicht mehr ungehörig, das war unverschämt. Eben: wie gehabt. Wer ein Buch als „total wertlos und langweilig" bezeichnet, es also totalitär aburteilt, der ist keinem Plädoyer zugänglich. Dummerweise monierte er an Günter Grass' neuem Roman *Ein weites Feld* aber auch dies: „Es wird festgestellt, nicht dargestellt." Das war eine Selbstdarstellung.

Nach einer Dreiviertelstunde — der Gast sah sich gerade genötigt, den Inhalt von Fontanes *Irrungen, Wirrungen* nachzuerzählen wie in der gymnasialen Mittelstufe — konnte man sich aufatmend von einem angeblichen Gespräch über Literatur verabschieden, das miserabler war, als das Buch je sein könnte. Die ARD tischte ein Porträt von *Grass, Günter, Jahrgang 1927* auf. Zuvor erwischte man noch den Tagesthemenmoderator mit der sattsam bekannten Absage „Ich wünsche Ihnen noch eine geruhsame Nacht".

Deren rechtzeitigen Beginn verhinderte er leider selbst, hatten doch er und der Intendant des Ostdeutschen Rundfunks Brandenburg sich bemüßigt gefühlt, ihrerseits Grass heimzusuchen, was sie sinnigerweise (Fernsehen, deine Schauplätze!) im Fontane-Zimmer zu Neuruppin taten. Da die ARD sich wohl nicht auf einen Beitrag einigen konnte, hängte sie einfach zwei aneinander; nach dem Porträt das *Comeback eines Abgeschriebenen*.

Mit dem Titel war die Kühnheit auch schon erschöpft. Der arme Grass mußte devote und dämliche Fragen beantworten wie die, ob Rohwedder in der Treuhand tatsächlich entspannungshalber Rollschuh gelaufen sei. Er beklagte, und gab damit das Stichwort, die Kritik unternähme hierzulande den „Versuch, mich abzuschreiben". Eine schöne Formulierung, gegen die der Reißwolf vom „Literarischen Quartett" sich freilich entschieden verwahren würde: „Bei Herrn Grass gibt es nichts abzuschreiben!"

Und der Porträtversuch mit der albernbürokratisierten Namensumstellung *Grass, Günter?* Es wurde der Autor als Bildhauer gezeigt und als Gatte samt Gattin, er tat auch hier manch' klugen und beherzigenswerten Ausspruch und blieb bei seiner Meinung, daß bei der deutschen Vereinigung das Grundgesetz geschädigt und mißbraucht worden sei. Ausschnitte aus Romanverfilmungen, etwa der *Blechtrommel*, sollten Farbe in den TV-Lebenslauf bringen und wirkten eher blödsinnig als ungeschickt.

Wird Grass nun Beurteiler beherzigen, die ihm unterstellen, er wolle wie Goebbels nur „sachliche" Information und toleriere keine Kritik; Rezensenten also, die als Richter ohne Revisionsinstanz auftreten? Wohl kaum. „Wir Schriftsteller sind ihre Arbeitgeber", sagte er, und meinte die Kritiker. Doch kündigen kann er ihnen nicht, weder wegen übler Nachrede, Amtsanmaßung noch Arbeitsverweigerung.

HELMUT SCHMITZ

aus: Frankfurter Rundschau, 26.8.95

Grass: Der Dichter und sein Henker

Ira Panić über die Attacken des „Literarischen Quartetts“

Das Salzburger Schlachtfest geriet zur Bankrotterklärung – live und in Farbe. Ein als „Literarisches Quartett“ aufspielendes Tribunal nahm den Roman „Ein weites Feld“ zum Vorwand, den Menschen und Schriftsteller Günter Grass hinzumachen. Der quartetteigene Holzhammer war diesmal wohl zu filigran. Man wählte statt dessen die Dreckschleuder.

Es war ein einig Massaker. Der Dichter hatte keine Chance. Sein Henker und dessen Gehilfen meuchelten in eitel Harmonie. Tonangeber Marcel Reich-Ranicki trampelte so wütig übers „weite Feld“, daß Stichwortgeber Hellmuth Karasek Mühe hatte, nicht auf der eigenen Glätte auszurutschen und manchen Einsatz verpaßte. Sigrid Löffler mahnte halbherzig zur Zurückhaltung. Man dürfe Günter Grass nicht mit seinen Figuren verwechseln...

Aber das interessierte eh' keinen und fiel im Getümmel nicht weiter auf. Auch Gastspieler Karl Corino störte kaum, seine Rolle als Hilfs-Hinrichter wurde wohlwollend zur Kenntnis genommen: „Was Sie da sagen, ist sehr wichtig und sehr richtig...“

Ob der Kritiker Corino sich's einrahmen läßt, dies fatale Lob vom Inquisitor? Von einem, der Kritik mit Häme, Urteil mit Polemik, Literatur mit Showbiz

Das Waterloo der Rezensenten

verwechselt? Dessen Selbstüberschätzung als Entertainment gefeiert wird, der vernichten darf, ohne zu begründen? Da sitzt er, er kann nicht anders, er kann dieses „wertlose, langweilige, ganz und gar mißlungene“ neue Werk von Günter Grass einfach nicht loben. Er kann es aber auch nicht verreißen, sonst hätte er's getan. Statt mit hilflosen Attakken unter die Grass'sche Gürtellinie davon abzulenken, daß das Buch ihm Nebensache war und ist und bleibt.

MRR zelebrierte wieder mal vor Millionen Unfehlbarkeit,

und solange er das darf, in Wort und Bild, hat das Gespräch über Kultur und Literatur keinen Raum. Da mögen andere noch so differenziert argumentieren – der Casus Grass wurde zum Waterloo der Rezensenten, weil einer, der keiner ist, seine Flegeleien als päpstliches Verdikt verkaufen, die persönliche Abrechnung mit einem politisch nicht Genehmen als Kritik tarnen kann.

Hier sitzt der „Rezensent" im komfortablen Glashaus, nennt Grass in einem Atemzug mit Goebbels – und erntet wohlfeile Lacher. Keiner schreit auf, nein, namhafte Publizisten werden zu Mitläufern. Daß Karasek bei nur 87 Rezensionsexemplaren für den Spiegel keins mehr abbekam und sich das mit den angestrichenen „Stellen" vom Kollegen Marcel Reich-Ranicki borgte, mag noch angehen. Aber daß ein hervorragender Kritiker wie Corino das makabre Spiel mitmacht, seine Bälle nicht aufschlägt, sondern dem obersten Henker servil serviert, macht das Desaster perfekt. Die Literaturkritik ist tot, es lebe das „Literarische Quartett".

aus: Hamburger Morgenpost, 26.8.95

Die Kritik

Grass-Hüpfen

„Bücherjournal" (N3) / „Das literarische Quartett" (ZDF) / „Grass, Günter, Jahrgang 1927" und „Comeback eines Abgeschriebenen" (ARD). Hauen und Stechen, Jammern und Klagen, Liebe und Leid – dieser Fernsehabend bot das, was die Zuschauer angeblich auf der Mattscheibe erwarten. 165 Minuten lang ging es drei öffentlich-rechtlichen Sendern um Günter Grass, sein neues Buch und die seit einer guten Woche tosende Diskussion über die beiden – herausgekommen ist eine wahrhaft packende Geschichte um Gut und Böse. Die private Konkurrenz nennt so etwas gleich den „Großen TV-Roman".

Marcel Reich-Ranicki, amtierender Großschurke im Streit um Grass, tat in seinem Kapitel folgerichtig gleich alles, um sein „Literarisches Quartett" endgültig den Herren Thoma (RTL) oder Kogel (SAT 1) anzudienen. Er schäumte und schwadronierte, ließ sich von Freund Hellmuth Karasek und Gast Karl Corino Stichworte zuliefern und hielt für Gegenspielerin Sigrid Löffler nur kurze Zwischenszenen bereit. Ihr Bitten um Barmherzigkeit für Grass war höchstens dramaturgisch wirkungsvoll. Geschickt vermied der Lauteste unter den Literaturkritikern jeden neuen Gedanken, jede Differenzierung.

Gemein, grantig und gnadenlos – Reich-Ranicki ist der TV-Held, den die Neunziger brauchen. Da kann jemand vom Kaliber des biblischen Moses kaum noch mithalten, das hat der humorlose Verreißer schon richtig erkannt.

Derart angemacht stolperten die Zuschauer via Fernbedienung zur Fortsetzung ins Erste, wo Adalbert

Wiemers mit seinem Grass-Porträt ein ruhiges Zwischenkapitel bereithielt: eine Wertungspause zur Entspannung. Doch das große Finale erdachten „Tagesthemen"-Moderator Ulrich Wickert und ORB-Intendant Hansjürgen Rosenbauer anschließend selbst. Neuruppin wählten sie als Schauplatz, weil es die Fontane-Stadt ist und Grass sich in seinem neuen Buch vom Titel bis zur Sprache als Bewunderer (oder Epigone?) des großen Brandenburgers outet.

Durch raffinierte Verleugnung ihres Journalistenberufs gelang den beiden Gastgebern ein rührseliger Ausklang der Story: Beim Plaudern im Heimatmuseum (wo sonst) entpuppte sich der zuvor so gescholtene Grass plötzlich als hellsichtiger Analytiker unserer vereinigten Republik, dem nur „Neider" und „Wadenpisser" den Erfolg nicht gönnen. Ja, wenn das so ist, muß man natürlich nicht viel nachfragen oder politische wie literarische Ideen diskutieren. – Was für eine Geschichte.

PS. Gänzlich uninteressiert an einer Rolle in diesem (Schund)Roman waren offenbar wieder einmal Moderator Dieter Zilligen und sein Mitarbeiter Wilfried F. Schoeller im N3-„Bücherjournal". Sachkundig informierten sie in einem klug bebilderten Beitrag über Grass' Buch und seine Aufnahme. Selbst manche Peinlichkeiten in dem Buch benannten sie, ohne selbst peinlich zu werden. Mal sehen, wie lange das im Fernsehen noch durchgeht.

HENDRIK BRANDT

aus: Hannoversche Allgemeine Zeitung, 26.8.95

Marie Hüllenkremer

Plädoyer für die Nachsicht

Der Anspruch an Autoren/Künstler ist maßlos Ruhm wird zuweilen unversehens zur Falle

Fast über Nacht wurde der blutjunge Amerikaner Michael Chabon mit seinem Debütroman „Die Geheimnisse von Pittsburgh" zum Liebling der Kritiker, Leser und Verleger. Über 80 000 Exemplare wurden nach dem deutschen Start im Jahr 1988 allein hierzulande verkauft; ein erstaunlicher Erfolg für ein belletristisches Werk. Danach verfaßte der Autor noch ein paar Kurzgeschichten. Und seitdem herrscht Ruhe um ihn. Michael Chabon? Nie gehört. Strohfeuer oder Sternschnuppe?

Es gibt viele Künstler quer durch alle Sparten, die nach einer kurzen, heftigen Zeit des Erfolgs wieder in Vergessenheit geraten. Oder aber im Gespräch und produktiv bleiben, an diese Phase der Kreativität jedoch nicht mehr anknüpfen, sie nicht wiederholen können.

Die Diskussion um Günter Grass offenbart — neben manch anderem — auch die Unerbittlichkeit, mit der die Öffentlichkeit reagiert, wenn ihre Erwartungen nicht erfüllt werden. Daß dieser Autor einen so bedeutenden Roman wie „Die Blechtrommel" geschrieben hat, wird unversehens zur Falle. Warum in Teufels Namen gelingen ihm nicht weitere Werke von solcher Qualität? Warum nicht immer wieder?

Glücksfall „Buddenbrooks"

Der Anspruch ist maßlos. Dem liegt die Vorstellung zugrunde, Kreativität sei beliebig abzurufen, beliebig auszuweiten. (Was nichts damit zu tun hat, daß sie fast immer erst freigesetzt wird im Zusammenhang mit harter Arbeit.) Doch daß ein begabter Mensch von der frühen Jugend bis ins hohe Alter schöpferisch — und das in gleichbleibend hohem Maße — ist, kommt zwar immer mal wieder vor, und Goethe oder Picasso sind dafür gern zitierte Beispiele; aber sie sind und bleiben die Ausnahme. Aber können wir uns nicht schon glücklich schätzen, wenn ein Mensch eine kurze Spanne lang zu jenen zählt, deren Kreativität zu einem großen, wichtigen Werk führt. Daß Patrick Süskind „Das Parfüm" geschrieben hat und das Theaterstück „Der Kontrabaß" dazu — sind dies nicht schon Glücksfälle, die wir dankbar annehmen sollten? Wären die „Buddenbrooks" weniger bedeutend, hätte Thomas Mann nichts anderes mehr als diesen ersten Roman verfaßt? Mit welchem Recht erwarten, ja verlangen wir geradezu immer neue Feuerwerke?

Warten auf den nächsten Erfolg

Einsam ist der Schriftsteller an seinem Arbeitstisch, der Maler vor der Leinwand. Der Anspruch, den sie an sich selber stellen, ist fast immer bereits enorm (und wird oft unterschätzt), die Selbstzweifel sind stark, und die Belastung, sich nach einem „Bestseller", einer bejubelten Ausstellung oder Aufführung wieder an die Arbeit zu begeben, muß bedrükkend sein. Dazu kommt der Druck von außen. Ob Galeristen oder Buchverleger, ob Manager oder Berater — sie alle warten auf den nächsten Erfolg. Und wir, die Journalisten, natürlich mit ihnen, ebenso wie die Konsumenten. Angesichts der Nachfrage, der Unersättlichkeit des Marktes werden viele Talente, die sich einst in aller Stille entwickeln konnten, zudem zu früh an die Öffentlichkeit gezerrt oder lassen sich allzu gern verführen durch verlockende Angebote.

Dazu kommt, was allzu menschlich ist: Wer auf einem Feld erfolgreich war, wird dies immer wieder beackern, wird verdammt (und läßt sich verdammen) zur Wiederholung.

Günter Ueckers „Markenzeichen" war jahrzehntelang der Nagel; und Horst Antes reitet seine „Kopffüßler"-Idee zu Tode. Daß einer — wie der in Köln lebende Maler Gerhard Richter den Stilwechsel zum Stilprinzip macht und damit Erfolg erringt, ist die ganz große Ausnahme.

Übrigens: Michael Chabon hat wieder einen Roman geschrieben, der im kommenden Frühjahr erscheinen soll. Titel: „Wonderboys", Wunderknaben. Ein Buch zum Thema?

aus: Kölner Stadt-Anzeiger, 26.8.95

Ein Dankeschön den Wegschmeißern

Von GISELA KARAU

Was ist los? Ist Günter Grass als IM geoutet worden? Nein, über ihn scheint es keine Gauckakte, Deckname Blechtrommler, zu geben. Es geht um sein neues Buch „Ein weites Feld", in dem er sich, pfui aber auch, kritisch mit der deutschen Vereinigung auseinandersetzt. Er läßt seine Protagonisten die Kohlwahlen als Wahlmanöver, die Wähler als Stimmvieh bezeichnen. Da hat er heilige Kühe verletzt. Entsetzlich dumm, erbärmlich, eine ungeheure Infamie, unlesbar, unmenschlich, denunziatorisch, ein Monstrum, sterbenslangweilig, das sind nur einige der Verbalinjurien, mit denen die aufgebrachten Kritiker in konzertierter Aktion reagieren. Der schäumende Marcel Reich-Ranicki geht sogar soweit, Grass wegen seiner Feststellung, die Rezensenten hätten zu informieren statt zu werten, mit Goebbels zu vergleichen. Lediglich Prof. Sigrid Löffler wagte im „Literarischen Quartett" des ZDF am Donnerstagabend den Einwand, die Kritik hätte lange den Roman über die Wiedervereinigung gefordert, und nun, da er geschrieben sei, werde er niedergemacht und totgeredet. Dafür wurde dann sie beinahe totgeredet. Vor allem von dem bissig knurrenden R.-R., der nur in dem Moment strahlend das Gebiß zeigte, als es um das fragwürdige Titelbild zu seinem „Spiegel"-Artikel ging. Ob es gut oder schlecht gewesen sei, interessiere ihn nicht, Hauptsache, es hätte zum Lesen angereizt. Das ist es. Er, vor allem er selbst, will gelesen werden.

Für den vom Erfolg verwöhnten Autor Günter Grass ist es ungewohnt, so fürchterlich beschimpft zu werden. Welches Verbrechen wird ihm zur Last gelegt? Daß sein Buch gestalterische Mängel hat? Das rechtfertigte allenfalls entschiedene Kritik, nicht solchen Haß. Grass aber erlaubt sich den Luxus einer eigenen Meinung über die Vereinnahmung des Ostens. „Er kennt die DDR überhaupt nicht", empört sich

Apropos
WEITES FELD

R.-R. Ach, wenn es nur das wäre. Goethe hat den „Faust" geschrieben, ohne im Himmel und in der Hölle gewesen zu sein, das kann ein Dichter, allerdings war er in Auerbachs Keller, und den kennt Grass sicher auch. Aber interessiert sich denn diese selbstherrliche Literaturkritik für die Bücher derer, die den „schrecklichen Staat" DDR persönlich kannten? Wenn sie ihr Gerechtigkeit widerfahren lassen, werden östliche Zeitzeugen nicht wahrgenommen.

Da ist Grass entschieden im Vorteil. Unsereins würde nicht beleidigt auf den Verreißwolf losgehen, sondern ihm Dankschreiben schicken und Prozente anbieten. Warum ist einer, den jeder kennt, sofern er weiß, daß das Schwarze auf dem Papier die Schrift ist, nicht erhaben über das Gebell? Weil sich hier der stinkreaktionäre deutsche Geist artikuliert. Doch jetzt werden viele, die sich sonst vor dem dicken Buch gedrückt hätten, voller Neugier an das opulente Werk herangehen. Grass sagt grimmig, die Schriftsteller sind die Arbeitgeber der Rezensenten, ohne uns wären sie nichts. Das ist wahr, sie schmücken sich mit fremden Federn. Doch sie sind unentbehrlich in einer medienregierten Gesellschaft, in der es weniger darauf ankommt, etwas gelesen zu haben als darüber mitreden zu können.

Gorbatschow war mal ein Bestseller in der BRD, wer von denen, die ihn kauften, hat überhaupt die Verpackungsfolie abgemacht? Dem vom Lebenskampf gestreßten Durchschnittsbundi macht es weniger Mühe, sich in Magazinen und Talkshows vorsagen zu lassen, was man zu meinen hat, als sich selbst ein Urteil zu bilden. Bei Medienspektakeln wie dieser versuchten Buch-Hinrichtung wird deutlich, wie wenig das alles mit uns hier zu tun hat. In der ostelbischen Kulturlandschaft war es früher unwesentlich, daß das Buch auch eine Ware ist, es war vor allem ein Kulturgut, ein bezahlbares. In der Wegwerfgesellschaft werden Bücher wegwerfend behandelt. Sie bringen ihren Produzenten nur unter dem Einsatz enormer Werbemittel, zu denen auch ein Verriß von R.-R. gehören kann, soviel Knete, wie andere sie mit der Klo-Ente allways leichter verdienen. Gepinkelt wird immer, ohne Literatur kann man im Comic-Zeitalter das erforderliche Durchschnittsniveau halten, es fällt weniger auf als Mundgeruch.

Nach dem Wegschmiß der DDR, wen wundert es, wurden auch gleich die DDR-Bücher weggeschmissen, was den Literaturliebhaber Reich-Ranicki nicht tangiert, er behauptet, hier hätte es keine nennenswerte Literatur gegeben. Werden wir den Wegschmeißern noch dankbar Kränze flechten? Sie haben mit ihrem eilfertigen Anbiedern an den Westmarkt Bleibendes geschaffen, zorniges Nachfragen, trotziges Nachdenken. Stünden all diese DDR-Bücher noch in den Regalen, sie wären vielleicht nicht so interessant und kostbar wie sie es als rar gewordene Antiquitäten nach einer Besinnungsphase wieder werden. Unterdrücktes Gedrucktes macht neugierig, ebenso wie Geschmähtes.

Lakomy singt in einem seiner schönen Lieder, „was war, soll auch nicht wiederkehrn. Aber ich erinnere mich." Wer sich erinnert, will lesen, woran sich die erinnern, deren Beruf es ist, das aufzuschreiben. Für die Ossis wird Literatur wieder spürbar lebenswichtig, vor allem die Ostprodukte. Das zeigt sich bei Lesungen und Buchbasaren, bei all diesen linken Dingern, die offensichtlich nicht totzukriegen sind. Wer da hingeht, läßt sich nicht einreden, daß der Wert eines literarischen Werkes und seines Verfassers von eloquenten Besserwissern abhängt, denen es weniger um eine honorige Darstellung des Gelesenen zu tun ist als um honorierte Selbstdarstellung.

aus: Neues Deutschland, 26.8.95

Medienrummel um Günter Grass und seinen neuen Roman „Ein weites Feld" nimmt groteske Formen an

„Geschlachtet" und — auferstanden aus Gemetzeln

Spät, aber mit Schmackes stieg nun auch das Fernsehen in den großen Literaturstreit um den neuen Roman von Günter Grass ein. Das Timing war perfekt und der Kontrast unüberbietbar: Im Zweiten Deutschen Fernsehen (ZDF) wurde gestern um 22.15 Uhr aus der schönen Festspielstadt Salzburg live ein Stück geboten, das den alljährlichen „Jedermann" weit in den Schatten stellte.

Polternd schob sich die Häme (unübertrefflich: Marcel Reich-Ranikki) gleich in den Vordergrund. Nicht nur nahm sie von ihrer vernichtenden Kritik am Grass-Buch im „Spiegel" vom letzten Montag kein Jota zurück; sie bekräftigte es, laut in die Hände klatschend und mit zur grimmen Karikatur verzogener Miene: das Buch sei „langweilig und absolut wertlos". Dann warf sich Reich-Ranickis Häme in die Figur der Diffamierung und behauptete, freilich ohne dies belegen zu können, der Dichter habe von Literaturkritik ein Verständnis wie NS-Propagandaminister Goebbels: Der Kritiker dürfe nur sachlich über den Inhalt eines Buchs informieren, nicht aber bewerten und urteilen.

Ansichten der Roman-Figuren

Der Häme Ziehsohn, der Unverstand (dargeboten vom „Spiegel"-Filmkritiker Hellmuth Karasek), warf dem Schriftsteller etwas wirr vor, er habe im Roman durch die Darstellung seiner eigenen politischen Sicht von der Wiedervereinigung die historischen Tatsachen verfälscht. Die Buhlschaft (ein bißchen sehr schmalbrüstig und blaß: Sigrid Löffler) mahnte zwar an, man könne doch nicht die Ansichten des Autors mit denen verwechseln, die die Figuren seines Romans äußerten, und überhaupt sei die Frage, wieso denn die Kritikerkollegen des gewendeten Deutschlands von einem Schriftsteller den „Roman der Wende" fordern könnten. Dann aber versank die Buhlschaft in ungewohnte Resignation. Dies war wohl nicht ihr Tag.

Um so aufgeregter agierte der Neid (diesmal als Gast: Karl Corino, selbst Schriftsteller und Literaturkritiker beim Hessischen Rundfunk): Jawoll, warf er mit dünnem Stimmchen ein, Grass habe in seinem Roman die historischen Tatsachen gefälscht; die Stasi habe doch nicht die Einheit Deutschlands herbeiführen wollen.

Das Salzburger Publikum amüsierte sich königlich und applaudierte jeder noch so unflätigen Wortmeldung. Keinem fiel auf, daß die Hauptperson des Stücks, das da gegeben wurde, der Jedermann (Günter Grass), gar nicht eingeladen war. – Rascher Regieschnitt zu den Frauenromanen des von Grass nach allgemeiner Auffassung so gründlich mißverstandenen, ja mißbrauchten Theodor Fontane. So wurde Grass im ZDF in Abwesenheit „geschlachtet", um so grandioser erstand er in der ARD wieder auf.

Da gab es zunächst das sehr sachliche Porträt von Adalbert Wiemers; nur der Titel klang zu euphorisch: „Comeback eines Abgeschriebenen". Mutig hatte Wiemers auf den liebedienerischen Beifall gebaut, den noch im April beim Frankfurter Literaturforum ein bewundernder Großkritiker Reich-Ranicki dem Schriftsteller Günter Grass gezollt hatte.

Der Hitlerjunge in Danzig erstand im Gespräch und die schmerzhafte Überwindung des Nationalsozialismus; die Flucht mit den kleinbürgerlichen Eltern in den Westen, die Lehre im Düsseldorfer Steinmetzbetrieb, das Studium bei Otto Pankok, erste Gedichte, erste Prosaversuche, die Einladungen zur Gruppe 47, der Riesenerfolg der Fünziger: „Die Blechtrommel", der der Sechziger: „Hundejahre", der der Siebziger: „Der Butt", der der Achtziger: „Die Rättin". Dazwischen Ehen, Kinder, Ortswechsel, Ruhm, Neid, Anfeindungen, Feindschaft. Immer wieder Flucht, einmal gar bis Kalkutta. Und immer wieder Bildbelege für die enorme andere, die bildnerische Begabung mit Zeichenstift und Meißel.

Im Anschluß an das sachliche Porträt von Wiemers ein Gespräch zwischen Hans-Jürgen Rosenbauer, Intendant des Ostdeutschen Rundfunks Brandenburg (ORB), Ulrich Wickert, Moderator der ARD-Tagesthemen, und dem Dichter Günter Grass. Die Frager führten Grass vor das Fontane-Denkmal in Neuruppin, ließen die Kamera über den Ruppiner See schwenken und Grass aus seinem neuen Buch eine sprachlich zauberhafte Passage von der Spinne im tauglänzenden Seeufernetz lesen, führten dem mitternächtlichen Zuschauer auch mit vielen anderen Schau- und Lesebeispielen vor, wo die Qualitäten des neuen Grass-Buchs liegen: im Literarischen.

Den Nobelpreis versprochen?

Schützenhilfe wird dem Dichter jetzt vielfältig zuteil. Der Graphiker Klaus Staeck protestierte in einem offenen Brief an den „Spiegel" gegen das Titelbild mit einem den Grass-Roman zerreißenden Reich-Ranicki. Das Bild läßt „unheilvolle Assoziationen" aufkommen, so Staeck; der Verriß sei eine „als Rezension getarnte Abrechnung mit politischen Ideen" von Grass. Nach den vorgepreschten Anfangsverrissen mehren sich jetzt lobende Stimmen, selbst aus dem Ausland. Die polnische Wochenzeitschrift „Polityka" nennt „Ein weites Feld" einen „großartigen Roman mit langem Atem, voller überraschender Einfälle, grotesker Scherze und spöttischer Überlegungen über das deutsche Schicksal der letzten 150 Jahre".

Die schwedische Zeitung „Sydsvenskan" tröstet: „Man sollte sich daran erinnern, daß auch Nobelpreisträger Heinrich Böll für seinen meisterhaften Roman ‚Ansichten eines Clowns' niedergemacht wurde. Und wer war der Kritiker? Marcel Reich-Ranicki." Ein Versprechen aus dem Land, in dem der Nobelpreis vergeben wird? Das ist wohl „ein zu weites Feld" (um Fontane endlich einmal richtig zu zitieren).

Für „Die Zeit" dieser Woche ist Grass „als Literat gescheitert, als Intellektueller unentbehrlich". Wir sehen das – allenfalls – umgekehrt.

KARL-JÜRGEN MIESEN

Mit Hochachtung sah noch im April Kritiker Marcel Reich-Ranicki auf den von ihm zu einer Lesung aus „Ein weites Land" eingeladenen Günter Grass. Foto: dpa

aus: Rheinische Post, 26.8.95

Ein schmaler Grat

Von Klaus Welzel

Die Politik ist ein weites Feld, die Schriftstellerei ebenso. Aber nur ein schmaler Grat trennt beide voneinander. Günter Grass begeht mit seinem neuen Buch wankenden Schrittes diesen Grat. Und er droht zu straucheln. Denn sein „weites Feld" wird in erster Linie als politischer Diskussionsbeitrag zum Verlauf der deutschen Einheit verstanden. So erging es allen deutschen Romanen und Erzählungen, die nach der Wende 1989 erschienen. Ihre Autoren werden nach dem Wegfall der möglichen Alternative „Deutschland Ost" an der Realität gemessen, nicht mehr am Fundus ihrer Visionen. Politische Wahrheit statt literarischer Fiktion, das kann aber nicht Aufgabe deutscher Autoren sein.

Die jetzt spürbare rigorose Ablehnung gegenüber Grass und seinem Werk fußt auf dem schon traditionellen Mißverständnis, das durch die gegenseitige Einvernahme von Politik und Literatur entsteht. Kunst als Machtinstrument mißbraucht, das gab es immer wieder. Und Kunst, die sich freiwillig politischen Zwecken andient, ist keine Erfindung des 20. Jahrhunderts. Was nie vorkommt: daß sich die Politik der Kunst unterordnet. Aber auch die Zwischenräume sind hier ein weites Feld. Autoren von Walser über Müller bis zu Kierkegaard, besonders aber Philosophen wie Feuerbach oder Weber haben sich mit diesen Nuancen beschäftigt. Und alle kamen sie zu der Erkenntnis, daß der Schriftsteller sich in die Gesellschaft einmischen muß: „Wer sich nicht mit Politik befaßt, hat die politische Parteinahme, die er sich sparen möchte, bereits vollzogen: er dient der herrschenden Partei". Sagte Max Frisch.

Und dennoch erwarten die Leser von ihren Autoren keine gesellschaftlichen Entwürfe, sondern eine verfremdete Spiegelung des Alltags. Geschriebene Unkenntlichkeit, die ein anderes Sehen ermöglicht. Ein schwieriger Auftrag. Politiker hingegen sollen stringent planen, formen. Sie sind unsere demokratisch legitimierten Herrscher. Sie sind das zu reflektierende Material der Autoren. Je abstrakter der Bezug zwischen Wirklichkeit und Kunst, desto allgemeingültiger die Aussage. Ohne ein hohes Maß an Verfremdung verlieren Kunstwerke ihren ästhetischen Reiz. Sie mögen im darauffolgenden Jahrhundert als Zeitdokumente wieder ausgegraben werden. Ihre Originalität schmilzt jedoch mit der Konkretisierung dahin. Da Kunst (zumindest bei uns) nicht nach dem Lehrplan produziert wird, bleibt der Konflikt zwischen Autoren und Publikum vorprogrammiert. Je politisch denkender die Leser, desto gravierender die Auseinandersetzung. Ein ästhetischer Luxus, daß es überhaupt noch Autoren gibt, über deren Werk man streiten kann. Ein Luxus, von dem auch die Politik profitiert.

aus: Rhein-Neckar-Zeitung, 26.8.95

Sturm um Grass

Von Joachim Worthmann

Man kann die Sache natürlich auch unter werblichen Aspekten sehen: dann ist dem Steidl Verlag ein traumhafter Start mit dem neuen Roman von Günter Grass gelungen. Soviel Aufregung und Aufgeregtheit um ein höchst ambitioniertes literarisches Werk hat es in den letzten Jahrzehnten wohl noch nie gegeben. Die Voraussage fällt nicht schwer, daß sich der dickleibige Band ungewöhnlich gut verkaufen wird. Natürlich, bisher ist seit der „Blechtrommel" noch jeder neue Grass mit Spannung erwartet worden. Alle Feuilletons sahen es als eine Ehrenpflicht an, das Publikum schon am Erscheinungstag mit der eigenen Besprechung zu überraschen. Man wußte und weiß: ein Roman dieses großen Schriftstellers steht als erratischer Block in der literarischen Landschaft, wie immer das Urteil darüber auch ausfallen mag. Läßt man die lange Reihe seiner Titel seit den späten fünfziger Jahren Revue passieren, ist schließlich nicht zu leugnen, daß Grass sehr oft die hochgesteckten Erwartungen, die er selbst vor allem mit der „Blechtrommel" oder mit „Katz und Maus" begründet hatte, enttäuschte. Gleichwohl, Aufmerksamkeit war diesem Künstler stets gewiß, ob er nun das Lied von Willy sang oder bei seinem eigentlichen Metier blieb.

Doch der Rummel im Spätsommer 1995, gespeist aus wenig Zustimmung und viel überbordender Entrüstung, denen der Verlag durch seine Vorauswerbung schlaumeierisch den Boden bereitet hat, übertrifft alles bisher Dagewesene. Literatur also endlich einmal wieder Gegenstand des nationalen Diskurses? Ein Roman von Thomas-Mannschem Ausmaß und Anspruch als Objekt öffentlicher Leidenschaft? Ereignet sich jetzt, was gerade Günter Grass, aber zum Beispiel auch Heinrich Böll immer angestrebt hat: Literatur als (wenn auch umstrittene) intellektuelle Wegweisung? Schön wär's ja, hätten die im neuen Deutschland immer noch einigermaßen unbehausten Bürger in der Auseinandersetzung mit diesem Werk, aber auch in der Auseinandersetzung mit den Kritiken eine Orientierung in unübersichtlicher Zeit gefunden. Dann wäre viel Lärmen um Literatur gut nicht nur für die Literatur, sondern auch für die sinnsuchenden Menschen. Doch der Eindruck drängt sich auf, daß der Streit um „Ein weites Feld" eher von einer Trivialisierung der durch die Medien vermittelten und zugleich angestachelten Debatte kündet als von einer ernsthaften Bemühung um die literarischen und gesellschaftlichen Dinge.

Der „Spiegel" illustriert sein Titelblatt mit einem das Buch zerfetzenden Marcel Reich-Ranicki, weil er offenbar an die Verkaufswirksamkeit der drastischen Geste glaubt. Daß dies an Büchervernichtung im Sinne von Bücherverbrennung erinnert, also an schlimmste Zeiten deutscher Geschichte, interessiert wohl nicht, wenn es um Auflage geht. Und manche Kritiker glauben anscheinend auch nur noch Gehör zu finden, wenn sie ihren allemal legitimen Verriß mit geradezu pöbelhafter Abwertung des Autors schmücken. Totschlagargumente prägen diese vermeintliche Debatte, die überdies offensichtlich auch mit gegenseitigen persönlichen Abrechnungen zu tun hat. Wie gehen wir mit Literatur um, sei sie schlecht oder gut, und wie gehen wir miteinander um? Diese Fragen verschränken sich im Falle des aktuellen Grass, und es gibt einigen Grund zu dem Fazit: Wir gehen sehr verbiestert, wenn nicht unmenschlich miteinander um. Das besonnene Abwägen kommt zu kurz, der spektakuläre Auftritt erhält Vorrang: je dreister die Behauptung, desto höher die Einschaltquote; je mehr Wirbel, desto größer die Auflage.

Kritik muß sein. Kritik ist, wie Thomas Mann seinen Settembrini im „Zauberberg" sagen läßt, ein Stück Aufklärung, und Aufklärung ist Fortschritt. Die Kritik darf auch ungerecht sein, solange sie sich selbst nicht als unumstößliches Urteil, quasi päpstlich und ex cathedra gesprochen, begreift. Sie soll informieren, Anstöße geben bis zur Anstößigkeit, sie soll belehren und unterhalten. Sie wagt sich vor und ist deshalb angreifbar – das letzte Urteil, das weiß der weise Criticus, hat ohnehin der Konsument. Aber sie lebt auch vom Respekt für ein in Mühsal erarbeitetes Produkt und vom Respekt für den Produzenten. Diesen Respekt aber lassen im Streit um Grass manche Kritiker vermissen. Und schaut man genau hin, spiegeln sie damit eine höchst bedenkliche Entwicklung, die sich allenthalben findet in einer medialen Werbe-Gesellschaft, die immer mehr auf das Sensationelle, auf starke Effekte setzt als auf die Überzeugungskraft von Argumenten. Der rationale Diskurs – er war wohl nur ein schöner Traum. Die Wirklichkeit arbeitet mit dem Holzhammer – und keineswegs nur in der Buchecke der Medien. Das tut der Literatur nicht gut – mit dem Holzhammer kann übrigens auch Grass umgehen –, das tut vor allem der Gesellschaft nicht gut. Fontane, von dem in diesen Tagen so viel die Rede ist und der ein Mensch in seinen Widersprüchen war – er würde sich mit Grausen wenden.

aus: Stuttgarter Zeitung, 26.8.95

Ein bißchen Leidenschaft

Günter Grass und die Kritik – ein Fernsehabend

„Wie kriegen wir ein bißchen Leidenschaft hinein?" sorgte sich Sigrid Löffler zu Beginn des „Literarischen Quartetts" des ZDF. Diese Sorge zumindest erwies sich als unberechtigt. Leidenschaftlich ging es zu, als Glanzlicht televisionärer Literaturkritik jedoch war weder zu bezeichnen, was die vier diesmal aus Salzburg lieferten, noch, was dem grassierenden Interesse an dem zur Zeit meistdiskutierten deutschen Autor und seinem neuen Roman auf dem anderen Kanal, im Ersten, angeboten wurde. Sicher, Günter Grass leidet an der Kritik mit einer bereitwilligen Larmoyanz, die einem auf die Nerven fallen kann. Aber Ausfälle wie die der beiden Quartettspieler Reich-Ranicki und Karasek hat er nicht verdient, kann auch sein „Weites Feld", selbst wenn es nicht geglückt ist, nicht verdient haben. Die beiden Scharfrichter fühlten sich wohl in ihrer selbstgewählten Rolle, so wohl, daß sie in ihrem lautstark-hämischen Furor gar nicht merkten, daß sie außer dem Ruf des Autors Grass auch den der Kritiker Reich-Ranicki und Karasek beschädigten. Kommt Kohl nun namentlich in dem Roman vor oder nicht? Wünscht Grass sich statt wertender Kritik vielleicht eine goebbelssche Kunstbetrachtung? Ist die Einheit nun ein „großes Thema" oder darf man nur sagen, sie „könnte es sein"?

Solche Fragen drängten sich in den Vordergrund, dazu die Auseinandersetzung, ob Strauss' „Rosenkavalier" nun ein Machwerk sei oder eine der größten Opern des Jahrhunderts, und Reich-Ranickis Beteuerung, der umstrittene Buchzerreißer-„Spiegel"-Titel sei von Michelangelo inspiriert, und das empfinde er nicht als beleidigend. Und Grass, da waren die Herren sich einig, habe ein „schlechtes" und „unmenschlich langweiliges Buch" ohne eine Spur handwerklichen Könnens vorgelegt, das zudem, so ein Zwischenruf des in üblicher Quartettmanier als Stichwortgeber fungierenden Gastes Karl Corino, eine „ungeheure Infamie" gegenüber der „historischen Wahrheit" enthalte.

DER KRITISCHE FLEISCHWOLF

Da half es wenig, daß Sigrid Löffler daran erinnerte, daß ein Kunstwerk nicht „politisch korrekt" sein muß. Vergebens: „Es kann doch nicht sein, daß wir alle besessen sind", so Karasek mit wirkungsvoll gespielter Verzweiflung. – Aber das wollen wir doch hoffen! Besessen von der Literatur.

Die beiden prominentesten Vertreter des deutschen Feuilletons aber gaben in diesem halbstündigen Aufguß dessen, was der eine für den „Spiegel" geschrieben hat und der andere gern geschrieben hätte, Anlaß für den Verdacht, sie seien in Wirklichkeit von der eigenen Wichtigkeit besessen. Erholung vom Literaturstammtisch im Zweiten versprach das Umschalten ins Erste. Seriosität und so etwas wie Wiedergutmachung war in Aussicht gestellt. Und genau so kam es. Erst klapperte Adalbert Wiemers im Porträt „Grass, Günter, Jahrgang 1927" brav, ein bißchen geschwätzig und ein ganz kleines bißchen kritisch die Lebensstationen ab, von der Danziger Kindheit bis zur Danziger Ehrendoktorwürde. Dann behandelten der ORB-Intendant Rosenbauer und der bekennende Leser Wickert das „Comeback eines Abgeschriebenen" auf die Art und Weise, wie ihr Gesprächspartner Grass sich den Umgang mit seiner Person wahrscheinlich wünscht: von aufrichtigem Respekt getragen und ohne jeden kritischen Anspruch. Rosenbauer fragte kurz, Grass antwortete lang, las – unterlegt mit stimmungsvollen Bildern – aus seinem Buch, und Wickert hatte Gelegenheit zu wichtigen Bemerkungen wie der, daß der Asylkompromiß „aber nichts mit der Einheit" zu tun habe.

Am Schluß durfte Grass noch erklären, daß er sich „von dieser Häme, dieser gestauten Mißgunst, diesem Umschlag von kritikloser Bewunderung in Neid" gelegentlich im Ausland erholen müsse, dann konnte der Zuschauer, rundum bedient, endlich ins Bett. Die Leidenschaft blieb bei all dem irgendwie auf der Strecke, offen die Frage, ob die Lektüre des Buchs nun überhaupt noch nötig sei. *Julia Schröder*

aus: Stuttgarter Zeitung, 26.8.95

TV-Kritik

Angeekelt & fasziniert

Das literarische Quartett (ZDF) / Günter Grass (ARD/ORB)

Wie sie das wieder geschafft haben, Leben in die Bude zu bringen. Das Intro eher zäh, Sigrid Loeffler nahezu verlegen, weil man sich allzu einig schien in der quadrophonen Kritik an Werk und Dichter. Doch die Viererbande verzagte nicht, riß sich zusammen, plusterte sich wie gewohnt auf, schöpfte die zugewiesenen Rollen aus und inszenierte dann doch noch den Kulturzirkus, den wir Zuschauer ja schließlich von diesen Wortakrobaten erwarten durften.

In der Arena: Der Zirkusdirektor und Dompteur Marcel Reich-Ranicki – freundlich, gönnerhaft, autoritär, unbarmherzig: Wie es ihm gefällt. Die Diva Sigrid Loeffler – beim Balanceakt zwischen wohlwollender Verteidigung und harscher Anklage. Der Weißclown Hellmuth Karasek – pausbäckig, enttäuscht, traurig, melancholisch. Und der Dumme August Karl Corino – tapfer nickend, während die anderen sich echauffierten.

Wie sie sich aufregten, anstachelten, wie sie in den Sessel versanken und dann wieder aufschreckten. Wie sie poussierten und rezitierten, wie Frau Loeffler gelegentlich gekränkt, dann ironisch schmunzelte, wie Karasek Meister Grass verballhornte und wie RR minutenlang dasaß mit einer Miene, die nach ganzen Paletten von Magenbittern schrie ...: There's no business like show business!

Sie stellten den Schriftsteller und sein Werk bloß, um sich selbst feiern zu können. Der Streit um das umstrittene *Spiegel*-Titelbild – offensichtlich nur eine Lappalie, eine grade mal als Public-Relation-Gag taugliche Petitesse. Unwichtig, wichtig allein diese vier und ihr Gottesurteil. Hybris pur. Und wieder hockte man da in dieser ambivalenten Stimmung: angeekelt und fasziniert.

Und man war gewillt, Grass zu schützen, ihn zu bewahren vor diesen anmaßenden Großkritikern. Aber nur bis 23.45 Uhr. Dann trat der Schriftsteller nach einem gelungenen Porträt von Adalbert Wiemers selbst auf den Plan, besser: bat Hansjürgen Rosenbauer und Ulrich Wickert zur Audienz. Wohlgefällig, allwissend und von den renommierten und sonst so zupackenden Journalisten angehimmelt, verspielte der eben noch Gescholtene bald seinen frisch erworbenen Kredit. Auch hier Show, auch hier Vermessenheit.

Die Grass-Debatte: prall und mitten im Leben und doch entrückt. Und verwirrt ging man nach diesem Abstecher auf den zirzensischen Olymp ins weltliche Bett.

HANS-HEINRICH OBUCH

aus: Süddeutsche Zeitung, 26.8.95

Heißgeredet, totgeschrieben

Der Fall Fonty – ein Fall Grassomanie

Jetzt nur noch die *Frankfurter Rundschau* und am kommenden Montag im *Focus*, der ein bißchen gepennt hat, Peter Wapnewski mit seinem Abschluß-Verriß – und dann ist der Grass durch. Wer danach noch kommt, den straft das Leben. Das hätte Fonty sich von Gorbi gesagt sein lassen können, auf den aber auch Honni schon nicht gehört hat, sehr zu seinem Nachteil. An dem Tage, an dem *Ein weites Feld* ursprüglich hätte ausgeliefert werden sollen (den Hinweis darauf, wessen Geburtstag auch auf diesen 28. August fällt, überlassen wir nun endgültig der Bildungsbeflissenheit der Junk-Blätter) – an diesem nämlichen Tage ist der neue Roman von Günter Grass publizistisch erledigt. *Ein weites Feld* – ein weites Schlachtfeld.

Zuletzt ist beim Wettlauf der Medien im Gerangel darum, wer die Sperrfrist für den Grass noch früher durchbricht als die Konkurrenz, gar noch der Verlag selber mitgerast, indem er die Auslieferung an die Buchhandlungen um eine Woche vorverlegt. Zuletzt sah man einen nachhetzenden Verlag und lauter amoklaufende Medien, die nur noch danach trachteten, einander mit ihren Grass-Verrissen zuvorzukommen. Aber der chaotische Endspurt hat an einer Tatsache nichts geändert – daran nämlich, daß die Reklamestrategien des Verlags und die Medienrivalität (von der Kritikerrivalität mal ganz zu schweigen) mit vereinten Kampagnekräften den Overkill geschafft haben, eine Neuerscheinung fast zeitgleich heißzureden und totzuschreiben. Mit seinem Erscheinen ist das Buch auch schon gestorben.

Verkürzte Lebenszeit

So arbeitet sich die Bücherbranche an ihren eigenen Kollaps heran. Der Literaturbetrieb beschleunigt sich immer rasender, die Umwälzungszeiten für Neuerscheinungen werden immer kürzer, ihre Verweildauer auf den Regalen der Buchhandlungen wird immer knapper. Damit steigert sich natürlich die Hektik der Vermarktung. Je kürzer die öffentliche Präsenz der Bücher ist, desto intensiver der Rummel, der entfacht werden muß, um die Aufmerksamkeit der Konsumenten zu erregen. Um die verkürzte Lebenszeit der Bücher wieder zu verlängern, wird von den Verlagen die Vorausreklame verstärkt: Was den Büchern an Präsenz hinten abgeknapst wird, suchen sie ihnen vorn anzustückeln. Der Hauptrummel verlagert sich demnach immer deutlicher auf die Zeit, ehe das Buch überhaupt erschienen ist.

Da sich aber Verleger und Medien an der selbstentfachten Hysterie auch noch selber infizieren, liegt es in der Logik des wechselseitigen Überbietens und Überholens, daß auch die Rezensenten im Zug der Lemminge mittaumeln. Nicht das neue Buch des Großautors ist dem *Spiegel* cover-würdig, sondern der Großkritiker, der es ver- und buchstäblich zerreißt. Die Rezensenten merken nicht, daß sie selber sind, was sie dem Roman vorwerfen: „Ziemlich humorlos und reichlich geschwollen." Und das *Zeit*-Feuilleton, das sich doch sonst einiges darauf zugutehält, ein Hort der Lesekultur zu sein, dekretiert: „Dieses Buch ist unlesbar", ohne zu bemerken, daß die Rezensentin damit nicht nur ihre eigene Rezension, sondern auch die selbsterzeugte Aufregung um den neuen Grass ad absurdum führt.

Zum Medienspiel gehören jetzt nur noch die abschließenden Kampagne-Analysen (Sie lesen gerade eine), ein paar medienkritische Glossen, ein paar Leitartikel und Talk-Shows zum Thema Kulturverfall, Markt & Medien und / oder Krise der deutschen Literatur, und dann wäre bereits die spekulative Vermarktung von Mitleid und Zorn an der Reihe. „Hier spricht das Opfer." – „Günter Grass rechnet ab." Oder so ähnlich. Vermutlich ist der Medienwettkampf um das rächende Exklusivinterview mit dem armen mißhandelten Autor schon im Gange. Wir tippen auf ein Ostblatt, denn schließlich hat die Ossi-Presse, angefangen vom *Neuen Deutschland*, Lobesbalsam in die Wunden geträufelt, die die Wessi-Kritiker dem Günter Grass gerissen haben.

Und dann – sollte der Autor, wie vor neun Jahren nach den Verrissen seiner *Rättin*, Deutschland abermals grollend den Rücken gekehrt haben – darf vielleicht sogar *Der Spiegel* zum Wiedergutmachungsgespräch anfliegen, nach Kalkutta oder sonstwohin, wenn der kindische Prestige-Zank darum, wer das eben geführte *Spiegel*-Gespräch als erster zurückgezogen hat, Grass oder das Magazin, längst vergessen ist. Denn dann wird es ja Zeit, Grass wieder hochzuschreiben – zum „berühmtesten lebenden deutschen Schriftsteller", fast in Nobelpreishöhe. Diesen Superlativ, diese Fallhöhe braucht die Branche, als Selbsterhöhungsstrategie der Kritiker: Ist nicht, wer einen Starautor niedermacht, eo ipso ein Starkritiker? Anders wären die diversen Gokkelkämpfe in den Redaktionen darum, wer sich über den Grass hermachen darf, gar nicht zu begreifen.

Auch auf dem Medien- und Meinungsmarkt wird um nichts als Positionierungen gekämpft. Und im Fall Fonty, der weniger ein Fall Grass als vielmehr ein Fall Grassomanie ist, hat jeder versucht, sich und sein Produkt zu positionieren. Der Verlag hat auf Hausse spekuliert (und wird wohl schon bedauern, daß er aufs Maximalecho gesetzt hat, statt auf neugiersteigernde Verheimlichungsstrategie à la Handke, Botho Strauß oder Ransmayr). Die Springer-Presse positioniert sich mit ihrem Produkt „Nationale Empörung", indem sie das Buch als Heimatbeschimpfung und den Autor als volksfernen Wiedervereinigungsgegner diffamiert.

Die Groß-Feuilletons wetteifern miteinander, wer von ihnen die Verurteilungsvokabeln „scheitern", „gescheitert" und „mißlungen" am häufigsten im Text unterbringt (es führt der *Zeit*-Leitartikel mit elf Nennungen), so als wäre „Scheitern" überhaupt eine kritische Kategorie und als wäre nicht jeder ernsthafte Autor schon als gescheitert bezeichnet worden, Goethe mit „Faust II", Kleist mit allen seinen Dramen, die Bachmann mit ihrer Prosa, Heinrich Böll und Christa Wolf mit faktisch ihrem ganzen Lebenswerk. Die Medien lassen Grass nun für die blödsinnigen Erwartungen büßen, die sie ihm und der deutschen Literatur selber suggeriert haben, nämlich die, ein Großereignis wie die deutsche Wiedervereinigung sei das einzig würdige Großthema für den Großroman eines Großautors. Jetzt soll Grass dran schuld sein, daß sie sich was Falsches von ihm gewünscht haben.

Und wie positioniert sich Grass selbst, der Ärmste? Zu befürchten ist nach ersten Äußerungen seiner Sympathisanten, daß er sich zum politischen Opfer stilisieren wird. Und das wäre wirklich schade. Schade für die Literatur.

SIGRID LÖFFLER

aus: Süddeutsche Zeitung, 26.8.95

Fetischisierung von Literatur

■ VON PIA REINACHER

Kein Vorabdruck, flüsterte man geheimnisschwanger im Göttinger Steidl-Verlag – dann hatte ihn die «Woche» doch. Kein Interview, deutete man diskret das umwerfende Ereignis an – schon bald konnte man den gesprächigen Altmeister im «Stern» vernehmen. Keine Inszenierung, hiess es, und dann war es M.R.R. selbst, der in Frankfurt eine Lesung initiierte – flugs vermeldete die Presse eine Kostprobe mit dem «Zeug zum grossen deutschen Roman».

Das war ein Locken und Brüskieren, ein Verführen und Zurückweisen, dass man von mehr als reifem Umgang mit den Medien reden musste. Selbst die Sperrfrist verriet die Aussicht auf höhere Weihen: Vorgesehen für die Auslieferung des als nobelpreisverdächtig gehandelten Werkes war nämlich der 28. August, Goethes Geburtstag. Darauf setzten die Medien zum Wettlauf an.

Man könnte über diese von Autor und Verlag inszenierte Selbstfeier laut herauslachen, würde sie nicht einen ernsthaften Konflikt verraten. Noch nie hat sich die Schere zwischen dem künstlich angetriebenen Medienereignis und dem realen Buch so weit aufgetan. In diesem Fall hat sich der lautstark inszenierte Event gar vollständig vom ursprünglichen Objekt gelöst. Eine perfekte Fetischisierung von Literatur. Nicht «Ein weites Feld» erregt Aufmerksamkeit, sondern das spektakulär inszenierte Scheinereignis. Denn Günter Grass hat ein hochambitioniertes, aber langweiliges, ein mit Bildungsfrachtgut vollgestopftes, aber in keiner Passage lustauslösendes Buch geschrieben. Mag das Grosswerk zu Hunderttausenden verkauft werden, über die ersten 50 Seiten hinaus werden freiwillig keine 100 Leserinnen und Leser kommen. Jeder wird darüber reden, aber keiner kennt den Text.

Das vollkommen an der Sache vorbeizielende Wettrennen schadet der Literatur aber mehr, als man denkt. Denn warum überhaupt Geschichten? Doch nicht, um Stoff für gesellschaftlichen Small talk anzuliefern, sondern um immer neue Antworten zu den Rätseln zu erfahren, die das Leben stellt. Die knackt man aber nicht mit Schnelligkeit, sondern nur mit wohltemperierter Langsamkeit. Wie heisst doch der Titel des neuen Romans von Milan Kundera? «Langsamkeit oder die Kunst des Verführens».

aus: Tages-Anzeiger, 26.8.95

■ Freimut Duve ruft dazwischen:

Verreißen oder Zerreißen?

Erst fühlte sich Marcel Reich-Ranicki, auf den letzten *Spiegel*-Titel angesprochen, „gequält“: Er sei „Literaturkritiker und kein Spezialist für Reklamefragen“. Im übrigen habe er den *Spiegel*-Titel vorher nicht gesehen. Hat er doch, sagt der „Spiegel“ – und hat ihn noch dazu für gut befunden. Dann, im „Literarischen Quartett“ vom Donnerstag, war es MRR sogar recht, als Buch-Zerreißer porträtiert zu werden; wenn's nur dazu diene, daß möglichst viele Menschen seinen Grass-Verriß läsen. Was geht hier eigentlich alles durcheinander, wenn ein kleiner Verlag einen großen Autor vorstellt?

Nur noch das Buch finanziert seine Hersteller, den Autor, den Verlag, den Handel ausschließlich über den Verkaufspreis. Alle anderen Medien leben zur Hälfte oder zu 100 Prozent von den Erlösen der Reklame. Es ist geradezu beängstigend, wie seit einer Woche einem kleinen Verlag, der keinen großen Medienkonzern im Rücken hat, vorgeworfen wird, er wolle den Grass-Roman „vermarkten“. Was soll ein Verlag denn sonst machen, wenn er einen wichtigen Roman herausbringt? Und was bitte tun die Medien, die sich jetzt über den Steidl-Verlag beschweren?

Autor und Steidl-Verlag können sich müde rennen. Überall steht Reich-Ranicki und ruft: „Ik bin all dor.“ Am Montag im *Spiegel*, am Donnerstag im Literarischen Quartett. Erklärt: „Absolut wertlos“, „Sterbenslangweilig“, „Mist“. Und wenn Grass auf der vorrangigen Informationspflicht des Kritikers besteht, dann ist das nach Ranicki nichts als Goebbels. Es geht schon längst nicht mehr um Kritik, sondern es geht um den Imagekampf des Kritikers gegen den Gegenstand seiner Arbeit: die Personen der Autoren, darum ein „Offener Brief“ und keine Buchkritik. Der Kritiker hat endgültig die Autoren überholt.

Reich Ranicki findet den *Spiegel*-Titel „nicht so schlimm“. Sein gutes Recht. Aber er geht auf das Thema dieses Titels – Moses zerreißt die Gesetzestafeln – nicht ein. Bei Moses ging es um das Wort, nicht um ein Bild. Der *Spiegel*-Titel aber ist ein grausames Wortzitat: Aus dem (legitimen) *Verreißen* wird das wortbildliche *Zerreißen*. Die Vernichtung und der Befehl: Ich (Moses oder Marcel) habe das Buch für Mist gehalten, und darum soll es jetzt auch niemand mehr lesen: Moses hatte die alten Gesetze zerrissen, damit sie niemand mehr benutzen kann. Wenn Wort- und Bildzitate noch irgendeinen Sinn vermitteln, dann ist hier der Qualitätssprung vom Verreißen zum Zerreißen zu verzeichnen. Merke: Auch *Erschlagen* ist etwas anderes als *Zerschlagen*.

aus: taz, die tageszeitung, 26.8.95

Die Woche ist um

Weite Felder

Zeitungen sollen ihre Leser nicht befragen, sondern mit Fakten, Fakten, Fakten versorgen, an dieser Stelle aber muß ich ausnahmsweise einen Verstoß gegen diesen Grundsatz wagen: Sagen Sie, haben Sie schon diesen neuen Roman von diesem Schriftsteller gelesen, diesem, äh, Günter Grass?

Schon die Art und Weise der Fragestellung entlarvt mich als Ignoranten. Bei der Formulierung: „... diesen neuen Roman von diesem Schriftsteller ...“ — da darf es doch nur kurz, knapp, kennerisch lauten: „der neue Grass“.

Zurück zur Frage. Haben Sie das Buch gelesen? — Nun, ich unterstelle, Sie wissen daß es „Ein weites Feld“

getitelt ist und daß es sich um „den neuen Grass" handelt, auch daß der ursprüngliche Erscheinungstermin Goethes Geburtstag sein sollte, daß Marcel Reich-Ranicki es nicht mag und *Der Spiegel* ihn deshalb wie einen Grafen Luckner der Literaturkritik das Werk mit bloßen Händen zerreißen ließ . . .

Das erinnert mich daran, daß „der neue Grass" 784 Seiten stark ist. Da sind allerhand Buchstaben, über die man allerhand reden kann. In Fernseh-Features. In Talkshows. Wo auch immer. Gelesen haben Sie die vielen Buchstaben natürlich nicht. Und ich nicht. Und andere nicht. **Frank Lamers**

aus: Westdeutsche Allgemeine Zeitung, 26.8.95

Die Deutschen und ihre Dichter

Ein weites Feld

So viel Wirbel um ein einziges Buch, hat die Nation keine anderen Sorgen? Wer so fragt, unterschätzt den politischen Zündstoff, der in dem neuen Roman von Günter Grass liegt. Und er übersieht die gesellschaftlichen Aspekte der Debatte.

Allein in Deutschland erscheinen jährlich im Schnitt über 6000 neue Belletristik-Titel. Ob und wie intensiv sie gelesen werden, sagt die Statistik nicht. Nach jüngsten Umfragen greift in Deutschland nur jeder fünfte Bürger über 18 Jahren regelmäßig zu einem Buch. Vor dem Hintergrund dieser Fakten kann die heftige Diskussion über den neuen Grass der infolge optischer Reizüberflutung schwindenden Lesekultur hierzulande nur willkommen sein.

Politik und Literatur

Indes, die Deutschen und ihre Dichter, das ist ein weites Feld, gesäumt von Widersprüchen, Mißverständnissen und leidvollen Erfahrungen. Ein Blick in die Geschichte belegt das. Schiller mußte sich nach der Uraufführung seiner „Räuber" bei Nacht und Nebel vor seinem Landesherrn in Sicherheit bringen. Georg Büchner wurde für seine Streitschrift „Krieg den Palästen, Friede den Hütten" inhaftiert. Der deutsche Jude Heinrich Heine, der an der Zerrissenheit des Vaterlandes zerbrach, sah sich von seinen Landsleuten verraten. Die NS-Barbaren schließlich haben die Besten ins Exil getrieben.

Und danach? Die DDR gängelte ihre Autoren an der ideologischen Leine. Willy Brandt und Helmut Schmidt aber haben, über die Grenzen enger Parteilichkeit hinaus, das Gespräch mit den Schriftstellern gesucht, die Ludwig Erhard, der Vater der deutschen Marktwirtschaft, als Pinscher beschimpft hatte. Auch der jetzige Kanzler zeigt kaum Bereitschaft zum Dialog mit der kritischen Intelligenz - zumal wenn sie von Links kommt.

Diese sieht in Günter Grass nicht ohne Grund einen ihrer führenden Repräsentanten. Nächst Heinrich Böll, der zur moralischen Instanz der jungen Republik wurde, fiel Grass, stärker als Martin Walser oder Siegfried Lenz, die Rolle des deutschen Nationaldichters zu, wie sie Thomas Mann für die erste Jahrhunderthälfte innehatte.

Doch während Thomas Mann den Elfenbeinturm des „Erwählten" vorzog und politisches Engagement selbst vor dem heraufziehenden Nationalsozialismus eher hintansetzte, mischte sich Grass früh in die aktuelle Politik ein. Seit der „Blechtrommel" steht er für eine Literatur, die ihren Standort in der Gesellschaft sucht: Köpfen wie ihm, das geben auch seine Gegner zu, ist es zu verdanken, daß die Restauration der Adenauer-Zeit überwunden und die Demokratie liberaler wurde.

Daß sein neuer Roman „Ein weites Feld", der auf den Spuren des märkischen Dichters Theodor Fontane 150 Jahre deutsche Geschichte aufblendet, hinter dem frühen Geniestreich der „Blechtrommel" zurückbleibt, muß vor allem zu hohe Erwartungen enttäuschen. Es schmälert nicht die manchmal überzogene, im Detail jedoch stichhaltige Kritik an den materiellen Versäumnissen und psychischen Schäden der zu hastig abgewickelten Vereinigung.

Der Kritiker hat das Recht, dies anders zu sehen. Und

Das Vorbild Fontane

man wird Marcel Reich-Ranicki beipflichten, wenn er auf dem Standpunkt beharrt, Kritik habe klare Urteile zu fällen und zu begründen. Wo diese Kritik freilich zu wohlfeiler Effekthascherei einer Talkshow verkommt und Argumentation mit Pointenjagd verwechselt, untergräbt sie selbst ihre kulturpolitische Funktion.

Es war der alte Fontane, der als Theaterkritiker in Berlin dem geschmähten jungen

Gerhart Hauptmann und damit der umstrittenen Strömung des Naturalismus den Weg ebnete. Fontanes Fairneß und seine Kunst der einfühlsamen Abwägung kann noch immer Vorbild sein nicht nur für die Literaturkritik von heute, sondern auch für jene, die den politischen Diskurs im Lande führen. **Hans Jansen**

aus: Westdeutsche Allgemeine Zeitung, 26.8.95

Kommentar

Jetzt hat Reich-Ranicki Grass in eine Reihe mit Goebbels gestellt – der beleidigte Romancier wolle nur noch die Kunstbetrachtung statt der Kritik, unterstellt der Vorgeiger des literarischen Quartetts. Und ergänzt, der Autor müsse „belehrt" werden. Das sind Konter. Freunde von Grass hatten den „Spiegel" schon vorher allzu leichtfertig neben Bücherverbrenner und Rushdie-Attentäter gerückt.

Belehrungen

Die Debatte wird so, wie es zu erwarten war: verbissen, typisch deutsch, borniert auf beiden Seiten. Leider hat die geistig-moralische Wende gegriffen, hat die patriotische Presse bei Günter Grass' neuem Roman „Ein weites Feld" die Meinungsführerschaft im Dreiklang von Spiegel, FAZ und Welt übernommen. Die Kritiker lesen das Buch gar nicht erst richtig, sie befragen es bloß auf die eigenen ideologischen Positionen Am Donnerstag war das zu erleben: Das Alphabet der Quartett-Spieler reichte von „infam" bis „idiotisch". Literarische Kriterien sind das kaum. Stattdessen bricht man Zitate aus dem Zusammenhang des 784-Seiten-Romans und setzt sie umstandslos in eins mit der – tatsächlichen oder unterstellten – Position des Autors. (Und das sind noch die besseren Kritiker, ich habe in einem Provinzblatt eine Besprechung gelesen, in der nicht mal die Namen der Hauptfiguren Wuttke und Hoftaller vorkamen. Dafür aber viel richtige Gesinnung.)

Grass' Roman verbietet den schnellen Konsum. Aber wie ist es um die Literaturkritik bestellt, wenn schon die trainierten Leser so sehr versagen. Keiner spricht von der Konstruktion dieses Buchs. Daß Grass seine Akteure ironisiert, fragwürdig macht, bleibt außerhalb der Scheuklappen.

Wer hat schon erwähnt, wie sehr die Erzählstränge ins Ungefähre verwischt wurden, wie das Motiv der Spitzel, Datensammler und Archivare den Text leitet. Ob das gelungen ist, darüber wäre zu streiten. Aber man muß es sehen.

Grass schrieb nicht das Buch, das Reich-Ranicki und Kollegen erwarteten. Ihr nationaler Nerv schmerzt, und dafür muß der Autor büßen. Nicht nur er wünscht sich mehr Sachlichkeit, mehr Informationen in der Kritik – Meinung schließt das nicht aus.

Wie wär's mit etwas Leseunterricht für den Literaturpapst? **Ralf Stiftel**

aus: Westfälischer Anzeiger, 26.8.95

Ein weites Feld

VON GISELA HOYER

Goethe ist schuld. Der, vorgeblich Humanist, rief ja zum Totschlag an den Kritikern auf. Spätestens seitdem tobt jene unversöhnliche Fehde zwischen denen, die Literatur verfassen und denen, die sie beurteilen. Heute, am 246. Geburtstag des Weimarer Klassikerfürsten, sollte die deutsche Kritikergilde das Wort haben zum neuesten Epos von Günter Grass, epochal „Ein weites Feld" betitelt.

Wie gerade wir Ostdeutschen wissen, geht die Realität zuweilen andere als die empfohlenen Wege. Und ob nun der Verlag sich selbst ein PR-Bein gestellt hat oder ihm die Regie für den Buch-Auftritt entglitten ist – jedenfalls begann die Aufregung um Autor und Text schon vor Wochen und schlug zuletzt haushohe Wellen, aus den eigentlich zuständigen Feuilletons bis in die Spitzenmeldungen und auf die Titelseiten, wo's unmittelbar politisch wird.

Er liebe sein Land nicht, warf man da dem Schriftsteller vor. Eher am Rand interessierte, daß sein Buch literarisch nicht hält, was alle erwartet hatten, und Grass versprochen zu haben schien: den großen Roman über ein großes Thema – die deutsche Vereinigung. Die aber sieht, wen wundert es wirklich, jener mit mißtrauischer Distanz, der oft besserwisserisch, natürlich eitel, aber auch bemerkenswert unbestechlich Defizite deutscher Entwicklung bemerkt. Die neue Bundesrepublik sei die alte, nur auf einige östliche Ländereien und deren Bewohner ausgedehnt, moniert Grass und nennt das eine vorerst vertane historische Chance.

Das klingt nicht nett, wenig nach „Aufschwung Ost", und es verabreicht allen eine Ohrfeige, die für die Politik der letzten fünf Jahre verantwortlich zeichnen. Egal, ob „Kohl" nun namentlich auftaucht im auf Fontane-Spuren fortgesetzten Meditieren zwischen den unheldischen Helden Hoftaller und Fonty oder nicht.

Diese Weltsicht kommt nicht von irgendwo. Schon in seinen Aufsatzsammlungen „Deutscher Lastenausgleich" und „Ein Schnäppchen namens DDR" ist nachzulesen, wie Grass die jüngste Vergangenheit einschätzt: Da wüten einerseits westdeutsche Raffkes, haben andererseits die Ostdeutschen wie Kinder sozialistische Freiheit gegen Südfrüchte eingetauscht... Der Stoff, aus dem sich ein schlechtes Kabarettstück basteln ließe, keine gültige Prosa.

Der Nationaldichter ist also am Thema gescheitert. Er allein? Die Politik wie all die Leihbeamten und Neu-Dresdner oder -Potsdamer haben sich abgeschuftet, mehr oder minder redlich. Herausgekommen ist ein Flickenteppich mit glänzenden Stellen und grauen. Eine Erkenntnis, die der leidenschaftliche Streit über Grass und sein Buch bestätigt hat.

Das sollten all die bedeutenden Kritiker nicht vergessen – während sie medienträchtig zur Hatz auf den Literaten rufen. Oder gilt unterdessen: „,Schlagt ihn tot!' Er ist ein (politischer) Autor"?

aus: Leipziger Volkszeitung, 28.8.95

Vom Verfall der Sitten

Zerklüftet wie die ganze Gesellschaft ist auch die Redaktion. Es gibt unter uns die eher Linken und es gibt die Wertkonservativen. Es gibt Softies und Machos, Feministinnen und Karrierefrauen. Es gibt auch die Puristen und die Populisten.

Die Puristen haben es mit der reinen Sprache und trauern dem Genitiv nach. Die Populisten schauen dem Volk aufs Maul wie weiland Martin Luther. Sie finden nichts dabei, daß die Steffi Steffi heißt und die Franzi Franzi und finden es albern, in der Zeitung auf Stefanie oder Franziska zu bestehen. Gerade daß der WAZ-Leser noch von Schumi verschont bleibt, wie der größte Verdiener aller Zeiten in anderen Blättern genannt wird. Auch Weizi, kein hefetrübes Bier, sondern der Ex-Bundespräsident,

konnte, den Puristen sei Dank, diesen Spalten bisher ferngehalten werden.

Das wird nun noch schwieriger, nachdem unser größter lebender Schriftsteller einem anderen großen Schriftsteller den Kosenamen Fonty verpaßt hat.

Lassen wir beiseite, was der alte Fontane zu diesem Unfug gesagt, ob er es nicht ridikül gefunden hätte, so mit seinem Namen, dem hugenottischen, auf den er so stolz war, umzuspringen. Beugen wir uns dem Zeitgeist, der vor nichts zurückschreckt, wenn es um die Verstümmelung von Namen geht, und klammern wir uns an den letzten Strohhalm: Mit y am Ende wird der Fonty geschrieben, auf daß er sich wenigstens dadurch noch von Steffi und Franzi und Schumi unterscheide. **ia**

aus: Westdeutsche Allgemeine Zeitung, 28.8.95

Lauter Verrisse

Jetzt haben alle Kritiker des neuen Grass gesprochen. Als letzter, doch durchaus würdevoll joggte gestern Professor Wapnewski im „Focus" über die Ziellinie und gab seine Stimme ab („nicht gelungen"). Schade für ihn nur, daß seit Mitte vergangener Woche das wettkampfbegeisterte Publikum längst nicht mehr auf die nacheinander eintrudelnden Kritiker im Beurteilungsmarathon schaute, sondern sich vor allem für die kleine Schlägerei am Rande interessierte, die über das Titelbild des „Spiegels" ausgebrochen war, auf dem Marcel Reich-Ranicki ein Exemplar von „Ein weites Feld" zerriß. „Dieses Bild", kommentierte der „Independent" am Samstag maliziös, „war möglicherweise allzu starker Tobak für ein Land, in dem die Nazis Verbrennungsrituale für Bücher inszenierten, und sicher war es zu starker Tobak für Herrn Grass." Hat Reich-Ranicki, „der lauteste der nach den Fersen des Herrn Grass schnappenden Hunde" („Independent"), von dem Titelbild gewußt? Diese Frage entwickelte sich zur Staatsaffäre, hinter der das Interesse am Roman von Grass zurücktreten konnte. Die Empörung über die „Entgleisung", der sich jetzt auch der Graphiker Klaus Staeck angeschlossen hat, ist aber weitgehend Heuchelei. Natürlich setzte das Titelblatt auf den grellsten Effekt. Natürlich appellierte es an den niedrigen Instinkt der Schadenfreude und gab so den Fernsehblättern Gelegenheit, für das „Literarische Quartett" am Donnerstag eine „Hinrichtung" anzukündigen. Doch was hätten die liberalen Wochenblätter am selben Tag ohne dieses Titelbild gemacht? Auch ihre Literaturkritiker haben hinten im Feuilleton den Grass-Roman schlecht gefunden. Jetzt aber konnten die politischen Redakteure auf den ersten Seiten zugleich den gutmeinenden Intellektuellen Grass vor einer angeblich politisch motivierten Schmutzkampagne in Schutz nehmen. Verrisse lesen macht Spaß; größer wird der Spaß aber, wenn man zugleich dem Opfer ritterlich hilft; und am größten ist der Spaß, wenn man beobachtet, wie diese einander ausschließenden Freuden im Doppelpack angeboten werden. So kommt jeder auf seine Kosten. Hinterher sind alle ein bißchen erschöpft und außer Atem. Man fühlt sich nicht ganz gut und schimpft auf den Rummel. Das ist ungefähr so überzeugend, wie wenn Discothekenbesitzer den Verfall der Kammermusik beklagen würden. Wir empfehlen zur Ausnüchterung „heiteres Darüberstehen" (Theodor Fontane), besser noch „fontanesche Ironie" (Walter Jens). gs.

aus: Frankfurter Allgemeine Zeitung, 29.8.95

Bestsellerliste Ost im August: Grass kam auf Platz 3

Wann ist ein Buch publizistisch erledigt?

Von IRMTRAUD GUTSCHKE

Keine Sensation auf den Plätzen eins und zwei: Jostein Gaarder und Isabel Allende, Ulrich Wickert und Alfred Biolek haben sich bloß mal abgewechselt. Aber dann kommt Günter Grass, und sein Roman ist gerade erst seit dem 19. August im Buchhandel. Wie kann er da jetzt schon auf Platz 3 unserer Bestsellerliste sein? Wir haben skeptisch bei Buchhandlungen nachgefragt, die den Roman „Ein weites Feld" als einen der meistverkauften Titel angegeben haben, und die Antwort erhalten: Es hat schon alles seine Richtigkeit, in den wenigen Tagen ist gerade dieses Buch so oft verlangt worden, daß es mancherorts schon nicht mehr zu haben ist und Vorbestellungen aufgenommen werden mußten. Wie vom Steidl Verlag Göttingen zu hören war, ist inzwischen schon die ganze erste Auflage verkauft – 100 000 Exemplare, oho! Die zweite Auflage wird ab 9. September ausgeliefert. Nun wundert mich schon etwas ganz anderes: Warum der SPIEGEL in dieser Woche Grass nicht auch auf seiner Bestsellerliste hat. Sind die 100 000 Exemplare etwa alle in den Osten gegangen? Kann doch nicht sein.

Aber lassen wir mal die SPIEGEL-Liste beiseite... Sicher wird Grass demnächst dort auftauchen. Übersehen werden kann er nicht. Da mag Reich-Ranicki die Leser vom Bildschirm herab belehren „Es wird hier praktisch nichts erzählt", und sie rennen scharenweis in die Buchhandlungen, um das zu überprüfen. Ob Reich-Ranickis Autorität im Schwinden ist?

In seinen Urteilen ist er ja immer schon apodiktisch gewesen. Wer's mag, der mag's. Es ist halt seine Art. Aber hier hat er ein Buch verdonnert, auf dem SPIEGEL-Foto bekanntlich gar zerrissen. „Es gibt keine Story, keine einzige lebendige Figur, gar nichts", wetterte er im „Literarischen Quartett". „Einfach Unsinn, das muß man klar sagen... Wie ist es möglich, daß er nicht erzählen kann... Das ist ein Buch, das total wertlos und langweilig ist. Es ist unlesbar." Aber die Verkaufszahlen widersprechen ihm: Mindestens 100 000 Leute bekamen Lust, gerade das zu lesen, was so unleserlich ist. Vielleicht wollten sie sich mal mit eigenen Augen überzeugen, was hinter dem großen Wutausbruch steckt? Denn so schlecht kann kein Buch sein, wie es hier gemacht worden ist.

Der zürnende Rezensentenchor weckt doch einige Nachdenklichkeit. Sollten die Hoffnungen auf das künstlerisch überragende Jahrhundertbuch wirklich so groß gewesen sein, daß die Enttäuschung nun so schwer zu verkraften ist? „Diese Kampagne ist höchstens zu 30 Prozent literarisch. der Rest ist Politik", urteilte der Schriftsteller Harry Mulisch, der als Niederländer den deutschen Literaturbetrieb von außen betrachtet. Ideologischer Klartext von Iris Radisch in der ZEIT: Nicht nur, daß der Roman „unlesbar" ist. „Da wird vor allem die ostdeutsche Vergangenheit, wird die westöstliche Gegenwart ins grob verzerrte Bild gerückt." Ein Grundsatzartikel wie aus alten DDR-Zeiten, nur umgekehrt. Die von Grass gezeichneten geschichtlichen Parallelen werden moniert und der „Mythos von einer DDR-Bevölkerung", die ihr „‚Volkseigentum' einer fremden Kolonialmacht ausgeliefert habe" usw. „Welchen Erfolg Günter Grass mit derartigen Analysen der ostdeutschen Verhältnisse in den neuen Bundesländern haben wird, bleibt abzuwarten", meint Iris Radisch und wünscht sich, die Ostdeutschen mögen „solche Belehrungen über ihre eigene Vergangenheit als Versuch der geistigen Kolonialherrschaft abtun". Was für eine wendige Argumentation: Plötzlich ist es umgekehrt, plötzlich soll Grass der Bevormunder sein. Ich soll ihm in seiner Ansicht widersprechen, die Mehrzahl der Ostdeutschen hätte sich damals bei der Wahl etwas anderes vorgestellt als die Verhältnisse, die wir jetzt haben? Ach, was sich die Iris Radisch so denkt...

Und Sigrid Löffler, die Reich-Ranicki im „Literarischen Quartett" mit Intelligenz zu widersprechen versuchte, was ein Wagnis war und fast unmöglich, prophezeite am Samstag in der *Süddeutschen*, „die Ossi-Presse" würde nun bald ein rächendes Exklusivinterview mit dem armen, mißhandelten Autor bringen, nachdem sie, „angefangen vom Neuen Deutschland, Lobesbalsam in die Wunden geträufelt" habe, die „Wessi-Kritiker dem Günter Grass gerissen haben". Naja, die Rezension im ND war ausgewogener als manch andere, Lobesbalsam jedoch stelle ich mir anders vor. Und so leid es mir tut, das ultimative Grass-Interview hat diese Zeitung nicht in petto. Vielleicht die *Berliner*? Das wäre für den Autor unverfänglicher. Kann auch sein, er hat den Spaß am SPIEGEL noch nicht verloren.

Es ist doch nichts Ernstes, oder? Ein Sturm im Wasserglas, der so schnell vorbei geht, wie er begann? Und am 28. August, dem ursprünglich geplanten Auslieferungstermin, wäre, wie Sigrid Löffler sagt, „der neue Roman von Günter Grass publizistisch erledigt"? Mit Verlaub, daß ND den Essay von Fritz Rudolf Fries über Günter Grass schon am 21. August brachte, sollte nicht bedeuten, daß wir das Medienspiel mitmachen wollten. Diese Art Zwanghaftigkeit widerstrebt mir schon lange. Und ich möchte auch wetten, im September steht der Roman immer noch auf der Bestsellerliste Ost, und im Oktober vielleicht auch. Obwohl ihm da, im Osten zumindest, Konkurrenz erwächst in Büchern von Hermann Kant, Eva Strittmatter, dem Briefwechsel zwischen Christa Wolf und Franz Fühmann, einem fulminanten Roman von Friedrich Gorenstein (alle Aufbau-Verlag). Dann kommt noch der neue Ransmayr von Fischer, was Neues von Høeg bei Hanser – und der geheimnisvolle Roman eines jungen, sehr jungen Autors aus Ostdeutschland. Aber darüber mehr im September.

aus: Neues Deutschland, 30.8.95

Die verspätete Wende

Von Mathias Zschaler

In seinen frühen Kanzlerjahren rühmte sich Helmut Kohl, eine Politik unbeeindruckt von Stimmungen und Moden, gegen den Zeitgeist zu betreiben. Inzwischen braucht er das nicht mehr. Im Sog seiner fast monarchistischen Machtroutine fließt ein breiter Strom von Übereinkünften: Es ist die konservative Konvention, welche die Richtung vorgibt. Und mehr und mehr weist dieser Konservatismus Züge von Restauration auf.

Die Geschehnisse an den politischen, gesellschaftlichen und kulturellen Orten sortieren sich mit ähnlicher Tendenz. Die Regierung setzt auf ein soziales Patriarchat, bei dem der Vater Staat gnädig Wohltaten gewährt und nicht mehr Leistungen garantiert. Diese sogenannte Reform des Sozialstaates erweist sich damit als Sicherheitsverlust für diejenigen Gruppen, die keine Lobby haben und für die Machtverwalter nicht interessant sind: Arbeitslose, Sozialhilfeempfänger, Asylbewerber. Der Umgang mit den Schwachen wird zunehmend restriktiv.

Wenn, andererseits, das Bundesverfassungsgericht eine gewiß streitwürdige Entscheidung wie das Kruzifix-Urteil trifft, fällt eine Mehrheit von Politikern und Meinungsmachern fast hemmungslos über die höchste Instanz her und bricht ein Tabu zu Lasten der Liberalität. Ähnlich ergeht es einer anderen Institution, dem Schriftsteller Günter Grass.

Der schrieb einen vielleicht mißlungenen Roman über das deutsche Einigungswesen. Am Pranger steht er aber nicht so sehr als gescheiterter Literat (was schon schlimm genug wäre), sondern – so der sich aufdrängende Eindruck – als unbelehrbarer, altlinker Störenfried der neudeutschen Selbstzufriedenheit. Derweil sieht der Vormann der einst pazifistischen Partei der Grünen das neue Heil der deutschen Außenpolitik in der prinzipiellen Bereitschaft zum kriegerischen Eingreifen – genau wie die Regierenden. Wenn er gleichwohl als der wahre Oppositionsführer angesehen wird, dann vor allem deswegen, weil der tatsächliche Inhaber dieses Amtes erst recht nicht zu erkennen gibt, worin denn seine Alternative zum System Kohl besteht.

Dieser Abwesenheit einer ernsthaften Opposition als Gegenkraft und Korrektiv zur Regierung entspricht das Fehlen der intellektuellen Gegenwehr auf der Bühne der öffentlichen Auseinandersetzung. Und der Kanzler fährt währenddessen zu Ernst Jünger, und rechtes Denken dringt immer unverbrämter in die Salons und Feuilletons. Die Trennlinien zwischen rechtsaußen und konservativ beginnen zu verwischen. Was Wunder, wenn eine der vernehmlichsten Wortmeldungen der letzten Jahre die von Botho Strauß, dem Bußprediger der sozusagen durch Geist geadelten Reaktion, geworden ist.

So manches, was eben noch kaum vorstellbar erschien, ist mittlerweile möglich. Jene geistig-moralische Wende, die, vor dreizehn Jahren angekündigt, von vielen nicht ernstgenommen wurde und bei den meisten inzwischen längst in Vergessenheit geraten war: Sie scheint sich jetzt, mit Verspätung, im geeinten Land schleichend zu vollziehen. Es wächst ein Klima, in dem viele bemüht sind, sich in vorauseilendem Gehorsam gegenüber dem, was heute als opportun gilt, ihren Platz zu sichern. Im

Wechselspiel zwischen politischen Akteuren und Stimmungs-Regisseuren wird das Feld der gesellschaftlichen Debatten neu abgesteckt – im Geist vergangen geglaubter Zeiten. Wer nicht mitmacht, gerät ins Abseits.

aus: Berliner Zeitung, 31.8.95

Weites Feld

Die Grassisten formieren sich und erheben Wehgeschrei. Ein verdienstvoller Schriftsteller werde regelrecht zertreten, jammern sie. Der niederländische Autor Mullisch entdeckt sogar so etwas Ähnliches wie die Wiedereinführung der Zensur in Deutschland. Was ist passiert? Günter Grass hat auf den Spuren Fontanes den Roman „Ein weites Feld" geschrieben, der jetzt in die Buchläden kommt. Einige Rezensenten durften das 781 Seiten umfassende Opus schon vorher lesen und dankten diesem Vorzug mit einem Verriß, an ihrer Spitze der Oberfuchtelmeister des Literarischen Quartetts, Reich-Ranicki. Er befand, das neue Grass-Buch sei „unlesbar und absolut wertlos". Ein hartes Urteil gewiß, doch der Großkritiker hat es weich verpackt. Sein Offener Brief beginnt mit „Mein lieber Günter Grass" und endet mit „in alter Herzlichkeit". Die Behauptung, „die Kampagne gegen Grass" sei zu 70 Prozent politisch begründet, läßt sich nicht halten. Reich-Ranicki verliert über die verqueren Ansichten des gebürtigen Danzigers zur Wiedervereinigung nur ein paar nebensächliche Sätze. Hier kann eine Kritik, die noch bereit ist, den politischen Autor Grass ernstzunehmen, im weiten Feld tiefer graben. Die Befürchtung etlicher Grass-Freunde, der Verfasser der „Blechtrommel" werde nun nicht mehr den ersehnten Nobelpreis für Literatur bekommen, ist ebenfalls unbegründet. Die Preisrichter in Stockholm haben seit 1901 schon so viele Fehlurteile abgegeben, daß es auf eines mehr oder weniger nicht ankommt. Vielleicht lenkt der Sturm im Wasserglas ihre Aufmerksamkeit erst recht auf den ach so verfolgten Erfinder des infantilen Trommlers Oskar, der die Welt am liebsten von unten betrachtet. *ml*

aus: Deutsche Tagespost, 31.8.95

Günter Grass, sein weites Plauderfeld und die Deutschen

Diese Kampagne sei höchstens zu dreißig Prozent literarisch, sagte der niederländische Schriftsteller Harry Mulisch, als er beim Erlanger Poetenfest die tolle Treibjagd gegen Günter Grass und dessen neuen Roman Ein weites Feld *beobachtete: „Der Rest ist Politik."*

VON SIGRID LÖFFLER

Wer all die Verrisse gelesen hat, die Grass vom deutschen Feuilleton fast unisono hat einstecken müssen, der wird Harry Mulisch recht geben müssen. Es sieht fast nach einer Art Kampagne aus, die weit mehr mit Politik als mit Literatur zu tun hat – so erbittert und verbiestert wirkt sie. Vom *FAZ*-Verriß am vorletzten Samstag bis zum *Focus*-Verriß am letzten Montag eine einzige Kette von Vernichtungsurteilen: Grass soll abgeschrieben werden – als „enttäuschter Sozialdemokrat“, als „alter Linkskonservativer“, als Wiedervereinigungsgegner, als Kohl-Kritiker, als deutscher Nationaldichter, der es am rechten nationalen Gefühl fehlen läßt. Ins Gericht gegangen wird in erster Linie mit seiner Politik, verurteilt aber wird seine Literatur – wobei die politischen Meinungen, die seine Romanfiguren äußern, ganz anstands- und umstandslos dem Autor selber um die Ohren geschlagen werden.

Der Eindruck ist schwer von der Hand zu weisen, daß hier ein literarischer Text nur zum Anlaß genommen wurde, um die mißliebigen, weil politisch nicht korrekten Ansichten des Autors über die Wiedervereinigung zu verdammen. Abgerechnet wurde mit Grass, dem *homo politicus*, vernichtet werden soll der *homo poeticus* gleichen Namens.

Den großen Wenderoman, den Roman der deutschen Vereinigung habe Grass schreiben wollen (oder schreiben sollen?), so lautet der am häufigsten geäußerte Vorwurf, aber herausgekommen sei nicht der herbeigewünschte Einheitsroman, herausgekommen sei Wendekritik statt Wendelob. Und ein Wenderoman, der den deutschen Einheitsstaat nicht begrüßt, sondern beargwöhnt, kann in den Augen des Wende-Feuilletons nur eines sein: „Ein politisches Pamphlet“. Und ein Schriftsteller, der sich mit der normativen Kraft des Faktischen nicht abfinden will, sondern immer noch dem Utopissimum vom „Dritten Weg“ des Reformsozialismus anhängt, dessen Roman kann nur eines sein: „Eine Bitterfelder Sackgasse“. Oder, wie es das Zentralorgan des literarischen Feinsinns in Deutschland, die *Bild-Zeitung*, so schlagend formuliert: „Das Thema? Deutsche Wiedervereinigung aus der Ostsicht. Was das ist? Heimatbeschimpfung. Grass liebt sein Land nicht.“ Daß Grass die ehemalige DDR als liebenswürdig-verquetschte Kleinbürger-Idylle zeichnet, ist politisch nicht korrekt, denn: „Von Öde und Totalitarismus nicht die Spur.“ Und auch die politisch korrekten Gefühle gegenüber dem SED-Staat läßt Grass vermissen: „Keine Wut und keine Bitterkeit, kein Zorn und keine Empörung.“ Und daß Grass die ehemalige Westrepublik als Kolonisator, Profiteur und Plattmacher im Osten darstellt, das ist erst recht nicht korrekt, kann daher nichts anderes sein als dies: „Eine Revue festgefügter Vorurteile“.

Es scheint, daß sich *Ein weites Feld* kaum mehr unbefangen referieren läßt, kaputtgeschrieben und kaputtgeredet, wie der Roman nun einmal ist. Versuchen wir's trotzdem. Günter Grass hat die deutsche Wiedervereinigung von 1990 miterlebt, so wie wir alle, aber er hat einen Ehrgeiz: Er will daraus *den* historischen Roman der Wiedervereinigung machen. Deshalb sucht er nach historischen Parallelen. So, wie Thomas Mann im *Doktor Faustus* den Höllensturz des deutschen Geistes im Dritten Reich parallelisierte mit Fausts Höllenfahrt.

Grass fand die historische Parallele zur Wende – kaum überraschend – in der deutschen Einheit von 1870/71. *Ein weites Feld* spiegelt die heutige Deutschland-Politik zurück ins vorige Jahrhundert. Beide Male, daran läßt Grass kaum Zweifel, wurde die deutsche Einheit verpfuscht: Dem Kanzler Bismarck steht nach Meinung seines Romanhelden der Kanzler Kohl an Stümperei nicht nach.

Dieser Romanheld heißt Theo Wuttke – zu DDR-Zeiten hielt er Fontane-Vorträge für den Kulturbund, dann war er Aktenbote im „Haus der Ministerien" und schließlich freier Mitarbeiter bei der Treuhandanstalt. Wuttke wird *Fonty* genannt, weil er ein fanatischer Fontane-Bewunderer ist, mehr noch: Er ist das heutige Double, der Wiedergänger des Berliner Dichters und Plauderers, des märkischen Wanderers und Causeurs und lebt sich bis zur Doppelgängerei in sein bewundertes Vorbild ein. Er hat mit Fontane alles gemein, die ganze Biographie von den Familienverhältnissen bis zu Geburtsort und Geburtsdatum (nur um 100 Jahre verschoben).

Überhaupt hat es der Roman mit den Parallelaktionen. Er stellt dem Helden Fonty, der doch selber bereits eine Parallelfigur ist, auch noch einen Parallel-Widersacher entgegen, den Geheimpolizisten Hoftaller – gleichfalls eine Kunstfigur. Diesen Gegenspieler hat sich Grass beim Schriftstellerkollegen Hans Joachim Schädlich ausgeborgt: Dort war er unter dem Namen Tallhover der ewige Polizeispitzel, jedem System dienstbar. Zum unsterblichen Dichter, zum Intellektuellen, der zwischen Mucken und Ducken schwankt, gehört, so will's Grass, der unsterbliche Aufpasser vom Geheimdienst. Der Spitzel, der willige Diener jedes Regimes, hält den Dichter, den unsicheren Kantonisten jedes Regimes, an der kurzen Leine und unter Aufsicht.

Der Roman *Ein weites Feld* hat große Ambitionen. Er will ein historischer Deutschland-Roman sein, ein Wenderoman, ein Berlin-Roman, ein souverän dahingeplaudertes Gegenstück zum Plauder-Œuvre Fontanes. Er will im Paar Fonty & Hoftaller der deutschen Mythologie und der Weltliteratur ein weiteres archetypisches Paar hinzufügen, wie Faust & Mephisto oder Don Quijote & Sancho Pansa, übersieht aber, daß zwei deklarierte Kopien wie Fonty & Hoftaller als Originale nicht tauglich sind. Diese beiden sind dem Papier entstiegen und bleiben papierene Gesellen, fahle und schale Allegorien. Der Roman leidet überdies an seiner korsettstarren Konstruktion: Er zerspreizt sich in seinen eigenen Parallelverschiebungen. Und das geistreiche Geplauder, auf das er sich soviel zugute hält, artet allzu oft in Geschwätzigkeit aus, in ein weitschweifiges Referieren von Zettelkasten-Daten.

Zu sagen, daß Grass an seinem Vorhaben gescheitert ist, wäre schnöde. Aber zu sagen, daß er seinem Vorhaben gerecht wurde, wäre gelogen. Am besten, man dispensiert den törichten Slogan vom *Jahrhundertroman* und rückt Grass in die literarische Qualitätsklasse, in die er heute paßt – zu Siegfried Lenz oder Stefan Heym. Gemessen an deren Werk ist *Ein weites Feld* kein Debakel, sondern ein weites Plauderfeld, das den nationalen deutschen Kritikerzorn dorthin laufen läßt, wohin er auch laufen sollte – ins Leere.

aus: Die Presse, 31.8.95

IM KASTEN

Streit um Literaturkritik

Saison für Grobiane

Natürlich beklagt Günter Grass zu Recht grotesk verschobene Gewichte. Die Zankerei um sein Buch macht längst mehr Medienlärm als das Werk selbst, „Ein weites Feld" wird zum Bolzplatz. Dabei leistet der gekränkte Autor freilich Beihilfe zum Siegeszug des Sekundären, indem er nun in der verbalen Keilerei kräftig mitmischt. Ein angeschlagener Boxer ist bekanntlich gefährlich, und so muß sich Marcel Reich-Ranicki nun vor kaschubischen Schwingern („ehemaliger Stalinist"!) ducken.

Am grobianischen Tonfall der Debatte ist zweifellos der Kritiker schuld, der seiner Reißwolf-Pose einen peinlich anbiedernden Totalverriß folgen ließ. Doch der „Spiegel"-Text war nur der Schriftsatz zum live übertragenen Schauprozeß samt Hinrichtung im „Literarischen Quartett". Galt diese Sendung einst als wohltuend populärer Gegenpol zu insiderisch raunender Buchkritik, so setzt sie immer öfter auf Effekthascherei nach vertrautem Game-Show-Prinzip: Bejubelter Hauptgewinn oder schadenfroh quittierte Bauchlandung — auf diese Alternative läßt sich Literatur hübsch quotenträchtig versimpeln. Kleiner Nachteil: Die Bücher, unpraktischerweise oft weder himmelsstürmend noch hundsmiserabel, kann man in diesem Spektakel kaum noch wiedererkennen. Bleibt nur der anstrengende Weg: selbst lesen. **Wi.**

aus: Kölnische Rundschau, 31.8.95

»Da wir schon über Unflat reden...«

Günter Grass über das Zerreißen seines Buches

So wüst ist es in der deutschen Bücherwelt noch nie hergegangen: Der neue Grass-Roman »Ein weites Feld« löste einen Vernichtungswettbewerb in den Medien aus, den Marcel Reich-Ranicki anführte

Mit Richard Wagner, dem unerreichten Meister der Massenwirkung, hat Marcel Reich-Ranicki das Talent zum Theaterdonner und jene fragwürdige Virtuosität gemein, Gegner nach allen Regeln der Kunst abzuservieren.

Nannte der Komponist, den Reich-Ranicki als »deutsches Genie« preist, seinen verhaßten Konkurrenten Johannes Brahms einen »jüdischen Csárdás-Aufspieler«, so verbreitete der »Chefkellner der Kritik«

(»Spiegel«) über Günter Grass, der sei »von der Sorte jener geigenden Zigeunervirtuosen, deren effektvolles Spiel das Publikum zu hypnotisieren vermag«, und seine Witze seien »auf bestem kabarettistischem Niveau«, wenn auch von »fast chronischer Geschmacklosigkeit«. Deshalb, so krönte Reich-Ranicki 1960 seinen Verriß der »Blechtrommel«, würden auch dessen »häufige Tricks mit Beifallsstürmen belohnt«.

Hatte der Kritiker damals im Autor sein heimlich ersehntes Ideal gefunden, durch dessen genüßliche Demontage er sich jahrzehntelang ins rechte Licht setzen konnte?

Drei Jahre nach der Attacke auf die »Blechtrommel«, die er heute als Höhepunkt Grass'scher Epik feiert, waren Reich-Ranicki die »Ansichten eines Clowns« von Heinrich Böll vor die Flinte geraten. Mit Oberlehrermiene nahm er die politische Tendenz des Autors ins Visier, dessen »Sozialkritik« sich längst »totgelaufen« habe, der als Deuter der Gegenwart »keinen Hintergrund, keine Perspektive« kenne und deshalb »nur Symptome« aufzähle, statt zu den »Ursachen der Phänomene« vorzudringen. Also »reibt er sich« – die Rede ist von Heinrich Böll – »so sehr an Belanglosem und Kleinigkeiten«, daß ihm, im Gegensatz zu seinem Rezensenten, »die großen Fragen unserer Zeit« entgingen.

Im vergangenen Juli, zehn Jahre nach des Literaturnobelpreisträgers Tod, beklagte der Böll-Kritiker, daß der Autor der »Ansichten eines Clowns« in Deutschland nach wie vor »verdächtigt und bösartig attackiert« werde, und mahnte, »wer Heinrich Böll denunziert, denunziert die deutsche Literatur unserer Zeit und damit das Land, in dem sie entsteht«.

Der noch lebendige Günter Grass kann derlei nicht für sich beanspruchen. Auch an seinem neuesten Werk mußte Reich-Ranicki – schweren Herzens, wie er versichert –, jene typische Wirklichkeits-Blindheit des deutschen Poeten konstatieren, die ihm schon die Freude am Klassiker Böll verleidet hatte. »Ein weites Feld«, so schrieb er kurz und bündig, ist »ganz und gar mißraten«, ein »totaler Fehlschlag« und zudem ohne jeglichen Unterhaltungswert!

Dabei scheint ihm das Buch nicht einmal gut zu riechen. »Ein Schweißfuß«, so witzelte er über die Geburtsfehler des Romans im »Spiegel«, »kommt selten allein«. Nach Reich-Ranickis als freundschaftlicher Brief getarnten Grass-»Hinrichtung« (»Hamburger Abendblatt«) zogen die großen Tageszeitungen mit Nekrologen auf den Schriftsteller Grass nach; entdeckten, wie die »Zeit«, ein »monströses Alterswerk«, diagnostizierten »eine Totgeburt«, wie die »Faz«, oder schwätzten locker über Grass' »Stammtischgeschwätz« (»taz«), quasselten über »quasselstrippige Vorurteile« des »auf dem trockenen Acker des alten Linkskonservativismus sitzengebliebenen« Autors (»Wochenpost«). Der erste Geiger hatte den Kammerton angegeben – das Orchester stimmte eifrig ein.

Nur die Uraufführung ging daneben. Das »Literarische Quartett« am vergangenen Donnerstag, in dem sich der gesammelte Haß auf Grass entladen sollte, mißriet zum »Debakel für die Literaturkritik« (»Münchener Abendzeitung«), zum »fatalen Spektakel« (»Hamburger Abendblatt«), dem die düpierten Fernsehzuschauer zu Hunderttausenden davonzappten: Bereits während der ersten zehn Minuten waren der Sendung ein Drittel der Zuschauer weggelaufen – von 2,06 Millionen über 700 000. Und das, obwohl dem Publikum »eine Hinrichtung angekündigt worden war« (»Faz«).

Was war geschehen? Marcel Reich-Ranicki,

dessen Selbstverständnis sich aus der Verschrottung seiner Idole speist, hatte wieder einmal zugeschlagen. »Etwas Totes«, so verriet er den fernsehenden Bücherfreunden, »kann ich nicht leben lassen«. Und zur Rechtfertigung seines bitterbösen Satzes einen Vergleich herangezogen, den in diesem Zusammenhang nun wirklich kein »Quartett«-Freund erwartet hatte: Er verglich Grass mit Goebbels.

»Ein Schweißfuß kommt selten allein«

Reich-Ranicki über »Ein weites Feld«

Denn der »gescheiterte« Autor, so erklärte Reich-Ranicki, wünsche sich eine Kritik, die in Wahrheit gar nicht kritisiert, sondern allenfalls beschreibt und informiert. Und das erinnere ihn, das Nazi-Opfer, nun doch an Joseph Goebbels.

Was genau Marcel Reich-Ranicki damit meinte, hatte er schon vor zwei Jahren erklärt. »In keinem Land wurde die Kritik als jüdische Spezialität diffamiert«, so schrieb er damals – nur in Deutschland. »Das ist eine deutsche Tradition, die Goebbels entwickelt hat, weil, und das wollen wir hinzufügen, die meisten Kritiker der Weimarer Republik ... Juden waren.« So rückte Reich-Ranicki den – von ihm noch im letzten Jahr für den Nobelpreis vorgeschlagenen – Grass in die Nähe des Antisemiten Goebbels. Und keiner sagte ein einziges Wort.

Das Wort vom »Toten, das man nicht leben lassen kann« hat sich festgesetzt. »Mit seinem Erscheinen«, so schrieb Sigrid Löffler, die sich in Ranickis »Quartett«-Spiel vergebens um Fairneß bemüht hatte, »ist das Buch auch schon gestorben.«

Auf derlei Unkenrufe will sich der Autor nicht einlassen. Er zieht mit Aquarellkasten und Hündin Kara durch die Wälder der dänischen Insel Møn. Ein Zimmer des reetgedeckten Ferienhäuschens, nicht weit vom Meer, hat er bereits mit Dutzenden von Wasserfarb-Gemälden tapeziert: Märchenwälder wie bei Grimm, in denen sich knorrige Stämme unversehens in gefährliche Trolle verwandeln und eine goldhaarige Fee – »Das ist meine Frau Ute«, erklärt Grass – über einem sonnenbeschienen Waldweg schwebt.

JOACHIM KÖHLER

aus: Stern, 31.8.95

Der deutsche Kultur-Kampf auf dem „weiten Feld"

So klein wie Amerika

Die Welt ist ein Mediendorf, wie wir seit Marshall McLuhan wissen: dunkle Kanäle, enge Gassen, bröckelnde Fassaden. Je mehr Gassen und Kanäle unser Dorf hat, desto dringender brauchen wir den hellen, großen Platz, auf dem wir alle wieder ans Licht kommen und beisammen sind.

Die Medien-Vielfalt hat wunderliche Folgen: Alle zeigen dasselbe. Immer kleinere Ereignisse werden immer monströser inszeniert.

Weil TV-Zuschauer, Lonely Zappers und Channel Surfer die Einsamkeit fürchten, lieben sie die großen Schauplätze und die berühmten Gesichter. Der wichtigste Medienplatz aller Zeiten befindet sich in den USA, es ist der *O.J.Simpson-Square*: Ein Justizpalast, umlagert von einer Gaffermeute bis zum Horizont. Kein anderes Land erscheint im Lichte seiner Medien so klein wie Amerika. Die Bühne der Welt, ein Gerichtssaal.

Und dieser Saal ist groß genug, um alle Rassen- und Geschlechterkonflikte zusammenprallen zu lassen, von denen die USA gezeichnet werden. Die klassischen amerikanischen Dramenschemata *Einer gegen die Gesellschaft, Männer gegen Frauen, Schwarze gegen Weiße* werden in größtmöglicher Zuspitzung aufgeführt: Schwarzer Mann gegen weiße Frau (und weißes Vorurteil), schwarze Erbitterung gegen weiße Macht. Der Simpson-Prozeß, behaupten Spinner und Satiriker, wird nie zu Ende gehen, denn eigentlich ist das ganze Volk in ihn verstrickt.

Was hat das mit dem Schriftsteller Günter Grass, seinem Roman „Ein weites Feld" und dem Kritiker Marcel Reich-Ranicki zu tun? Dies: Auf dem „Weiten Feld" ereignen sich symbolisch die unbewältigten Konflikte der deutschen Gesellschaft:

Ein deutsches Nachrichtenmagazin („Der Spiegel") zeigt auf seinem Titelblatt die Zerstörung eines Buches („Ein weites Feld"). Darf es das?

Der Mann, der auf dem Titelblatt die Zerstörung vornimmt (wenn auch nur in einer Fotomontage), ist polnisch-jüdischer Abstammung (Reich-Ranicki). Darf das Blatt ihn so zeigen? Darf der Kritiker sich so zeigen lassen?

Der angegriffene deutsche Autor weist den Kritiker auf dessen dunkle Vergangenheit hin. Darf er das? (Grass, dem Reich-Ranicki vorwarf, er habe die DDR-Diktatur verniedlicht, konterte am Mittwoch: „Mir muß niemand Nachhilfe in Demokratie geben, schon gar keine ehemaligen Stalinisten.").

Der niederländische Schriftsteller Harry Mulisch, selbst jüdischer Abstammung, bezeichnet Ranickis Auftreten als „literarische Neuauflage des Führerprinzips". Darf er das?

Mulisch bezeichnet Ranickis Großkritikerstatus als „gnadenlos" und „sehr deutsch". Hat er recht?

Der Grafiker Klaus Staeck setzt in einem Plakat den „Spiegel"-Titel mittels Frakturschrift in Zusammenhang mit Nazi-Methoden („Vom Umgang mit Büchern – Eine deutsche Fortsetzungsgeschichte"). Darf er das?

Es geht also um unsere Geschichte und ihr Fortwirken in der Gegenwart. In Amerika spielen sie elegant Tragödie im Gerichtssaal, in Deutschland pflügen sie verbissen „Ein weites Feld".

Fast jeder im Kulturbetrieb träumt davon, einen Fuß auf dieses Feld zu bekommen; der Standort ist Gold wert.

Wer gar im Mittelpunkt steht, setzt sich erst mal hin und gibt maßgeblichen Blättern Interviews, die dann *in Auszügen vorab* veröffentlicht werden.

Was gesagt wird, ist jetzt vergleichsweise wurscht, Hauptsache, die bekannten Gesichter sind zu sehen. Im Weltdorf zählen bloß *Talking Heads*. Also reden sie: In einem vorab veröffentlichten Interview der „Bunten" mit Marcel Reich-Ranicki wird enthüllt, daß die berühmtesten Polen unserer Zeit, Reich-Ranicki in Frankfurt und Woytila in Rom, Papst von Beruf sind, daß aber der in Rom an Gott, jener in Frankfurt lediglich an Goethe glaubt. Im „Stern" wiederum erzählt Günter Grass, natürlich vorab, daß die beiden Päpste etwas gemeinsam haben: „Der eine in Rom meint, unfehlbar in Fragen sexueller Praxis zu sein. Ich habe da meine Zweifel. Der andere, in Frankfurt, meint unfehlbar im Urteil über Literatur zu sein. Auch da habe ich meine Zweifel."

Es geht auch intimer: In der „Bunten" erfahren wir, vorab, daß Reich-Ranicki sich nicht unbedingt für einen zärtlichen Mann hält. Im „Stern" erfuhren wir schon vergangene Woche, daß Grass im Traum eine *menage à trois* mit seiner Gattin und dem Dichter Fontane, Theodor, gehabt habe.

Auch das haben wir, ohne es recht zu merken, von den Amerikanern gelernt: Wer berühmt bleiben will, muß nicht nur „Zunge zeigen" (Günter Grass), sondern auch ein erregendes Innenleben. Bald wird Deutschland so klein sein wie Amerika. *Peter Kümmel*

aus: Stuttgarter Nachrichten, 31.8.95

Günter Grass unterm Kurzschwert der Kritik

Wie konnte das nur passieren? Günter Grass hat einen Roman geschrieben. Einen „langweiligen" und „mißratenen", einen „schlechten" Roman. Selbst die *Zeit* ließ Iris Radisch die Enttäuschung in Worte fassen: „Wer hätte sich nicht gewünscht: Die Neugeburt des unbekümmerten Artisten der Zeitgeschichte, des ungezähmten Wortmetzes *(Was für ein Kalauer, ich fordere Patentschutz! Liebe Iris Radisch, sind Sie am Ende gar selbst eine Wortmetzerin?)* und Buchhauers *(Aua!)* Günter Grass?

Es hat nicht sein sollen! Der großspurig angekündigte Jahrhundertroman, die schriftstellerische Bewältigung der Deutschen Einheit, so scheint es, ist gescheitert, „verplappert". Ein Machwerk, das der Herr Großkritiker erst gar nicht totschlagen muß, weil es – wie er im Literarischen Quartett erzählt hat – „gar nicht lebt". Ein diktatorisches „Schluß! Aus!" ward hinterhergesetzt – weitere Diskussion überflüssig.

Mein lieber Reich-Ranicki, so geht das nicht! Ihre Argumentation lebt bekanntermaßen zu einem erheblichen Teil von der Feuchtigkeit, mit der sie vorgetragen wird. Es gibt Schlangen, die spucken dem Menschen ihr Gift treffsicher ins Auge. Ihr imposanter Redefluß gibt Ihnen die Möglichkeit, Ihre Klienten innerhalb kürzester Zeit verdauungsfertig einzuspeicheln. Das macht Ihnen im deutschen Showgeschäft so schnell niemand nach.

Aber Ihre unerschütterliche Eifer- und Geifersucht scheint mir verdächtig. Niemand will Sie daran hindern, den großen Gladiator im Circus maximus der Eitelkeiten zu spielen, aber warum machen Sie sich mit Ihrem Kurzschwert ausgerechnet über eine – von Ihnen selbst diagnostizierte – „Totgeburt" her? Ich dachte immer, Sie seien ein Chevalier alter Schule, aber Ihr Benehmen ist alles andere als ritterlich.

Wenn es dem Verkauf des *Spiegels* nützt, ist es Ihnen recht, auf dem Titelbild den jähzornigen Zerrgott zu spielen. Oh, was für ein Kraftakt! Oder doch nur Leichenfledderei? Ja was nun?

Marcel, alter Heuchelbruder, was schraubst Du die Erwartungen im nachhinein so hoch? Weißt Du doch am besten, daß von einem utopieamputierten Günter Grass zur Deutschen Einheit gewiß kein Roman zu erwarten war. Warum? Weil es ihm, in seiner eitlen Verbitterung, ganz einfach an schöpferischer Distanz mangelt. Grass brillierte 1959 mit der „Blechtrommel". Da war er 32, und seine weitzurückliegende Kindheit war der Brunnen, aus dem er schöpfen und trinken konnte. Sein neues Opus magnum ist – so will es die literarische Kritik – ungenießbar.

„Ein weites Feld" – so wenig gelungen es auch sein mag, es bleibt zumindest doch das Dokument einer versuchten Polemik gegen die Deutsche Einheit. Grass trägt sie – aus der Perspektive der Vereinnahmten vor. Das konnte nicht gut gehen. Bezeichnenderweise gelingt es ihm nicht, in seine Hauptfiguren, Fonty und Hoftaller, hineinzuschlüpfen. Er versteckt sich hinter ihnen, wird von der Kritik hervorgezerrt und exemplarisch abgestraft. „Mein lieber Günter Grass", das kommt davon, wenn man versucht, politisch zu werden! An der Einheit hat man nicht zu leiden!

Schluß aus! Basta! Wo Reich-Ranicki hinspuckt, wächst kein Grass mehr. Warten wir's ab.

Matthias Deutschmann

Der Kabaretist lebt in Freiburg und Berlin.

aus: taz, die tageszeitung, 31.8.95

Der letzte Intellektuelle

Andreas Isenschmid über das Grass-Fieber

Der Grasssche Sommerrummel ist vorbei. Auch ein schlechter Roman ist gut für ein gutes Sommertheater, haben wir gelernt, wissen aber noch immer nicht recht, worüber wir uns am meisten wundern sollen. Natürlich belebten die vielen hochbesetzten Schurkenrollen unsere Phantasie. Gleich zu Beginn trat ein erster Schurke aus der Spiegel-Kulisse, nennen wir ihn Marcellus, und gab eine klassische Schiller Rolle. Ich bin Dein Freund, sprach er, den Dolch im Gewande, zu seinem Grassschen Opfer. Ich halte Dich für den Grössten, lobte er im freundlichsten Briefton den weiter, den er doch kaum je gelobt hatte. Vierhundert Zeilen solcher Brieffreundschaft, und das Opfer war tot.

Da konnte sich Manfred, der Bissinger, nicht halten. Er stürzte sich in eine Voltaire-Rolle und tönte als Chefredaktor aus der «Woche»-Kulisse, nun, nicht gerade «écrasez l'infame!», das hätten seine Leser nicht verstanden, doch immerhin: Das ist «die Hinrichtung eines Dichters»! Respekt, staunten wir, das lässt sich hören, und lasen weiter: «Abrechnung», «politische Denunziation». Doch während wir darüber noch zustimmend nachdachten, stiessen wir weiter hinten in Bissingers tapferem «Wochen»-Blatt auf eine schneidende Grass-Hinrichtung. Und begriffen: Der Chef hatte uns genasführt, seine Voltaire-Rolle war in Wahrheit von Molière (L'Hypocrite, die Szene mit Marktnischlers Auftritt).

Von nun an wird's unübersichtlich. In Zürcher Jugendfakten-Magazinen stellten sich realexistierende diktaturtragende Schurken wie Hermann der Kanter schützend vor Grass (aparter Einfall: Die Stasi rezensiert sich selbst). In der Quartett-Kulisse gab Marcello eine Rolle aus der Commedia dell'arte critica zum besten, und zwar im Rollenfach des Rüpels (nicht sein stärkster Auftritt, aber sicher sein lautstärkster). Und am Rand der Szene machten sich Mahnerinnen bemerkbar: Die wahren Schurken sind das Marketing und der gewinngeile Verleger. Dieser Rummel ist das Ende der Literatur!

Solcher Unsinn wundert uns sehr und nötigt uns, ernst zu werden. Immer wieder versuchen Verleger mit

Geld und Kritiker mit Wind, ein literarisches Ereignis zu inszenieren. Meistens klappt es nicht. Vielleicht kommt ein Bestseller raus (aber seien wir ehrlich: Sie werden gekauft, aber nach ihnen kräht kein Hahn), oder es gibt viel Gerede wie im Falle Botho Strauss (aber seien wir auch hier ehrlich: Ausser der «in group» liest ihn niemand). Und auf Walser und Enzensberger sind wir zwar gespannt, doch von Rummel keine Rede.

Nur bei Grass ist es anders. Ganz einfach weil hier zu Wind und Markt etwas hinzukommt, das eigentlich nicht mehr existiert: Grass ist der letzte, der den Grossintellektuellen gibt. Ganze Generationen sind im Schatten solch intellektueller Vaterfiguren und kultureller Leuchttürme aufgewachsen: Sartre oder Camus, Frisch oder Dürrenmatt etc. Die Reihe lässt sich nach hinten fortsetzen, aber nicht nach vorn. Denn in den sechziger Jahren begann diese Form der kulturellen Sozialisation zu bröckeln. Die Literatur gab ihre führende Rolle an Pop und Film ab. Und bald darauf starben auch die Helden. Seither ist es mit dem Grossintellektuellentum vorbei, was einige als Leere empfinden. Bis einer, der in abgelebten Zeiten in grossen Romanen über seine Vergangenheit getrommelt hatte, anhebt, nun in Grossform über unsere Gegenwart samt Gott und den Weltuntergang zu predigen, dann entzündet sich dieses alte Vaterbedürfnis ein letztes Mal. Und nur dann haben auch Markt und Wind die grosse Chance.

Das war Grassens Fall. Ein Lehrstück über unsere verschütteten kulturellen Bedürfnisse.

aus: Weltwoche, 31.8.95

HELLMUTH KARASEK

„Ein zweites Feld"

„Wir vom Archiv nannten ihn Fonty" – mit diesem inzwischen berühmten Satz, an dem er, nach eigenem stolzen Bekunden, Jahre gewerkelt und formuliert hat, beginnt der neue Roman von Günter Grass „Ein weites Feld".
784 Seiten, fast das Doppelte, was Marcel Reich-Ranicki an einem Roman lesend verkraften kann, ist das Buch der WV (Wiedervereinigung) lang, in dem wenig geredet, aber viel geplappert wird. Für den eiligen Leser gibt es Trost: Auch die Frau von „Fonty" Theo Wuttke, Emmi Wuttke, geb. Hering, hat ihren Lebensroman geschrieben, gewissermaßen „Ein zweites Feld". Hier ist die „kolossal zeitsparende" Version:
Die vom Archiv nannten mich Fontäne. Weil sich mein Theo einbildete, Fontane zu sein und immer alles zitierte und immer alles „kolossal" fand und „Potz Blitz!" ausrief und sich einen „Schwerenöter" nannte und so.
Und mich hat er reden lassen, wie etwa Frau Dörr in „Irrungen Wirrungen", dat ich mir was in'n Kopp setze und so. Und so mußt' ich reden wie Anno Tobak, weil wir Frauen, ach Jottchen, ohnehin nich übern Tellerrand linsen könn', während doch Männe von jroßer Politik fabuliert; wie kommode sie jewesen war, die olle DDR, so richtig jemütlich, und wie die Einheit nicht jut ist, weil, wenn se einig sind, die Deutschen, denn sind se keine Demokraten. Sonst ooch nich, ach Jott!
Anjefangen hat alles, det mein Wuttke – die vom Archiv nannten ihn Fonty – jesehn hat, wie ick Jünter Jrass am Lesen bin, im Garten. Und wie ich da so selig eingenickt bin über die Lektüre, da is er eifersüchtig jeworden. Und jebrüllt hat er: Hast du es mit G.? Und von da an war F. angesagt, nein, nicht wat sie so denken, nee, ich bin ja ne olle anständje Frau. Nein, mit F. meinte er nich fögeln, sondern daß er mir Fontane rezitierte. Ständig. Bis zum Abwinken!
Schuld war eijentlich dieser Jrass, dieser Jünter. Weil, der hat sich kolossal gefuchst, daß die Deutschen „Wir sind ein Volk!" jerufen haben in Leipzig, wo sie doch hätten rufen müssen: „Wir sind eine Föderation", wenn es nach dem Jrass jegangen hätte sein... und er wäre dann auch der wichtigste Mittler jeworden inne Föderation, so zwischen Ost und West.
Und vielleicht war der Jrass ooch kolossal jekränkt, weil sie ihm am 4. November auf den Alex nich ham quatschen lassen mit dem Heym und der Christa Wolf, und wo sie den Heiner Müller ausjepfiffen ham. Und da mußte mein Wuttke reden für den Jrass, und er hat was von Fontane jerufen: „Viel Geschrei und wenig Wolle!" Oder war's „Viel Wolle und wenig Geschrei?"
Und dann hat er dem Kollegen Schädlich eine Fijur weggeborgt, den ewigen Spitzel, Tallhover oder Hoftaller. Is ja auch ejal. Kolossal ejal.
Der Schädlich, potz Blitz, der war erst kolossal sauer und hat so ein bißchen herumjedruckst. Weil er die Fijur, den Stasi-Tallhover nich herjeben wollte für die These oder so von den Jrass: dat es immer Spitzel gibt und daß die nett sind und Kranken wat Jutes zu Essen kochen. Und daß der Paternoster ein Symbol ist.
Weil mal geht es rauf und dann wieder runter. So kolossal tief kann er sein, der Jrass. Und in dem Paternoster in der Treuhand, da fährt die deutsche Jeschichte auf und ab: Erst der Göring, dann der Ulbricht, der Rohwedder oder die Birgit Breuel, die meinen Fonty, weil er Fontane kennt, an Frau Jenny Treibel erinnert. Sachen jibt's!
Aber das war denn auch ejal. Weil da is Fontys Enkelin jekommen aus Frankreich, echt französisch und hat sogar immer „Mais non!" gesagt, kolossal französisch. Und „zartbitter" hat sie mein Fonty immer genannt, zartbitter! Und denn is er mit ihr wegjemacht, abjehaun. Weg war er. Zigaretten holen. Mir kanner viel erzähln, daß det seine Enkelin ist, Holzauge sei wachsam.
Und ick sitz alleene da, mit mein Jrass, der so grassgrämig griesdämlich seit die Einheit is, aber das ist ein zweites Feld!

aus: Spiegel extra, September 1995

Von **Rolf Schneider**
Schriftsteller in Berlin

Vom Vergnügen, Grass zu lesen

Nur Verrisse, so weit ich blicken kann. Von den bisher erschienenen Rezensionen des neuen Romans von Günter Grass kenne ich ein Dutzend, und alle sind negativ. Das künstlerische Scheitern dieses Romanciers wurde eines der Füllsel des diesjährigen deutschen Sommerlochs, zusammen mit dem Kruzifix-Urteil und dem SPD-Dauerstreit zwischen Scharping und Schröder. Dem Verkaufserfolg des Buches scheint das vorerst nichts zu schaden: 10 000 plus 50 000 gingen schon weg. Das sind Traumzahlen. Aber der Schriftsteller lebt nicht vom Honorar allein. Ein paar Streicheleinheiten wolle es schon noch geben. Statt ihrer erhielt Grass bloß Prügel. Ich selbst verfolge das insofern mit Verblüffung, als ich das Buch, um das es geht, ziemlich gern lese. Es gefällt mir. Es gefällt mir besser als die beiden vorausgegangenen Romane seines Autors. Ich kann den allgemeinen Negativ-Eindruck nicht teilen.

Rezensenten urteilen nach ihrem Eindruck, und der gründet auf Empfindungen, die sich in dem engen Zirkel von Langeweile, Spannung, Vergnügen und Ärger bewegen. Empfindungen zu beschreiben ist unergiebig, weswegen die Technik einer Rezension darin besteht, die Sache nachträglich zu rationalisieren und Subjektives mit dem Anspruch von Objektivität auszustatten.

Die Begründungen für die Grass-Verrisse lauten so: kaum Handlung, zwei synthetische Helden ohne originelles Profil, Leitartikelvorträge, öde Reproduktion von Zeitgeschichte, überflüssige Wiedergaben von Fontane-Daten, Behauptung statt Erzählung.

Auch ich kann mein Lesevergnügen germanistisch objektivieren. Also sage ich, daß ich die Einflechtung der Fontane-Biographie in das Buch überwiegend gelungen finde. Grass macht darauf aufmerksam, daß der wegen seiner grandiosen Altersromane rechtens berühmte Schriftsteller die meiste Zeit seines Lebens ein hastiger Vielschreiber und ein arger politischer Opportunist war. Er schwamm mit auf fast jeder Welle des Zeitgeists, ein heimlicher Antisemit war er außerdem und ein Charakterkopf vom Zuschnitt Büchners gewiß nicht. Das alles wußte man freilich schon vorher, aber es macht Sinn, im Fontane-Rausch der anhebenden Berliner Republik wieder daran zu erinnern. Insofern fand ich dann die Reduktion des „Stechlin"-Verfassers auf einen charakterlich ähnlich beschaffenen Wiedergänger namens Wuttke keinen üblen Einfall. Der Dauerspitzel, der ihn begleitet, widerspricht zwar sämtlichen dämonischen Vorstellungen von einem Stasi-Mann, doch wird mit der Verbindung aus erdrückend viel Detailwissen und enervierender Handlungsunfähigkeit das Verhalten der Mielke-Behörde im Spätherbst '89 nicht ziemlich angemessen charakterisiert? Grass war immer ein lautstarker Gegner der deutschen Wiedervereinigung. Ich bin ihm darin niemals gefolgt. Zugleich weiß ich, daß es sich nicht um die Privatmarotte eines einzelnen Autors handelt, sondern um die verbreitete Meinung eines wichtigen Teils der alten westdeutschen Intelligenzija. Daß die Wirklichkeit über solche Meinungen hinwegging, macht sie nicht ungeschehen. Ihr angemessener Platz ist die Belletristik.

Derart erfahre ich nochmals die Ereignisse zwischen Mauerfall und Wiedervereinigung, und es ist die besondere perspektivische Verfremdung, die sie mir reizvoll macht. Der Gestus des Rechthabens brachte bloß Langeweile. Wenn ich überwiegend Zwiegespräche der beiden Protagonisten lese, so darf sich darin ein ehrwürdiges literarisches Muster erkennen, Diderots „Jacques le fataliste et son maître". In keiner der mir bekannten Grass-Rezensionen wurde dieses Vorbild erwähnt. Es hätte eine ästhetische Aufwertung bedeutet.

Die aber wollte niemand vornehmen: Vermutlich in der tödlichen Furcht, aus dem Cantus firmus der Verrisse auszuscheren. Daß hier ein heimlicher Zwang zum Schulterschluß waltet, scheint mir unstrittig, und wer nicht behauptet, daß hier ein eklatanter Fall von Versagen vorliege, bewiese damit nur seinen Mangel an literaturkritischer Kenntnis und gutem Geschmack. Daß ich der einzige wohlgefällige Leser jenes Buches bin, will ich gleichwohl nicht glauben. Ich bin nur der bis jetzt einzige, der es laut sagt. Dabei habe selbst ich zunächst gezögert. Nicht aus Opportunismus, sondern aus Rücksicht: Es ist, daß ich mit Grass freundschaftlich verkehre und sein Verleger auch von mir vier Titel im Programm hat. Ah so! höre ich jetzt rufen. Sei's drum.

aus: Berliner Zeitung, 1.9.95

Ansichten eines Clowns

Wie der Literaturkritiker MARCEL REICH-RANICKI *zum Medien-MRR wurde*

VON GABRIELE RIEDLE

Früher gab es einen Marcel Reich-Ranicki, der Literaturkritiker bei der „Frankfurter Allgemeinen Zeitung" war. Aber das liegt schon mehrere mediale Overkills zurück. Jetzt gibt es den MRR. Ein Kürzel für alle Gelegenheiten. Zuletzt erschien uns der MRR in Gestalt von Moses mit den Gesetzestafeln auf dem „Spiegel"-Titel.

Davor materialisierte er sich ebendort schon als Kampfhund, trat auf als Papst mit Baldachin in drittklassigen Talkshows, als Bambipreisträger der

„Bunten", als Konsul sowie polnischer Geheimagent, und zwar als „Adam", „Albert", „Albin", „Lessing", „Büchner", „Heine", „Fontane", als Vorlage (oder schon wieder Stimmenimitator?) von Billigkabarettisten, als übelgelaunter Allzweckgast in Game-Shows wie „Wetten daß ...", als Spezialist für kamerabegleitete Masturbation im Gespräch mit der Porno-Unternehmerin Teresa Orlowski auf der Couch von Thomas Gottschalk, ja überhaupt als ideeller Gesamtmedienclown in allen Formen, Farben, Größen und Preislagen. Man kann den MRR auch mieten. Dann zeigt er sich in Bürostuhlanzeigen oder auf dem Ärztekongreß. Der MRR ist also eine Figur für alle Bedürfnisse.

Daß der MRR ein Meister der Selbstinszenierung ist, wortgewaltig, schlagfertig und unterhaltsam einerseits, unglaublich eitel, insofern eingestandenermaßen korrumpierbar, jovial bis zum Erbrechen und radikal egozentrisch andererseits, wurde in unzähligen Fernsehsendungen, Zeitschriften- und Buchporträts mittlerweile auch dem bescheidensten BfA-Angestellten erfolgreich vermittelt. Mehr gibt es über den MRR nicht zu wissen. Denn der MRR ist, im Gegensatz zu der Person Marcel Reich-Ranicki, die es vielleicht irgendwann einmal gegeben hat, eine Figur ohne jede Tiefe. Sie interessiert und existiert nur innerhalb jenes medialen Spiels, aus dem sie entstanden ist.

Und das sie braucht. Ja, wir brauchen den MRR. Wir brauchen ihn in seiner klassischen Rolle: als Scharfrichter im „Literarischen Quartett". Auch wenn wir ihn von Sendung zu Sendung abgedrehter finden. Auch wenn wir geißeln, es sei mit dem Frontalangriff auf Günter Grass eine neue Stufe der Niedertracht erreicht. Auch wenn er uns dort mit seinen dämlichen Billig-Vergleichen, wie jüngst mit dem von Günter Grass und Joseph Goebbels, auf den Geist geht. Auch wenn wir guten Kulturmenschen es geschmacklos, empörend, infam finden, wie er Schriftsteller „vernichtet", „verreißt", ja neuerdings sogar „zerreißt". Auch wenn uns plötzlich aufgeht, daß der MRR viel wichtiger geworden ist als der Autor.

Der Medien-MRR (im Fernsehen und in seiner Reproduktion im „Spiegel") war immer wichtiger als jeder Autor. Denn um Autoren ging es im „Literarischen Quartett" noch nie. Übrigens auch nicht um Literatur, wenngleich es oberflächlich danach aussehen mag. Komplizierte Gedankengänge, differenzierte Argumentation, Offenlegung der Instrumentarien und Kriterien – für die Zumutungen der klassischen Literaturkritik ist das Fernsehen schlicht nicht geeignet. Und genausowenig wie Fälle bekannt sind, in denen Zuschauer durch den Einfluß des Medien-MRRs flugs zu Lesern mutiert wären, dürfte der einschläfernde Genuß von Literaturblättern mit den knalligen Vergnügungen des Fernsehliteraturzirkusses kompatibel sein.

So findet hier im besten Fall noch eine Art Wortwarentest statt. Eine wirklich wichtige Funktion hat unser wackerer Wirtschaftslenker allerdings in einer ganz anderen Branche: nämlich in der Psycho-Ökonomie der Deutschen. Der Medien-MRR und seine eifrigen Getreuen Hellmuth Karasek und Sigrid Löffler beliefern uns in ihrem bereits 1988 erfundenen ersten Reality-TV-Programm im deutschen Fernsehen mit außergewöhnlich kostbaren Gütern in dieser blutarmen Zeit: mit echter Grausamkeit, öffentlichen Autodafés, Hinrichtungen, Schauprozessen, mit der Gelegenheit zu ausgiebiger Schadenfreude und ungezügeltem Ressentiment.

Kurz: Der Medien-MRR verhilft uns zur Befriedigung der atavistischsten Bedürfnisse im Zeitalter von Rechtsstaat und Deo-Roller, offenem Strafvollzug und schmutzabweisender Auslegeware. Atavismus freilich in seiner zivilisiertesten, ja kultiviertesten, um nicht zu sagen sublimiertesten Form. Nicht umsonst tobt er sich hier ausgerechnet auf dem Feld der Literatur aus. Wo das Dichten bei Freud die klassische Form der Überführung primitiver Triebregungen in sozial hochwertige Tätigkeiten darstellt (= Sublimation), ist das Richten beim MRR die mediale Form der Transformation schlichtester Instinkte in Fernsehsendungen, die auch bei Zahnärzten, Rechtsanwälten und Bauingenieuren anerkannt sind.

Noch einen entscheidenden Vorteil hat die Literatur gegenüber allen anderen denkbaren Themen, die in den Talkshows und Fersehdiskussionen Gegenstand medialer Kontroversen werden können. Selbst bei der medienwirksamsten Schlachtung von korrupten Politikern oder bei der Geißelung unsinniger Verkehrsprojekte geht es letztlich doch immer noch um unsere Steuergelder, unsere Umwelt etc., also um irgend etwas, das am Ende der Kette dann doch wieder uns selbst und den Lauf der Welt betrifft. Dies stört das reine ästhetische Vergnügen oftmals empfindlich. Selbst das derzeit so sehr beliebte Stasi-Schauspiel mit den bewährten Elementen Anklage, (verweigerte) Reue und (verweigerte) Absolution krankt bisweilen noch an zuviel Realitätsgehalt.

Aber worum geht es bei der Diskussion über Literatur? Um nichts. Rein gar nichts. Es geht um die pure Lust am Gesellschaftsspiel, dessen Reiz sich dadurch erhöht, daß es nicht in einer völlig abstrakten Sphäre stattfindet, sondern im Hintergrund immer wieder eine reale Person, nämlich der Autor, aufblitzt.

So gibt uns der Medien-MRR einen wild fuchtelnden, augenrollenden, angeekelten Chefankläger, wie er im wirklichen Leben seit den Tagen von Hilde Benjamin finsteren Angedenkens selbst jenseits des Eisernen Vorhangs ausgestorben war. Der Figur des Chefanklägers eignete immer schon eine schnarrende Stimme, die wieder und wieder dieselben Stereotypen („Ganz und gar mißlungen", „keine Literatur", „es gibt keinen guten Roman, der dicker ist als 500 Seiten") aus dem selbstverfaßten Gesetzeskanon abspult, und diese mit herablassenden Anreden („mein Liiiiieber") situativ unterfüttert.

Zum Schauspiel gehören auch die beiden Adepten, die dem Chefankläger assistieren dürfen und von Zeit zu Zeit von diesem abgewatscht werden müssen, sowie der arme Volontär, der, stellvertretend für alle Unbescholtenen, nur ein einziges Mal den Höllenkreis zu Lebzeiten betreten darf – und alsbald sieht, was er davon hat, und lernt, daß man das Schicksal nicht fürwitzig herausfordern sollte.

Der Schauprozeß braucht natürlich Zuschauer. Stumme Stimmungsmacher, die weder das Recht zu reden noch die Pflicht zum Helfen haben. Denn der ästhetische Genuß an der Katastrophe kann sich erst einstellen, wenn man vom Handeln entbunden ist. Wichtig ist, daß das Tribunal „wirklich" stattfindet, „authentisch" ist. Denn Schauder stellt sich nur durch Authentizität ein. Im Fernsehen heißt „wirklich" und „authentisch" immer „live". So sendet das „Literarische Quartett" „live aus Salzburg", „live aus Augsburg", „live aus Schönbrunn", „live von der Buchmesse" oder von sonst einem behaupteten realen Ort, obwohl dieser Ort ansonsten nicht die allergeringste Rolle spielt und die Sendung genausogut zu irgendeiner Zeit in irgendeinem anonymen, unwirklichen, unauthentischen Studio hätte aufgezeichnet werden können.

Und dieses so ausgeklügelte Setting zur Erhaltung unseres kollektiven psychischen Gleichgewichtes verdanken wir eben unserem Medien-MRR. „Hinrichtung eines Dichters" titelte „DIE WOCHE". „Die Zeit" machte am selben Tag mit der Schlagzeile „Land der Henker" auf. „Die Zeit" meinte China, „DIE WOCHE" Günter Grass. Im Land der Dichter kann man Hinrichtungen, inzwischen, überleben. Im Land der Henker nicht.

aus: Die Woche, 1.9.95

Das Brot der späten Jahre

Wie **GÜNTER GRASS** *im Urlaub der Leibhaftige in Gestalt des Kritikers Reich-Ranicki erschien*

VON JÜRGEN SCHREIBER

Allenfalls der Schrei der Bekassine unterbricht die klösterliche Stille am dänischen Urlaubsort von Günter Grass. In Sichtweite des reetgedeckten Fachwerkhauses bei Ulvshale Sommerweiden, sanfte Dünen, die „matt anschlagende Ostsee". Eine Idylle mit Dichter. Die letzte Rose glänzt am Stock.

Eben bricht der berühmteste deutsche Autor aus dem Unterholz. Der Romancier trägt blaue Arbeitshosen, Gummistiefel, eine verschossene Joppe. Er kommt vom Brombeerpflücken, bringt Ehefrau Ute die gefüllte Kanne. Sieht so ein am Boden zerstörter Künstler aus, dessen Buch der vom „Spiegel" einmal als böser Hund karikierte Marcel Reich-Ranicki justament verrissen hat? Grass überlebt, geht querfeldein.

Die schönen Tage in Mön sind nun zu Ende. Daheim tobt der Feuilletonisten-Kampf. Via „Spiegel"-Titel erschien ihm der selbsternannte Literaturpapst wie der Leibhaftige im schönen

Ferienversteck. Grass fing mit der Lektüre von Ranickis Fundamentalkritik an, gab auf: „Der heuchlerische Ton war mir zuwider.“ Das in die persönliche Anrede („Mein lieber Günter Grass“) gekleidete Pamphlet nennt er eine „Trivialvariante“ von Cäsars doppelzüngiger Rede „Und Brutus ist ein ehrenwerter Mann“. Umarmung zum Zwecke des Meuchelns. Jetzt straft er den Kontrahenten in knapper Beiläufigkeit ab, spricht wie von einem Namenlosen, äußert vage: „Dieser Frankfurter Kritiker“. Der Poet weicht auf das unbestimmte „er“ aus, ignorierte selbstverständlich das Dingsbums-Quartett im ZDF. Nun doch einigermaßen in Rage, beklagt der 67jährige „Enge und Dürftigkeit“ von „ihm“, also Reich-Ranicki, hegt die Hoffnung, ein Beherzter möge sich finden, dem Journalisten „den Pfusch in seinem Handwerk nachzuweisen“.

Im gleichen Atemzug erledigt der gebürtige Danziger das Hamburger Zentralorgan gleich mit: „Für mich gibt es dorthin keinen Kontakt mehr.“ Eine Sperrklausel, die sich – bitte, bitte! – nicht auf „Spiegel“-Chef Augstein beziehen möge. Denn wer sonst als Grass machte den „vom Weltschmerz gerittenen Rudi“ unsterblich, ließ ihn durch die „Hundejahre“ irrlichtern, dieses „kleinste und feinste Herrchen ..., das verschüchtert an den Fingernägeln kaut und gar nicht vortreten mag“.

Günter Grass sitzt in der mit eigenen Aquarellen gepflasterten Stube. Ein Museum seiner selbst. Jahrzehnte übte sich der Künstler nicht mehr in dieser Maltechnik. Jetzt half ihm die wiedergefundene Freude am Farbenspiel, nach Abschluß des Romans „nicht in das sonst übliche Loch zu fallen“. Mehr noch: Über die Palette auffallend warmer Töne, mit der er Wald und Flur einfing, kommt er auf sein Befinden zu sprechen: „Ich bin bester Dinge!“

In der linken Hand die unvermeidliche Pfeife, mit der Rechten Streichhölzer akkurat nebeneinander legend, fühlt er sich zu solcher Klarstellung herausgefordert. Er weiß, der mehr graue als schwarze Schnauz verführt jetzt erst recht dazu, Melancholie in seine Miene hineinzudeuten. Tatsächlich gibt der traurig hängende Bart dem Gesicht eine Schwere, die dem Körper nicht entspricht und ausreicht, ihm telegenen Verdruß anzudichten. Er selbst, der das Mürrische und Kauzige durchaus kultiviert, charakterisiert sich als „lebenslustigen Pessimisten“. Insoweit mißtraute er den Vorschußlorbeeren nach der ersten Lesung von „Ein weites Feld“. Das Raunen über das zu Gehör gebrachte, sagt Grass, nahm er kopfschüttelnd zur Kenntnis: „Es sind doch bloß eineinhalb Kapitel von 784 Seiten gewesen.“ Ihm schwante: „Hier wird etwas möglichst hoch gespielt, weil man es dann um so tiefer reißen kann.“

Wohl im nachhinein eine Relativierung der freudigen Zuversicht, die ihn in Wahrheit beseelt haben dürfte. Sie mildert Verstörung, Enttäuschung über die fast einmütige Ablehnung des Romans. Nach dem Vorab-Echo durfte er aber zumindest auf Gewogenheit rechnen. Grass' nun (über-)betonte Skepsis zeugt genau von jenem dunklen Grundton, den er im Lichte des Streits für seine Person gern abgeschwächt sähe, obgleich er eine starke Inspirationsquelle bedeutet. Auf fast rührende Weise bemüht er sich so zum Ausklang des im

Mißvergnügen endenden Sommers, die fatale Situation ins Leichte zu wenden, ihr das ganz Schwere zu nehmen. Nur nicht in Selbstmitleid ausbrechen, die ratlose Betroffenheit verbergen, an der sich Gegner bloß weiden würden. Negative Urteile, zumal dieser Schärfe, rühren ans Existentielle. Schon aus Trotz hielt er am Urlaub fest, ging weiter in die Pilze.

Im ersten Schock hatte die Entfernung zur Heimat eine Schutzfunktion. Aber dann verstärkte das Inseldasein die örtliche Betäubung; ein Moment der Wehrlosigkeit, Isolation des im Wortsinn Betroffenen. Das will etwas heißen bei dem Einzelkämpfer. Vom Naturell her nie auf Harmonie gestimmt, provozierte er lustvoll, polarisierte, erfuhr bei schwankendem Marktwert die gesamte Gefühlsskala von „devoter Bewunderung über Neid bis Haß".

Robustheit nach außen ist das eine. Innere Pein über rüde Attacken das andere. Lobt und liebt ihn denn gar niemand? Er springt vom Tisch weg, greift gierig nach Zeitungen, blättert, überfliegt Schlagzeilen auf der Suche nach seinem Namen. Eine unübersehbare Kränkung treibt den Solisten um. Was Wunder bei der ungeheuren Spannung, die in ihm nach der Manuskriptabgabe gewesen sein muß.

Seit 1986 trug er sich mit der Idee des Fontane-Buches. Die Wiedervereinigung gab Datum und Ort für den Stoff. Fünfjährige Fron schloß Grass „mit dem Gefühl ab, das Letzte gegeben zu haben". Ein gutes Gefühl. Nach der Anstrengung fiel er krank ins Bett. Nun formuliert er selbst das Lob, nach dem er sich wie jeder Schaffende verzehrt: „Ich bin sicher, mit diesem Werk etwas Bleibendes geschaffen zu haben." Und: „Das Buch wird von den Lesern getragen, nicht von der Kritik oder von Leuten, die sich als Kritiker ausgeben." Eine Form der Suggestion. Damit beendet er für sich die Debatte mit den Frankfurter Schatten, schnaubt mit mühsam gezähmter Wut: „Ich rede nur noch über das Buch, nicht über Medienereignisse."

Mag Grass im stillen Kämmerlein zwischen Ernüchterung und Hochgestimmtheit schwanken, öffentlich will er sich als der Alte zeigen: aufrecht, streitbar, abwehrbereit. Ehrlich gesagt heißt es Reich-Ranicki auch etwas viel Ehre antun, ihn zur Gegenfigur des Bestseller-Autors aufzublasen. Besagtes Magazin schmückte die Rezension ja selbst mit dem deutungsfähigen Satz: „Der Chefkellner der Kritik serviert diese Woche im ‚Spiegel'." Ober bedienen mit dem Gewünschten. Wer hat das jüngste Gericht bestellt?

Nun könnte man es bei Hans Magnus Enzensbergers Trost bewenden lassen, literarischer Rufmord zähle nicht zu den „aussichtsreichen Verbrechen". Der Fall ist aber komplizierter gelagert, weil Grass der lebende Beweis für grandiose Irrtümer des unfehlbaren Großkritikers ist. Im Frühjahr 1958 lernte der Dichter den damals noch in Warschau lebenden Ranicki kennen. Nach seiner Flucht in den Westen tauchte der Aufstrebende im gleichen Jahr bei der Gruppe 47 auf. Tagung in Großholzleute. Der herrlich junge, wilde Günter in der ersten Reihe. Marcel unter ferner liefen. Damals „umgänglich, ansprechbar", erinnert sich Grass. Er liest aus der „Blechtrommel", erntet Ovationen. Gleichwohl lamentiert der Präzeptor in seinen Seufzerspalten: „Der Einfall ist nicht übel, leider vermochte Grass nicht viel aus ihm zu machen."

Seit dem krassen Fehlurteil ist der Serientäter im Grunde in arger Beweisnot, las Grass-Titel als Einladung zur Enthauptung, erprobte am Star Allmachtsphantasien. Über den Zusammenprall zweier dünnhäutiger Egomanen hinaus (ihre Handschrift gleicht sich verdächtig) eine sehr sentimentale Geschichte. Es ist *auch* der verdeckte Kampf des früheren Genossen Marcel mit dem linken Günter. Reich-Ranicki mochte seine Vergangenheit als glühender Kommunist, Tarnname u. a. „Fontane", verdrängen. Grass beharrt auf unzeitgemäßen Utopien, leidet mit jugendlichem Zorn, zuweilen mit penetrant gutem Gewissen an der Gesellschaft.

Ach, könnte Grass im Gegner doch bloß den Talkmaster sehen, für den er ihn hält. Ach, stimmte doch, was sein Stolz behauptet: „*Er* kann mich nicht mehr verletzen." Aber ein paar Mal zu oft hat er um ihn gebuhlt, ihn – „mein lieber Freund" – umschmeichelt, Trefferwirkung gezeigt, hinter Widerborstigkeit Sehnsucht nach Zuneigung versteckt. Die Wunde brennt heute um so stärker, da es ruhiger um den Unkenrufer geworden ist, gleich ob er mit dichterischer Freiheit die Einheits-Duselei stört oder romanhaft Finales wie die Öko-Krise („Die Rättin") abhandelt. Eine gewisse Müdigkeit, Desillusionierung ob der „Mühe der Vergeblichkeit" ist beim Aufklärer nicht zu übersehen. Viele Rückbezüge auf sich selbst belegen im „Weiten Feld" eine Form von Vereinsamung. Auf einem anderen Blatt steht, daß er seit dem „Blechtrommel"-Welterfolg „den Ruhm als Untermieter beherbergt": Mit 32 Jahren dazu verdammt, ein Leben lang hinter dem phantastischen Anspruch herzuschreiben, brachte er sich um die eigene Zukunft.

Zum Schluß findet Grass kampferisch aus den Stimmungsbrüchen verspricht für die Rückkehr: „Ich stelle mich der Sache!" Allein auf weiter Flur?

aus: Die Woche, 1.9.95

Mit Günter Grass verteidigt die konservative Linke sich selbst

Das Boot ist leer

Es war vorherzusehen. Das Buch wird zum Politikum, denn der Autor heißt Grass: manchen fast ein Staatsdichter, für den die „Tagesthemen" kostenlose Werbung machen und Kulturminister Empfänge vorbereiten.

Nicht der mißlungene Roman sei der eigentliche Skandal, rufen seine Freunde, sondern die Kritik: eine „Hinrichtung des Dichters", bei der das vernichtende Urteil über den Literaten den Bürger Grass gleich mit erledige – eine totale Plattmache eben, um im Fonty-Stil zu sprechen. Aber läßt sich Grass, der Einmischer, tatsächlich retten, auch wenn Grass, der Erzähler, versagte?

Grass klebt an primitiv zurechtgestutzten Denkmustern aus der jungen Bundesrepublik und behauptet sie um so penetranter gegen das reale Leben, je mehr er spürt, daß die Entwicklung ihn links liegenläßt.

Insofern ist der Schriftsteller gescheitert, weil der Bürger verstockt war: mißtrauisch gegenüber Neuem, äußerst selektiv in der Wahrnehmung, eingeschnürt in ein starres, konservativ linkes Weltbild. Wie hätten seine Charaktere *leben* können?

Wer – wie auch Gunter Hofmann in der ZEIT – den Bürger Grass dennoch, ohne nach dem Inhalt zu fragen, für die Einmischung als solche lobt, macht die Sache im Grunde noch schlimmer. Denn das Urteil über einen Autor, dem nichts als guter Wille bescheinigt wird, lautet im Grunde unbarmherzig: Dahinter steckt nichts mehr.

Mit Grass verteidigt die konservative Linke sich selbst: Der Einheit konnte und kann sie nichts abgewinnen, denn bei „Nation" und „Deutschland" assoziiert sie sofort den unaufhaltsamen Aufstieg eines Großdeutschlands. Doch 1989 war eben nicht 1871. Die Einheit kam nicht mit dem Schwert und nicht von oben. Sie war friedfertig und wurde von unten initiiert. Alles bedeutungslos?

Auch für mich stand der Feind in den sechziger Jahren rechts (saßen doch allzu viele Altbraune unangefochten in hohen Positionen), und die Grenze zwischen Demokratie und Nationalsozialismus schien fließend. Eben: „Kapitalismus führt zum Faschismus, Kapitalismus – muß weg!"

Inzwischen ist der Kommunismus zusammengebrochen, und allen Unkenrufen zum Trotz hat das bundesrepublikanische System weder zu rechter Radikalisierung noch zum Streben nach europäischer Vorherrschaft geführt.

Doch Grass und seine Verteidiger pressen die Welt weiter in alte Schablonen. Dazu muß die Rechte dämonisiert werden und die Linke unschuldig bleiben, Antifaschismus vor Antitotalitarismus rangieren.

Wer von diesem Grundkonsens abweicht, wird unter moralischen Rechtfertigungsdruck gesetzt: als würde er ein von Auschwitz geprägtes Denken preisgeben. Warum muß – wie Klaus Staeck mit einer Gegen-Collage zum *Spiegel*-Titelbild suggeriert – bei der Bücherverbrennung landen, wer einen Roman „zerreißt"?

So maßlos waren selbst nicht die scharfzüngigsten Kritiker im Umgang mit Grass. Ohne Maß hingegen sind die Verteidiger seiner ignoranten Verstocktheit, die die DDR zu einer kleinbürgerlich-„kommoden Diktatur" verklärt, während das neue demokratische Deutschland so unerträglich ist, daß man auswandern muß.

Nein, wir Altlinken sitzen schon lange nicht mehr in einem Boot. Wer die Moral der nationalen Enthaltsamkeit predigt, muß sich fragen lassen, wie er es mit den Freiheitsrechten der Ostdeutschen hält.

Wir sind auch nicht alle an der Einheit gescheitert. Viele haben sich trotz Schwierigkeiten längst auf die offene See hinausgewagt.

Die konservativ Linken hingegen, aus Angst vor dem schwankenden Boden, haben noch nicht einmal losgemacht. Statt mit dem Finger auf jene zu zeigen, die die Herausforderung angenommen haben, sollten sie sich endlich selbst an das Umdenken wagen. *Helga Hirsch*

aus: Die Zeit, 1.9.95

Fernseh-Kritik

Keine Manieren!

ZDF, Donnerstag, 24. August:
„Das literarische Quartett"

Manieren sind nötig. Aber in den schönsten (auch wohl den schlimmsten) Augenblicken unseres Lebens zählen sie nicht.

Das gilt auch fürs Fernsehen. Kunstreiche Produktionen werden vergessen – aber wie Friedrich Nowottny in jener Wahlnacht nicht wußte, daß er auf Sendung war, und laut fluchte, daran erinnern sich alle. Der Augenblick der Wahrheit ist nun mal wundervoll (oder auch schrecklich), im Leben wie auf dem Schirm. Seine Faszination erschlägt jede Inszenierung.

Der Erfolg des „Literarischen Quartetts" beruht – zum Teil – darauf, daß die vier, angestiftet von ihrem Primgeiger Marcel Reich-Ranicki, immer mal wieder ihre Manieren vergessen. Es wird gepoltert, gestöhnt, gedroht. Es wird gefuchtelt, gehöhnt, geschäumt. Darf das sein? Hat sich nicht diese Sendung, spätestens nach der letzten Folge, durch ihre Disziplinlosigkeit selbst disqualifiziert? Darf die Literatur, der es ziemt, gelesen, begriffen, geliebt, aber auch kritisiert und abgelehnt zu werden, Objekt verbaler Schlägereien sein?

Sie darf. Sie sollte sogar. Genau das, was Reich-Ranicki und Hellmuth Karasek im neuen Grass-Roman „Ein weites Feld" vermißten, das Leben selbst mit seinen Augenblicken, in denen es keine Manieren kennt, fuhr in die TV-Runde, als Grass zur Sprache kam. Es ging hoch her.

Sigrid Löffler klagte, hier ganz Dame von sozusagen rollentraditionsbewußtem Format, Manieren ein. Vergeblich. Der Augenblick der Wahrheit war stärker. Er bestand in der fast rührenden Fassungslosigkeit, mit der Reich-Ranicki und Karasek danach fragten und darüber klagten, wie es geschehen könne, daß ein Vollbluterzähler wie Grass ein dickes, verquastes Traktat als Roman ausgebe.

Man muß unterscheiden: Das berüchtigte „Brüll-TV" der Privatkanäle bietet Debatten, in denen naive oder wichtigtuerische Kontrahenten von geschickten Diskussionsmanagern in eine künstliche Rage getrieben werden – nur damit die Post abgeht und das Publikum den Eindruck hat, Zeuge bei Schöpfung und Ausdruck starker Emotionen zu sein. Jedoch kann es ganz gut zwischen Schaum und Substanz unterscheiden. Getue führt zum Überdruß. Nur wirkliche Leidenschaft bannt. Daß Reich-Ranicki ein passionierter Literaturkritiker ist, spricht ihm niemand ab. Daß er diese seine Position mit Stimme, Mimik und Körpersprache unmittelbar (Fernseh-) Show werden lassen kann, ist eine zusätzliche Gabe, die seinem Quartett die Quote sichert.

RRs Entsetzen und natürlich auch seine Begeisterung, Karaseks Empörung und sein Entzücken – die sind immer aufrichtig und hundert Prozent TV-kompatibel. Natürlich läßt sich das für Sigrid Löfflers Mahnung zu Besonnenheit und Fairneß gleichfalls sagen – ohne den gestrengen mütterlichen Widerpart kämen die verspielten Buben nur halb so gut zur Geltung. Aber Film und Fernsehen arbeiten nun mal am erfolgreichsten mit dem Rohstoff Emotion. Will man die Literatur, die von der Reflexion des Gefühls lebt und insofern intelligibler ist als der Film, im Fernsehen verhandeln, muß man trotzdem den Gesetzen des Bildmediums folgen. Und immer mal die Manieren Manieren sein lassen.

Barbara Sichtermann

aus: Die Zeit, 1.9.95

Thomas Rothschild

Zerreißprobe

Die Medien und Günter Grass

Der Skandal um den neuen Grass-Roman ist in erster Linie ein Medienskandal: ein weiterer Schritt hin zu einer Publizistik, die all das, was Kunst und Literatur ausmacht, preisgibt zugunsten auflagensteigernder Sensationen. Die Ersetzung der Kritik durch die geile Story, der analytischen Auseinandersetzung durch den Krawall hat einen neuen Höhepunkt erreicht.

Man darf schon unterstellen, daß eine lautstarke Abmahnung an einen Schriftsteller, dessen Ansichten quer liegen zum gegenwärtigen Konsens – von political correctness und ihrem Tugendterror spricht in bezug auf jene, die Grass nun mores lehren, bezeichnenderweise niemand –, einigen besonders bösartigen Schlachtern gelegen kam. Aber darauf läßt sich der Vorfall nicht beschränken. Doch was immer gegen die Ausbeute von fünf Jahren Arbeit eines Mannes, dessen Verdienste um die deutsche Literatur niemand ernsthaft bestreitet, gesagt werden kann: es muß das Ergebnis sorgfältiger Beschäftigung sein. Und die wird unmöglich gemacht, wo Konkurrenzkampf mehr wiegt als Literatur. Wer über Literatur berichtet wie über den mit Spannung erwarteten Ausgang eines Tennisturniers, kann einem komplexen ästhetischen Gebilde nicht gerecht werden.

Andere Bereiche des Kulturjournalismus sind vorausgegangen. Ein Hollywoodfilm, der alle bisherigen Produktionskosten schlägt, interessiert unabhängig von seiner Qualität mehr als ein kleiner Film aus einem kleinen Land, der die Filmästhetik möglicherweise revolutionär verändert. Eine belanglose Teenie-Band, die ihren Sänger verliert, füllt weitaus mehr Seiten und Sendeminuten, als ein atemberaubender Musiker und seine Musik. Grass wurde nicht zum Thema, weil er einer der bedeutenden Schriftsteller unserer Gegenwart ist, sondern weil vorzeitig verlautete, daß ihm ein prominenter Verriß drohe. Daß man ihn spektakulär »durchfallen« ließ, daß einem Menschen zusammen mit seinem Buch seine Existenz als Künstler in Frage gestellt werden sollte, machte *Ein weites Feld* zu einem »Ereignis« und damit zu einem Leckerbissen für die Medien.

Die Fixiertheit auf Storys, die man den konkurrierenden Medien wegschnappen will – so wie die Fernsehanstalten um die Senderechte für Fußballweltmeisterschaften konkurrieren – führt zu einem Verfall dessen, was man als die »guten Sitten« bezeichnen konnte und bislang nur vom Boulevard mißachtet wurde. Der Verlag hatte eine Sperrfrist für Rezensionen angeordnet. Man kann über den Sinn solcher Anweisungen streiten. Jedenfalls wurden sie bisher in der Regel respektiert. Sie sorgten für Chancengleichheit – und im übrigen dafür, daß die Bücher im Handel erhältlich waren, wenn die ersten Besprechungen erschienen. Diesmal, angetrieben vom *Literarischen Quartett* und vom *Spiegel*, überholten die Medien sich gegenseitig. Zu wessen Nutzen? Der seriösen Auseinandersetzung mit Literatur frommt solche hektische Eile gewiß nicht.

Ein weites Feld ist der bislang auffälligste, keineswegs aber ein Einzelfall. Der jüngste Roman von Gerhard Roth, *Der See*, hat in Österreich lange vor Drucklegung Aufsehen erregt, weil es darin ein Kapitel gibt, in dem ein Attentat auf den »Hoffnungsmann« versucht wird, der unschwer als der populistische Führer einer aufwärtsstrebenden österreichischen Partei zu identifizieren scheint. In Österreich war es die Zeitschrift *News*, die unter Mißachtung der Sperrfrist mehrfach von dem Roman berichtete – und andere Medien zogen im zunehmend härteren Konkurrenzkampf flugs nach. Konkurrenz bewirkt, wie auch die Entwicklung seit der Einführung des kommerziellen Fernsehens in Deutschland beweist, keine Qualitätssteigerung, sondern eine Nivellierung nach unten.

»Jetzt ist alles erlaubt«, sagt der Freund des Bräutigams, als dieser in Brechts *Kleinbürgerhochzeit* seinen Rock auszieht. Jetzt ist im Journalismus alles erlaubt. Vereinbarungen gelten nicht mehr, Fairneß wird wieder zum Fremdwort. Auf der Strecke bleiben dabei der Journalismus selbst und jene, denen er – unter anderen – traditionell diente, statt sie zu schlachten: die Schriftsteller und ihre Bücher.

aus: Freitag, 1.9.95

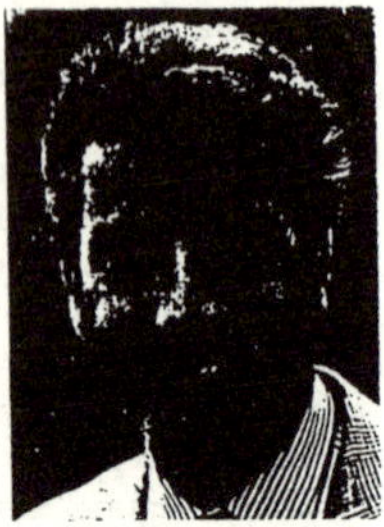

Johannes Willms, einst Erfinder des „Literarischen Quartetts", heute Feuilleton-Chef der „Süddeutschen Zeitung"

Unter beifälligem Gelächter vernichtet

Liebe Leserin, lieber Leser,

nein, das hat es in all den Jahren, in denen das „Literarische Quartett" über neue Bücher auf zumeist unterhaltsame Weise urteilte, noch nicht gegeben. Diesmal wurde nicht gerichtet, es wurde vernichtet. Und dies nicht nur gnadenlos, sondern auch noch mit jener Häme, die mit Lust grausam ist. Ja, fast mochte es den Anschein haben, als gelte, nur geringfügig abgewandelt, das schreckliche Wort Heinrich v. Kleists: Schlagt ihn tot/das Weltgericht fragt euch nach den Gründen nicht.

Die Literaturkritik in Deutschland spielt sich derzeit als dieses Weltgericht auf. Ihr Opfer heißt Günter Grass und das ruchlose Verbrechen, dessen er sich schuldig machte, ist sein Roman „Ein weites Feld". Wer aber nun erwartet hatte, daß wenigstens das „Literarische Quartett" sich dieser Instanz, in der aparterweise auch BILD mitwirkt, verweigern oder sich wenigstens um Milde und Differenzierung bemühen würde, der sah sich arg enttäuscht.

Gewiß, Marcel Reich-Ranicki konnte seinem zu Wochenbeginn im SPIEGEL veröffentlichten Verriß nicht geradezu widersprechen. Aber dennoch hätte er sich des Umstands bewußt sein müssen, daß eine Wiederholung dieser vernichtenden Kritik in unvermeidlich verknappter, zugespitzter Form diese noch mehr verschärfen würde. So bot sich einem der zutiefst verstörende Anblick, daß einer, der schon leblos am Boden liegt, noch mit Fußtritten unter dem beifälligen Gelächter der Studiogäste mißhandelt wurde.

Eine Kritik aber, die ihre Aufgabe so maß- und rücksichtslos versieht, wird die berauschenden Scharfrichterwonnen, denen sie damit ebenso hemmungslos wie wohlfeil frönt, über kurz oder lang mit dem Verlust ihrer Glaubwürdigkeit bezahlen müssen. Ein erstes Anzeichen dafür ist, daß keines der weiteren Bücher, von denen die Rede war, in Erinnerung geblieben ist.

Ihr 

aus: Gong, 1.9.95

September-Kolumne

Kronzeuge: Interview mit Theodor Fontane

„So haben wir den Kladderatatsch, und von Erfreulichem kann kaum noch die Rede sein.“ Oder: „In Anschauungen bin ich sehr tolerant, aber Kunst ist Kunst. Da versteh ich keinen Spaß.“ So wettert nach all dem Trubel um Günter Grass und seinem Haupt-Kritiker Marcel Reich-Ranicki ein unmittelbar Betroffener und doch ganz und gar Unbestechlicher: der Dichter Theodor Fontane. Bisher immer nur benutzt und erwähnt als verballhornter Hauptdarsteller des Grass-Romans „Ein weites Feld“ oder als Kronzeuge der Literaturkritik, sagt er jetzt erstmals exklusiv in unserer Zeitung seine Meinung dazu.

Wie beurteilen Sie das Geschrei um „Ein weites Feld“; schließlich sind Sie selbst nicht nur ein berühmter Dichter, sondern ein ebenso renommierter Kritiker?

Das alles sind Schimpfereien und Ulkereien, als Ulk zum Teil sehr gut, aber, auf das Eigentlichste hin angesehen, oberflächlich und böswillig, entweder ohne jedes wahre Kunstverständnis geschrieben oder unter

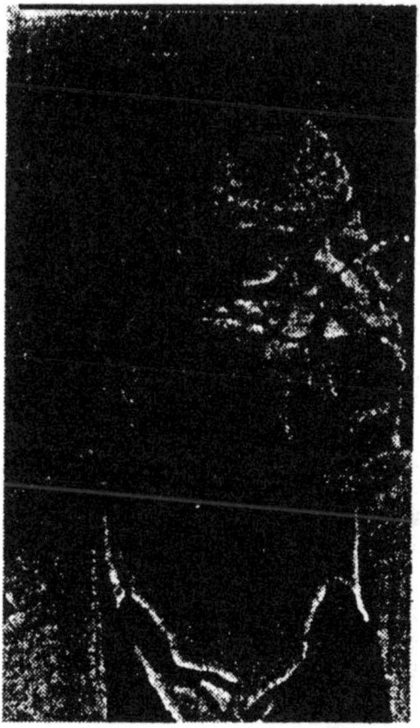

Für Rache ist gesorgt: Günter Grass. Foto: dpa

Zurückdrängung aller besseren Einsicht.

Grass' Roman rief eine Flut von Rezensionen hervor. Früher gab's nicht so viele Kritiker. Ihre eigenen, heute weltberühmten Bücher wurden zum Teil überhaupt nicht besprochen.

Deutschland ist jetzt überflutet von diesen bornierten Subjekten, die, weil sie drei Examina bestanden und einige Literaturkapitel auswendig gelernt haben, der deutschen Nation beibringen wollen, wie Kunst und Dichtung beschaffen sein müsse... Moderne Bildungsscheusäler, denen jedes natürliche Gefühl, wenn sie's je hatten, abhanden gekommen ist. Sie wollen fördern und verwüsten alles.

Günter Grass hat Sie quasi zur Hauptfigur seines Romans gemacht, und nun prasselt es Verrisse. Hat Sie das sehr getroffen?

Daß ich das alles gleichgültig hingenommen hätte, kann ich nicht sagen, ich hatte darunter gelitten, aber andrerseits darf ich doch hinzusetzen: Ich habe nicht *sehr* darunter gelitten. Und das hing, und hängt noch, damit zusammmen, daß ich immer einen ganz ausgezeichneten Sinn für *Tatsächlichkeiten* gehabt habe. Ich habe das Leben immer genommen, wie ich's fand und mich ihm unterworfen. Das heißt, nach außen hin; in meinem Gemüte nicht.

Nach dem spektakulären Mediengeschrei: Wie beurteilen Sie, ganz allgemein, den Zustand der Kritik?

Die Unsicherheit des menschlichen Urteils ist eben sehr groß, weil wir –

Kladderadatsch: Theodor Fontane. Foto: Archiv

Menschen sind. Am schlimmsten steht es damit in Deutschland, weil das Urteil des Deutschen am meisten abhängig ist von Dingen, die mit der *Kunst* gar nichts zu schaffen haben. Ein Buch wird danach beurteilt, ob es lutherisch oder calvinistisch oder jesuitisch, ob es loyal oder oppositionell, ob es preußisch oder österreichisch ist. Im Deutschen, ein paar Ausnahmen zugegeben, lebt keine Spur von Kunstgefühl.

Überall wird er als Literaturpapst apostrophiert.

Was sagen Sie zu Reich-Ranicki?

Er ist ein Agitator; als solcher ganz vorzüglich befähigt.

Und wie finden Sie das Buch von Günter Grass?

Im Ganzen glänzend, im Einzelnen jämmerlich. Dennoch: Nichts komischer, als solchen Arbeiten gegenüber von dem Verfall deutscher Dichtung, von der Oberflächlichkeit moderner Produktion sprechen zu hören! Das Umgekehrte ist richtig; nie ist sauberer, sorglicher, liebevoller gearbeitet worden. Wenn er's trifft, trifft er besser als andere. Zugegeben: seine Schüsse gehen aber auch häufig total vorbei. Und doch ist es ein gutes Buch, ein Leben. Einzelne werden sich noch drum kümmern und dran erfreuen, wenn der Dreck, der jetzt den Tag regiert, längst vergessen ist.

Kennen Sie Grass persönlich?

Mit ihm hätte ich gern Freundschaft geschlossen, denn er ist in meinen Augen der bedeutendste deutsche Erzähler.

Welchen Rat würden Sie Grass geben, der jetzt gekränkt auf seiner Insel sitzt?

Wer Adler spielen will, darf nicht in Sorge sein, ob ihm sein Meisennest zerpflückt oder zertreten wird. Glücklicherweise gibt es so viele niederträchtige und grundgemeine Schriftsteller, daß für Rache einigermaßen gesorgt ist. **Sabine Dultz**

aus: Münchner Merkur, 1.9.95

Oberlehrer Grass

Von Rolf Waldvogel

Eigentlich wäre man jetzt gerne zur Tagesordnung übergegangen und hätte „Ein weites Feld“ im wahrsten Wortsinn ein weites Feld sein lassen. Aber der Streit um das Grass-Buch wird täglich ärgerlicher, und dabei spielt nun der Autor höchstpersönlich die Hauptrolle. All die Verrisse seien haßerfüllte Reaktionen auf seine im Buch geübte Kritik an der Wiedervereinigung, so tönt er allüberall oberlehrerhaft.

Lassen wir einmal dahingestellt, ob dies nicht alles auch nur zu der gigantischen Werbekampagne gehört, die für das 784-Seiten-Werk seit Monaten läuft. Und lassen wir auch einmal außer acht, daß ein Großteil der skeptischen Kritiker im gleichen politischen Lager stehen wie Grass selbst, womit der Vorwurf schlichtweg absurd wird. Der Vorgang ist noch bedenklich genug. Über die Modalitäten der Wiedervereinigung – über ihre Segnungen, über ihre Auswüchse – mag man heute durchaus geteilter Meinung sein. Und diese Meinung muß auch jeder bei uns äußern dürfen. Aber bei Grass bedarf es der Rückblende. Er stellt nicht erst heute „die Geschichtslegende von der gelungenen deutschen Einheit in Frage". Er hat nie an ein Gelingen geglaubt. Wie Abertausende deutsche Intellektuelle – aber anders als etwa Martin Walser – wurde Grass 1989 auf dem falschen Fuß erwischt. Und das schmerzte. So lief er von Anfang an Sturm. Er verstieg sich noch in den Tagen des Mauerfalls zum apodiktischen Urteil, nach Auschwitz verböte sich jede Wiedervereinigung. Er wurde nicht müde, allerorten – vor allem auch im Ausland – die These von der Schuld des Retters am Untergang des Geretteten zu verkünden. Und jetzt will er nur noch Recht haben. Auch dieses sei ihm unbenommen. Wenn er allerdings alle , die ihm nicht bis hierher folgen wollen, als eine Bande von Verschwörern abtut, dann ist das eine Ungeheuerlichkeit. Man wüßte nur mal gerne, ob er eigentlich selber an diese böse Unterstellung glaubt.

aus: Schwäbische Zeitung, 1.9.95

Günter Grass, im vergangenen Jahr mit dem Großen Literaturpreis der Bayerischen Akademie der Schönen Künste ausgezeichnet, ist im *Spiegel* von Marcel Reich-Ranicki verrissen worden – der Umschlag des Heftes zeigte den sogenannten Großkritiker in einer Photomontage, wie er das jüngste Werk des Autors mit den Händen zerreißt. Vor zwei Jahren war der für seine Verrisse berühmte Kritiker auf dem *Spiegel*-Cover noch als zähnefletschender Kampfhund erschienen, der Seiten aus einem Buch herausbeißt, eine Art Zerberus, an dem keiner vorbeikommt, bereit, was er attackiert, ins Jenseits zu befördern. Nun hat er offenbar noch einen Zahn zugelegt.

Grass in orphischer Perspektive

Sehen wir genauer hin, dann ist der Kritiker jetzt nicht nur vom Verreißen zum Zerreißen übergegangen, auch sein Opfer hat sich gewandelt – es ist nicht mehr allein das Buch, es ist zugleich die Person des Dichters, die zerrissen wird. In seiner rechten Hand schwenkt der Kritiker triumphierend den Kopf des Autors, der auf dem Bucheinband prangte.

Das eröffnet uns eine neue Perspektive. Handelt es sich hier nicht in Wahrheit um eine heimliche Hommage an den Dichter? Ist es nicht immer Orpheus, wenn einer zerrissen wird? Wir kennen das Schicksal des thrakischen Sängers, der dem Mythos zufolge von Mänaden beziehungsweise Furien zerrissen wurde, als er aus der Unterwelt zurückkehrte: es war nichts als eine Station auf dem Weg zur Unsterblichkeit. Das abgerissene Haupt des Orpheus trieb auf den Wellen der Ägäis zu den Gestaden von Lesbos und an die Küste von Smyrna, wo ihm Heiligtümer errichtet wurden und es die Sappho und den Homer inspirierte. Aber das ist ein weites Feld.

Nun sind es nicht die Furien, die Günter Grass zerrissen haben, sein Widersacher ist männlichen Geschlechts, es ist der personifizierte Furor teutonicus. An der Unsterblichkeit wird das nichts ändern. Nur in einem Punkt weicht das Geschick des heutigen Dichters von der Erzählung des Mythos ab. Wenn Orpheus sang, hörte Zerberus auf zu bellen.

wis

aus: Süddeutsche Zeitung, 1.9.95

Marketing als grassierende Plage

xb. Handelt es sich beim neuen Buch von Günter Grass um ein literarisches Jahrhundertwerk oder um ein kulturelles Fiasko? Ist ein Olympier zu bewundern, der Nobelpreisträger von morgen, wie es der Verlag blechtrommelnd verkündet, oder stimmen wir richtigerweise ein in die feuilletonistischen Unkenrufe und beklagen das Drama eines Scheiterns? Die Leserinnen und Leser müssen entscheiden. Wollen sie es, können sie es? Zwischen ihnen und dem Riesengebirge aus 100 000 Startexemplaren zu 784 Seiten sammeln sich die Experten zum Spiel von Katz und Maus. In dem Masse, wie es uns in Atem hält, hält es uns von der Lektüre ab. Bis jetzt ist für «Ein weites Feld» mehr Druckerschwärze, Bild- und Tonmaterial verbraucht worden als für den Rest der herbstlichen Novitäten.

Die Rechnung der Werbestrategen droht aufzugehen. Aus einem Manuskript haben sie zuerst notgedrungen ein Buch und dann mit Feuereifer ein medial ausschlachtbares Produkt geschaffen. Es heisst Grass. Es könnte auch Becker heissen oder Schwarzenegger, es könnte auch ein Turbo-Solarmobil sein oder ein verjüngendes Schlankheitsbier. Die Schlagzeile muss her, die Titelgeschichte, die Talk-Show, die flächendeckende Kampagne. Bücher haben nicht mehr ihr Schicksal, sondern ihr Marketing. Keine Warnung kommt dagegen an, kein Tadel. Jeder Einwand nützt, ob er will oder nicht, der verlagskommandierten «Operation G.»; auch diese Fernsehbesprechung ist letztlich ein kostenloses Inserat im kostbaren redaktionellen Teil. Das haben wir nun davon, dass wir nicht mehr lustvoll aus eigenem Antrieb lesen, sondern lieber in die Röhre gucken.

Dort gab es den Mega-Grass bequem und an einem einzigen Abend im Überfluss. Das *«Literarische Quartett»* knöpfte ihn sich vor, Adalbert Wiemers fahndete nach *«Grass Günter, Jahrgang 27»*, und Ulrich Wickert und Hansjürgen Rosenbauer setzten ihn als *«Comeback eines Abgeschriebenen»* auf einen Sessel in Fontanes Neuruppiner Wohnzimmer. Für den Verlag addierten sich so auf dem Eroberungszug in die Buchhandlungen drei unbezahlbare Werbespots zu 45 Minuten. Da spielte es nicht die geringste Rolle, dass Grossautor und Grossroman von den Grosskritikern in der Luft zerrissen und am Boden zerstört, Grass Günters Lebenslauf bloss halbbatzig zusammengeflickt und der Abgeschriebene sterbenslangweilig befragt wurde. Zufrieden darf sich der Verlag die Hände reiben. Und wir, die Leserinnen und Leser, um die sich alles dreht?

Das «Literarische Quartett» des ZDF informierte über den Inhalt – die deutsche Wiedervereinigung auf der biographischen Folie Theodor Fontanes –, legte die Struktur frei – eine Aneinanderreihung von geschwätzigen Leitartikeln – und trug ein Sündenregister zusammen von der fehlenden Erzählkunst über die verirrte historische Argumentation bis zur quälenden Sprache. Bloss die wiederholte Frage erhielt keine plausible Antwort, wie das Debakel einem Grass passieren konnte. Die verzweifelte Erörterung klang, als hätte die deutsche Nationalelf gegen San Marino verloren. Insgesamt bot die Diskussion alles, was dem Buch mangelt, und wehrte sich vehement gegen den Sand, den uns die Werbung in die Augen streut.

Welche Überlegungen hingegen die ARD anstellte, um eine missratene Neuerscheinung mit einem dreiviertelstündigen Autoren-Porträt zu zelebrieren, das sich überdies brav an Bekanntes hielt, bleibt journalistisch ein Rätsel. Es sei denn, wir nehmen die Verantwortlichen nicht vom Verdacht aus, auf den Marketing-Leim gekrochen zu sein. Das darf mit einer an Sicherheit grenzenden Wahrscheinlichkeit geschlossen werden, angesichts des Grass in der Folgesendung devot hingerückten Lehnstuhls, in dem er sich unbehelligt von Zweifeln als Dichterfürst präsentieren konnte. Dass zwei reputierte Fernsehmoderatoren wie Wickert und Rosenbauer in die Rolle der andächtigen Stichwortlieferanten schlüpften, wirkte peinlich.

Oder müssen wir annehmen, das öffentlich-rechtliche Fernsehen Deutschlands habe sich in der Stunde der kulturellen Katastrophe feinfühlig betroffen auf eine Arbeitsteilung geeinigt? Dann hätte das ZDF den journalistischen Part der kritischen Auseinandersetzung übernommen, die ARD den chauvinistischen der Schadensbegrenzung? Im Ergebnis war es nicht Ausgewogenheit, sondern Beihilfe zu jenem Marketing, das Literatur entweder für eine lesbare Form von Knackwurst hält oder für ein Weihemittel der Kulturnation. Wer die Banalisierung oder Pathetisierung erträgt, ist örtlich betäubt oder ein Analphabet.

(ARD/ZDF, 23. Aug.)

aus: Neue Zürcher Zeitung, 2.9.95

NEBENBEI

M. „R“.- R. – Beißer und Reißer

Betrachtungen über einen Kritiker

Momentan spinnen sie fast alle. Günter „Präzeptor“ Grass, größter lebender Schriftsteller deutscher Zunge, bockt, wähnt politische Verfolgung am Werk, weil sein neuer Roman „Ein weites Feld“ verrissen worden ist. Buchrichter Marcel Reich-Ranicki näherte sich dem Jahrhundertroman hinterlistig mit vergifteten Sätzen im *Spiegel*, peitschenknallend im Literatur-Wrestling des ZDF. Dann auch noch dieses Titelbild des Nachrichtenmagazins: „Reiß“-Ranikki geht dem Druckwerk sadistisch an den Leib. Und schon ist der ewig aufgeregte Graphiker Klaus Staeck zur Stelle, der die Photomontage gleich zu einem bitter klagenden Plakat verarbeitet, insinuierend, der Zerriß sei klar als Fortsetzung nazistischer Bücherverbrennung zu deuten.

Aber wer ist M. „R.“-R. wirklich? Wie wurde er zu dem, der er heute ist? Erste Ergebnisse der Forschung liegen vor. Zur Introduktion Goethe, der über sein Geburtstagsdatum (28. August) mit ins Gefecht verstrickt ward. Am 28. August sollte ja das Grass-Werk auf den Markt geworfen werden. (Es kam bekanntlich anders.) Goethe schrieb einst einen Vierzeiler mit dem Titel „M....R“ – und wir haben nicht den geringsten Zweifel, wer visionär gemeint war. Der Text:

„Etwas ist er, muß auch was scheinen,
Denn immer etwas ist der Schein;
Nun aber in der Allgemeinen
Wird er doch immer mehr gemein.“

Visionär. Das muß zu einer Zeit entstanden sein, da „M....R“ noch bei einer Frankfurter Zeitung gearbeitet hat.

Weiter. Wir schlagen *Sinn und Form* auf, die gerühmte Literaturzeitschrift der DDR, und lesen in Heft 2 des 5. Jahrgangs (1953) den legendären Aufsatz nach, den der junge Ranicki dem Dichter Erich Weinert gewidmet hat. Nach dem überschwänglichen Lob und Preis jenes heute zu Recht vergessenen Poeten heißt es erhellend: „Zitieren wir als Beispiel den Schluß des herrlichen Gedichtes über den polnischen Arbeiter Jakubowsky (...):

'Unschuldig muß er aufs Schafott
Der Pfaff vertröstet ihn auf Gott.
Der Henker still den Hals betrachtet.
Dann wird er säuberlich geschlachtet.'“

Ist es zu kühn vermutet, daß die beiden von uns zur Verdeutlichung kursiv wiedergegebenen Zeilen sich damals unauslöschlich in das Hirn des jungen Kritikers eingebrannt haben? Daß sie den hohen Rang einer Maxime erreichten und bewahrten? Diese These erhält Nahrung, wenn wir bei der von M. „R“.-R. glühend verehrten und geförderten Lyrikerin Ulla Hahn finden: „Komm beiß dich fest ich halte nichts / vom Nippen.“ Hier erscheint die Maxime in einer gleichsam ins Urbane verwandelten, weit weniger martialischen Fassung. Die Kraft des weiblichen Blicks hat sie humaner gemacht: Es wird nicht mehr geschlachtet, nur mehr fest gebissen. Wir begreifen jetzt die Botschaft des früheren Titelbilds, auf dem M. „R“.-R.“, in der Maske eines Hundes, als Beißer abgebildet war: Er ist viel sanfter geworden. Von der Faszination des Schlachtens führt sein Weg über das Beißen zum bloßen Zerreißen. Günter Grass sollte sich freuen, daß sein neuer Roman nicht ein paar Jahre früher erschienen ist. K.P.

aus: Süddeutsche Zeitung, 2.9.95

Kritiker und Autor

Geschichte einer Verwahrlosung / Von Sten Nadolny

Daß wir den Roman zur deutschen Einheit brauchen, wird noch lang beteuert und bestritten werden. Eines brauchen wir jedoch sofort: den großen deutschen Kritikerroman. Von ihm werden sogar die Rezensenten jede Seite lesen. Schlimmstenfalls nur sie.

Der Kritiker ist in der Tat eine interessante Figur, in seinem Schicksal spiegelt sich viel von dem, was uns alle bedrückt. Eine Verfilmung dürfte übrigens so gut wie unmöglich sein – der Mensch sitzt leider ständig nur da und blättert. Dazu der eintönige Monolog: „Grauenhaft. Eine Zumutung!" Nur der Roman wird begreiflich machen, was dem Kritiker widerfahren ist und ob ihm noch zu helfen wäre.

Personen, Handlung? Mit wem hat unsere Hauptfigur zu tun, unter wem leidet sie am meisten? Autoren. Was machen wir nun aber mit der Distanz zwischen Kritikern und Kritisierten? Außer gelegentlichem frostigen Nicken am kalten Büfett ist wenig zu sehen. Unsere Geschichte kann aber nicht nur eine Aneinanderreihung von sogenannten offenen Briefen, Rezensionen und wüsten Reden innerhalb der eigenen vier Wände sein – die Kontrahenten müssen bereits vor der Mordszene am Schluß miteinander zu tun haben. Nur was? Hier der Einfall: Wir gehen weit genug zurück.

Da drücken zwei Zehnjährige, der kleine Pick und der kleine Hock, in einem Kleinstadtgymnasium ein und dieselbe Schulbank und sind unzertrennlich bis zum Abitur. Der Zeithintergrund ist relativ unwichtig (eine 68er Geschichte sollten wir allerdings vermeiden). Pick und Hock gehen ihre ersten Schritte in Richtung Geist zusammen, lesen und lieben dieselben Bücher, zitieren daraus in geeigneten Momenten, schreiben und dichten und zeigen einander aufgeregt die Ergebnisse. Vor allem entdecken sie das größte menschliche Glück: sich ungeheuer scharfsinnig vorzukommen.

Ein paar Gemeinsamkeiten bleiben Pick und Hock lebenslang: Erinnerungen, Größenträume, literarische Vorlieben. Pick wird Kritiker und Hock – das hätte er sich überlegen müssen – schreibt Romane! Wenn sie sich am Büfett begegnen, wird es kalt. Wie konnte es so weit kommen? Ende des ersten Kapitels.

Von Beginn des zweiten an begleiten wir nur noch Pick, der zu studieren beginnt, indes Hock wegen fortgesetzter körperlicher Robustheit zum Militär oder zum Ersatzdienst muß. Man sieht sich seltener.

Pick im Hauptseminar – ein Ereignis! Seine Sätze sind, vor allem wenn er ein Unbehagen beschreibt, hochoriginell (anderen erscheinen sie zumindest rätselhaft). Pick weiß jetzt, daß er Urteilskraft besitzt, im Gegensatz zu den meisten anderen. Die Entstehung von Urteilskraft ist eng verknüpft mit dem sicheren Gespür, ob uns eine Sache Genuß oder Unbehagen bereitet. Dem können wir dann nachgehen und Gründe finden. Das tut Pick, und oft ist er ganz begeistert von seiner Klugheit und Einsamkeit, seine Stimme raunt tiefe Einsichten. Einmal muß er die Jacke überhängen, weil er vor Ergriffenheit eine Gänsehaut bekommt. So etwas sollte man nicht denunziatorisch erzählen, es ist bei Genies normal und völlig unbedenklich.

Dann kommt eine Entscheidung, die Pick Ehre macht und die wir zunächst gar nicht bedauern wollen: Er möchte nicht Lehrer oder Professor werden, sondern hinaus ins Leben, mit nichts bewaffnet als Kenntnissen, Urteil und geschliffener Sprache. Bereits eine Woche nach dem Examen gehört er einer Feuilletonredaktion an. Zunächst schreibt er eine kompromißlose 30-Zeilen-Kritik über einen Film von Bud Spencer und Terence Hill. Bald aber vertraut man ihm den ersten Roman an. Donnerwetter!

Drittes Kapitel. Einige glückliche Jahre, die eben deshalb erzählerisch etwas langweilig sind. Er arbeitet, und zwar gut. Pick versteht es, in die inneren Windungen eines Romans zu klettern, kann begreifen, warum der Autor es so versucht hat, obwohl anderes näher lag. Lesen, lesen, seine Leidenschaft als Beruf, er weiß das Glück zu schätzen. Respektvoll bedauernd sind seine Rezensionen, wenn kühn Gedachtes nicht überwältigend gelungen ist. Natürlich will Pick überwältigt werden, welcher lesende Mensch wollte es nicht? Er ist ein Dornröschen mit Hecke, aber wenn ihn etwas nicht überwältigt, kann er das tolerieren. Noch weiß er: anderen, die sich mehr Zeit nehmen können, wird es gelingen, mit auf die Reise zu gehen, den Roman zu ihrer Sache zu machen und ihm etwas abzugewinnen.Es läuft oft ein durchaus gedeihlicher Dialog zwischen „naiven" Lesern und „schlechten" Autoren. Noch weiß er das. Seine Arbeit wird dadurch nicht schlechter.

Pick hat jetzt einen guten Namen, eine feste Anstellung, Frau und Kinder. Hock übrigens soll im Herbst mit einem Roman herauskommen, sein Schulfreund Hock! Pick hat hohe und etwas zerbrechliche Erwartungen. Ob er den Roman dann gut oder schlecht findet, ist unwichtig, jedenfalls bespricht er ihn nicht, sorgt allenfalls dafür, daß ein anderer es tut.

Zeitsprung: Es sind wiederum zehn oder zwanzig Jahre vergangen, wir sind im Jahre 1995. Beide haben weitergeschrieben, der eine Kurzes, der andere Langes, beide sind bekannt geworden, man sieht allerdings Hock weniger oft im Fernsehen. Pick schreibt, weil prominent, über fast alle neuen Bücher prominenter Autoren. Man wundert sich, warum er um Hock stets einen Bogen macht. Die beiden haben sich zunehmend nur noch aus der Ferne beobachtet. Obwohl Pick nie einen Roman von Hock rezensiert hat, ist eine Distanz entstanden, ja sogar eine Spannung. Pick findet, daß sie von Hock ausgeht. Hock findet, daß Pick sich ungut verändert hat. Damit hat er recht, aber da sie sich kaum sehen, kommt es nicht zur Sprache. Und dann schlägt, aus äußerlich heiterem Himmel, der Blitz ein. Pick zerfetzt den neuesten Roman von Hock.

Im Gefängnis

Der Schulfreund schreibt ihm einen fassungslosen Brief (vier Seiten), den Pick mit Bedauern, aber hart in der Sache beantwortet (drei Seiten). Der Rest der Handlung bis zum tragischen Ende muß noch genau bedacht werden, also auch, wer der Mörder ist – daß es der Autor ist, liegt nahe, aber die Umkehrung wäre origineller, gibt auch mehr her. Es müßte in diesem Fall kein heimtückischer Mord sein, eine etwas exzessive Notwehrüberschreitung genügt womöglich. Erfunden werden müssen ferner drei, vier Romane von Hock – da lassen sich Anleihen aus der Gegenwartsliteratur nehmen, sogar eine Nachbesserung vorhandener Werke wäre denkbar und sicher willkommen.

All das, die Vorgeschichte in Rückblenden und die Handlung auf ein (am besten schon vorab bekanntes) Ende zu dienen nur der Herstellung menschlich begreiflicher Figuren und der Neugier aufs Warum. Vor allem muß erzählt werden, was sich da eigentlich so angestaut hat. Der Autor könnte das, wäre er der Mörder, im Gefängnis zu beschreiben versuchen, dabei kämen ihm Erinnerungen an die frühe Zeit hinein und immer wieder, in Portionen, die Ereignisse unmittelbar vor der Tat. Ich entscheide mich dafür, daß der Autor tot ist und der Kritiker im Gefängnis (auch ein Insasse einer Heil- und Pflegeanstalt ist vorstellbar). Da der Autor die Geschichte nicht mehr schreiben kann, muß es der Kritiker tun, er kann dabei über sich selbst und seinen Beruf nachdenken. Da er somit der Ich-Erzähler ist, können wir ihm, sozusagen aus dem Grabe, ein paar ziemlich saftige Feststellungen in die Feder diktieren:

Immer weniger hat er sich im Lauf der Jahre die Zeit genommen und die Mühe gemacht, Romane und ihre Autoren zu verstehen. Immer öfter hat er von einem Buch nur die Hälfte, zuletzt sogar viel kleinere Bruchteile gelesen, ein wenig hin- und hergeblättert und das Ganze rasch eingeordnet. Seine Fähigkeit wuchs, auf einer nicht gelesenen Seite den einen Satz zu entdecken, der seine Voreingenommenheit bestätigte und sich, aus dem Zusammenhang gerissen, als Argument gegen das Buch verwenden ließ. Selbstverständlich schrieb er auch positive Rezensionen. Sie waren etwas schwieriger, denn ein schlechtes Buch ist leichter zu erfinden als ein gutes. Aber die Routine half ihm, in kürzester Zeit Rezensionen zustande zu bringen, die brillant wirkten, sofern man das Buch nicht kannte. Ein paar Sätze herausgepickt, die sich für eine naheliegende Pointe eigneten, ein paar Unterstellungen eitler, politisch aggressiver oder geldgieriger Motive des Autors – immer weniger wollte Pick, wie früher, klug und einsam sein, immer bedenkenloser griff er nach Pointen, die auch beim Stumpfsinnigsten ankamen. Zunehmend nutzte er, was früher kaum denkbar gewesen wäre, den literarischen Vergleich als Instrument des Niedermachens: rasch waren Name und Titel hervorgekramt, und das machte, weil „gebildet“, zuverlässig Eindruck. Das „Ergebnis“ blieb Behauptung.

Immer mehr hat Pick sich gelangweilt (ein nur zu bekannter Begleitumstand geistiger Verwahrlosung) und dies immer mehr als Problem der Literatur, nicht als sein eigenes gesehen. Er haßt es längst, von Berufs wegen lesen zu müssen. Erst jetzt gesteht er ein, daß er Rache genommen hat an jedem Buch, das ihn nicht bewegen konnte – weil er nicht zu bewegen war. Keine Zeit, keine Lust, viel zu viele Verpflichtungen, dieses ewige Zuviel, dazu die immer wieder überaus lästige Begegnung mit der Verletztheit von Autoren – er schrieb auch dies längst nur noch der typischen Egozentrik und Weinerlichkeit des Künstlers zu, nicht mehr dem, was er selbst anrichtete. Verloren die Freude am Wohllaut, am Gedanken, verloren die Neugier. Entschwunden die Urteilskraft, die darauf beruht hatte, daß man einer Sache Zeit gab zu wirken. Das Unbehagen, einst ein Instrument der Erkenntnis, war blind, wenn es ohne Ansehen der Sache schon da war. Aber woher kam das? Pick als Opfer seiner Arbeitslast?

Da man im Gefängnis gründlich nachdenken kann, sogar soll, kommt er früher oder später darauf: Da war noch etwas anderes! Und jetzt kann erzählt werden, was diesen Roman, jedenfalls für den Verfasser, reizvoll macht: die Geschichte vom Neid, vom Neid auf den Autor und von den tragischen Folgen. Ein Kritiker kann der prominenteste Mensch im ganzen Land sein, er schafft dennoch nichts, aber auch gar nichts, was den Tag überdauern wird. Pick kann jeden Tag im Fernsehen sein, von jeder Titelseite leuchten, auf die eigentlich der Autor gehörte, er kann es glatt noch dahin bringen, daß seine Rezension über ein neues Buch von Hock als erste Meldung in der Tagesschau verlesen wird, er kann auf dem Petersplatz neben dem Papst (oder statt des Papstes) stehen und *urbi et orbi* Hocks neuestes Fiasko bekanntmachen – seine Grenze ist, unüberwindlicher als für jeden Autor, die Zeit. Lange hat Pick die ausweglose Situation nicht wahrhaben wollen: Hock ist ihm in diesem Punkt auf ewig über. Umsonst alles triumphierende Zerfetzen, alles Geschrei vom abermaligen und endgültigen Scheitern des Probanden Hock, sinnlos das Arsenal literaturfremder Argumente, nutzlos alle Gemeinheiten und die Kunst des Falschverstehens. All das bewirkt, außer vorübergehender Verletztheit des Autors – nichts! Das ist das Furchtbare.

Endlich weiß Pick, was ihn umtrieb, was ihn vergröbert und nahe an den Stumpfsinn gebracht hat bei gleichzeitiger Aufrechterhaltung alter, hehrer Ansprüche der Kritik als Institution. Jetzt kennt Pick den Grund der Verwahrlosung. Und das ist zugleich seine Chance. Er lacht und weint, rennt unablässig die fünf Meter seiner Zelle auf und ab, fleht den Geist des toten Autors herbei. Die Geschichte nimmt ein tröstliches Ende; der Kritiker wird Anstaltsgärtner, gewinnt dem Leben neue Seiten ab. Irgendwann liest er mit Entdeckerfreude das einst verrissene Buch von Hock.

aus: Süddeutsche Zeitung, 2.9.95

Christian Seiler

Günter Grass schrieb einen bedeutungsvollen Roman. Was bedeutet er für wen und warum? Eine boulevardeske Verwirrung.

Reich-Ranicki ist ein Faschist!

WIE STELL ICH'S AN, DASS *Sie* lesen, was *ich* über Günter Grass schreibe? Das Terrain ist, Sie konnten es nicht übersehen, abgegrast. Die Positionen der Literaturkritik sind bezogen. Das Medienphänomen ist beschrieben. Der Roman ist auf für sich selbst sprechende Sensationsstellen untersucht und ausgeweidet. Was für einen Dreh wende ich also an, um Sie wieder auf den Grasschen Hindernislauf zu locken, wo stets bloß neue Fallen aufgestellt sind?

Am interessantesten wäre es natürlich, Grass selbst zu Wort kommen zu lassen. Er könnte etwas Griffiges der Sorte: „Reich-Ranicki ist ein Faschist!" sagen, darüber würden Sie sich in Form heller Empörung amüsieren, und ich könnte ein paar differenzierte Worte zum Nazivokabular in einer deutschen Literaturdebatte verlieren. Reich-Ranicki müßte sich gar nicht wundern. Schließlich hat er selbst den inkriminierten Tonfall angeschlagen, als er dem von ihm geprügelten und zurückkeppelnden Grass das Kritik-Verständnis von Joseph Goebbels unterstellte, der Information statt Kritik forderte. Nach ausführlicher Darstellung des Problems würde ich mutig sagen: So nicht, meine Herren!

Doch Grass schweigt. Sein Verleger teilt mit, es gehe ihm gut, nein, Grass sei nicht erreichbar, er werde sich zu gegebener Zeit schriftlich oder mündlich äußern, danke für den Anruf. Grass schimpft also nicht in profil über Reich-Ranicki. Er nennt ihn keinen Faschisten. Schade. Vielleicht nächste Woche.

Wollen Sie eine Rezension lesen? Ein bißchen spät, finden Sie nicht? Das Leseexemplar, das ich als einer von 4500 ausgewählten Wichtigkritikern vom Steidl Verlag zugeschickt kriegte, trägt den Vermerk: „Sperrfrist für Rezensionen: 28. August 1995". Das ist bereits eine Woche her. Sieben Tage. Sieben Tage sind in der Literatur eine Ewigkeit.

Es ist natürlich nicht die Schuld des Steidl Verlags, daß wir uns an die Sperrfrist gehalten haben. Vornehmere als wir haben sich eigenhändig das *ius primorum verborum* erteilt. Alle miteinander haben sich Mühe gegeben, das große und sperrige Werk seiner Wichtigkeit entsprechend zu beurteilen. Der Gradmesser dafür, wie wichtig einer Zeitung/Zeitschrift „Ein weites Feld" ist, läßt sich ganz einfach ausrechnen: für das Thema bereitgestellte Quadratzentimeter an Druckfläche mal Aktualitätskoeffizient (Extrabonus für jeden Tag, den die Besprechung *vor* dem Buch erschien) mal Originalitätskoeffizient des dem Thema gewidmeten Beitrags.

Der „Spiegel" steht natürlich ganz gut da: Coverstory von Fernseh-Promi Reich-Ranicki eine Woche vor Erscheinen des Buches in Form eines offenen Briefs. „Mein lieber Günter Grass ..." Ganz schön zynisch. Ganz schön aktuell. Origineller war da nur noch „Die Woche", deren Literaturspezialist persönlich in die Gestalt von Theodor Fontane schlüpfte, um dem Fontane-Reanimator Grass auch einen offenen Brief zu schreiben (allerdings einen ziemlich dämlichen, was durch je eine zusätzliche Seite über Medienphänomen und politische Hintergründe des Falls Grass wieder wettgemacht wurde).

Man kann es drehen und wenden, wie man will: Quadratzentimetermäßig ist der „stern" vorne: Neun Doppelseiten mit nachfotografierten Motiven aus dem Grass-Buch *zwei* Wochen vor Erscheinen (in Farbe!) motivierten den Steidl Verlag, das Buch vorzeitig auszuliefern (wodurch sich der „stern" allerdings Punkteabzüge wegen sich selbst überholender Aktualitäten gefallen lassen muß, da die Zeitschrift de facto nur noch *eine* Woche vor Grass erschien). Das selbsterwirtschaftete Minus hat der „stern“ letzte Woche wieder wettgemacht, indem er Grass zum Exklusivinterview auf der dänischen Ferieninsel Møn traf, um zu besprechen, wie der ganze Wirbel zu beurteilen sei. Grass brummte und mieselsüchtelte, ließ sich sogar ein paar Schimpfworte zweiter Ordnung entlocken, doch mit der *Reich-Ranicki=Faschist*-Bombe hielt er noch hinterm Berg. Er muß schließlich etwas im Köcher haben, damit er nächste Woche ...

Die meisten Buchstaben pro Quadratzentimeter standen übrigens ex aequo in der „Frankfurter Allgemeinen“ und der „Zeit“. Dort erschienen sehr kühle, sehr lange und in sich geschlossene Besprechungen von „Ein weites Feld“, die das Pech hatten, Worte zu beinhalten, auf die man sie verkürzen konnte: „unlesbar“ in der „Zeit“, „Totgeburt“ in der „FAZ“. Damit war über Inhalt, Ästhetik und politischen Gehalt des neuen Grass etwas Prägnantes (= auf knappem Raum Zitables) gesagt, was durch die fast schon sprichwörtliche Seriosität genannter Blätter so viel Gewicht kriegte, daß es das Bedürfnis untergeordneter Rezensenten nach Ausgewogenheit erdrückte. Was blieb, war die originelle Form der *teilnehmenden Medienkritik*. Sigrid Löfflers „abschließende Kampagne-Analyse“ in der „Süddeutschen Zeitung“ erschien zwei Tage vor Ende der Sperrfrist für Rezensionen. Wenn's so weitergeht, müssen die Bücher, von deren Lektüre die Kritiker so vehement abraten, gar nicht mehr geschrieben werden, da sie zum Zeitpunkt des Erscheinens für das Publikum eh schon erledigt sind. Oder es gibt ein Rationierungsgebot für Rezensionen. Nach fünf Stück ist Schluß.

Die hellsten Feuerwerkskörper der Kritik sind also vor dem makellosen Schwarz des medialen Nachthimmels verpufft. Von Zeit zu Zeit explodiert noch ein Nachzügler, dann wird es dunkel, und dann ist endlich Zeit, die Leselampe einzuschalten und sich an die Lektüre von „Ein weites Land“ zu machen.

Das klingt nach versöhnlichem Schluß, nicht wahr? Ein versöhnlicher Schluß, eine knappe, einfühlsame Würdigung des Romans von Günter Grass wäre jetzt zweifellos originell. Und Originalität ist, wie wir erfahren haben, das Gebot der Stunde. Der Verriß, der geschrieben worden wäre, wenn „Ein weites Feld“ von Günter De Bruyn oder Stephan Hermlin oder einem anderen Autor der deutschen Mittelklasse stammen würde, ist unoriginell. Denn Günter Grass hat die „Blechtrommel“ und eine Vergangenheit als sozialdemokratischer Intellektueller im Rücken, ist bekannt, unabhängig und wird seit dreißig Jahren als deutscher Nobelpreiskandidat gehandelt. Außerdem hat er diesen Wirbel ausgelöst. Diesen! Wirbel! Unmöglich, einfach zu schreiben:

„Ein weites Feld“ von Günter Grass ist ein fast 800 Seiten starker Roman, der sich einbildet, die deutsche Geschichte der letzten 150 Jahre aufzuarbeiten. Das Projekt ist ehrgeizig, bildungsschwanger und mißlungen. Grass versucht anhand zweier künstlicher Figuren (Theo Wuttke, Angestellter im Treuhand-Archiv und dem preußischen Nationaldichter Theodor Fontane bis ins Detail nachgebildet [Spitzname „Fonty“], und Hoftaller, Wiedergänger einer Romanfigur von Hans Joachim Schädlich [„Tallhover“], der ewige Spitzel) die Wiedervereinigung des Jahres 1989 in ein bundesdeutsches Geschichtskoordinatensystem einzuordnen. Doch rasselt der detailverliebte Roman ins Debakel, weil es ihm in keiner Phase gelingt, den leitartikelmäßigen Anspruch aufzugeben, die Wiedervereinigung, wie sie vollzogen wurde, als politischen Fehler darzustellen. Grass baut eine monumentale Geschichte auf einem Geheimnis auf, das er bereits ausgeplaudert hat. Das macht die Lektüre des Romans überflüssig.

Ich muß mir ziemlich schnell etwas Besseres einfallen lassen. ■

aus: profil, 4.9.95

■ Warum Günter Grass mit seinem neuen Roman „Ein weites Feld“ einen Sturm der Kritik auslöste

Auf der Suche nach dem verlorenen großen deutschen Epos

So etwas kannte man eigentlich nur aus den längst vergangenen Zeiten des Sozialismus: daß ein Buch zur Gesellschaftsaffäre wird, daß sich die Öffentlichkeit über ein Buch ereifert, im Fernsehen Fragen der Poesie und der Seelenverfassung eines Schriftstellers erörtert werden. Ein Schriftsteller im Zentrum öffentlicher Erregung, die Literaturkritik auf den Titelseiten der Zeitungen, wo gewöhnlich die politischen Leitartikel stehen – freilich alles ohne Zensur, Publikationsverbot oder Verbannung.

Warum das im Sozialismus so war, wissen wir: Literatur war Ersatz für die fehlende demokratische Öffentlichkeit, für das Parlament, der Dichter wurde – ob er wollte oder nicht – zum Gewissen der Nation. Nirgendwo war der Respekt vor dem Dichterwort so groß wie im Reich der Zensur. Der literarische Skandal als Indiz für eine gesellschaftliche Anomalie.

Für die Bundesrepublik, wo es ein Parlament und Zeitungen gibt, in denen jeder sagen kann, was ihm beliebt, muß es – neben dem Betrieb, den es auch gibt – noch andere Gründe für soviel Aufregung geben. In der allgemeinen Enttäuschung über das „Scheitern des bedeutenden Schriftstellers“ meldet sich etwas zurück, von dem man geglaubt hatte, es sei vergangen: das „Land der Dichter und Denker“, in dem der Denker vollbringt, was der Gesellschaft versagt bleibt, und in dem die Kunst entschädigt für eine Wirklichkeit, die mit der Idee nicht mithalten kann. Das rettende Wort als Kompensation für die deutsche Misere, das Dichterwort als Ersatz für eine nicht ganz intakte Bürgeröffentlichkeit.

Das modern gewordene Deutschland hatte sich etwas darauf eingebildet, daß es weniger ein Land der Dichter und Denker, dafür um so mehr ein Land der „funktionierenden Demokratie“, der „Sozialpartnerschaft“ und des „höchsten Wohlstandes in der Welt“ geworden war. Das Land, in dem die Normalität der Kleinbürger triumphiert hatte, nahm ein Weniger an Geist in Kauf. 1989 erwartete man von „den“ Intellektuellen gar nichts mehr, im Gegenteil: sie waren verantwortlich für die Utopie, die gescheitert war, für die „Experimente“, die sich nicht bewährt hatten, für die Dritten

Wege, die sich als nicht gangbar herausgestellt hatten. Nun soll das alles nicht mehr gelten.

Das rettende Wort, als Kompensation für die deutsche Misere

Auf den Schriftsteller und Intellektuellen kommen Zumutungen hinzu, die soeben dementiert worden waren. Man wirft ihm vor, was man nach all den Demontageaktionen gar nicht mehr erwarten durfte: daß er das Werk, auf das alle warten, nicht geliefert hat. Die Kritik hat getan, was ihr Job ist: zu urteilen. Und ein bißchen mehr. Sie befand das Werk für unlesbar, seine Konstruktion künstlich, die Sprache gemacht und leblos. Sie befand, daß der Autor sich verrannt habe.

Warum aber sollte man so entsetzt sein, daß auch einem großen Schriftsteller etwas nicht gelungen ist? Vielleicht ist der Skandal nicht, daß es Grass nicht gelungen ist, sondern daß es auch einem anderen außer Grass nicht gelungen ist, das fällig gewordene Wort zu sprechen und den Ton zu treffen für alles, was in den letzten Jahren geschehen ist.

Es gibt etwas Trostloseres als die „Trostlosigkeit" eines Romans. Vielleicht gibt die Geschichte den Stoff nicht her, aus dem ein Epos gemacht wird. Ein glücklicher Augenblick vor dem Brandenburger Tor trägt noch keine Geschichte. Die vielen miesen Stasi-Geschichten machten viele kleine Tragödien, aber keine „nationale Tragödie". Viele „Wessis", die durch die Gunst der Geschichte erst auf den Geschmack gekommen sind, machen noch keinen Kolonialismus, allenfalls einen Immobilienmarkt und expandierende Supermarktketten.

Es gibt nicht einmal die für „historische Ereignisse" typischen großen Intrigen und Kabalen, sondern nur Manipulationen im Rahmen des Üblichen; im Land der nationalsozialistischen Großverbrechen ist es zudem nicht leicht, die „kleineren" Verbrechen, die ihnen folgten, beim richtigen Namen zu nennen. Keine „geschichtliche Kraft" hatte der Wende entgegengefiebert, die von wo anders kam. Der 9. November kam über Nacht, aus dem Munde eines Politbürofunktionärs. Wenig wurde herbei-

Die Zeit hat nicht ausgereicht für die Erziehung von „Helden"

geführt – die Einheit kam, als es soweit war.

Es bedurfte keiner Helden, denn die Schlachten, die alles entschieden hatten, waren anderswo geschlagen worden: in Danzig, Warschau, Moskau, Vilnius, Budapest, am Ende auch in Leipzig. Man mußte nur die Nerven behalten, um den günstigen Zeitpunkt nicht zu verpassen. Es gibt wenig zu berichten von einem langen und riskanten Kampf, in dem die Erfahrungen gemacht werden, die man „historisch" nennen könnte. Es hat diesen Kampf kaum gegeben; kaum in Ost- und erst recht nicht in Westdeutschland. Die DDR in Agonie hatte ihre Helden für den Tag, die wieder in der Versenkung verschwanden, als alles gelaufen war, und die BRD hatte vor allem ihre Helden des Nachtrabs.

Die Zeit reichte nicht für die Erziehung von „Helden". Sie gab es vorher, aber von ihnen spricht man nicht. Die „friedliche Revolution", auf die das Land so stolz ist, hat ihm die Konvulsionen und dramatischen Szenen erspart. Das „Glück" der deutschen Einigung lag in ihrer unprosaischen Geschäftsmäßigkeit. Man müßte also die deutsch-deutsche Geschichte, die auf die Wende hingearbeitet hat, erst noch erfinden. Deutschland war Nebenschauplatz, die Einigung ein Epiphänomen, Nachbeben einer Umwälzung, die anderswo stattgefunden hatte. Kein guter Stoff für große Dramen. Er läßt sich auch im Nachhinein nicht dramatischer machen als er war.

So folgt auf die vergebliche Suche nach dem Epos der deutschen Vereinigung die Entdeckung einer Geschichte, die für ein Epos wenig hergibt, und vielleicht die Entdekkung der Geschichte davor, die Geschichte des „Wartens auf Godot".

Sie ist entweder schon – chiffriert – in der DDR-Literatur erzählt worden, oder sie wird noch erzählt werden von Leuten, die sich in ihr so gut auskennen wie Günter Grass seinerzeit auf dem weiten Feld der Danziger Trilogie – von Leuten aus der DDR.

Karl Schlögel

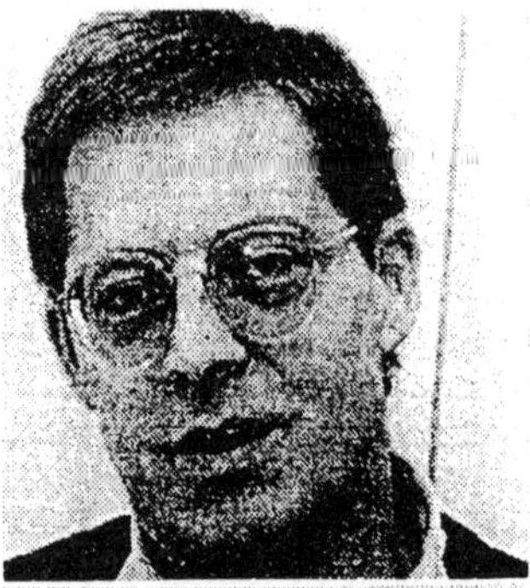

Karl Schlögel, geboren 1948, lehrt als Professor für osteuropäische Geschichte an der Universität Frankfurt (Oder). Zahlreiche Veröffentlichungen und Editionen, zuletzt „Der große Exodus" (1995), weisen ihn als profunden Kenner der osteuropäischen Geistesgeschichte aus.

aus: taz, die tageszeitung, 4.9.95

ZWISCHENRUF

Abschalten?

Ich dachte immer, bevor ich in den letzten Auftritt des „Literarischen Quartetts" hineinschaute (Grass-Verriß!), es könne auf dem Niveau dieser Serie keinen Tiefpunkt mehr geben. Die Fernseh-Kritikerin der *ZEIT*, Barbara Sichtermann, belehrt mich eines Besseren. Sie sieht „in der fast rührenden Fassungslosigkeit" der Attacken eine „Stunde der Wahrheit" und ruft die dabei ausagierte „Körpersprache" als richtungweisend für Literaturkritik im Fernsehen aus. Die schlechten Manieren im Quartett findet Sichtermann bildschirmgerecht und ist fasziniert. Dieses Lob *ist* der Tiefpunkt. „Höher hängen!" sagte Friedrich von Preußen.

„Darf die Literatur", so lesen wir, „Objekt verbaler Schlägereien sein? — Sie darf. Sie sollte sogar ... Nur wirkliche Leidenschaft bannt." Haben „wir", die Indifferentisten im Lande („Was soll's, Spektakel ist Spektakel, laissez faire ..."), einen kulturellen Epochenschritt verschlafen? Sind alle Unverträglichkeiten zwischen Literatur und TV passé? Ist die Neue Synthese da: Schirm, Text, Kritik in der Sinnlichkeit unmittelbaren Selbstausdrucks vereint und verschmolzen? In einem Ausdruck, der, vor allem in der Emphase des Verrisses, von Anstand und Argumentationsgebot nichts mehr weiß, sondern sich gegen Bücher und Menschen in der verletzenden Gebärde resümiert: Daumen nach unten? Nach der Pleite der Grass-Kritik mag man ja nach neuen Kriterien suchen, die eine Kritik solcher „Kritik" noch rechtfertigen — aber sollen sie aus den schlechten Manieren des Fernseh-Quartetts selber abgeleitet sein? Wenn die Manieren vergessen werden, findet Sichtermann, ist es am schönsten, dann „wird gepoltert, gestöhnt, gedroht — gefuchtelt, gehöhnt, geschäumt". Oder sollte in dieser mimetisch einwandfreien Beschreibung noch ein Körnchen Kritik stecken? Soll vielleicht an „Leben" erinnert sein angesichts einer Guckkasten-Bildlichkeit, die, mit Leibhaftigkeit gesättigt, dem Bildungsbürger wenigstens von fern noch zeigt, daß Literatur an Gespräche unter Menschen geknüpft ist? Nein, sagt die Fernseh-Kritikerin, „das Leben selbst mit seinen Augenblicken, in denen es keine Manieren kennt, fuhr in die TV-Runde, als Grass zur Sprache kam". Gewiß, ein Verlangen nach Unmittelbarkeit zum Genußobjekt begleitet die Arbeit an durchdachter ästhetischer Urteilsfindung auch in der Moderne. Doch wann hat es das gegeben, daß die pure Artikulationsunfähigkeit männlicher Kritik zum alleinseligmachenden Kriterium ausgerufen wird? „RRs Entsetzen und natürlich auch seine Begeisterung, Karaseks Empörung und sein Entzücken — die sind immer aufrichtig und hundert Prozent TV-kompatibel". Ein gesetzmäßiger Weg der audiovisuellen Kritikunterhaltung in die Aliterarizität ist gewiesen: „Film und Fernsehen arbeiten nun mal am erfolgreichsten mit dem Rohstoff Emotion. Will man die Literatur, die von der Reflexion des Gefühls lebt und insofern intelligibler ist als der Film, im Fernsehen verhandeln, muß man trotzdem den Gesetzen des Bildschirms folgen" (Sichtermann).

Wer sich vergegenwärtigt, daß der aus unreflektierten Gefühlen hervorgepolterte Warenwert einer Kritik, die unser Selbstlesen nicht mehr voraussetzt, ein solches Entertainment populär gemacht hat, könnte Platzangst bekommen. Denn „wir", denen die Literatur „intelligibel" ist, existieren gar nicht. Es existiert der Simulationsspiegel des Schirms und das ihm zugeschaltete Publikum. Es kann gar kein Zufall sein, daß ein Verriß des „Vollbluterzählers Grass" im Literarischen Quartett der Anlaß gewesen ist, diesen Tatbestand festzuschreiben und alle Lebendigkeit, die man einst in *Katz und Maus* genossen hat, ins „Bildmedium" hinüberzubeschwören. Das zielt auf Endgültigkeit einer Entwicklung: Eine sich selbst genügende Unterhaltungskritik, rücksichtslos gegen eine entfaltete Debatte zum Problem der literarischen Wertung in den Literatur- und Sozialwissenschaften — ein solcher Stammtisch hätte sich dann in actu abgelöst von den Texten, über die man so, wie er es tut, gar nicht sprechen *kann*. Aber dieser Trend läuft. Seine Allegorie ist das Quartett.

Die literarische Sinnlichkeit ist tot (Grass gescheitert) — sie lebe fort als „Rohstoff Emotion" im TV. Doch ehe Ironie logisch zu klingen beginnt: einmal noch ein Blick auf den Bildschirm, wie er leibt und lebt. Auf der geistigen Schwundstufe seines Warenwerts *erinnert* er an vergangene Zeiten deutscher Kritik, so auch an die Verfallsgeschichte der Literaturkritik in der Gruppe 47, woher das Quartett kommt. Dort wurde so begriffslos und erbittert, so selbstverliebt und herrisch „kritisiert", wie man es jetzt zur Schau stellt; dort waren Text-Gegenwart Schein, Selbstreflexion angstbesetzt, Debattenstrenge verpönt wie jetzt, und die geheime Sehnsucht nach dem großen und sinnlichen Erzählwerk begründete einen Literaturbegriff, der gegen die intellektuellen Prosaschriften, die Nach-Holocaust-Lyrik oder ein Meisterwerk reflektierter Sinnlichkeit ausgespielt wurde, deren Verfasserinnen und Verfasser (Bachmann, Peter Weiss, Celan, Fichte) bis zur Verhöhnung aus den eigenen Reihen ignoriert oder verrissen wurden. Heute wird Grass erledigt. Er ist verbraucht. Täuscht nicht aller Augenschein, so verrät die Trauer im Bösartigkeit spielenden Blick von Reich-Ranicki, daß er das alles weiß, aber im Rollenverhängnis festsitzt. *Jedenfalls* weiß er, daß das spannungsvolle Oszillieren zwischen Begriffsarbeit (Wissenschaft, Philologie) und kritischer Rede über Texte und daß die *Einlassung* auf Literatur bis auf die Gründe ihres eigenen kritischen und geschichtlichen Wesens in seiner Runde vergessene Tugenden sind. Ehe das Quartett darauf nicht selber kommt, können wir ruhig abschalten.

KLAUS BRIEGLEB

aus: Frankfurter Rundschau, 5.9.95

Literatur und Politik

Noch einmal zur Debatte um Günter Grass

Günter Grass und kein Ende? Es ist erstaunlich, wie viele Debatten ein literarisches Werk auslösen kann, wenn ein prominenter Name das Titelblatt ziert. Die Vermarktungsstrategien der Medien in einer reizüberfluteten Welt erzwingen äußerste Eile im Urteil; jeder will der erste, zumindest zeitgleich mit den anderen sein, und jeder versucht, die Meinungsführerschaft durch möglichst entschiedene, griffig-zitierfähige Wendungen zu erobern. Der um rabiate Deutlichkeit nie verlegene Marcel Reich-Ranicki, dessen Verdienste um die Literaturkritik freilich nicht geleugnet werden sollen, macht Schule. Er setzt das Maß, an dem sich viele, ob berufen oder unberufen, messen, und bisweilen will es scheinen, als ob er sich selber ein Maß setzte: dergestalt allerdings, daß er sich ständig selbst übertreffen will, was der Sache nicht immer gut bekommt.

Denn es geht ja in der Literaturkritik nicht nur um klare Aussprache, sondern auch um sensibles Lesen, um genaues Hinhören und differenziertes Werten, was mitnichten zu schwafeligem Schwanken oder einem kräftigen Sowohl-als-Auch führen muß. Nein, ein Autor, der sich exponiert, muß schon einen Kritiker ertragen, der sich ebenso exponiert. Doch diese Deutlichkeit, soll sie überzeugen, setzt Interesse und Respekt voraus, Anstrengung des Begriffs statt der Leichtfertigkeit des schnellen, aber marktfähigen Urteils. Und daran scheint es in der Debatte um das „Weite Feld" zu fehlen, wobei hier gar nicht gefragt werden soll, ob Grass' neuer Roman ein großer Wurf ist oder ein Schmarr'n.

Doch an der Auseinandersetzung fällt noch etwas anderes auf: sie hat nicht nur mit Literatur, sondern auch und nicht zuletzt mit Politik zu tun. Günter Grass selbst hat den Argwohn geäußert, der Kritik gefalle seine Haltung zum deutschen Einigungsprozeß nicht und deshalb falle man weithin so über ihn her. Tatsächlich hat Grass aus seiner Kritik an der Entwicklung seit 1989 nie ein Hehl gemacht; tatsächlich hat er als sich einmischender linker Citoyen den Beitritt der DDR immer als „Anschluß" gesehen, westdeutsches Engagement als „Plattmachen" verstanden, Investitionen als „Eroberung" angesehen, in der Privatisierungsarbeit der Treuhand schlicht „Ausverkauf" erkannt. Und alles dies ist in den Roman eingeflossen, verquickt mit seiner Sicht der Bismarckschen Einigung, der er ebenfalls nichts abgewinnen kann. Das Buch ist also kein Stück freischwebender Belletristik, wenn es so etwas überhaupt gibt, es ist politisch durch und durch. Es lebt von der engagierten Zeitgenossenschaft seines Autors, der sich insoweit beidem stellen muß: der literarischen und der politischen Wertung.

Da freilich ist ein schwieriger Punkt erreicht, und er hat auch damit zu tun, daß die bundesdeutsche Gesellschaft auf den fünften Jahrestag der Einigung zusteuert – allemal also Gelegenheit, Bilanz zu ziehen, politisch, gesellschaftlich und, warum nicht, künstlerisch. Politik im Gewande der Kunst – im Grunde ist das die Frage; oder wo hört Kunst auf und wo beginnt Politik, wenn nicht gar: was darf Kunst? Nun gäbe es die ebenso sympathische wie einfache Antwort, Kunst dürfe alles, sie sei ausschließlich nach ihren Kriterien zu richten. Das stimmt natürlich. Aber in der Reaktion von Günter Grass auf die Kritik läßt sich auch die Einschätzung erkennen, er könne Verrisse nicht ernst nehmen, weil ihnen ein politisches, nicht ein literarisches Urteil zugrunde liege. Doch setzt sich ein Autor, der ausdrücklich politisch mitreden, ja mitmischen will, nicht auch einem politischen Urteil freiwillig aus? Umgekehrt: Ist alles sanktioniert, indem es als Dichtung dargeboten wird? Und schottet sich Grass nicht möglicherweise gegen literarische Kritik dadurch ab, daß er sie von vornherein unter politischen Vorbehalt stellt? Könnte es schließlich gar sein, daß positive Wertungen dieses dickleibigen Bandes wiederum mit Politik zu begründen sind, mit geheimem Einverständnis des Rezensenten oder Sympathie für den Autor und seinen Protagonisten Fontane?

Man kann sich jetzt in fröhlicher gegenseitiger Verdächtigung ergehen. Da die Marktschreierei nun einmal zum üblichen schlechten Ton gehört, überdies den eigenen Wert, wie er sich in Mark und Pfennig ausdrückt, steigert, läßt sich unschwer vermuten, daß die Debatte erst angehoben hat. Und diese Debatte wird fortleben, ob die knapp achthundert Seiten nun gelesen werden oder nicht. Das Problem aber bleibt: Engagierte Literatur setzt sich, und damit muß sie leben, einer doppelten Wahrnehmung aus, der literarischen und der politischen. Was künstlerisch gelingt, kann prinzipiell politischer Unfug sein; und was politisch vernünftig klingt, taugt nicht notwendigerweise zum Buch.

Im Falle Grass jedenfalls wäre politisch zu sagen, wer die DDR eine „kommode" Diktatur nennt, beleidigt deren Opfer, und wer den Beitritt bösartig zum „Anschluß" erniedrigt, verkennt den Geschichtsablauf. Nur über die Qualität dieses „opus magnum" ist damit gar nichts ausgesagt. Wenn es so groß wie dick ist, dann wird es die gegenwärtige Debatte überstehen. Wenn nicht, dann hat die Literaturgeschichte ihr Urteil gefällt. Und nur das zählt. *Joachim Worthmann*

aus: Stuttgarter Zeitung, 5.9.95

Günter Grass: „Ich erlaube mir, literarisches Mitleid zu haben"

Der Feldzug der Tontaubenschützen

Erstaunlich guter Dinge betrachtet der geprügelte Autor die geballten Attacken des Kritikerbetriebs und tröstet sich mit dem Zuspruch von Kollegen und Lesern

Von Herbert Riehl-Heyse

Berlin, 6. September – Eigentlich ist er an diesem Abend zu einer Buchpremiere eingeladen, aber ob daraus etwas Rechtes werden kann, wenn doch ohnehin schon lange vor der Premiere der Eiserne Vorhang und das große Hackebeil gefallen sind? Außerdem scheint es sowieso vor allem um Politik zu gehen: Noch bevor die Veranstaltung überhaupt beginnt, bricht der Autor verärgert ein Interview ab, bei dem ihn zwei Journalistinnen fragen, ob er denn Mitleid für die Stasi empfinde; dann verliest der Krimischriftsteller Alberts eine Resolution, in der Günter Grass' Situation mit der von Salman Rushdie verglichen wird, was das Publikum verständlicherweise mit einigen Pfiffen quittiert. Später in der Diskussion (Grass hatte sich zuvor mit der Bemerkung eingeführt, er lebe noch) geht es schon in der zweiten Frage um die Treuhand, von der Grass auch gleich mitteilt, sie sei ein „barbarisches Instrument" gewesen. Wie man sich halt einen literarischen Abend so vorstellt.

Es kommt dann aber doch noch anders bei der Buchpremiere in der Kulturbrauerei am Prenzlauer Berg, wo Günter Grass das Kapitel aus seinem Roman vorliest, in dem sein Held Fonty einen Vortrag in der Kulturbrauerei am Prenzlauer Berg hält. Das Kesselhaus des „labyrinthischen Gemäuers" ist überfüllt mit Berliner Prominenz, vor allem aber mit sehr viel jungen Leuten, die offenbar aus dem Osten Berlins kommen. Die jungen Leute hören aufmerksam zu, applaudieren, wenn ihnen die Beschreibung eines Paternosters gefällt, klatschen am Schluß so lange, daß der Bundestagsvizepräsidentin Antje Vollmer, die den ganzen Abend an die Saaltür gequetscht überstanden hat, dafür die Erklärung einfällt, die Leute wollten sich „ihre Dichter nicht kaputtmachen lassen". Von nebenberuflichen Politikern redet sie ausdrücklich nicht: Der nebenberufliche Politiker Grass urteilt auch an diesem Abend in der (ziemlich kurzen) Diskussion eher holzschnitzartig über den Bundeskanzler, der den Treuhandchef „die Drecksarbeit" habe tun lassen – und bekommt bei diesem Diskussionsbeitrag auch den geringsten Beifall des Abends.

Prächtige Auflage

Kaputt ist er übrigens an diesem Abend eindeutig nicht, nicht einmal so dünnhäutig, wie man nach der Szene mit den beiden Journalistinnen hätte denken können. Noch weniger ist er es am nächsten Tag: Der Mann, der den Besuch aus München am Dienstag in seinem alten hellen Haus in der Niedstraße („daneben hat früher Uwe Johnson gewohnt") empfängt, ist vergleichsweise guter Dinge, aus einer Reihe ganz guter Gründe: Zu denen gehört die ziemlich prächtige Auflagenentwicklung, die sein Buch gerade nimmt (der Verlag redet von 177 000 Exemplaren, die bisher bestellt seien), weiter die Tatsache, daß die „Hinrichtungsversuche" (Grass) der letzten beiden Wochen zu sehr viel Solidarisierung geführt haben: „Wahnsinnig viel Post von Lesern", gebe es, „kollegialen Zuspruch von Milan Kundera bis Adolf Muschg". Aber wie paßt das dazu, daß er in seinem Buch die Staatssicherheit als „Samariterbund" verharmlost hat und daß er „die DDR überhaupt nicht kennt", wie noch vor kurzem im Literarischen Quartett bekanntgegeben worden ist. Günter Grass bricht heute an dieser Stelle das Gespräch nicht ab, sondern beginnt ganz einfach ein wenig darüber zu erzählen, wie er es früher mit der DDR gehalten hat.

Es ist ja nicht so, daß alles nicht bekannt gewesen wäre, Günter Grass ist niemand, der sein Herz als Mördergrube betrachtet. Wahr ist, daß Grass sehr früh ein böses Theaterstück über den 17. Juni geschrieben hat, daß er auch deshalb sehr lange in der DDR verboten war, daß er zusammen mit Freunden in den siebziger Jahren alle paar Wochen in die DDR gefahren ist, um sich mit Kollegen wie Sarah Kirsch, Hans Joachim Schädlich, Günther Kunert zu treffen und einander Texte vorzulesen – selbstverständlich abgehört von der Staatssicherheit, die sich ziemlich schwer getan haben dürfte mit den Erörterungen der Dichter über die richtige Versform. Damals und bis weit in die achtziger Jahre hinein war Günter Grass, „bei aller Bejahung der Entspannungspolitik Willy Brandts", einer, der die Umarmungspolitik des VS-Vorsitzenden Engelmann nicht mitmachen wollte und deshalb, vor allem bei einem höchst kontroversen Kongreß in Saarbrücken, zusammen mit Böll als „Kalter Krieger" gehandelt wurde. „Wer will kann, kann das jederzeit nachlesen", sagt Grass.

Man muß das nicht idealisieren, der berühmte Dichter lief ja kein persönliches Risiko, wenn er in Berlin mit Johano Strasser die Zeitschrift *L 80* herausgab, die sich provokativ für den demokratischen Sozialismus einsetzte, wenn er Christa Wolf („der war ich damals gar nicht so nahe") aufforderte, mehr zu machen aus ihrer Oppositionsrolle. Er konnte wohl gar nicht anders, und er kann es auch heute noch nicht, weil ihm nichts soviel Unbehagen bereitet, als der Gedanke, es könnte irgend jemandem oder irgendeiner Gruppe Unrecht geschehen, ohne daß er selbst dazu das Wort ergriffen hätte. Deshalb ist er dann einer der ersten gewesen, die nach der Wende derselben Christa Wolf geholfen haben, als sie plötzlich angegriffen wurde, weil sie sich zu sehr angepaßt habe. Und deshalb, sagt er, weil er sich nämlich nichts

vorzuwerfen habe, erlaube er sich jetzt auch so etwas wie „literarisches Mitleid zu haben", sogar mit Stasi-Leuten. Das Mitleid muß man übrigens nicht teilen, sein alter Freund Schädlich (von dem er sich den ewigen Spitzel Hoftaller entliehen hat) teilt es offenbar nicht. Aber erlaubt, denkt man, müßte es schon sein.

Es ist aber nicht mehr erlaubt; überhaupt ist manchen Menschen wenig erlaubt zur Zeit in Deutschland, nicht politisch, nicht literarisch; man hat das selten so deutlich spüren können wie in den letzten Wochen, weshalb der Fall Grass gute Chancen hat, einzugehen in die Literaturgeschichte des Landes, und zwar nicht in die Kapitel, die optimistisch stimmen.

Wer ein wenig nachrecherchiert, kann relativ schnell herausfinden, wie alles gekommen ist und wieviel das Auseinanderreißen eines Schriftstellers über das Desaster eines Literaturbetriebes aussagt, in dem vor allem die Kritiker berühmt werden wollen. Man muß das alles doch einmal im Zusammenhang erzählen, in der gebotenen Kürze. Vielleicht muß man mit der Geschichte beginnen, die davon handelt, wie im vergangenen Jahr der Kritiker Reich-Ranicki bei Günter Grass anfragte, ob er nicht in seinem Literaturforum vor der Frankfurter Jüdischen Gemeinde auftreten wolle. Ein Brief ist damals geschrieben worden, in dem der Kritiker dem Autor feierlich versprach, er werde ganz bestimmt nur Freundliches über ihn sagen und in dem es später heißt, vor der Veranstaltung werde es Kaffee oder Tee geben, bei dem nur noch zwei oder drei Personen sein würden, „aber ausschließlich devote Bewunderer Ihres Talents – so wie meine Frau, die Sie insgeheim noch immer liebt". Grass sagt, nachdem er fertig gewesen sei, sei Reich-Ranicki zu ihm gekommen und habe ihm gratuliert mit der Bemerkung, da sei ihm „glaube ich, ganz was Großartiges gelungen". Die Behauptung wird immerhin durch die Tatsache gestützt, daß die Frankfurter *Neue Presse* am nächsten Tag unter der Überschrift berichtete: „Sogar Reich-Ranicki applaudierte begeistert."

Von diesem Tag an begann ein weiterer Wettbewerb in jener Sportart, der inzwischen in der Medienwelt unter der schönen Bezeichnung Tontaubenschießen bekannt geworden ist: Es handelt sich dabei um die Kunst, eine Person oder ein Werk erst besonders in die Höhe zu schießen, um sie dann um so kunstvoller wieder abschießen zu können. Es begann damit, daß dpa eine häufig nachgedruckte Nachricht über den Frankfurter Abend veröffentlichte, die mit dem Satz überschrieben war, „Grass las ein Jahrhundertwerk", ging weiter mit einer kleinen Meldung in der *Bunten*, in der mitgeteilt wurde („das Comeback der Worte"), nach Grass' Lesung seien Reich-Ranicki und 750 Zuhörer in „frenetischen Beifall ausgebrochen". Und es endete noch lange nicht mit einem Aufsatz in der *Woche*, in welchem der Kritiker Martin Lüdke unter der Überschrift „Der Meister ist wieder da" seinen Lesern mitteilte, nicht die Jüngeren und Jungen hätten den großen Roman zur deutschen Einheit geschrieben, sondern er, der Altmeister, unser Günter Grass. Es war dann natürlich derselbe Lüdke, der – als die Tontaube am höchsten gestiegen war – als erster auf sie anlegte: In einer Sendung des Kulturweltspiegels der ARD gab er relativ unvermittelt bekannt, daß die „etwas sinkende Qualität der Grassschen Erzählungen mit der steigenden Qualität der PR-Kampagnen einhergeht". (Neuerdings, schreibt die *Stuttgarter Zeitung*, habe Lüdke beim Erlanger Poetenfest im

Zusammenhang mit dem „Weiten Feld" seinen Zuhörern nicht etwa die Lektüre des Romans empfohlen, sondern die Durchsicht von etwa vier Rezensionen der Großkritiker.)

Es mußte also im Laufe des Sommers irgend etwas passiert sein – und so, wie es heute aussieht, kann es nur die Tatsache gewesen sein, daß die Branche es dem Verlag übelnahm, wie sehr man selbst das Buch schon im Vorfeld hochgelobt hatte. Grass und der Verlag waren nämlich ziemlich unschuldig an dem ganzen Rummel, der da eingesetzt hatte, wenn man einmal davon absieht, daß es vermutlich ein Fehler gewesen war, Tausende von Vorausexemplaren durch das ganze Land zu schicken. Recht eindeutig zu beweisen ist nämlich, daß Steidl und vor allem der Autor sehr vorsichtig waren bei der Vorausreklame, als ein einziges Mal die Versandhändler von Zweitausendeins in einer Anzeige vom Jahrhundertroman sprachen, unter Berufung auf dpa, wurden sie von Steidl sofort zurückgepfiffen.

Das nützte nun aber nichts mehr: Irgendwann im Sommer stellte sich heraus, offenbar auch mit Hilfe heftigen Telephonierens in der Kritiker-Branche, daß das Buch Reich-Ranicki nun doch nicht gefalle, und genausowenig seinem Kollegen Karasek vom *Spiegel*. Dieser aber war nun seinerseits eine Schlüsselfigur in Sachen Grass: Erstens, weil er schon seit längerem ein schönes Vorurteil gegen den Schriftsteller pflegte, daß ihn zum Beispiel dazu verleitet hatte, auf Anfrage der *Bunten*, welches denn die schlechtesten zehn Bücher der Welt seien, vor einiger Zeit Grass' „Rättin" gleich nach „Mein Kampf" und Stalins „Theorien der Sprache" zu placieren. Zweitens, weil er Redakteur des *Spiegels* ist, welches Magazin – auf Betreiben anderer Literaturredakteure des Blattes – im Frühsommer des Jahres einen Vertrag über den Vorabdruck des „Weiten Feldes" abgeschlossen hatte. Der Vertrag, so geht das zu in der Branche, hatte zum Preis von 30 000 Mark neben dem Abdruck zweier Kapitel eine Titelgeschichte und eine Rezension vorgesehen. Als klar wurde, daß diese Rezension von Reich-Ranicki verfaßt wurde, dem das Buch inzwischen so schlecht vorkam wie Karasek und später Augstein, war der Vertrag nur noch das Papier wert. Ein großer Teil der Branche aber hatte, als sich das herumgesprochen hatte, das längst erwartete Signal: Die von langer Hand abgesprochene Sperrfrist war nicht zu halten, jetzt kam es nur darauf an, wer den ersten Verriß besonders scharf formulieren würde.

„Metier mit Knacks"

Wer sich das alles aus der Nähe anschaut, kommt aus dem Staunen nicht mehr heraus: Einerseits ist nichts weiter passiert, als daß ein berühmter Schriftsteller ein Buch geschrieben hat, eines das vielen Lesern nicht gefällt, vielen wiederum sehr (zum Beispiel einem Reporter aus München, der aber keine Rezension verfassen muß, wenigstens in manchen Passagen sehr gefällt). Andererseits ist bei Gelegenheit dieses Buches wieder einmal ein Stück von jenem Boden verseucht worden, auf dem der geistige Überbau dieser Republik ganz leidlich gestanden hat.

Das klingt jetzt pathetisch, aber das hängt damit zusammen, daß wir in der Niedstraße gerade über jenes Kapitel des Romans reden, in dem Herr Fonty aus einem Aufsatz Theodor Fontanes zitiert, der von der gesellschaftlichen Stellung der Schriftsteller handelt und zu dem traurigen Fazit führt, daß es für Schriftsteller keinen Respekt mehr gebe in diesem Land: „Der letzte Steueroffiziant hielt in Preußen mehr als wir", zitiert Fonty, den Grass zitiert hat, als er noch nicht wissen konnte, wie prophetisch diese Stelle seines Buches sein würde: „Das ganze Metier hat einen Knacks weg", hat er geschrieben.

Dann reden wir noch über die Frage, ob und wie lange er es unter diesen Umständen in Deutschland eigentlich noch aushalte. Doch, doch, sagt er, natürlich werde er bleiben, er sei ja auch damals nicht nach Kalkutta geflüchtet, weil man seinen „Butt" verrissen habe, den Aufenthalt in Kalkutta habe er lange vorgehabt.

Dann sagt er noch, ziemlich zögernd jetzt, anstrengend sei dieses Deutschland schon, und manchmal tue es im richtig gut, wenn er in Mexiko oder Lateinamerika oder Polen erlebe, wieviel Achtung ihm da entgegengebracht werde. Gelegentlich, sagt er, habe ihn in Deutschland ein junger Mensch mit „Maître" angesprochen. Sagt es, und bekommt plötzlich einen roten Kopf. Man muß aber sagen, daß ihm das richtig gut steht.

aus: Süddeutsche Zeitung, 7.9.95

Ende der Unschuld

Von Antje Vollmer

Kein Fußballer läßt seinen Aggressionen so freien Lauf wie die Intellektuellen vom Literarischen Quartett. Die Vizepräsidentin des Deutschen Bundestages empfiehlt ihnen, vom Sport zu lernen

Zuerst war Christa Wolf dran – Kampagne Ost –, dann Günter Grass – Kampagne West –: zwei Herzstücke kultureller Identifikationen. Es geht um die blindwütige Zerstörung von Autorität und Kreativität. Dabei brauchten wir gerade in Zeiten des Umbruches die Dichter. Das ist keine Frage der Moral. Das ist eine Frage der Intelligenz.

Kein Wort zuviel über Marcel Reich-Ranicki. Der Mann ist eine der sieben Plagen, die wir vermutlich verdient haben. Der Rest ist Senilität, das ist langweilig. Interessant ist die Feigheit der Medien und der Medienarbeiter gegenüber Marcel Reich-Ranicki. Den jungen Löwen des deutschen Journalismus fehlt es seit langem an Zivilcourage. Wenn der Großmogul zugeschlagen hat – und dazu noch in dem die öffentliche Meinung beherrschenden Magazin –, dann hetzen alle lammfromm in Reih und Glied hinterher. Solche Kampagnen dauern in der Regel nicht länger als eine Woche. Aber es ist reale Gewalt, medialer Kannibalismus.

Die Gewaltenteilung stimmt seit langem nicht mehr innerhalb der Medienwelt. Es gibt nur noch die eine Öffentlichkeit. Im Kampagnenjournalismus gibt es keine Auffächerung der Ansichten und Urteile mehr und keine Nischen, in denen jemand wieder aufgebaut werden könnte. Der medial inszenierte Verriß geht auf die Person, nicht auf das Werk. Er zielt auf vollkommenen Gesichtsverlust. Das ist nicht reparabel. (Obwohl: Wie kauzig-heiter erscheint Günter Grass auf den Photos im *stern!*)

Nein, das ist keine Verschwörung der Großkritiker, ich stelle nur innerhalb der Feuilletonisten einen eklatanten Mangel an eigener Meinung fest. Das hat auch mit der Beschleunigung zu tun. Keiner traut sich leicht ein eigenes Urteil zu. Das ist der Standortvorteil des einen Enthemmten: Hat er erst mal seine Ansicht hinaustrompetet, steht die Richtung des Urteils fest. Der Rest ist Sogwirkung. Das ist das Gegenteil von aufgeklärter und aufklärender Öffentlichkeit. Hier findet eine Entzivilisierung statt, ein Rückfall in primitive Verhaltensmuster. Es gibt gerade bei den Literaturkritikern, wo Sensibilität zu vermuten wäre, etwas kollektiv Zwanghaftes, eine Art Selbstlähmung. Wenn sie doch wenigstens über diese ihre eigene Angst vor dem weißen Blatt Papier und über den Kloß im Hals reden würden! Wer ein anderes Urteil über „Ein weites Feld" hätte, er müßte schneller sein als Marcel Reich-Ranicki – oder sich sehr gut wappnen. Schließlich verließe er mit seinem abweichenden Urteil den Kreis der anerkannten Kritiker, gäbe sich damit selbst als Dissident zu erkennen. Ein Sonderling, bestenfalls.

Ich bezweifle, daß auch nur einer von denen, die hoch dotiert und mit stets gepflegten Fingern an ihren feinen, scharf gespitzten Schreibinstrumenten sitzen, eine Ahnung davon hat, was es an Einsamkeitserfahrung bedeutet, im Zentrum der Schweigespirale solcher Kampagnen zu stehen. Die Aufklärer – für solche halten sich ja die Journalisten in den Medien – klären selbst den Raum nicht auf, in dem sie sich bewegen. Sie gehen blauäugig und mit unerlaubter Naivität mit der unheimlichen Sphäre und den gefährlichen Instrumenten um, über die sie verfügen. Die Medien sind heute der mächtigste öffentliche Raum. Dieser Tatsache stellt sich der einzelne Journalist nur deshalb nicht, weil er gleichzeitig den gewachsenen Konkurrenzdruck merkt. Aber Tatsache ist, daß die Medien heute sogar mächtiger sind als die Politik, und ausgerechnet für diesen Raum sind fast keine demokratischen Regeln entwickelt worden.

In der Wirtschaft herrschte einmal das Prinzip: Der freie Markt regelt alles. Das war auch naiv und blauäugig. Dagegen traten soziale Bewegungen, christliche und liberale Reformer an und entwickelten ein subtiles Regelwerk, um das Wirtschaftsleben zu humanisieren. Am Ende war der wilde Markt eingezäunt durch den demokratischen Sozialstaat. Diese Entwicklung hat es im Bereich der immer wichtiger werdenden Kultur des öffentlichen Raumes noch nicht gegeben. Genau das steht an.

Reden wir über die Gesetze der Arena. Auch die zivilisiertesten Gesellschaften bilden einen solchen Binnenraum, es scheint ein Gesetz der öffentlichen Sphären zu sein. Das Schema ist seit der Antike immer gleich: Auf den Rängen sitzt die feine Gesellschaft, die sich beim Anblick des in der Mitte der Arena stattfindenden tödlichen Spiels köstlich amüsiert und sich ihrer Überlegenheit vergewissert. In dieser Arena wird die ansonsten tabuisierte Gewalt gefeiert. Hier wird sie zelebriert als Kult und Kunst. Natürlich auch als Abschreckung für die, die von den Rängen wegstreben und andere Ordnungen träumen. Je bedrohlicher die unten in der Arena kämpfenden Barbaren aussahen, desto potenter erschien das siegreiche römische Heer dem Zuschauer. Es wird ruhmreicher, weil es mit diesen athletischen Figuren fertig geworden war. In der Arena besiegte der römische Bürger – der Zivilist, der nicht mitgekämpft hatte – die Barbaren noch einmal mental. In den sieben Jahrhunderten seines Bestehens brauchte der römische „Rechtsstaat" eine Million Opfer für seine Arenen. Das öffentliche Bedürfnis nach solchem öffentlich legitimierten Morden war so groß, daß in all diesen Jahren kein einziger der großen Philosophen und humanistischen Kaiser es hätte wagen können, dieser Barbarei zu trotzen.

Ein bißchen weiter sind wir schon, aber weniger weit, als wir dachten. Heute bildet der mediale Raum diese gesellschaftliche Arena. An den Stoff, an dem hier der Rausch entzündet wird, sind die Menschen inzwischen global angeschlossen. Nicht nur deswegen ist es höchste Zeit, daß die Intellektuellen, die in diesen Arenen arbeiten, sich ihrer Rolle bewußt werden. Noch immer aber beschreiben sich die Medien selbst als eine Art Robin Hood, als erste Vorboten der Aufklärung, der Wahrheitsfindung, der Kontrolle der Macht. Sie tragen immer Weiß, sie sind immer unschuldig. Sie reflektieren ihre Rolle nicht, sie tun, als wüßten sie nicht, welche Bedeutung sie bei der Verarbeitung gesellschaftlicher Gewalt haben. Sie reflektieren nicht, wieweit sie die in jeder Gesellschaft lauernde Aggressivität erst ermutigen, anheizen, sie halten sich notorisch fern von der Erkenntnis, was sie zu ihrer Eindämmung und Zivilisierung beitragen könnten.

Friedrich Schorlemmer hat die Szene beschrieben, daß in Hiddensee bei einer literarischen Veranstaltung drei Großkritiker zusammenstanden und fragten: „Wie finden Sie, Herr Kollege, das neue Buch von Günter Grass? Finden Sie es so (Daumen hoch) oder so (Daumen in der Mitte zitternd) oder so (Daumen runter)?" So sind sie. Sie haben ihre Rolle zwar nicht begriffen, aber sie füllen sie beängstigend gut aus.

Natürlich diskutieren auch die kritischen Medienleute gern über das Thema Medien und Macht. Damit meinen sie nie sich selbst, sondern immer nur die Herren Kirch und Kohl. Das alte Spiel: Auch diese Intellektuellen stellen sich lieber als Opfer denn als Täter dar. Die Medien werden aber nicht aus ihrer Misere herauskommen, wenn sie sich nicht ehrlich machen, wenn die darin arbeitenden Intellektuellen nicht endlich anfangen, ihre eigene Ahnungslosigkeit gegenüber der Gewalttätigkeit des Raums, in dem sie sich so scheinnaiv bewegen, zu thematisieren.

Nach 1989 ist das Bedürfnis nach innergesellschaftlichen Entladungen gewachsen. Bis dahin konnte das Gefühl der eigenen Überlegenheit – jedenfalls im Westen – täglich vom Blick auf den real existierenden Sozialismus gestärkt werden. Das Feindbild Kommunismus funktionierte entlastend. Auch die Zweiteilung der Welt schafft stabile Feindbilder. Mit dem Zerfall des großen Gegners, des „Reichs des Bösen", richten sich die Aggressionen unserer Gesellschaft stärker nach innen. Es entstehen neue Arenen, in denen wir wie der römische Bürger – zuschauen als Voyeure.

Als Arena aber ist das „Literarische Quartett" einfach unzivilisiert und barbarisch. Vergleichsweise hoch zivilisiert und auf der Höhe der Zeit sind dagegen die großen Musik- und Rockfestivals oder auch die großen Fußballstadien. In diesen Arenen artikulieren sich Leidenschaften, tobt sich Lust aus, wird Gewalt in Männerkörpern verarbeitet. Das ist Zivilisierung durch Aktion, Witz und Rausch. Hier wird Gewalt – meistens jedenfalls – nicht geschürt, sondern sublimiert. Fußballer bieten Vorbilder. Sie spielen nach festen Regeln, in auf Fairneß trainierten Gruppen. Körperliche Attacken sind verboten, sie dürfen sich noch nicht einmal Effenbergs Stinkefinger zeigen. Auf den Rängen aber herrscht überwiegend nicht nationales Pathos, sondern derber Spaß, Ironie und Gelächter. Wenn ich das mit dem vergleiche, was die heutigen Intellektuellen in den Medien treiben – oder gar das „Literarische Quartett" –, dann weiß ich, wo heute die Citoyens zu suchen sind und wo die neuen Barbaren.

Die Frage lautet längst nicht mehr, ob die Medien Gewalt abbilden oder nicht. Es geht vielmehr um den Prozeß selbst, darum, ob die Medien das zentrale Instrument sind, den Kreis um die einsame Person im Zentrum zu schließen. Dann nämlich sitzen alle Zuschauer in einer Falle, der sie kaum entrinnen können: Wenn alle mitgucken, sind auch alle Mittäter, und zugleich sind alle durch das Kollektiv entlastet. Die Intellektuellen in den Medien müssen das nicht nur wissen, es wäre ihre ureigenste Aufgabe, Auswege aus dieser globalen Arena zu finden. Auch hier geht es nicht darum, diese Gewalt abzuschaffen – das wird nie gelingen –, sondern es geht darum, Regeln zu erfinden, Riten und Rituale, mit deren Hilfe wir mit diesen dunklen Kräften klarkommen.

Sehr beruhigt, geradezu begeistert bin ich darüber, daß ein Drittel der Zuschauer des „Literarischen Quartetts" nach wenigen Minuten umgeschaltet haben soll. Ich vermute, das sind geübte Fußballzuschauer oder (Rock-)Konzertbesucher. Sie haben die Arena „Literarisches Quartett" verlassen, sie kennen Arenen von höherer Qualität. Diese Zivilität hält also. Aber wetten könnte ich, daß die Medienarbeiter selbst – die Journalisten ganz sicher – alle dabeigeblieben sind. Bis zum Schluß. Sie haben die Sendung unter professionellen Gesichtspunkten betrachtet. Sie interessierte nur: „Wie machen sie's diesmal?" Fachidioten der Gewalt.

Was ich akzeptiere, ist Respekt vor der Größe der neuen Aufgabe oder auch ein Gefühl echter Unsicherheit. Denn die Medien sind gegen ihren Willen der zentrale gesellschaftliche Ort der Gewaltverarbeitung geworden. Im Zentrum aller Kulturen steht die Gewaltbannung. Sie fand früher in religiösen Opferritualen statt, in Mythen und Theatern und wurde durch sie tradiert und kulturell entwickelt. Dies alles ist in atemberaubender Geschwindigkeit weggebrochen und hat jede Gültigkeit verloren. Auch die Politik, die mit ihrem Gewaltmonopol immer wieder eingesprungen ist, verliert an Macht über diesen öffentlichen Raum. Den Medien als Ganzes aber wächst täglich neue Macht zu (das ist übrigens einer der Gründe, warum heute die Begabtesten nicht mehr in die Politik, sondern in die Medien gehen). Das ist ein ganz neues Terrain für sie. Früher waren die Medien nur der Marktplatz, eine Klatschrunde, ein Platz auf der Barrikade, von der aus man die übermäßige Machtfülle der Herrschenden kritisierte. Jetzt sind sie im Zentrum der öffentlichen Sphäre, am Machtpol, der zugleich Schloß ist und Kathedrale. Das ist einfach zuviel an Verantwortung.

Betrachten wir die Sache nüchtern: Es gibt kein Zurück zu den alten festen Bindungen und Ritualen, es gibt fürs erste auch keine dramatische Qualitätssteigerung der Politik. Wir sind an einer neuen Weichenstellung der Zivilisation. Die Zivilisierung der Gewalt, die Verarbeitung unserer gewalttätigen Neigungen, muß heute in den Medien stattfinden. Sonst wird sie nicht stattfinden.

Nein, die Zukunft wird nicht den Reich-Ranickis gehören und nicht seinen Claqueuren. Da halte ich es mit Freud, der einmal den sexuellen Kern der Hysterie entlarvt hat. Nachdem die Krankheit so öffentlich bloßgelegt und blamiert war, kam die klassische Hysterie als Krankheitsbild ganz aus der Mode. Ähnlich wird es mit dem Hysteriker Reich-Ranicki und seiner sonderlichen Kritiker-Schule gehen, wenn diese Art unzivilisiert-barbarischer Arbeit in den Medien einmal der öffentlichen Lächerlichkeit preisgegeben würde. Dann kann und wird er keine Bücher mehr zerreißen, dann macht er es wahrscheinlich wie Rumpelstilzchen und zerreißt am Ende vor Wut lieber sich selbst. Nur daß das klar ist: Auch das muß nicht sein!

aus: Die Zeit, 8.9.95

Wichtigtuer, Besserwisser

Grass hin, Reich-Ranicki her. Werden wir einfach mal für einen Moment grundsätzlich, wie es unserem unseligen Berufsethos entspricht. Denn das Problem, das es heute tiefschürfend abzuhandeln gilt, ist, um ein besonders kühnes Bild zu gebrauchen, ja keine Eintagsfliege.

Zugegeben: Unter Journalisten und Kritikern gibt es eine ganze Menge eitler Kerle, die sich nur allzu oft viel wichtiger nehmen als die Sache, über die sie schreiben und urteilen. Eitelkeit und eine gehörige Portion Egomanie gehören wohl einfach zu jedem Berufsstand, der ein regelmäßiges Auftreten in der Öffentlichkeit voraussetzt. Stellen wir also fest: Die Wichtigtuerei, die man bei der gegenwärtigen Grassomanie ausgemacht zu haben glaubt, ist nicht auf Literaturkritiker beschränkt. Adorno, der wußte wovon er sprach, hat die ultimative Formulierung gefunden: „Eitelkeit ist die Dummheit der Intellektuellen."

Nicht schlecht, was? Und trotzdem Vorsicht. Es sollte zu denken geben, daß man heutzutage die Lacher mühelos auf seiner Seite hat, wenn man eine Bemerkung, die nicht einmal geistreich sein muß, gegen Kritiker abläßt. Die Animosität, die dabei zum Vorschein kommt, geht jedoch seltsamerweise gar nicht gegen eitle Wichtigtue-

rei, sondern gegen notorische Besserwisserei, die man offenbar nicht mehr als Kompetenz hinnimmt, sondern als blanke Anmaßung. Daß es soweit gekommen ist, scheint mir eine bedrükkende Entwicklung, die es zu konstatieren gilt, ohne gleich jemand dafür haftbar zu machen.
Noch schlimmer aber ist eine Vermutung, die man beim Umgang mit Künstlern immer wieder hört und die nun im Fall Reich-Ranicki den fragwürdigen Namen „Tontaubenschießen" erhalten hat: *die* Kritiker, heißt es, loben einen Künstler nur deshalb in den Himmel, um ihn desto effektvoller wieder herabziehen zu können. Bei allem Verständnis für Vorurteile: So verrottet ist dieser Berufsstand zum Glück noch nicht. Wer das behauptet, weiß nicht, wovon er spricht.
Entgegen landläufiger Meinung loben Kritiker, die den Namen verdienen, nämlich viel lieber, als daß sie verreißen. Sowenig Eßkritiker sich am Haar in der Suppe delektieren, aber es doch notieren müssen, sowenig lauern die Kunstkritiker auf Mißglücktes und Gescheitertes. Es mag ja sein, daß manche Karriere (ein zweifelhaftes Wort für diese Tätigkeit) wirklich ein Weg in die geistige Verwahrlosung war, aber die zunehmende Bereitschaft, die persönliche Überschätzung als Strategie eines Berufsstandes zu betrachten, wäre es nicht minder. p. b.

aus: Süddeutsche Zeitung, 8.9.95

ZEIT-GEIST

Zuviel Unkraut auf Miesepeters Feld

■ Von Peter-A. Fiedler

Legen Sie auch immer zuerst die Wirtschaftsteile der großen Wochenblätter zur Seite? Dann gehören Sie wohl auch nicht zum Leserstamm der „Wirtschaftswoche". Deren neueste Ausgabe sich mit Literatur befaßt. Das heißt mit derzeit grassierender Form der Buchkritik. Nachdem schon andere Politiker Schelte für die politische Feldbestellung des Günter Grass austeilten, langt jetzt in dem Ökonomie-Blatt Ex-Treuhandchefin Birgit Breuel zu: Sie finde auf weitem Felde nur Mieswurzliges – „Plattmachen", „Schnäppchenjagen", „kaltherzige Abwicklung". Die bekannten Klischees eben.

Die Politikerin zeigt sich irritiert über soviel Mißwuchs. Dabei sei Günter Grass doch 1993 in der Treuhandanstalt mit ausgebreiteten Armen empfangen worden. Die Mitarbeiter, so plaudert Birgit, hätten ihm Berge von Materialien besorgt und ihm das Haus gezeigt. „Nun ist der Roman da, aber ich finde darin nichts von dem, was uns in der Treuhandanstalt wirklich bewegt hat", urteilt Frau Breuel.

Ob sie das Buch wirklich gelesen hat? Da kommen einem Zweifel. Denn bewegt hat die Mitarbeiter doch wohl der Paternoster. Nach oben. Nach unten. Dem Schriftsteller gefiel dieses Beförderungsgerät so gut, daß er es zur zentralen Metapher auswalzte. Es nimmt kein Ende mit diesen Bewegungsabläufen. Doch kommt die Fahrstuhl-Variante erst ziemlich spät ins Bild. Hat die Ex-Treuhandmutter da womöglich schon das dickleibige Buch ermattet sinken lassen?

Woher aber könnte sie sonst von dem vielen Unkraut auf Grass'schem Felde wissen? Hat sie lesen lassen? In arbeitsteiligen Zeiten kein besonderes Vergehen. Keiner kann heute mehr alles machen. Man wird ihr dann eben nur das exzerpiert haben, was mit ihrer einstigen Arbeitsstelle in Verbindung steht.

Und das genügt ja auch. Es erinnert ein bißchen an DDR-Zeiten: Da wird ein Autor durch einen Betrieb geführt, man zeigt ihm alles Gute und Schöne, legt ihm stolze Bilanzen vor – und was macht der Schreiberling anschließend? Er macht schlecht. Er verzerrt blühende Landschaften zu einem weiten Feld, auf dem nur Unkraut steht. Da bleibt der Ruf nicht aus: Miesegünter!

Die Sommerlöcher sind gestopft. Die Grassomanie aber ist nicht zu stoppen. Wer äußert sich als nächstes? Ein weites Feld. Die neue Zeitrechnung etwa kam noch nicht zur Sprache. Wir werden zum Beispiel bei weiteren Vorausexemplaren neu erscheinender Bücher in den Verlagen anfragen, ob wir uns so wie vor oder wie nach Grass verhalten sollen: Sperrfristen für Besprechungen einfach ignorieren. Bücher nicht auf literarische Inhalte, sondern politisches Wohlverhalten prüfen. Nach dem Motto: Wo bleibt das Positive, Herr G.?

aus: Thüringische Landeszeitung, 9.9.95

Zwischenzeit

Ohne Fontane ist nichts?

Der Unsterbliche? Nahm mich an die Hand, als ich wenige Meilen westlich von Melrose jene Romanze in Stein und Mörtel aufsuchte, welche unter dem Namen Abbotsford als ehemaliger Landsitz des Richters und Dichters Sir Walter Scott sich regen Zuspruchs erfreut. Die Reiseführerin, ein Bündel gebildeter Amüsiertheit, konnte es nicht erwarten, kluge Bosheiten vorzulesen, nämlich, daß Abbotsford beschaffen sei, als habe der Dichter „in einem seiner Schreibtischkästen hundert hübsche Stellen aus allen möglichen alten Balladen gesammelt, in der bestimmten Erwartung, durch Zusammenstellung solcher Bruchstücke eine eigentliche Musterromanze erzielen zu können ..." Solche Respektlosigkeiten würde eine moderne plangeschliffene Reiseleitung sich niemals trauen – aber könnte man den Kitschgeist des Hauses Walter Scott besser beschwören? Also her mit des Unsterblichen Büchlein. *Jenseits des Tweed*. Erschienen 1860. Wir, 1995, nuckeln an seinen geistreichen und dramatischen Stellen. Ist ja wahr: die Ermordung Rizzios an der Seite der Mary Stuart gibt's nirgendwo lebendiger, frischer.

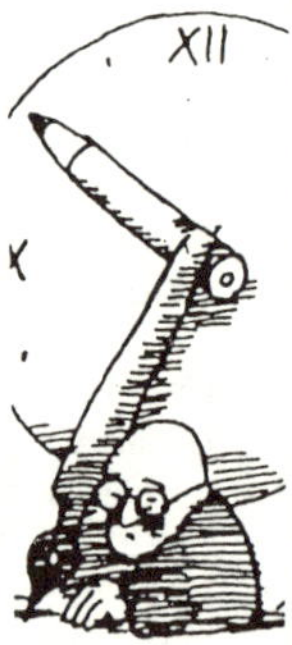

Kleiner Sprung. Der Unsterbliche in seiner Mark (Brandenburg). Möchte jemand Reiseführer werden, dortselbst? Immer weiß er alles, seine Kutsche ratterte über Stock und Stein, bis nach Küstrinchen und Lietzegörike. Die Gruft an der kleinen Wuster Kirche müßte man gar nicht besuchen. Des Unsterblichen Schilderung jenes dunklen Bretterhaufens, welcher Reste des enthaupteten Katte birgt, oder nicht – : da stellt sich wieder ein, im Flackern der Kerzen, wie zu seinen Jahren „jener traumwache Zustand, dem Trauerspiel und Posse ... zu Gliedern derselben Kette werden".

Der Unsterbliche. Reiseführer verkämen ohne sein Werk. Er hat Günter de Bruyn an die Hand genommen, dieser den Alten freilich auch; und er erscheint, nach 150 Jahren (praeter propter), als Quell von Anleihen, Analogien und Inspirationen, als gäbe es kein wohlschmeckenderes *eau de vie*. Und erst noch die heitere Tiefe des Stechlin-Sees. Ohne Fontane ist nichts? War der humane Wanderer durch das 19. Jahrhundert so zeitlos reich, sind wir, Verirrte des 20. Jahrhunderts – zeitgebunden arm?

Und nun Günter Grass' *Fonty*. (Muß noch einmal sein.) Muß sein, weil es um einen winzigen Punkt geht, den zu bemerken Rezensentinnen und Rezensenten sich nicht verstanden haben, möglicherweise genuin verhindert (lies dazu wieder Sten Nadolny „Kritiker und Autor" am 2. September). Rezensenten sind empfindliche Wesen, belesen und unerbittlich (dies auszusprechen ist eine nötige Vorsichtsmaßnahme wie das Bekenntnis zum Auto im Kreise von Automobilmanagern) und großartig – bloß die eine Pforte bleibt ihnen verschlossen. Niemals erfahren sie an sich selbst Himmel oder Hölle der Imagination. Sie können also Auswirkungen eines geistigen, politischen, naturwissenschaftlichen Gesamtklimas auf die neurovegetative Befindlichkeit ihrer Dichter nicht einschätzen. Deshalb sei die Frage nachgeholt: Kann ein begabter, gebildeter, sprachmächtiger, analogiesüchtiger Verf. sich von dieser Welt purgieren und einfach einen / *den* (Jahrhundert-)Roman schreiben, nein: *fertigbringen*? Abfliegen aus der Wirklichkeit, von der er nicht loskommt? Mit welchem Stimulans? Dichter kann nicht. Ich bezweifle, daß selbst ein größtes anzunehmendes Genie imstande wäre, die Vibrationsmaschine Gegenwart abzuschalten. Es genügt ja nicht, sich anzuschnallen, Ohropax zu stopfen, ein Zelt in der Wüste zu mieten. Der mögliche *gedachte* oder tollkühne *tätige* Dichter ist von den Metastasen des Weltlärms, der kulturellen Abbrüche, der elektronischen Raserei bis ins letzte Zipfelchen bedrängt, trägt sie in sich, entkommt ihnen nicht. Ich denke mir, daß Proust nach den ersten fünfzig Seiten der *Verlorenen Zeit* verzagt und endlos an seiner Feder kauen würde, wäre er an Stelle des Grass' ... und *der* konnte mit seinem „Zeitroman" sich nicht lösen aus dem Mischungsverhältnis Eins zu Eins. Wirklichkeit, Fiktion und Konstruktion gleichgroß! Mauer gleich Mauer, Zitat gleich Zitat. Und Fonty ist Fontane. Aber *Niemand* würde oder wird sich aus solcher Verstrickung lösen können, vorerst. Der Unsterbliche hatte gut dichten: *In einem Lumpenkasten / War große Rebellion: / Die feinen Lumpen haßten / Die groben lange schon.* Ja.

CLAUS HEINRICH MEYER

aus: Süddeutsche Zeitung, 12.9.95

LEUTE

Nach Marcel Reich-Ranicki, Theo Waigel und Birgit Breuel verwechselt nun auch Klaus von Dohnanyi Günter Grass' Roman „Ein weites Feld" mit Politik. Der ehemalige Erste Bürgermeister und Lebensgefährte der Poetin Ulla Hahn attackiert in einem weitschweifigen offenen Brief an den Dichter im neuen „Stern" die Aussagen seiner Figuren. „So wenig, wie

Du akzeptieren würdest, daß zum Beispiel der Bundeskanzler den Schriftstellern Ratschläge über Satzbau und Sonettform erteilen würde, so wenig können wir uns mit Deiner nicht begründeten Pauschalkritik abfinden." Mit wessen? Soll da etwa dem Roman-Spion Hoftaller wegen seiner Aussagen zur Treuhand ein Verfahren wegen übler Nachrede angehängt werden? Oder dürfen wir nach Politikerwille nicht mehr Fontane lesen, weil auch „Fonty" mit der Wiedervereinigung so seine Probleme hat? Ein wahrlich weites Feld. Wahrscheinlich droht Blechrommler Matzerath jetzt auch noch eine Anzeige wegen Ruhestörung.

aus: Hamburger Morgenpost, 13.9.95

Mythen in Tüten

Kritik, Barbarei etc.

Antidemokratisches von der Bundestagsvizepräsidentin

Preisfrage: Worum geht es hier? „Das Schema ist seit der Antike immer gleich: Auf den Rängen sitzt die feine Gesellschaft, die sich beim Anblick des in der Mitte der Arena stattfindenden tödlichen Spiels köstlich amüsiert und sich ihrer Überlegenheit vergewissert ... Nach 1989 ist das Bedürfnis nach innergesellschaftlichen Entladungen gewachsen." Skinheads, meinen Sie? Ach was! Na, Sie raten's ja doch nicht: Von Literaturkritik ist in diesem raumgreifenden Besinnungsaufsatz aus der *Zeit* unter dem Titel „Ende der Unschuld" (8. 9. 1995) die Rede.

Antje Vollmer wirft darin den Kritikern des neuen Romans von Günter Grass „Kampagnenjournalismus" mit dem Ziel der „blindwütigen Zerstörung von Autorität und Kreativität" vor. Es wäre schon interessant genug, dem Stellenwert dieser Kombination im Vollmerschen Denken nachzuspüren: Braucht man Autorität, um kreativ zu werden? Und gebührt dem Kreativen nicht kraft seiner Kreativität auch Autorität – weil wir doch „gerade in Zeiten des Umbruchs die Dichter" brauchen? Unsere Sorge soll das nicht sein. Die Kritik ist eine antiautoritäre Institution, die von der Differenz, von der abweichenden Meinung lebt. Das ist erst in zweiter Linie eine Frage persönlicher Unangepaßtheit. Es mögen hier wie überall Konformisten am Werk sein – das Arbeitsprinzip der Kritik ist die Distinktion. Andere Meinungen werden mit Aufmerksamkeit belohnt. Der Furor mancher Kritik an Grass mag daher rühren, daß sein Roman so wenig Chancen dazu bot.

Es scheint kaum jemanden zu stören, wenn eine der höchsten politischen Repräsentantinnen dieses Landes eine Serie von Verrissen „reale Gewalt" nennt und den Kritikern vorhält, „sie reflektieren nicht, wie weit sie die in jeder Gesellschaft lauernde Aggressivität erst ermutigen, anheizen, sie halten sich notorisch fern von der Erkenntnis, was sie zu ihrer Eindämmung und Zivilisierung beitragen können." Der „Fall Grass" als Zivilisationsbruch, als „Barbarei" – das mag den meisten denn doch zu albern erschienen sein. Aber man sollte sich Antje Vollmers Text genauer anschauen. Es ist doch eine ernste Sache, wenn die stellvertretende Parlamentspräsidentin zur Freiheit der Kritik ein so gebrochenes Verhältnis hat.

Was heute ansteht, schreibt Vollmer, sei die Entwicklung „demokratischer Regeln", um die „Kultur des öffentlichen Raumes" zu „humanisieren". Überflüssig zu fragen, wer denn das grundhumane und zivilisationsfördernde Regelwerk für die Literaturkritik beschließen und verabschieden wird: natürlich der Deutsche Bundestag unter Vorsitz seiner stellvertretenden Vorsitzenden.

Aber im Ernst: Eine Demokratie, die nichts davon wüßte, daß in bestimmten Arenen demokratische Regeln nicht gelten, verdiente ihren Namen nicht.

Jörg Lau

aus: taz, die tageszeitung, 13.9.95

CHRISTOPH NEIDHART

Periskop

Sehnsucht nach einem Führer

Von der Schlachtung des Günter Grass habe ich zuerst aus der «Moscow Times» erfahren.

Das Blatt war entsetzt, in Deutschland vernichte man wieder Bücher. Und Autoren. Mich erstaunte es nicht.

Es ist ja auch gar nicht so gemeint, wie oft in deutschen Landen. Die Kritik vernichtet keine Bücher und auch keine Autoren. Dem Papst und seinen selbstgeweihten Kardinälen geht es gar nicht um Literatur. Sonst hätten sie sich, wenn der neue Grass so grauenhaft ist, wie sie sagen, alle um die Lektüre gedrückt. Es sei denn, sie sind Masochisten. Warum hat man das Buch nicht den Volontären überlassen, als Lehrstück, Exerzitium. Oder ignoriert.

Hier hat ein Autor, der seit dem «Butt» vor bald zwanzig Jahren wenig zustande brachte, es noch einmal versucht. Bitte.

Vermutlich ist er gescheitert. Was anderes ist seit seiner «Rättin» nicht zu erwarten. Na und? In Deutschland druckt man viele schlechte Bücher, aber auch einige gute: Die hätten so viel Aufmerksamkeit verdient...

...wenn es der Kritik um die Literatur ginge. Ums Lesen. Dem ist aber nicht so. Welcher Grosskritiker bespricht unbekannte Neulinge? Die Herren und Herrinnen möchten eitel sein. Beachtet werden.

Bücher dienen ihnen bloss als Vorwand, sich aufzublasen. Zu zeigen, wie elegant sie das Messer führen. Und wo gesäbelt wird, spritzt halt Blut. Das müssen die Autoren schon verstehen. Die sollen froh sein, dass die Kritik ihren Zirkus noch nicht ohne sie durchführt, auch Herr Grass.

Sie haben ihn beim Lesen ja so gehasst.

Wenn sie ihn denn gelesen haben. Er hat ihnen den Sommer versaut. Jetzt zahlen sie es ihm heim, zumal sich das lohnt: Grass ist bedeutend. Und je bedeutender das Opfer, um so grösser die Trophäe für die Henker. Oder Richter – oder Schulmeister, wenn sie milde gestimmt sind.

Das Buch sei ein Politikum, hält man dem entgegen. Nein, dazu wird es erst gemacht.

Von der Kritik. Und der Kritik der Kritik.

In Deutschland vertreten viele dumme Bücher krude Meinungen. Schon, heisst es, aber Grass sei die Nummer eins. In der Tat: Da haben wir das Politische.

Grass ist die Nummer eins der Literatur.

Reich-Ranicki die Nummer eins der Kritik. Boris Becker des Tennis. Karajan war eine Nummer eins, der «Spiegel» ist eine und die «Zeit» ein ganzes Einmaleins.

Deutschland kann ohne Hierarchie nicht.

Es hat für alles eine Nummer eins, im

Fussball sogar einen Kaiser.

Nummer eins zu sein ist eine Frage des Status, der Macht, nicht der Qualität.

Die war einmal, vielleicht. Ist das zu lange her, lanciert das Feuilleton eine sogenannte Debatte, ruft zum Sturz der Einsen auf, die sich verhielten wie Nullen. Jetzt sind Grass und Reich-Ranicki dran. Solche Kampagnen werden von Möchtegern-Einsen geführt. Sie sagen uns, welche Meinung wir zu haben haben.

Was politisch gerade korrekt ist. Der und der und die und sogar Johannes Mario Simmel teilen ihre richtige Meinung bereits.

Wie praktisch, wir müssen uns also nur noch anschliessen, uns keine eigene bilden. Und die Medien können sich die Fakten sparen. Die brauchen bloss Platz, sind dröge. Bis sie die Mehrheit haben; und schreien: Macht Grass nieder! Stürzt Reich-Ranicki!

Auf zum Tyrannenmord.

Als ob es Reich-Ranickis Fehler wäre, dass eine ganze Literaturnation auf sein Marketing reinfiel, ihn zum Meinungsführer gezappt hat. Wie Meister Propper eben.

Kann man in einer offenen Gesellschaft einen Verführer des Meinungsmonopols bezichtigen? Nein, die Verantwortung liegt bei jenen vielen, die sich nach einem Führer sehnen. Und sei es bloss nach einem, der ihnen sagt, welche Bücher sie gut zu finden haben.

Dabei wäre es so einfach: Man müsste bloss selber denken, den Literatur- und alle andern Päpste ignorieren. Demokratie ist polyphon.

aus: Weltwoche, 14.9.95

„Die Wahrheit ist privat"

Der Schriftsteller PETER RÜHMKORF *kündigte Marcel Reich-Ranicki die Freundschaft – wg. Grass. Die Antwort kam von „FAZ"-Redakteur Jochen Hieber. Rühmkorf reagierte auch darauf. DIEWOCHE dokumentiert seine Briefe*

Lieber Herr Ranicki,

das „Mein" erspare ich mir, um gar nicht erst erheuchelte Einvernehmlichkeit aufscheinen zu lassen. Was ich Ihnen mitzuteilen habe, hat auch mit früher fast blind vorausgesetzten Gemeinsamkeiten nicht mehr viel zu tun. Mit Ihrem Auftritt im letzten „Literarischen Quartett" haben Sie einen Graben zwischen der schönen Literatur und Ihrer zur ideologischen Lehrmeisterin verklärten Kritik aufgerissen, der unserer geplanten Gemeinschaftsveranstaltung am 20. September leider den Boden entzieht. Nein, das war kein sogenannter „Verriß“ mehr (wie noch am vorausgegangen Montag im „Spiegel“), das war das autoritäre Niederschreien eines schwierigen Buches und der in ihm vertretenen Meinungen, die sicher nicht jedermanns Billigung, aber doch wohl ein gewisses Maß an abwägender Duldsamkeit verdient gehabt hätten. Ich hatte ja immer gehofft, daß Sie Ihrer überzogenen Devaluation ein Minimum an verbliebenem Selbstzweifel oder des revidierenden *Common sense* folgen lassen würden. Das Gegenteil war der Fall. Statt dem Autor auch nur so etwas wie rechtsanwaltlichen Beistand zu gönnen, rückten Sie den Namen eines auf vielen Podien bewährten Nazigegners und Radikaldemokraten in die Nähe von Joseph Goebbels, für mich das absolute Nonplusgehtnichtmehr, so etwas müssen Sie für sich mit Ihrem Dämon ausmachen, das Feixen der Mozartkugelclaque und den Samstagskommentar der völkischen „Welt“ immer inklusive.

Da ich nicht der Richtkanonier vom Hohenzollernring [*Wolf Biermann; Red.*] bin und narzißtische Exaltationen hasse, schicke ich Ihnen diesen Brief auch nicht über das Reflexblatt, sondern privatnachhaus in die Gustav-Freytag-Straße. Ich werde Grass, der keine Kenntnis von ihm hat, weil er in Dänemark weilt, einen Durchschlag schicken; dito Michael Naumann vom Rowohlt Verlag, der im Augenblick noch unschuldsvoll in der Karibik surft. Ob Sie meine Ansage als ein Äußerstes an Affront registrieren, kann ich natürlich nicht ahnen. Ich selbst empfinde mein „Ich-möchte-lieber-nicht-sagte-Bartleby“ eher als ein Äußerstes an Loyalität und möchte auch keine weiteren Kommentare damit verbinden. Daß dieser Schritt der Fortüne meines eigenen Buches nicht gerade förderlich ist, nehme ich in Kauf, ich kann seine über 600 Seiten hin vertretene Kunstmoral, die sich gegen Gesinnungsverwertungen wendet, aber nicht durch ein opportunistisches Tête-à-tête mit der neudeutschen „Einheits“-Ästhetik in Frage stellen. Da ich selbst einmal als Ersatzmann für einen kurzfristig ausgefallenen Martin Walser eingesprungen bin, habe ich freilich keine Sorge, daß sich auch diesmal Abhilfe schaffen lassen wird. Ich denke z. B. an Karl Corino, der doch auch ganz hübsche Gedichte schreibt. Weiß der Himmel, ob ich Ihnen mit meinem Verzicht nicht sogar einen voreilig heranzitierten Alp von der Seele nehme.

Ich grüße Sie einseitig-herzlich (linke Klappe) und wiederhole die dreieinhalb Worte-inhaltsschwer, die ich bei meiner Geburtstagsrede an den Schluß setzte: Er hat Anlaß gegeben.

Lieber Herr Hieber,

ich danke Ihnen für Ihren Brief mit privatem Kopf per „FAZ“-Poststelle (Stempel vom 4. September 1995 – „Dahinter steckt immer ein kluger Kopf“), der mich unverhofft traf, weil ich immer noch geglaubt hatte, Herr Reich-Ranicki würde mir auf mein Absageschreiben persönlich antworten. Da er es vorgezogen hat, die Sache über Dritte zu regeln, darf ich Sie wohl als sein Sprachrohr betrachten

HINTERGRUND

Der Schriftsteller Peter Rühmkorf war vom Kritiker Marcel Reich-Ranicki eingeladen worden, am 20. September in der Jüdischen Gemeinde Frankfurt/Main aus seinem jetzt erschienenen Tagebuchband (*„Tabu I". Rowohlt; 623 S.; 54 Mark*) zu lesen. Rühmkorf sagte ab, aus Loyalität zu seinem Freund Günter Grass, weil dessen neuer Roman „Ein weites Feld" von Reich-Ranicki unlängst im „Literarischen Quartett" „niedergeschrien" worden sei und weil der Chefkritiker Grass in die Nähe von Goebbels gestellt hatte (*siehe Brief an Reich-Ranicki*). Eine Antwort bekam Rühmkorf nicht von Ranicki, dem Veranstalter der Lesung, sondern vom „FAZ"-Redakteur Jochen Hieber, Herausgeber des Buches „Lieber Marcel. Briefe an Reich-Ranicki" (DVA). Hieber belehrt den Schriftsteller, die Absage sei verachtenswert und „würdelos". In Reich-Ranickis Frankfurter Lese-Reihe hatte übrigens im Mai auch Grass seinen Roman vorab vorgestellt – wohlwollend eingeführt vom späteren Scharfrichter.

und Sie meinerseits als sein Hörrohr in Anspruch nehmen, wozu ich mir freilich DIEWOCHE als Adapter herangebeten habe, damit sich ein tiefer reichender Dissens nun nicht mehr bloß *entre nous* verkrümelt.

Tatsächlich war ich zunächst so naiv gewesen, meine Verzichtserklärung als Privatissimum zu betrachten. Ich bin kein Resolutionist und habe insofern auch an keinem Gewerkschaftsprotest teilgenommen. Ich habe keine Steidl-Sammeladresse unterschrieben und sehr bewußt auf einen Leserbrief an den „Spiegel" verzichtet. Ich habe eine für mich ungemein qualvolle Entscheidung allein mit mir selbst ausgemacht und die hinterher ins Vertrauen gezogenen Günter Grass und Michael Naumann um äußerste Diskretion gebeten, schon um nicht auch noch einen vielleicht vorhandenen Innstetten-Komplex loszutreten.

Nun hat Marcel Reich-Ranicki die fair offerierte stille Beerdigung einer zunächst erhofften lauten Ankündigung meines neuen Buches im Rahmen der Jüdischen Gemeinde aber von sich aus ins Gerede gebracht, *vanitas vanitatum*, und wenn es eines letzten Anlasses bedurft hätte, mein Schweigegelübde zu brechen, dann wäre es etwas wie Ihr Brief gewesen.

Daß Sie meine Absage mißbilligen („Ich verachte Ihre Entscheidung. Sie ist würdelos"), mag ja noch hingehen. Sie bezeugen mir allerhöchste Indigniertheit mit Wörtern wie „nichtswürdig", „fatal" und „gemein" und begegnen einer nicht Ihnen geltenden Majestätsbeleidigung nach Lehnsmannsart. Aber dann folgt da noch so ein Sätzchen belehrender Prosa, ich könnte auch sagen der präzeptoralen Anmaßung, das ich Ihnen nicht einfach als *lapsus machinae* durchgehen lassen kann. Sie schreiben: „Ihre Absage beweist, daß Sie die Eigenständigkeit und Dignität der Literaturkritik in all den Jahrzehnten Ihres öffentlichen Wirkens nicht begriffen haben." Eigenständigkeit und Dignität der Literaturkritik? Aber mein lieber Herr Hieber! Als ob die Kartellabsprachen des „Quartetts" mit anderen Medien dem Gedanken an Eigenständigkeit überhaupt noch Raum gönnten und der sowohl „fatale" wie „gemeine" Goebbels-Vergleich nicht schon gänzlich unter aller Sau (= Würde) gewesen wäre.

„Die Wahrheit ist konkret", sagt Bertolt Brecht, was ich im Hinblick auf meine eigene nervöse Verwicklung in die Sache vielleicht einmal etwas modifizieren darf: „Die Wahrheit ist privat." Daß die langjährigen heftigen Idiosynkrasien des GG gegenüber MRR wenigstens zeitweilig besänftigt werden konnten, war u. a. meinem wechselseitigen Zuspruch zu verdanken gewesen. Als Ranicki mir im Mai des Jahres die Laudatio zu seinem 75. Geburtstag antrug und mich beinah schüchtern fragte, ob er auch Günter Grass hinzuladen sollte, hatte ich ihm wärmstens zugeraten. Und ich hatte auch Grass zur Teilnahme zu ermuntern versucht, der es allerdings vorzog, nur *in effigie* [*im Bilde*] zu erscheinen. D. h. in der Form eines dem Jubilar gewidmeten Selbstbildnisses für dessen nationallitterarische Porträtgalerie. Welche Scham, welcher Ekel und welcher gerechte Zorn muß ihn dann nur wenige Monate später befallen haben, als er ein mit seinem Abbild verziertes Buch zum Schredderobjekt des „Spiegel" degradiert sah, und ich sage Ihnen, den stillen Vermittler nicht minder.

Das ist bei der Rasanz der laufenden Ereignisse nun schon beinah der Schnee vom vergangenen Jahr, Herr Hieber, aber Ihr Brief an mich ist noch frisch und Ihre Beschwörung der „Dignität der Literaturkritik" ein bleibender Lachanlaß. Wo wäre er in unseren Zusammenhängen überhaupt mal zu finden gewesen, jener höhere Würdenglanz, der sich früher mit kirchlichen oder kirchrichterlichen Ämtern verband? Etwa in dem Goebbels-Vergleich? In dem auch nicht viel schöneren Bild einer repräsentativen Bücherverreißung? Oder gar in dem Interviewbeitrag Ranickis für die „Bunte", in dem es anspielungsreich genug heißt: „Vielleicht hat dieses Desaster oder, sagen wir, diese Krise mit dem Alter des Autors zu tun. Übrigens: Manche Männer werden mit 60 impotent, andere mit 70, wieder andere erst mit 80."

Es sei denn – und dieser Gedanke assoziiert sich mir erst jetzt –, Sie sollten den Begriff „Dignität" eher mathematisch verstanden haben, wo er dann soviel wie Potenz bedeutet. Oh ja, die kenne ich und habe sie mein Leben lang ernst genommen, sowohl als Mächtigkeit der Kritik allgemein als auch als berufsnotorische Präpotenzvorstellung, und beides gilt es von meiner Innung her zu bestreiten.

In alter Frische und mit Grüßen an Herrn Reich Ranicki

aus: Die Woche, 15.9.95

Wahnsystem Verschwörung

Auf Antje Vollmers Grass-Kritiker-Kritik in der ZEIT antwortet Hellmuth Karasek

Günter Grass ist Schreckliches widerfahren. Er ist das Opfer einer Kampagne, der es um „blindwütige Zerstörung von Autorität und Kreativität" geht. Dieser „mediale Kannibalismus" zielte auf „Gesichtsverlust". Und der, so meint die Vizepräsidentin des Deutschen Bundestages, Antje Vollmer, „ist nicht reparabel". Da sie keine große Logikerin vor dem Herrn (und auch nicht vor der Lieben Frau) ist, folgt auf die Konstatierung, wir Kritiker hätten Grass irreparabel das Gesicht zerkratzt, der Satz: „Obwohl: Wie kauzig-heiter erscheint Günter Grass auf den Photos im *stern!*" Lieb. Also sind wir Kritiker, Gott sei Dank, doch nur Papiertiger und Gummiadler.

Wenn der Mensch hinten nicht mehr hochkommt, schreibt Tucholsky , dann nennt er es innere Einkehr. Wenn einem Autor gesagt wird, er habe ein schlechtes Buch geschrieben, so nennt er das eine Verschwörung. Günter Grass, seine Verleger Steidl und Staeck sowie deren Nothelfer haben eine Verschwörung, natürlich eine politische, drunter geht's nicht, gegen den neuen großen (vielleicht auch nur: dicken) Roman „Ein weites Feld" von Grass ausgemacht. Ziel dieser Verschwörung: „die Hinrichtung" von Grass. Als üppige Henkersmahlzeit haben die Scharfrichter dem Autor eine fette Auflage spendiert, wobei ich großzügig rechne, daß 7000 verkaufte „Weite Felder" a conto normale Steidl-Werbung gehen – der Rest (170 000) ist Reich-Ranicki.

Die Verschwörung, das Mordkomplott der kritischen Todesschwadron, funktionierte so: Rudolf Augstein, der sich darüber geärgert hatte, daß Grass von der Wiedervereinigung nicht begeistert war, griff zum Telephon – denn darüber sind sich alle von Bissinger bis Riehl-Heyse einig: Es handelt sich perfidermaßen um eine fernmündliche Absprache, schon wegen der Verwischung der Spuren. Augstein also rief Marcel Reich-Ranicki an: „Könnten Sie nicht den Grass bei uns verreißen, was sag ich: zerreißen. Der Kerl war doch gegen die Einheit." Darauf Reich-Ranicki: „Aber gern. Da muß ich allerdings erst den Seibt bitten, mir die Rezension in der *FAZ* wegzuschnappen. Darf es dann etwas mehr sein?" Ich mußte zu dieser Zeit noch nicht so viel telephonieren und durfte mir diabolisch die Hände reiben, denn alles lief wie am (Telephon)-Schnürchen. Grass wurde im *Spiegel* und im „Literarischen Quartett" gnadenlos verrissen, das Komplott zur Zerstörung eines deutschen Dichters hätte um ein Haar funktioniert, wären da nicht Leute in die Bresche gesprungen und hätten den Autor „kauzig-heiter" auferstehen lassen. Mit Bild und in *Bild:* Schreiben kann er, der Grass, konstatierte das Volksblatt.

Wie alle Verschwörungs-Wahnsysteme ist natürlich auch dieses infantil gebastelt, hat jedoch zwei unschätzbare Vorteile für Grass und seinen Verleger erbracht. Einmal kann man die Gegner, hat man sie erst mal zu meuchelnden Verschwörern gemacht, kräftig und unbemerkt gegen das Schienbein treten. Um in Sportbegriffen zu sprechen, da Antje Vollmer ja die Fairneß der Fußballstadien liebt: Man kann Revanche-Fouls begehen und stößt doch auf Verständnis. Grass also sagte, liebkauzig, wie er nun mal ist, er lasse sich von „einem ehemaligen Stalinisten" nicht belehren, wir hätten zwei „polnische" Päpste, der eine verstünde nichts von Literatur. Ergänze: von *deutscher* Literatur. Klaus Staeck, der sich in den sechziger Jahren den pawlowschen Reflex beigebracht hat, alles, was ihm mißfällt, faschistisch oder faschistoid zu finden, malte dagegen was in Fraktur um den *Spiegel*-Titel: „Eine deutsche Fortsetzungsgeschichte". Leider vergaß er, meinetwegen in Sütterlin, darunterzuschreiben: „Ich bin der Mitverleger von Grass."

Der Hauptverleger Steidl ging da schon direkter zur Sache. Laut *Hamburger Abendblatt* warnte er (und das war zwei Tage *vor* dem „Literarischen Quartett") am 22. 8.: „Noch kann Reich-Ranicki seine Macht ausspielen, wenn er geringeren Autoren keinerlei Chancen läßt. Lange wird sich der Literaturbetrieb mit der Stellung dieses Kritikers aber wohl kaum noch abfinden. Wir werden uns zusammen mit Kollegen aus anderen Verlagshäusern Gedanken machen, wie man damit umgeht." Das ist eine Drohung nicht der harmlosen Art, künftig statt 4500 Rezensionsexemplaren nur noch 4499 zu verschicken (M. R.-R. kriegt seins nur per Nachnahme). Das ist die Ankündigung („Wir können auch anders!"), jemanden mundtot machen zu wollen – und zwar in volksgemeinschaftlicher Verbundenheit. Vielleicht erklärt das die Erregung, mit der Reich-Ranicki im „Literarischen Quartett" darauf mit dem gewiß nicht glücklichen Hinweis auf Goebbels' Kritikerverdikt reagierte.

Aber der zweite Vorteil der Verschwörungstheorie ist noch weitaus größer: Er macht aus allen anderen Kritikern, die den Grass-Roman nahezu einhellig als mißlungen analysiert haben, Sklaven, die hinter M. R.-R. verschwinden: Es gibt nur den tollen Roman von Grass und den tollwütigen Verriß von Reich-Ranicki.

Antje Vollmer schafft dieses Taschenspielerkunststück so: Wenn der „Großmogul" zugeschlagen habe, dann „hetzen die jungen Löwen des deutschen Journalismus alle lammfromm in Reih und Glied hinterher" – und zwar „aus Feigheit der Medienarbeiter gegen Reich-Ranicki". Gut gebrüllt Löwln. Nur mit den Naturgesetzen von Zeit und Raum läßt sich diese Gummilöwen-Theorie nicht recht in Einklang bringen. Iris Radisch zum Beispiel, in der *ZEIT*, konnte nicht ahnen, daß M. R.-R. das Buch im *Spiegel* verreißen würde – sie mußte vorher schreiben. Daß Radisch sich nach der Meinung des „Großmoguls" nicht richtet, selbst wenn sie sie kennt, hätte die Literatur-Elöwin Vollmer nachlesen können: zum Beispiel in Radischs positiver Besprechung der „Unkenrufe", die nach dem Reich-Verriß in *Spiegel* und „Quartett" erfolgte. Auch Gustav Seibt in der *FAZ* hätte mit seinem Grass-Verriß wünschelrutenartig am Samstag erahnen müssen, was der *Spiegel* montags veröffentlicht. Gäbe es den Gott der vorauseilenden Verschwörung, so wäre ich sicher, daß Seibt, dessen herzliche Abneigung gegenüber seinem Vorgänger notorisch ist (er ist es ja, der durch seinen Vorgriff, Grass in der *FAZ* selber zu besprechen, Reich zum *Spiegel* trieb), nur zu gern gegen Reich-Ranicki geschrieben hätte.

Um von mir selbst zu sprechen, der in der Kampagne gegen die Kampagne (aber nennen wir sie lieber den Steidl-Werbefeldzug) als Mundstück Reichs, als „Klein-Reich-Ranicki" zu fungieren hatte: Ich glaube, manchmal, an ein Leben vor dem Tod und an meine bescheidenen Möglichkeiten, mir ohne Reich-Ranicki ein Urteil darüber bilden zu können, wie der neue Grass-Roman ist, nämlich schlecht.

Im übrigen hat mir jeder, der mich wegen meiner Grass-Kritik beschimpfte, entgegengehalten, ich hätte im *Quartett* kokett mit den Augen gerollt, mit den „dicken Patschhändchen" gefuchtelt, beifallheischende Pausen eingelegt. Alles gut und richtig. Niemand aber, bis auf eine Ausnahme, sagte: Ich hätte mich geirrt, das Buch sei gelungen und gut. Die Ausnahme ist der Hamburger Kultursenatsrat N., der mir freundlich erzählte, wie gern er das Buch gelesen habe. Ich fürchte, der Grass-Verehrer würde selbst das Telephonbuch verschlingen, wenn es unter dem Titel „Unkenanrufe" auf den Markt käme.

Und Riehl-Heyse in der *Süddeutschen Zeitung* will ich nicht vergessen, der anders als Vollmer nachgerechnet hat, daß ihre Vermutung von den lammfrommen Medienlöwen nicht stimmen kann, und der deshalb die aparte Tontauben-Schieß-Theorie entdeckt hat. Die Kritiker (mit bestimmtem Artikel) können nicht anders, immer werfen wir etwas hoch, um es abzuknallen. Hier ist die ganze Kritiker-Welt eine einzige Verschwörung, und da Riehl-Heyse das durchschaut hat, weil er zu *den* Reportern gehört und es eher mit Hans Sachs hält („Ehrt mir die deutschen Meister, dann bannt ihr gute Geister"), hat ihm Grass mit kicherndem Erröten gestanden, er sei im Ausland *„maître"* genannt worden. Darauf Riehl-Heyse über das Buch: Er sei kein Rezensent, Gott sei Dank, aber ihm habe das Buch über „weite Passagen" gut gefallen. Ähnliches über Bücher hört man oft auf Parties – und verläßt fluchtartig den Raum.

In diesem Brief an DIE ZEIT erklärt der Herausgeber des Spiegels, was er zu Günter Grass' Roman „Ein weites Feld" zu sagen hat.

Augstein über Grass

„In Sachen Grass, wo ich bisher nicht tätig geworden bin, muß ich mich jetzt doch einmischen. Voraus schicke ich, daß ich den frühen Grass gleich hinter Arno Schmidt einordne (anders als Marcel Reich-Ranicki, der ihn gleich neben Wolfgang Koeppen stellt).

Aber ich habe nun die Passage über die Treuhand gelesen und finde sie ganz verheerend. Detlev Karsten Rohwedder, der Chef von Hoesch, ist doch nicht nach Berlin geprügelt worden, um die Treuhand zu leiten. Er wollte selbst dahin. Zwischen ihm und Kohl besteht nicht der geringste Unterschied außer dem einen, daß Kohl Gott Dank nicht erschossen worden ist. Diese Art von Aufspaltung finde ich in der Politik und in einem offenbar doch nur politisch relevanten Roman nicht zulässig. Das ist Naivität pur. So etwas muß, entschuldigen Sie, denn doch wohl erzählt sein oder werden."

Mit all der dröhnenden Löwen-, Tontauben- und Henker-Schützenhilfe für Grass läßt sich trefflich darüber hinwegtönen, daß die Kritik unabhängig und fast übereinstimmend mit einleuchtenden Argumenten und Beispielen dargelegt hat, daß und warum sie den Roman „Ein weites Feld" für mißlungen halte. Sie hat es nicht gegen Grass getan, sondern für die Leser.

Damit Grass-Verleger Steidl mehr zu tun hat, um mit geschlossenem Verleger-Verband gegen Unbotmäßige vorzugehen, seien die wichtigsten hier noch einmal zitiert: Andreas Isenschmidt schrieb in der *Weltwoche* (übrigens bereits am 17. August 1995) über das „200seitige mürbe Altersrománchen in gut 500 Seiten ‚matière grasse'", nannte die Hauptfigur Wuttke „arm an Leben", die Nebenfigur Hoftaller „eine öde Nebenhauptrolle in Schwartenlänge". Grass sei an Berlin und Fontane „zum Blässling geworden".

Reinhard Tschapke in der *Welt* nannte den Roman Grass' „dickstes und vielleicht dünnstes Buch", das sich sprachlich „auf dem Niveau einer altfränkischen Dreschmaschine" bewege. Peter Wapnewski kam in *Focus* zu dem Urteil: „In ihm (dem Roman) findet kein Fortgang statt, kein Geschehen, alles löst sich auf in punktuelle Episoden ...", alles „zerrinnt und versandet in dem weiten Feld der 800 Seiten". In der *FAZ* lautete Gustav Seibts Fazit: „So wurde der Roman ... das Zeugnis bester Absichten, heroischen Fleißes und der Abwesenheit jeglichen Kunstverstandes, eine Totgeburt, ein Monstrum." Daß Iris Radisch von einer „Bitterfelder Sackgasse" sprach und folgerte: „... dieses Buch ist unlesbar", ist *ZEIT*-Lesern nicht neu, aber auch Tilman Krause im *Tagesspiegel* wollte dem Grass-Helden Fonty „Schweig, Großpapa, schweig!" zurufen und kam zu dem unfreundlichen Fazit: „Greisengemurmel". Andrea Köhler in der *Neuen Zürcher Zeitung* nannte das Buch „eine Kopfzangengeburt, selbstgefällig im Stil, umständlich in der Ausführung. Dozierend, detailkrämerisch und miesepetrig wie ein Archivangestellter hat der Fontane-Freund sein weites Feld bestellt." Und in der *taz* spricht Jörg Lau „von einer künstlerischen Pleite" und resümiert als „überwältigenden Eindruck" des Romans: „Hier hat sich einer unempfindlich gemacht, abgeschottet, eingesponnen."

Genug des grausamen Spiels? Gab es nicht auch ganze drei positive Kritiken (in der *Frankfurter Rundschau*, dem *Hamburger Abendblatt* und der *Stuttgarter Zeitung)?* Die freundlichste, am stärksten wohlwollend auf das Buch eingehende und sich am gründlichsten mit Grass beschäftigende ist die von Wolfram Schütte in der *Frankfurter Rundschau* (Überschrift: „Wie aus der Zeit gefallen"). Aber selbst bei Schütte heißt es, das Buch sei „unpraktisch und sperrig", Grass werde dem Vorwurf, „sich leitartikelnd hinter seinem kopfgebürtigen seltsamen Helden zu verstecken", nicht entgehen. Und Schütte kommt nach liebevoller Beschreibung auch zu der Erkenntnis: „Freilich ist selbst langmütigen Lesern nicht endlos solche selbstreferentielle Geduld an ‚Kleinmalerei und Gedächtniskrümel' abzuverlangen: der Roman hat steinige Längen und dröhnende Überinstrumentierungen."

Steinige Längen, dröhnende Überinstrumentierungen? Hier hat, liebe Frau Antje Vollmer, die Verschwörung zwischen *Spiegel* und Reich-Ranicki selbst den erklärtesten Gegner des Großmoguls erreicht. Vielleicht ist es ja eine Verschwörung des literarischen Geschmacks. Und lassen Sie mich, verehrte Literaturtalkerin im besseren Geiste (SWF 3) und hochgeehrte Vizepräsidentin, zuletzt noch, nicht als lammfrommer Löwe, sondern als Party-Löwe, ein kleines Argument ad hominem (also um einfache Zustimmung heischend) hinzufügen: Können Sie sich vorstellen, daß ein Roman gelingen kann, in dem ein Autor seinen Helden dauernd neckisch „Fonty" nennt? Tut Ihnen Fonty, Fonty nicht in den Ohren weh? Dann lesen Sie mal! Aber zur Strafe alle 781 Seiten!

aus: Die Zeit, 15.9.95

Jünger lobt Grass

Aber nur in Frankreichs „Figaro"

PARIS, 14. September

Frankreichs Kritik beehrt die deutsche Literaturszene selten mit einem Blick über den Rhein. Vor einigen Jahren eilte sie aus Anlaß von „Was bleibt" demonstrativ Christa Wolf zu Hilfe. Nun steht die Lage offenbar noch schlimmer. Der Skandal um den neuen Roman von Günter Grass sei „ein beunruhigendes Symptom für Einschränkungen von Geistes- und Schaffensfreiheit", weiß die Literaturbeilage des gestrigen „Figaro" zu berichten. Daß die Kritik eines Landes über einen Autor herziehe und dessen Buch „allein nach dem Kriterium der politischen Meinung beurteile", sei bedenklich, heißt es neben einer Reproduktion des umstrittenen „Spiegel"-Titelblatts, auf dem Marcel Reich-Ranicki den Roman zerreißt. Die „schwerwiegende symbolische Bedeutung dieser Handlung" vor dem Hintergrund der deutschen Geschichte könne dem Wochenblatt nicht entgangen sein, sagt der Kolumnist weiter und wundert sich, daß keine Stimme sich dagegen erhoben habe, um mit aller Klarheit „die Wachheit des Deutschland der Aufklärung gegen die Versuchungen des Deutschland der Schatten zu bekunden". Zwar haben fast alle deutschen Feuilletons auf diese Auseinandersetzung reagiert. Doch das scheint der Autor nicht zu wissen, und in seiner Verwunderung zeigt sich, daß er weder das eine noch das andere Deutschland näher kennt.

Treten wir mit der Grass-Affäre „in ein neues Zeitalter des Fanatismus?" – wollte ein anderer Autor des Literaturblatts wissen. Um ganz sicher zu gehen, wurden dazu zehn namhafte, vorwiegend französische Autoren befragt. Mit Ausnahme Ernst Jüngers hatte indessen keiner das Buch von Grass gelesen. Dabei wird klar, daß die vom „Figaro littéraire" losgetretene Debatte gleichsam von hinten aufgezäumt wurde: Das Blatt bespricht ein Buch über politische Korrektheit des Amerikaners James Finn Garner und bedient sich der Grass-Affäre als Anschauungsbeispiel. Die Äußerungen der befragten Autoren fallen entsprechend allgemein aus.

Philippe Sollers warnt vor dem Heraufziehen einer Kleinkrämerkultur aus verlogenem Moralismus, Unwissen, Gehirnwäsche und Ressentiment. Ismail Kadaré bedauert, den neuen Roman von Grass noch nicht zu kennen, ist indessen überzeugt, daß sich die politische Einschätzung eines Werks ändert, der literarische Wert aber bleibt. Julian Barnes hat offenbar gerade die Memoiren Schostakowitschs gelesen und hat darin bestätigt gefunden: Politik und Kunst seien Feinde. Für Tahar Ben Jelloun ähnelt die Grass-Affäre dem, was in der arabisch-muslimischen Welt seit ein paar Jahrzehnten vorgeht: Die Phantasie des Erzählers werde stets von diversen Zensur- und Druckmechanismen, einschließlich der Selbstzensur, überwacht – „was immer er auch schreibt, der Romanautor wird vom Politischen eingeholt". Von der reinen Literatur ohne fremde Einflüsse kann auch Michel Tournier nur träumen, gesteht allerdings dem Autor Grass zu diesem Traum weniger Recht zu: Sein Roman sei „ebensosehr Pamphlet wie Roman. Na und?". Zumindest sei er sich selbst treu geblieben, spottet Michel Déon: Als Verteidiger von Freiheit und Demokratie sei Grass noch nie aufgetreten und verdiene gar nicht den Prozeß, der ihm gemacht werde.

Der einzige, der „Ein weites Feld" gelesen hat – oder vielmehr gerade liest, ist Ernst Jünger. Der Roman sei „in einer sehr schönen Sprache geschrieben". Er finde ihn „sehr interessant", erklärte dieser gegenüber dem „Figaro". Er wünsche sich, „daß in Deutschland die Geisteslage der Kritik sich etwas mehr dem annähere, was in Frankreich gilt, wo die widersprüchlichen Debatten zwischen Schriftstellern unterschiedlicher Anschauungen nicht zwangsläufig in das eigentlich literarische Gebiet eingreifen". Der „Figaro", der den politischen Fall Grass scharf vom Buchinhalt abtrennt und diesen nicht einmal referiert, hat dafür ein neues Beispiel geliefert. han.

aus: Frankfurter Allgemeine Zeitung, 15.9.95

GEDANKEN von HARTMUT LANGE

Literaturkritik

Ist das Rezensententum zur Zeit so verkommen, wie Ernst Bloch es für die späten zwanziger Jahre geltend machen wollte? Sind wir Autoren inkompetenten und gewissenlosen Kritikern ausgeliefert, deren Besprechungen jedes neuveröffentlichte Buch wie Kinderkrankheiten heimsuchen? Eine solche Behauptung wäre übertrieben. Ich glaube vielmehr, daß die Literaturkritik in Deutschland besonders entwickelt ist. Die französischen Kollegen beneiden uns darum. Allerdings liest man kompetente und geistreiche Besprechungen selten im „Spiegel" oder in der „Zeit" oder in anderen renommierten Blättern, sondern eher dort, wo man noch die Belange der Literatur und nicht nur die Spielregeln des Establishments im Auge behält.

Wo die Spielregeln des Establishments die Belange der Literatur ins öffentliche Bewußtsein rükken wollen, wird die Literatur unsichtbar. Das Establishment reduziert alles Wahrnehmbare auf das eigene Augenmaß. Es ist der Wille zur Ignoranz, der die deutsche Gegenwartsliteratur seit Jahrzehnten auf einige wenige Namen begrenzt hält.

Der Wirbel um den neuen Roman von Günter Grass beweist, daß sich das literaturkritische Establishment überdies auch ohne jeden Anlaß reproduzieren und damit ins eigene Licht setzen kann. Da wird eine Neuerscheinung zum Ereignis hochstilisiert, mit dem ausdrücklichen Hinweis, daß es grundlos geschieht. Man bedenke, daß an diesem Wahnsinn fast alle renommierten Zeitungen und Zeitschriften und natürlich das Fernsehen beteiligt waren.

Verkehrte Welt, könnte man sagen, und man könnte sich der Argumentation von Ernst Bloch anvertrauen: Dies sei eben die Drecklinie der Kunst, die keinem Künstler, auch nicht einem Mozart erspart geblieben wäre. Diesseits der Linie gäbe es Kunst und Literatur, jenseits ein feindlich gesinntes Rezipiententum. Aber dies ist leider nur die halbe Wahrheit. So sehr man sich mit Günter Grass solidarisieren sollte, eines ist unverkennbar: Nicht nur Marcel Reich-Ranicki oder Sigrid Löffler, auch Günter Grass gehört unauflöslich, und damit für die meisten seiner Schriftstellerkollegen unerreichbar, zum Establishment. Sein Ruhm und sein Verkaufserfolg sind nicht zuletzt Ergebnis des Marketingbegehrens eines Rudolf Augstein, der sich zu Recht damit brüstet, nun schon das vierte Titelblatt mit dem Konterfei von Günter Grass unter die Leute gebracht zu haben. So wird man zum Großschriftsteller, und so muß man alle näheren Verwicklungen, die einem das Establishment aufbürdet, auch zu nehmen wissen. Einem Franz Kafka wäre das nicht passiert. Über Kafka wäre kein öffentliches Ärgernis und damit keine Gelegenheit zur nächsten Titelgeschichte hereingebrochen, weil Kafka als Literat dem literaturkritischen Establishment ein Buch mit sieben Siegeln und damit unsichtbar geblieben wäre.

Aber Günter Grass kann sich trösten. Er ist in dem Getto, das er sich selbst ausgesucht hat, nicht allein. Wir durften im „Spiegel" vom 4. September 1995 lesen, daß Volker Hage bei dem nächsten Großschriftsteller, nämlich bei Martin Walser war, um ihn über das Leid seines ebenbürtigen Kollegen zu befragen. Da war sehr viel Anteilnahme zu vernehmen. Und es wurden auch alle anderen Großschriftsteller sorgenvoll erwähnt, die dem Establishment angehören und somit gefährdet sind. Eigentlich nur noch drei: Peter Handke, Botho Strauß, Hans Magnus Enzensberger. Friedrich Nietzsche, den Martin Walser, wie er uns versichert, seit Jahren begeistert liest, war zu keiner Zeit gefährdet. Er war bis zum Ausbruch seines Wahnsinns unbekannt oder wurde als Spinner belächelt. Sein Verleger nannte den Preis, der ihm für die Rückgabe aller Urheberrechte am Werk des Erfolglosen angemessen schien: 700 Mark.

Vielleicht hätte Walser dies Volker Hage und damit einem Vertreter der Marketinggroßmacht „Der Spiegel" auch noch mitteilen sollen. Oder vielleicht sollte sich Günter Grass über die Auflagenhöhe eines Theodor Fontane oder eines Franz Kafka in Kenntnis setzen, damit ihm seine Startauflage von 100 000 Exemplaren und das gewaltige Reklamepotential, das man über ihn ausschüttet, wenigstens als Trostpflaster erscheinen.

Der Berliner Schriftsteller Hartmut Lange schreibt an dieser Stelle im Wechsel mit dem Philosophie-Professor Hermann Lübbe (Zürich) und dem Tübinger Rhetorik-Professor Gert Ueding.

aus: Die Welt, 16.9.95

Verpöbelung von oben

Die Freunde von Günter Grass sind auch meine Feinde

Günter Grass' Freunde möchte man nicht einmal zu Feinden haben. Sie stellen sich vor das *Spiegel*-Gebäude und protestieren gegen ein »menschenverachtendes« Titelbild, sie verwechseln Kulturkampf mit Faschismus oder – weil der eh kaum einen mehr schreckt – mit einer jüdischen Konspiration. Letztere beschwor recht deutlich Antje Vollmer in der *Zeit* (8.9.).

Verantwortlich für Grass' Debakel sei der Literaturkritiker Marcel Reich-Ranicki, er habe den »medialen Kannibalismus« angestachelt. Der »Hysteriker« und »Großmogul« sei, schrieb die bündnisgrüne Plage Vollmer, »eine der sieben Plagen, die wir vermutlich verdient haben«. Nur durch mehr Citoyen-Zivilisation könnten wir die »dunklen Kräfte« bannen, die in der Anti-Grass-Kampagne am Werke seien. Will sich die beim letzten Sudetentag Durchgefallene den Vertriebenenverbänden andienen, indem sie den alten Danziger vor der jüdischen Plage in Schutz nimmt?

Die Anti-Grass-Fronde hatte leichtes Spiel mit Frau Vollmer, wenngleich niemand die antisemitischen Untertöne bemerkt haben wollte. Der selbstgefällige Hellmuth Karasek (*Zeit*, 15.9.) sah erklärte, sogar – so schlecht schreibt nur er – einen »erklärtesten« Gegner Reich-Ranickis unter den Kritikern des Grass-Romans »Ein weites Feld«.

Tatsächlich gab in dieser Sache nicht Reich-Ranicki den Ton an. Die Neue Rechte – vertreten durch Thomas Schmid (*Wochenpost*), Tilman Krause (*Tagesspiegel*) und Werner Fuld (*Woche*) – hatte Morgenluft gewittert, als dieser Grass, Exponent der alten Bundesrepublik, gestürzt wurde. »Haltung kann man nicht rezensieren – aber fast alle tun es«, schrieb Wiglaf Droste im *tip* (7.9.). Des Schriftstellers ablehnende Haltung zur Einheit, zu Kohl, zur Treuhand war es, die störte. Ein großer Dichter war Grass noch nie, immerhin war er in den sozialliberalen Jahren der BRD ein nützlicher gewesen (»Tagebuch einer Schnecke«).

Wer nicht glaubt, daß es hier einzig um Politik ging, mache die Gegenprobe und sehe sich die literarischen Argumente an: Bemängelt werden Wiederholungen, als ob Wiederholung nicht das Prinzip poetischer Texte wäre, vermißt werden »vorstellbare« (Gustav Seibt, *FAZ*) oder gleich »richtige Menschen« (Iris Radisch, *Zeit*), als ob man die in der Literatur haben könnte, gewünscht werden vor allem *Geschichten*, deftige Erzählungen nach Gutsherrenart. Nicht allein Jörg Lau von der *taz* sucht »Sex auf ›dem weiten Feld‹ vergebens«. Aber warum sucht er dort, anstatt einfach nach einer Pornographie zu greifen?

Die Rezensionen lassen zwei Schlüsse zu: Entweder hat die deutsche Kritik von Literatur keinen blassen Schimmer, oder sie versucht, dem Publikum gefällig zu sein, indem sie die von diesem bevorzugten trivialen Muster einfordert. Das aber ist auch Politik.

Der »gemütliche, breite Erzähler« (Seibt) von Geschichtchen, der vor allem von der Politik die Finger läßt (wie es u.a. Klaus Dohnanyi im aktuellen *stern* verlangt), so etwa stellt man sich den Literaten im neuen Biedermeier vor. Darin liegt die Barbarei, und nicht in der von Frau Vollmer halluzinierten Verschwörung des »Großmoguls«.

Bedenklich an der Affäre ist nicht, daß der einstige Nationaldichter ein schlechtes Buch geliefert haben könnte – er hat meines Wissens nie anderes getan –, sondern daß die einzige ernstzunehmende literarische Besprechung von Wolfram Schütte (*Frankfurter Rundschau*) stammt. Mit einer Kultur, in der der verschwurbelte Schütte das Höchste an Qualität schafft, wäre die »Verpöbelung von oben«, vor der der unbestechliche Carl Einstein einst warnte, am Ziel.

Stefan Ripplinger

aus: Junge Welt, 16.9.95

Das Wort versagt

Hysterie auf den literarischen Highways, die Schupos spielen verrückt – dies der Eindruck, den man in den letzten Wochen vom hiesigen Literaturverkehr gewinnen mußte. Der Kampf ums *Weite Feld* ist zu Ende, und jeder durfte zeigen, wo's lang geht – und daß *er* es ist, der weiß wo ... Und gerade jene, die kraft ihrer Autorität für ein wenig Ordnung hätten sorgen können, fingen selbst das Rasen an vor lauter Aggressivität.

Das ist schade, das stimmt traurig, das tut weh. Daß es freilich auch (noch) andere Töne gibt als den schrillen Sound, der zur Zeit von manchem Protagonisten im Literarischen Quartett angeschlagen wird, hat – ‚glücklicher' Nebeneffekt eines schmerzlichen Ereignisses – der Tod von Thomas Strittmatter gelehrt. Weil er uns alle betroffen hat, persönlich – selbst jene, die ihn nicht direkt gekannt haben, die „nur" die Bücher gelesen, die Stücke und Filme gesehen und sich in die Zeichnungen verloren haben. In der allgemein-persönlichen Reaktion auf diesen Tod, im sanften Ton der Nachrufe bekundete sich eine Erfahrung, die man mit anderen teilte, eine Gemeinsamkeit, die das literarische Leben braucht. Ein Erinnern trat an die Stelle der wertenden Würdigung, Betroffenheit an die der ehrfürchtigen Formeln. Dieses Leben und Werk, dieser Tod ließen spüren, es gibt auch weiter Tugenden wie Bescheidenheit, Zurückhaltung, Diskretion.

Grass und Strittmatter, zwei extreme Formen literaturkritischer Reaktion. Es gibt keine Gemeinschaft zwischen ihnen, über die Generationsgrenzen hinweg, aber ein paar Punkte der Berührung: die Freude am Zeichnen und an der Skizze, die Liebe zum Kochen und zum Leben allgemein, eine noble Selbstsicherheit. Es war vielleicht die schönste Erfahrung mit diesem Tod: daß es selbst im professionellen Literaturbetrieb nicht immer nur um die prompte Lieferung von Formulierungen, von griffigen Urteilen geht; daß es auch hier weiter Momente von Sprach-, von Fassungslosigkeit geben wird – wo das schnelle, das vorschnelle Urteil suspendiert wird. Ein Innehalten, ein Atemholen, in dem man sich durchaus das Wort erst mal versagt unter der Wirkung der Emotion.

Ob er sich als Stauberater verstehe im Literaturbetrieb, ist Strittmatter gefragt worden in einem Interview in dieser Zeitung, vor ein paar Jahren. „Das sind die, die heißen Tee bringen und die Umleitungen beschreiben. Ich weiß die Umleitungen aber nicht. Ich kann den Leuten nur empfehlen, ihre eigenen Schleichwege zu finden. Der Stauberater weiß, wo's lang geht. Das weiß der Autor nie." göt

aus: Süddeutsche Zeitung, 16.9.95

Unterm Strich

Auswertung und Beschlußkontrolle zur Literaturinitiative „Weites Feld“

Das Buch des G. Grass ist in ausreichender Stückzahl in den Buchhandel gekommen. Es kann als „Stapeltitel“ von der Bevölkerung in allen einschl. Buchhandlungen besichtigt werden.

Die politisch-ideologische Gegensteuerung durch die Kader der Rezensionskommission ist im wesentlichen gelungen. Besonderen Anteil daran tragen die Gen. Ranicki und Seibt in den führenden Organen „Spiegel“ und „FAZ“. Die kompromißlose Zurückweisung der schäbigen Angriffe des Gr. auf unser Deutschland (Gen. Ranicki: „ungeheuerliche Verurteilung der Bundesrepublik nach der Wiedervereinigung“) hat als „Marcel-Methode“ bereits Schule in der Regionalpresse gemacht. So konnte die „Thüringische Landeszeitung“ die Vorgabe des Gen. Ranicki, daß es „schrecklich“ sei, die DDR als „kommode Diktatur“ zu bezeichnen, schöpferisch aufgreifen und wortwörtlich wiederholen. Ausgezeichnet auch die saubere Position unserer jungen Genossin I. Radisch im Organ für das schwankende Liberalbürgertum „Die Zeit“. Leider ist gerade dort ein bedauerlicher Fehler passiert, indem man einem gewissen G. Hoffmann auf der Titelseite falsch zu verstehende Ironie gestattete („Grass hat wieder keine ‚Blechtrommel‘ geschrieben. Der Schuft!“).

Hingegen hat sich die Presse in den grünen Farben der Bundesrepublik, die „taz“, durch Jugendfreund J. Lau wacker geschlagen. Nicht nur verurteilt Jgdfr. Lau scharf jedweden Versuch individuellen Terrors gegen unseren Kanzler, („dem Kanzler wird jener Treffer gegönnt, den ... Rohwedder abbekam“), er arbeitet auch heraus, daß die klassischen Zeilen „der Schoß ist fruchtbar noch“ politisch unkorrekt, weil frauenfeindlich, sind. Gekonnt entlarvt er Gr. schließlich als Feind deutscher Männer, indem er dessen Beschreibung germanischen Einheitsgesanges („chorisch gestimmt begann der Schwellkörper deutscher Sangeslust zu tönen“) als widerlich und kontraerektiv entlarvt und dem Autor national-parteilich entgegenschleudert: „Deutschland ein singender Schwanz – Günter Grass hat sich wahrlich eine kalte Dusche verdient.“

Schwierigkeiten, das gestehen wir, haben wir mit der

Meinung des Kulturbundfreundes J. Magenau, der sich im „Freitag" um die ideologische Gefahr, die von dem Grasswerk ausgeht, herumwindet, indem er ästhetisch kritikastert. Dabei hat Gen. Ranicki auch in seinem Fernsehauftritt beim „Literarischen Schwartzkanal" bespielhaft gezeigt, wie man zunächst die Ästhetik nutzt, um dann die politisch-ideologische Subversion zu entlarven. Gen. K. Corino ist in diesem Zusammenhang zum Thema: Revolution in der DDR für seine mutigen Worte „Wir waren doch dabei gewesen!" ganz besonders zu danken. Nicht jeder wird sich, wie unser hessischer Gen. K. Corino, als dabeigewesener DDR-Bürger bekennen.

Kritisch müssen wir die Rezension im Blatte der Ewiggestrigen „Neues Deutschland" einschätzen. Dort hat ein als Schriftsteller firmierender F. R. Fries das Werk objektivistisch gelesen und Gr. lediglich dafür getadelt, daß er, wie so viele Künstler des Westens, am liebsten Prenzlauer Bergprediger und Revolutionär gewesen sei.

Und jetzt noch, Genossen... aber das bleibt unter uns: Unsere inoffiziellen Mitarbeiter haben in das Elaborat einige kapitale Fehler eingeschmuggelt, z. B. jene Stelle, in der ein reifer Bürger von seinem „roten" Halstuch der Jungen Pioniere erzählt – wir alle wissen, daß die Halstuchfarbe bis in die siebziger Jahre hinein allein blau war. Oder die Produktionsbewährung in der DDR, die offiziell als „Maloche" bezeichnet worden sein soll. Dies ist bislang noch niemandem aufgefallen; wir behalten diese Fehler deshalb zunächst für uns ... wenn uns aber noch ein paar knieweiche Rezensionen unter die Augen kommen, so schlagen wir mit fehlfarbigen Halstüchern und der Malochesprache der Funktionäre zurück.

(Berichterstatter: Gen. M. BISKUPEK)

aus: Neues Deutschland, 18.9.95

MARGINALIEN

Von Christoph Witzel

Solch einen Wirbel um ein neuerschienenes Buch gab es noch nie: „Ein weites Feld“, der neue Roman von Günter Grass, hatte bereits im Sommer, als das gleichnamige Loch auch die Spalten der Feuilletons zu verkürzen drohte, für ungeahntes Aufsehen gesorgt. Doch als vor über vier Wochen die ersten Kritiker die Tinte nicht mehr halten konnten, als dann eine Rezensionsflut über uns kam und selbst die Nachrichtensendungen im Fernsehen am Thema nicht mehr vorbeikamen, da wurde langsam klar, daß nicht nur das Buch selbst, sondern auch die Ereignisse um dieses Buch in die Geschichte der deutschen Literatur eingehen würden.

Nun könnte man bei dem ganzen Trubel leicht den Eindruck gewinnen, das „Weite Feld“ sei nicht nur von Marcel Reich-Ranicki öffentlich zerrissen, sondern von der Kritik insgesamt eindeutig abgelehnt worden. Ein genauerer Blick in den deutschen Blätterwald beweist allerdings, daß dem gar nicht so ist. Stellen wir einmal einige Meinungen gegenüber.

Das größte Gehör fand – natürlich – der Frankfurter Großkritiker mit seinem „offenen Brief“ („Mein lieber Günter Grass“) im „Spiegel“, dem er drei Tage später weitere Bodenlosigkeiten im sogenannten „Literarischen Quartett“ folgen ließ. Quintessenz Reich-Ranickis: „ganz und gar mißraten“. Als „unlesbar“ bezeichnet Iris Radisch in der „Zeit“ den Roman, und in der FAZ spricht Gustav Seibt gar von einem „Monstrum“. Selbstverständlich kann da Reinhard Tschapke in der „Welt“ nicht nachstehen; aufschlußreich über die Befindlichkeit des Rezensenten die folgende Klage über den „Schinken“: „Kein Glanzlicht erhellt die Seiten, keine Sexszene, die man genießen könnte“. Weniger Geschlechtliches, dafür, wie zu erwarten, umso mehr Adorno fährt Jörg Lau in der „taz“ gegen Grass auf, und in der „Woche“ geriert sich Werner Fuld gar als Theodor Fontane selbst: „Ich bin nicht Ihr Mann!“

Zieht man einmal Jürgen Busche in der „Süddeutschen" und Altmeister Wolfram Schütte in der „Frankfurter Rundschau" ab, die beide zu differenzierteren Urteilen kommen, weil sie zunächst literarische und nicht politische Maßstäbe anlegen, so sind die „großen", meinungsbildenden deutschen Feuilletons allesamt massiv gegen Grass. Doch was ist mit denen, die in ihrem Schatten stehen, die Kritiker und Autoren bei größeren, mittleren und kleineren Zeitungen? Potzblitz, da liest sich das ja größtenteils ganz anders!

„Ein großes Buch" (Wolfgang Ignée in der Stuttgarter Zeitung). „Ein Buch gegen die regierende Masse, gewiß, aber auch ein haltbares, das bei zweiter Lektüre gewinnt" (Ralf Stiftel, der die 800 Seiten schon zweimal gelesen zu haben scheint, im Westfälischen Anzeiger). „Es ist so oft nach dem Roman unserer Zeit gerufen worden – hier ist er" (Heinrich Goertz in der Hannoverschen Allgemeinen). „Es ist ein großer Zeitroman, von vielen lange erwartet, der [. . .] mit Sicherheit der vom Aussterben bedrohten Spezies der großen deutschen Literatur zuzuordnen ist" (Wolfgang Bager im Südkurier). „Ein Ereignis", „ein Dokument unserer Zeit: was uns bewegte, was uns durch die Köpfe ging" (Bruno Russ im Wiesbadener Kurier). Diese Zitate sind beileibe keine Ausnahmen.

Ja, was hat man nun davon zu halten? Da gibt es in den deutschen Provinzen offensichtlich eine ganze Menge von Leuten, denen der neue Grass außergewöhnlich gut gefallen hat. Sind das alles Dummköpfe? Die Antwort des Kritikers einer Provinzzeitung, der das „Weite Feld" selbst hymnisch lobte, werden Sie verstehen: Nein! Sind dann die anderen blöd, die Reich-Ranickis, Radischs, Seibts etc.? Ich denke nicht. Allerdings vermute ich, daß diesen Herrschaften, von mutmaßlichen Absprachen untereinander einmal ganz abgesehen, mitunter die Haftung an das verlorengegangen ist, über das sie schreiben: die Literatur. Wie sonst kann man sich das völlige Fehlen ästhetischer Maßstäbe bei der Beurteilung des Grass-Romans erklären? Da geht es doch oft nur darum, sein Mütchen zu kühlen, da wird – und das ist bedenklich – die Kritik zum Mittelpunkt des Schreibens, und ihr Gegenstand rückt an die Peripherie. Günter Grass hat das bemängelt, und ist dafür von Marcel Reich-Ranicki mit Joseph Goebbels verglichen worden . . .

„Ein weites Feld": Als Marginalie zu diesem großen Roman läßt sich die Kritik der Erstkritiken auch auf folgenden Nenner bringen: Denkt an Oskar Matzerath, und verachtet mir die Kleinen nicht. „Feuilleton" kommt aus dem Französischen und bedeutet „Blättchen".

aus: Fuldaer Zeitung, 23.9.95

Hintzes Ontologie

Stefan Ripplinger

Der wütenden Kritik, die Günter Grass' Roman »Ein weites Feld« ausgelöst hat, geht es nicht um ein Buch, sondern um die Verabschiedung der alten BRD-Kultur

Bevor die Literaturkritiker ihr Urteil abgeben konnten, hatte es CDU-Generalsekretär Peter Hintze bereits gesprochen: »Die Ausfälle von Grass sind total geschmacklos, peinlich und von einem erschütternden Realitätsverlust gekennzeichnet« (»FAZ«, 19.8.). Den »Realitätsverlust« diagnostizierte Hintze zwar am Menschen und Kohl-Gegner Grass und nicht an dessen Roman *Ein weites Feld* (Steidl, Göttingen, 784 S., 49,80 Mark) – aber der Unterschied wurde in der Folge, übrigens auch vom Autor selbst, selten beachtet. »Alles in diesem Buch ist Absicht, nichts ist Anschauung«, übersetzte Gustav Seibt Hintzes Spruch ins »FAZ«-Deutsch (19.8.). Grass sei, echote Iris Radisch in der »Zeit« (25.8.) »die Wirklichkeit so ganz abhanden« gekommen. »Hier hat sich einer unempfindlich gemacht, abgeschottet, eingesponnen«, tadelte Jörg Lau männergruppenmäßig in der »Taz« (26./27.8.) und monierte außerdem: »Dies ist kein Gegenwartsroman, sondern ein Gegengegenwartsroman«, als ob das ein Vorwurf sein könnte. Thomas Schmid glaubte in der »Wochenpost« (24.8.) in Grass einen Exponenten jenes »alten Linkskonservatismus« zu erblicken, welchen er kurz zuvor in der »Jungen Freiheit« (18.8.) seitenlang attackiert hatte, und kleidete das Hintze-Dekret in diese Worte: »Grass zeichnet verbissen ein Zerrbild des Westens, wie es Propaganda-Autoren der DDR kaum skurriler entworfen hätten.« Der Meinung war auch Kommunistenjäger Karl Corino im »Literarischen Quartett« (ZDF, 24.8.): Grass habe »die historischen Verhältnisse absolut verzeichnet«. Fazit, dem deutschen Volk nahegebracht von Dr. Dana Horáková in »Bild« (22.8.): »Grass liebt sein Land nicht. Kennt nicht die Menschen, für die er schreibt. Er sollte mal durch Deutschland wandern. Allein, zu Fuß. Gucken, lauschen ... nachdenken.«

Wesentlich zurückhaltender hatte noch »Unser Lautester« (Lau), Marcel Reich-Ranicki, im »Spiegel« (21.8.) geurteilt: »Mein lieber Günter Grass: Ich möchte nicht mit Ihnen über Ihre politischen Ansichten, die ich, verzeihen Sie, nicht immer ganz ernst nehmen kann, hier diskutieren.« Deutschlands gefürchtetster Kritiker blieb in dieser Affäre einer der sehr wenigen, die sich nicht als Angestellte eines imaginären Wirklichkeits-Ministeriums gerierten, wenngleich er Grass' »ungeheuerliche Verurteilung der Bundesrepublik« selbstverständlich zurückwies.

Um diese »ungeheuerliche Verurteilung« ging es in den Grass-Verrissen – und nicht um literarische Erwägungen –, der ehemalige Lukács-Anhänger Reich-Ranicki wollte sich gleichwohl nicht auf das Niveau der Hintzeschen Ontologie begeben, derzufolge es bereits einen »erschütternden Realitätsverlust« darstellt, wenn einer Helmut Kohl als »Lügner« und die Treuhand als ein »menschenverachtendes Instrument« bezeichnet, dessen Einsatz Gegenterror zu provozieren vermöge. Reich-Ranicki ließ im ganzen als eine mögliche, wenn auch nicht ganz ernstzunehmende Anschauung bestehen, was er im einzelnen angriff. Die Behauptung des Grass'schen Romanhelden Fonty: »Alles, was sich deutsch nennt, wird vom Mittelmaß beherrscht«, sei, schrieb der Kritiker, »dumm und ärgerlich«, nämlich eine »nationale Verallgemeinerung«, die ihn, Reich-Ranicki, an antisemitische Invektiven erinnere.

Nun hatte Fonty (bzw. Grass), vorsichtig genug, nicht alles Deutsche, sondern alles, »was sich deutsch nennt«, der Mediokrität geziehen, die Kritiker fühlten sich dennoch angesprochen; denn bei Althusser und in der Bibel (Jes. 43,1) steht geschrieben: »Ich habe dich bei deinem Namen gerufen, du bist mein!« Alles, was sich deutsch nennt und dieser Anrufung Folge leistet, fühlte sich also bemüßigt, Protest einzulegen. Hatte jedoch der angeblich »Lauteste« mit dem schlichten persönlichen Ausdruck des Mißfallens reagiert – »Unsinn bleibt Unsinn« –, sprachen andere gleich im Namen des Volkes oder gar der »Volksseele«. »Sie haben die deutsche Nation düpiert, weil wir alle noch ein großes Buch von Ihnen erwarteten«, gab Werner Fuld (»Woche«, 25.8.) dem Schriftsteller zu verstehen und hatte sich dafür eigens in Fontanes Gewand geworfen. Weil Grass in *Ein weites Feld* die Perspektive eines modernen Fontane einnimmt, erwies Fuld dem alten Fontane die Ehre: »Wenn Bismarck so phänomenale Triumphe feiern konnte, so geschah es, sein Genie in Ehren, vor allem dadurch, daß er seine stupende Kraft in den Dienst der in der deutschen Volksseele lebendigen Idee stellte. So wurde das Deutsche Reich aufgerichtet, und nur so«, zitierte Fuld zustimmend aus Fontanes Werken und stand nicht an, das auf die Wende-Zeit zu übertragen: »Sie, werter Kollege, haben diese deutsche Einheit nicht gewollt, aber das Volk wollte sie.« Man ahnt sogleich, wie das »große Buch« hätte aussehen müssen, mit dem Günter Grass die »deutsche Nation« (i.e. Fuld) nicht düpiert hätte.

Die Frage stellt sich: Hätte Grass diese Chance gehabt? Hätte er, wenn er nur wie andere Vorzeige-Intellektuelle der alten Bundesrepublik den Kotau vor der neuen gemacht hätte, reüssiert? (Denn die vereinzelten Verteidigungen des Intellektuellen Grass können, wie Gustav Seibt zu Recht feststellte, nicht anders denn als heuchlerisch bezeichnet werden, wenn in derselben Zeitung, in der sie auf der ersten Seite erscheinen, hinten ein politischer Verriß abgedruckt ist. Und ist es nicht eine merkwürdige Verteidigung, wenn Manfred Bissinger (»Woche«, 25.8.) schreibt, Grass werde durch die Behauptung, er liebe sein Land nicht, »verleumdet«?)

Martin Walser (»Spiegel«, 4.9.) hält sich als »schönstes Ergebnis« eines Gesprächs mit dem »Kontrahenten« zugute, diesen solange bequatscht zu haben, bis der verstockte Grass von der törichten Einschätzung, auf der Einheit liege »kein Segen«, zur törichteren überging, es liege auf ihr »noch kein Segen«. Das hat ihm nicht den Segen des »Spiegel« eingebracht, der im Untertitel seines Walser-Interviews vom »Elend des politischen Romans« spricht. In diesem Untertitel aber liegt die ganze Wahrheit: Was immer Grass geschrieben hätte, die Zeit des »politischen Romans« ist abgelaufen, und damit die Zeit von Günter Grass und einer Literatur, die im Stile der Gruppe 47 gesellschaftlich wirksam sein oder – wie konservative Ästheten zu sagen pflegen – »Gesinnungsästhetik« liefern will.

Das wäre nicht zu bedauern, wenn etwas Besseres folgte. Wer die Grass-Verrisse aufmerksam liest, wird freilich die Absicht des deutschen Meinungskartells erkennen müssen, den altfränkischen Naturalismus der Gruppe 47 durch eine noch grobschlächtigere, noch konsequenter affirmative Poetik zu ersetzen. Das Vorhaben wird zunächst darin deutlich, welche Passage von *Ein weites Feld* am meisten Abscheu erregte. Das ist unzweideutig Fontys Stellungnahme zum Rohwedder-Mord: »Glaub mir, Kind, ihm (dem Kanzler, S.R.) wird keiner was antun. Seinesgleichen war nie zu treffen, was schrecklich genug ist.« Eine in die gleiche Richtung zielende Bemerkung des Bürgers Grass (»Wer ein solch menschenverachtendes Instrument wie die Treuhand ins Leben ruft, muß sich nicht wundern, wenn darauf terroristisch reagiert wird«) hatte, wie bereits erwähnt, CDU-Hintze in Rage gebracht, es folgten die deutschen Kritiker: Ein »furchtbarer Satz«, befand Fontane-Fuld und klagte: »Ich las es auf Seite 626 und wand mich vor seelischem und physischem Unbehagen.«

Eine ähnlich allergische Reaktion zeigte Jörg Lau in der »Taz«. Nach einem Kratzfuß vor der »hiesigen Literaturkritik«, die »nicht nur ihrer ästhetischen Urteilskraft, sondern auch dem Taktgefühl nach, nicht die schlechteste ist« – zu diesem Zeitpunkt waren die vaterländischen Verrisse von Fuld,

Schmid, Horáková bereits erschienen –, erwies er sich als sensibler Nachwuchs-Kritiker: »Als dem höchsten Ausdruck deutschen Mittelmaßes« werde in Fontys Satz »dem Kanzler jener Treffer gegönnt, den der getreue Rohwedder abbekam.« Für diese verbrecherische Haltung seiner Figur sei der Autor noch nicht genügend bestraft worden, deutete Lau an – in einem Blatt, das in den letzten Jahren den Kanzler öfter und inbrünstiger gelobt hat, als selbst die »FAZ« das für opportun hielt: »Die therapeutische Kritik nimmt Grass nicht mehr ernst genug, um von dem Vorhandensein solcher Gewaltphantasien in seiner neuesten Prosa überhaupt Notiz zu nehmen.« Gewaltphantasien! Und auch noch in der Literatur! Unser Kanzler soll erschossen werden!

Aber warum? Grass, fährt Therapeut Lau fort, »bearbeite« seine »Ressentiments« nicht genügend, er fliehe vor ihnen in die Geschichte, von der er überdies ein »reaktionäres« Bild habe, weil er das militarisierte Preußen-Deutschland mit der schönen, neuen Bundesrepublik zu vergleichen wagt. – Wenn ich mir Laus laue Literatur ausmale, eine, in der alle Ressentiments »bearbeitet«, alle Gewaltphantasien beseitigt sind, packen mich unwillkürlich Ressentiments. Ich habe keine Lust, sie zu bearbeiten.

Auch die anderen Verreißer wünschen sich von Grass statt politischer Allegorie Literatur nach Geschmack des Philisters: unpolitisch, aber handfest. »Plastische Menschenschnitzkunst« (Radisch) nach alter Väter Sitte. »Reizvolle und sinnliche Prosa« (Peter Wapnewski, »Focus«, 28.8.), die »spür- und riechbar« (Schmid), »von Anschauung genährt« (Seibt), »direkt und deftig, so süffig und saftig« (Reich-Ranicki) Geschichten erzählt. Denn schließlich, postuliert Reich-Ranicki (im »Literarischen Quartett«), ist der Roman an sich »ein erzählendes Genre«. Das ist, war und bleibt so, da läßt man sich von der literarischen Moderne nicht beirren. Des »Romans Wesen« ist »die Demonstration eines Menschenlebens und -erlebens« (Wapnewski).

Grass' Figuren hingegen fehle Blut und Glut, sie wüchsen nicht »auf eigenem Grund und Boden« (Fuld), sie seien »Marionetten«' (Reich-Ranicki), »Marionetten« (Radisch) bzw. »Marionetten« (Schmid). Halt keine »richtigen Menschen« (Radisch), wie sie uns so oft in der Literatur begegnen. Ja, noch nicht einmal Grass-Menschen sind sie, wie sie Frau Radisch in Ermangelung richtiger Menschen noch hingenommen hätte: »Die Liebe trommelten sich seine Figuren aus dem Leib, die Sehnsucht hing ihnen als Schraubenzieher um den Hals, das Leben kotzten sie sich, wenn es denn sein mußte, buchstäblich vor die Füße.« Es mußte sein.

Günter Grass und seine Kollegen aus der Gruppe 47 haben dieser Art von naiver, um nicht zu sagen stupider Literaturbetrachtung wenn nicht den Boden bereitet, so doch als hervorragende Beispiele gedient. Es ist dies eine Ästhetik, die in einem auf Trivialitäten heruntergekommenen 19. Jahrhundert ihre Modelle sucht. Mag sein, daß Grass diesen Mustern nicht länger willfährt – Wolfram Schütte legt in der einzigen mit Kriterien der Literatur argumentierenden Rezension (»Frankfurter Rundschau«, 26.8.) einen Fall von »Greisenavantgardismus« nahe –, sein *Weites Feld* muß dennoch nicht interessant sein. Ich kann das nicht beurteilen, ich habe Grass' neuesten Roman – wie fast alles von ihm – nicht gelesen und habe auch nicht vor, das nachzuholen.

Denn es geht hier nicht um einen Text. Der rechtfertigte nicht den Aufwand, den die Feuilletons getrieben haben. Es geht um die Verabschiedung einer alten BRD-Kultur und die Heraufkunft einer neuen. – Einer, die Peter Hintze besser gefallen wird.

aus: konkret, Oktober 1995

Robert Gernhardt

Als er die ersten Kritiken nach dem Erscheinen des Romans »Ein weites Feld« las

Jetzt wäre ich ungern Günter Grass.
Dies meint der eine, der andere das,
Viel Honig fließt und Galle zuhauf,
Die rechte Begeisterung kommt nicht auf.
Ein Blatt druckt Freundliches, eines Gemeines,
Von rechter Begeisterung zeugt keines.
Hier wird gegeißelt, dort wird geschlichtet,
Die rechte Begeisterung wird nirgends gesichtet.
Es wimmelt von Lobreden und von Verrissen,
Die rechte Begeisterung lassen beide vermissen.
Da wird bewundert, da wird bekrittelt,
Ohne daß sich rechte Begeisterung vermittelt.
Den sieht man schwärzen, der sieht was glänzen,
Die rechte Begeisterung hält sich in Grenzen.
Der glättet die Stirne, der zieht sie kraus,
Die rechte Begeisterung bleibt aus.
Der hätt's gern größer, der gerne kleiner,
Die rechte Begeisterung hat keiner,
Der glaubt sich gut bedient, der sieht sich leiden,
Die rechte Begeisterung fehlt allen beiden.
Der schreibt von Gliederung, der schreibt von Kleisterung,
Keiner schreibt mit der rechten Begeisterung.
Die Karawane zieht weiter, die Hunde belln,
Die rechte Begeisterung will und will und will sich nicht einstelln.

Wäre ich der Grass, ich könnte nicht vergessen:
Die haben mir doch mal aus der Hand gefressen.
Die haben mich doch mal ans Kreuz genagelt.
Da hat es doch Hosianna und Apage gehagelt.
Da gab es doch Krach, da gab es doch Wonne,
Da schrie es hie »Orkus!«, da scholl es hie »Sonne!«
Da war ich umstritten und dampfte beim Streiten,
Kinder Kinder, das waren noch Zeiten!
Denn in all den Worten und Widerworten
War damals noch – »Was, Günter?«
War damals noch – »Wer, Günter?«
War damals noch – »Sag's, Günter!«
War damals noch die rechte Begeisterung zu orten.
»Das war's, Günter.«

aus: Titanic, Oktober 1995

Der große Frust

Wenn nicht alle Anzeichen trügen, hat den Kulturbetrieb eine große Schläfrigkeit erfaßt, die er mit hektischer Betriebsamkeit zu kaschieren weiß. Der scheinbare Widerspruch ist in Wahrheit die Ursache des Übels. Nie vorher in der Weltgeschichte bestand soviel Bedürfnis nach Kultur; aber auch nie vorher wurde von der Kultur so schamlos die bequeme Konsumierbarkeit eingefordert. Jeder will gebildet sein, jeder will mitreden können. Das ist gut. Aber keiner will sich mehr dafür anstrengen. Das ist gar nicht gut. Die Ex-und-hopp-Kultur ist keine, und doch wird so getan, als wäre sie die einzig zeitgemäße. Das frustriert.

Vor Jahren schon hat Günter Grass die Herrschaft des Sekundären beklagt. Nun hat er am eigenen Leib erfahren, wie respektlos dieses Sekundäre geworden ist: die Verrisse seines neuen Romans wurden wichtiger als der Roman selbst. Die Tatsache, daß Ernst Jünger das gesegnete Alter von 100 Jahren erreicht hat, überflügelte bei weitem das Interesse an seiner Prosa. Der Film *Waterworld* erregte nur deshalb Aufmerksamkeit, weil er das größte Budget aller Zeiten hatte. Über all das läßt sich schnell und flott schreiben und noch besser *talken*. Jeder darf eine Meinung verbreiten, ohne überhaupt nachgedacht zu haben. Es ist eh alles zum schnellen Verbrauch bestimmt. Hängen bleibt nichts.

Das hat den Vorteil, nicht auch noch das Hirn entsorgen zu müssen. Dafür bleibt ein bohrendes Bewußtsein der Leere. Die Postmoderne konnte damit wenigstens noch spielerisch umgehen, indem sie die Gedanken durch das Zitat ersetzte. Aber eben diese Zeit scheint nun abgelebt. Das Spiel ist aus, und wenn nicht alles täuscht, steht uns eine neue Form des Existentialismus ins Haus, von der noch keiner weiß, wie die dann aussehen wird.

Wir werden uns wieder entscheiden müssen, ob uns das paßt oder nicht. Immer häufiger hinterlassen die Komödien, die der Konsumismus des Betriebs zu erzwingen schien, einen schalen Geschmack, und der ordinäre Sexismus auf dem Theater löst denselben Abscheu aus wie die Gewaltorgien, die im Kino vergeblich die Wirklichkeit übertrumpfen wollen.

Ein neuer Hunger nach Problemen macht sich breit; ein Bedürfnis nach Diskussionen über das, was uns wirklich bedrängt. Das Hauptproblem dabei ist nur, daß keiner weiß, was genau das sein könnte. Weil in der vernetzten Welt alles mit allem zusammenhängt, weiß keiner mehr, wo er zuerst anpakken soll. Nicht einmal der Hinweis auf das Versagen der Politik verfängt länger, weil man inzwischen nur zu genau weiß, daß kein gordischer Knoten noch mit einem Schlag zu durchschlagen sei.

Die Ratlosigkeit erzeugt Frust, und der Frust jene schläfrige Teilnahmslosigkeit, die mit Hektik überspielt wird. Also was tun? Wir werden uns wieder Zeit nehmen müssen, um uns mit dem zu beschäftigen, was wir jetzt nurmehr konsumieren. Im Grunde zappen wir uns nur noch durch eine Wirklichkeit, von der wir spüren, daß sie mit unserem ureigensten Leben gar nichts mehr zu tun hat. Eigentlich leben wir längst in einem realen Cyberspace, aber keiner hat uns gezeigt, wo die HELP-Taste ist. p.b.

aus: Süddeutsche Zeitung, 2.10.95

Die Bücher-Fresser

Sie sind die Scharfrichter im Literaturbetrieb:
Marcel Reich-Ranicki und Konsorten.
Vor ihnen werden Schriftsteller zu
Delinquenten, Bücher zu Zeugen.
Auch Frankfurts Literaturkritiker
entscheiden über Bestseller oder Flop.
Kritiker-Kritik von Tanja Rauch
Illustration: Anton Heurung

Vor fast zwanzig Jahren erklärte der Schriftsteller Peter Handke, es sei schwierig, über den Literaturkritiker Marcel Reich-Ranicki »keine Satire zu schreiben«. Inzwischen ist es schwierig, über Reich-Ranicki überhaupt noch zu schreiben. Denn was dieser selbsternannte »Staatsanwalt«, dieser quacksalbernde »Verkehrspolizist« im weiten Felde deutscher Gegenwartsliteratur turnusmäßig vor mitlaufenden Fernsehkameras zu veranstalten pflegt, das gleicht längst nurmehr literaturkritischem Hochverrat.

Er nennt seine Pappenheimer gerne »Patienten«, und wenn einer von ihnen mit »Niveauverlust« oder »schlecht Geschriebenem« aus der Reihe tanzt, kann er einem Autor schon mal »den Totenschein« ausstellen. Heinrich Böll etwa, dem er zu Lebzeiten empfahl, in seinen Büchern fortan »mit der Entwicklung Schritt zu halten«, lobte er nach dessen Tod unverdrossen über den grünen Klee. Der Mann mit dem vielkarikierten Lispeln zwischen den Zähnen, dieses gefundene Kabarettisten-Fressen mit dem Blick eines verrückt gewordenen Warschauer Karpfens und dem Hang zur Luftblase: einer, der besonders gut mit Toten kann.

Und wer wie er schon mal in Bedrängnis plötzliche Lücken in der eigenen Biographie mit kurzzeitigem Gedächtnisschwund quittiert, der ist am rechten Fleck, wenn es der Erinnerungsmaschine »Literatur« mit Volldampf ans Leder geht. Sie haben ihn in der Szene gefürchtet und geliebt, gemieden und beklatscht; haben ihn beim »Spiegel«, der Hamburger Zentrale der publizistischen Macht, wiederholt für Verrisse angeheuert und im Gegenzug in seiner Vita gewühlt – doch seine Grass-Exekution an jenem Montag im August hatte mit Literaturkritik nichts mehr zu tun: Zum Abschuß wurden Günter Grass und dessen Deutschland-Roman »Ein weites Feld« freigegeben – und von M.R.R. eingestimmt, entsicherte die Meute ihre Laptops.

Eine wie die graumelierte Gazelle unter Frankfurts literaturkritischen Chefchirurgen, Verena Auffermann, die altmodisch-visionär von sich sagt, »ich lese das Buch und versuche es zu ergründen«, bemerkt dazu: »Es gibt Eitelkeiten im ›Quartett‹. Das ist sozusagen die Bedingung. Marcel Reich-Ranicki bringt die Bücher ins Gespräch, er hilft Büchern, er schadet Büchern, das weiß inzwischen doch wirklich jedes Kind. Und auch, daß es dort manchmal wie im Zirkus zugeht. Der Ball ist aus der Tür, bevor ihn einer aufgefangen hat. Das sind Dinge, die einschränkend sind. Die Form ist die Form, doch die Absicht, die dahintersteht, halte ich für absolut richtig. Das ›Quartett‹ ist das letzte verbindende ›Gerede‹ über Literatur. Sonst denken vielleicht viele, es gibt sie gar nicht mehr.« Aha.

Martin Lüdke dagegen, der gewandte Einzelgänger unter den Meinungsführern bundesdeutscher Großkritik, der sein Berufscredo gerne mal mit Walter Benjamin absockelt und neuerdings in der »Woche« oder bei »Focus« zur Häppchen-Literazzia zählt, hat das »Quartett« und seine stumpfen Trümpfe längst für sich abgehakt: »Das ›Literarische Quartett‹ ist eine sehr preiswerte Unterhaltungssendung, die kostet wenig, erreicht dafür aber auch wenig Leute. Bücher lassen sich dort gut verkaufen. Ich habe da schon solche Niederungen

Literaturkritik à la Reich-Ranicki: Anbiederungen als finaler Todesstoß inszeniert

der Literaturkritik, solche Entgleisungen gesehen, daß mir fast schwarz vor Augen geworden ist.«

Lüdke – ein Seher unter längst Erblindeten, der letzte Verfechter des guten Geschmacks? »Die meisten Literaturkritiker sind Magermilch-Typen, die sich für Bonvivants halten«, entwirft der Frankfurter Schriftsteller Matthias Altenburg ein nicht unscharfes Kritiker-Profil. »Sie sind langweiliger als das tote Meerschweinchen meiner Tochter«, setzt Altenburg ein Zeichen, um lässig nachzuschieben: »Dann gibt es aber auch solche, die längst ihrer Rolle als Pausenclown beim ZDF auf den Leim gegangen sind. Wie dieser eine, dessen Name hier nicht mehr genannt werden soll. Wäre er Spaßmacher bei einem Wanderzirkus, würde man sagen: Na ja, ganz lustig. Da er aber in allen großen Arenen seine immergleichen Witzchen vor einem tumben, vergnügungssüchtigen Publikum reißt, ist er fast schon wieder eine tragische, bemitleidenswerte Figur. Und leider ist er ja auch jemand, dessen Manieren schon lange nicht mehr Schritt halten mit seiner Macht.« Reich-Ranicki, der furchtbare Kunstrichter in der Maske des Literaturkritikers, der geltungshungrig nach jedem Mikrophon und jeder surrenden TV-Kamera zwischen dem Frankfurter Westend und dem Rest der Republik zu schielen scheint, hatte an jenem denkwürdigen »Spiegel«-Tag im August die persönliche Schallmauer des guten Geschmacks endgültig durchbrochen – selbst seinen ausgemachten Feinden blieb da die Spucke weg.

Literaturkritk à la Reich-Ranicki: Anbiederungen als finaler Todesstoß inszeniert. Da war selbst literaturkritischen Suffragetten wie der österreichischen Plapperfee Sigrid Löffler der Schmäh in den Lachfalten hängengeblieben, als sich der Frankfurter Gesinnungspapst im »Literarischen Quartett« zu seinem Vergleich von Grass mit dem einstigen NS-Oberpropagandisten Goebbels verstieg. Martin Lüdke jedenfalls sah in der Grass-Treibjagd nichts anderes als »reine Medienpolitik«. Er selbst hatte erste Kostproben aus einer frühen öffentlichen Frankfurter Grass-Lesung in dem Hamburger Wochenblatt »Die Woche« hymnisch gepriesen. Der Stille unter Deutschlands »kritischen« Hochkarätern war am Ende mit seiner Einschätzung erhobenen Hauptes baden gegangen – und eine Handvoll Kritiker folgte nach.

Martin Lüdke, Reich-Ranicki, Verena Auffermann, Gustav Seibt, Wilfried F. Schoeller oder Wolfram Schütte: Großwesire bundesdeutscher Literaturkritik, allesamt in Frankfurt zu Hause und prominente Vertreter einer sonderbaren Zunft. Beruf: Literaturkritiker – was sind das für Leute? Abgehobene Schöngeister, machtbewußte Zeitgeister, verhinderte Literaten mit dem unveröffentlichten Roman in der Schublade, verschrobene Spracherotiker, beckmesserische Kulturwächter oder vernichtende Bücherfresser? In jedem Fall eine Riege individualistischer Besserwisser, die nur schwer auf einen Nenner zu bringen ist, und die vor allem eines zu verbinden scheint: die Lust am Exhibitionistischen, vor allem aber das unverblümte Votum für die große Angebetete – die Literatur.

Zum Beispiel Gustav Seibt. Auch wenn er sich schwertut, sich herauszuschreiben aus den langen Schatten seiner Vorgänger Ranicki oder Schirrmacher: Seibt, der Undurchsichtige auf dem Chefsessel der Literaturredaktion der »FAZ«, geizt nicht mit klug gemeinten Aperçus, wenn es sich etwa mit einem Frontalangriff auf die Walser-Tochter

Literaturkritiker: Abgehobene Schöngeister, machtbewußte Zeitgeister oder vernichtende Bücherfresser?

Alissa zu profilieren gilt. Da darf man schon mal persönlich werden, wenn es der hausinterne Standesdünkel verlangt: daß die Prosastücke der Bachmann-Preisträgerin des Jahres 1992 weibliche Sexualität offensiv inszenieren, das war wohl zuviel des Guten für das literaturkritische Nachtschattengewächs in der Hellerhofstraße. Seibt – ein ausgemachter Fan der unterkühlten Schreibe, der mit gescheiten Nadelstichen sich anschickt, ein zweiter Großmogul zu werden. Seibt – der Biedermann unter den immer seltener werdenden echten Brandstiftern, wie sie einst ein Christian Schultz-Gerstein oder inzwischen Schreiber wie Cordt Schnibben oder Christoph Scheuring mit Verve verkörpern. Wohltuend lebendig dagegen die Liebhaberin gedeckter Farben, Verena Auffermann, die Kühle mit dem Hang zum Understatement. Gegen ihre kenntnisreichen, mal in der »Frankfurter Rundschau«, der »Zeit« oder der »Süddeutschen« veröffentlichten Rezensionen wirkt der Seibtsche Gedankenzauber bisweilen wie literaturkritische Weltanschauung im Doktoranden-Duktus. Selbstgewiß, dabei zumeist treffsicher in ihren Urteilen, demonstriert die ab und an ins Elitäre abdriftende Auffermann seit ein paar Spielzeiten beim Bachmann-Wettbewerb in Klagenfurt, wie wohltemperiert und sachlich Literaturkritik sein kann, ohne denunziatorisch den Gegenstand aus dem Auge zu verlieren.

Geradezu verliebt in das eigene Konterfei scheint dagegen der Graukopf aus der Kulturredaktion des Hessischen Fernsehens, Wilfried F. Schoeller. Kein Zweifel: Der Mann mit dem Silbermecki und dem Blick eines schneemüden Alaska-Huskie gibt sich ambitioniert. Ob beim Tele-Talk des Landesstudios Kärnten während des Bachmann-Lesemarathons, in kilometerlangen und ebenso langweiligen Texten in der »FR« oder in seinen Bücher-Sendungen, die er mit dem Esprit und dem Affentempo einer Weinbergschnecke moderiert: Schoeller, der zudem neuerdings auf Abwegen als TV-Koch wandelt, bringt sich gerne auf den Punkt – ultraklug und immer mit dabei. Schoeller – ein Mann für Markworts »Fakten-Fakten«-Fabrik an der Münchener Arabellastraße. Denn auch den einen oder anderen Tiefschlag in Klagenfurt gegen diesen oder jenen wehrlosen Debütanten führt er in der Manier des Souveräns. So einen brauchen wir inzwischen mehr denn je in hiesigen Gefilden, seit der einstige »FAZ«-Wadenbeißer Werner Fuld für das Hamburger Wochenblatt »Die Woche« mundgerecht tranchiert. Da kann manchen Bücherfreund vor der Flimmerkiste schon mal der Schlaf übermannen, wenn der HR-Schoeller seine sämige Kritikereiscreme in Klagenfurt oder sonstwo kredenzt.

Wie eine »Lichtgestalt« dagegen Wolfram Schütte, unser »FR«-Mann in Venedig oder Cannes, wenn die Sterne und Sternchen des internationalen Films defilieren und Lageberichte seinen Weg durch die Filmschauen pflastern. Seit mehr als 25 Jahren leitet der Mann mit dem inzwischen leicht schütteren Haar, den hellwach bebrillten Augen und dem Mut zur eigenen Meinung die Geschicke des Literaturressorts der »Frankfurter Rundschau«; nicht zuletzt ihm ist es zu verdanken, daß das Feuilleton den Charakter eines nationalen Schaufensters besitzt. Da hält denn auch einer wie Martin Lüdke seine Hochachtung für den Literaturchef im »Rundschau«-Haus nur ungern zurück: »Vetternwirtschaft, Verbindungen, die mit Vitamin B funktionieren, gibt es sicher, ich denke da vor allem an eine Clique von ›FAZ‹-Jünglingen, die so langsam in das Blatt reinwächst, bei der ›Rundschau‹ dagegen ist sowas durch diese leicht robespierrehafte, tugendhafte Haltung des verantwortlichen Literaturredakteurs Schütte weitgehend ausgeschlossen.« Dazu versteht es dieser Filmmaniac, noch ebenso klug und visionär über den neuesten Marquez-

Roman öffentlich nachzudenken wie über das filmzyklische Nachtwerk eines Theo Angelopoulos. Bevor der mit einem wie Reich-Ranicki gemeinsame Sache macht, wird Cohn-Bendit Co-Moderator im »Quartett«: Im Land der Tobler-Riegel jedenfalls wird dafür bereits fleißig geübt.

»Für uns zählen keine einzelnen Personen, sondern das Medium, das sie repräsentieren«, läßt etwa die Pressechefin des Münchener Hanser Verlags, Susanne John, der hektisch hochstilisierten Bedeutung des Großkritikers als Buchpusher und Verkaufslokomotive eloquent den Treibstoff aus dem Tank, »denn ich glaube, es gibt sowieso bundesweit nur einen Großkritiker, der allen und vor allem dem normalen Publikum bekannt ist. Bei einigen Büchern ist uns eine Besprechung in der ›Brigitte‹ ohnehin wichtiger als eine Eloge in der ›FAZ‹. Aber an Verschwörungstheorien unter den Kritikern glaube ich nicht.«

»Einen ruhigen Raum, in dem man mal wieder ohne Nebenabsichten über Literatur reden könnte«, wünscht sich abschließend sicher nicht nur der Schriftsteller Matthias Altenburg. Und das Frankfurter »Bestseller-Kartell« gleicht bei näherer Betrachtung doch eher einer Gruppe versprengter Einzelkämpfer, die zufällig der gleichen Sache ihre TV-Auftritte und kleinen Profil-Rangeleien verdankt: der Literatur, jenem an sich unerbittlichen Gedächtnis, das sich ihrer in einigen Jahren jedoch wohl kaum mehr erinnern dürfte. ●

KRITIKER-»BESTENLISTE«

Normalerweise haben die Kritiker das Wort – jetzt wählten Autoren zum zweiten Mal ihre Kritiker-Favoriten.

Eine Jury der Autoren – darunter bekannte Namen wie Hans Magnus Enzensberger, Peter Härtling und Gabriele Wohmann – wurden gebeten, auf einer Liste *»die besten Kritiker«* zu nennen – von Platz 1 (10 Punkte) bis Platz 10 (1 Punkt). In der Liste der »TOP 50« auch elf Frankfurter Literaturkritiker, drei davon sogar unter den

TOP TEN:

Lothar Baier, selbst Autor und freier Literaturkritiker (Platz 7), FR-Mann Wolfram Schütte (Platz 9) sowie Marcel Reich-Ranicki (Platz 10). Sein »Spiegel«-Spezi Karasek liegt in der Autorengunst abgeschlagen auf Rang 16. Weitere Frankfurter Plazierungen: Verena Auffermann (11), Wilfried Schoeller (12), Walter Boehlich, Martin Lüdke und Gustav Seibt teilen sich Platz 28. Voll daneben: FAZ-Kulturchef Frank Schirrmacher auf Platz 47.

Umfrage: Verlag Schöffling & Co.

aus: Journal Frankfurt, 4.10.95

Mehr schreiben, mehr rezensieren, mehr verkaufen – wer zu spät kommt, den bestraft der Buchmarkt

Die Entdeckung der Schnelligkeit

Vor der Buchmesse:
Sechs Kapitel zum Literaturbetrieb

Von Willi Winkler

Klagen, nichts als Klagen: Die durchschnittliche Verweildauer des Bundesbürgers vor dem Fernseher nimmt ständig zu, die Zeit, die der Fernsehsüchtige über Bücher gebeugt verbringt, nimmt entsprechend ab. Unsere Kinder wachsen auf als Videoten, in der Schule wird keine Grammatik, keine Rechtschreibung mehr gelehrt, primäre und sekundäre Analphabeten werden herangezogen, und niemand, niemand weit und breit, der den jungen Menschen den kulturellen Wert des Lebens beibrächte.

Gleichzeitig schreiben die deutschen Autoren eifrig wie nie zuvor, die deutschen Verlage stoßen mehr Bücher aus denn je, die Buchhandlungen verkaufen sie fleißig. 1994 setzten sie 14,4 Milliarden Mark mit Büchern um, 3,5 Prozent mehr als im Jahr zuvor. 1994 wurden nicht weniger als 70 643 Neuerscheinungen veröffentlicht, ein Zuwachs von 5,1 Prozent. Aber werden die Bücher auch gelesen?

Die Verlage bezichtigen sich gegenseitig des „Wahnsinns", sprechen von „Überproduktion", die es abzubauen gelte, und werfen doch immer noch mehr Bücher auf den Markt. Die Rendite im Buchhandel stagniert, die einzelnen Läden können längst nicht mehr alle Titel aufnehmen, dennoch eröffnen die Buchkaufhäuser ständig weitere Filialen. Die Leselust freilich, meint der Literaturwissenschaftler Reinhard Baumgart, „nimmt direkt proportional zu den gestiegenen Auflagen ab". Wenn selbst ein so einhellig verrissenes Buch wie „Ein weites Feld" von Günter Grass sich mehr als 200 000mal verkauft, so sei das kein Fall für die Literatur mehr, sondern eine „Inflationserscheinung". Mit dieser Inflation kann die Branche bestens leben: Die Krise im deutschen Buchhandel war noch nie so einträglich wie heute.

Aber wer ist schuld an der Krise? Wer trägt die Verantwortung? Verhaften wir also die üblichen Verdächtigen: Als Täter in Frage kommen die Autoren, die Lektoren, die Verlage, die Kritiker und der Buchhandel. Aber der Reihe nach.

ERSTES KAPITEL

Die Autoren

Der einsame Autor am Schreibtisch profitiert von der Krise. In keinem Land der Erde werden Schriftsteller dermaßen großzügig betreut. Beim leisesten Genieverdacht wird ein junger Schriftsteller nicht bloß gedruckt, sondern sofort an Jurys und für Stipendien weiterempfohlen, mit Preisen ausgezeichnet und mit Frührenten versorgt bis an sein selig Ende. Dennoch genießt die deutschsprachige Literatur keinen besonders guten Ruf; außerdem ist ihr Anteil am Buchumsatz verschwindend gering.

Reinhard Baumgart sieht eine „Subventions- und Pflegeindustrie" am Werk, in der alles nivelliert werde, aber immerhin schrieben die deutschen Autoren „heute auf einem hohen, wenn auch vielleicht langweiligen Niveau". Baumgart allerdings geht dabei das Wesen der Literatur verloren: „Wo ich keinen Autor entdecken kann, läßt mich das Buch kalt."

Doch der Autor mag aus dem Buch verschwunden und auf dem Markt verlorengegangen sein, er ist noch immer ein Idol. Bei der Buchpremiere Anfang September in der Berliner Kulturbrauerei konnte man erleben, daß Günter Grass einen Nimbus wie ein Popstar genießt. Neugierig erschien das Publikum, um den verrissenen Autor selber zu begutachten, vor allem aber kam das Fernsehen.

CNN war da und ein Dutzend weiterer Sender. Das „heute-journal" im ZDF berichtete fast live von diesem Großereignis. Die Kamera des WDR filmte die Kamera von Sat.1, wie sie Grass filmte, und die Photographen richteten kanonendicke Objektive auf den stirnschweißsprühenden Dichter, als wäre er Steffi Graf. Nur der Kollege Stefan Heym war bereits bei den ersten Worten aus dem „Weiten Feld" eingeschlafen. Die Bibel hat doch recht: Das Wort ist Fleisch geworden, das Buch zum Ereignis.

ZWEITES KAPITEL

Die Verlage

Michael Krüger, Verlagsleiter bei Hanser, geht mit der Zeit und sieht die galoppierende Inflation im Buchgewerbe ganz pragmatisch. Bei der Buchhandlung Lehmkuhl in München steht ein Flügel, auf dem eine begrenzte Anzahl Bücher Platz hat. „Da müssen wir hin."

Die Überproduktion findet in den Verlagen statt, dort, wo sich Markt und Kunst treffen. Ganz im Süden des deutschen Sprachraums, in Klagenfurt, residiert der Wieser Verlag, dessen Bücher kaum je auf diesem Flügel zu liegen kommen. Wieser ist spezialisiert auf Literatur aus dem ehemaligen Habsburger Reich, auf slowenische, kroatische, tschechische Literatur. Der Grenzbote Lojze Wieser war 1987 vier Monate arbeitslos, gründete dann seinen Verlag und beteiligte sich im November an der slowenischen Buchmesse in Ljubljana. Um das Geld für seinen Verlag zu verdienen, trat er ebenfalls 1987 als Organisationsleiter bei einer Versicherung ein und brachte es nach drei Jahren zum Marketingchef für ganz Österreich. 1992 gab er diesen Haupterwerb auf und widmet sich seither ausschließlich dem Verlag. Er fing an mit zwei Büchern des slowenischen Autors Florjan Lipuš, steigerte die Jahresproduktion auf etwa 30 Titel und verfügt heute über einen Katalog von 150.

Mit einem „für österreichische Verhältnisse relativ schönen Umsatz" von umgerechnet einer Million Mark 1993 geht es inzwischen steil bergab. Wieser profitierte vom Krieg im ehemaligen Jugoslawien, weil man sich in Österreich und auch in Deutschland für die verschiedenen jugoslawischen Nationalliteraturen zu interessieren begann. Seit 1994 flaut dieses Interesse ab. Der Verleger bekam eine Briefbombe geschickt, eine Steuerprüfung belastete die Verlagsarbeit, der Umsatz ging um vierzig Prozent zurück. Ohne staatliche Subventionen würde es den Wieser-Verlag gar nicht geben; ihr Anteil beträgt fünf bis fünfzehn Prozent am Umsatz. Die Bücher werden aufwendig betreut, liebevoll gemacht, sie werden aufmerksam rezensiert und kaum verkauft. Der Verlag muß um seine weitere Existenz bangen.

Dennoch bereut es Lojze Wieser nicht, die Stelle bei der Versicherung aufgegeben zu haben und Verleger geworden zu sein, „obwohl mein heutiges Einkommen dem des Jahres 1976 entspricht". Büchermachen lohnt sich nicht.

Büchermachen lohnt sich doch. Lothar Menne ist für das Programm des Verlags Hoffmann und Campe verantwortlich, verantwortlich zum Beispiel für den großen Erfolg von „Scarlett", der synthetischen Fortsetzung des Weltbestsellers „Vom Winde verweht". Millionen hat der Verlag mit diesem Buch verdient, aber Geld macht offenbar unglücklich. „Wenn wir eine ‚Scarlett' haben, und der Umsatz geht im folgenden Jahr runter, dann haben wir ein Problem." Das Problem gilt für die meisten groß gewordenen Verlage wie Droemer Knaur, Rowohlt und Hanser. 1995 ist ein wirtschaftlich gesünderes Jahr, weil sich der Umsatz nicht auf einen einzelnen Bestseller, sondern auf mehrere verteilt und auch noch steigt: Wickert verkauft sich und Buchheim und Grisham sowieso.

Wenn Menne einen Bestseller in Amerika kauft, fühlt er sich wie ein Börsenmakler bei einer „Investition aus Kalkül und Spiel", denn der Bestseller muß auch in Deutschland funktionieren. Diese Spekulation „gibt mir einen Kick". Als die Lehrschriften des bislang nicht groß als Autor hervorgetretenen Papstes Johannes Paul II. auf dem internationalen Markt verauktioniert wurden, bot Menne, der sich gern seines fundierten Atheismus rühmt, in der Hoffnung auf einen Megabestseller mit. Doch der Markt läßt seiner nicht spotten. „Da habe ich mich verkalkuliert." Der Papst war kein Verlust, aber auch kein Geschäft. 160 000 Stück „Die Schwelle der Hoffnung überschreiten" wurden gedruckt, 140 000 ausgeliefert, aber 30 000 kamen bisher wieder zurück. Es gibt noch eine irdische Gerechtigkeit.

Das immerhin ist ein bescheidener Trost, war aber dem Verlag keine Warnung: In ähnlich klerikaler Aufmachung erscheint, von einem amerikanischen Vorbild abgekupfert, der neue Ulrich Wickert, „Das Buch der Tugenden", und staut sich jetzt in den Buchhandlungen.

Ein Bestsellerverlag wie Hoffmann und Campe darf sich seine Bücher nicht nur auf dem internationalen Markt zusammenkaufen, sondern muß gelegentlich auch welche auf dem heimischen Markt entwickeln. Im Frühjahr wurden für Lothar-Günther Buchheims Weltkriegsbuch „Die Festung" 750 000 Mark in die Werbung investiert. Der Einsatz lohnt sich: Buchheim bringt fast ein Viertel des Jahresumsatzes von 35 Millionen; 166 000 Exemplare wurden bislang ausgeliefert. Die Begeisterung der Kritik war eher verhalten, aber auf die ist man bei Hoffmann und Campe ohnehin nicht angewiesen. Notfalls schreibt man sich das bißchen Jubel selber zusammen.

Da nämlich gelang Hoffmann und Campe eine echte Novität. Man begnügte sich nicht mit den üblichen Presse- und Klappentexten, die häufig Verwendung finden als Agenturmeldung oder als Kleinstrezension in Regional- und Lokalzeitungen. Dort wird nicht so päpstlich zwischen Werbung und Kritik unterschieden; der Leser soll einfach wissen, was es Neues gibt, und die Großverlage reagieren eben auf die Marktlage.

In einem richtigen Medienverbund sind nur die Lumpen bescheiden. Die mit dem Geld des Hoffmann-und-Campe-Verlegers Thomas Ganske (genauer: mit dem „Scarlett"-Überschuß) gegründete Wochenzeitung *Die Woche* brachte deshalb exklusiv einen Auszug aus Buchheims „gewaltigem Kriegsroman", ließ ihn von Rolf Schneider als „großes und viele beschäftigendes Epos über den Zweiten Weltkrieg" feiern und ergänzte das Paket durch ein Interview mit dem Autor samt ergebenem Portrait desselben. Das fertige Produkt sah dann endgültig wie eine Reklamedrucksache aus, und der Leser muß ja nicht wissen, daß alles in der Familie bleibt.

Aber der Einfluß von Hoffmann und Campe reichte nicht nur bis zur eigenen Zeitung. Zunächst war es eher komisch, daß Wilhelm Bittorf im *Spiegel* bei Buchheims „Festung" als Vergleich nur noch Leo Tolstoj und „Krieg und Frieden" einfielen. Aber es dürfte einmalig sein, daß der programmverantwortliche Lothar Menne vom ersten Rezensenten des Buches als literaturhistorische Autorität befragt wurde: „Einen solchen Text über den Krieg gibt es nicht ein zweites Mal", diktierte der Kaufmann dem Kritiker in den Text. „Reiz und Erfolgschance dieser Geschichte" lägen darin, „den Kindern einen Zugang zu verschaffen in das Phänomen Krieg". Bei so viel Dienstbarkeit erstirbt jedes kritische Wort. Der Verlag kann das als größten Erfolg seines Buchheim-Feldzugs verbuchen, und er mußte dafür nicht einmal seinen Werbeetat anbrechen.

Menne ist auf Bestsellerproduktion fixiert; die literarische Einwaage beschränkt sich im wesentlichen auf Siegfried Lenz, und der macht keinen Verlust. Damit ihn die Programmvorschau „wenigstens in Teilen auch noch amüsiert", hat Menne für viel Geld Paul Theroux gekauft und V. S. Naipaul von Kiepenheuer & Witsch abgeworben. Dort hat man ihn zwei Jahrzehnte lang gepflegt, aber kaum verkaufen können. Bei Hoffmann und Campe bekommt er höhere Vorschüsse, die sich nicht mehr rentieren werden, weil Naipaul sichtlich am Ende seines Lebenswerks angelangt ist. Aber diese unwirtschaftliche Investition betrachtet Lothar Menne als Kompensation, als „mein Privatplaisir".

Im deutschen Sprachraum, sagt Menne, gebe es 30 000 bis 80 000 wirkliche Leser, Studienräte zumeist, Frauen mit viel Zeit, das ist das Zielpublikum von Hoffmann und Campe, aber auch das aller anderen Verlage.

Zum Bestseller wird ein Buch, das diesen Kreis sprengen kann, zum Beispiel Jostein Gaarders Philosophie-Digest „Sofies Welt", der sich mehr als eine Million Male verkaufte und Hanser in München zu einem Verlag machte, der regelmäßig auf der *Spiegel*-Bestsellerliste steht. Seit Hanser 1982 Umberto Ecos „Name der Rose" herausbrachte, bietet der Verlag zwar nicht mehr Titel an als früher, trägt aber durch erheblich gestiegene Auflagen zur Buchinflation bei. 1994 war das beste Jahr mit dreißig Millionen Mark Umsatz, wovon allein „Sofies Welt" sieben Millionen einbrachte.

Der Hanser-Verleger Michael Krüger ist für Menne ein Verkaufsgenie, „der beste *networker* im Gewerbe". Krüger ist Mitglied in der deutschen Akademie für Sprache und Dichtung, nimmt Einfluß auf Preisvergaben, vertritt seine Autoren vorbildlich, er ist selber Lyriker, bleibt aber immer der Kaufmann. Auf seinem Tisch liegt ein spannhoher Bücherstapel, den er heute nachmittag noch begutachten soll. Mit wahrer Affenliebe hängt er an seinem hermetischen Autor Botho Strauß, gibt ungefiltert dessen nationale Wahnvorstellungen wieder und erzählt dann, wie gern er den Zsolnay-Verlag gekauft und nach Osteuropa expandiert hätte.

„Mich interessiert alles mit dem Buch. Ich trage jetzt keine Krawatte und bin nur Chef, sondern ich interesse mich auch für den Vertrieb. Ein Lektor, der nicht ein paar Zahlen im Kopf hat oder eine Werbeidee, ist mir suspekt." Die Probleme hätten sich verschoben, mit Büchern zu Literatur- oder Filmtheorie sei nichts mehr zu gewinnen. Er müsse zwangsläufig auf die unterhaltenden Romane aus Italien und Skandinavien ausweichen. Aber seine erfolgreichen Titel erlauben ihm gelegentlich auch ein echtes Verlustgeschäft, das er stolz vorrechnet: „Chinas Weg in die Moderne" des bekannten Sinologen Jonathan D. Spence, vor fünf Jahren in New York im Original erschienen, umfaßt 964 Seiten und kostet 128 Mark. Selbst wenn es ihm gelänge, 2000 Exemplare dieses Werkes zu verkaufen, käme er auf einen „Minusgewinn", einen Verlust also von 81 000 Mark. Wollte er das Buch, das enorme Kosten in der Übersetzung, der fachlichen Bearbeitung, in der Herstellung bis hin zum Transport verursacht, kostendeckend anbieten, müßte er statt 128 Mark genau 441,53 Mark verlangen.

Gerhard Steidl, der 1967 mit siebzehn als Drucker begann, ist ein Kleiner unter den Großen. Seit zehn Jahren bringt er auch Belletristik heraus und nennt sich einen „Weltmeister im Einschätzen von exakten Auflagen: bei mir gab es in 25 Jahren keine Überproduktion". Steidl gilt als einer der besten Drucker in Deutschland. Seit Jahrzehnten arbeitet er mit dem Graphiker Klaus Staeck zusammen; Druckaufträge von Zweitausendeins, von Lamuv, der IG Metall Niedersachsen machen knapp ein Drittel seines Umsatzes aus. Als ehrbarer Handwerker gibt Steidl so wenig wie möglich aus dem Haus; Layout, Satz, Druck, alles wird bei ihm selber gemacht. Einundzwanzig Menschen arbeiten im Steidl-Verlag; größer kann er gar nicht mehr werden, weil in der Göttinger Innenstadt kein Platz mehr ist. Steidl nennt sich einen „Frühkapitalisten", wohnt auf dem Betriebsgelände, ist morgens als erster im Geschäft und geht abends als letzter. Die neue Druckmaschine für drei Millionen hat er erst angeschafft, als der Betrag angespart war.

Grass ist nicht nur der größte finanzielle, sondern auch der größte Prestigeerfolg für den Verlag. Das war dann die 450 000 Mark für die Werbung wert (und es ist ja nicht ausgeschlossen, daß Grass doch noch den Nobelpreis bekommt). Gerhard Steidl kann man keine Inflationsspekulation vorwerfen: Wer wollte ihm schließlich verdenken, daß der kleine Kapitalist ein wenig den großen Namen Grass kapitalisieren will, von dem er vor kurzem die Weltrechte erworben hat?

In diesem Jahr rechnet Steidl mit einem Umsatz von zwanzig20 Millionen Mark, wovon sechs Millionen Grass zu verdanken wären. Da er Alleinverleger ist, zwingt ihn niemand, im nächsten Jahr wieder einen Bestseller zu produzieren.

Ein Opfer der Überproduktion wäre beinahe der Eichborn-Verlag geworden. Hätten die Autoren nicht ihre Honoraransprüche gestundet und sich vorübergehend mit Ratenzahlung begnügt, der Verlag hätte die Krise des vergangenen Herbstes nicht überstanden. Der Gründer und Namensgeber Vito von Eichborn wurde entmachtet; der Versuch im Kinderbuch ebenso aufgegeben wie die Regionalliteratur; die vom englischen Verlag Collins übernommene dreißigbändige „Taschen-Universität" wird nun doch nicht übernommen. Abenteuer soll es bloß keine mehr geben.

Gefährdet war nämlich zum zweiten Mal die von Hans Magnus Enzensberger herausgegebene „Andere Bibliothek", die einst bei Greno in Nördlingen herauskam, mit kritischem Lob den Verleger größenwahnsinnig machte und den Verlag in Schwierigkeiten brachte. Finanziert wird der Bereich „Meinung und Niveau", eben die „Andere Bibliothek", durch das „Kleine Arschloch", die berühmten Comix-Bücher von Walter Moers, und durch das Moers-Merchandising. Kein Moers ist unter einer Auflage von 50 000 geblieben, das „Kleine Arschloch" nähert sich der halben Million. Der Verlag ist damit eine ordentliche Gemischtwarenhandlung, aber so kann man wenigstens überleben. Die Zukunft? Die Zukunft, sagt Uwe Gruhle von Eichborn, hänge immer weniger vom Verkauf selbstproduzierter Bücher ab, „sondern vom geschickten Entwickeln von und Handeln mit Copyrights, Lizenzen, Senderechten". Eichborn baut vor durch Abbau.

Drittes Kapitel

Die Kritiker

Uwe Wittstock, verantwortlich für das deutschsprachige Programm beim S. Fischer Verlag, klagt bitter über die deutsche Kritik. Manche Verlage brächten bestimmte Bücher nur für bestimmte Kritiker heraus; das Unterhaltungsbedürfnis des Publikums kümmere weder Autoren noch Verlage. In der Fischer-Hauszeitschrift *Neue Rundschau* empfahl Uwe Wittstock den deutschen Autoren, sich mehr für das Publikum zu interessieren und sich dabei an der Unterhaltungsliteratur zu orientieren. Ein erstes Ergebnis seiner Literaturpolitik kann er bereits vorweisen: Josef Haslinger hat einen sehr erfolgreichen Roman geschrieben, der so hölzern und aufrecht zugleich den amerikanischen politischen Thriller imitiert, daß er von der Kritik mit Recht verrissen worden ist. Nur im „Literarischen Quartett" überbot man sich gegenseitig vor Begeisterung über Haslingers „Opernball".

Von diesem Fernsehgericht abgesehen, so Wittstock, sei die Kritik in Deutschland nicht bereit, „Position zu beziehen" und einen „klaren Standpunkt einzunehmen", sie sei „miesmacherisch" und wolle „Erfolg nicht anerkennen". Warum kommt zum Beispiel keiner auf die Idee, die Geschichte von Wittstocks Erfolg mit Haslingers Roman nachzuzeichnen? Und überhaupt machten sich die Kritiker gar nicht klar, wie schnell ein Buch vom Markt sei, wie wenig eine Kritik nütze, wenn sie erst drei Monate nach dem Erscheinen des Buches veröffentlicht wird.

Reinhard Baumgart ist da ganz anderer Meinung. Er findet, daß die deutsche Literaturkritik sich gründlicher mit einzelnen Büchern und Autoren beschäftige und insgesamt besser sei als früher. Allerdings könne sein, daß sie an Wirkung verliere und sich allmählich mit einer Nischenexistenz abfinden müsse.

Früher war das anders, früher war sowieso alles besser. Ein Beispiel gefällig? Am 20. Oktober 1954 erschien Max Frischs Roman „Stiller" in einer Erstauflage von 5000 Exemplaren. Max Frisch war kein unbekannter Autor mehr. Vier Jahre zuvor war sein „Tagebuch 1946–1949" herausgekommen, seine Stücke wurden erfolgreich aufgeführt, er hatte bereits mehrere Preise erhalten.

Aber die Kritik ließ sich Zeit. Es vergingen vier Wochen, ehe in einer großen Zeitung die erste Rezension erschien. Karl Korn in der *Frankfurter Allgemeinen* rühmte die „hohe Qualität" des Romans. „Er ist weltläufig, gescheit und geht jeden an." Gut zwei Wochen später ernannte Thilo Koch den Autor des „Stiller" in der *ZEIT* zum „Dichter". Kritiken wie diese, das Interesse der Leser und nicht wenig Optimismus erlaubten dem Suhrkamp Verlag, am 6. Dezember eine zweite Auflage mit 2000 Exemplaren auszuliefern. Die Rezensionen in der *Süddeutschen* und im *Spiegel* folgten acht Wochen nach dem Erscheinen, und am 10. Januar 1955 legte der Verlag weitere 3000 Exemplare „Stiller" auf. Im November 1955 hatte sich die ursprüngliche Auflage auf 20 000 vervierfacht.

Es war eine gute Zeit. Die Redaktionen hatten Geduld mit den Rezensenten, die Rezensenten die Muße, sich länger mit einem Buch zu beschäftigen, und die Verlage produzierten weniger Titel und hielten ihren Autoren die Treue. So ereignete sich parallel zum Wirtschaftswunder das der Nachkriegsliteratur. Uwe Johnson, Günter Grass, Martin Walser, Max Frisch, Hans Magnus Enzensberger, auch Arno Schmidt, Heinrich Böll und Wolfgang Koeppen setzten sich trotz oder wegen des damals extrem behäbigen Literaturbetriebs durch. Reinhard Baumgart, in den sechziger Jahren *Spiegel*-Kolumnist für Literatur, erinnert sich, wie man ihn dort beruhigte und ihm versicherte, daß es auch sechs Monate nach dem Erscheinen eines Buches noch früh genug für die Besprechung war. Es eilte einfach nicht. Hauptsache, sie war gut. Heute wetteifern die Zeitungen um das erste und möglichst exklusive Interview zum neuen Buch, der Autor wird vom Schnauzbart bis zur Dobermännin haargenau portraitiert, und dann erscheint ja schon das nächste Weltmeisterwerk.

In einem Buch aus jener versunkenen

Welt, in der 1959 erschienenen „Blechtrommel" von Günter Grass, schildert Oskar Matzerath die wachsende Faszination, die den Seemann Herbert Truczinski vor einer Galionsfigur im Schiffahrtsmuseum erfaßt: „Ein üppig hölzernes, grün nacktes Weib, das (...) über zielstrebigen Brüsten hinweg aus eingelassenen Bernsteinaugen geradeaussah. Dieses Weib, die Galionsfigur brachte Unglück." Der brünstige Seemann treibt ihr schließlich „ein kurzes, auf beiden Seiten geschärftes Schiffsbeil" in den harten Leib, bespringt erfolglos die hölzerne Dame und stirbt daran.

Ein ähnliches Schicksal droht jedem neuen Buch eines bekannten Autors, nur daß von den brünstigen Rezensenten noch jeder überlebt hat, während für das besprungene Buch die Sache weniger glimpflich ausgeht.

Wenn Kritiker zu sehr lieben oder hassen, muß der Autor den rezensorischen Overkill gewärtigen. Als Peter Handke Ende Oktober vergangenen Jahres sein bisher umfangreichstes Werk herausbrachte, „Mein Jahr in der Niemandsbucht", hatte er zwar Sorge getragen, daß kein Kritiker vor dem offiziellen Erscheinungstermin sein Buch zu lesen bekam, aber gegen den Überbietungseifer der Rezensenten war er machtlos. Innerhalb von zweieinhalb Wochen war auch ein so kompliziertes Werk wie „Mein Jahr in der Niemandsbucht" niederrezensiert. Eine Buchmesse später ist der Titel zwar sprichwörtlich, bis zur Verwendung im Leitartikel, das Buch selber aber vom Markt verschwunden.

Günter Grass und der Steidl-Verlag glaubten es in diesem Jahr besser anzustellen und machten alles falsch. Fast drei Monate konnten sich die Rezensenten mit dem neuen Buch von Günter Grass beschäftigen, ehe es in den Verkauf gelangte. Der Verlag selber nahm den Erstverkaufstag um eine Woche zurück auf den 28. August, aber die Kritiker hielten sich nicht an den Sperrtermin, und jeder wollte der erste sein. Als „Ein weites Feld" auch für die zahlende Kundschaft zu haben war, war es landauf, landab bereits vernichtend kritisiert. Eine Verschwörungstheorie entstand, weil weder Verlag noch Autor sich der Einsicht öffnen wollte, daß der lang angekündigte Roman mißlungen bis katastrophal war.

Während Suhrkamp mit Handke auf die Verknappungsstrategie setzte, bot Steidl „Ein weites Feld" sogar über den Buchversand Zweitausendeins und dann zur Vorbestellung in über hundert Buchhandlungen an, so daß beim Erscheinen bereits hunderttausend Exemplare vorverkauft waren. Die herben Verrisse, vor allem im „Literarischen Quartett", vermochten diesen Erfolg nicht zu verhindern.

Für Reinhard Baumgart hat das „Literarische Quartett" etwas „Unheimliches". Seit Marcel Reich-Ranicki keine Literaturkritiken mehr schreibe, sei Deutschlands bekanntester Rezensent ein „Medienereignis zwischen Alfred Biolek und Karl Dall, wobei Biolek etwas differenzierter ist". Reich-Ranickis Kombattanten Hellmuth Karasek und Sigrid Löffler seien manchmal außer sich vor Intelligenz, sie kämen aber nicht zum Zug.

Die Hauptaufgabe der Presseabteilung in den Verlagen besteht heute darin, den vier Teilnehmern am „Quartett" ihre jeweiligen Saisonartikel schmackhaft zu machen. Sind sie durchgedrückt, werden vorsorglich neue Auflagen bestellt. Bereits Wochen vor dem jeweiligen Termin erhalten die Buchhandlungen vom ZDF die Liste der vier oder fünf Titel, über die gesprochen werden soll. In den größeren Geschäften wird dann ein kleiner Altar aufgebaut, wo unter der Überschrift „Aktuell im ‚Literarischen Quartett'" die Bücher für den pressierten Kunden ausliegen, der vom Riesenangebot sonst überfordert wäre.

Manchmal sind binnen Tagen ganze Auflagen von Büchern ausverkauft, nachdem Reich-Ranicki sie gelobt hatte. „Weiter leben" von Ruth Klüger, Startauflage 2500, brachte es nach der Sendung sofort auf 10000 und steht inzwischen bei 70000.

Baumgart sieht das Fernsehtreiben „amüsiert", aber er dreht „immer auch ein bißchen durch", weil Bücher mit Kunstanspruch „mit einem ungeheuren Mißtrauen betrachtet" würden. Der Kunstvorbehalt gelte nur für „Völkermord, für Auschwitz", wie bei Ruth Klügers Bericht einer Überlebenden. „Da sind alle dafür, aber diesseits davon bitte relativ leichte Kost."

Endlich, endlich hat der sonst geschmähte Kritiker Erfolg. Er mag sich sein Leben lang um die Beförderung des Guten, Wahren und Schönen bemüht haben, erst als kreischender Lustikus setzt er sich durch. Reich-Ranickis über Jahrzehnte verfolgtes Projekt, die Literatur zugunsten der Literaturkritik abzuschaffen, vollendet sich zuletzt im Fernsehen. Für Baumgart geht Reich-Ranicki „jedes Gefühl für Rang ab". Alles wird gleich, und zwei Monate später gelten die Superlative und Verdammungssprüche wieder anderen Büchern.

VIERTES KAPITEL

Das Lektorat

Wäre Günter Grass nicht weltberühmt und unantastbar, sein Verleger oder sein Lektor oder auch nur ein guter Freund hätte ihn von der Veröffentlichung seines Romans abhalten müssen. Michael Krüger von Hanser erzählt, er habe erst heute (ja, heute!) einem bekannten Autor tief ins Gewissen gepredigt. Er könne das Manuskript in der vorliegenden Form als Buch herausbringen, ja, es sei akzeptabel. Aber er rate ab. Er rate seinem Autor dringend dazu, noch einmal ein Dreivierteljahr an das Manuskript zu wenden und das wirklich große Buch daraus zu machen, das er, Krüger, bereits erkennen könne. Bleich verabschiedete sich der Autor und wollte erst einmal spazierengehen. Aber wenn er als Lektor so streng sein kann, warum hat Krüger dann einen solchen Blödsinn wie Botho Straußens Welterklärungsversuch „Beginnlosigkeit" herausgebracht? Krüger reagiert verständnislos. Auf seinen Lieblingsautor läßt er nichts kommen.

FÜNFTES KAPITEL

Der Buchhandel

Jedes Jahr veranstaltet der Börsenverein des Deutschen Buchhandels am Tag vor der Eröffnung der Frankfurter Buchmesse eine Pressekonferenz, bei der der Vorsitzende bedenklich den Kopf wiegt. *Zuwächse* ja, *Umsatzsteigerungen* auch, die *Verkaufsflächen* weiter ausgedehnt, schon, aber man müsse sich ernste Sorgen um die Zukunft machen.

Wie in der gesamten Wirtschaft gilt auch im Buchhandel das Pareto-Prinzip, nach dem zwanzig Prozent der Produkte achtzig Prozent vom Umsatz bringen. Es ist benannt nach dem italienischen Nationalökonomen Vilfredo Pareto (1848 bis 1923) und vermag den schöngeistigen Buchkunden ordentlich zu ernüchtern. Bedeutet es doch, daß auch achtzig Prozent der Bücher nur „Garnitur" sind, der „Imagepflege" dienen und nichts sind fürs Geschäft.

Gleiches gilt für Buchhandlungen: Zwanzig Prozent von ihnen machen achtzig Prozent des Umsatzes. Das sind die großen Buchkaufhäuser wie Hugendubel, Thalia, Herder, Kiepert und die Buchabteilungen bei Karstadt. Diese Kaufhäuser haben in den letzten zwanzig Jahren ein Publikum gewonnen, das vorher die berüchtigte bildungsbürgerliche Schwelle nicht zu überschreiten wagte. Das SB-Prinzip bei Hugendubel und Thalia, wo man im Wärmestrom von der Fußgängerzone herein und vor die Magazine, Sonderangebote und die Bestseller von der *Spiegel*-Liste gespült wird, hat einen neuen Typ von Buchflaneur herangezogen, der sich zwar im wesentlichen selber zurechtfinden muß, aber dafür unbehelligt vom Drängen oder von der schlechten Laune des Buchhändlers nach *seinem* Buch suchen kann.

Deswegen muß das Abendland aber keineswegs untergehen. In Orten ohne literarische Grundversorgung, die in den Großstädten vielleicht eine Autorenbuchhandlung leistet, ist dafür ebenfalls das Buchkaufhaus zuständig. Auch der Kleinverleger Benno Käsmayr vom Maro-Verlag geht, wenn er Bücher aus anderen kleinen Verlagen sucht, in Augsburg in die Großbuchhandlung Pustet. Die große Display-Fläche erlaubt es, auch kleinere Verlage angemessen zu präsentieren – allerdings nur, wenn sie die Verkaufsbörse überstanden haben: Innerhalb von Minuten ordern die Großbuchhandlungen Bücher im Wert von Tausenden von Mark. Das sind die Bestseller, bewährte Autoren, bekannte Namen, die immer gehen. Termine mit den Vertretern kleinerer Verlage nehmen mehr Zeit in Anspruch, und dann wird doch nichts bestellt. Und unter 500 Mark brutto lohnt sich für eine Buchhandlung kein Auftrag.

Bei Hugendubel und Thalia tauchen neue Kunden auf. Sie suchen nicht nach Literatur, sie brauchen Bücher „zu anderen Zwecken", wie es vornehm umschrieben wird; sie suchen Reparaturanleitungen, Kinderbücher, Geschenke, aber nichts zum Lesen. Die Großbuchhandlungen haben längst darauf reagiert, sie bieten nicht nur Fachzeitschriften an, sondern auch das Video zum Buch, außerdem Comics, audiovisuelle Reiseführer, Computerprogramme. Die Erlebnisgesellschaft wäre keine, hätte sie nicht längst auch den „Erlebnisbuchhandel" entwickelt, wo man im integrierten Café über Literatur oder auch über fachfremde Einkäufe plaudert oder in Sitzecken Bücher probeliest. Das mag schrecklich finden, wer will: Immerhin bietet ausgerechnet das vom Betriebsberater bis in den letzten Quadratzentimeter durchkalkulierte Buchkaufhaus die größte Annäherung ans Urambiente des Lesers. Nur nach Bildung darf es nicht aussehen, Bildung, sagt ein Angestellter, der sich selbständig machen will, „Bildung geht nicht".

Ein Buchhändler, der auf die verwegene Idee kommt, heute sein eigenes Geschäft zu eröffnen, kann niederschmetternde Erfahrungen machen. Auf einem Existenzgründungsseminar warb der eingeladene Referent von der Hamburger Sparkasse großartig mit dem Engagement seiner Bank. Als der noch optimistische Existenzgründer sich darauf berufen wollte und tatsächlich in einer Zweigstelle der Haspa demütig nachfragte, wurde er behandelt, als wolle er sich um einen Ferienjob bewerben. Der Mann am Schalter beschied ihn, daß er erst dann mit einem Termin rechnen könne, wenn er Lebenslauf, Gründungskonzept und Ertragsvorschau eingereicht habe, aber bitte in mehrfacher Ausfertigung. Bücher sind leider unwirtschaftlich.

Buchhändler sind notorisch schlechte Kaufleute, weil sie einem altmodischen Bildungsideal nacheifern, sagt ein Buchhändler. Sie betrachten sich als Opfer irgendwelcher wirtschaftlicher Mächte, der Rezession, der Buchkaufhäuser, der Vergnügungssucht der Leser, in Wirklichkeit können sie nicht rechnen, sind sich zu fein dafür, die Ladenausstattung zu bedenken, schlicht Bücher auch zu *verkaufen*. Sie stehen sich selber im Weg, weil sie unglücklich darüber sind, wenn sie vom Stapel weg verkaufen sollen.

Eine Buchhandlung ist keine Bibliothek, heißt es in der Branche, die „Ware muß sich drehen". Bei einem Jahresumsatz von einer Million Mark darf der Wert der vorgehaltenen Ware 200 000 bis höchstens 250 000 Mark betragen, die Kapazität muß im Schnitt vier- bis fünfmal umgeschlagen werden. Ein Buch darf nicht älter als ein Jahr werden; danach kostet es, bildet totes Kapital, und Kapital darf nicht langfristig gebunden werden. Der Trend geht deshalb zu immer weniger Büchern aus immer weniger Verlagen, eben jenen Häusern, die sichere Bestseller versprechen. Aber selbst die Buchhändler, traditionell die informiertesten Leser, sind längst von dem Angebot überfordert. Deshalb spricht man von einer demnächst fälligen freiwilligen Selbstbeschränkung mit Absprache.

Sechstes Kapitel

Fazit

Reinhard Baumgart hat sich fast gänzlich von der Literaturkritik verabschiedet und an der Technischen Universität Berlin den Lehrstuhl für Neuere Deutsche Philologie, allgemeine und vergleichende Literaturwissenschaft, übernommen. Als spätberufener Professor kann er sich den historischen Rückblick erlauben. Im 18. Jahrhundert hat es schon einmal eine solche Explosion auf dem Buchmarkt gegeben. Von den 1770er an haben die Frauen lesen gelernt, und gleichzeitig kam im Gefolge von Goethes „Werther" die sentimentalste und reißerische Literatur auf, das, was heute die Bestseller liefern. Aber daß die Bücher der damaligen Zeit tatsächlich gelesen worden seien, bezweifelt Baumgart auch.

Damit ist aber noch immer nicht geklärt, wer die Krise zu verantworten hat, mit der alle so erstaunlich gut leben. Der Buchhandel? Die Großverlage? Die Lektoren? Die Kritiker? Das Publikum?

Es haben wohl alle mitgeholfen bei der Inflation: die Autoren, die sich das unfertige Manuskript aus der Hand reißen lassen; die Lektoren, weil sie mit Programmplanung, Lizenzverkauf, diesen ewigen Konferenzen beschäftigt sind und nur bitte bloß nicht mehr mit dem einzelnen Text behelligt werden wollen; die Verlage, weil sie den Platz im Regal nicht durch Qualität, sondern mit Kilopond erzwingen; die Kritiker, weil sie nicht mehr, wie's ihr Beruf seit je, grundsätzlich mißtrauisch sind, sondern lieber den Verstärker der Verlagspropaganda machen; der Buchhandel, weil er das Kaufhaus zum Buch erfand; und schließlich die Käufer, die sich nicht zum Leser fortbilden wollen. „Würden wirklich alle Bücher gelesen, die gekauft werden", so hat es vor Jahren schon ein bekannter Verleger formuliert, „dann könnten wir keine Bücher mehr verkaufen." Zuletzt hat dieser Verleger seinen ganzen Verlag an einen Konzern verkauft. ●

aus: Die Zeit, 6.10.95

Literati – mal Paschas und mal Parias

An der Schaltstelle zwischen Literaturbetrieb und Lesepublikum träumen zwei Redakteure, einsame Figuren mit spitzwegianischer Aura, von der idealen Leserschaft und vom SZ-eigenen Literatursupplement

Keine Existenz ohne eine tägliche Portion Lektüre: *Wer noch nicht nach dieser Maxime lebt, hat jederzeit die Chance, durch eine zündende Kurzrezension aus dem literarischen Dornröschenschlaf geweckt zu werden.*

Photo: Regina Schmeken

Von Wolfgang Werth
und Fritz Göttler

Alle Zeitungsleser sind gleich, aber manche sind womöglich gleicher als die übrigen ... Und wenn dem so ist, dann haben wir, die beiden Literaturredakteure, sicher die „besten" Leser unserer Zeitung. Unerschütterliche Gewißheiten gehören zur Grundausstattung unseres Metiers. Literatur adelt immer noch, und noblesse oblige: Auch eine so liberale und offene Redaktion wie die des SZ-Feuilletons kennt einen Rest von Klassensystem. Die Frage ist freilich – wir stellen sie uns manchmal, kurz vor dem Einschlafen nach durchlesener Nacht –, ob wir Literati nun zu den Paschas gehören oder zu den Parias. Ob unser Standesbewußtsein nicht einfach nur als ein simples Schutzschild dient ...

Ehre jedenfalls, wem Ehre gebührt, das heißt in erster Linie: unseren Lesern. Denen also, die weiter-lesen, über das tägliche Quantum Zeitung und Bildschirmtext hinaus. Ihnen begegnen wir mit größter Achtung und Aufmerksamkeit. Wann wäre ihnen, haben wir uns zum Beispiel vor ein paar Wochen unsere Köpfe zerbrochen, mit der Besprechung des neuen Grass am besten gedient, zum angekündigten Auslieferungstermin des Buches, oder eine Woche früher, mitten in den/dem heftigen Schlachten, im Kontext von *Spiegel*-Reich-Ranicki und Literarischem Quartett? So macht man sich also seine Gedanken, energievoll und entschieden. Reaktionsschnell sein ist inzwischen auch auf dem Büchermarkt gefordert – wo die Bücher manchmal so rasch aus den Buchhandlungen verschwinden (nicht mehr aus den Regalen, sondern von den Stapeln!) wie Filme aus den Kinos. Ein Verfall der Sitten, sicher, aber vielleicht auch eine Chance, durch konzentrierten Einsatz, durch PR-Power neue, andere Leser zu gewinnen. Und immer im Hintergrund natürlich die Frage der Konkurrenz, denn es gilt mindestens so flott, wenn nicht flinker zu sein als FAZ und FR, *Spiegel* oder *Zeit*.

Zuspruch und Sorge

Die besten Leser also ... Ein Anfall von Hybris, lächeln mitleidig die Kollegen, aber das brauchen die Literaten vielleicht als tägliche Dosis lebensnotwendiger Selbstbestätigung. Wird einem doch immer wieder zu verstehen gegeben, von kundiger, marktanalytischer Seite, daß es nicht unbedingt die literarischen Rezensionen sind, die der Zeitung Scharen neuer Leser bringen. Ja, Zuspruch können wir da durchaus brauchen, an unserer Schaltstelle zwischen Literaturbetrieb und Lesepublikum: zwei einsame Figuren mit spitzwegianischer Aura, im Rudel der smarten Kollegen von den anderen Ressorts, die Globetrotter in Sachen Kultur und Politik. Die Literatur ist dagegen, trotz Frankfurt oder Klagenfurt, weiter ein Studienzimmerbetrieb.

Die Solidarität ist deshalb groß in der Literaturredaktion, wo sich alle Sorgen machen um die Zukunft des Lesens überhaupt. Da schwinden Differenzen zwischen den beiden großen Lagern, dem literarischen Ressort und dem der Sach- und politischen Bücher. Überschneidungen sind sowieso an der Tagesordnung, Kunst und Autobiographisches, Reiseliteratur und Musikbücher ... Zum Glück hat das Interesse der Leser sich an solche Grenzen noch nie halten mögen. Und gerade die Mischformen sind es, die immer wichtiger werden, zwischen Fiktion und Sachbuch, hier kommt es zu den spannendsten Ergebnissen. So heißt es offenzubleiben für alles, von Goethe und Grass bis Garcia Márquez und Mühlenweg, für den Krimi und den Comic, den Prachtband und das Paperback. Es gilt auf die anderen zu hören, die Kollegen und Rezensenten, und auch die Vorschläge von Lesern ernst zu nehmen. Das Ganze spielt sich ab in einem Klima von regem Austausch und gegenseitiger Befruchtung, mit kleinen Spuren von Eifersüchtelei, Komik und Tristesse. Und auch Konkurrenz belebt den Betrieb ...

Literatur in der Zeitung – kritischer Punkt und Schaltstelle. Wer ist wichtiger fürs geistige Leben der Nation, die Tagesschreiber, die alles auf den Punkt bringen in ihren Kommentaren, Leitartikeln und Streiflichtern, oder die Literaten, die eher im übergreifenden Zusammenhang fabulieren. Roland Barthes hat es mustergültig auf den Begriff gebracht, in seiner kleinen Typologie „Schriftsteller" vs „Schreiber". Einen Vorteil haben sie natürlich, die Tagesschreiber, sie sind schneller, und sie haben die größere Leserschar. So erklärt sich ihre milde Geringschätzung der schöngeistig-schlafmützigen Konkurrenz von der Literatur gegenüber. Vielleicht aber steckt auch ein wenig Neid mit darin: Was für ein traumhafter Beruf, wo man in aller Ruhe lesen, sinnieren, reflektieren kann.

Träume hat natürlich auch der Literaturredakteur selbst, allen voran den vom idealen Leser – und das heißt von einem, der gerade auf die Lektüre der Literaturseite nicht verzichten mag. Lesen, das ist für diese (mehr oder weniger) happy few unter den SZlern so unentbehrlich wie Atmen oder Essen und Trinken. Aus Platzgründen skizzieren wir hier nur den männlichen Part dieser Idealfigur: Er könnte eine mittelgroße Firma leiten oder eine Bankfiliale, er spielt zweimal Tennis die Woche, ist neben dem Englischen auch des Französischen einigermaßen mächtig, er mag Zwetschgendatschi und das Streiflicht, hat Furcht vor dem Atomkrieg, er ist Single oder Vorstand einer Kleinfamilie, aber vor allem ist er mit ganzem Herzen und heißem Hunger: Leser. Als Leser greift er auf das Alte, Altbewährte gern zurück, und ist doch dem Neuen gegenüber immer aufgeschlossen: dem, was sich tut in der literarischen Welt. Er kann nicht existieren ohne eine tägliche Portion Lektüre, und um sich zu orientieren in der Flut der Neuerscheinungen, ist ihm die Literaturseite seiner Zeitung unersetzlich.

So soll er also aussehen, der Mensch, für den wir unsere Arbeit und Seiten machen. Zügig blättert er den politischen Teil der Zeitung durch, macht sich im Kulturteil kundig, blickt auf die Wirtschafts- und zur Autoseite, und auch auf den Sport selbstverständlich. Er freut sich über jede Erwähnung von Literatur im aktuellen Feuilleton, von der Meldung bis zum Bericht vom literarischen Event, und landet mit Behagen Woche für Woche beim Herzstück seiner Zeitung, den Literaturseiten in der Wochenendbeilage.

Lange Riemen, knurren manche Kollegen, wenn ein Rezensent sich wieder ausführlich ausgelassen hat über ein aufregendes Buch und keiner der Zuständigen ihn bremsen wollte. Unser Leser kann darüber nur milde lächeln. Wie sollten zwei- bis dreihundert Zeilen zu einem großen Buch ihn im geringsten überfordern, wo er doch zwei- bis dreihundert Seiten in einem Zug durchlesen wird, wenn einmal sein Interesse geweckt ist.

Ein idealer Leser also, über den wir, wohlgemerkt, die anderen nicht vergessen, all die potentiellen Leser, die wir aus ihrem literarischen Dornröschenschlaf wecken und zur Lektüre animieren möchten, mit Hilfe zündender Kurzrezensionen. Denn nicht als kritische Instanz versteht sich die Literaturredaktion, eher als kleiner Trupp Animateure. Neue Leser für die (nicht nur) neue Literatur, in diesem Sinne arbeiten wir schon mal Hand in Hand mit den Leuten aus den Verlagen, eine Seilschaft, die uns nicht geniert.

Romane, ach was ... Das bißchen, was ich lese, schreibe ich mir selber. So sprach, scherzhaft, ein namhafter Kollege, auf die Frage, ob er den neuen Grass schon gelesen habe. Der Witz trifft tiefer, als man vermuten möchte. Denn dies wäre unser Alptraum – eine Unsitte, die überhandzunehmen scheint in den letzten Jahren: daß die Lektüre einer Buchrezension systematisch die des Buches selber überflüssig macht. Für Leute, die das Lesen nicht brauchen, denen es aber wichtig ist, über Literatur mitzureden.

Nein, solche Leute ignorieren wir. Weiterhin gilt für uns und unsere Arbeit: Literatur braucht ihre Zeit. Auch wenn der Traum vom regelmäßigen Rückzug ins Lese-Refugium, auf dem Land womöglich, wo der Redakteur sich einliest in die neuerschienene Literatur, immer schwerer zu realisieren ist. Hektik und Kurzatmigkeit zeichnen auch unsere Arbeit, Hunderte, Tausende von Büchern wollen begutachtet, bewertet, zur Rezension vergeben sein. Und immer ist ein schlechtes Gewissen zu spüren, denn ohne Ausbeutung seiner Rezensenten kommt kein Literaturbetrieb mehr aus: Stunden der Lektüre und der Reflexion und des Schreibens für einen kümmerlichen Zeilenlohn ...

Erfolge und Fiasko

Es ist enger geworden auf dem literarischen Markt, auch wenn die Produktion keineswegs stagniert. Aber auch die Literatur wird heute mehr denn je „gemacht", ist nichts mehr, was aus sich heraus entsteht und sich entwickelt: siehe den Unterschied zwischen dem Erfolg der *Blechtrommel* und dem Fiasko mit dem *Weiten Feld*. Oder was sich um Eco herum abspielte in den letzten Jahren oder was man mit Handke anstellte. Es ist kaum zu glauben heute, aber es gab einmal auch an dieser Zeitung ernsthafte Überlegungen und Vorbereitungen, ein eigenes Literatursupplement zu schaffen, wie es sich die großen Zeitungen in London und New York immer noch leisten. Manchmal, selten und immer nur ganz im geheimen träumen die Literaturredakteure auch heute noch manchmal davon. Was mag die Zukunft bringen, der Literatur, der Literaturrezension, dem Buch und allen, die es immer noch liebevoll zur Hand nehmen ... Warten wir's ab, und vorerst herzlichen Dank an alle treuen Mitarbeiter und Mentoren, die uns kompetent und – ja auch dies – aufmunternd zur Seite stehen. Und Dank an alle treuen Vertreter jener seltener gewordenen Spezies, den Leser an sich, der sich voller Lust und Liebe weiterhin über die Literatur hermachen möge ...

aus: Süddeutsche Zeitung, 6.10.95

Literatur

FRANKFURTER ALLGEMEINE ZEITUNG / DIENSTAG, 10. OKTOBER 1995

Gustav Seibt

Welche Literaturkritik brauchen wir?

Von Kellnern und Oberkellnern, von Vorkostern und Unterhaltungskünstlern: Ein Besuch im Restaurant zur deutschen Literatur

Das Fernsehen schenkt den älteren Formen der Kultur ein zweites Leben, das schlimmer ist als der Tod. Denn der Tod läßt wenigstens noch die Erinnerung zu. Doch wenn es das Theater, die Oper, das Konzert einmal nur noch im Fernsehen geben sollte, dann wird es auch die Erinnerung daran zerstäuben, was einmal ein Theaterabend oder ein Konzertbesuch bedeuteten. Wenn alle Kirchen ihre Tore einmal geschlossen haben werden, dann werden Fernsehgottesdienste dafür sorgen, daß selbst die Phantasie dafür verlorengeht, was es hieß, einer kultischen Handlung beizuwohnen.

Dies festzustellen heißt nicht, eine abgestandene pädagogische Kulturkritik nachzubeten, die dem Fernsehen allgemein böse, seelenverderbende und sinnzerstörende Wirkungen zuschreibt. Es heißt nur, die Sphären zu trennen. Die alten Formen der Kultur haben in der neuen Form des Fernsehens nichts zu suchen. Der Gewinn an Aufmerksamkeit, den sie durch ihre Anwesenheit zwischen Nachrichtensendungen, Spiel- und Talkshows, Killer- und Sexfilmen erzielen können, wird erkauft mit einem Verlust an Konzentration und eigener Substanz, der nur in den Ruin führen kann. Neuen Anlaß zu solchen Betrachtungen bietet die überraschende Wiederauferstehung der schon totgesagten Form der Literaturkritik in Live-Sendungen und Direktübertragungen. Noch nie war folglich so viel von Kritikern die Rede und so wenig von der literarischen Sache wie in diesen Jahren. Das große Medium der bewegten Bilder und der Kommunikation hat sich der edelsten Blüte der alten Schriftkultur zugewandt, den einsamen Künsten des Lesens und Schreibens von Dichtung. Was folgt daraus?

Zunächst eben das Vergessen. Inzwischen weiß jeder, auch der vielbeschworene Tankwart, was ein Literaturkritiker ist, nämlich ein erstaunlich schnellfertiger, redegewandter, von Selbstzweifeln unangefochtener und über die Saison blendend informierter Zeitgenosse. Seine Haupteigenschaft scheint das messerscharfe, nie fehlgehende Urteil zu sein. Zu seiner Höchstform läuft er im Schaukampf mit seinem medialen Doppelgänger, dem Starautor, auf. Vergessen ist, was Kritiker einmal waren. Hans Magnus Enzensberger hat ihr Bild 1986 in einem Nachruf für die Nachwelt festgehalten: „Die Legende sagt, und die Lektüre ihrer hinterlassenen Schriften bestätigt es, daß es Schriftsteller waren, die über die Bücher anderer Schriftsteller schrieben. Ferner sollen diese Kritiker unabhängige Leute gewesen sein, die ihre Bedeutung einzig und allein ihrer Arbeit zu verdanken hatten, nicht einer Institution oder Industrie, in deren Dienst sie sich gestellt hätten. Angeblich war der Essay ihre bevorzugte Form, die Zeitschrift ihr liebstes Medium. Sie sollen ganz genau gewußt haben, was sie wollten – hartnäckige, ungemütliche Geister, auf langfristige Wirkungen statt auf raschen Umsatz bedacht."

Der Kritiker im Fernsehen ist von alledem das genaue Gegenteil. Er schreibt nicht, er spricht. Er ist kein Schriftsteller, sondern ein Unterhaltungsstar. Er verdankt seine Bedeutung seiner Position bei einem Sender. Seine Form ist nicht die essayistische Erörterung, sondern das witzige Verdikt. Er muß auf kurzfristige Wirkung setzen, die für hohen Umsatz bürgt, aber morgen schon vergessen ist.

Man darf dies um so ungerührter feststellen, als schon der Kritiker in der Tagespresse seit jeher viele Züge des neuen Medientypus aufwies. Zumal Theaterkritiker mußten unter dem Druck der Premierenberichterstattung schon immer hastig und kurz formulieren, ihren Instinkten vielfach mehr als ihren analytischen Fähigkeiten vertrauen, ihre Autorität mehr durch schlagende Formulierung als durch langwierige Begründung befestigen. In einer Zeit, in der Premierenkritik viel öfter als heute Kritik von neuen Stükken war, hat Alfred Kerr ein bis heute nicht übertroffenes Muster einer zugleich sensitiven wie subjektiven und daher apodiktischen Kritik geliefert. Sein Beispiel gewinnt auch für die übrige Literatur neue Aktualität, seitdem wichtige Bücher wie „der neue Handke" und „der neue Grass" aus Gründen der Konkurrenz auch in der gedruckten Presse zunehmend unter Premierengesichtspunkten behandelt werden.

Das prominente neue Buch wird aber nicht nur rasch besprochen, sondern auch prominent besprochen. Das hat mit treffendem Witz Robert Gernhardt in seinem Gleichnis vom „Restaurant der deutschen Literatur" beschrieben. Die Kritiker figurieren da als Kellner, die dem Publikum die Bücher servieren. Die hauptamtlichen Literaturchefs aber sind die Oberkellner, die an den Fensterplätzen des Restaurants die größeren Platten auftragen, Grass, Handke, Botho Strauß. Autoren, die hier dabei sind, haben, so Gernhardt, keinen Anlaß mehr, sich über Verrisse zu beschweren. Sie sind ohnehin privilegiert genug.

All das findet sich gesteigert wieder in der Kritik, wie sie im Fernsehen allein möglich ist und geübt wird. Wer hier überhaupt vorkommt, darf sich glücklich schätzen. Dem Literaturchefprinzip entspricht das visuelle Starprinzip und die mediale Macht des Fernsehens. Trotzdem liegt hier ein Wechsel des Gleichnisses nahe. Der Kritiker im Fernsehen spricht gar nicht mehr allein zum lesenden Publikum, das nur eben seinen Klassiker oder seinen spannenden Jungautor beiseite gelegt hat, um sich Rat in der Büchertalkshow zu holen. Der Fernseh-Kritiker (wie man ihn jetzt wohl ohne Verwechslungsgefahr nennen darf) spricht zu einem kultur- und vielfach nur noch krawallkonsumierenden Publikum, dem die Literatursendung die Literatur ganz ersetzt. Der Kritiker ist dort also gar kein Kellner mehr, sondern, jedenfalls für einen erheblichen Teil der Zuschauer, auch ein Vorkoster.

Denn die Zuschauer hören ja nicht nur, was die Fernseh-Kritiker sagen, sondern sehen ihnen bei ihrem Streit zu. Wie stark echauffieren sie sich? Wie laut wird geschrieen? Wann sänftigt Gefühl den Streit? Wie stark wird geschwitzt? Das sind präzise physiologische Auskünfte über den Wallungswert der besprochenen Bücher, Auskünfte, wie man sie von Vorkostern erwartet, denen die Speisen entweder schmecken und guttun oder aber sie grün werden oder gar erbleichen lassen. Auch dafür gab es Vorstufen bei Kerr, dessen Kritiken vielfach als Wirkungsprotokolle angelegt sind, der also bekanntgab, ob er am Vorabend grün wurde oder bleich.

All das – Starwesen, Vorkostertum und Anpassung ans nichtlesende Publikum – läuft auf die Vereinzelung und Absolutsetzung eines Elements hinaus, ohne das zwar keine Literatur- und Kunstkritik auskommt, das aber in der Isolierung willkürlich und geistfeindlich wird, nämlich des Geschmacksurteils. Ähnliches gilt übrigens für das politische Urteil über Werke der Literatur. Gelegentlich muß Literatur zwar vorrangig unter politischen Gesichtspunkten behandelt werden, doch ist dies nur nach einer ästhetischen Beweisführung angebracht, die zeigt, daß ein Roman, Drama oder Gedicht auf politische Ansichten zu reduzieren ist, was in der Regel darauf hinausläuft, ihre ästhetische Insuffizienz nachzuweisen. So ist der Roman „Ein weites Feld" von Günter Grass zu tadeln, nicht weil er ein anfechtbares Bild der DDR und groteske Ansichten zur Wiedervereinigung zeigt, sondern weil das Element von Meinung im Romanaufbau vorherrschend ist.

Was aber ist die Rolle des Geschmacksurteils für die literarische Kritik? Es ist ihr A und O, ihr Anfang und ihr Ende. Dazwischen aber steht das ganze Alphabet, und diese lange Buchstabenfolge wird einkassiert durch die Dominanz des Geschmacksurteils in der neuen Fernseh-

Kritik, die freilich nur eine ältere Pathologie zur Kulmination bringt.

Man kann das Geschmacksurteil definieren als instinktive Anwendung ästhetischer Regeln, die auf Erfahrung und Gewöhnung beruhen. Sein Feld ist daher das Konventionelle. Immer wenn in der Literatur etablierte Muster wiederholt und variiert werden, erübrigen sich aufwendige Analysen; dann darf der Kenner als Kritiker sein Geschmacksurteil *tout court* erlassen. Da der weitaus überwiegende Teil der literarischen Produktion seit jeher in diesem Sinne konventionell ist, besteht schon rein quantitativ der größte Teil der Rezensionen aus Urteilen, die eher plausibel als stringent sind, eher knapp ausgesprochen als umständlich begründet werden und eher Inhalte und Stimmungen als Formen und Strukturen betreffen. Das Konventionelle solcher Kritik zeigt sich in der Sicherheit des Urteils: Je unverstellter sich hier der gesunde Menschenverstand ausspricht, desto zuverlässiger werden die Bedürfnisse eines breiten Publikums befriedigt.

Der Ernstfall der Kritik ist ein anderer. Wenn ein Werk eine grundlegende ästhetische Neuerung vorführt, dann setzt es eben auch die instinktiven, der Erfahrung entnommenen Regeln des Geschmacksurteils außer Kraft. Von der Kritik ist dann gefordert, den schöpferischen Sprung erst einmal nach- und mitzuvollziehen, bevor sie zu ihrem Urteil kommt. Sie muß sich und ihren Lesern die Gesetze der neuen Ästhetik erst bewußtmachen, sie muß also sehr viel erklären, bevor sie zu Abwägungen über gelungen oder mißlungen gelangt. Einen solchen Ernstfall der Kritik boten die frühen zwanziger Jahre, als es galt, drei der bedeutendsten Werke der literarischen Moderne aufzunehmen und zu verstehen. 1922 waren der „Ulysses" von James Joyce und „Das wüste Land" von T. S. Eliot erschienen. Im selben Jahr starb Marcel Proust, dessen Romanzyklus „Auf der Suche nach der verlorenen Zeit" bis zu „Sodom und Gomorrha" publiziert vorlag. Es zählt zu den Ruhmesblättern der deutschen Kritik, daß es damals einen Essayisten gab, der allen drei Erscheinungen auf unterschiedliche Weise gerecht wurde.

1925 veröffentlichte der damals neununddreißig Jahre alte Ernst Robert Curtius eine knappe Studie über Proust, die bis heute zu den grundlegenden Einführungen in dessen Werk zählt. 1926 ließ Curtius dann eine bis heute nicht übertroffene Übersetzung von Eliots „Wüstem Land" folgen. Und schon zwei Jahre später, ein Jahr nach der deutschen Ausgabe des „Ulysses", lag von Curtius ein Joyce-Essay vor, der das zeitgenössische Befremden vor dem Riesenwerk weitgehend aufzulösen vermochte. Warum haben die Geschichtsschreiber der deutschen Literaturkritik dieses Ruhmesblatt nicht in ihre Bücher aufgenommen? Ach, es wird daran liegen, daß Curtius nicht über deutsche Literatur schrieb. So bringt man sich freilich um eins der aufschlußreichsten Modelle für die Möglichkeiten einer intellektuellen Literaturkritik.

Es ist heute noch reizvoll, die Joyce-Deutung von Curtius mit der Reaktion eines sensiblen und geschmackssicheren, aber doch weitgehend dem Konventionellen verhafteten Kritikers wie Kurt Tucholsky zu vergleichen. Tucholsky, der sich auf die 1927 erschienene deutsche Übersetzung stützte, hat durchaus einen Begriff von der Außergewöhnlichkeit des „Ulysses" gewonnen. Berühmt ist sein Resümee: „Liebigs Fleischextrakt. Man kann es nicht essen. Aber es werden noch viele Suppen damit zubereitet werden." Dieses Geschmacksurteil deckt sich mit der Wahrnehmung, von der auch Curtius ausging: „Erforderlich ist eine Konzentration der Aufmerksamkeit, wie man sie beim Lesen eines Romans nicht anzuwenden pflegt. Man muß die sechzehnhundert Seiten des deutschen Textes mit der geistigen Anspannung durcharbeiten, mit der man einen schwierigen philosophischen Text liest."

Entwaffnend ist die Ehrlichkeit, mit der Tucholsky gesteht, weder den Inhalt noch die Verfahren des Buches zu verstehen („wenn eine Handlung darin ist, habe ich sie nicht verstanden"; „Ich habe noch keinen Mann gesehen, der den englischen Text von ‚Ulysses' gelesen und verstanden hat"). So erkannte Tucholsky beispielsweise nicht, daß das Frage-und-Antwortspiel des Telemach-Kapitels die Sprachform einer Katechese aufnimmt und mit dieser elementaren, Kindern vertrauten Form den Prozeß der Ermüdung durch endlose Wiederholung darstellt. Den „inneren Monolog" von Molly Bloom am Ende des „Ulysses" beurteilt er nach den Kriterien naturalistischer Abbildung und kommt zu dem Schluß: „Ich glaube, daß überhaupt nicht wiedergegeben werden kann, wie einer denkt. Man denkt grammatisch nicht folgerichtig ... Schon komplizierte Nebensätze kommen nicht vor – von Bildern, hingewischten Fetzen und Heniden ganz zu schweigen." So lautet das Ergebnis: intensiv, aber ungenießbar.

Curtius dagegen wendet sich der sprachlichen Machart zu und entdeckt eine geradezu scholastische Folgerichtigkeit und Systematik. Er beschreibt die Leitmotiv-Technik, die anfänglich Unverständliches rückwirkend beleuchtet. Er weist auf die katholischen, mittelalterlichen wie jesuitischen Referenztexte hin. Er zeigt, wie die Erzählform den Realitätsstatus der Figuren absichtlich verunklart. Und er kann den physiologischen und sexuellen Realismus des Buches in der Tradition von Flauberts „Versuchung des heiligen Antonius" verankern. Für ihn ist der „Ulysses" Ausdruck eines bis zu den letzten Konsequenzen getriebenen sprachlogischen und weltanschaulichen Relativismus. Er, nicht der so viel witziger formulierende Tucholsky, hat den humoristischen Charakter des ungeheuren Buches erkannt: „In der Komik, in der Satire, in der Charakteristik steht er [Joyce] ebenbürtig neben den Meistern der Weltliteratur."

„Fortschrittliche Professoren", so Tucholsky, „haben für den ‚Ulysses' eine Vorliebe gefaßt, und es ist nicht nur das, was mich mißtrauisch macht. Ich habe 1585 Seiten bekommen – aber eben mit Ausnahme jener zwei grandiosen Stücke ist da nichts auf meinem Teller; bis jetzt kann ich das nicht essen – es ist irgend etwas Künstliches an der Sache, etwas Konstruiertes, und, nun will ich mich getrost steinigen lassen: etwas Phantasieloses." Das ist ein Geschmacksurteil, das vom Ausgangspunkt der Konventionen, an die Tucholsky gewöhnt war, nicht nur zutreffend, sondern partiell sogar hellsichtig ist. Denn die so viel einsichtsvollere Erörterung von Curtius zeigt ja im einzelnen, in welchem Sinn der „Ulysses" „konstruiert" ist. Trotzdem geht Tucholskys Rezension an der Sache vollkommen vorbei. Denn er stellt sich nicht auf die Ebene, auf der dieses Buch funktioniert: die einer konstruktiven, also spielerischen Willkür bei der Zuordnung von Sprache und Wirklichkeit.

Ernst Robert Curtius war damals ein junger Professor in Heidelberg, spezialisiert auf französische Literatur des neunzehnten und zwanzigsten Jahrhunderts, altphilologisch ausgebildet und schon damals ein glänzender Mediävist. Es muß die Vertrautheit mit historisch fremdem Material gewesen sein, die ihn zu seiner stupenden literarkritischen Leistung befähigt hat. Curtius war es als Philologe gewohnt, aus den Konventionen seiner eigenen Zeit herauszutreten und Sprachformen als etwas Fremdes und daher nicht Selbstverständliches wahrzunehmen: eine gute Voraussetzung für das Verständnis der zeitgenössischen Moderne.

Denn das Verständnis, das Curtius für den „Ulysses" entwickelte, war der feinen, aber konventionellen Wahrnehmung von Tucholsky überlegen ja nicht nur und nicht einmal vornehmlich, weil Curtius besser Englisch konnte und mehr der scholastischen oder antiken Quellen kannte, aus denen Joyce schöpfte. Er war als Philologe trainiert, mit dem Ungewohnten, historisch Fremden, dem formal Verzwickten umzugehen, das einer einfühlenden und daher automatisierten Wahrnehmung nicht mehr zugänglich ist. Und es war diese Bereitschaft, Sprachwerke als Artefakte erst einmal von außen zu analysieren, die Curtius den besseren Zugang zur Joyceschen Sprachwelt eröffnete.

Kritiker, die allein auf ihr Gewerbe und auf ihre unmittelbare zeitgenössische und nationalsprachliche Sphäre festgelegt sind, haben wenig Gelegenheiten, einen solchen fremden Blick zu entwickeln. Sie mögen in ihrer kleinen Welt unfehlbare Geschmacksrichter und mächtige Götter des Betriebs sein, doch vor Erscheinungen, die diese Welt übersteigen, werden sie versagen. So haben – um ein weiteres Beispiel zu geben – philosophisch geschulte Kritiker wie Benjamin und Kracauer in den zwanziger Jahren die Figur Franz Kafkas viel zutreffender erfaßt als die damaligen Literaturbetriebsgrößen, die seine nachgelassenen Werke zwischen der aktuellen Romankonfektion aufnahmen.

Der fremde Blick ist immer auch ein konstruktiver Blick. Die philologische Wahrnehmung und die philosophische Distanz sind im Idealfall der handwerklichen Neugier verschwistert, die nachrechnet, ob sich die Baugesetze eines neuen

Meisterwerks auf künftige Werke übertragen lassen. Ein solches konstruktives, früher hätte man gesagt: schöpferisches Sehen ist ein wichtiges Element der literarischen Entwicklung: Ohne dieses Element wären weder Traditionen noch Neuerungen denkbar. Man hat die Kritik oft als Teil der Poesie beschrieben und damit gemeint, sie habe teil an den Eingebungen, die der Dichtung vorausgehen, oder sie sei gar selber Dichtung. Viel eher dürfte aber zutreffen, daß Kritik genau zwischen Philologie und Poesie steht, von beiden gleich weit entfernt, den Lesern verpflichtet, aber ihren eigenen Ansprüchen gehorchend.

Es sagt viel über unseren literarischen Betrieb, daß es intellektuelle Grenzfiguren kaum noch gibt. Es gibt die Nur-Kritiker, die alle Hände voll zu tun haben, die aktuelle Produktion zu verarbeiten, vor denen – so hat Virginia Woolf es beschrieben – die Bücher zur Musterung vorbeiziehen wie Tiere vor einem Schießstand, so daß solche Kritiker zu entschuldigen sind, wenn sie Kaninchen für Tiger halten oder Adler für Haushühner, so schnell müssen sie laden und zielen. Und es gibt die Nur-Philologen, die, vertieft in ihre besonderen Spezialpapiere, ihre jeweiligen Sprachspiele auf altbekannte Texte anwenden und vor jeder Berührung mit dem Unbekannten zurückschrecken. So verblöden beide Seiten, und keiner erfährt etwas Neues.

Man sieht so auch das Alte nicht mehr. Eine Philologie, die sich ihrer kritischen Elemente entledigt hat, wird auch über die vergangene Literatur nichts Wesentliches mehr sagen können. Die Verfahren von Joyce, die, als sie neu waren, literaturwissenschaftlich beschrieben werden mußten, sind heutigen Lesern mittlerweile so vertraut, daß auch der „Ulysses" längst wieder Gegenstand des literarkritischen Geschmacksurteils geworden ist. Vor ein paar Jahren hat Eckhard Henscheid mit der Frage provoziert, ob nicht ein guter Roman von Somerset Maugham wie „Des Lebens bunter Schleier" in den Augen künftiger Leser den „Ulysses" aufwiege. Heute wäre ein solches Geschmacksurteil Ausdruck einer erfahrenen Kennerschaft, die sich souverän zwischen den Stilen, Epochen und Sprachformen bewegt. Als der „Ulysses" noch neu war, hätte sich ein solches Urteil erst aufwendig legitimieren müssen.

So bleibt das Geschmacksurteil in letzter Instanz das A und das O der Literaturkritik. Doch ernst zu nehmen ist es eben nur, wenn es nicht beim A stehengeblieben, sondern durchs ganze Alphabet beim O angelangt ist. In solchem Durchbuchstabieren, in dem sich die Gesetze der menschlichen Phantasie enthüllen, besteht der einzige Reiz, den sie für Leser haben kann. Urteile und Wahrnehmungen hat jeder, aber nur über Erkenntnisse lohnt es sich zu diskutieren.

Der Kritiker, so schrieb Enzensberger, „ist von der gesellschaftlichen Bühne abgetreten, weil er nicht mehr gebraucht wird; weil die Literatur, von der er sprach, ihrerseits ihre übergreifende Bedeutung eingebüßt hat". Das ist auch eine Befreiung. Die Kritik darf in ihrer Sphäre bleiben, sie muß sich nicht die Sorgen der Politiker und der Pädagogen machen. Sie kennt die Langeweile nicht und muß sie deshalb auch nicht vertreiben. Jedenfalls ist nicht einzusehen, warum Kritiker ein Publikum ansprechen und erreichen sollen, das sich für Literatur nicht interessiert und daher vor dem Fernsehgerät sitzt. Kritik ist für Leser, sie ist, wie Ernst Robert Curtius definierte, die Literatur der Literatur. Abschalten können Sie woanders.

aus: Frankfurter Allgemeine Zeitung, 10.10.95 (Literaturbeilage)

Was heißt hier langweilig?

Für die Abschaffung einer nichtssagenden Kategorie

Von Julia Schröder

Das Leben und die Literaturkritik sorgen zuweilen für seltsame Koalitionen. Betagte Kritiker und junge Lektoren, ambitionierte Nachwuchsautoren und abgebrühte Betriebsbeobachter, sie alle scharen sich um den Topf mit kritischer Buchstabensuppe und fischen allesamt die gleichen Bröckchen heraus. Hintereinandergelegt ergeben diese immer wieder das Drohwort „langweilig". Das wird dann als Etikett jeweils der Sorte Literatur angeklebt, die einem von der Richtung her nicht paßt. Verwendet der eine es lediglich zur Einordnung einzelner Werke in seinen Verständnisrahmen, so bedenken andere gleich die ganze Nachkriegs-, die gesamte deutsche Gegenwartsliteratur oder vollends „die Moderne" mit diesem Verdikt. Gewonnen ist damit nichts, außer vielleicht einer kurzfristigen Steigerung des Selbstgefühls dessen, der sich so entschieden zu seinem scheinbar wehrlosen Gegenstand, zur Literatur, verhält. Verloren geht dabei Stück für Stück so etwas wie Leselust.

„Leselust" aber ist es doch, was zum Beispiel der Kritiker und Verlagslektor Uwe Wittstock mit seinem gleichnamigen Bändchen (in diesem Herbst bei Luchterhand erschienen) wecken will. Recht positiv stimmt auch die Leitfrage des Untertitels: „Wie unterhaltsam ist die neue deutsche Literatur?" Los geht es allerdings gleich mit den „schlechten Nachrichten" vom Zustand der neuen deutschen Literatur, soweit er sich im Marktwert zeigt, der, in Umsatzanteilen gemessen, tatsächlich rapide verfällt. Der Lektor, der beim S. Fischer Verlag für die deutsche Literatur zuständig ist, breitet noch einmal die Thesen aus, mit denen er seit ein paar Jahren hartnäckig hervortritt.

Angelsächsische und lateinamerikanische Autoren bevorzuge der deutsche Leser, die Erzeugnisse deutscher Schriftsteller aber blieben auf der Strecke beziehungsweise am Lager. Ihr Image sei einfach schlecht, und Wittstock weiß auch, warum: weil die deutschen Dichter besonders krampfhaft an dem festgehalten hätten, was er als normative Postulate einer überholten Avantgarde mehr karikiert als beschreibt. Der fortgesetzte Tabubruch, der stupid wiederholte Versuch, Lesegewohnheiten zu brechen, die mittlerweile aufgeklärter seien als die Schreibgewohnheiten jener altmodisch modernen Autoren, der radikale Rückzug aus Welt und Menschenleben in die Subjektivität eines immer gefährdeten Erzähler-Ichs: all das sei schlicht und einfach langweilig und frustriere die Bedürfnisse des Lesers, der schließlich unterhalten sein wolle.

Unterhalten aber soll der Autor, dies vor allem. Natürlich verbietet auch Uwe Wittstock ihm nicht, kunstvoll mit dem Wortbaukasten zu spielen, an der Sprache als Ausdrucksmittel sich zu berauschen oder zu verzweifeln, sein Material als Sprengstoff zu behandeln, der die Welt erschüttern könnte. Das wird großzügig gestattet, aber es hat gefälligst mit ständiger Rücksicht auf die (Unterhaltungs-)Wirkung zu geschehen, immer im Blick auf den „gewöhnlichen Leser", der keine Steine in den Weg seiner Lektüre gelegt haben möchte. Beispiele für Autoren, denen so etwas glückt, werden auch genannt und flugs der „Postmoderne" zugeordnet: Ulrich Woelk, Sten Nadolny, Patrick Süskind. Ihnen gelingt das Leichte, das schwer zu machen ist. Für alle anderen, die es dem „gewöhnlichen Leser" schwermachen, sieht es finster aus; auf sie zielt die unterschwellige Drohung auch der Wittstockschen Lageanalyse, die Drohung vom Untergang einer langweilig gewordenen Literatur.

In dasselbe Horn scheint Reinhard Baumgart, der Literaturwissenschaftler und Schriftsteller, zu stoßen – auf den ersten Blick: „Addio. Abschied von der Literatur" heißt sein großer Essay, der dieser Tage bei Hanser erschienen ist. Der Untertitel belehrt eines Besseren: „Variationen über ein altes Thema" stellt er in Aussicht, den finalen Gestus des Titels schön ironisierend: „Wer in diesem Jahrhundert über fünfzig Jahre alt wird, hat eine gute Chance, mindestens dreimal dem Gerücht vom Ende der Literatur zu begegnen." Baumgart unternimmt einen Spaziergang durch die europäische Literaturgeschichte der Neuzeit, ausgehend von Goethes „Tasso", und zeigt nicht nur die „Disproportion von Kunst und Leben", das wechselvolle Geschick des Dichters zwischen Werk und Wirklichkeit, sondern belehrt wie nebenbei und doch höchst engagiert darüber, daß der Autor auch aus der Verzweiflung Dichtung macht, daß noch die Rede vom „Tod der Literatur" poetische Rede ist: Die Kunst höret nimmer auf. Von ihr gibt es kein Entrinnen – des Künstlers. Tasso kann nicht anders als „sagen, was ich leide". (Ob er dabei „unterhält" oder „langweilt", ist ihm übrigens gleichviel.)

Baumgarts abwechslungsreiche Wanderung durch die Seelengefilde des Dichters, der sein Verhältnis zu seinem Tun thematisiert, der mal zärtliche, mal böse Blick auf Gesten, Zeremonien und Rituale des – immer scheinhaften, immer schmerzhaften – Abschieds von der Literatur wäre auch ein hilfreiches Remedium gegen Wittstocks Predigt des Unterhaltsamen. Denn: was wäre „langweiliger", als ohne Unterlaß „unterhalten" zu werden? Baumgart erinnert daran, wie interessant – jenseits literarischer Missionarsstellungen – Leseanstrengungen wie Sartres „Wörter", wie Prousts „Recherche" sein können.

Gegen die Anmaßung, den vielen Lesern den idealtypischen „gewöhnlichen Leser" als Modell vorzuhalten, sei außerdem erwähnt, daß es Menschen geben soll, die sich von Süskinds „Parfum" gelangweilt fühlen. Und es soll welche geben, die sich nichts Spannenderes als Romane von Natalie Sarraute vorstellen können. Manche öden die „Buddenbrooks" an, manchen fallen die Augen bei Frederick Forsythe zu. Der eine schüttet sich aus über Ernst Jandl, der andere liest Flauberts „Erziehung des Herzens" in einem Rutsch. Den einen treffen Celans Gedichte ins Herz, den andern Gernhardts am Zwerchfell und umgekehrt. Und überhaupt – beim Lesen sich zu langweilen kann so schön sein: bei Stifter, Kronauer, Handke . . . Es gibt auch welche, die finden gar nicht langweilig, was zur Zeit in Deutschland geschrieben wird, und sie meinen nicht nur die „sekundäre" Aufregung um Günter Grass' „Weites Feld": „Die deutsche Literatur ist auf jeden Fall interessant. Und jede Klage und jedes Gejammer halte ich für absurd, für Wichtigtuerei und für eine Selbstinszenierung schwach gewordener Kritiker", so Martin Walser gesprächsweise vor rund einem Jahr. – Das Bedauerliche für den Autor, das Schöne für den Leser ist: Poesie ist kein Pflichtstoff. Was ihm nicht gefällt, muß er nicht lesen; vielleicht wird ein anderer es tun. Die Kritik, die nur zu gern das viele Verschiedene auf den allgemeinen Nenner bringt, und sei es den der Schrumpfkategorie „Langeweile", hätte es einzusehen: Literatur ist auf nichts zu verpflichten, und sie verpflichtet zu nichts, auch wenn sie zuweilen so tut. Das Spiel geht weiter.

aus: Stuttgarter Zeitung, 10.10.95

Kommentar

Literarische Intelligenz — adieu?

Von Thomas E. Schmidt

Auf CD-ROM kann man sich jetzt durch Goethes Leben oder durch ferne Städte klicken; 350 000 Bücher stapeln sich immer noch in den Messehallen, mit sperriger Prosa oder verträumten Gedichten, die nicht geschrieben wurden, um digitalisiert oder „interaktiv" gemacht zu werden. Heute öffnet die 47. Frankfurter Buchmesse ihre Pforten. Menge und Vielfalt überwältigen wieder: die Buch-Branche glänzt mit gewohnten Zuwachsraten.

Das könnte als ein Zeichen beruhigender Kontinuität gewertet werden, als Bestätigung, daß nicht nur die Lesekultur, sondern auch die Kultur der literarischen Intelligenz ihren Platz im öffentlichen Bewußtsein behaupte. Erfreuen sich Literaturkritiker heute nicht einer Popularität, von der ihre Altvorderen kaum zu phantasieren wagten? In den vergangenen Monaten häuften sich aber die Zeichen, daß manche auf den Einspruch der literarischen Intelligenz in der neuen Republik lieber verzichten würden — einer Intelligenz, die vierzig Jahren lang als notwendige Stimme in der Öffentlichkeit des demokratischen Gemeinwesens galt — und deswegen nicht bloß die Qualität von Büchern debattierte, sondern sich ebensowohl in politische Belange mischte.

Die Streitfälle um Günter Grass' Roman *Ein weites Feld* sowie um die Verleihung des diesjährigen Friedenspreises des deutschen Buchhandels an die Islamwissenschaftlerin Annemarie Schimmel lieferten solche Anzeichen. Die Auseinandersetzungen fielen heftig aus, weil in beiden Fällen unter der Oberfläche gespielter Enttäuschung und Empörung etwas ganz anderes verhandelt wurde. Wenn man so will, ging es um geistige Innenpolitik: Ob die literarische Intelligenz sich noch zur politischen Wirklichkeit äußern dürfe, ob sie als Institution überhaupt noch erwünscht sei.

Grass' Buch ist kein großes Kunstwerk,

und gewiß klingen viele seiner politischen Stellungnahmen inzwischen anmaßend. Aber das Ressentiment richtete sich ja nicht sosehr gegen den Romancier, sondern gegen den *Intellektuellen*. Der hatte in seinem Roman eine andere Lesart der deutschen Vereinigungswirklichkeit vorzuschlagen gewagt, als seine politischen Kritiker hören mochten. Es wirkte befremdend, wie das vom Pneuma des Kanzleramtes beatmete Feuilleton Grass DDR-Romantik unterstellte und wie heftig Politiker auf eine positive Bewertung der im Buch kritisierten Treuhandanstalt drangen. Als sei in der Literatur keine Übertreibung erlaubt, als sei die „richtige" historische Bewertung einer Behörde so heilig wie die Sprüche des Koran.

Daß Grass im Ausland, wo eine unbequeme und unberechenbare literarische Intelligenz selbstverständlich ist, noch immer als deren wichtigster Vertreter in Deutschland gilt, ist ein Dorn im Auge der Erregten. Die Position des Intellektuellen ist ja in der Tat heikel: Er spricht in seinem eigenen Namen — und zugleich als Stimme einer Allgemeinheit. Und dies letztere möge er also in Zukunft nicht mehr tun. Der Intellektuelle wird als Wichtigtuer inmitten der individualisierten Gesellschaft karikiert. Er blase seine persönliche Sicht zur gesellschaftlichen Vision auf, wolle politisch sein, wo er doch nur individuell bleibt. Andere unterstellen flankierend eine gleichsam naturgegebene Liaison mit dem Marxismus. Sie listen seine alten Sünden auf. Das war einmal sehr wichtig, ersetzt aber inzwischen die Auseinandersetzung. Denn die literarische Intelligenz in Deutschland ist nicht, war nie pauschal sozialistisch. Wohl aber traute sie sich, an die moralische Dimension von Politik zu erinnern, Perspektiven anzumahnen, die in der Tagespolitik allzu gern vergessen werden.

Auch die Auseinandersetzung um Annemarie Schimmel eskalierte zum Streit um die Legitimität, also den Allgemeinheitsanspruch des Intellektuellen. Frau Schimmel selbst versteht sich nicht als Intellektuelle. Sie besteht darauf, sich als Wissenschaftlerin über den Sufismus und als Privatperson über Salman Rushdie zu äußern. Aber Privatsphäre und Wissenschaft sind nicht unmittelbar Teile jener Öffentlichkeit, in der Politik um Anerkennung wirbt und in der auch der Intellektuelle Ansprüche vorträgt.

Frau Schimmel beharrt auf der Begrenztheit ihrer Perspektive. Das zeugt von wissenschaftlichem Ethos, überläßt jedoch die Aufhebung der Fatwa letztlich dem Wohlwollen der Mullahs oder der politisch-ökonomischen Machtprobe. Mit Schimmel wird ein Relativismus der Kulturen, der in den Geisteswissenschaften geboten sein mag, zur erwünschten geistigen Haltung erklärt und per Friedenspreis mit offiziellen Weihen versehen.

Sicher, es gibt einen billigen, selbstverliebten Moralismus, ebenso wie die zum Ritual erstarrte Protestgebärde. Es gibt auf der anderen Seite aber auch das davon gebannte Ressentiment. Es manifestiert sich in einer Publizistik, der Scharmützel mit den Kulturgrößen der alten Bundesrepublik wichtiger sind als Versuche, in den globalen Kulturkämpfen das für den demokratischen Rechtsstaat Gebotene und Zuträgliche auszumachen.

In dieser Situation zur Buchmesse '95 gilt: Nicht der Intellektuelle ist verquer, sondern die Situation, in der er spricht.

aus: Frankfurter Rundschau, 11.10.95

Die Uhren aus Ruhla

Günter Grass arbeitet mit seinen Übersetzern

Lederne Fachsimpler, sie sollten fördern und verwüsten alles . . . Das stammt, natürlich, vom Unsterblichen selbst, diese grimmige „Pedantenschelte" hat Günter Grass – via Fonty in seinem neuen Roman – von Theodor Fontane geborgt, der selbst genug Kummer und Probleme hatte, was seine Behandlung durch Kritiker und Professoren anging.

Ein kurzes Lächeln streicht über sein Gesicht, als Grass an dieser Textstelle an die (beim Schreiben noch nicht gewollte) Entsprechung zu seiner augenblicklichen Situation denkt. Ansonsten ist dieses Thema für ihn erst mal erledigt, wichtig ist nun die Weiterarbeit am Roman – und als lebendiger Roman, nicht nur als politisches Konstrukt, ist *Ein weites Feld* von der Kritik bislang wenig beachtet worden. Zum fünften Mal hat Grass in den letzten Tagen seine Übersetzer um sich versammelt, um ihnen bei der Vorbereitung ihrer Arbeit zu helfen, mit ihnen zu diskutieren, Erläuterungen und Anregungen zu geben. Er ist der einzige in diesem Land, der sich die Zeit dafür nimmt – und seine Verlage zum entsprechenden Arrangement verpflichtet.

Günter Grass fühlt sich wohl, offensichtlich, in diesen Tagen „nach dem Sturm": Tage der Ent-Spannung, in denen er ein wenig aufzutanken scheint für den kommenden Buchmessenzauber. Es ist eng um ihn im kleinen Konferenzzimmer im Steidl-Verlag, eine behagliche Enge – und produktiv. Man ist en famille, für die meisten der Übersetzer ist es nicht der erste Grass. Der Meister hat ein großes Publikum im Ausland, in Europa natürlich, aber auch in Nord- und Lateinamerika, und selbst relativ kleine Sprachfamilien sind vertreten, für Finnisch, Schwedisch, Norwegisch.

Seite für Seite geht man gemeinsam den Roman durch. Es ist keine leichte Aufgabe, die Grass ihnen diesmal zumutet, die laufende Anschmiegung an Fontanes Stil, der Nachklang der DDR-Parolen, die preussisch knappe Diktion: Jeder Satz wirkt wie gedrechselt. Grass hat lang recherchiert vor dem Schreiben, und alles ist auch heute noch präsent. Er gibt Hinweise auf den DDR-Jargon – „Errungenschaften, Aktivist, vorauseilender Zugriff" – und auf fontanische Prägungen wie das immer wiederkehrende „zweifelsohne", er kann aus dem Stegreif erklären, wie Hankels Ablage zu ihrem Namen kam, und erinnert bei den „wie von August Bebel gedrechselten" Sofabeinen daran, daß Bebel Drechsler war: Das werden natürlich nur wenig Leser wissen, gesteht er nach kurzem Zögern ein – schon früher hatte er Bebels Erinnerungen eine gute Begleitlektüre zu seinem Roman genannt.

Wenn bei Fontys Friedhofbesuch die dafür erforderlichen gestempelten Grabkarten im Mauerbereich Erwähnung finden, werden entsprechende Kopien davon vorgezeigt, denn das „Dokumentarische", das Visuelle, spielt eine wichtige Rolle: Fontanebilder und -monumente, die Neuruppiner Bilderbögen, Handschriften und amtliche Schreiben. Und die Skizzen natürlich, die Grass vom Paar Fonty–Hoftaller gemacht hat: phantomhafte, gehetzte Figuren, die sich nicht mit denen dekken, die im Roman beschworen werden.

Auch Tallhover wird ein Problem werden für die Übersetzer, der „Tagundnachtschatten". Und was macht man mit der „Treuhand" (die lange Zeit für den Romantitel vorgesehen war) und vor allem mit dem „weiten Feld"? Denn obwohl *Effi Briest* in viele Sprachen übersetzt ist, wurde gerade die Floskel des alten Briest „konkretisiert" zu „ein weites Gebiet, ein großes Sujet, large topic".

Die Details sind wichtig, sie schaffen die Atmosphäre des ganzen Romans, der lebt von den Erinnerungen des Erzählers. Wenn der DDR-Staat „seine stets zuversichtlichen Parolen Wind und Wetter ausgesetzt hatte", dann erzählt Grass spontan von den abgeblätterten Propagandatafeln, der Reklame am Rande der Autobahnen, und von der komischen Diskrepanz zwischen Inhalt und Zustand: „Uhren aus Ruhla gehen nach wie vor", ein solches Beispiel spricht einfach für sich.

Man kriegt mehr mit von Grass in diesen Stunden als in manchem klugen Interview. Der Autor befindet sich außerhalb des gewohnten Spiels von Selbstdarstellung und Exhibitionismus, das er so oft mitmachen muß. Ein wenig geduckt sitzt er an der Stirnseite des Tisches, die Pfeife griffbereit: zurückgezogen, aber auf dem Sprung, abwartend, aber stets bereit, die Initiative zu ergreifen. Viel kann er natürlich seinen Lektoren überlassen, die das Terrain gründlich sondiert, eine Menge Material vorbereitet haben. (*Ein weites Feld* ist, man muß es angesichts der Entwicklung der letzten Jahre besonders betonen, ein fast perfekt lektoriertes und gestaltetes Buch ...)

Die Leser wollen das Buch, davon ist Grass überzeugt, weshalb die Einäugigkeit der Medien ihn empört: im Osten sei die Reaktion der Kritik durchaus positiv, aber die Meinung wird eben weiter im Westen gemacht. Aber die Lektüre macht die Literatur, sagt Grass, nicht das Schreiben – und auch das *Weite Feld* ist kein Buch, das sich dem Leser „sperrt". Grass vertraut weiter auf die „Verführungskraft" der Literatur: daß auch auf den ersten Blick schwierige Bücher den Leser neugierig machen auf eine Geschichte, von der er nichts weiß und von der er auch am Ende nicht alles wissen wird. Was Grass verlangt, ist allein Sorgfalt beim Lesen: Die vielkritisierte „kommode Diktatur" zum Beispiel, das ist eben eindeutig ein Fontanebriefzitat, bezogen auf den Zustand in Preußen, Anfang der Neunziger des vorigen Jahrhunderts.

Unbefangen einsteigen in eine Welt, die sich uns wie selbstverständlich präsentiert, das ist es, was Grass vom Romanleser will. Genau dann wird er seine Freiheit finden – die auch die der Übersetzer ist, die sich lösen müssen vom Original. Sie sind meine besten Leser, sagt Grass, sie arbeiten weiter an „seinem" Buch. Und vielleicht ist es entscheidend für jede Literatur, daß auch der Leser immer weiter lesen will und kann und muß. Daß jeder Text verführt gerade durch das, was nicht vollkommen klar und geklärt wird in ihm, durch jenes nicht selbstverständliche Geflecht von Ahnungen, Vermutungen und Erinnerungen, aus denen er besteht. FRITZ GÖTTLER

aus: Süddeutsche Zeitung, 11.10.95

Streit muß sein

Der Fall Schimmel, der Fall Grass und die deutschen Geistespazifisten / *Von Ulrich Greiner*

Was ist eigentlich los? Warum sitzt (um mit Tucholsky zu fragen) „halb Deutschland auf dem Sofa und nimmt übel"? Es ist nichts Besonderes los. Günter Grass hat einen Roman geschrieben, und viele (keineswegs alle) finden, er sei miserabel. Annemarie Schimmel soll mit dem Friedenspreis des Deutschen Buchhandels ausgezeichnet werden, und viele (keineswegs alle) finden, sie sollte lieber nicht.

Das hat es doch wohl schon gegeben, daß ein Roman verrissen, daß ein Preisträger attackiert wurde. Aber es herrscht dicke Luft. In den Sofakissen bläht sich die verfolgende Unschuld. Ansonsten ist Buchmesse in Frankfurt am Main.

Dort soll am Sonntag in der Paulskirche der Friedenspreis vergeben werden. Der Bundespräsident in seiner Eigenschaft als Sanitäter wird den Schauplatz betreten und die Versehrten des Streits mit dem Pflaster der Versöhnung behandeln. Nicht alle werden es tragen wollen. Leidend recht zu behalten kann sehr befriedigend sein.

Der Streit um Schimmel und Grass würde nicht so erbittert geführt, ginge es nur um Schimmel und Grass. Es geht um Politik. Gleich zwei Schmerzpunkte sind berührt: In der Schimmel-Debatte erscheint Salman Rushdies Schicksal aufs neue als die Wegscheide, wo der religiöse Fundamentalismus des Orients dem Menschenrechtsuniversalismus des Okzidents feindlich begegnet. Im Fall Grass und seines Romans über die deutsche Vereinigung führt eine nachholende Linke noch einmal die Utopie vergangener Möglichkeiten gegen realpolitische Fakten ins Feld.

Das in der Tat sind Themen, über die zu streiten sich lohnt. Aber wir befinden uns in Deutschland. Hier, hinter den sieben Bergen, wird aus jeder halbwegs wichtigen Diskussion alsbald ein Streit über den Streit. Es kommen eilends die sieben Zwerge und beweinen die „Streitkultur". Das Schneewittchen gibt Frau Vollmer. Sie sieht Grass als Opfer einer „Kampagne", die mindestens an den Brauch römischer Kaiser erinnert, unschuldige Menschen unterm Jubel barbarischer Massen ermorden zu lassen. Gesetzt den Fall, die Vizepräsidentin des Deutschen Bundestages glaube diesen Unsinn wirklich – wie wäre dann ihr Verhältnis zu Artikel 5 (Meinungsfreiheit) zu verstehen?

Jetzt sind sie alle zugleich gekränkt. Grass, weil er verrissen wurde; Marcel Reich-Ranicki, weil Antje Vollmer ihn ein Rumpelstilzchen nennt; die Freunde von Grass, weil sie eine „Hetzkampagne" gegen politisches Querdenken am Werk sehen; Frau Schimmel, deren Milch der frommen Denkungsart durch unpassende Fragen nach Rushdie sauer wurde.

Streitkultur ist ein schönes Wort. Es suggeriert, Streit könne sein ohne Angriff. Wo aber angegriffen wird, bleiben Verletzungen nicht aus. Natürlich wäre ein Leben ohne Streit (zu Hause, in der SPD, in der Literatur) viel schöner. Aber vollkommene Ruhe ist nur der Tod. Sagt Pascal.

Ja doch, sagen die Geistespazifisten, Streit schon, aber bitte sehr fair. Und ist es fair, wenn die Person statt der Sache attackiert wird? Wenn nicht das Argument zählt, sondern nur noch der Punktegewinn im Schaukampf? Da ist was faul.

Was ist faul? Wenn eine einen Preis kriegt (einen so wichtigen), wenn einer einen Roman veröffentlicht (einen so lange angekündigten, mit angeheizter Spannung erwarteten), dann ist sie oder er, dann sind Schimmel und Grass öffentliche Personen. Und weil es sich nicht um die Diskussion über das berühmte Dreiliterauto handelt, dessen Ingenieure als Person nichts zur Sache tun, sondern um ein literarisches oder wissenschaftliches Werk, das Teil der Person ist, die es schuf, muß der Streit auch die Person betreffen.

Die öffentliche Person, wohlgemerkt. Und war das nicht so? Hat denn jemand nach dem Liebesleben von Herrn Grass, nach der Zahlungsmoral von Frau Schimmel gefragt? Gefragt wurde, ob eine Wissenschaftlerin, die sich selber für „absolut unpolitisch" erklärt und deren Arbeit Ausdruck eines anempfindenden Historismus ist, die richtige Kandidatin für einen explizit politischen Preis sei, der eingreifendes Denken prämieren soll. Und im Fall Grass ging es darum, ob sein Roman literarisch etwas tauge und ob seine politische Sicht und Kritik (die er seit Jahr und Tag gegen Helmut Kohl, Treuhand & Co. ebenso unermüdlich wie polemisch verbreitet) plausibel seien. Darüber wurde und wird gestritten. Warum denn nicht?

Streit muß sein, und dieser Streit hat mehr genutzt als geschadet. Gleichwohl gibt es Gründe für den Verdacht, wir Deutsche beherrschten die Kunst des Streitens nur mangelhaft. In Amerika zum Beispiel, von dem man immer was lernen kann, fliegen die Fetzen in der Regel höher als hier. Aber es bedeutet weniger. Denn den Amerikanern, anders als uns, bleibt die sportive Seite des Streits immer bewußt. Sogar das Foul – weil es dazugehört – bestätigt die Regeln, die jedes Spiel hat und haben muß.

Zu den Regeln gehört, daß man den Gegner nicht dort angreift, wo er zur Gegenwehr unfähig ist. Was Annemarie Schimmel, weinselig oder nicht, nächtlings in einer Aachener Kneipe über ihren geliebten Rushdie bramarbasiert habe oder nicht – das kann doch nicht im Ernst Gegenstand einer intellektuellen Kontroverse sein. Genügten nicht Frau Schimmels ungenügende Antworten auf die Rushdie-Frage?

Zu den Regeln gehört auch, daß Literaturkritik ein Verfahren ist, dessen Urteil aus Argumenten folgt. Da ist es von Übel, daß der *Spiegel* den Verriß Reich-Ranickis mit einem Titelbild einläutet, das den Kritiker beim buchstäblichen Zerreißen des Grass-Buches zeigt. Die Collage nimmt das Fazit vorweg und läßt von der kritischen Bemühung nur noch das Vorurteil übrig und den herabsetzenden Vorsatz.

Eine andere Regel besagt, daß der Kritiker ein Amt ausübt, dem allzu große Nähe zum Autor abträglich ist. Der populistische Narr in Reich-Ranicki hat nicht bemerkt, daß es ein Formfehler ist, sich dem Angegriffenen mit der Kumpanei eines persönlichen Briefes zu nähern. „Lieber Günter Grass ..." – das verletzt nicht nur den Autor, es verletzt die kritischen Standards, die es ja gibt.

Auch der politische, der intellektuelle Streit ist ein Spiel. Ein immerhin ernstes, bei dem viel auf dem Spiel steht. Nur eben nicht alles und nicht das Äußerste und nicht das Letzte. Darum aber geht es in Deutschland ganz schnell. Dann fällt Reich-Ranicki, wenn er an Grass und seine Kritik der Kritik denkt, sofort Goebbels ein. Dann denkt Peter Scholl-Latour, wenn er Annemarie Schimmel gegen ihre Kritiker verteidigt, an die Reichsschrifttumskammer. Und wenn sich das Verfassungsgericht über Kreuze in bayerischen Klassenzimmern äußert, dann muß automatisch einer lauthals schreien, die letzten, die Kreuze entfernten, seien die Nazis gewesen.

Armes Deutschland. Ist es nicht seltsam, daß die Intellektuellen und die Politiker, sobald irgendwas strittig ist, sofort an das schlimmste deutsche Kapitel denken müssen? Und daß, sobald erste Schmerzen zu beklagen sind, ein jeder Kampagnen und Verschwörungen wittert, ein jeder das Opfer sein will?

So viel Unschuld gibt es gar nicht, wie jetzt überall auftaucht. Es ist fast so, als ob die Tatsache, einmal und unvergänglich Täter gewesen zu sein, die Deutschen ewig dazu antriebe, Opfer sein zu wollen, wann immer es sich anbietet. Und der Opferstatus, zumal in einer egalitären Demokratie, hat ja seine Vorteile.

Aber Elite sein und das Armenrecht beanspruchen wollen: das in der Tat ist faul. Keinem der selbsternannten Opfer in diesen Streitfällen mangelt es an Hilfstruppen und Gratifikationen der verschiedensten Art. Man muß sich entscheiden, ob man Angreifer oder Opfer sein will; ob man ein Intellektueller sein oder das Privileg des Banausen nutzen will, von den Gesetzen des geistigen Kampfes nichts zu wissen. Das wäre „Streitkultur" genug.

aus: Die Zeit, 13.10.95

Vatermord in Frankfurt

Literaturkritik

„Welche Literaturkritik brauchen wir?“ Unter dieser Überschrift aus dem Stilbaukasten altpreußischer Akademiefragen erörterte letzte Woche *FAZ*-Literaturchef Gustav Seibt, 36, die theoretischen Grundlagen seines literaturkritischen Handelns im Fernsehzeitalter – auf der Titelseite der *FAZ*-Literaturbeilage. Aber alle Theorie war Camouflage. Sie tarnte Seibts Vatermord an seinem Amtsvorgänger Marcel Reich-Ranicki. Der wurde zwar nirgends namentlich erwähnt, doch Seibt fand für den fernsehwirksamen „Unterhaltungsstar“ mit dem „witzigen Verdikt“ aus dem Geschmacksbauch einen Stellvertreter: Kurt Tucholsky, nach Seibt „weitgehend dem Konventionellen verhaftet“. Hatte nicht eben dieser Tucholsky früher als die meisten Kritiker der zwanziger Jahre Kafka und Brecht gerühmt? Als Lichtgestalt wird Tucholsky ein zu „scholastischer Folgerichtigkeit“ befähigter Analytiker wie der berühmte Romanist Ernst Robert Curtius entgegengehalten, jener Gelehrte, der im „Ulysses“ von Joyce erkannte, was Tucholsky, sapperlot, übersah: „die Sprachform einer Katechese“. Olympier wie Curtius – und, so wird suggeriert: Seibt; nur Lumpe sind bescheiden – beherrschen das „ganze Alphabet“, nicht bloß dessen A und O. Nun will es das Schicksal, daß wir, die Literaturkritiksverbraucher, selbst noch Tucholskys Schludrigkeiten lieber lesen als den gründlichsten Seibt-Satz. Aber das nur nebenbei. Wichtiger scheint uns: Tucholsky war Jude wie Reich-Ranicki, und er hat, wie dieser, kostbaren Esprit in den deutschen Literaturtiefsinn gepustet. Tucholsky nahm sich 1935 das Leben, auf der Flucht vor den Nazis. Ausgerechnet als Deutscher gerade diese beiden intellektuell auszubürgern, im Rückgriff auf einen nationalkonservativen Universitätsprofessor – das ist eine echte Höchstleistung neudeutscher Unbefangenheit. Täte ein Politiker ähnliches öffentlich, er müßte zurücktreten.

Mathias Schreiber

aus: Der Spiegel, 16.10.95

s'Reicht

Jüngster literaturkritischer Bieder-, Flach- und Wahnsinn

Von Wolfram Schütte

Es soll einmal unter der Arroganzia der *FAZ* der Slogan kursiert haben: „Wir bedienen Sie überall — nur andernorts zu etwas herabgesetzten intellektuellen Preisen.“ Gemeint war damit die Exportfähigkeit von *FAZ*-Feuilleton-Redakteuren, die nach ihren Lehrjahren in der Frankfurter literarischen Zentralredaktion vornehmlich im Hamburger Blätterwald unter anderen Herren dienen: alles zurechtgeschliffene literarische Hilfssheriffs des Literaturbetriebs, die unter der Fuchtel des einstigen Literatur-Marshalls der *FAZ* ihre ersten Sporen verdient hatten: von Ulrich Greiner (ehemals *Zeit*-Feuilletonchef, jetzt dortselbt der Mann für alle Jahreszeiten) über Volker Hage (ehemals Literaturredakteur der *Zeit*, danach beim *Spiegel* für literarische Freundschafts- und andere Beschaffungsdienste zuständig) und schließlich Mathias Schreiber, im *Spiegel* fürs allgemeine Feuilleton verantwortlich.

Es waren (und sind) dankbare Diener ihres einstigen Präge-Herrn; und wo immer der Primus des *Literarischen Quartetts* wieder einmal auf die Pauke geschlagen und dabei manches Trommelfell zerfetzt hat und sich daraufhin lärmempfindliche Musikfreunde über seine Ausrutscher beschweren, sind seine Adepten eilfertig zur Stelle, um den schrillen Blech-

Trommler rauszupauken und uns von der Unmusikalität der von ihm Mißhandelten zu überzeugen.

Gelegentlich tritt ihnen auch noch eine geistesabhängige Juxfigur (wie der einst witzige, heute nur noch gewitzte Hellmut Karasek) zur Seite, weil er sich dann immer (zu Recht) mitgemeint fühlt; oder sein subalternes Eckermännschen Jochen Hieber von der *FAZ* beantwortet unflätig Briefe, die weder an diese noch an ihn gerichtet waren — nur um einem tobendem Elefanten im Porzellanladen nachholenden Begleitschutz zu geben.

Das Duo Hage/Schreiber hat es sogar doppelverspiegelt fertiggebracht, seinem Guru sowohl erst das Hohelied zu singen, als auch ihn dann wegen seiner ehemaligen polnischen Geheimdiensttätigkeiten zur Hölle zu schicken, um schließlich des *Spiegels* „Hosianna“ und „Kreuziget ihn“ im dreieinigen Neuen Testament seiner Biografie zu verewigen. Toll trieben es schon die Römer; Waisenknaben sind sie gegen die Absatzstrategen der *Spiegel*-Kultur.

Das Zusammenspiel von TV-Quartett-Meister und Print-Dienerschaft, das mit Literatur *nichts*, mit dem danach benannten Betrieb jedoch *alles* zu tun hat, verlief bislang wohltemperiert; und für einen Inside-out-Beobachter war es ein esoterisches Vergnügen des alltäglichen literaturbetriebswirtschaftlichen Irrsinns. Jetzt ist aber ein Spielverderber aufgetreten, der dem gemütlichen Spuk der literarischen Kellergeister, die der Meister rief, ein Ende bereiten will: Und schon leidartikelt Mathias Schreiber im *Spiegel* über den „Vatermord in Frankfurt“. Die Angst, den Übervater von einem arroganten Schnösel namens Gustav Seibt ermordet zu sehen, treibt diesen braven Schreiber in den Wahnsinn.

Seibts leichtsinniger Hochmut eines akademischen Musterschülers hat eben in einem Essay unter dem Titel „Welche Literaturkritik brauchen wir?“ ein zustimmenswertes Plädoyer gegen die Show-Prozesse des *Literarischen Quartetts* geschrieben, ohne es zu erwähnen. Mathias Schreiber plaudert nun aus, was allen, die Lesen und TV-Sehen können, als unausgesprochene Pointe augenfällig war.

Freilich um einen „Vatermord an seinem Amtsvorgänger“ kann es sich deshalb nicht handeln, weil diesem Frank Schirrmacher folgte; und weil keine von Seibts Arbeiten — was immer für oder gegen sie sprechen mag — eine Spur solcher Vaterschaft enthielte. Eher ist bei ihm eine verwandte Nachfolgeschaft in machtgeschützter *FAZ*-Innerlichkeit zu erkennen, die nach außen drängt; und deshalb auf die anschlagenden Adepten des gemeinten Platzhalters trifft. Deshalb verbellt Mathias Schreiber den vermeintlichen *FAZ*-Vatermörder nicht nur; er beißt ihm auch in die Wade — was eine der üblichen deutschen Jägerzaun-Querelen in markierten Feuilleton-Revieren wäre, wenn des Schreibers Bißwut nicht nach Tollwütigkeit aussähe, die gemeingefährlich werden kann.

Denn Seibts Versuch, die literarisch-intellektuelle Ehre der Literaturkritik gegen eine saisonale Ver- und Zerreiß-Mentalität zu behaupten, die unter dem spektakulären Gestus einer bloß noch aus- und augenfälligen Abfertigung literarischer Gegenstände fast schon verschwunden scheint, greift auf den Modellfall des Joyceschen *Ulysses* und seiner deutschen Rezeption zurück. Damals hat nämlich der Romanist Ernst Robert Curtius die innere ästhetische Struktur und den künstlerischen Rang des Buchs entschieden adäquater verstanden als z. B. Kurt Tucholsky, dem das doch ein Buch mit sieben Siegeln blieb; der ästhetische Blick des Geisteswissenschaftlers reichte weiter als der des Mannes, von dem sein Herausgeber Fritz J. Raddatz, im Blick auf seine „Beschäftigung mit Literatur“ schrieb, er spreche als Schriftsteller, der „laut denkt“ und folge dabei einem „ganz und gar unorthodoxen, ja privatistischen Literaturkonzept“. Kurz gesagt: Seibt erinnerte mit einem klassischen Beispiel die Profession der Kritik an eine schiere Selbstverständlichkeit: zur (Er-)Kenntnis des Außerordentlichen gehört außerordentliche (Er-)Kenntnis-Fähigkeit.

„Nun will es das Schicksal“, schreibt Schreiber wider solche Selbstverständlichkeiten, „daß wir, die Literaturkritiksverbraucher, selbst noch Tucholskys Schludrigkeiten lieber lesen als den gründlichsten Seibt-Satz“. Nun ist Schicksal, nach einer Nietzsche-Bemerkung, Charakter — um den es denkwürdig bestellt ist, wenn sich der *Spiegel*-Schreiber mit einem „wir“ populistisch zur Mehrheit der „Literaturkritiks*verbraucher*“ nobilitiert, der eine Schludrigkeit mit prominenten Namen allemal verbraucherfreundlicher ist als eine namenlose Gründlichkeit, die den Gebrauch vorhandener Geisteskräfte nach sich zöge. Wir danken für diese Definition der *Spiegel*-Kultur freundlichst, obwohl wir so arrogant sind zu behaupten, auch das schon zuvor gewußt zu haben. Aber das nur nebenbei.

Wichtiger scheint uns, was den Zähnen dieses Seibt-Beißers noch entflieht, nämlich dies: „Tucholsky war Jude wie Reich-Ranicki, und er hat, wie dieser, kostbaren Esprit in den deutschen Literaturtiefsinn gepustet. Tucholsky nahm sich das Leben, auf der Flucht vor den Nazis. Ausgerechnet als Deutscher gerade diese beiden intellektuell auszubürgern, im Rückgriff auf einen nationalkonservativen Universitätsprofessor — das ist eine Höchstleistung neudeutscher Unbefangenheit. Täte ein Politiker ähnliches öffentlich, er müßte zurücktreten."

Seibt — ein Filbinger der Literaturkritik; und Mathias Schreiber — sein Hochhuth? Wenn es hier aber einen Hut zu ziehen gälte, dann mephistophelisch besonders hoch vor soviel Infamie. „Wichtiger scheint uns" (so der Pluralis majestatis Schreiber), daß „Tucholsky Jude war wie Reich-Ranicki". Daß es dem *Spiegel* „wichtiger erscheint", Literaturkritiker rassisch zu markieren, als über ihre professionellen Qualifikationen zu rechten, wäre noch nicht verwunderlich in einem Hause, dessen Herausgeber gelegentlich gründlich zwischen „Halb"- und „Viertelsjuden" herumschludert; aber hier soll ja nicht eine Selbstkennzeichnung, sondern eine spiegelbildliche Fremdbestimmung vorgenommen werden: Wer es sich herausnimmt, beispielhaft Curtius gegen Tucholsky argumentativ ins Feld zu führen, ist einem scheinheiligen „Deutschen" ein verkappter Antisemit, der einen „nationalkonservativen Universitätsprofessor" rehabilitiert und zwei Juden „intellektuell ausbürgert". Weder das eine noch das andere trifft natürlich zu — bei dieser totschlägerhaften *Spiegel*-Fechterei, die ein Höchstes an neudeutscher Tiefenstapelei bietet.

Tucholsky nahm sich 1935 in Schweden das Leben; gäbe es eine Wiederauferstehung der Toten, so müßte einer, der ihm heute nachruft, Tucholsky habe *„kostbaren Esprit* in den deutschen Literaturtiefsinn *gepustet*", um Kopf und Kragen fürchten. Da das jedoch nicht der Fall ist, gebieten es einem wenigstens die Scham und die Selbstachtung, zurückzutreten. „Vatermord in Frankfurt"? Harakiri in Hamburg. Beides: folgenlos.

aus: Frankfurter Rundschau, 18.10.95

Günter Grass oder Die Stille

Im literarischen Betrieb herrscht wieder die ihm eigentümliche Ruhe. Man schreibt, verlegt oder liest Bücher – in hoffentlich fruchtbarer Stille. Die Rezensenten rezensieren, die Konsumenten konsumieren, die Produzenten produzieren. Was will man mehr? Aber halt: da war doch etwas im ausklingenden Sommer. Rauschte es nicht sehr im Blätterwald? Hatte sich nicht eine bis dato ungekannte Aufgeregtheit der Szene bemächtigt? Schien es nicht so, als würde dieser mit schmerzhaften Auseinandersetzungen verbundene Streit dauernde Wunden hinterlassen, mit denen sich die literarische Welt noch jahrelang zu beschäftigen hätte?

Tatsächlich, da gab es Tage und Wochen, die von einem Thema geprägt waren: der Debatte um Günter Grass und sein „Weites Feld". Lang, lang ist's her – und doch nur zweieinhalb Monate. In der medialen Welt, stets auf Neuigkeiten erpicht, wird das Gedächtnis immer kürzer. Immer rascher zählt zur Geschichte, was eben noch als brennende Aktualität galt. Vorgestern Grass, gestern die IM Monika Maron, heute Ulrich Wickert. Die Lust an Sensationen und ihrer Vermarktung gebiert ständig neue. Wenn sich schon die Ereignisse nicht überschlagen, überschlagen sich ihre Transporteure. Die Sau, die man durchs Dorf jagt, erweist sich bei genauem Blick als fremdbestimmtes Herdentier im Marschtritt einer Kolonne.

Der Streit um Grass ist jetzt in einem ganzen Buch dokumentiert worden, dreihundertfünfunddreißig Seiten stark. Ein an sich dankenswertes Unternehmen, zu dem sich das Innsbrucker Zeitungsarchiv entschlossen hat. Die Dokumentation trägt die Überschrift „Zerreißprobe", in Anspie-

lung auf den damaligen „Spiegel"-Titel mit einem den Roman nicht nur ver-, sondern buchstäblich zerreißenden Marcel Reich-Ranicki. Es ist schon eindrucksvoll, sich noch einmal die Fülle der Artikel, der kleinen Meldungen und großen Rezensionen, der Stellungnahmen und Betrachtungen vor Augen zu führen. Und doch, schaut man auf die Situation heute, kann man sich nicht des Eindrucks erwehren: es ist die Rede von längst vergangenen Zeiten. Das Buch freilich kommt vielleicht in diesen eher trüben Tagen zu seinem Recht: indem es still gelesen wird. jwn

aus: Stuttgarter Zeitung, 18.11.95

MITTENDRIN

Fontane grassiert

NANU: ALLE HABEN ES MIT F.

Hochachtung, Herr Grass! Dank Ihnen schreitet der Aufbau Ost voran. Zumindest der Aufbau des Aufbau-Verlags. 20 000mal schon hat sich dessen Kassette mit Fontanes Frauenromanen verkauft. »Seit der neue Grass erschienen ist, geht Fontane weg wie Märkische Landeier«, meldet der Vertrieb. »Sogar Gedichtbände werden wieder genommen.«

Um auf weitem Feld blühende Landschaften zu errichten, haben Sie Stolz und Können hintangestellt und einen Roman geschrieben, von dem selbst Nicht-Spiegel-Leser schnell begriffen, daß das Beste darin die Fontane-Zitate sind. Wie kleinmütig war es, zu glauben, Sie wollten lediglich Ihr eigenes Buch verkaufen. Dabei stand ja vorne drin: »Für meine Frau Ute, die es mit F. hat.« Und sonst für keinen.

Gut können wir uns jetzt vorstellen, wie Sie damals mit Gotthard Erler, dem F.-Forscher des Aufbau-Verlags, beim Rotkäppchensekt vor Ihrer holsteinischen Kate saßen und den Masterplan vor sich ausbreiteten. 1. Phase: Entwicklung eines Romans, der ohne zweimaliges Lesen des Fontaneschen Gesamtwerks nicht zu verstehen ist. (Grass) 2. Phase: Fernsehspots, ergänzt durch mehrseitige Anzeigen in allen überregionalen Feuilletons. (Reich-Ranicki/Karassek/Vollmer) 3. Phase: Sonderverkauf billiger Dünn-

druckbände zur Fontanisierung des Volkes und anschließende Entwicklung von »Fonty«-Produkten, wie z.B. Cornflakes aus der Mark Brandenburg, Spazierstöcke und Schnurrbartwichse. (Aufbau-Verlag)

Wie müssen Sie sich amüsiert haben, als sich die Kritiker in Ihrem Wälzer verloren und dabei übersahen, wie die Stapel mit Effi Briest und Stechlin kleiner wurden. Statt dessen grübelten Kleingeister, was Sie gemeint haben könnten, als Sie sagten: »Mir ist ein großer Wurf gelungen.« Dabei schrie doch aus Ihrer Kritik an der Treuhand der Ruf: Ich mach' es besser!

Und wie. Nicht einmal die darbende Verlagsbranche im Westen haben Sie vergessen. Der Piper-Verlag, in dem Heinz Ohffs F.-Biographie erscheint, auch Reclam/Stuttgart, Ullstein – ach, jeder, der nur einen Schnipsel Fontane verlegt, meldet: Seit Grass fontanisiert, grassiert Fontane! Egal, wie weit Ihr nächstes Feld auch sein mag, Herr Grass, die Türen der Verlage stehen Ihnen offen. Falls es mit dem Literatur-Nobelpreis wieder nicht klappt, den Orden der ostdeutschen Wirtschaft erhalten Sie sowieso.

Oliver Gehrs

aus: Wochenpost, 23.11.95

Zeitzeichen

Im Logentheater

Sind die Literaturkritiker hermeneutische Sitzenbleiber?

Wir sitzen als Literaturkritiker in einem imaginären Theater und starren auf die Bühne, wo wir im Schauspiel Literatur den farbigen Abglanz unseres Lebens haben. Aber sitzen wir denn wirklich noch? Schauen wir noch auf die Textbühne und sind wirklich jene von neuzeitlichen Medienmystikern bemitleideten «althermeneutischen» Sitzenbleiber? Haben nicht längst die gewachsene Bedeutung medialer Tätigkeit in der Informationsgesellschaft und die Repräsentationsformen der Bildschirmvermittlung auch das traditionelle Feuilleton infiziert und unseren Blick vom Text auf uns selbst umgelenkt?

Das Fernsehen steckt in den Kinderschuhen, eine publizistische Grossmacht ohne Selbstbewusstsein. Es borgt, namentlich im kulturellen Programm. So geriet die Literaturkritik unter die Scheinwerfer. Auf deutschen Bildschirmen demonstriert sie mit dem Literarischen Quartett ihren intellektuellen und medienmoralischen Bankrott, vor allem aber ihren enormen Machtgewinn. Profiteur der Sendung ist der Kritiker, dessen Auftritt das Buch zur Requisite macht.

Gesellschaftliche Wahrnehmung und ihre Steuerung werden auch von Medientheoretikern längst politisch gedeutet und nach ökonomischen Gesichtspunkten untersucht. Die Organisation von Sichtbarkeit ist ein Machtinstrument. Sinnfällig zu beobachten sind ihre Mechanismen inzwischen auch im Literaturbetrieb. Im Bereich literarischer Öffentlichkeit hat sich die Aufmerksamkeit vom schönen Schein der Kunst auf das Erscheinen von Kunst und Künstler verlagert.

Publizistisches Vorgeplänkel

Der aufmerksame Leser, der 1959 noch die «Blechtrommel» studierte und zum streitbaren

Anhänger oder Gegner des Romans wurde, verfolgt heute vor der Veröffentlichung von «Das weite Feld» das publizistische Vorgeplänkel der Kritiker, die ihre Prognosen verkünden, sie revidieren und von der Konkurrenz glossiert werden. Placierung und äussere Dimensionierung der Besprechungen machen das Buch endgültig zum Mega-Ereignis, obwohl vernichtende Urteile folgen. Das Magazin «Der Spiegel» illustriert den wahren Sachverhalt mit seinem Titelbild. Es zeigt nicht den Autor, statt seiner ist der Kritiker beim Zerreissen des Buchs zu sehen.

Einst war die Literatur jene unsichtbare Loge selbstvergessener Leser, der Zbigniew Herberts Gedicht «Das Buch» huldigt. Ein Stilleben mit Lesendem, die Stimme des Buchs erzieht ihn zu geduldigem Verstehen vielfachen Schriftsinns, über seinem Kopf eine himmlische Bruderschaft fortgeschrittenerer Leser, deren Spott er zu hören glaubt.

Mittelpunkt des intimen kleinen Weltbildes ist das Buch. Aller Blicke, oben und unten, richten sich auf die Buchstaben. Erweitern liesse sich das Lesebild um jenen Zeitraum hinter dem Geschriebenen, in den die Gedächtnisspuren des Textes hineinführen. Zu der Gesellschaft Lesender gesellte sich auf der Produktionsseite jene «Gemeinschaft der Heiligen», die als zeitloses Familienbild der Kunst durch die Literatur geistert. Die Literatur ist eine Gedächtniskunst, die Wahrheit ruht seit alters «auf den Schultern von Riesen», deren geistiges Erbe in Zitaten erneuert wird.

Jener Höhlenmensch hat die Geschichte des Buchs geprägt, der in Platons *«Politeia»* aus dem Innern der Erde ans Licht steigt, geblendet sich allmählich an die Sonne gewöhnt und nach der Rückkehr wiederum blind ist, bis seine Augen sich an die Dämmerung gewöhnt haben. Die Parabel stellt Erkenntnis, die sich auf ein Objekt richtet, als Geburt dar. Solch ein zur Welt Kommender und Fremdheit überwindender ist der Leser.

Sein hermeneutischer Dialog mit dem Kunstwerk ist eine Form symbolischen Handelns in der Scheinwelt des Kunstwerks; doch Drama, Gedicht, Roman unterhalten im Widerstreit von Spiel und Reflexion ein intimes Verhältnis zu Welt und Wahrheit. Daraus leitet die Literatur ihre traditionellen Sinngebungssprüche ab.

Das Stelldichein mit dem Buch ist selbstbezüglich, denn der Lesende und Verstehende benutzt den Text als Spiegel. Zirkulär und gesellig wird Lesen erst im kritischen Akt des Unterscheidens und Beobachtens und seiner Veröffentlichung. Die auffällige Selbstversunkenheit des literaturkritischen Gesprächs ist mithin auch eine sachinterne Erbschaft. Allerdings spielten sich literarischer Dialog, Kommunikation und Öffentlichkeit in schriftlich fixierter Form ab, solange Kultur im Zeichen von Schriftlichkeit, Buchdruck und Typographie stand. Die Technik des Mediums Schrift band das literarische Urquartett an den festen Text. Bis auf den heutigen Tag versammeln die Buchstaben zeitlich und räumlich getrennte Gesprächsteilnehmer, die frei nach Gottfried Keller ihre Pfeife anzünden, die Nase verlängern und sich hinter ihren Lesestoff setzen.

Von der Elite zur Prominenz

Heute treten literarische Qualität, ja selbst das Buch bei erfolgreichen Buchpräsentationen hinter den Auftritten des prominenten Autors und prominenten Kritikers zurück. Vorbei ist die Zeit, als die Olympier und Königlichen Hoheiten der Literatur auch ihre künstlerischen Repräsentanten waren. Der Wandel von der Elite zur Prominenz hat auch die Literatur erfasst.

Merklich dreht sich das Theater, in dem wir sitzen und gestern noch auf die Bücher schauten, um seine Achse. Wo einst aller Augen auf die Literaturbühne gerichtet waren, unter ihnen die der Kritiker in den Logen, vollziehen wir heute jenes eitle Schauspiel nach, das Proust in der «Suche nach der verlorenen Zeit» als Logentheater der Bourgeoisie beschreibt. Die versammelte Pariser Gesellschaft ignoriert das Geschehen auf der Bühne vollständig, denn sie gibt sich dem Studium der Gesellungen, Frisuren, Toiletten und des Geschmeides in den gegenüberliegenden Logen hin. Sie ist vollkommen mit sich selbst beschäftigt. So verwandelt sich die Bühne in den Zuschauerraum des glitzernden Gesellschaftsspektakels.

Unser Logentheater spielt sich in Form von Wortwechseln, Gefechten und offenen oder verhüllten Fehden ab, die *ad personam* adressiert sind und keine andere sachliche Grundlage haben als das Papier, auf dem sie stehen. Sie beziehen sich, wie jüngst, auf eine treffliche, als Argumentation unangreifbare Selbstbestimmung von Literaturkritik, die programmatisch zur Buchmesse in der «Frankfurter Allgemeinen Zeitung» erschien. Der Essay wird im «Spiegel» mit einem Angriff bekämpft, der zur Sache nichts zu sagen hat, aber die inneren Mannschafts- und Familienstrukturen in der überaus sichtbaren Loge der Literaturkritiker blosslegt. Der dritte Literaturkritiker attackiert den Angreifer in der «Frankfurter Rundschau» und der vierte, die Verfasserin dieser Glosse, pflichtet ihm hier lautstark bei.

Beiden Medien, dem Fernsehen wie der Zeitung, wären die Entkoppelung und eine Konzentration auf sich selbst dienlicher. Längst beteiligen wir uns an dem autistischen Selbsttheater unserer prominenten Kollegen vom Fernsehen, wohl wissend, dass wir jene gesellschaftliche Aufmerksamkeit auf unsere Personen umlenken, die eigentlich der Sache des Buchs gelten sollte.

Die Scheinwerfer, mit denen Literaturkritik arbeitet, müssen auf den Text gerichtet bleiben und aus jenen Kriterien bestehen, die sich nach dem Dafürhalten des Kritikers für die Textanalyse eignen. Das ist der subjektive Faktor von Kritik. Das ist das Licht, das wir brauchen.

Sibylle Cramer

aus: Neue Zürcher Zeitung, 24.11.95

Das letzte Westpaket

Günter Grass' deutsches Geschichtsbuch „Ein weites Feld“ wird im Osten geliebt als Verteidigung des Lebens in der DDR / *Von Christoph Dieckmann*

Ein Blick in die Seele des Ostens ist ein Blick ins Grab der deutschen Einheit. Tiefster Undank überall (bei notorisch ausgestreckter Hand), Bummelantentum, Ignoranz der nationalen Frage, dazu seit diesem Herbst ein neues Vorurteil zu all den alten: Das Schreiben und das Lesen sei noch nie des Westens Fall gewesen, statt dessen sprachtötende Flachschwimmerei.

Wachsamkeit! Das *Leseland DDR* der Kant- und Höpcke-Propaganda rumpelt in der Gruft. Es wird Zeit, den Solidarbeitrag zu streichen und die alten Grenzverläufe zu inspizieren. Bedanken kann der Osten sich bei Deutschlands Spalter Nummer eins: Günter Grass – eine „politische Leiche“, so kürzlich Wolf Biermann, der sich da einzufühlen weiß.

Seit Deutschland endlich eins ward, nöckert Grass, hier werde nach großdeutsch erprobter Art die Einheit vor die Einigung gestellt. Und schilt Kanzler, Treuhand, Medien sowie die elementarsten landsmannschaftlichen Gefühle. Als publizistisches Verstärkerbrummen ließ sich das ertragen. Aber Grass wurde massiv und verbrach „Ein weites Feld“. 781 Seiten Geschichtsrelativismus im Schafspelz der Literatur. Was hierzu gesagt werden mußte, hat Marcel Reich-Ranicki im *Spiegel* dargeboten. Seine, sagen wir, Rezension ersetzte die Lektüre des Romans, das Titelbild des *Spiegel* die von Reich-Ranickis Text. Leider darf der wahre Ostler den *Spiegel* nicht lesen, weil der als zynisch gilt und Reich-Ranicki als ein Schiedsrichter, der glaubt, das Spiel fände seinetwegen statt. Was liest der wahre Ostler? Grass' Roman. Selbst die in dieser Zeitung geoffenbarte Erkenntnis, das Buch sei unlesbar, verfiel im Anschlußgebiet der Ausflucht: Das Schwarze sind die Buchstaben.

Also schmökert der Osten, gründlich, bis zur letzten Zeile. Erst jetzt kommt er ans Ende, wogegen der Westen schon pünktlich zur Frankfurter Buchmesse damit fertig war, das Buch nicht zu lesen. DDR-Buchhändlerinnen, kommerziell besimmelt, preisen „Ein weites Feld“ als den besten Grass seit dem letzten. Östliche Grass-Lesungen bersten. Die Buchpremiere in der Kulturbrauerei/Prenzlauer Berg gedieh zum Hochamt der Ostkultur. Eine bisherige Freundin: Er ist so wunderbar langsam! Ein alter Kommilitone (liest jährlich ein Buch): In zehn Jahren ist das Klassik und verfilmt! Aber nirgends brandete uns höheres Lob ans Ohr als auf der Ostseeinsel Hiddensee, wo in der Villa Seedorn, in Hauptmanns Arbeitszimmer, Hauptmanns Verweserin, Frau Doktor Sonja Kühne, sprach: Ein wundervolles Buch! Ich kann's gar nicht aus der Hand legen. – Was, wirklich? Warum? – Grass verteidigt den Osten. Und er kennt uns ganz genau.

Da endlich mußten wir ran. Und dachten, vielleicht so 94 Seiten lang: Greulich! Stockig! Total verholzt und hingeschnitzt! Dann die schöne Stelle über Heiner Müller als Shakespeare-Imitator und verqualmter Poseur. Das war längst mal fällig! Dann die doch recht süffige Recherche von Fontanes außerehelicher Beilägerei zu Dresden. Auch unsere verblaßte, auf Seite 146 unkompliziert renovierte Kenntnis des Edikts von Nantes (Henri Quatre, 1598) trug dem Buch ein Pünktchen ein, gleichfalls Grass' für einen Westler erstaunliche Kenntnis von Wilthener Schnäpsen, Haartrocknern aus dem VEB Robotron, des Lausitzer Braunkohlereviers sowie der Leiden des FC Carl Zeiss Jena in der Hinrunde 1990/91.

Am liebsten aber kennt der Meister Hiddensee, vom Dornbusch bis zum Gellen. Die Gattin, erzählte uns dort Frau Doktor Kühne, entstamme der Insel; wir fänden sie als Inselkirchen-Organistin mit aschblondem Zopf betörend portraitiert und dann noch mal als Franzosenliebchen des Wehrmachtssoldaten Fonty Wuttke. Nachts dann, einquartiert im Gastautoren-Häuschen (Seite 325), in dem Bette, darin auch Grass geruht, entdeckten wir auf Seite 326 Sonja Kühne, „die Leiterin der vielbesuchten Gedenkstätte“ – eine resolute Person, lasen wir, die sich nicht die Butter vom Brot nehmen lasse, lasen und bestätigen wir. Und kapierten endlich, warum Frau Doktor Kühne wie so vielen Ostlern (nun leider auch mir) „Ein weites Feld“ so gut gefällt: Wir kommen drin vor. Die Wessis verstehen es nicht. Grass hat es für uns geschrieben. Wir lieben den Roman als letztes Westpaket.

Wir wollen die deutsch-deutschen Klischees nicht übertreiben. Auch im Osten hört man Ächzen über knorrige Lektüre, ungetüme Komposition und Grass'sche Logorrhöe. Weder säuft „Ein weites Feld“ sich weg wie Thomas Mann, noch bereichert der Roman die Errungenschaften der seriellen Poetologie. Seinem ganzen rustikalen Wesen nach ist dies ein Wälzer. Man nutze ihn als Steinbruch, nicht als Tempel. Aber irrt man zu glauben, es habe mancher Rezensent Grass auch gestraft für dessen alten Anspruch, Literatur der Politik zu schreiben statt privaten Surrealismus wie die geschickter häkelnden Ästheten? Grass' Roman ist republikanische Kunst: ein öffentlich besorgtes Buch. Jegliche Kritik hat es bekannter gemacht und wurde ihm darin gerecht. Ein anderes ist das Urteil. Der Westen richtete; der Osten, wie gewöhnlich, schwieg: Lies, Künstler, rede nicht!

Im Osten Deutschlands steigt ein Namenloses auf. Helmut Böttiger hat es neulich „neuen Zynismus" genannt *(taz)*. Das ist zu schick, zu sehr aus Berlin und Castorfs Volksbühne geplaudert. Weder pflegt noch erträgt der Osten Zynismus. HEIMAT wabert, regional umrissenes Gewissen, das Universum der Provinz, heimstark und auswärtsschwach, unzuständig für die Schlechtigkeit des Auslands hinter den sieben Bergen. Grass heimelt kolossal. Fleißig war er und hat viel östliches Interieur nachgebastelt. Sein Ost-Erfolg ist auch Deutschlands medialer Teilung geschuldet. Der expressive Westen erwartet von seinen Medien Aufklärung, Fakten, Information. Der introvertierte Osten wünscht den Blick auf sich selber. Man will *vorkommen* – warm beschrieben, stimmig im Detail. Da uns die nationalen Deutungsmonopole nicht gehören, brauchen wir sie nicht. Das „Glücksrad" reicht, und Bücher. Publizistik muß im Osten literarisch sein und Literatur die Verschriftung dessen, was man eh schon – weiß? Nein, fühlt.

■ Als Gemeindeschwester der gemischten Ostgefühle radelt die PDS durchs Land

Das Ostgefühl der Gegenwart ist Ambivalenz. Darin einen sich alle, zuvorderst jene schlichten Weisen, die mancher *kleine Leute* nennt, weil sie keine Linear-Geschichte kennen, nur die zyklische Wiederkehr von Liebe, Haß, Geburt und Tod. „Was für Eliten Geschichte ist, ist für die Massen noch immer Arbeit gewesen" (Heiner Müller). Die Ost-*Eliten* ... Diesen ist die linke Utopie verreckt, jenen der Dritte Weg: und daß der Rechtsstaat weithin DDR *bewältigt* nach Uwe Wesels Maxime: „Wir müssen uns durchmogeln", bekümmert die sanften Jakobiner der 89er Revolution. Letzteren sei gesagt: Konsequenz weiß wenig von Ambivalenz. Als Gemeindeschwester der gemischten Ostgefühle radelt die PDS über Land – nun mit Günter Grass im Körbchen am Lenker?

Denn dies ist „Ein weites Feld": das Buch der ostdeutschen Ambivalenz. Da zwei Deutschländer nicht zu halten waren, entwendet Grass der Einheits-Politik die Deutungsbefugnis übers Deutsche und überträgt sie der multizentralen Kulturnation – etwa den beiden PENs. Im östlichen saß unlängst Doppelmitglied Grass und sprach: „Als ich 1963 in die Akademie der Künste gewählt wurde, trat Martin Heidegger aus. Ich bedauerte das, wie den Austritt von Hans Egon Holthusen, als man mich zum Präsidenten wählte." Jahrzehnte habe er sich mit Hermann Kant gestritten und würde das gern weiter tun – an *einem* Tisch, in *einem* PEN. Dessen Einigung sei nicht erhältlich durch wechselseitige Geschichtschirurgie und Ausschlußpolitik. Dann zitierte Grass Helga Königsdorf: „Ich möchte keinen Menschen in Scham vor mir stehen sehen." Und obwohl die Ostkollegen den ausgetretenen Genossen Kant gar nicht vermißten, war dies ein prima Satz.

Günter Grass tut gute Werke. Die DDR adaptiert er zur deutschen Geschichte, die Bundesrepublik zur DDR. Gegen die Ideologien der Verdrängung setzt er historische Kompatibilität. Geschichte wiederholt sich nicht, aber ihre Muster sind durch Erfahrung geprägt. Was ist und werden könnte, benennen wir nach dem, was war – sofern wir's kennen. Jede Befassung mit Geschichte ist sozialer als die Kunst der Mode, weil sie Gedächtnis stiftet statt der saisonalen Knalleffekte. Zwar sind wir mehr Kinder unserer Zeit als Kinder unserer Eltern. Daß aber auch die Zeiten Eltern haben, ist Grass' konservative Schenkung an diesen ängstlich verhuschten, geschichtsberaubten Osten. Fortsetzung, Kontinuität: Welch schönes Vademecum vom Patenonkel! Und wie beseelt, wenn Zukunft gebricht, die Retrospektive! Daß Treuhand-Chefin Birgit Breuel laut Grass bereits vor hundert Jahren als Frau Jenny Treibel spekulierte, ist übrigens weniger fraglich als Grass' moderate Marotte von der *kommoden Diktatur* DDR. Auch gab es in unserer Republik Familien, in denen die Stasi nicht als Hausfreund verkehrte.

Ansonsten bleibt alles beim alten, Leben eben, und die Politik, äh, die Ehe „eine schwere Kunst: gelegentlich durch die Finger zu gucken und doch ehrlich zu bleiben" (337). Derart schrieb und schreibt Literatur, wenn sie Geschichte schreibt, so wahr Grass dunnemals Fontane war und, solange dieser tot ist, bleiben muß. Und ewig kläfft Berlin den „Sprechianismus" (Grass), die Kötersprache. Und unverändert thront zu Potsdam ein Hohenzollernnarr. Und der schwefelgelbe Bismarck holt sich die Thälmannstraße zurück. Und die Nationalen sterben niemals aus. Und keine Revolution gebiert den neuen Menschen, denn *Ich will hinfort nicht mehr die Erde verfluchen um der Menschen willen; denn das Dichten und Trachten des menschlichen Herzens ist böse von Jugend auf* (1. Mose 8, 21). *Hingegen zählt zu meinen kleinen Tugenden die, den Menschen nicht ändern zu wollen* (Grass 727, 25f.).

Da endlich spricht der Osten sein Wahlgeheimnis aus: Ich will so bleiben, wie ich bin. Grass, von oben: Du darfst! Und auch der gemütliche Ezel van der Straaten wirft keinen Stein mehr auf Fontanes *l'Adultera*, und Helmut Kohl keinen mehr auf die DDR. Und Christa Oberländer (Ostberliner Missionsbuchhandlung) schwärmt: Das Großartige an Grass' Buch ist, daß die Menschen endlich wieder mehr Fontane kaufen. Frau Jenny Treibel, enerviert: Nächstens steht uns hier noch Herr Bebel ins Haus!

Hier endet alle deutsche Wiedergängerei. Trotz Oskar la Fontane: Die sozialdemokratische Gefahr scheint unwiederbringlich verloren. Ist eigentlich Günter Grass derzeit in der SPD?

aus: Die Zeit, 1.12.95

Literaturpapst oder Dorfrichter?

Briefe an und Bücher über Marcel Reich-Ranicki

Mut hat er. Und souverän ist er. Zu seinem 75. Geburtstag hat Marcel Reich-Ranicki nicht so sehr sich, sondern seinen zahlreichen Kritikern ein reizvolles Geschenk gemacht. Denn er hat der Veröffentlichung von Briefen zugestimmt, die Schriftsteller, Kritikerkollegen und Literaturprofessoren an ihn gerichtet haben. Sein Plazet aber hat er eben nicht nur zur Publikation von Briefen gegeben, die Wendungen enthalten wie: «1000 Grüsse vor die Füsse – Ihre Sarah (Kirsch)» oder: «dass Sie ein weitaus besserer Kritiker sind als die überwältigende Mehrzahl der anderen derzeit tätigen Kritiker» (Robert Neumann) oder: bin «fasziniert von Ihrer turbulenten und temperamentvollen Persönlichkeit» (Joseph Breitbach).

Mit Respekt gebietender Souveränität hat Reich-Ranicki, der «jetzt (Horst Bienek am 10. November 1981) in solchen Höhen der Macht» ist, auch dem Abdruck von Zeilen zugestimmt, die ihm wenig Freude bereitet haben dürften. Nicht alle diese Zuschriften disqualifizieren sich selbst so wie die von Günter Seuren, der am 21. Dezember 1968, offenbar vorweihnachtlich milde gestimmt, schreibt: «Es gibt zu viele Kritiker, die mit dem Gehirn scheissen.» Beachtenswerter, wenn auch nicht unterhaltsamer sind Zuschriften wie die von Erich Fried, der am 14. November 1979 schreibt: «Du dürftest nicht so böse, so existenzvernichtend losschlagen.» Und von wirklicher Grösse zeigt die Bereitschaft, Zuschriften zu veröffentlichen, die ins Zentrum des Problems einer Literaturkritik treffen, wie Reich-Ranicki sie betreibt.

Machtfrage

Kein anderer als Günter Grass hat sie, dreizehn Jahre vor dem Streit über seinen Roman «Ein weites Feld», auf den Punkt gebracht. «Jener Marcel Reich-Ranicki, den ich 1958 in Warschau kennenlernte, war, wann immer er über Literatur sprach . . ., geprägt von den Normen des sozialistischen Realismus. Und diese aus der Zeit des Stalinismus herrührende Verengung der Literatur bestimmt ihn auch heute noch, so sehr er sich ausserhalb oder im Gegensatz zur leninistisch-stalinistischen Ideologie sehen mag» (Günter Grass am 27. Januar 1982).

Grass hat recht. Reich Ranicki ist *in aestheticis* (und selbstredend «nur» *in aestheticis*) immer «Stalinist» geblieben. Auf den Inhalt und die Gesinnung kommt es an. Ansonsten entscheidet die Machtfrage. Dass Böll nicht unbedingt der bedeutendste unter den Nachkriegsschriftstellern war, wissen nicht nur die Korrespondenten von MRR. Er ahnt es selbst. Aber der Kritiker hat eben selbst einmal eine Prosa geschrieben, die der von Böll nicht unähnlich ist. «Eine sehr sentimentale Geschichte» – so lautet der angemessene Titel der (nach wiederum souveräner Selbstcharakterisierung) «schlechten Prosa», die MRR 1958 zu Papier brachte (und die in Hages/Schreibers Reich-Ranicki-Biographie erstmals abgedruckt ist). Selbstkritik hin oder her: wo kämen wir denn hin, wenn nicht ein sentimentaler Realist wie Heinrich Böll, sondern ein Formalist und Avantgardist wie Arno Schmidt oder Paul Celan den Literatur-Nobelpreis erhalten hätte . . .

Die Briefsammlung «Lieber Marcel» ist eine Literatur- und Kulturgeschichte der BRD in nuce. Was gewissermassen nebenbei abfällt – zum Beispiel an Mitteilungen und Erinnerungen an Thomas Mann oder Hugo von Hofmannsthal –, lohnt bereits die Lektüre. Der von Jochen Hieber herausgegebene und ebenso knapp wie präzise kommentierte Band dokumentiert eine über alle Literarische-Quartett-Oralitäten hinweg erhalten gebliebene feine Korrespondenz-Kunst. Dass Marcel Reich-Ranicki der Adressat solch wohlformulierter und kluger Zeilen ist, spricht allein schon für ihn. Auch die recht biedere Biographie von Volker Hage und Mathias Schreiber macht immerhin deutlich, dass ein abenteuerliches Herz und ein eher heisser als aufgeklärter Kopf den deutschen Literaturpapst anfeuern.

Kurzum: das Phänomen MRR mit all seiner an den Common sense verschwendeten Vitalität, Präsenz und Kampfeslust verdient hohe Aufmerksamkeit und Achtung. Leider aber hat sich der Mann von so reichen Gaben auf eben das Geschäft kapriziert, für das er nicht so recht qualifiziert ist: die Literaturkritik. Gegen die von Reich-Ranicki vertretene Weise des Kritisierens spricht schlicht, dass sie weit unter den Erkenntnis-Möglichkeiten bleibt, die Kritiker wie Lessing, Friedrich Schlegel oder Walter Benjamin eröffnet haben.

Der Rezensent traut es sich kaum zu schreiben – aber zarte Andeutungen bei Hage/Schreiber sowie ein spät erst publizierter Brief von Thomas Mann an den späteren Kritiker Reinhard Baumgart machen ihm Mut. Die Andeutung bei Hage/Schreiber: MRR, der 1938 in Berlin Abitur machte und noch im selben Jahr ins Warschauer Ghetto deportiert wurde, hat nie Literaturwissenschaft studieren können und darunter möglicherweise auch gelitten. «Zum Studium wurde Reich nicht zugelassen (erst Jahrzehnte später sollte er – 1961 in Göttingen – einen deutschen Hörsaal von innen sehen: als Dozent).» Und der bemerkenswerte Brief aus dem letzten Lebensjahr des von Reich-Ranicki bewunderten Grossschriftstellers mit demselben Alma-mater-Komplex an den Thomas-Mann-Doktoranden Reinhard Baumgart: «Merkwürdig, ich habe eine ganze Sammlung solcher akademischer Arbeiten [wie Baumgarts Dissertation über ‹Das Ironische bei Thomas Mann›], und eine ist immer besser als die andere, eine sticht immer entschiedener als die andere die landläufige öffentliche Kritik aus.»

Gut und schlecht

So merkwürdig ist das nun auch wieder nicht. Wer eine Metapher von einer Metonymie (Beispiel: «Grass lesen» statt den neuen Roman von Grass lesen) unterscheiden kann, wer mit den Begriffen «Rollenprosa» und «Erzählperspektive» vertraut ist, wer einen Topos oder eine Allegorie erkennt und wer Allusionen auf Stoffe und Motive zu identifizieren vermag, ist dem Geschäft der Literaturkritik vielleicht doch eher gewachsen als jemand, der ernsthaft meint, «gut» und «schlecht» sowie «spannend» und «langweilig» seien der literaturkritischen Grundbegriffe genug.

Franz-Josef Czernin ist ein Poeta doctus. Möglicherweise mehr doctus als poeta, wie seine Auseinandersetzung mit den wenigen und schlichten Prämissen von MRRs Literaturkritik demonstriert: Literatur soll welthaltig-realistisch, aufgeklärt, engagiert und unterhaltend sein. Und der Literaturkritiker soll der Anwalt der Leser sein. Wer hätte das gedacht. Ein Literaturkritiker, der sich solchen Prämissen verpflichtet fühlt, ist nicht sonderlich gefährdet, unpopulär zu werden. Czernin charakterisiert deshalb Reich-Ranicki gleich mehrfach mit einer zutreffenden und doch hochproblematischen Wendung: als «Bruder Reich-Ranicki». Zutreffend ist sie, weil MRR in der Tat nur polemischer und pointierter ausdrückt, was «wir alle», wenn wir uns nicht sonderlich Mühe geben (also fast immer), immer schon über Literatur gedacht haben. Hochproblematisch ist die Wendung vom «Bruder Reich-Ranicki», weil sie überdeutlich auf Thomas Manns grossartigen, weil zumutungsreichen Essay «Bruder Hitler» anspielt.

«Bruder Reich-Ranicki»

Im «Spiegel» wurde Marcel Reich-Ranicki gar als «furchtbarer Kunst-Richter» charakterisiert. Das ist einfach nur infam. Franz-Josef Czernin ist ein wenig subtiler. Er erkennt im Literaturpapst den «Bruder Reich-Ranicki», weil der genau den Common sense bedient, den geglückte Literatur untergräbt. Dennoch eröffnet die Wendung vom «Bruder Reich-Ranicki» die falschen Assoziationsräume. MRR ist kein furchtbarer Kunst-Richter, sondern der Dorfrichter Adam der Literaturkritik: so temperamentvoll und liebenswert wie dieser und mit der Literatur (um von Literaturtheorie gnädig zu schweigen) so intim vertraut wie Adam mit der Jurisprudenz. Kleists Dorfrichter kennt seine Pappenheimer Eva, Frau Marthe und Ruprecht. Reich-Ranicki kennt seine Leute mitsamt ihren Schwächen – besser als ihre Bücher. Sein kritisches Leitschema «Leben und Werk» ist nicht sonderlich originell, aber unterhaltsam wie alle Indiskretion. Und die Leitfrage, ob einem die ganze Richtung passt oder nicht, ist nicht besonders komplex, aber sie sorgt für Zoff. Reich-Ranicki hat mit seinen literaturkritischen Optionen dafür gesorgt, dass es im Feuilleton häufig so zugeht wie in der Johannisnacht im Nürnberg der Meistersinger.

Dorfrichter Adam ist eine so faszinierende Erscheinung, weil er ernsthaft wie ein narzisstisches Kind glaubt, die Gesetze seien nur für ihn geschrieben. Der «liebe Marcel» ist und bleibt der erste Literaturkritiker, weil er trockenen Auges glaubt und erfolgreich glauben macht, Literatur sei ausschliesslich dazu da, ihm zu gefallen. Dieser Dorfrichter hat es zum Gerichtspräsidenten auf dem Parnass gebracht, auf dem Revisionen immer möglich sind. Herzliche Glückwünsche!

Jochen Hörisch

«Lieber Marcel» – Briefe an Reich-Ranicki. Hg. von Jochen Hieber. DVA, Stuttgart 1995. 350 S., Fr. 44.–.

Volker Hage und Mathias Schreiber: Marcel Reich-Ranicki. Kiepenheuer & Witsch, Köln 1995. 150 S., Fr. 29.80.

Franz-Josef Czernin: Marcel Reich-Ranicki – eine Kritik. Steidl-Verlag, Göttingen 1995. 205 S., Fr. 20.–.

aus: Neue Zürcher Zeitung, 9.12.95

Die deutsche Literaturkritik ist ins Gerede geraten. Dabei kommt sie nach langen bleiernen Jahren endlich wieder in Fahrt und zu sich selbst

Ein Kerl muß eine Meinung haben

VON TILMAN KRAUSE

Es ist zu schön, um wahr zu sein, aber es stimmt tatsächlich: In Deutschland findet eine Debatte über Literaturkritik statt. Es versteht sich natürlich in unseren Breiten von selbst, daß man dabei Purzelbäume schlägt vor Vergnügen am Verzweifeln, daß „intellektueller Ausverkauf" und „Niedergang des analytischen Niveaus" noch die mildesten *Monita* sind, mit denen der ach so beklagenswerte Zustand der litarturkritischen Zunft umschrieben wird. Herrlich, daß wir wieder einmal so richtig schwelgen können im Ausstellen von Armutszeugnissen. Aber bei allem Verständnis für den Reiz des Runtermachens kann der Verfasser dieser

Zeilen nicht umhin, den Spielverderber zu geben. Er will daher lieber gleich die Katze aus dem Sack lassen und stellt hiermit die These auf: nach Jahrzehnten des Dahindümpelns ist die Literaturkritik in Deutschland seit einiger Zeit dabei, wieder in Fahrt zu kommen, mehr hoch: Zu sich selbst zurückzufinden.

Schon daß sie ins Gerede geraten ist, deutet darauf hin. Sie, die sich mit einem Gegenstand befaßt, der die kulturell interessierte Öffentlichkeit eher am Rande bewegt (vor allem, wenn dieser Gegenstand von deutschen Autoren hervorgebracht wird) – ausgerechnet sie in der Schußlinie? Bravo! Das muß mit dem gewachsenen Gewicht ihrer Repräsentanten zusammenhängen, die sich wieder auf die Erkenntnis des Romanisten Ernst Robert Curtius besinnen, der in den fünfziger Jahren feststellte: „Neben Lyrik, Roman, Drama" sei die literarische Kritik „die vierte gleichwichtige Funktion des Schreibens, ebenso schöpferisch wie ein gutes Gedicht". Vorausgesetzt, man könne schreiben, versteht sich. Und, so wollen wir gleich hinzufügen, vorausgesetzt, man hält sich an die Devise von Alfred Döblin: „Ein Kerl muß eine Meinung haben".

Dergleichen war zu einer Zeit, als das denkende Deutschland noch der „primitiven Idee der Ursprünglichkeit" huldigte, wie es Friedrich Sieburg, der zweite große Verteidiger des Kritischen damals, auf den Begriff brachte, allerdings bereits ein aussterbender Standpunkt: „Die Buchbesprechung hat für sich genommen keinerlei Daseinsberechtigung", zitiert Curtius die seinerzeitige Auffassung und kommentiert: „Das würden wahrscheinlich Millionen deutscher Spießbürger bejahen." 40 Jahre später bestätigt Günter Grass diesen Befund aufs schönste, indem er Marcel Reich-Ranicki, der „Ein weites Feld" auf eine – zugegeben – wenig feinsinnige Art verrissen hat, seinen „Arbeitnehmer" nennt.

Marcel Reich-Ranicki! Man kann ja darüber streiten, ob er, was der ausgeprägte Wiedererkennungswert seiner Argumente nahelegt, inzwischen nicht ins Ausgedinge gehört. Aber in einer literaturkritischen Landschaft, die bleierne Jahre lang beherrscht wurde von alternden Apo-Jüngern, die auf einem längst historisch gewordenen Begriff von „literarischer Avanciertheit" beharrten, sowie von akademisch verbildeten Grünschnäbeln, die nichts erlebt und nichts erlitten hatten, war Reich-Ranicki tatsächlich der einzige. Der einzige, der begriffen hatte, daß die Literaturkritik nicht „dem Buch" (und schon gar nicht seinem Autor) zu dienen hat, sondern dem Publikum.

Der einzige auch, der die Aufgabenteilung zwischen Germanistik und Literaturkritik beherzigte und seinen Ehrgeiz nicht darein setzte, ein Buch „adäquat" zu erfassen, sondern aus einem spontanen, auch vorläufigen Bedürfnis nach Meinungsbildung heraus sein Wort in die Waagschale warf, wobei er weniger würdigte, was der Autor sich vorgenommen hatte (was nehmen sich deutsche Schriftsteller nicht alles vor!) als vielmehr das, was er dann tatsächlich zu liefern imstande war.

Der einzige sodann, der genug Selbstbewußtsein besaß, um sich Texte abzuverlangen, die an sprachlichem Reiz und an gedanklicher Eleganz die oft genug obskuren Objekten ihrer Betrachtung übertrafen. Ob er dieses Ziel immer erreichte, steht gar nicht zur Debatte. Entscheidend war zunächst einmal der Anspruch, der einzig Reich-Ranicki noch an die alte hohe Schule der Kritik eines Kraus oder Kerr, eines Polgar und Tucholsky, von Sieburg oder Willy Haas, Helmut Jaesrich oder Karena Niehoff band, alle jene genuin journalistischen Temperamente, die dem Publikum gefallen wollten und dann den akademisch Autoritätshörigen wichen, die seit den sechziger Jahren hierzulande den „intellektuellen Diskurs" im allgemeinen und das deutsche Feuilleton im besonderen so öde machten.

Überblickt man nun die gegenwärtige Lage, stellt sich nicht so sehr die Frage: Wie kommt es, daß in verschiednenen Tages- und Wochenzeitungen eine prononcierte, gern polemische und pointiert selbstverliebte Literaturkritik wieder an Boden gewinnt, sondern: Was um alles in der Welt führte dazu, daß jene theorielastige Andachtshaltung, mit der in der „Süddeutschen Zeitung" der „Frankfurter Rundschau", der „Zeit" ohne Ansehen von Publikumswünschen nach Adorno gewogen und mit Habermas hochgejubelt wurde, sich so lange hat halten können? Möglicherweise hat es mit der Marginalisierung der deutschen Gegenwartsliteratur im kulturellen Gesamtkanon zu tun, daß hierzulande in der Literaturkritik eine vormoderne Verehrungshaltung überwinterte, über die Theater- und Filmkritiker längst nur noch lachen. Vom Literaturkritiker verlange sie zuallererst, sagte kürzlich eine Dichterin von beträchtlichem Bekanntheitsgrad, daß er „die immense Arbeitsleistung" würdige, die immer in einem Buch stecke. Würde sie das auch im Hinblick auf einen Tisch behaupten, den sein Hersteller verkaufen will?

Als Anwalt des Publikums, sollte man meinen, hat man ein neues Buch, eine Ware also, jawohl eine Ware, die einen massiven Angriff auf unsere Lebenszeit darstellt, vor allem darauf zu prüfen, ob sie es verdient, daß wir ihr unser kostbarstes Gut zum Opfer bringen: jene Jahre, in denen wir schließlich auch Goethe und Gide, Mann und Maupassant, Balzac und Benn, Tolstoi und Tschechow lesen wollen – kurz all diese wunderbaren Bücher, die es schon gibt, von den vielen lehrreichen und anregenden „Sachbüchern" ganz abgesehen, die ja auch jede Saison wieder neu erscheinen.

Nein, es ist ein gutes Zeichen, daß der Ton in der deutschen Literaturkritik wieder rauher wird. Das werden über kurz oder lang auch die deutschen Schriftsteller zu schätzen wissen, die kürzlich noch in einer Focus-Umfrage einen Literaturkritiker zu ihrem Liebling kürten, der nun wirklich der Inbegriff einer glanz- und leidenschaftslosen Kritik ist, die eher als „einfühlende Betrachtung" zu bezeichnen wäre – ein Ansatz, mit dem dieser Autor zwar gute Voraussetzungen für das Verfassen von literaturgeschichtlichen Übersichten mitbringt, aber als Kritiker sein Gewerbe verrät.

Es ist vielleicht kein Zufall, daß dieser Typus, der unter den Fünfzig- und Sechzigjährigen besonders weit verbreitet ist, seine Wertschätzung hauptsächlich jener Oberseminaristenliteratur entgegenbringt, die in den deutschen Feuilletons noch immer überdimensional vertreten und gefeiert wird, obwohl sich die jüngeren deutschen Autoren längst in eine andere Richtung bewegen. Diese Jüngeren wollen auf intelligente Weise unterhalten, anstatt, Kunst und Wissenschaft verwechselnd, mit angestrengt-anstrengenden „Innovationen" den Verlauf der Literaturentwicklung voranzutreiben.

Sie wünschen darüber hinaus, das ist mein Eindruck, mit dem Leser zu kommunizieren, was man schon daran erkennt, daß sie Figuren und Milieus schildern, in denen der Leser sich und seine Erfahrungen wiederfinden kann, um das Vertraute zu reflektieren (und nicht nur simpel wiederzuerkennen, wie dieser Tage ein weiterer Alt-Modernist berechtigte Lesererwartungen zu banalisieren versuchte). Sie setzen mit anderen Worten auf den mündigen Rezipienten, der nicht belehrt oder aufgeklärt und schon gar nicht aufgerüttelt und provoziert werden muß, wie der bevormundende Literaturbegriff von Verechtern der Avantgarde und ihrer literaturkritischen Adepten es vorschrieb.

Diese dialogfähigen jüngeren Autoren, zu denen sich natürlich auch ältere gesellen, die sich den jeweils gängigen „ästhetischen Diskursen" schon immer verweigert haben, sind mit einer im Vergleich zu den USA, England oder Frankreich beträchtlichen Verspätung endlich in der Zivilgesellschaft angekommen sind. Sie werden vermutlich auch einer meinungsfreudigen Kritik dankbar sein, weil sie merken, daß diese, auch wo sie möglicherweise den Mund zu voll nimmt, Literatur nicht missen will für die geistige Selbstverständigung in dieser Zeit der Umbrüche. Nicht Lust am Unter-, sondern Lust auf den Fortgang von Literatur und Literaturkritik scheint angezeigt.

aus: Der Tagesspiegel, 19.12.95

Lesungen

Der Dichter und seine Nation

Günter Grass las im Festsaal des Jüdischen Gemeindezentrums aus seinem neuen Roman

Von Thomas E. Schmidt

In Fontanes Roman *Effi Briest* pflegte der alte Briest Gespräche über das unbegreifliche Neue in der Welt, schon gar, wenn es politischer Natur war, mit den Worten abzukürzen: „Das ist ein weites Feld — ein *zu* weites Feld." Aus dieser Wendung klang ein bißchen Resignation, aber auch große Gelassenheit.

Das Unabwendbare mußte man geschehen lassen, müßig, sich gegen den Wandel zu stemmen. Günter Grass hat seinen bereits mit vielerlei Geraune und Gemunkel erwarteten neuen Roman nach diesem Fontane-Bonmot benannt: *Ein weites Feld*.

Es war bekannt, daß sein Buch zu Zeiten der Maueröffnung spielen würde. Grass hatte den Prozeß der deutschen Vereinigung mit engagierten, teils zornigen Stellungnahmen begleitet. Jetzt folgt ein Gegenwartsroman zum Thema, außerdem ist es das langerwartete „große Buch" von Günter Grass, der für seine letzten Werke von der Literaturkritik nicht gerade gehätschelt worden war. Ein Alterswerk? Fontanesche Gelassenheit ist von diesem Autor kaum zu erwarten.

Grass las am Dienstagabend im Festsaal des Jüdischen Gemeindezentrums. Zum ersten Mal wurde ein Abschnitt aus diesem Werk öffentlich präsentiert. Eine Einladung Marcel Reich-Ranickis ging der Lesung voraus, jenes Kritikers, der in den vergangenen Jahren am lautesten die Bücher von Grass geringgeschätzt hatte. Seine Einladung war eine Geste, und daß Grass sie annahm, Zeichen der Achtung gegenüber dem Ort und den Verdiensten des Gastgebers, jenseits persönlicher Fehden.

Ignatz Bubis und Peter Glotz erwiesen dem Schriftsteller ihre Reverenz; Reich-Ranicki kam sogar mit einem seiner Hamburger Biographen im Schlepptau. Von „großer Unruhe und Freude" war die Rede, von Grass als Dichter des Alltäglichen und der sinnlichen Eindrücke, doch auch — wie dräuend — vom wiederkehrenden „Scheitern" dieses großen Autors.

Was hat es nun mit dem neuen Roman auf sich? Aus 47 Kapiteln wird er bestehen, die Handlung beginnt 1989 und endet im Herbst 1991; er ist Grass' erster „Berlin-Roman". Seine Hauptfiguren sind zwei deutsche Literaten, die sich auf unterschiedliche Weise mit dem Nazi-Regime, der DDR und der Wende arrangieren. Es sind Schatten, hinter denen deutsche (Literatur-)Geschichte sichtbar wird, Stellvertreterfiguren, durch die unterschiedliche Konstellationen des Verhältnisses von Literatur und Macht seelenwandern.

Hoftaller beziehungsweise Tallhover heißt der eine, Repräsentant, Agent der politischen Macht, der andere heißt Fonty, sieht aus wie der späte Fontane und hat sein Literatenleben an dessen Schriften ausgerichtet. Fonty ist Skeptiker und Demokrat, aber auch Kriegsberichterstatter und Stasi-IM, in ihm zeigt sich das Scheitern der Heineschen Tradition deutscher Schriftstellerei angesichts von Barbarei und Stasi.

Der Auftritt des (gerade wieder genesenen) Grass wurde enthusiastisch gefeiert. Die Aufmerksamkeit, die die Medien dieser Lesung schenkten, zeigte, wie gespannt die Öffentlichkeit auf die literarische Gestaltung der Wende-Thematik durch Deutschlands bekanntesten Schriftsteller ist.

Nach den ehrgeizigen, aber umstrittenen Versionen Reinhard Jirgls und Thomas Hettches, die sich weit in den Bereich des Allegorischen wagten, gibt es sicher Hoffnungen auf eine „realistische" Darstellung, die die jüngste Vergangenheit auch begreifbar macht.

Wer jedoch mit dieser Erwartung kam, mußte enttäuscht werden. Es sprach eigentlich nicht der Dichter der sinnlichen Eindrücke, Grass erzählte parabelhaft, sein Text steckt voller literarischer Anspielungen und historischer Verweise. Das war eher Geschichtsversion, weniger Alltagsrealismus.

aus: Frankfurter Rundschau, 27.4.95

Gut getrommelt: Sogar Seiner Heiligkeit gefiel's

Günter Grass las in Frankfurt aus seinem neuen Roman, der im Herbst erscheint

Große Ereignisse werfen lange Schatten voraus:Bereits im Februar vermeldete der Steidl Verlag die bevorstehende Vollendung des neuen Romans von Günter Grass. Jetzt ist's vollbracht; der Dichter sah, daß es gut war, gab sein Manuskript druckfrei und spendierte, vor gut 800 Eingeweihten in der Jüdischen Gemeinde Frankfurt, erste Kostproben aus dem Werk, das im September unter dem Titel „Ein weites Feld" erscheinen soll. Die Einführung sprach Seine Heiligkeit himself, Buchmacher Marcel Reich-Ranicki.

Die Vorfreude wandelte den Kritiker zum Laudator. Reich-Ranicki schwelgte in Erinnerungen, überschüttete den bescheiden in der ersten Reihe sitzenden Dichter mit schönsten Adjektiven. Grass sei *der* „grimmige Idylliker" schlechthin, ein „poetischer Erzähler, aggressiv bis sarkastisch" und vor allem „unberechenbar". Jetzt das neue Werk, umfangreicher als die „Blechtrommel" und bislang unerhört. „Dies ist ein großer Abend für Grass. Was empfindet er? Ich weiß es! Er empfindet Lampenfieber."

Grass dankte dem alten Für- und Widersacher („Ich fühle mich ertappt"), brachte sein Publikum auf den aktuellen Stand der Dinge („Die langjährige Arbeit an dem Roman ist zu Ende") und zeigte sich als Vorleser par excellence. Er kann's wie kein zweiter: 90 Minuten las er aus zwei (von 47) Kapiteln – lebendig und ruhig.

Was dem konzentrierten Publikum zu Ohren kam, macht neugierig. Zieseliert und manieriert wie zu Blechtrommlers Zeiten ergießen sich mächtige Wortkaskaden über die deutsche Misere. Rasant springt der Erzähler zwischen den Zeiten, häuft Bildung und Bilder; und wer das Tempo nicht halten kann, bleibt auf der Strecke. So üppig die Form, so unkonventionell die Helden: Auch der „unsterbliche" Fontane treibt sein Wesen nicht nur in Gestalt jenes Theo Wuttke, von dem wir noch einiges hören werden – mit eleganten Sottisen wird nicht geklekkert, sondern geklotzt. Das Publikum dankte mit mehr als höflichem Beifall, auch Reich-Ranicki („Kritiker sind keine notorischen Nörgler, sie schaffen Platz für das Gute") applaudierte eifrig.

Als Zugabe gab's ein bißchen „Novemberland" und eine ausgiebige Signierstunde. Selbst der Kritiker griff zum Griffel, doch hier hielt sich die Nachfrage in Grenzen. MRR trug's mit Fassung; dies war nicht sein Abend.

Doch der wird kommen, dereinst im Herbst, wenn das endgültige Urteil ansteht. Es wird, so deutete MRR an, wohl ein gnädiges sein. „Ich habe Grass immer für ein unglaubliches Talent gehalten, auch wenn ich nicht jedes seiner Bücher mochte. Aber dieser Roman - das ist wieder etwas ganz anderes." Ein weites Feld, in der Tat.

Ira Panic

aus: Hamburger Morgenpost, 27.4.95

Aus dem Land der Spitzel

Günter Grass gab Einblicke in seinen neuen Roman

Es gibt die Neugier noch. Sogar für ein Buch. Es gibt das Publikum, dem es beim Zuhören so heiß wird, wie dem Schriftsteller vor den Mikrophonen. Als Buch ist der neue Roman von Günter Grass *Ein weites Feld* noch nicht erhältlich. Eine „Jungfernlesung" ist weniger ein Testlauf für einen mit allen Freuden und Schrekken der Marktgesetze vertrauten Autor als die geschickte Vorbereitung großer Aufmerksamkeit. Um den Teil des Publikums, der gerne mitreden will, ohne die Mühe des Lesens auf sich zu nehmen, zufriedenzustellen, ist heute ein Skandal, auch wenn es nur ein klitzekleiner ist, unabdingbar. Günter Grass hat Hans Joachim Schädlichs fiktive Figur des politischen Polizisten Tallhover, der aus dem aktiven Dienst ins Archiv versetzt wird, als eine von zwei Hauptfiguren in sein magnum opus übernommen. „Tallhover darf nicht sterben", soll Grass seinem Freund Schädlich geschrieben haben. Nach Hans Christoph Buch ist Grass der zweite, der sich Tallhover zu eigen macht. Wahrscheinlich wird Hans Joachim Schädlich sich damit abfinden müssen, seit 1986 Vater des neuen deutschen Mephistopheles zu sein.

Fünf Bücher und 37 Kapitel umfaßt Günter Grass' „erster Berlin-Roman", in dem Berlin vom Zeitalter Fontanes bis zum Herbst 1991 beleuchtet wird. Fonty heißt der Held, der im Verlauf der Geschichte den neuen Namen Theo Wuttke bekommt. Fonty beginnt seine Karriere als Tag- und Nachtschatten Fontanes und endet als alter Aktenträger Wuttke, der nach dem Fall der Mauer mit Hoftaller alias Tallhover Geburtstag bei McDonalds feiert. Der Autor Grass freut sich an der schönen selbstgeschaffenen Gelegenheit, das gesamte Berliner Milieu, mit den Augen Liebermanns, Werners, Menzels, nachzuzeichnen und Fontanes Bürgersprache wie selbstverständlich in seine eigene einfließen zu lassen. Er freut sich an den Doppelporträts, „geschaffen für immer neue Skizzen". Zur Modrow-Zeit sind Hoftaller und Wuttke mit der zwischenzeitlichen Ablage von Akten in der Normannenstraße sehr beschäftigt. Grass überläßt das Schicksal des alten Boten Wuttke und des Polizeispitzels Hoftaller dem Endloskurs des Paternosters. Der Paternoster ist das Modell für die Wiederkehr des gleichen in einer sich verändernden Zeit.

Einen „Heimatdichter, aggressiv und sarkastisch" nannte Reich-Ranicki Günter Grass in seiner Einführung. „Erst die Fremde lehrt uns, was wir an der Heimat haben", heißt es in Fontanes *Wanderungen durch die Mark Brandenburg*. Grass trug Fontanes *Effi Briest* bei sich auf seiner indischen Flucht vor Deutschland und den deutschen Kritikern.

Auch wer nicht glaubt, daß Kritiker ein Herz und mit dem Autor „Lampenfieber" haben, Marcel Reich-Ranicki hat bei seiner Einführung im Frankfurter Haus der Jüdischen Gemeinde von der Hoffnung gesprochen, daß es ein großes Werk wird. Marcel Reich-Ranicki hat Günter Grass gelobt und (besonders als Lyriker) sehr geehrt, das Wort vom Scheitern wurde natürlich nicht weggelassen. Die Neugier auf den Roman, umfangreicher als *Die Blechtrommel*, über die deutsche Geschichte und ihre Schatten ist geweckt. Es wird ein wichtiges „deutsches" Buch, voller Anspielungen, Zitate, Bilder und raffiniert konstruierter Spiegelungen. *Ein weites Feld* von Günter Grass erscheint im Steidl Verlag Ende August.

VERENA AUFFERMANN

aus: Süddeutsche Zeitung, 27.4.95

Der Meister ist wieder da!

VON MARTIN LÜDKE

Am Anfang war, wie so oft, ein Gerücht. Seit vergangener Woche haben wir die Gewißheit. Er kommt. Er kommt auf jeden Fall ganz groß heraus. Der neue Günter Grass. Obwohl ein Rätsel bleibt.

An Goethes 246. Geburtstag, am 28. August, wird das Buch, das aus fünf Büchern und 37 Kapiteln besteht, vom Göttinger Seidl-Verlag ausgeliefert. Es ist umfangreicher als die „Blechtrommel", besser als „Das Treffen in Telgte". Seinen Titel hat es von Theodor Fontanes altem Briest, dem Vater der Effi, geliehen: „Ein weites Feld". Sein Held, man mag es kaum glauben, nicht der trüben Realität deutscher Geschichte, nicht der eigenen Einbildungskraft, nein, dem Freund und Kollegen, dem Schriftsteller Hans Joachim Schädlich ist er enteignet worden. Seinen imposanten Anspruch aber hat das Buch von Grass selbst bezogen, der es offenbar noch einmal allen und vor allem seinen Kritikern zeigen will. Aus gutem Grund.

Aber schön der Reihe nach. Schon zwei Stunden nach Beginn des Kartenvorverkaufs, Wochen vorher, war die Veranstaltung im Festsaal des Frankfurter Jüdischen Gemeindezentrums ausverkauft. Neugier auf den neuen Grass? Natürlich. Aus Hamburg, München, Köln kamen eigens die Kollegen Kritiker angereist. Drei Fernsehteams und ein gutes Dutzend Fotografen behinderten sich gegenseitig. Neugier des Publikums auf einem Jahrmarkt der Eitelkeiten? Auch das. Die Noten, nach denen im „Literarischen Quartett" gespielt wird, lassen sich, ohne an Unterhaltungswert zu verlieren, für zwei Singstimmen ebenso nutzen. Marcel Reich-Ranicki nämlich stellte „seinen Gast" vor, mit, das bekannte er kokett, leichtem „Lampenfieber".

Verständlich, denn eben der hatte

sich des öfteren über den „Frankfurter Rezensenten" mokiert. Zum Beispiel in „Zunge zeigen", einem Flucht-Buch nach dem Debakel mit der „Rättin", dem Ergebnis eines halbjährigen Indien-Aufenthalts aus dem Jahre 1988, ließ sich Grass zum wiederholten Mal herzhaft offen über den, so wörtlich, „Literaturnarren" aus. Zu Zeiten der Gruppe 47 sei er ja „umtriebig" und „amüsant" gewesen, „liebenswert noch in seinen Fehlurteilen". Doch später, mit der „Macht" verbandelt, sei er „übellaunig bis bösartig" geworden. Grass befürchtete gar, daß „dessen eloquenter Pfusch sich ungeschmälerter Wirkung" erfreue, weil niemand diesem „Beckmesser" sein „einzig gültiges Werkzeug, die Meßlatte des Sozialistischen Realismus", mal so richtig um die Ohren schlage. Das Zeugnis einer asymmetrischen Männerfreundschaft? Mitnichten. Der erste Streicher im „Literarischen Quartett" wußte sich sehr wohl zu wehren. Anläßlich der „Unkenrufe", des deutsch/polnischen Wende-Romans von Grass aus dem Jahre 1992, hat der deutsche Chefkritiker mit bester Absicht und schlichter Infamie zurückgefragt: „Ist Grass mit seinem Latein am Ende?" Und, direkter noch: „Wie konnte das passieren?" Solch ein Debakel!

Was immer nun die beiden Herren in Frankfurt zusammengeführt haben mag, auf alle Fälle lobten sie sich ausgewogen, einander vorsichtig belauernd. Der Kritiker lobte den Lyriker und den Verfasser der „Blechtrommel" als einen großen Künstler, der, weil er so groß ist, naturgemäß auch das Risiko des „Scheiterns" immer wieder auf sich genommen habe. Und der Dichter lobte den Kritiker, und zwar als „Liebhaber" – der Frauen und der Literatur. Soweit das, zugegeben, amüsante Vorspiel.

Dann wurde es urplötzlich ernst und ganz ruhig im Saal. Grass begann zu lesen. Schon mit den ersten Worten war klar: Er geht aufs Ganze. Die Sätze vibrierten vor Spannung. Grass hatte sich schließlich in den vergangenen Jahren, in Diskussionen über die deutsche Wiedervereinigung, ihre Art und Weise und ihre Folgen hüben wie drüben, nicht nur mächtig exponiert – „wider das dumpfe Einheitsgebot" –, sondern, mehr noch, selbst in die Ecke manövriert. Gewohnt, mit dem moralischen Kredit der Gruppe 47 als Repräsentant des besseren Deutschland aufzutreten, mußte er, sicher schmerzhaft, erkennen, daß ihn am Ende keiner mehr hören wollte. Und die deutsche Öffentlichkeit konnte an seinem Fall sehen, daß die Epoche, in der Schriftsteller zu politischen und gesellschaftlichen Problemen gefragt waren, endgültig zu Ende gegangen ist. Doch Grass ist, wie jeder weiß, der ihn auch nur flüchtig kennt, ein beharrlicher Charakter, stur sagt man dazu auch (ich erinnere mich an eine Jury-Sitzung, in der wir gegen ihn ausführliche und überzeugende Argumente zusammengetragen hatten, die er dann mit den Worten resümierte: „Gut, machen wir es also so." Nämlich so, wie er es wollte). Deshalb war

GÜNTER GRASS *hat Kostproben aus seinem neuen Roman zum besten gegeben: ein deutsches Ereignis*

ein neuerliches Debakel durchaus zu befürchten. Die ersten Gerüchte über das neue Buch bestärkten solches. Ein Berlin-Roman, der zwischen 1989 und 1991 spielt, eine Wiedervereinigungsgeschichte also.

Doch alle Bedenken waren schäbig und klein geworden, gleich nachdem Grass die allerersten Sätze, den Beginn des vierten Kapitels,. „Wie von Liebermanns Hand", gelesen hatte. Zur Erinnerung: Der Titel ist Fontane, des alten Briests klug-resignativer Einsicht entlehnt, „das ist ein weites Feld, Luise". Der Held, Tallhover bzw. Hofthaler genannt, ist die reaktivierte Hauptfigur der großen Erzählung von Hans Joachim Schädlich, „Tallhover" (1986). Tallhover verkörperte seinerzeit ein Prinzip: das der konspirativen Tätigkeit. Wie García Márquez im „Herbst des Patriarchen" die Inkarnation südamerikanischer Herrschaft beschworen hatte, so verfolgte Schädlich durch die deutsche Geschichte der letzten beiden Jahrhunderte hindurch, bis ins Jahr 1955, in der Gestalt Tallhovers den ewigen Spitzel. Tallhover war immer dabei, wenn es etwas auszuspähen, aufzudecken, etwas zu verraten gab. Doch anders als der Patriarch, der seinen Hodensack wie einen Brautschleier in den langen Gängen seines Palastes hinter sich herschleifte, wirkt Schädlichs Tallhover auf Dauer blutleer und blaß, tatsächlich als Prinzip. Bei Grass jetzt wird die Figur sofort wieder lebendig: Die Bilder des Paternosters, in dem der Aktenbote Fonti im Haus der Ministerien auftaucht, wieder verschwindet, mal mit den Füßen vorweg, dann mit dem Kopf voran, allein oder mit Tallhover zusammen, der sich, so komisch wie konsequent, hier Akteneinsicht verspricht – solche Episoden werden in die Literaturgeschichte eingehen.

„Schon mit den ersten Worten ist klar: Grass geht aufs Ganze"

MARTIN LÜDKE

Nicht Thomas Hettche, nicht Volker Braun und auch nicht Reinhard Jirgl, nicht die Jüngeren und die Jungen haben den großen deutschen Roman über Wende und Mauerfall geschrieben, sondern, wenn die Zeichen nicht trügen, er, unser Altmeister, Günter Grass. Was ihm im „Butt" mißlang, was ihm in der „Rättin" gründlich danebenging, die Allegorie der Geschichte, hier, in diesem „weiten Feld", könnte sie endlich gelungen sein. Der Verrat, Uwe Johnson hatte es früh erkannt, ist eines der großen Themen unseres Jahrhunderts geworden. Der Verräter zur unsterblichen Figur? Und der Schriftsteller, von Berufs wegen schon, zum Verräter? Von Fontane bis zu Sascha Anderson. Die Reihe ist lang. Namen werden zu Zeichen. Das Rätsel bleibt: „Ein weites Feld", mit bebendem Ehrgeiz abgesteckt – unsere, die deutsche Geschichte? „Skeptisch bleiben", sagt Tallhover, „ist besser als zynisch werden." Am 28. August, an Goethes Geburtstag, wissen wir mehr.

aus: Die Woche, 5.5.95

Fontys Heimspiel

Günter Grass las in der überfüllten Berliner Kulturbrauerei, und alle Kritikerschelte schien vergessen

Von Cornelia Geißler

Wie sieht jemand aus, dessen Buch, Produkt jahrelanger Arbeit, gerade von der Kritik zunichte gemacht worden ist? Erstaunlich gut. Sonnengebräunt, immer noch überwiegend schwarzhaarig – graue Fäden ziehen sich nur durch den Schnauzer des 68jährigen Günter Grass. Er kommt aus dem Urlaub. Mittags, beim Essen, ist er ganz aufgeräumt. Fontanegerecht und passend zum neuen Buch, gibt es Gebratene Ente aus den „Poggenpuhls", Gemüseplatte aus „Irrungen, Wirrungen" und „Frau Jenny Treibels" Süßspeise. Grass erzählt Schnurren aus der Vergangenheit. Wie das war, als Marcel Reich-Ranikki ihn kennengelernt hatte und in ihm einen bulgarischen Spion sah.

Am Abend liest Grass im überfüllten Kesselhaus der Kulturbrauerei in Prenzlauer Berg. Nicht zum ersten Mal hat ein Buch, aus dem er vorträgt, zuvor negative Rezensionen bekommen. Aber diesmal war die Auseinandersetzung besonders heftig. Es ist Grass' erste Lesung aus seinem gerade erschienenen Roman. Premiere für „Ein weites Feld".

Drei-Mann-Protest

Jürgen Alberts, ein Mann mit Vollbart und Hut, möchte zuerst etwas sagen: „Wir haben damals vor dem ‚Spiegel'-Gebäude demonstriert, als das Titelbild erschienen ist, auf dem Marcel Reich-Ranicki das Buch von Günter Grass zerreißt." Kurze Pause. „Wir waren zu dritt." Er liest einen offenen Brief vor, eine Solidaritätserklärung mit Grass. 20 Kollegen hätten bisher unterschrieben.

Der Kultursenator stellt zur Eröffnung klar, was der „Großschriftsteller", der jedenfalls derzeit berühmteste deutsche Autor, für die berlinische Kultur bedeutet: Grass hat vor Jahren schon den Alfred-Döblin-Preis für Romanmanuskripte gestiftet, sein ehemaliges Wohnhaus im schleswig-holsteinischen Wewelsfleth für junge Schriftsteller als Arbeitsdomizil zur Verfügung gestellt und die Chodowiecki-Stiftung ins Leben gerufen, die das Werk Danziger Maler und Grafiker auszeichnet.

Dann geht Grass auf das Podium, verweist in einer kurzen Vorrede darauf, daß er trotz der „Hinrichtungen" noch lebt und bekommt ein paar aufmunternde Lacher. Am Anfang scheint alles noch unter einem schlechten Vorzeichen zu stehen, die Mikrofone wackeln, der Ton schwankt, es rumpelt und knirscht. Ungeduldig wartet das Publikum, viele sitzen schon seit 19 Uhr da, so wie Bettina Wegner, die Liedermacherin; schräg vor ihr hat Klaus Schütz, ehemals Regierender Bürgermeister von Berlin, Platz gefunden.

Ein Mann in Kapuzenjacke macht sich an den Mikrofonen zu schaffen. Er heißt Gerhard Steidl, ist der Verleger von Günter Grass und hatte vorher, als man noch locker beieinanderstand, beteuert, Goethes Geburtsdatum nicht auswendig gewußt zu haben. Dabei hieß es doch, der Verlag habe das Erstverkaufsdatum des Buches bewußt auf den 28. August gelegt.

Steidls Verlag ist klein und das „Weite Feld" war *das* Sommerloch-Thema des Kulturjournalismus in diesem Jahr. Für den in Göttingen ansässigen Verlag bedeutete dies, täglich auf Interviewanfragen, Bitten um Stellungnahmen und den Wunsch nach Rezensionsexemplaren zu reagieren. Alles, was der Verlag mit dem Buch zuvor unternahm – Leseprobenhefte zu verschicken, Buchhändlern und Kritikern knapp 5 000 Leseexemplare zuzusenden, eine Sperrfrist für die Veröffentlichung von Rezensionen festzulegen – wurde in den verschiedenen Blättern kommentiert. Dabei, durch den „mächtigen Wirbel" (Spiegel) schien die Presseabteilung des Verlages immer unheimlichere Ausmaße anzunehmen.

Der Paternoster

Beim Mittagessen hatte der Schriftsteller auf eine junge zierliche Frau mit langem blonden Haar hingewiesen: „So sieht sie aus, die ominöse Presseabteilung des Steidl-Verlages, sie hat die Kampagne für mein Buch entfesselt. Immer wieder habe ich in den Interviews davon gesprochen", sagt Grass, „aber das wird jedesmal wieder rausgestrichen. Es paßt nicht ins Bild."

Steidl bekommt das Mikrofon-Problem in den Griff, Grass beginnt mit Auszügen aus dem vierten Kapitel und einer wunderbaren Beschreibung des Paternosters im Treuhandgebäude. Und so, wie sich der nach vorn offene Fahrstuhl auf und ab bewegt, so wie Fonty „die sinkende Kabine mit leicht nach unten geneigtem Hüpfer, die steigende mit aufstrebendem Sprung besetzte", wippt und wiegt sich Grass beim Lesen, rhythmisch begleitet seine Stimme das altersschwache Gefährt, das „dank Sondergenehmigung" immer noch in Betrieb war. Hier hatte der Kriegsberichterstatter Theo Wuttke seine spätere Frau Emmi kennengelernt, hier hilft der Fontane-Fan Wuttke alias Fonty seinem Tagundnachtschatten Hoftaller beim Ein- und Aussteigen, hier trifft er später den Treuhandchef.

Szenenwechsel in das 36. Kapitel. „Nicht nur der Prenzlauer Berg, ganz Berlin kam": Grass liest in der Kulturbrauerei davon, wie Fonty in der Kulturbrauerei liest. „Später hieß es, das Ehepaar Wolf, der alte Hermlin, sogar Müller seien dabeigewesen; doch was später gesagt wurde, zählt nicht, später gab es nur noch Meinungen und Gerüchte", heißt es im Roman. Wir sehen andere Autoren in den Reihen sitzen: Stefan Heym, Joochen Laabs, Daniela Dahn, Dieter Schlenstedt, Bernd Schirmer, Elke Erb. Die von der Fatwa bedrohte Schriftstellerin aus Bangladesch Taslima Nasreen steht an der Seite, nicht einmal ihr Bodyguard konnte noch einen Stuhl auftreiben. Neben ihr war eben noch Peter Wawerzinek zu sehen, der Mecklenburger Dichter von Prenzlauer Berg. Und dort, wo in der Fiktion unter dem Schild „Notausgang" der Spitzel Hoftaller sitzt, steht im wirklichen Leben Antje Vollmer, Bundestagsvizepräsidentin und sicher keine Stasi-Agentin.

Treuhand brennt

In Fontys Vortrag, in Grass' Lesung, gibt Frau Jenny Treibel in der Treuhand ein Fest und viele, viele Fontane-Figuren kommen. Es ist ein rauschendes Fest: Grass liest laut, wechselt das Tempo, nimmt die Hände zur Hilfe, um Bewegungen zu unterstreichen, und sein Fonty steigert sich in Visionen, denkt sich von Fontane beschriebenes Feuer auf einmal mitten in Berlin, es zündelt, und ach: „Das mußte ja so kommen. Die Treuhand brennt!" Draußen, vor dem Kesselhaus, setzt strömender Regen ein. Er pladdert auf das Zelt, wo Dutzende Zuhörer auf Außen-Lautsprecher angewiesen sind, weil der Platz im Saal für sie nicht reichte. Nach all dem, was über das Buch gesagt wurde, hat nun also der Autor gesprochen. Gegen die Meinungen und Gerüchte hat er seinen Text gesetzt. Offensichtlich überzeugend: Lange, lange wird geklatscht.

„Fragen Sie mich nicht nach den Kritiken, darüber weiß ich nichts", leitet Grass die Diskussion ein. Ein Mann – später erzählt er, daß er aus Kolumbien stammt, jetzt in Bonn lebt, extra zur Lesung nach Berlin gekommen ist und hier sogar, wie Fonty, in der Kollwitzstraße wohnt – erkundigt sich nach der Tradition des Schelmenromans, die er im „Weiten Feld" wiederentdeckt hat. Grass ist sichtbar erleichtert, denn endlich will jemand mit ihm über Literatur sprechen, nicht über die Treuhand, über Spitzel oder seine Sicht auf die deutsche Vereinigung. Er betrachte die Literatur als „ein Gespräch über Jahrhunderte". Ja, tatsächlich sei es der pikareske Roman, der ihn schon bei der „Blechtrommel" reizte, tatsächlich bezog er seine Anregungen bei Cervantes, auch bei Diderot und Flaubert. Frage und Antwort wirken wie ein Zeichen für Grass, für seinen Verlag: Die Buchpremiere, bewußt in der Kulturbrauerei geplant, erweist sich als Erfolg.

Dann möchte doch noch jemand etwas über die Treuhand wissen und Grass soll noch erzählen, wie er darauf kam, über den Paternoster zu schreiben. Mehr nicht. Wer eine erhitzte Diskussion erwartet hat, wird enttäuscht.

Jürgen Alberts steht am Ausgang und unterhält sich mit ein paar Leuten. Er verteilt seinen offenen Brief nicht. Dabei hätte die versammelte Presse ihn vielleicht gern mitgenommen. Alberts ist kein Medien-Mann wie Reich-Ranicki. Er schreibt Krimis.

aus: Berliner Zeitung, 6.9.95

Des Doppelgängers Doppelgänger

Wie in der Kulturbrauerei zu Berlin Wuttke alias Fonty seinen Erfinder Grass verteidigte

Von Stephan Hebel

Fonty war da, Theo Wuttke alias Fonty. Fonty, jetztzeitlicher Wiedergänger Theodor Fontanes im Roman *Ein weites Feld*, nahm die Gestalt seines Erfinders Günter Grass an, an diesem Abend in der Berliner Kulturbrauerei, und er ließ die Treuhandanstalt tanzen mit dem versammelten Personal Fontanescher Literatur, bis sie brannte. Grass, begnadeter (Vor-) Leser seiner Werke, erreichte, was er wollte: Es war, wenn es so etwas gibt, ein ganz „literarischer" Moment. Grass war Fonty, die dichtgedrängten Zuhörer mutierten zu Mitspielern der Romanszene, in der Fonty die Kulturbrauerei für seinen großen Auftritt nutzt.

Günter Grass war da, nach außen hin überhaupt nicht gezeichnet bei der ersten Lesung nach den Verrissen der Großkritiker, denen es so schwer fällt, seine Literatur von seinen politischen Stellungnahmen zu unterscheiden. „Es hat Hinrichtungsversuche gegeben, aber er lebt noch", formulierte Grass, als spräche er über eine seiner Figuren. „Literarisch" habe er an der Treuhand gezündelt, wehrte er sich gegen die Frage, ob er nicht per Roman am realen Zündeln teilnehme.

Und er lieferte im gleichen Atemzug den Verreißern Munition, das Niveau seiner Literatur in Sekundenschnelle verlassend und ins Banal-Politische wechselnd: „Die Treuhand war ein barbarisches Instrument des Abwickelns, ohne Rücksicht auf Menschen. Sie hat Trauer geschaffen und Ekel und Haß. Dieser Terror hat Gegenterror zur Folge." So schnell war er abgehandelt, der reale Mord an Treuhand-Chef Rohwedder. Hätte Grass doch Fonty reden lassen.

Die Frage nach Rohwedder jedenfalls bekam mehr Applaus als die Antwort. Dem Autor aber war Zustimmung vor allem dort sicher, wo er seine Literatur selbst sich verteidigen ließ — vor allem mit der brillanten Darstellung des Paternosters im Treuhandbau, der einst der DDR als Haus der Ministerien und davor den Nazis als Reichsluftfahrtministerium diente.

Nicht immer daneben lag Grass auch dann, wenn er seine Literatur zu erklären versuchte. Das „Entdämonisieren" sei seine Lieblingsbeschäftigung, ein Beitrag dazu, Geschichte „nicht zu dämonisieren und damit der Wirklichkeit zu entziehen". Das habe er schon in der *Blechtrommel* mit der Nazizeit versucht. Wer aus dieser Perspektive auf den „schlimmen" Spitzelapparat des SED-Systems schaue, sehe eben auch, daß der Verführer, der Geheimdienst-Offizier, gelegentlich die Züge eines „Fürsorgers", eines „Nothelfers" für seine Inoffiziellen Marionetten angenommen habe.

Es schien, als verstünde Grass nicht, daß Kritiker das nicht verstehen. „Fragen Sie nicht nach der Kritik", sagte er, „davon habe ich keine Ahnung."

aus: Frankfurter Rundschau, 6.9.95

Totgesagte leben länger

Günter Grass präsentierte in der Berliner Kulturbrauerei seinen neuen Roman

„Es gab in den letzten Tagen einige Hinrichtungsversuche. Aber er lebt noch." Mit diesen, in der distanzierten dritten Person gehaltenen Worten eröffnete Günter Grass die offizielle Buchpremiere seines neuen Romans „Ein weites Feld" in der Berliner Kulturbrauerei. Er werde sich nicht den Mund verbieten lassen, sondern weiter danach trachten, mittels Literatur die politischen Verhältnisse zu „entdämonisieren". Das sei beim neuen Buch nicht anders als früher schon bei seiner „Blechtrommel". Günter Grass reagierte damit auf die zum Teil heftigen Angriffe, denen sich er und sein Buch im Vorfeld der eigentlichen Buchpremiere ausgesetzt sahen.

Denn die Aufregung um den nahezu 800 Seiten starken Roman hatte bereits heftige Wellen in den Medien geschlagen, bevor das Buch an der Ladenkasse zu kaufen war. Für Marcel Reich-Ranicki war die Erzählung über den Fontane-Wiedergänger Theo Wuttke und seinen „Tagundnachtschatten" Hoftaller „ganz und gar mißraten", in der „Zeit" hatte Iris Radisch das zwischen deutscher Reichsgründung und Mauerfall angesiedelte Buch als „unlesbar" bezeichnet. Dem Verkauf hat die Welle der Verrisse nicht geschadet. Im Gegenteil: 150 000 Exemplare sind ausgeliefert, weitere 50 000 werden in den nächsten Tagen folgen. Ein Lehrbeispiel, daß sich auch Negativ-Kampagnen auszahlen: Hauptsache, das Medienkarussell dreht sich.

Deshalb boxten auch unzählige TV- und Fotokamerateams um die besten Plätze im restlos überfüllten alten Kesselhaus einer Berliner Brauerei, die jetzt als Kulturzentrum dient und im Grass-Roman eine nicht geringe Rolle spielt. Fonty alias Theo Wuttke wird hier im Roman einen Vortrag halten, der einen weiten imaginären Bogen schlägt zwischen den Gründerjahren des deutschen Reiches bis zur Abwicklung von DDR-Immobilien durch die Treuhand. Jetzt aber, welch schöne Pointe, will Günter Grass vorlesen, wie Fonty seinen Vortrag hält. Vorher muß Grass noch ein Blitzlichtgewitter über sich ergehen lassen und sich durch einen Wald von Mikrofonen ans Podium durchkämpfen. Der Literat als Sensationsmaschine? Komplex-sensible Literatur als Teil der Unterhaltungsindustrie?

Berlins Kultursenator Ulrich Roloff-Momin meinte in seiner Eröffnungsrede, die bisherigen Rezensionen seien offenkundig mit dem „Vorschlaghammer" verfaßt, sie wirkten wie „Parteienwerbung im Wahlkampf: plakativ, vorurteilsgeladen und wenig argumentativ". Daß er recht haben könnte, zeigt sich bei der Grass-Lesung. Wenn der Autor mit ironisch-fester Stimme sein merkwürdiges Zwillingspaar durch die Treuhandflure geistern läßt, wenn Fonty sich anläßlich der 1000. Treuhand-Abwicklung ein Verkleidungsfest unter dem Fontane-Motto „Jenny Treibel läßt bitten" ausmalt, dann beginnen die Figuren des vielleicht voreilig totgesagten Textes zu leben. Dann hat der Roman all jene Kraft und Würze, die ihm bisher abgesprochen wurde. Großer Applaus.

Angesichts des heftigen Zuhörer-Zuspruchs verebbte die Diskussion, bevor sie richtig begann. Ob Grass nicht befürchten müsse, mit seiner Kritik an der Treuhand politisch „zu zündeln", wollte jemand wissen. Er sei nur der Überbringer, nicht der Urheber der schlimmen Botschaft, lächelte Grass. Und außerdem: „Ich habe die Treuhand nicht in die Welt gesetzt, sondern nur literarisch auf sie reagiert."

Frank Dietschreit

aus: Mannheimer Morgen, 6.9.95

Großer Bahnhof im Kesselhaus der KulturBrauerei:
Günter Grass las aus seinem neuen Roman

Szenenapplaus für den Paternoster

Von IRMTRAUD GUTSCHKE

„Nicht nur der Prenzlauer Berg, ganz Berlin kam; und selbstverständlich zählten wir zum Publikum. Welch ein labyrinthisches Gemäuer! Nach den Plänen des Architekten Franz Schwechten, der wenig später die Kaiser-Wilhelm-Gedächtniskirche entwarf, war viel Backstein vermauert worden, um diesen Gebäudekomplex zu türmen. Auslauf und Räume im Übermaß. Mit Türmchen und Zinnen, als habe man eine Stauferburg bauen wollen..." So beschreibt Günter Grass in seinem Roman „Ein weites Feld" die Berliner KulturBrauerei, wo sein Held Fonty wenige Tage nach dem Moskauer Putsch einen großen Auftritt hatte. Hier wollte er „singen, was heißt, mit meinem Vortrag alle von den Stühlen reißen". Und „so viel Leidenschaft züngelte und erhitzte sich wechselseitig, brach brünstig feurig durch, leckte und wurde geleckt, kam lodernd nieder, ergoß Glut, verglühte und steigerte sich zu solch umfassender Hitze", daß die Zuhörer glaubten, es brennt, und die von draußen kommenden Sirenentöne würden zum Vortrag gehören.

Wortmagie: Sich im Geist eine Szene ausmalen, und genau so geschieht's dann in Wirklichkeit. Das ist das Größte. Günter Grass hat sich und dem Publikum am Montagabend im Kesselhaus der KulturBrauerei den Spaß gegönnt, aus seinem neuen Roman unter anderem gerade jene Passagen nachzuerleben, in denen Fonty eben dort auftritt. Und er, Grass, las ebenso vom Stehpult wie Fonty, oder eben Fonty tat's wie Grass. „Welch ein Beifall. Als wollte man den Backsteintempel, die Quelle längst versiegter Bierströme, das Kesselhaus sprengen." Es war tatsächlich wie im Roman.

Fast eine ganze Seite braucht Grass, um aufzuzählen, wer alles zu Fontys Vortrag gekommen ist – die jungen Talente vom Prenzelberg, Ehemalige aus dem Haus der Ministerien, Akademiemitglieder, Pastoren... „Später hieß es, das Ehepaar Wolf, der alte Hermlin, sogar Müller seien dabeigewesen." Ich weiß nicht im einzelnen, wer am Montagabend zugegen war. Aber immerhin hielt Kultursenator Roloff-Momin für Grass die Begrüßungsrede. Stefan Heym saß in der ersten Reihe. Überhaupt waren viele Schriftsteller da und Verleger und der P.E.N.-Präsident Ost und ein Vizepräsident des Internationalen P.E.N. und diese und jene großen und kleinen Promis. Die Agentur dpa hat Antje Vollmer gesichtet. Ist das wichtig? Es zeigt zumindest, daß es nicht irgendeine Lesung war, vielleicht nicht einmal in erster Linie eine Literaturveranstaltung, sondern ein Ereignis künstlerisch gestalteter Wirklichkeit.

Ich nehme mal an, viele im 500-Personen-Saal des Kesselhauses (außerdem wurde die Lesung in mehrere andere Räume live übertragen) hatten den Roman noch gar nicht gelesen, aber das Presseecho kennt natürlich jeder. „Im Laufe der letzten Tage gab es einige Hinrichtungen, aber er lebt noch", so trat der Autor seinem Publikum entgegen. „Er will nicht auf der Bank der Sieger sitzen, sondern dort, wo die Betroffenen sitzen."

Demonstrativ hat Grass seine Buchpremiere in Berlin zelebriert, nicht im Westen, sondern im Osten. Und das, obwohl er in den alten Bundesländern traditionsgemäß die meisten Buchkäufer hat. Allerdings war der Roman auch an diesem Montag noch nicht auf der Bestsellerliste West im SPIEGEL, während er – über 100 000 verkaufte Exemplare sprechen für sich – bekanntlich auf der Bestsellerliste Ost schon nach kurzer Zeit auf Platz 3 gewesen ist. Bestsellerlisten sollten objektiv sein. Der Literaturbetrieb in seinen vielen Verästelungen hat freilich nicht nur mit Texten zu tun, nicht nur mit Verkaufszahlen, sondern auch mit Gefühlen, mit der Sympathie und Antipathie für einen Autor. Aber das ist, wie sagte's Fontane, wie sagte's Grass, „ein weites Feld"...

Günter Grass bot Kostproben aus seinem Roman, die seine Vorliebe fürs erzählerische Detail erkennen lassen. Wie er in Kapitel 4 das Auf und Ab des Paternosters in jenem geschichtsträchtigen Gebäude beschreibt, das früher Reichsluftfahrtministerium, dann Haus der Ministerien war, bevor die Treuhand dort einzog, wie er die Begegnungen Fontys mit seinem ewigen Schatten Hoftaller im Paternoster ausmalt, das riß das Publikum zu Szenenapplaus hin. Dichte, bildkräftige Prosa.

Ich muß zugeben, daß ich dann meine Probleme mit der illustren Gesellschaft hatte, die sich im 36. Kapitel in der Treuhandanstalt trifft. Anläßlich der tausendsten Abwicklung wird dort ein Fest gefeiert. Unter dem Motto „Frau Jenny Treibel läßt bitten" haben sich die Gäste als Fontanes Gestalten kostümiert. Und ich kenne sie nicht alle, wie peinlich. Treuhand-Mitarbeiter als Fontane-Fans? Glaubwürdigkeit steht nicht zur Debatte, es ist ein literarisches Spiel mit dem Leser, der kundig und willig sein muß, um mitzutun.Aber hat Grass nicht – selbstironisch? – bemerkt, daß auch Fonty sein Publikum mal begeisterte, mal ermüdete durch seine furiosen Zeitsprünge und seine langen Abschweifungen?

Warum hat es dann doch nicht die heiße Debatte gegeben, auf die der Schriftsteller offensichtlich vorbereitet war? Weil er angekündigt hatte, über das Kritikerecho auf seinen Roman nicht reden zu wollen? Oder weil alle Anwesenden schon Interviews kannten, sich keiner eine Blöße geben mochte durch bereits gestellte Fragen? Ein junger Mann mit – wie mir schien – spanischem Akzent verwies auf die Tradition von Don Quichotte und Sancho Pansa, die er in dem Duo Fonty-Hoftaller wiederfand. Grass bekam Gelegenheit, über seine Vorliebe für den pikaresken Roman im allgemeinen und über seine beiden Hauptgestalten im besonderen zu sprechen.

Der Literat und sein Schatten in wechselseitiger Abhängigkeit voneinander – hier passen sie nicht in das Klischee von Opfer und Täter. Ranicki, Corino, Radisch und wie sie alle heißen haben Grass die Weichzeichnung des Stasi-Mannes Hoftaller übelgenommen. Er sei dagegen, bekräftigte nun der Autor, „den ganzen Apparat zu dämonisieren und damit der Wirklichkeit zu entrücken." Weil man auf solche Weise zu leicht Verantwortung delegieren könne, weil Klischeevorstellungen die Auseinandersetzung mit Vergangenheit behindern. Man müsse zeigen, „wie alles am hellichten Tage geschah", das habe er schon in „Die Blechtrommel" – damals in Bezug auf die NS-Zeit – versucht.

Haben Sie nicht Angst, daß Sie selbst ein bißchen zündeln, fragte eine Frau, auf die scharfen Worte über die Treuhand im Roman anspielend. „Die Treuhand ist nicht meine Erfindung", antwortete Grass. „Sie ist ein barbarisches Instrument des Abwickelns, ohne Rücksicht auf menschliche Schicksale." Trauer und Haß gegenüber dieser Behörde seien verständlich. Was den später ermordeten Treuhandpräsidenten Rohwedder anging, der sei ein leidenschaftlicher Sanierer gewesen. Der Kanzler habe ihm „diese Drecksarbeit" übertragen, „weil er sich nicht selbst die Hände schmutzig machen wollte". Er, der Autor, habe darauf nur literarisch reagiert. Und im Roman geht doch nicht die Treuhand in Flammen auf, es gibt nur einen kleinen Brand im Paternoster.

A propos Paternoster: Wie ist er auf die Idee gekommen, dem zuckelnden Gefährt im Buch solche Bedeutung einzuräumen? „Mich hat dieses langsame Transportmittel immer fasziniert", meinte Grass. Dann habe er im Zusammenhang mit dem versuchten Verkauf des Verlags Volk & Welt an einen Knopffabrikanten im Treuhandgebäude zu tun gehabt und den Paternoster aus Reichsmarschallzeiten in Betrieb gesehen. Da habe er drei Phasen deutscher Geschichte vor Augen gehabt. Im übrigen sei es immer so: „Bei den besten Einfällen weiß man am Ende nicht so richtig, wie sie sich ins Manuskript gefädelt haben." Keine Fragen mehr? Schluß der Vorstellung. In der Kantine gibt's Schmalzbrote und Bier.

aus: Neues Deutschland, 6.9.95

Heimspiel auf CNN

Taslima Nasrin war da, die Bundestagsvizepräsidentin auch, und das Publikum schmunzelte: Günter Grass las in Berlin aus seinem neuen Roman ■ Von Jörg Lau

Die „Kulturbrauerei" am Prenzlauer Berg ist eines jener Gebäude aus der heroischen Zeit des deutschen Unternehmertums, als die aufstrebenden Industriellen ihren neuen Reichtum mit historischen Draperien zu legitimieren suchten. In keiner Branche war dies so deutlich wie im Brauereiwesen: Die gewaltigen Bierströme, die den Durst und das aufflammende Klassenbewußtsein der Berliner Arbeiterschaft zu löschen hatten, entsprangen jenen falschen Raubritterburgen, die heute noch das Stadtbild prägen, wenn auch unterdessen Kulturzentren und Möbelmärkte in ihnen residieren.

Der Ort für die Lesung aus Günter Grass' neuem Roman hätte also kaum glücklicher gewählt werden können, will uns doch der Dichter in „Ein weites Feld" die jüngsten Ereignisse als Wiederkehr des Altbekannten, als eine zweite deutsche Gründerzeit erscheinen lassen. Man sieht die falschen Burgmauern, man sieht den Turm und die Zinnen, hinter denen die Parvenüs des letzten Jahrhunderts moderne Industrieanlagen verschwinden ließen, und ist versucht, in diesem Ort eine backsteinerne Allegorie der Schreibweise von Günter Grass zu sehen.

Freilich gibt es schlichtere Gründe für die Wahl des Ortes. Grass hat schon sein letztes Buch hier vorgestellt, und in Kapitel 36 hat auch Theo Wuttke alias Fonty, der Protagonist aus „Ein weites Feld", einen Auftritt in der Kulturbrauerei – aus dieser Passage wird später gelesen. Eine Dichterlesung? Eine jener unzeitgemäßen Versammlungen, bei denen sich die paar verbliebenen Literaturgroupies aneinander wär-

Nicht einmal wird laut gelacht – und das bei einem Roman, der die pikareske Tradition fortsetzen will

men? Natürlich nicht! Acht Kamerateams waren im ehemaligen Kesselhaus versammelt. Vermutlich war dies die erste deutschsprachige Buchpremiere, die sich unter den wachsamen Augen der Weltpresse vollzog. Und selbst das Auge der Augen ruhte auf diesem Ort – Ted Turner, Mogul des Mediums der Medien, hatte seine Leute geschickt, um dem Ereignis den höchsten Wirklichkeitsrang zu verleihen: Wir waren auf CNN!

Was für ein Auftrieb von Prominenz: Stefan Heym, Antje Vollmer und Taslima Nasrin waren sich nicht zu schade; Kultursenatoren, Verlagslektoren und Fernsehmoderatoren, zu schweigen von all jenen berühmten Gesichtern, die einem so vertraut sind, daß man die Namen immer wieder vergißt. Doch berühmte Menschen müssen so manches über sich ergehen lassen, von dem sich unsereiner keinen Begriff macht. Feinde und Neider scheinen dem gewöhnlichen Volk meist das Hauptproblem des Ruhms; dabei wird unterschätzt, was es bedeutet, sich nicht nur die Feinde, sondern schlimmer: die Freunde nicht aussuchen zu können. So hatte denn Günter Grass zunächst eine Solidaritätsadresse jener sanft verrückten Menschen hinzunehmen, die zu dritt vor dem *Spiegel*-Gebäude gegen die Titelgestaltung des Heftes demonstriert hatten.

Nach Grußworten des Kultursenators hatte dann endlich der Dichter das Wort. Er sprach kurz von fehlgeschlagenen Versuchen, ihn hinzurichten, er lebe noch und gedenke dies auch weiter zu tun. Am Tisch der Sieger habe er ohnehin nicht sitzen wollen, sagt er trotzig, sein Platz sei dort, „wo die Betroffenen sind“. Dann beginnt Günter Grass zu lesen. Der Trotz in der Stimme ist heute abend ganz überflüssig, denn unter den vielen hundert Zuhörern sind lauter freundliche Gesichter – ein Heimspiel. Während der Dichter auf seine bekannt störrisch-rhythmische Weise liest und dazu in bewährter Manier mit dem Oberkörper hackende, spechtartige Bewegungen in Richtung auf sein Pult ausführt, ist immer wieder hier ein amüsiertes Kichern, dort ein leises Höhöhö zu hören. Merkt Günter Grass, daß die Leute ihn lieben? Schwer zu sagen. Er

arbeitet, legt sich ins Zeug. Ein fleißiger Specht, der nicht ruht, bis das Loch groß genug ist. Günter Grass liest nicht gut. Wer das Buch nicht kennt, wird kaum folgen können. Es geht um die Treuhand, um Birgit Breuel und Jenny Treibel, wie alles schon mal dagewesen ist und immer wiederkommt. So genau kommt es schließlich auch nicht darauf an.

Die Menschen sind gekommen, um Günter Grass nach den harten Verrissen nicht allein im Regen stehenzulassen. Das ist irgendwie rührend, um so mehr als das umstrittenene Buch, vom Dichter selbst gelesen, seine Schwächen noch drastischer offenbart. Kein einziges Mal wird laut gelacht – und das bei einem Roman, der beansprucht, die pikareske Tradition fortzusetzen. Aber geschmunzelt wird viel – wenn schlüpfrige Andeutungen fallen, wenn die Treuhand milde ironisiert wird –, man möchte sagen, es liegt ein Schmunzeln über dem Ort.

Dann ist die Lesung zu Ende, die Debatte wird eröffnet. Sie dauert kaum zehn Minuten. Allgemeine Erleichterung, daß keine unangenehmen Fragen aufkommen. Günter Grass signiert. Es gibt noch ein Büffet. Es regnet. Sei's drum. Schwer donnert die Hochbahn an den falschen Burgmauern vorbei.

aus: taz, die tageszeitung, 6.9.95

Männer mit Hüten

Deutsche Szene: Der Großschriftsteller in Berlin und Potsdam

Günter Grass ist ein großartiger Maler. Die Illustrationen zu seinem neuen Roman, die er Ende der Woche in Potsdam vorstellte, sind dem Buch vollkommen kongenial. Sie sind, ob Aquarell, ob Bleistift- oder Kohlezeichnung, von einer stupenden Konsequenz. Sie zeigen endlose Reihen von gesichtslosen Männern mit Hut, in denen stets ein großer und ein kleiner zusammenstehen. Manchmal steht das Paar auch alleine wie auf dem Schutzumschlag des Romans, aber meistens steht es vervielfältigt im Kollektiv, ein jeder Hagere hat seinen kleinen dicken Schatten dabei, am lustigsten auf einem Bild, das sie als Ruderer in Booten zeigt. Manchmal gibt es Streit im Kollektiv, manchmal läuft das Kollektiv auf Schlittschuhen über Eis, aber meistens steht es schweigend in Reihen bis zum Horizont.

Es handelt sich, wie nicht anders zu erwarten, um die beiden Hauptfiguren des Romans, Theo Wuttke und seinen Stasi-Schatten Hoftaller. Wie ebenfalls nicht anders zu erwarten, entspricht auch ihre Vervielfältigung einer Vision des Buches und bedeutet das kollektive „Fürsorge- und Spitzelsystem, das wie Mehltau über dem Lande lag". So Grass anläßlich der Potsdamer Ausstellungseröffnung; im übrigen habe er sich mit dem Buch „von der West-Perspektive wegschreiben wollen"; denn seine Maxime sei, „nie auf der Bank der Sieger zu sitzen, sondern sich auf die Seite der Betroffenen zu schlagen". Günter Grass als Selbstinterpret und als Künstler, als Schriftsteller und als Maler ist das Gegenteil von einer provozierenden Überraschung. Günter Grass ist das Erwartete. Günter Grass sagt das Erwartete, schreibt das Erwartete und malt das Erwartete. Möglicherweise ist das Erwartete, seiner tröstenden Qualitäten halber, auch die Quelle, aus der die Liebe seiner Leser sprudelt.

Denn Günter Grass hat nicht nur Kritiker, er hat auch sein Publikum. Das Publikum aber läßt sich seine Großschriftsteller nicht kaputt machen; auch nicht von Großkritikern, wie eine kluge Frau (möglicherweise Antje Vollmer) nach der triumphalen Lesung sagte, die Günter Grass zwei Tage zuvor in der Berliner Kulturbrauerei hatte.

Nun ist es freilich nicht so, daß sich die fürsorgende Liebe des Publikums in tumultuarischen Solidaritätsakten zeigte. Die Apologetik mußte in beiden Städten von offizieller Seite vorgenommen werden; in Berlin durch den Kultursenator, der den Kritikern mangelnde Literaturliebe vorwarf („Beruf, nicht Berufung"), in Potsdam durch die eigens bestellte Gegenrezension eines Professors, den die dortige Universität wohl aus dem Westen importiert hatte und der das Ressentiment der achtundsechziger Generation gegen die Wiedervereinigung mit einer authentischen Langhaarfrisur beglaubigte.

Die Liebe des Publikums zeigte sich anders. Sie zeigte sich in dem stillen, andächtigen Konsum jener narkotisierenden Droge, die in der erfüllten Erwartung liegt. Günter Grass las in Berlin aus dem vierten und sechsundreißigsten Kapitel; und tatsächlich begann das Erwartete auch sofort wie ein feines Gas auszuströmen. Die Gesichter entspannten sich. Den Menschen wurde es dämmerig im Gemüt, durch das der dunkle Strom floß, in dem nur Wörter wie „Aktenordner" oder „endlose Gänge" als sanfte Nachttischlampen aufschimmerten und das grundtröstliche Genre des Textes anzeigten, den neuen deutschen Archivroman. Dieses Buch ist wahrhaftig ein Therapeutikum und darin vielleicht weniger den Bachschen Goldberg-Variationen verwandt, die der Auftraggeber als Einschlafhilfe bei dem Komponisten bestellt hat, als vielmehr dem „Messias" von Klopstock, der nicht zu diesem Zweck geschrieben, aber bekanntlich von dem Teufel in Grabbes „Scherz, Satire, Ironie und tiefere Bedeutung" zu diesem Zweck benutzt wird.

Der Teufel behauptet dort, er müsse nur zwei Verse im „Messias" lesen, um sofort einzuschlafen. Und richtig! In der folgenden Regieanweisung heißt es von ihm, der eben noch nervös herumgezappelt und nach seinem „Schlafmittelchen" verlangt hat: *Liest zwei Verse, schläft sofort ein.* Günter Grass sagte über sein Buch in Potsdam, er habe es „in einem heiteren, fast plaudernden Ton geschrieben"; und wirklich ist es auch in seinem Fall schwer, sich der Wirkung zu entziehen. Das Geheimnis der Grasschen Plauderei ist allerdings weniger die Heiterkeit als die Ausführlichkeit. Ausführlich ist vieles, eigentlich alles in diesem Buch. Aber nichts ist ausführlicher als die Beschreibung des Paternosters, die Grass in Berlin vortrug. Er beschreibt die Herkunft des Wortes, die Funktionsweise des Apparates und sein Aussehen, er beschreibt, wie man ihn benutzt und wie man beim Benutzen für jemanden aussieht, der den Paternoster nicht benutzt, er beschreibt den oberen und den unteren Wendepunkt und wie man sich fühlt, wenn man ihn unerlaubterweise durchfährt.

Günter Grass ist ein Enzyklopädist. Er fürchtet die Ellipse und liebt die Tautologie. Auch seine Auftritte waren von dem Geist der Verdoppelung, allerdings einer topographischen, getragen. In Potsdam las Grass von der Potsdamer Umbettung Friedrichs des Großen. In der Berliner Kulturbrauerei las Grass von Wuttkes Auftritt in der Berliner Kulturbrauerei, dem Publikum schmeichelnd und zugleich sich selbst, indem er die Identifkationsreihe von Fontane über Wuttke zu Grass verlängerte. Auch bei solchen Strategien des Paratextes ist Grass Enzyklopädist, er läßt nichts aus und macht keine Sprünge, Wuttke muß mit Fontane-Kenntnis vorturnen, damit man in Grass den Turnvater erkennt, und so stellt denn Wuttke alle Figuren aller Fontane-Romane in den schon erschöpfend beschriebenen Paternoster, der bei dieser Gelegenheit noch einmal erschöpfend beschrieben wird, und vergißt nicht, zu jeder zitierten Figur die Quelle anzugeben (Frau Jenny Treibel aus dem Roman „Frau Jenny Treibel") und richtig zu erklären „Alle redeten Text".

Das klang zwar manchem etwas komisch im Ohr, aber am Ende verstand es das Publikum gut: Wuttke sagt es zur Sicherheit, damit man nicht denkt, die Figruen von Grass redeten irgen detwas anderes, unkontrolliert Lebendiges vielleicht. Und darum war es in Potsdam und in der Berliner Kulturbrauerei, nach den Aufregungen um Kritik und Metakritik, nach den Attacken und Schaumschlägerein und Titelbildgeschmacklosigkeiten, auch so harmonisch und schön. Alle waren beruhigt und getröstet und vom Leben wunderbar abgerückt. Und alle, alle redeten Text. JENS JESSEN

aus: Frankfurter Allgemeine Zeitung, 9.9.95

Günter Grass in Potsdam: Sprecher der Verlierer

Feucht in feucht

Wer sich in diesen Tagen dem Dichter Günter Grass nähert, wird von Eingeweihten gewarnt: Man möge ihn um Gottes Willen nicht auf das Literarische Quartett ansprechen. Grass selbst hebt bei öffentlichen Auftritten, der Ergebenheit seiner Gefolgschaft gewiß, nur milde die Hand: „Fragen Sie mich nicht nach der Kritik. Davon weiß ich auch nichts." Am Donnerstag abend hat Grass im überfüllten Potsdamer Kulturhaus aus seinem „Weitem Feld" gelesen, und daß zuvor eine Ausstellung mit seinen zeichnerischen Arbeiten eröffnet wurde, kam ihm gerade zupaß: Der Augenmensch Grass konnte nun dem Wortarbeiter Grass beistehen. Und der bildende Künstler äußerte sich dann doch, am Rande, zur literarischen Kritik. Eine „ekelhafte Zurschaustellung" sei da rund ums Literarische Quartett im Gang gewesen. Als es in Deutschland ganz schlimm wurde, sei er, Grass, mit Hund und Aquarellkasten in den Wald gegangen, und schon nach wenigen Schritten sei alles von ihm abgefallen: „Wenn Sie mal feucht in feucht gearbeitet haben, wissen Sie, daß man da an nichts anderes denken kann."

So wehrt sich ein Kreativer gegen Sekundärkünstler und Marktparasiten. Die Stimmung im Potsdamer Kulturhaus ist eindeutig: Man empfindet Grass als ein Opfer des westlichen Literaturmarktes. Er hat hier alle Sympathien, und niemand widerspricht ihm, wenn er Dinge sagt, die man ihm im Westen als weinerlich oder posenhaft kämpferisch auslegen würde. Als er sagt, daß der Schriftsteller auf die Bank der Verlierer und nicht der Sieger gehöre, wird genickt. Der Begriff aus der Welt des Sports und des Kriegs geht offenbar in Ordnung – ja, Potsdam liegt im Verliererland. Da sind sich die Zuhörer einig.

Jetzt ist sie also endlich da, die große literarische Debatte nach dem Mauerfall. Am „Weiten Feld" entzündet sich die Frage, wer nun deutsche Geschichte erzählen darf – der Westen oder der Osten oder etwa keiner von beiden? Daß die Großkritik eine westliche, also eine Siegerkritik sei, suggeriert jedenfalls der Potsdamer Literaturprofessor Hans-Jürgen Bachorski, der dem Dichter eine klingende Lobrede hält. Tenor seines Vortrags: Grass erinnere das neue Land an seine blutigen Wurzeln, und das hätten junge Großmächte nun mal gar nicht gern. Demzufolge spreche die Großkritik im Falle Grass auch nur mit einer Stimme: der verzerrten Stimme eines beleidigten Triumphators.

Im Anschluß beweist Günter Grass mit zwei Kapiteln aus seinem „Weiten Feld" mal wieder, daß er selbst sein bester Leser ist. Nur der Sprecher Grass bringt seine Texte wirklich in Fluß, sie klingen dann so, als entstünden sie im Moment. Erstaunlich, wie hoch, skeptisch seine tiefe Stimme dann sein kann, es ist der alte „Merket-auf"-Ton. Alles einen Halbton höher, als ein professioneller Rezitator es anlegen würde – so dringlich darf einen Text nur der Verfasser selbst lesen. Die Helden des Romans, Fonty und sein Beschatter Hoftaller, gehen über den Potsdamer Platz. Die Mauer wird von Souvenirjägern kleingehämmert. Und Grass liest: „Schon brach Bauwut aus", und das „au" in „Bauwut" bringt er wie einen hohen Schmerzenslaut, als sei einer gegen einen Stein gestoßen und warne alle, die ihm folgen.

Grass hat seine Helden Fonty und Hoftaller auch gezeichnet, aquarelliert, in Stein geritzt: 77 Bilder hängen in Potsdam, und alle sind düster. Auf allen sehen wir nur Fonty und Hoftaller, mal zu zweit, mal in massenhafter Vervielfältigung. Einander belauschende, gebuckelte Schemen, unter Hut und Schirm, gegen Regen und Dämmerung anmarschierend, eng aneinandergekauert: als bildeten in einem dermaßen kalten Land der Spitzel und der Bespitzelte das einzig mögliche, das einzig dauerhafte Paar.

Peter Kümmel

aus: Stuttgarter Nachrichten, 9.9.95

Günter Grass las in der Freien Akademie aus seinem umstrittenen Roman „Ein weites Feld"

Tumulte im Treppenhaus

M. G. **Hamburg** – Gedränge am Eingang, doch das Personal blieb hart: Herein kam nur, wer eine Karte vorweisen konnte. Viele resignierten, aber ein harter Kern Entschlossener mochte das Feld nicht räumen. Die Türen wurden geschlossen, das Licht gedimmt. Gleich zu Beginn hielt der Hausherr Seelenbalsam bereit: „Von den Breitseiten der öffentlichen Entrüstung", sagte Armin Sandig, Präsident der Freien Akademie der Künste, „hat Günter Grass sich nie erschüttern, geschweige denn von seiner Meinung abbringen lassen."

Aber Deutschlands bekanntester Autor, der zur Lesung aus seinem Roman „Ein weites Feld" in die Freie Akademie gekommen war, wirkte ohnehin nicht wie einer, auf den sich die große Mehrzahl der Kritiker gnadenlos eingeschossen hat. Erhobenen Hauptes bahnte er sich im Blitzlichtgewitter seinen Weg zum Podium. „Wir vom Archiv nannten ihn Fonty", begann der schnauzbärtige Dichter mit jenem schon legendären Introitus, nach dem er – wie er dem „Stern" anvertraute – Jahre gesucht hatte.

Doch während er noch die ersten Seiten las, auf denen von den Berliner Mauerspechten Ende 1989 die Rede war, kam Unruhe auf. Draußen im Treppenhaus gab es tumultähnliche Szenen, Rufe und schließlich Sprechchöre in rhythmischen Wiederholungen: „Wir wollen rein." Grass unterbrach, legte das Buch aufs Pult und sagte beziehungsreich: „Manchmal kann sich Literatur eben doch gegen die Medien behaupten."

Dann fuhr er fort, las einige längere Passagen, die ein Bild der Hauptfiguren Theo Wuttke alias Fonty und dessen steten Begleiter Hoftaler / Tallhover skizzierten.

Grass rezitiert hervorragend, gestaltet den Text und weiß seine Stimme wirkungsvoll einzusetzen. Auch offenkundig schwache Passagen erscheinen – von ihm gelesen – auf einmal sehr viel annehmbarer. Seine Ausstrahlung ist unbestreitbar, und so konnte er sich auch diesmal des Publikums stets gewiß sein.

Doch zum Dialog mit dem Leser drängte es Günter Grass nicht: Keine Fragen, keine Antworten, nur Autogramme am Schluß. Peter Rühmkorf und die anderen Dichter-Freunde mußten lange auf ihn warten, denn die Schlange der Autogrammjäger schien endlos lang.

Am Ende waren sogar noch ein paar jener Unentwegten in den überfüllten Saal eingedrungen – und hatten dank ihrer Hartnäckigkeit wenigstens noch die ausführliche Beschreibung des Treuhandfahrstuhls und dessen Benutzung durch Fonty alias Theo Wuttke erlauschen können.

aus: Hamburger Abendblatt, 13.9.95

Lesung im Bonner Haus der Geschichte, 25. September 1995
Knut Nevermann
Einleitende Bemerkungen

Zu dieser Veranstaltung der Hamburgischen Landesvertretung darf ich Sie sehr herzlich begrüßen, mein Name ist Knut Nevermann, ich bin Bevollmächtigter der Freien und Hansestadt Hamburg beim Bund.

Wir freuen uns, lieber Günter Grass, daß es uns gelungen ist, Sie für diese Lesung in Bonn im Haus der Geschichte zu gewinnen.

Im Mittelpunkt des heutigen Abends stehen ein Autor und sein Werk, Günter Grass und sein Roman »Ein weites Feld«. Dies ist ein Roman über Fontane, über Berlin, aber auch über die Befindlichkeiten in der Fontane-Zeit, die Befindlichkeiten in der Wendezeit 1989 bis 1991 und über die Entsprechungen und Unterschiede, über die Verknüpfungen und Brüche in der deutschen Geschichte.

Nun hat dieses Buch bei der Veröffentlichung - und schon vor der Veröffentlichung - ungewöhnlich hohe Wellen in der Öffentlichkeit geschlagen. Die schaffen ein gewisses Dilemma. Einerseits liegt mir daran, Ihnen das literarische Werk nahezubringen, Ihnen zu empfehlen, es sich einfach zu nehmen, zu lesen und heute einfach dem - von kaum jemanden bestrittenen - wunderbaren Vortrag des Autors zuzuhören. Andererseits ist eine Kommentierung dieses öffentlichen Theaters doch angezeigt, obwohl genau damit einer Tendenz Vorschub geleistet wird, die - wie Grass es formuliert hat - erschreckend ist: nämlich daß nicht über das Primäre, das literarische Werk, sondern das Sekundäre, die Kritik, die Kritiker und die Medien, debattiert wird. In einem Interview sagt Günter Grass: »Nicht die Bilder eines Malers sind das Aufregende, sondern die Ausstellungsmacher, die Installation der Ausstellung, nicht das Buch ist das Ereignis, sondern die Reaktion der Medien darauf.« Es ist schon ein Symbol, wenn auf dem »Spiegel«-Titel nicht der Autor, sondern der Kritiker mit zerreißender Pose abgebildet wird. Dennoch, auch wenn ich diese Tendenz zum Sekundären damit leider unterstütze: Ich muß einige Bemerkungen zu dem öffentlichen Theater machen.

1.

Vielleicht erinnern sich einige von Ihnen an die Fernsehsendung, in der Sigrid Löffler verlangte, doch zwischen den Grassschen Ansichten einerseits und denen der Romanfiguren andererseits zu unterscheiden. Reich-Ranicki wies das mit der Begründung zurück, es gäbe im Roman niemanden, der eine andere Meinung vertrete und die politischen Äußerungen Fontys relativiere. Im Grunde bedeutet dies den Vorwurf, Grass habe einen Roman geschrieben, in dem nur eine Meinung transportiert werde. Dieses ist natürlich Unfug. Nehmen wir das Beispiel der Kritik an der Vereinigung ohne Einheit, wie sie von Fonty, Hoftaller, aber auch von Grass formuliert wurde und wird. Im Unterschied zu der Behauptung der Kritiker gibt es Figuren, die eine andere Ansicht haben: Da ist Emmi, Wuttkes Frau, und da ist vor allem Madeleine, die Enkeltochter, die Figur, der offenkundig die größte Sympathie des Autors gehört und die die Frische der Jugend ganz auf ihrer Seite hat. Für sie, die Französin, sind Einheit und Nation feststehende Tatsachen - »Und damit basta!« Sie wirft den Deutschen »selbstquälerische Verrücktheit« vor. Deutschland müsse endlich lernen, eine richtige Nation zu werden; man solle nicht immer nur aufs Kleine, sondern aufs Große gucken; ohne ein starkes Deutschland schlafe Frankreich ein. Emmi Wuttke berichtet dies alles voller Sympathie. Am 3. Oktober 1990 läßt Grass seine Figuren bis zum Glockengeläut bleiben, denn »was vor der breitgelagerten Kulisse ablief, die Auftritte der Redner, der Jubel der Menge, der einzelne Sätze belohnte, die Zwischenmusik, all das kam durch Lautsprecher rüber, zwar verweht und in Fetzen, aber bei einfachem Inhalt verständlich, sogar mitreißend; jedenfalls übertrug sich weihevoll Stimmung, und eine gewisse Feierlichkeit gab so etwas wie ein Wir-Gefühl her.« Fonty will dann weg, aber Madeleine, seine Enkeltochter, bittet ihn, ihr (und seiner Frau) nicht die Freude des heutigen Tages zu verderben. »Wir wollen uns freuen und unserer Freude Ausdruck geben. Sie mögen, aus welchen Gründen auch immer, Deutschland als zur Einheit unfähig ansehen, bei uns in Frankreich jedoch steht La France über allem. La Grande Nation sagen wir. Die einen mit Pathos, als müßten sie dem Général de Gaulle nachsprechen, die anderen ein wenig spöttisch, doch ernst meinen es alle.« Kurzum und in aller Deutlichkeit: Es ist einfach falsch, wenn behauptet wird, daß es nicht unterschiedliche Positionen gibt, selbst zur Frage der Einschätzung der Einheit im Jahre 1990.

2.
Ein anderer Vorwurf ist, die ganzen Romanfiguren seien ohne Leben, ohne Unterleib, die Figur des Fonty sei nichts anderes als eine »mühselige Konstruktion«.

Meine Damen und Herren, was ist das für ein Kriterium. Günter Grass ist nicht John Updike (und Fonty nicht Rabbit, der auch mal mit seiner Schwiegertochter schläft und auch sonst satt im prallen Leben steht). Wolfram Schütte hat in der »Frankfurter Rundschau« auf den »anti- oder a-realistischen Gestus« bei Grass hingewiesen, der »allen Liebhabern 'realistischen Erzählens' wider den Strich« gehen würde. Daß diese Großkritiker, in ihrem Alter, lieber unterhaltend narrative Romane lesen, als sich den Mühen eines anspruchsvolleren Textes zu unterziehen, sei ihnen unbenommen. Nur: Was sagt dies über die Qualität eines Werkes aus, wenn es anders ist als zum Beispiel die - unstrittig wunderbaren - Rabbit-Romane? Wenn ein Autor konstruktivistische, pikareske und eben nicht alltags- und lebensgesättigte Figuren und Gestalten bevorzugt? Sind nicht das Personal der »Blechtrommel« und vor allem der Oskar in diesem Sinne eher expressive Konstruktionen als lebenswirkliche Geschöpfe? Und fangen sie nicht denooch oder gerade deshalb vieles und Wichtiges ihrer Epoche ein und tradieren, was der Autor beobachtet oder imaginiert hat? Was ist mit »Dr. Faustus« oder »Der Prozeß« (Kafka) - alles keine Romane? Das ist eine ziemlich unqualifizierte Behauptung.

3.
Eine weitere Behauptung - und übrigens eine falschmünzerische dazu - ist es, wenn gesagt wird, die Kritiker hätten »nahezu einhellig« das »Weite Feld« für mißlungen gehalten. Es gibt einige überregionale Medien, in denen waren in der Tat Verrisse. Aber ein Jürgen Busche in der »Süddeutschen Zeitung« oder ein Wolfram Schütte in der »Frankfurter Rundschau« - also zwei durchaus überregionale Zeitungen - haben unter dem Strich positiv und übrigens auch sehr informativ rezensiert. Von »kleineren« Medien, in denen vielleicht besonders qualifizierte Rezensenten arbeiten und die eine besonders hohe regionale Auflage haben, ließen sich zahlreiche positive Rezensionen zitieren. Und im »Generalanzeiger« in Bonn und in der »Bonner Rundschau« waren übrigens - wenn auch mit unterschiedlicher Gewichtung - im Kern positive Rezensionen zu lesen. Ich vermute, daß diese Kritiker in Wahrheit die Mehrheit bilden.

4.
Besonders aufgefallen ist mir, daß diese verreißenden Großkritiker nichts, aber auch gar nichts akzeptiert haben. Sie sprachen von wertloser Prosa, von totalem Fehlschlag usw. Nun ist es außerordentlich unwahrscheinlich, daß ein Autor wie Grass ein Werk zu einem prima facie interessanten Thema vorlegt, in dem gar nichts, aber auch gar nichts gelungen sein sollte. Nicht einmal Friedrichs Umbettung, Marthas Hochzeit? Ganz und gar nichts? Nicht einmal die berühmte Sprache, die übrigens kunstvoll im Übergang zu und im Umgang mit Fontanes Texten konstruiert ist? Dies ist dann auch der eigentliche Kern der Kritik an der Kritik: Es ist nicht nur unwahrscheinlich, es ist geradezu dämlich, nur mit dem groben Kriterium Daumen rauf oder Daumen runter über einen Roman zu schreiben. Hier keilen bestbestallte Medienangestellte einen freien Schriftsteller und seinen relativ kleinen Verlag. Da hilft übrigens auch die das Gewissen beruhigende Selbst-

lüge nicht, ein Verriß erhöhe die Verkaufszahlen. Das ist nämlich Unsinn. Man stelle sich einmal den Verkaufserfolg vor, wenn die Großkritiker mit dem Daumen in gleicher Engagiertheit nach oben gezeigt hätten. Nein, das war schon rufschädigend und geschäftsschädigend - oberflächlich für Grass, aber im Kern für die Großkritiker und ihre ganze Branche.

5.
Bleibt die Frage, warum eine derart absolute Undifferenziertheit, dieses totale Verreißen, stattgefunden hat. Es liegt wohl nicht am Literarischen, an der Sprache, an den erzählten Episoden, an der Fontane- und der Berlin-Geschichte. Es geht auch nicht in erster Linie um die Political correctness zum Thema Wende, Vereinigung, Treuhand. Meine These ist, daß die Kritiker selber in den Jahren 1989 bis 1991 ähnlich gedacht und gefühlt haben, aber ungern daran erinnert werden möchten. Grass und seine Figuren aktivieren ungute Erinnerungen an eigenes früheres Meinen, und kaum ist Gras darüber gewachsen, kommt der Grass und frißt es wieder runter. Die Kritiker erkennen ihre eigene frühere Einschätzung und versuchen, diese möglichst schnell aus der öffentlichen Diskussion zu vertreiben. Denn - und dies ist die eigentliche historische Authentizität des gesamten Romans - die Kritik an den Bedingungen der Einheit und der Arbeit der Treuhand war in den Jahren 1989 bis 1991, und hier spielt der Roman, nicht nur weit verbreitet, sondern eher herrschende Meinung - soweit Nichtherrschende eine herrschende (also überwiegende) Meinung bilden können. Man mag ja, anders als Grass, der Meinung sein, daß es zu dieser Entwicklung keine Alternative gegeben hat dennoch kann nicht bestritten werden, daß die Arbeit der Treuhand einer scharfen Kritik zu unterwerfen ist und übrigens vom Deutschen Bundestag ja ausführlich unterworfen wurde. Auch Kritik an alternativlosen Entwicklungen ist nicht müßig, sondern für die politische Kultur eines Landes legitim und notwendig.

Genug zum Sekundären. Jetzt kommt das Primäre. Ich begrüße Sie herzlich, Günter Grass, und mache Ihnen das Podium frei.

nach dem Manuskript gedruckt, 25.9.95

Günter Grass las im Haus der Geschichte

Die Schlacht ist längst geschlagen, die erbitterten Duelle zwischen dem Dichter und seinen Kritikern fast Vergangenheit. An Anziehungskraft hat die literarische Kontroverse dieses Sommers aber offenbar nicht verloren. Mehr als 400 Menschen kamen ins Haus der Geschichte, um Günter Grass zu sehen und zu hören. Der 67jährige las auf Einladung der Landesvertretung Hamburg aus seinem Deutschland-Roman „Ein weites Feld".

Die hochgespannten Erwartungen waren im Saal zu spüren. Andächtig verstummten die Anwesenden, noch bevor der renommierteste Vertreter deutscher Gegenwartsliteratur das Podium betreten hatte. Doch wer damit gerechnet hatte, auf einen verbitterten, aber scharfzüngigen Grass zu treffen, wer insgeheim vielleicht auf eine Fortsetzung der Fehde spekuliert hatte, der wurde enttäuscht. Im Mittelpunkt des Abends stand das „Primäre" (Grass), das Buch. Sonst nichts.

Über eine Stunde trug Grass aus seinem Werk vor. Er las nicht nur, er inszenierte seine Prosa. Behende und mit unglaublicher Leichtigkeit führte er durch seine hochkomplexen Satzkonstruktionen, verlor trotz manch werkimmanenter Weitschweifigkeit nie das Ganze aus den Augen.

Grass nahm seine Zuhörer an die Hand, eröffnete ihnen mit leiser, einprägsamer Stimme und unaufdringlicher Gestik seine Gedankenwelten. Er lieh seinen Protagonisten mit einer derartigen Ernsthaftigkeit seine Stimme, daß es fast schien, als müßte er gegen alle Verrisse anlesen.

Die vorgetragenen Passagen des Werkes waren geschickt gewählt. Grass stellte seine beiden Protagonisten vor und begleitete sie ein kurzes Stück des Weges durch Berlin. Die Plaudereien der beiden dürfte manchem bekannt vorgekommen sein. Einige Zitate zur deutschen Wiedervereinigung hatten zuvor schon in der Presse für Erregung gesorgt.

Mit lang anhaltendem Beifall verabschiedete das Bonner Publikum den Schriftsteller. Die Chance einer Diskussion allerdings wurde vertan. Daran mag nicht zuletzt auch Gastgeber Staatsrat Knut Nevermann schuld gewesen sein. Mit viel Pathos hatte er vorab das Werk und seinen Autoren verteidigt – und so präventiv einen Schutzwall errichtet, der Auseinandersetzungen schwer machte. Eine Rücksichtnahme, die Grass indes nicht nötig hat.

Unbestrittenes Verdienst der Veranstaltung war es, dem Publikum einen ungefilterten Eindruck von „Ein weites Feld" verschafft zu haben. Er wird wohl bei vielen der einzige bleiben, wie ehrliche Stellungnahmen nach der Lesung verrieten. Katrin Raith

aus: Bonner Generalanzeiger, 27.9.95

Sein Buch provoziert, er begeistert das Publikum mit seinem kraftvollen Vortrag

Eschborn. – „Wir vom Archiv nannten ihn Fonty; nein, viele, die ihm über den Weg liefen, sagten: ‚Na, Fonty, wieder mal Post von Friedlaender? Und wie geht's dem Fräulein Tochter? Überall wird von Metes Hochzeit gemunkelt, nicht nur auf dem Prenzlberg. Ist da was dran, Fonty?'" Als der Urheber dieser Worte seine Stimme erhob, hatte längst nicht jeder, der ihn hören wollte, einen Platz gefunden.

In alle Nebenräume des Eschborner Museums hinein und die Treppe hinunter bis auf die Straße hinaus schob und drängte sich eine Menschenmasse, die etwas von der Aura Günter Grass', des berühmtesten lebenden deutschen Schriftstellers, erhaschen wollte.

Bevor Grass mit der Lesung beginnt, zieht er seine Jacke aus, legt sie achtlos hinter sich und krempelt die Ärmel seines Hemdes hoch, ein großes Stück Arbeit liegt vor ihm. Ohne Ruhepause, ohne Geplänkel mit dem Publikum oder irgendwelches Drumherumgerede stürzt sich Grass in seinen Text. Mit einer Intensität, die von Satz zu Satz anschwillt. Er macht Tempo, setzt dann wieder Akzente. Die Hände, der Körper, alles in ständiger Bewegung, der ganze Mann geht mit. Kraftvoll.

Zwischendrin immer der Blick auf die Zuhörer, mehr über als durch die Brille. Grass spricht an einem Pult stehend, und nie direkt ins Mikrophon. Nicht nur seine Augen, auch seine Hände orientieren sich auf den losen Blättern, auf denen die Worte stehen, denen in den letzten Wochen nicht nur die Zeitgenossenschaft abgesprochen wurde.

Das an die 800 Seiten starke Buch beleuchtet den neuen deutschen Einheitsstaat kritisch. Das provoziert.

Diese Grass-Lesung, schon lange im voraus durch die Kontakte des Eschborner Stadtverordnetenvorstehers Friedrich Wilhelm Vöbel als Auftakt der neuen Reihe „Autoren im Museum" arrangiert, bekam dadurch eine ganz besondere Brisanz.

Grass, der in Begleitung seiner Frau nach Eschborn kam, trete hier für seine Person und sein Werk ein. Das betonte Wolfram Schütte, der selbst Kritiker ist, und harsche Worte für die Befindlichkeit der deutschen Literatur-Kritik fand. Ein beispielloser „publizistischer Schlachtenlärm" habe sich gegen den Autor und sein Buch erhoben. „Gehässig", „ehrabschneidend" sind einige von Schüttes abfälligen Vokabeln, für die Art, wie das geschehen sei. „Ein symbolischer Akt der Abstrafung" sei es gewesen.

Mancher Kritiker gebärde sich als „Vorkoster für Konsumtauglichkeit" in Zeiten einer Ex-und-hopp-Mentalität, die auch die Literatur nicht verschont. Der Kritiker habe aber nicht am Tisch des Restaurants zu sitzen, sondern müsse in die Küche gehen, so Schütte.

Günter Grass hat zu dem Thema in letzter Zeit auch etwas gesagt, diesmal sagt er nichts, sondern liest vor, was er geschrieben hat. Danach, mehr als eine Stunde ist inzwischen vergangen, sieht er doch ein wenig erschöpft aus, wischt sich den Schweiß von der Stirn, muß aber noch ein Autogramm nach dem anderen geben. Die Schlange ist lang.

Und was hat das Publikum eigentlich bei der Lesung gemacht? Gelacht und geschmunzelt haben sie, wie Grass im zweiten Kapitel die McDonalds-Kultur aufs Korn nimmt. Von wegen langweiliges Buch. Kristiane Huber

aus: Höchster Kreisblatt, 16.10.95

Bittere Wahrheit auf dem Grunde

Günter Grass las zur besten Sendezeit am DNT Weimar

■ Von Bodo Baake

Lesungen im Deutschen Nationaltheater zu Weimar finden meist zu bequemer Zeit, etwa an arbeitsfreien Vormittagen, sowie an kommodem Ort, im Foyer oder in der verschwiegenen Dachstube, statt. Doch gibt es Ausnahmen. Günter Grass zum Beispiel. Ihm räumte man am Sonnabend beste Sendezeit, 20 Uhr, und den großen Sendesaal, das Große Haus, ein.

Seine Einschaltquote rechtfertigte das. Das Haus war krachvoll, und Generalintendant Günther Beelitz erlebte am Ende, was er sich bereits zu Anfang gewünscht hatte: „ein prächtiges Gedränge" zur Autogrammstunde.

Dazwischen las Grass aus seinem neuen Roman „Ein weites Feld". Er las die Kapitel 14 und 15, eine deutsch-deutsche Hochzeit betreffend. Familiär zentrierte, ironische Szenen aus einem hastig wiedervereinten Land, dem der Autor noch immer die Abwesenheit von nationalhistorischem Augenmaß nachträgt. Was er sich seinerseits vorhalten lassen muß. Freilich ohne nachzulassen in seinen unkenden, knarrenden Ein- und Auslassungen.

So hatte er erst jetzt wieder beim brandenburgischen Ministerpräsidenten Manfred Stolpe die zugesagte Unterstützung für die BKA, die Brandenburger Kleist-Ausgabe, angemahnt sowie dem PEN-West seinen Austritt angedroht, wenn es nicht bald zur Einigung mit dem PEN-Ost komme. Günter Grass auf weitem Feld.

■ Abtauchen in tiefe epische Gewässer

In Weimar stand er in eigener Sache auf der Bühne. Lesend. Wie er sich tief über das Manuskript beugt, manchmal fast hinterm Pult verschwindet, nur die Schultern und die breit aufgestützten Ellenbogen noch sehen läßt und dann wieder hervorkommt, den Blick durch die Halbbrille frei vom Text durch den Saal und über die Ränge schweifen läßt, wirkt er wie einer, der eintaucht in tiefe epische Gewässer und wieder auftaucht, Atem zu holen – und vielleicht auch nachzusehen, ob wir noch am Ufer stehen und beobachten, was er da treibe.

Keine Frage, wir stehen noch und hören noch. Der

Strom seiner Erzählung zieht uns mit, nimmt uns hinein in die Schnellen und Strudel, in einen beißenden Sog und hinunter zu der bitter schmekkenden Wahrheit am Grunde. Und manchmal ist uns, als schlüge durch den lautmalerischen neudeutschen Duktus das Danziger Idiom der Heimat des Autors. Oder ist es, daß wir den Klang seiner Blechtrommel auf immer im Ohr haben werden?

Jetzt, da das Feldgeschrei der Großkritik abgeklungen ist, alle Eitelkeiten bedient sind und auch die Provinz-Gouverneure des Feuilletons sich ihres Senfes entledigt haben, kann man unbehelligt von Nebengeräuschen zur Sache kommen. Man kann sich selber dem Text stellen, ihn annehmen oder zurückweisen.

An diesem Abend jedenfalls, und über diese zwei Kapitel, quittierte das Publikum mit herzlichem Beifall, der sich ein bißchen anhörte, als solle der Dichter für manches Ungemach der letzten Zeit entschädigt werden. Grass erhielt den Applaus doppelt – als Romancier und als sein eigener, glänzender Erzähler.

DNT-Intendant Beelitz hatte einführend an dessen Arbeiten für das Theater erinnert, vor allem der Plebejer gedacht, die am 17. Juni den Aufstand probten. Nun sei ein Projekt für Weimar im Gespräch. Grass und Fontane hatten wir gerade. Sollte es möglich werden: Grass und Goethe?

aus: Thüringische Landeszeitung, 27.11.95

Jenny Treibels Fortsetzung

Günter Grass liest in der Stuttgarter Universität

Die schwarzen Haare zeigen kaum Altersspuren, nur der berühmte Schnauzer – der ist ergraut. Und wenn er früher etwas Bärbeißig-Martialisches an sich hatte, so gibt er heute der Miene einen melancholischen Ausdruck. Da hat einer, das ist zu spüren, viel gelebt, da haben sich die Freuden und Leiden eines engagierten Literatentums eingekerbt. Mancher wäre wohl im Laufe der Zeit müde geworden, hätte sich zur Altersweisheit des heiteren Darüberstehens wie etwa Fontane bekehrt, nicht so aber Günter Grass, der sich mit seinem neuen Großroman „Ein weites Feld" nicht nur wieder ins literarische, sondern auch ins politische Getümmel gestürzt hat.

Zu den letzten Stationen seiner herbstlichen Lesereise gehörte am Donnerstagabend Stuttgart, wo er sich in der riesigen Betongruft des Tiefenhörsaals der Universität einem großen Publikum stellte. Viele junge Leute waren darunter, aber natürlich auch ältere Semester. Von Leselust getrieben oder aus Interesse an einem der wenigen Stars des Literaturbetriebes – wer weiß? Womöglich gilt ja auch eine Mischung aus beidem nach dem Buch- und Kritikerspektakel dieses Herbstes. Veranstalter dieser Begegnung mit dem viel bewunderten und viel gescholtenen Autor war das Theaterhaus in Zusammenarbeit mit dem Süddeutschen Rundfunk. Im Gespräch mit den Rundfunkmoderatoren Winfried Roesner und Wolfgang Nies nahm Grass natürlich noch einmal zu den außerordentlich herben Verrissen Stellung, die sein jüngster Roman erfahren hatte. „Im Gegensatz zu mir beherrschen diese Kritiker ihr Handwerk nicht", sagte er selbstbewußt und erläuterte noch einmal das künstlerische Konzept und den politischen Hintergrund, wie er ihn sieht. Ihm sei es darum gegangen, den deutschen Einigungsprozeß seit 1989 mit der ersten deutschen Einheit durch Bismarck zu konfrontieren. Er habe sich dabei des Kunstgriffs von Zeitverschränkung und Zeitraffung bedient. Und natürlich habe er der Gegenwart den Spiegel vorhalten wollen. „Der Schriftsteller darf nicht auf der Bank der Sieger, er muß auf der Bank der Verlierer sitzen."

So weise sein Roman auf „bestimmte Wiederholungstäterschaften im Verlauf der deutschen Geschichte" hin. Die „Schnäppchenjagd" beim Ende der DDR („Anschluß") – „das ist wie die Fortsetzung von Frau Jenny Treibel". Tatsächlich, Grass hat seinen Fontane gelesen, das zeigt nicht nur sein Roman, in dem bekanntlich in der Gestalt des Theo Wuttke, genannt Fonty, eine Art Wiedergänger des realistischen Romanciers auftritt; das zeigte sich auch an diesem Abend, an dem sich Grass gleichermaßen als linksengagierter wie als kundiger Zeitgenosse präsentierte – ungebrochen, wenn auch durchaus betroffen von den Angriffen auf Werk und Person.

Das eigentliche Erlebnis war allerdings wohl doch die Lesung, bei der Grass seine theatralischen Talente spielen ließ. Der ganze Oberkörper ist beteiligt, die Hände pointieren, und auch die Stimme mit ihrem unverkennbaren ostpreußischen Ton vermag es, ein Publikum in Bann zu schlagen. Langer Beifall war ihm gewiß, und in seinem Gesicht spiegelte sich die Befriedigung eines erfolgreichen Autors, der weiß: das eine sind die Kritiker, das andere die Leser. Zu signieren hatte er denn auch in Stuttgart reichlich. Allerdings: fast achthundert Seiten wollen erst einmal bewältigt sein. *Joachim Worthmann*

aus: Stuttgarter Zeitung, 2.12.95

Der leise Sieg des gelesenen Wortes

Günter Grass in der ausverkauften Uni-Aula – ein Triumph über Nichtanwesende, an die jeder dachte

„Haste noch 'ne Karte?" Nee; warum? „Überfüllt; alles ausverkauft." Der Frager ackerte sich antizyklisch wieder die Treppe runter, mißmutig durch die weiterhin hoffnungsfroh heraufströmende Menge hindurch. 800 Menschen faßt die unlustig in trübem Klolicht dahindämmernde Uni-Aula, viel mehr Menschen wollten trotzdem noch rein. Günter Grass kam, las – und hatte schon gesiegt, noch bevor er an diesem Sonntagabend überhaupt auf dem Podium stand. Gut anderthalb Kapitel (Nr. 14 und aus dem 15.) bot er dar, ja, präsentierte er, nein: führte er auf, in knapp anderthalb Stunden. Die Stimmung im Saal: ergriffenes Hingerissensein, nur hie und da artig durchbebt von winzigen Lachglucksern wechselnder Grüppchen. Nicht satt konnten sie sich hören. Der Mann liest ja so schön vor.

Grass gibt aber auch alles. Seine 68 Jahre glaubt ihm sowieso keiner, an diesem Abend schon gar nicht. Die Sache strengt an. Zwischen Kapitel 14 und 15 entledigt er sich charmant des Jacketts, verbirgt nun auch nicht mehr scheu das Glas mit dem stärkenden Roten, wischt sich nur zweimal die Stirn trocken: kleine Gesten voller Menschlichkeit – mit Genugtuung nimmt sie das Publikum wahr. Beim Lesen wirft er den Kopf, wechselt, von der Syntax gesteuert, Stand- und Spielbein, modelliert Satzzeichen mit Händen, sieht mal nach rechts, mal nach links, dann wieder mittig ins Auditorium. Mit strengem, aber auch mildem Blick erwischt er einfach jeden. Ja, diese Prosa lebt in diesem Augenblick, gewinnt noch einmal die schon gewonnenen Herzen der Hörer.

Was hatte doch der böse Ver- und Zerreißer (sein Name fällt an diesem Abend nicht) vor Monaten in seinem *Literarischen Quartett* und anderswo als Parole ausgegeben? Mißglückt? Nicht erzählt? Gescheitert? Und hatte nicht die Literaturdame der *Zeit* doch wohl etwas vorschnell gemutmaßt, „mit seinem verplapperten Thesenroman" habe Grass „von der Literatur Abschied genommen"? Schon damals war das kaum zu glauben. In der Münchner Uni-Aula glaubt das kein Mensch. Viele der Großkritiker haben sich blamiert. Stummes Einverständnis darüber ist zu spüren an diesem Abend.

Grass ist und bleibt Erzähler der Geschichte dieser Republik. Er hat sie begleitet mit umfänglichen Romanen von der *Blechtrommel* an. Jedem Jahrzehnt hat er seine erzählerische Bestandsaufnahme zugeliefert, deutsche Geschichte geformt, in Sätze gebracht durch sein Temperament. Nie hat das immer allen gefallen. Und manchem Leser ist manches hart angekommen. Denn dickköpfig kann er sein, dieser Schriftsteller, störrisch wie ein Wildesel. Und auf Kritik reagiert er, 's ist wahr, mit kaschubischer Empfindlichkeit. Na und? Das Recht eines Schriftstellers auf seine Empfindlichkeit wollen wir ihm doch wohl nicht nehmen. Und außerdem: Keiner muß mit dem, was ein Erzähler erzählt, Wort für Wort einverstanden sein. Jeder hat die Möglichkeit, diesem oder jenem Argument kopfschüttelnd zu widersprechen. Gott sei Dank hat die Gleichschaltung des Bewußtseins durch Romane, soweit bekannt, noch nie zu den Aufgaben der Literatur gezählt. Hauptsache, die Argumente werden *erzählt*, sind identisch geworden mit der Erzählung selbst. Geschichte heißt, Geschichten zu erzählen. Und nicht zwei Geschichts-Geschichtenbücher erzählen die angeblich gleiche Geschichte auf gleiche Weise. Kein Zweifel kann daran bestehen, daß – ein paar Jahre später – kommende Leser sich deutsche Geschichte auch, und ganz sinnlich, aus den Büchern des Günter Grass zusammenbauen werden.

Grass – und auch das lohnten ihm seine Zuhörer durch schwelgerische Aufmerksamkeit – ist ein Naturalist. Er baut Detail an Detail, Gesehenes an Gehörtes. Und der Eindruck stellt sich her – manchmal nicht, doch oft, sehr oft: So ist es gewesen; so könnte es gewesen sein. Dieser Roman *Ein weites Feld*, mit Fonty und Fontane, mit Ossis und Wessis, mit seinen – und nicht nur seinen – Widersprüchen und dem Beharren auf Unterschieden, mit Klarheiten und dem Beharren auf ungeklärten Dingen ist ein sozusagen klassisch gebautes Werk, auch wenn Grass sich ein paar neue Erzähltricks hat einfallen lassen. In dieser gewollten Klassizität ist er an manchen Stellen angreifbar, vielleicht. Manchmal wird allzu behaglich im Erzählstrom geschwommen, stellenweise behäbig erfunden, was im flatternd-zerflatternden Bewußtsein der Zeitgenossen vielleicht doch nicht so ofenwarm zusammensitzt. Doch abermals: Na und? Jeder kann doch die eigenen Erfahrungen dagegensetzen, vergleichen, sich reiben. Das eben macht Vergnügen beim Lesen. Und beim Zuhören.

Als am Ende jener Vorlesung der Beifall geendet hatte, war es noch lange nicht vorbei. Ein nie aufzulösendes Rätsel ist es dem Berichterstatter, warum Leser, die doch schon einen wichtigen Anteil vom Selbst ihres Autors zwischen den Buchdeckeln ihr eigen nennen können, nun auch noch dessen Unterschrift besitzen wollen. Aura? Geduldig schlangestehend begehrten Hunderte einen Schriftzug. In stillem Triumph (über seine Kritiker?) genoß der Autor die zusätzlichen Zumutungen.

Später, nach dem Abendessen wohlig entspannt, räsonierte Grass kühn über die Zukunft der Lektüre. Die jungen Leute, so stellte es sich auf dieser Lesereise dar, seien müde der Zap-Kultur, der literarischen und sonstwie medienvermittelten Häppchenwirtschaft. Der große Bogen, die weiträumig durcherzählte Geschichte, das sei ihr Begehr. Weil alles so schön gelaufen war an diesem Abend, der auch die gesamte, so hocherfolgreiche Lese- und Siegesreise durch das nicht im Sinne Fontys (eine Konföderation wäre ihm lieber gewesen) wiedervereinigte Vaterland abschloß, mochte keiner der Tischgenossen so recht widersprechen.

Und nun? Das Romanschreiben bedeute einen ungeheuren Wörterverschleiß, gab der Autor zu Protokoll. Ruhe also, Ruhe erst einmal. Man kann's verstehen, wo jetzt alle Schlachten geschlagen sind. Die Germanisten, schmunzelte er, die in den vorgelesenen Kapiteln tüchtig verspottet worden waren, hätten ja nun auch noch eine Menge zu tun. Denn versteckte, verdeckte Fontane-Zitate durchzögen die Geschichte in noch unerkanntem Ausmaß. Auch das ist ein Kennzeichen klassischer Werke: daß man in ihnen so herumbotanisieren kann. Aber ganz sachte, merkte der Autor noch sinnend an, fühle er die Lust zur Lyrik wieder in sich auferstehen. Wohin diese Lust ihn nun wieder führen werde, das wisse er freilich selber noch nicht. KLAUS PODAK

aus: Süddeutsche Zeitung, 5.12.95

Interviews

HARRO ZIMMERMANN

Hauptärgernis ist die Literaturkritik

Vor dem Abschluß seines neuen Romans: ein Gespräch mit Günter Grass

Kaum haben wir die Autobahn Hamburg–Berlin verlassen, um eine sanft hügelige, reich bewaldete Landschaft zu durchfahren, da wird so etwas wie Zeitentrückung spürbar. Durchreisen wir westpreußisches Erzählambiente, Danziger Umland? Oder das ganz und gar nicht fiktionale hamburgisch-lübeckische Großgebiet, um jene versteckte Heimstatt eines Schriftstellers zu finden?

Wer solche literarischen Anwandlungen bis Behlendorf nicht verspürt hat, macht spätestens am dörflichen See sein Déjà-vu-Erlebnis durch. Diese weite, ruhig atmende Wasserlandschaft, das leicht rauschende Grün ringsum, und jenes scheinbar rote Gefieder in der Mitte. Fontane? Sein Name stellt sich rasch ein, wenn man durch solche, aus der Literatur vertraute Gegenden fährt. Doch auch das hat wohl mit dem hier lebenden Schriftsteller zu tun, in dessen Atelier sich gelegentlich die Bände Fontanes, des brandenburgischen Wanderers stapeln.

Wieder ein dichtes Wäldchen. Am Kanal. Kaum biegen wir in das überraschend sichtbar werdende Hoftor ein, da springt uns ein freundlich kläffender Zerberus entgegen. Fremde gibt es für diesen wuscheligen Hund vielleicht in der Minute der Ankunft, dann kennt er nur noch spielvergnügt Freunde. Wir teilen seine Lust schnell und erliegen gern den Betrachtungswonnen inmitten dieses üppigen Locus amoenus. Durchs Fenster des Ateliergebäudes sehen wir eben noch die übers Manuskript gebeugte Gestalt, jetzt tritt sie pfeifeschmauchend auf uns zu. Ein braungebrannter Grass, ein anteilnehmendes Augenlächeln über den schmalen Brillengläsern. Gute Stimmung stellt sich sofort her, keine Besuchsroutine, kein gelangweiltes Interviewgebaren.

Grass kennt die Faszination, der seine Besucher, ob sie wollen oder nicht, selten entkommen dürften. Ein Rundgang durch die riesige Gartenlandschaft folgt, Gräser und Blumen werden gestreift und zwischen den Fingern gerieben, knorrige Bäume gemustert, von weither geholte Nutzpflanzen erklärt. Der kleine Teich am unteren Ende des Naturparks, gegenüber der ausladenden Freitreppe der Jahrhundertwende-Villa, erfreut sich der besonderen Liebe des Hausherrn. Gründelnde Karpfen, springende Forellen, taumelnde Insektenschwärme; einzelnes und urwüchsig Lebendiges, Lust am atmenden Leben, Naturstoffe der Phantasie: Günter Grass zelebriert nicht ohne Stolz die Andachtsstimmung, die ihn befällt angesichts dieser geliebten Umgebung.

★

Das Naturschöne außen, das Kunstschöne, oder sagen wir: das vom Intellekt bearbeitete innen, im Atelier. Daß er im Stehen am Pult schreibt, wissen wir: die Worte in ihrer Körperlichkeit, in Klangfülle und Sprechrhythmus wägend. Daß er keiner riesenhaften Bibliothek bedarf, sondern eher der einzelnen Anregung, der flankierenden Information, sieht man rasch. Viel wichtiger ist ihm die Nähe zum Bildnerischen, zur manuellen Faktur, zur Möglichkeit des handwerklichen Ausarbeitens von Gedanken. Schon deshalb nicht nur seine stolze Demonstration der 800seitigen Handschrift des neuen Romans, sondern vor allem der zeichnerischen Begleit- und Unterstützungsarbeiten. Schrille Sinnzeichen des 20. Jahrhunderts geben erste Hinweise auf Thema und Absicht des gerade entstehenden Buchs. Menschen in Marschkolonnen, fliehende, zu endlosen Kohorten Getriebene; verzweifelte Gesichter, massenhaft aufgelöst und doch immer wieder in Zweiergruppen zusammengepfercht. Schwarz schraffiertes Entsetzen allüberall. Zwei alte Männer stehen im Zentrum dieses neuen Romans. Einer von ihnen war offensichtlich der Spitzel des anderen; die Stasi spielt eine Rolle. Doch mehr sagt Grass nicht. Die Buchmesse 1995 soll das dann in fünfjähriger Arbeit vollendete Opus ans Tageslicht bringen. Aber Spaß mache es ihm. Endlich einmal wieder mit dem langen Atem, ununterbrochen und nur von Kleinigkeiten belastet, einen Roman durchschreiben!

★

NOCH ENTSPANNT AUF DEM TANDEM: *Ute und Günter Grass*

Wir reden am Tisch, im Freien, unter hoch auswuchernden Laubbäumen. Die Literaturkritik, sie ist ihm – neben der aus seiner Sicht mißratenen nationalen Einheit und dem Niveausturz deutschen Politikgehaders – das derzeitige Hauptärgernis. In Spanien habe man ihn endlich einmal wieder dazu hören wollen; die Dankrede zum Bayerischen Staatspreis sei ja, von einer indiskutablen Replik Reich-Ranickis und einem Abdruck in der *Neuen Zürcher Zeitung*, von keinerlei öffentlicher Wirkung in Deutschland gewesen. Dabei ist doch der „katastrophale Zustand" unserer Literaturkritik ein so überaus wichtiges Thema, sagt Grass: Vom „Sekundären" sei überall nur noch die Rede, das teile die Literaturkritik bezeichnenderweise mit der Politik. Man reibt sich heute in Deutschland nicht an den wirklichen Problemen, an Arbeitslosigkeit, Wohnungsnot, den nationalen „Trennungen", sondern nur noch am Zweitrangigen. Was die Stasi überliefert hat, das ist interessant, nicht aber der Blick auf die Lebensnöte der Ostdeutschen. Ob er vor allem verärgert sei wegen der negativen Kritiken in den letzten gut zehn Jahren? Solche Vorhalte stimmten „hinten und vorn nicht". Er spreche ja nicht in erster Linie für sich selbst, sondern zumal für die jüngeren Autoren, die in Deutschland reihenweise „zunichte" gemacht würden.

★

Diese Kritiker, so klagt Grass, suchen doch nur Anlässe, „um sich selbst zu feiern". Für das Buch, für die Absichten des Autors, für das handwerklich Gemachte und phantasievoll Gefabelte interessiere sich kaum ein Kritiker mehr. Zum „Stichwortgeber" würden Autor und Werk degradiert. Kritik? Natürlich wolle er möglichst gute und wirkungsvolle Kritik, sagt Grass. Aber sie entbehre zur Zeit in Deutschland des intellektuellen Ethos und der handwerklichen Redlichkeit. Diese Feuilletonisten, die so wortstark das Ende der Buchkultur beklagten, seien in Wahrheit die „Totengräber dieser Lesekultur". Literaturkritik als „Information" könne doch nur heißen, dem „unverbildeten" Leser auch eine Lektüre „außer Rand und Band" zu ermöglichen. Das Schmökern, die Lust, der Leser als Ko-Produzent des Autors – solche Prozesse müßte die Literaturkritik sachkundig unterstützen. Sie muß vergleichen, einordnen, nach Wirkungszusammenhängen fragen zwischen Realität, literarischem Ensemble und Einzelwerk. Natürlich gebe es auch heute noch Oasen der Kritik in Deutschland, sagt Grass, und kommt einer Revision seiner weitläufigen These bedenklich nahe. Aber seine Absicht sei die der Überspitzung; außerdem sei alles noch viel katastrophaler.

Ob das in Deutschland schon immer so gewesen ist? Der Sündenfall der hiesigen Kritik geht für Grass auf die Romantik zurück: die Brüder Schlegel. Sie macht er verantwortlich für die „selbstherrliche Inthronisation" des Kritikers. Die Kritik als Kunstwerk, die „Hybris" der ästhetischen Überbietung, darin liege der Ursprung jener fehlgeratenen Arbeitsteilung von literarischer Produktion und verständnisermöglichender Beurteilung. Fontane fällt ihm ein, dieser sehr maßvolle Kritiker zeitgenössischer Literatur. Er habe wie nur wenige unter der Ignoranz seiner Kritiker zu leiden gehabt. Ihre Artikel seien zum Teil wie von „Verbrechern geschrieben", hätte der alte Fontane einmal formuliert. Genau das habe Nachfolger gezeugt über die Maßen in Deutschland.

Was sei von Kritikern zu halten, die einen Roman skandalöserweise ablehnen, weil er etwa im Norden Schwedens spielt, oder weil er zu lang geraten oder „langweilig" sei! Hat nicht Lichtenberg recht? Wenn ein Buch und ein Kopf zusammenstoßen, und es klingt hohl, dann muß es wahrlich nicht am Buch liegen.

★

Kann es sein, daß die Unlust und Reizbarkeit der Kritik, wo sie denn wirklich in so desaströser Form auftritt, etwas mit der derzeitigen Talsohle deutscher Literatur zu tun hat? Natürlich gab es immer mal wieder ein „regelrechtes Konzert" in den „Hoch-Zeiten" der deutschen Literatur, in den sechziger und siebziger Jahren etwa, dann seien wieder „Durststrecken" gefolgt. Aber die Frage nach dem Niveau dieser Nachkriegsliteratur sei nicht das zentrale Problem. Die Achtundsechziger verkennen „ihr eigenes Thema", sie setzen nicht literarisch um, was das historische Zentrum ihrer eigenen Biographie darstellt, dessen ist sich Grass sicher.

Friedrich Christian Delius und Hans-Christoph Buch etwa hätten sich heute von ihren anfänglichen „Stottereien" endlich „freigesprochen", aber jene im Grunde literaturfeindliche Episode bundesdeutscher Bewußtseinsentwicklung habe noch keine ernst zu nehmende Repräsentanz in der Belletristik gefunden.

Dennoch, mit der deutschen Gegenwartsliteratur stehe es wirklich nicht zum besten, sagt Günter Grass, „soweit ich das übersehe". Die Lyrik der jüngsten Zeit scheint ihm nicht wesentlich über die „Ich-Befindlichkeit" der achtziger Jahre hinausgekommen zu sein. Manches erinnere ihn an das „Gräserbewispern" einiger Lyriker der Fünfziger. Eine vergleichbare Stimme wie die der Ingeborg Bachmann sei überhaupt nicht zu hören. Die „Schärfe und Bissigkeit des frühen Enzensberger", der für Grass heute „lammfromm" geworden ist, vermisse er sehr. Die Frechheit und die „Lust am verqueren Reim" eines Rühmkorf sei heute immer noch die liebenswerte Ausnahme. Uwe Kolbe lese er mit Gewinn, auch Theobaldy noch: Aber der drohe ebenfalls in Ichbezogenheit zu versinken. Von Christoph Hein erwartet Grass einiges und natürlich von Christa Wolf. Aber die müsse sich endlich von ihrem autobiographischen Ich frei machen und wieder ins Erzählen kommen.

★

Trostreich also ist die deutsche Literaturlandschaft für Günter Grass nicht. In „Notzeiten" blickt er dann schon lieber auf das Ausland, am liebsten aufs angloamerikanische. Hier, so sagt er, werde er „nicht verkrampft, nicht gehässig" kritisiert, nicht einmal von einem Grass-Skeptiker wie John Updike, sondern mit Sachkunde, mit Distanz und Anerkennung.

„Verstiegenheiten" bis hin zur „Unlesbarkeit" gebe es dort überhaupt nicht, sondern erst einmal einläßliche Inhaltsdarstellungen, die das Buch als „solches präzis vor Augen" führten. Da wären selten „Brillanteure" am Werk, es ginge um „Leserinformation", um eine „Dienstleistung", die auch die Subjektivität des Urteils nicht verhehle.

Daß der Großautor Grass vermöge seiner publizistischen Selbstdarstellungspotenz ein bloßes Scheingefecht mit der grundsätzlich verachteten Kritik führe, ist zum Standardvorwurf manches Antipoden geworden. Doch dem widerspricht der eigene Augenschein heftig. Der Schriftsteller Grass leidet so gewißlich am deutschen (Literatur-)Wesen, wie er sich oft genug in vereinsamter „Dreinrede" gegen die Zeitläufte gestellt hat. Von einer hätschelnden Beziehung zwischen Literatur und Kritik will er wirklich nichts wissen. Es sollen durchaus – auch die politischen – Funken fliegen.

Aber daß eine traditionsverlorene „Secondhandmentalität" sich breitgemacht hat, daß narzißtische Blasiertheiten und Zeitgeistverzückungen jener streitbaren Symbiose von Literatur und Kritik immer mehr an den Lebensnerv gehen, läßt den stolzen „Altlinken" in Rage geraten. Er weiß, daß die selbsternannten Tabu-Brecher aller Talk-Show-Runden gerade dabei sind, neue Sprachverbote in Umlauf zu bringen. Von „Betroffenheit", von „Solidarität", von „Kapitalismus", auch von „Charakterlosigkeit" etwa sollen wir künftig nicht mehr reden dürfen. Für Grass sind solche verbalen Bastionen nach wie vor in Geltung, verleihen sie doch seinen scharfen Urteilen ihr spezifisches Gewicht.

Was hätten die frischgewendeten Sprachalchemisten denn schon Neues zu bieten? Angestiftet, Partei zu ergreifen, sieht er sich auch hier. Denn es geht um die „Verantwortung" des Schriftstellers; wieder so ein Wort, mit dem rechtsgebeugte Zunftgenossen – Grass nennt Walser, Raddatz, Strauß, Buch – scheinbar nichts mehr anfangen können.

Einen Kaffee trinken wir noch, der obligatorische Grappa (von bester Qualität) wird serviert, wir verabschieden uns. Heute abend, Herr Grass, das „Literarische Quartett"? Natürlich, sagt der Hausherr, „ich will doch sehen, wie da zur Tagesordnung übergegangen wird."

aus: Süddeutsche Zeitung, 7.1.95

»Der Leser verlangt nach Zumutungen!«

Ende dieses Monats erscheint sein neuer Roman »Ein weites Feld« – knapp 800 Seiten über Theodor Fontane, das Versagen der Intellektuellen und die Misere der deutschen Einheit. Der STERN sprach mit Günter Grass darüber in dessen Haus bei Ratzeburg

STERN: Herr Grass, Ihr neuer Roman »Ein weites Feld« erscheint zu Goethes Geburtstag am 28. August, aber die zentrale Figur Ihres Buches ist Theodor Fontane. Wenn Tote reden könnten, mit welchem von beiden würden Sie lieber sprechen?

GRASS: Fontane wäre mir näher. Ich teile seine Scheu vor Weimar. Zwar hat er noch im Alter den Schiller-Preis bekommen, aber gleichzeitig über »Schillers perpetuierten Lorbeerzustand« gespottet. Das zeigt seine Distanz zu dieser Art von Unsterblichkeit.

STERN: Sie sind auf Fontane durch einen Alptraum gestoßen: Der Dichter, so träumten Sie, habe was mit Ihrer Frau.

GRASS: Ein Alptraum war das nicht. Denn ich habe ja verhältnismäßig klug reagiert, keine Szene gemacht, sondern mich im Traum dazugesellt. So hatten wir eine Menage à trois.

STERN: Warum wurde gerade Theodor Fontane zum Objekt Ihrer unbewußten Rivalität?

GRASS: Weil er der Favorit meiner Frau war. Ich habe ihn zwar auch gerne gelesen, aber als ich meine Frau kennenlernte, war sie die gewiefte Fontane-Kennerin. Inzwischen hat sich das ausgeglichen.

STERN: Haben Sie dabei einen neuen Fontane entdeckt?

GRASS: Bei meiner Beschäftigung mit diesem Schriftsteller ist mir vor allem aufgefallen, wie sehr dessen Bild zurechtgestutzt worden ist. Man machte ihn zum Konservativen, zum Preußen-Liebhaber und unterschlug dabei seine enttäuschte Preußen-Liebe, die im Alter regelrecht in Haß umschlug. Oder man überbetonte den radikalen alten Fontane, der den Sieg des vierten Standes herbeisehnte. Hier wird seine Freundschaft zu Juden hervorgehoben, dort weggelassen, daß in ihm auch – man lese die Ausbrüche in manchen Briefen – ein Antisemit steckte.

STERN: Ein Mann mit seinen Widersprüchen also...

GRASS: Er war links im Vormärz, verunglückter Barrikadenheld bei der 48er Revolution, und dann, zwei Jahre später, ist er verheiratet, braucht Geld, die Frau drängt auf feste Anstellung, und Fontane tritt in den Dienst der übelsten Reaktion, arbeitet für eine Zensurbehörde.

STERN: Was er selbst mit Sarkasmus kommentiert hat.

GRASS: Und mit Trauer und Scham.

STERN: Warum verriet er sich und seine Prinzipien?

GRASS: Er sah kein anderes Angebot. In der kurzen Phase von 1848 bis 1850 versuchte er ja alles mögliche, sogar die Eröffnung einer Apotheke. Später versuchte ein Freund, ihn in München unterzubringen, als bayerischen Hofbibliothekar. Eine interessante Spekulation: Was wäre dort aus ihm geworden? Ich glaube nicht, daß die Romane, die wir heute von ihm haben, in München hätten entstehen können.

STERN: Wie haben Sie sich mit Fontane vertraut gemacht? Nur durch Lektüre?

GRASS: Nein, ich bin auch gereist auf seinen Spuren. Ich habe sehr viel recherchiert für dieses Buch. Aber dann kam ja erst das Schwierige: den Ton zu finden, die Erzählposition. Bei allen meinen episch konzipierten Büchern war es enorm wichtig, den ersten Satz zu finden, der tragend ist für ein Stoff-Volumen dieser Art.

STERN: Diesmal lautet dieser Satz: »Wir vom Archiv nannten ihn Fonty.« Wie lange haben Sie danach gesucht?

GRASS: Mit der Grundidee für dieses Buch trage ich mich schon seit 1986, als meine Frau und ich in Kalkutta waren. Dann lagerte das ab, es gab andere Projekte, ich schrieb die »Unkenrufe«. Aber ich hatte immer das andere auch im Kopf. Drei, vier Jahre zog sich das hin. Dann, eines Abends bin ich hier in Behlendorf unter der Akazie auf und ab gegangen und plötzlich in mein Atelier gerast, habe wenige Worte gekritzelt, bin wieder rausgekommen und habe zu meiner Frau gesagt: »Ich habe einen ersten Satz.«

STERN: Aus dem »Wir«-Erzähler wird im Laufe Ihres Buches ein »Ich«.

GRASS: Das »wir« wird in einzelne Personen aufgelöst, aber man weiß nicht, wie viele es insgesamt sind.

STERN: Aber alle sind Mitarbeiter im Fontane-Archiv?

GRASS: Ja. Ich habe dem wirklichen Fontane-Archiv in Potsdam übrigens sofort Lese-Exemplare geschickt, und der Leiter soll das Buch mit Interesse und ziemlicher Überraschung aufgenommen haben.

STERN: Überraschung? Er muß Sie doch gekannt haben, Sie waren ja vermutlich öfter dort.

GRASS: Wenn ich das getan hätte, wäre mein Thema schon während der Schreibphase publik geworden. Heute sind wir leider soweit, daß ein bekannter Schriftsteller verdeckt recherchieren muß, weil das Klatschbedürfnis der Medien zu einer Seuche geworden ist.

STERN: Der Fontane Ihres Buches hat eine Korrespondenzfigur namens »Fonty« in diesem Jahrhundert, der das Ende des Dritten Reiches erlebt, die DDR, die Wende und die Wiedervereinigung. Und wesentliche Teile in einem Gebäude, das den Nazis als Luftfahrtministerium gedient hat, der DDR als »Haus der Ministerien« und dem wiedervereinten Deutschland als Sitz der Treuhand. Ist »Fonty« auch recherchiert oder reine Kopfgeburt?

»Die Geschichte ist ein absurder Prozeß«

GRASS: Theo Wuttke, genannt Fonty, ist natürlich eine Kopfgeburt. Aber um diese Figur glaubhaft zu machen und mit Leben zu erfüllen, mußte ich besonders viel recherchieren. Sie muß schließlich irgendwann anfangen, alleine zu laufen und ein Eigenleben entwickeln, auf das der Autor im Schreibprozeß hören sollte.

STERN: Zwischen Fontane und »Fonty« mäandert Ihr Roman immer wieder durch die deutsche Geistesgeschichte der letzten 150 Jahre. Georg Herwegh und Gerhart Hauptmann, Anna Seghers und Uwe Johnson, Heinrich Heine und Bertolt Brecht und Heiner Müller – alle tauchen sie auf in einem weiten Feld von literarischen Bezügen. Ein Buch für die Elite, eine Zumutung für weniger Gebildete?

GRASS: Eine Herausforderung an den Leser. Ich mute ihm etwas zu. Aber da er nun wirklich in allen Medien mit Schonkost versorgt wird, möglichst vorgekaut und leicht verdaulich, nehme ich an, daß es bei meinem Publikum – und genauso bei Ihrem Publikum – einen regelrechten Heißhunger auf diese Art Zumutungen gibt, auf etwas, das zu kauen gibt, das Widerstand bietet. Er verlangt danach. Deswegen habe ich alle mir verfügbaren Register gezogen, auch um wieder einmal zu zeigen, wie reich unsere Sprache ist.

STERN: Überfordern Sie Ihre Leser nicht?

GRASS: Ich glaube, das Schlimmste, was man »dem Leser« antun kann, ist, ihn zu unterschätzen. Ich halte das für eine Beleidigung, und zur kontinuierlichen Beleidigung wurden die schludrig zusammengeschusterten Fernsehprogramme. Auch STERN und »Spiegel« haben für mich an Niveau verloren im Laufe der Jahre. Dieser Verlust an Substanz hängt sicher damit zusammen, daß die Redakteure sich selbst und ihren Lesern nicht mehr genug zumuten. Ein weites Feld!

STERN: In Ihrem Buch gehört zu Fontane und Fonty eine dritte zentrale Figur – »Hoftaller«: der ewige Spitzel und Denunziant, der Zuträger von Gestapo, Stasi, Verfassungsschutz, der durch alle Zeiten hindurch die Intellektuellen dazu bringt, vor der Macht zu kuschen und sich den jeweiligen Gegebenheiten opportunistisch anzupassen. Typisch für die deutsche Geistesgeschichte?

GRASS: Ein Friedrich Schlegel, der mal ganz links und radikal angefangen hat, arbeitete schließlich für Metternich; aus dem Freiheitsphilosophen Schelling und dem Dichter Brentano wurden bigotte Reaktionäre. Die deutsche Romantik ist reich an solch zwielichtigen Gestalten. Und das, was ich im eigenen Kollegenkreis an Wendemanövern erlebt habe und immer noch erlebe, erinnert mich lebhaft an diese Figuren der deutschen Romantik. Mit welcher Leichtigkeit man sich vom einen Lager ins andere bewegt, ist in der deutschen Literaturgeschichte wirklich staunenswert.

STERN: Es gibt in Ihrem Buch eine Allegorie der deutschen Geschichte: den Paternoster im Treuhand-Gebäude – Aufstieg und Abstieg, ewige Wiederkehr des

Gleichen. »Einiges ändert sich, doch nichts im Prinzip«, sagt Fonty. Sehen Sie das auch so?

GRASS: Fontane sah das so. Er hatte ein weitgehend fatalistisches Geschichtsbild, trotz seiner Hoffnung auf den vierten Stand. Er setzte auf die Sozialdemokraten, sagte aber am Ende: »Auch die taugen nicht viel.«

STERN: Kommt Ihnen denn deutsche Geschichte wirklich so vor, daß sie nur die wechselnd kostümierte Wiederkehr des Gleichen ist?

GRASS: Das habe nicht ich gesagt. Es ist Fontanes Geschichtsbild.

STERN: Und das Grass'sche?

GRASS: Ich bin Geschichts-Skeptiker und schon in anderen Büchern polemisch gegen Hegels Weltgeist angetreten. Dessen Hineininterpretieren von Sinn in die Geschichte liegt mir genausowenig wie die Vorstellung von der ewigen Wiederkehr, mit der man die völlige Hoffnungslosigkeit des Geschichtsprozesses versinnbildlicht. Ich glaube, daß die Geschichte ein absurder Prozeß ist, aus dem zu lernen schwerfällt.

STERN: Auch die Geschichte der Deutschen liest sich in Ihrem Roman wie ein Versuch, der hundertfünfzig Jahre lang immer wieder mißglückte.

GRASS: Es war mir wichtig, den Prozeß der deutschen Einheit unserer Tage vor dem Hintergrund des ersten Einigungsprozesses im letzten Jahrhundert zu verdeutlichen. Ohne diese Vorgeschichte ist nicht zu begreifen, was heute geschieht.

STERN: Die erste Einheit führte zur Katastrophe der beiden Weltkriege. Sehen Sie heute wieder so schwarz für die deutsche Zukunft?

GRASS: Ich sage dazu etwas, was im Buch nicht vorkommt. Der Prozeß der deutschen Einheit beruht auf einem glatten Verfassungsbruch. Der Schlußartikel der alten Verfassung hatte zwingend vorgeschrieben, im Fall der deutschen Einheit dem deutschen Volk eine neue Verfassung vorzulegen. Das ist bis heute, fünf Jahre danach, nicht geschehen. Es gibt kein Anzeichen dafür, daß es jemals geschehen wird. Wir haben in unserer Geschichte immer schlechte Erfahrungen mit zentralistischem Einheitswillen gemacht. Wir haben gute Erfahrungen gemacht, wenn wir uns in unseren Unterschieden wahrgenommen und respektiert haben, als Mecklenburger und Bayern, als Sachsen und Rheinländer. Dieser Föderalismus ist aber nach 1989 eher geschwächt worden. Kompetenzen, die früher bei den Ländern lagen, hat sich der Bund gekrallt, bis in den Kulturbereich hinein. Es war ein Bubenstück, den Schlußartikel zu mißachten und die Verfassung zu brechen. Dieser Mutwille rächt sich gewiß noch mal.

STERN: Es kommt ja in Ihrem Roman auch eine Ost-West-Ehe vor, die scheitert: »Was nicht zusammenhält, muß geschieden werden.« Auch ein politisches Rezept?

GRASS: Wenn Sie mir unterstellen, ich möchte die DDR wiederherstellen, dann führen Sie dieses Gespräch mit dem falschen Autor.

STERN: Der Autor Grass schreibt in seinem neuen Buch: »Alles, was sich deutsch nennt, wird vom Mittelmaß beherrscht.« Sie kommen gerade aus Portugal. Was empfinden Sie, wenn Sie nach Zeiten der Abwesenheit wieder deutsche Sprache und deutsche Verhältnisse auf sich wirken lassen?

GRASS: Ich empfinde mein Land als zunehmend anstrengend und benötige Auslandsaufenthalte, um Distanz zu gewinnen. Auch, um zu erfahren, daß das, was ich in vier, bald fünf Jahrzehnten geschrieben habe, andernorts Respekt erfährt, was ich von Deutschland in der Regel nicht sagen kann.

STERN: Fehlt es Ihnen an literarischer oder an politischer Resonanz?

GRASS: Ich meine in erster Linie das, was ich künstlerisch gemacht habe.

STERN: Ist Deutschland noch das Vaterland für Sie?

GRASS: Natürlich. Ich bin doch ganz mit deutscher Literatur und Geschichte verwoben und verwachsen. Nur fällt es hierzulande oft schwer, zu begreifen, daß kräftige Kritik ein Zeichen von Liebe ist.

STERN: Besonders kräftig wird

in Ihrem Buch, dessen Titel ursprünglich »Treuhand« lauten sollte, die Treuhand kritisiert: »Millionen Arbeiter und Angestellte sind einem Enthauptungsprozeß unterworfen ...«

GRASS: Sie zitieren nicht vollständig: »Das Fallbeil kappt seinen Erwerb, seinen bis gestern noch sicheren Arbeitsplatz, ohne den er, jedenfalls hierzulande, wie kopflos ist.«

STERN: Wenn man dann liest, wie die Ermordung des im übrigen sehr sympathisch geschilderten Treuhand-Chefs Rohwedder dargestellt wird, dann kann man so etwas wie klammheimliches Verständnis herauslesen. Wie begegnen Sie dem Vorwurf, Terror zu rechtfertigen?

GRASS: Es ist üblich, dem Autor zu unterstellen, er sympathisiere mit der Tat. Natürlich muß er beschreiben, in welcher Gefahr der Chef der Treuhand war. Ich glaube, er selbst hat das auch gesehen. Er mußte die Drecksarbeit machen, die der Kanzler ihm zugeschoben hat. Damit geriet er ins Schußfeld. Ein solch barbarischer Prozeß, wie ihn die Treuhand eingeleitet hat, der Hunderttausende von Menschen um ihre Existenzgrundlage brachte, setzt nicht nur Trauer und Resignation, sondern auch Haß frei.

STERN: Aber Sie stellen diesen Mord doch in eine Tradition von Attentaten, die man heute für gerechtfertigt hält.

GRASS: Das Buch macht mit literarischen Mitteln deutlich, wie es zu solchen Anschlägen kommt. Wer ein solch menschenverachtendes Instrument wie die Treuhand ins Leben ruft, muß sich nicht wundern, wenn darauf terroristisch reagiert wird.

STERN: Ihr Rohwedder ist ein Mann, der – wie Sie – den Vereinigungsprozeß skeptisch beurteilt und sich von Kanzler Kohl verschaukelt fühlt. Ist das recherchiert?

GRASS: Nein, ich kannte Rohwedder überhaupt nicht. Er wird ja auch gar nicht beim Namen genannt.

STERN: Aber man weiß, wer gemeint ist. Wie beim »Kanzler«.

GRASS: Auch der ist ja als »die regierende Masse« umschrieben.

STERN: Und wird mit wenig schmeichelhaften Sätzen gewürdigt wie: »Größe fehlt ihm, so sehr er sich aufpumpt.«

GRASS: Das bezieht sich auf seine Neigung, sich mit Bismarck zu vergleichen. So was Provinzielles! Und dumm dazu. Es hat sich doch nun wirklich bis in den deutschen Geschichtsunterricht herumgesprochen, daß Bismarck der Mann der gescheiterten deutschen Einheit ist. Die Annexion von Elsaß-Lothringen, das hat Bismarck genau gewußt, würde die Ursache des nächsten Krieges sein, des Ersten Weltkrieges. Bismarck ist mit seinem Hauptwerk gescheitert. Wenn Kohl sich zu ihm in Parallele setzt, dann hat er in dem Sinne recht, daß er einen ähnlichen Pfusch hingelegt hat.

STERN: Sie haben keine Scheu vor harten Worten. Der Kanzler wird in Ihrem Roman zweimal als Lügner bezeichnet.

GRASS: Aber er ist ein Lügner! Ein Lügner und Wahlbetrüger dazu. Was hat er den Menschen nicht alles versprochen! Selbst in konservativen Kreisen ist das als Lüge empfunden worden. Aber Sie sind jetzt dabei, allzu dezidiert die politischen Reizthemen meines Buches in den Vordergrund zu schieben. Der Roman hat sein politisches Umfeld, das ist unbestritten. Aber er ist in erster Linie ein erzählender Roman. In ihm spiegelt sich nicht nur deutsche Geschichte und Politik, sondern auch die Literatur. Er hat also keinen Reden- oder Pamphlet-Charakter. Es ist der Versuch des Autors – ich hoffe, der gelungene Versuch –, den Fontane-Ton im Plauderton aufzugreifen, aber nicht zu imitieren, sondern aus der eigenen Diktion und dem Fontane-Ton eine neue Ausdrucksform zu entwickeln. Ich würde mich ganz gern über ein literarisches Produkt namens »Ein weites Feld« unterhalten.

STERN: Bei allem Respekt vor dem literarischen Produkt – dessen politische Aussagen springen einem doch förmlich entgegen.

GRASS: Nein. Die politische Aussage verbirgt sich eher

hier als Halbsatz, da als ganzer Satz, aber immer eingebettet in das, was ich Plauderton genannt habe. Sie ist nie thesenhaft draufgesetzt. Nie kann der Eindruck entstehen, dieses Buch sei ein Sammelsurium von politischen Aussagesätzen.

STERN: Es ist in der Tat vieles in einem: eine Fontane-Biographie, ein Berlin-Roman, eine Geschichtsstunde. Wer sich in dieses literarische Labyrinth begibt, muß gute Kenntnisse in Geschichte und Literatur mitbringen, sonst verirrt er sich. Entweder er klappt dann das Buch wieder zu, oder er beginnt sich dessen Voraussetzungen zu erarbeiten. Absicht?

»Ich empfinde mein Land als zunehmend anstrengend«

GRASS: Eindeutig. Wir sollten uns wenigstens in dieser Beziehung – das sei auch der Kultusministerkonferenz zugerufen – ein Beispiel an Frankreich nehmen. Dort wird die Kenntnis der französischen Geschichte und Literatur nicht als ärgerliche Zumutung empfunden. Wenn wir dieses Kultur- und Geschichtsbewußtsein auch noch aufgeben wollten, wo bliebe dann die vielberufene Identität? Wo wollen wir sie dann suchen? Bei unseren Gartenzwergen?

STERN: Schon einer der ersten Berichte über Ihr neues Buch erschien mit der Überschrift »Der Meister ist wieder da«...

GRASS: Albern! Der Mann, der das geschrieben hat, kannte ja gerade die eineinhalb Kapitel, die ich in Frankfurt vorgelesen habe. Es unterstreicht einmal mehr meine These, die heißt: Die Literaturkritik ist sich im Grunde selbst genug. Sie nimmt das erscheinende Buch – ganz gleich, welches – als Anlaß zur Selbstfeier. Doch damit wird sie stranden, weil sie ihre wirklichen Möglichkeiten und Aufgaben nicht mehr wahrnimmt, zum Beispiel den Leser zu informieren. Und sie scheitert an der Literatur. Die Literatur geht über sie hinweg.

STERN: Aber das Wort vom

»Meister« ist jetzt in der Welt, und vielleicht geht es Ihnen wie dem Fonty Ihres Romans, der ja einmal genötigt wird, sich auf das Fontane-Denkmal in Neuruppin zu setzen. Wenn nicht alles täuscht, sind Sie auf dem besten Weg, zum Klassiker gemacht zu werden. In Weimar wird heute Weinbrand der Marke »Johann Wolfgang von Goethe« – für Betuchte gibt's auch »Goethe Extra« – gehandelt. Wie ist Ihnen zumute bei dem Gedanken, daß dereinst vielleicht ein Danziger Goldwasser mit dem Etikett »Günter Grass Extra« vertrieben wird?

GRASS: Ich lese heute, wie zum Beispiel über Thomas Mann hergezogen wird, einen, der es wirklich verdient hat, als Klassiker der modernen deutschen Literatur zu gelten. Man mokiert sich darüber, daß er ehrgeizig gewesen ist, daß er sich immer pünktlich an den Schreibtisch gesetzt hat, daß er ein Homosexueller war und so weiter. Man muß sich fragen, wie diese geschilderte Person namens Thomas Mann Romane wie den »Zauberberg« oder »Doktor Faustus« oder die Josephsbücher zu schreiben imstande gewesen sein soll. Es ist eine ungeheure Anmaßung, es ist das Terror-Regime des Mittelmaßes, das Lust dabei empfindet, einen großen Schriftsteller auf die Skandalnudel-Größe zu reduzieren. Sie fragen mich, wie man sich fühlt, wenn man zum Klassiker gemacht wird. Ich sage: Einladend ist das nicht.

Das Gespräch führten die STERN-Redakteure Joachim Köhler und Peter Sandmeyer.

aus: Stern, 17.8.95

Im Reich der „Affärchen"

Verleger Steidl zur Unruhe vor dem Erscheinen des neuen Romans von Günter Grass – Werbung als Leseförderung – Erste Auflage verkauft

Herr Steidl, ist der Eindruck richtig, daß die Werbung für den neuen Grass-Roman „Ein weites Feld" besonders heftig war?

Gerhard Steidl: Ein Verlag nimmt alle Bücher wichtig. Natürlich ist es so, daß das Medieninteresse bei einem Günter Grass oder Peter Handke viel größer ist als bei einem unbekannten Autor. Insofern gilt: Wenn wir bei Grass einen kleinen Anstoß geben, dann wird das durch das Medienecho zum Selbstläufer. Man muß in Wahrheit für ein solches Buch weniger tun als für einen unbekannten Autor.

Aber Sie haben doch sehr viel gemacht – unter anderem wurden Tausende von Rezensionsexemplaren verschickt.

Steidl: Es hat sich in der öffentlichen Wahrnehmung in den letzten 15 Jahren etwas verschoben. Woran das liegt, weiß ich noch nicht genau. 1977 wurden vom Grass-Roman „Der Butt" 4000 Rezensionsexemplare verschickt, nun verschicken wir von „Ein weites Feld" 4500 – und da gibt es einen Aufschrei in den Medien. Dabei weiß jeder Depp, daß heute viel mehr Zeitungen sowie Zeitungs- und Rundfunkanstalten vorhanden sind.

Der „Spiegel" stellte wegen dieser Vielzahl den Vorabdruck in Frage. Das Argument: die Exclusivität sei nicht mehr gewahrt.

Steidl: Allein vom „Spiegel" sind 87 Rezensionsexemplare für die diversen Ressorts angefordert und von uns geliefert worden. Hätten wir auch nur einen Redakteur nicht bedient, wäre kolportiert worden: »Der Verlag bedient nur einen ausgewählten Kreis.« Ich glaube, das sind Affärchen, die so im Vorfeld ranken.

Es gab auch viel beachtete Lesungen – so in Köln.

Steidl: Wir haben mit Günter Grass vor dem Erscheinen des Romans drei Lesungen veranstaltet. Grass hat immer vor dem Erscheinen eines neuen Buches öffentlich gelesen – und viele andere Autoren machen das auch so. Früher wurde das wohlwollend aufgenommen, heute wird beklagt, der Verlag und der Autor gäben den Roman nur häppchenweise frei. Das wird als besonders geschickte Werbeaktion aufgefaßt.

Ist es das nicht?

Steidl: Nein, sondern ein ehrliches Suchen nach dem Kontakt mit dem Leser. Sonst hätten wir doch nicht auch den Workshop mit Studenten in Köln gemacht. Jetzt lese und höre ich immer wieder, wir hätten eine geniale PR-Aktion gestartet.

Wäre das so verwerflich?

Steidl: Nein. Auch ich sehe das nicht als schlimm an. Denn wenn man eine gute PR für ein Buch macht, ist das zunächst mal Leseförderung.

Wie erklären Sie sich denn die Kritik an dem Engagement?

Steidl: Ich glaube, daß man bei einem Bestseller immer gleich ein riesiges Geschäft vermutet. Doch die Leute haben völlig falsche Vorstellungen. Das Risiko ist hoch, denn die Druckkosten sind gigantisch gestiegen und die Buchpreise sind seit fast 20 Jahren unverändert.

Welche Auflage benötigen Sie, um schwarze Zahlen zu schreiben?

Steidl: Wenn man vernünftig wirtschaftet, dann braucht man eine Auflage von 3000 Exemplaren. Damit kommt man über die Runden. Nun haben wir von dem neuen Roman die erste Auflage mit 100 000 Exemplaren bereits ausverkauft und drucken die zweite — das heißt, da ist schon gut dran verdient worden. Doch es sind einfach nicht so gigantische Summen, wie man sie sich vielleicht vorstellt.

Beeinflußt eine positive oder negative Kritik die Auflage?

Steidl: Früher hat eine negative Kritik die Auflage sicher sehr beeinflußt. Heute kommt die gesamte Kritik innerhalb einer Woche. Die Sucht der Medien, als erste draußen zu sein, ist so gewaltig, daß sich das alles im wesentlichen auf fünf, sechs Tage konzentriert. Das Publikum ist dann vielleicht derart überfüttert, daß es all das gar nicht richtig gewichten kann. Eine negative Kritik kann einem solchen Buch einfach nichts anhaben — das gilt nicht nur für Grass. Der Buchmarkt hat sich völlig gewandelt. Es gibt heute ein sehr aufgeklärtes Lesepublikum. Leute, die lesen, kaufen ein solches Buch, egal ob es gut oder schlecht besprochen ist, weil sie in der literarischen Diskussion mithalten wollen. Wer sowieso nicht liest, ist auch nicht durch eine gute oder schlechte Kritik zu beeinflussen. Wer einmal als Leser verloren ist, der faßt auch kein Buch mehr an. Insofern ist auch die Werbung für ein Buch und das Wecken von Spannung absolute Leseförderung.

Wie hat sich denn der Streit um den Buchversand von 2001 entwickelt?

Steidl: Den neuen Roman vertreiben 18 Versandbuchhändler — unter diesen ist auch 2001, was zu einem Aufstand des Buchhandels führte.

Weil 2001 suggerierte, man vertreibe den Roman exclusiv und deshalb die Vorbestellung empfahl?

Steidl: Ja, die haben eine aggressive Werbung gemacht. Aber diese Aktion hat viele Buchhändler angeregt, auch Vorbestell-Aktionen zu machen. Auf diese Weise haben sie schon jetzt ein sehr gutes Geschäft gemacht. Im Grunde war das ein genialer Anstoß von 2001, sonst wären wir ja jetzt auch nicht ausverkauft.

Warum erscheint das Buch Ende August?

Steidl: Ganz banale Gründe sprechen dafür. Die verkaufsstarken Monate im Sortiment sind September, Oktober, November. Da findet 70 Prozent des Jahresumsatzes statt.

Die Buchmesse im Oktober ist kein günstiger Erscheinungstermin?

Steidl: Nein, weil man einen wichtigen Monat Verkaufszeit — eben den September — verliert.

Ende August wird ausgeliefert, aber schon am Montag gibt's die erste große Rezension?

Steidl: So hat es der „Spiegel" angekündigt. Damit unterliefe er die Sperrfrist, nämlich den 28. August.

Auch das „Literarische Quartett" wird wohl vor diesem Datum sein Urteil fällen.

Steidl: Eine solche Sperrfrist wird geschützt durch den Paragraphen 12 des Urheberrechtsgesetzes. Rein rechtlich sind alle Argumente auf unserer Seite. Nur ist es unklug, bei einem Roman und bei Literatur überhaupt, den Gerichtsweg einzuschlagen. Außerdem würde dieser Weg eineinhalb Jahre dauern — es nützt überhaupt nichts.

Mit Gerhard Steidl
sprach Martin Oehlen

aus: Kölner Stadt-Anzeiger, 19.8.95

»Es wird bleiben«

Nach der Woche der Verrisse sprach Günter Grass mit dem STERN über seine Stimmung, sein Buch und seine Kritiker

STERN: Herr Grass, wie fühlt man sich am Tag nach seiner Hinrichtung?

GRASS: Ich fühle mich sehr munter. Die verschiedenen Nachrichten der letzten Woche drangen bis in die Abgeschiedenheit unserer dänischen Insel-Einsamkeit, und ich habe daraufhin das getan, was ich mir schon lange für die Zeit nach Abschluß des Buches vorgenommen hatte: wieder zu aquarellieren. Ich gehe täglich in den Wald und male. Eine gute Übung. Es verlangt viel Konzentration, feucht in feucht zu arbeiten.

STERN: War das Ihre einzige Reaktion auf den »Spiegel«-Titel, auf dem Ihr Buch zerrissen wird, und auf das »Literarische Quartett«, in dem Sie selbst zerrissen wurden?

GRASS: Ich habe das, was dazu zu sagen ist, schon vor einem Jahr in einer Rede gesagt: Wie sich in der Kultur in für mich erschrekkendem Maß das Sekundäre vor das Primäre schiebt. Nicht die Bilder eines Malers sind das Aufregende, sondern der Ausstellungsmacher, die Installation der Ausstellung. Nicht das Buch ist das Ereignis, sondern die Reaktion der Medien darauf.

STERN: Und auf dem Titel erscheint nicht mehr der Autor, sondern der Kritiker ...

GRASS: ... nur wenn er zerrissen wird, kommt der Autor auch noch mal vor. Da wir schon über Unflat reden: In einem Land wie Deutschland sollte man weiß Gott vorsichtig sein beim Umgang mit Büchern. Wir haben da eine Vorgeschichte.

STERN: Ihre Gänge in den Wald, die Aquarelle – ein Abschied vom Schreiben?

GRASS: Ich kenne diese Wunschvorstellung mancher Kritiker, aber davon kann überhaupt nicht die Rede sein. Ich habe ein Buch von annähernd 800 Seiten geschrieben, und der natürliche Zustand des Schriftstellers danach ist ein erschöpfter. Die Wörter sind verbraucht. Ich darf nicht den Fehler machen, mit der noch vorhandenen fixfertigen Schreibmanier ein weiteres Buch zu schreiben. Es würde unter Umständen ein sehr schön geschriebenes, aber leeres. Es kann ja noch gar nichts wieder da sein. Deswegen bin ich sehr froh darüber, daß ich diesen »zweiten Beruf« des bildenden Künstlers habe und nach der Mühsal der Prosa-Arbeit wieder zu Anfängen von mir zurückkehren kann, und das heißt Aquarell und

Lyrik.

STERN: »Ein weites Feld« ist nicht Ihr erstes dickleibiges Buch, aber das erste, in dem Sie so viele Probleme der deutschen Geschichte verarbeiten. Fiel Ihnen das Schreiben diesmal besonders schwer?

GRASS: Nein, es war eigentlich ein heiterer Vorgang. Der einmal gefundene Erzählton hat mich getragen, es gab kein längeres Stocken. Schon in der ersten Fassung kam mir das Ganze wie *ein* Wurf vor.

STERN: Sind Sie sich eigentlich mit Ihrem Urteil über Ihr Buch ganz sicher?

GRASS: Ich bin mir bei diesem Buch ganz sicher, daß mir etwas gelungen ist. Es ist mir gelungen, komplizierte gesellschaftliche und politisch verquere Verhältnisse nicht nur unserer Gegenwart sondern auch der Vergangenheit in Erzählfluß zu bringen, anschaulich zu machen, bildhaft werden zu lassen, in Dialoge umzusetzen, auch die Annäherung an Fontane nicht so weit zu treiben, daß der Respekt vor dem Autor verloren geht. Ich bin – wenn das jetzt auch von mir vermessen klingen mag – sicher, daß dieses Buch sich halten wird. Es ist die dringend notwendige literarische Korrektur und Gegenstimme zu dem, was jetzt schon regierungsamtlich als Geschichte festgeschrieben wird – über alle Versäumnisse, über alle Fehler hinweg. Dieser Geschichtsklitterung widerspricht das Buch. Auch deswegen – neben literarischen Gründen – wird es bleiben.

»Man ist wütend und haßerfüllt aus Unsicherheit«

STERN: Ihre Kritiker sind anderer Meinung.

GRASS: Das war bei allen meinen Büchern so. Nennen Sie mir ein Buch, das nicht umstritten gewesen wäre. Gäbe es eins, dann hätte ich wohl einen Fehler gemacht.

STERN: Lesen Sie eigentlich Rezensionen?

GRASS: Wenn es sich um Rezensionen handelt, ja, wenn es sich um Unflat handelt, nein. Ich merke von der ersten Zeile an, ob sich jemand mit dem Buch auseinandersetzt oder ob man mit mir politisch abrechnet.

STERN: Haben Sie denn Rezensenten-Einwände gelesen, die Sie akzeptieren können?

GRASS: Jürgen Busche hat in der »Süddeutschen Zeitung« geschrieben, meinem Roman läge der Einfall für eine Novelle zugrunde. Darüber will ich nachdenken. Ich glaube allerdings, es ist ein epischer Grundeinfall gewesen, der auch so ausgeführt werden mußte. Aber darüber ist zu reden.

STERN: Man konnte in den Kritiken auch lesen, Günter Grass habe der Geschichte offenbar übelgenommen, sich nicht nach Günter Grass gerichtet zu haben.

GRASS: Ich lasse mich auf dieses Niveau nicht ein. Wenn ich darauf antworte, gehe ich schon fehl, auch in der Eigeninterpretation.

STERN: Aber woher kommt das massive Unbehagen an einem Buch, das selbst aus dem Unbehagen an der gesellschaftlichen und politischen Entwicklung heraus geschrieben ist?

GRASS: Es ist wie mit der Königin in »Schneewittchen«. Sie will wissen, wer die Schönste im Land ist, und der Spiegel sagt: »Es gibt eine, die ist tausendmal schöner als du!« Da ist sie wütend über den Spiegel, in den sie hineinschaut. Es gibt Bücher, die den Kaiser nackt nennen, wenn er nackt ist, und eine politische Mogelpackung öffnen und zeigen, daß nichts drin ist. Die Geschichtslegende von der gelungenen deutschen Einheit wird in meinem Buch in Frage gestellt, und darauf reagieren die Men-

schen, die an dieser Legende mitgestrickt haben – es sind nicht wenige –, wütend, nahezu haßerfüllt. Ein Anzeichen für eine verdeckte Unsicherheit. Man ist sich des Sieges gar nicht so gewiß.

STERN: Es wird Ihnen vorgeworfen, die DDR-Wirklichkeit nostalgisch zu verklären.

GRASS: Das ist eine reine Behauptung, die auf das Buch nicht eingeht. Man kann nicht einfach 16 Millionen Menschen, die 40 Jahre in einer Diktatur haben leben müssen, per Federstrich an den Westen anschließen und ihr Leben wie ihre Industrie für Schrott erklären. Man muß Respekt haben vor diesem beschädigten gelebten Leben. Aus der Sicht dieser Betroffenen ist mein Roman geschrieben. Ich glaube, daß der Schriftsteller gut daran tut – ganz gleich, welches Thema er sich nimmt –, nicht auf der Bank der Sieger zu sitzen, sondern bei den Betroffenen, den Geschlagenen.

STERN: Aber Sie haben in Ihrem Buch die DDR als »kommode Diktatur« bezeichnet.

GRASS: Eine Formulierung des alten Fontane, auf Preußen gemünzt, die ich übernommen habe. Im Vergleich mit Diktaturen, die es gegeben hat, und die es immer noch gibt, ist die DDR eine kommode Diktatur gewesen. Ich halte diesen Satz aufrecht.

STERN: Man kann viele Einzelschicksale dagegen halten.

GRASS: Aber natürlich! Sie werden ja auch genannt im Buch, von den Eingesperrten bis zu den Mauer-Toten. Aber dennoch ist die DDR nicht mit anderen Diktaturen zu verglei-

»Mir muß niemand Nachhilfe in Demokratie geben«

chen, schon gar nicht mit dem Dritten Reich. Eine solche Differenzierung ist doch kein Plädoyer für die DDR. Ich habe in Jahrzehnten, in denen manche heutigen westlichen Wendehälse in der DDR große Hoffnungen sahen, diesen

Staat kritisiert. Ich hatte Einreiseverbot, meine Bücher waren dort verboten. Mir muß niemand Nachhilfe in Demokratie geben, schon gar keine ehemaligen Stalinisten.

STERN: Von einem solchen sah man im »Literarischen Quartett« einen besonderen Haß-Ausbruch gegen Ihr Buch.

GRASS: Ich kann dazu nichts sagen. Ich habe das nicht gesehen. Ich schaue mir so etwas nicht an.

STERN: Sie wollen über Marcel Reich-Ranicki nicht reden?

GRASS: Wir haben ja zwei polnische Päpste. Der eine, in Rom, meint unfehlbar in Fragen sexueller Praxis zu sein. Ich habe da meine Zweifel. Der andere, in Frankfurt, meint unfehlbar im Urteil über Literatur zu sein. Auch da habe ich meine Zweifel.

STERN: Wie gehen Sie überhaupt mit solchen Angriffen um?

GRASS: Ich habe ja in meinem Roman zweimal zitiert, wie es seinerzeit Fontane mit der Kritik ergangen ist, insbesondere mit »Irrungen Wirrungen«, einem seiner liebenswertesten und traurigsten Bücher. Es wurde nur verrissen. Selbst in der Zeit, als es in der »Vossischen Zeitung« vorabgedruckt wurde, hat einer der Besitzer dieser Zeitung gestöhnt: »Wann hört diese gräßliche Hurengeschichte endlich auf?« Fontanes Kommentar dazu findet sich in einem Brief: »Die Kritiken sind wie von Verbrechern geschrieben.« Bitter. Im Grunde ist von seinen Büchern nur »Effi Briest« ein gewisser Verkaufserfolg gewesen und die »Kinderjahre«. Aber da sehe ich mich überhaupt nicht in Parallele.

STERN: Gibt es neben den Rezensionen andere Reaktionen auf Ihr Buch?

GRASS: Ja, Leser-Reaktionen. Sie sind so, daß sich die meisten Leser auf eine wunderbare Weise verführt und manchmal auch verwirrt sehen von dieser Art von Erzählung. »Befinde ich mich jetzt im 19. oder 20. Jahrhundert?« Das, was sie anfangs irritiert, macht beim Weiterlesen dann den Reiz des Buches aus. Die Zeit ist aufgehoben. Das ist eine Stärke der Literatur. Literatur muß auch Anlaufzeiten haben, muß Neben- und Irrwege haben. Es ist töricht zu verlangen, daß in den ersten zwei Kapiteln reiner Wein eingeschenkt werden muß. Schon Fontanes Erzählung »Cécile« ist vorgeworfen worden, daß darin die Spaziergänge zu lang sind, und nach germanistischem Lehrmuster sind sie es auch. Ich möchte sie aber nicht kürzen. Mir würde was fehlen. Ich plädiere für die Umwege, auch für die Irrwege, die den Leser hier- und dorthin entführen, die ihn manchmal seufzen lassen; bis er plötzlich merkt, warum er diesen Umweg hat machen müssen.

STERN: Ihr Buch ist nach Ihrem eigenen Wort eine »Zumutung« – dick, kompliziert, bildungslastig, schwierig. Ausgerechnet dieses Werk bewegt und polarisiert die Öffentlichkeit wie lange kein anderes.

GRASS: Es ist doch schön, daß wir das erleben.

Das Gespräch führten die STERN-Redakteure Joachim Köhler und Peter Sandmeyer.

aus: Stern, 31.8.95

»Lärm, Gebrüll, Ignoranz«

Interview mit Walter Jens, dem Grand Old Man der deutschen Literaturkritik, über den neuen Grass-Roman, das »Literarische Quartett« und Marcel Reich-Ranicki. Auszüge:

»Ich lese »Ein weites Feld« ganz anders als die Kritiker. Ich lese es mit den Werken von Fontane, Bismarck, Nietzsche und den Fontane-Biographien auf der linken Seite des Tisches – auf der rechten liegt das Buch von Grass. Eine vielleicht etwas altväterliche, auch viel Zeit verschlingende Lektüre, aber die ist nötig. Um einem Autor wie Grass auf die Schliche zu kommen, muß man genau lesen, sich auf ein Gespräch mit ihm einlassen und den Dialog, den er anbietet, fortspinnen. Ein Buch wie dieses, in dem Altes und Neues in wechselseitiger Erhellung sich begegnen – dessen Sprache in der Schwebe zwischen ureigenster Grass-Diktion und

Fontaneschem Plauderton sehr angenehm ist –, braucht viel Zeit – nicht nur zum Lesen, sondern auch zur Kritik. Mit großem Interesse bin ich auf Seite 196 angelangt und bin sehr gespannt, wie es weitergeht.

»Das »Literarische Quartett« hat mit Literaturbeurteilung professioneller Art, die mit Sensibilität, Geduld, Langsamkeit vorgeht, nicht das geringste zu tun. Hier herrscht die Unsitte des Daumenhebens und -senkens, die ein Werk wie dieses auf die Ebene von Peter Grafs Steuerhinterziehungen herunterbringen will. Eine solche mit Herablassung und Anspielungen arbeitende Kritik ist der Ernsthaftigkeit dieses Buches nicht angemessen.

»Das »Literarische Quartett« ist eine Show, die sich durch viel Lärm und Gebrüll, die über Ignoranz hinwegtäuschen sollen, auszeichnet – nicht gerade durch demokratische Praktiken, wenn ich daran denke, wie bei der letzten Sendung Frau Löffler, die eine etwas positivere Sicht des Grass-Romans andeutete, schlechterdings nicht zu Wort kam. Sie wurde abgefertigt wie eine Schülerin, und ich bedauere, daß sie sich nicht gewehrt hat.

FOTO: ULI REINHARDT/ZEITENSPIE-

Für genaues Lesen: Walter Jens, 72

» Die im »Literarischen Quartett« gängigen Kategorien »Ja und Nein«, »Gut und Schlecht« gehören nicht in die Literatur. Nichts verächtlicher, als das Rot-Grün-Muster der Ampel: »Bei Rot Stehenbleiben! Das Buch ist untauglich!« – »Bei Grün zum nächsten Buchladen laufen!« Das kann man nicht als ernsthafte Kritik bezeichnen.

»Es gibt immer noch den kuriosen Begriff »Gesinnungs-Ästhetik«. So wirft man Grass vor: »Du hast es gewagt, in deinem Werk deine Gesinnung zu vertreten.« Doch der Angriff gegen die »Gesinnungs-Ästhetik« ist ein Angriff gegen einen Großteil der europäischen Literatur von Aischylos bis Brecht.

» Verrisse, solange sie literarisch, stilistisch, kompositorisch wohlbegründet sind – selbstverständlich; doch wenn sie ins Persönliche gehen, trifft sie Lessings Tadel: »Sobald der Kunstrichter verrät, daß er von seinem Autor mehr weiß, als ihm die Schriften desselben sagen können«, hört er auf, »Kunstrichter zu sein und wird das Verächtlichste, was ein vernünftiges Geschöpf werden kann, Klätscher, Anschwärzer, Pasquillant.«

»Marcel Reich-Ranickis Muster als Kritiker waren immer holzschnittartig. Sie können ihre Herkunft aus der traurigen Hinterlassenschaft des sozialistischen Realismus nicht verleugnen. Ich bedaure, daß ihm heute so viele nach dem Munde reden und daß es andererseits so wenige entschiedene Kritiker neben ihm gibt.

»Tief in der Seele hat es mich bekümmert, als Reich-Ranicki im »Literarischen Quartett« über den »Spiegel«-Titel mit der Buch-Zerreißung sagte: »Nun gut, es diente dem Verkauf, und wenn es dem Verkauf dient, ist es gut.« Andererseits hat er sich mit Recht gegen einen anderen »Spiegel«-Titel gewendet, der ihn als bücherfressendes Tier-Mensch-Wesen, als antisemitische Karikatur, zeigte. Aber das diente ja auch dem Verkauf! Bitte schön, bleib konsequent, Freund.

»Reich-Ranicki hat behauptet, ich hätte mich um eine Teilnahme an seinem »Literarischen Quartett« beworben – das ist eine Lüge. Zu einer Einladung würde ich mit Entschiedenheit nein sagen, und sei es schon deshalb, weil ich es mir nicht zutraute, innerhalb einiger Wochen fünf Bücher verläßlich zu lesen.

aus: Stern, 31.8.95

SPIEGEL-Gespräch

„Man bleibt wunschbereit“

Martin Walser über Günter Grass, das Elend des politischen Romans und die Freuden des Lesens

Ein linker Autor

war Martin Walser in den Augen vieler Kritiker nur so lange, bis er sich 1978 offen für die deutsche Einheit aussprach. Danach wurde der einst der DKP nahestehende Romancier („Ohne einander“) immer wieder zum Konservativen erklärt – auch von Günter Grass, dessen neuer Roman „Ein weites Feld“ derzeit debattiert wird. Walser, 68, legt nun den Band „Zauber und Gegenzauber“ mit politischen Essays aus mehr als 30 Jahren vor – nicht ohne Verwunderung über eigene Meinungen von ehedem: „So grell war man also.“

SPIEGEL: Herr Walser, in diesen Tagen wird, am Beispiel Günter Grass, über Politik und Schriftstellerei gestritten. Sie haben vor Jahren schon bedauert, daß man „das Politische“ eines Schriftstellers mehr nach seinen aktuellen Auftritten als nach seiner Literatur beurteile. Sehen Sie das immer noch so?

Walser: Ich kenne keinen Schriftsteller, der lieber nach seinen politischen Auftritten beurteilt werden möchte als nach seinen Romanen. Die Forderung, daß bei einem Schriftsteller die Weltveränderungsbotschaft dabeisein müsse, ist eher eine Art von Gesellschaftsspiel.

SPIEGEL: Niemand zwingt die Autoren, da mitzuspielen.

Walser: Aber man wird immer wieder genötigt. Es ist noch nicht lange her, da wurden uns in der *Zeit* die französischen Denker als Vorbild präsentiert: Wo bleibt ihr deutschen Intellektuellen, warum sagt ihr denn überhaupt nichts über Bosnien? Und wenn man damit erst einmal anfängt, geht es gleich weiter: Haben Sie etwas zu den Atomversuchen gesagt oder nicht? Das ist doch ein Spiel . . .

SPIEGEL: . . . dem Sie sich nicht immer entzogen haben. Einst protestierten Sie gegen den Vietnamkrieg – warum nicht auch gegen den in Bosnien?

Walser: Damals gab es eine Adresse für den Protest. Das waren nicht die Amerikaner, sondern die Regierung in Bonn und die westdeutsche Presse. Die Politiker hier wollten ihre Ruhe haben und treue Bundesgenossen sein. Es ist dagegen eine sinnlose Aufforderung, man solle etwas zu Bosnien sagen – kein Mensch in unserem Land, kein Politiker verteidigt diesen Krieg. Alle versuchen verzweifelt und nach ihren Möglichkeiten, diese Scheußlichkeiten zu beenden. Dann müßte schon ein Intellektueller kommen und sagen: Ich kann es besser, ich weiß eine Lösung. Gut, der hätte meine Hochachtung.

[redacted]

SPIEGEL: Es gibt Schriftsteller, die sich der politischen Wortmeldung am liebsten entziehen würden – wie Peter Handke oder Botho Strauß. Aber auch sie sind nicht konsequent: Handke äußert sich zum Krieg im ehemaligen Jugoslawien, Strauß mit einem „Bocksgesang“.

Walser: Wenn die Provokation zu stark wird, kann man sich nicht beherrschen. Ob das gut oder weise ist, fragt man sich dann nicht.

SPIEGEL: Jedenfalls werden solche Wortmeldungen mit einem starken Echo belohnt.

[redacted]

Walser: Das hat sich über mehr als 30 Jahre erhalten: die Bevorzugung der politischen Äußerung des Schriftstellers. Die Feuilletons haben mehr über den „Bocksgesang“ diskutiert als über jedes Theaterstück von Botho Strauß. Und da kommt nicht etwa ein Theater auf die Idee, einfach einmal vier Strauß-Stücke zu spielen und zu fragen: Was ist das für ein Autor? Sondern ununterbrochen explodierten in den Feuilletons Stellungnahmen gegen ihn, für ihn, gegen ihn. Und das, was er eigentlich ist, dieser Dialogschreiber, dieser Feinstnervige, da, wo er am zuverlässigsten ist als Analysator einer gesellschaftlichen Szene: nichts! Eben das ist das Interesse am Gesellschaftsspiel. Es hat wenig Sinn, dagegen zu sein, aber die Lust, daran teilzunehmen, kann bei einem Autor nicht groß sein.

SPIEGEL: Gehen Sie da nicht sehr von sich aus? Wie war es bei Heinrich Böll, wie ist es bei Günter Grass?

Walser: Ich glaube nicht, daß Böll den politischen Auftritt geliebt hat. Bei Grass sieht es manchmal so aus.

SPIEGEL: Wie urteilen Sie über die jüngst im SPIEGEL erschienene Grass-Kritik von Marcel Reich-Ranicki? Der hat ja auch Sie gelegentlich arg gerupft?

Walser: Daß man sich gegen ein Buch so ereifern kann, verstehe ich nicht. Ich kann nur über Bücher schreiben, die ich gern gelesen habe.

SPIEGEL: Grass und seine Verteidiger behaupten jetzt, daß sein Roman aus politischen Gründen verrissen werde.

Walser: Ich kenne diesen Roman nicht. Aber es gibt natürlich Romane, in denen das Politische eine große Rolle spielt. Für mich gehört das Faktisch-Politische wenn überhaupt in die Literatur, dann auf die Bühne. Die Staatsaktion wäre für mich nie eine Romanmöglichkeit. Doch das soll jeder halten, wie er will. Ich mußte immer lachen, wenn ich in letzter Zeit von „Wenderomanen" hörte, so ein Quatsch. Gut, aber bitte, wer gern Staatsaktionen hat im Roman, der soll sie haben.

SPIEGEL: Grass scheint das zu gefallen. Warum lehnen Sie dieses Sujet ab?

Walser: Ich sage nur: Bei mir ist ein Roman die Antwort auf eine Zumutung, auf eine weit über alles Politische hinausgehende Zumutung, auf eine Daseinsschwierigkeit eben. Ich will den Ton hervorbringen, der durch mein Leben entsteht – so habe ich einmal eine schriftstellerisch tendierende Figur sagen lassen. Meinungen helfen da nicht viel. Beim Theater ist das ganz anders: Da interessiert mich am Dialog das, was schon im Sprachgebrauch vorhanden ist, aber nach meiner Meinung noch anders gesagt werden müßte. Das ist dem Politischen nah. Beim Roman kann man noch so sehr ein Thema haben, entscheidend ist die Tagesform – man schreibt heute etwas, was man gestern noch nicht wußte. Wüßte man es vorher, wäre es meinungshaft formulierbar, müßte man es nicht schreiben. Für mich ist Prosaschreiben eine Lebensart, eine Art, auf der Welt zu sein – nichts, um etwas mitzuteilen, was ich besser weiß als andere. Im Roman kann man nicht recht haben. Wenn jemand im Roman recht haben will, interessiert mich der Roman nicht.

SPIEGEL: Sie haben das in einem Aufsatz auf die Formel gebracht: „Eine Meinung ist für einen Erzähler ein Kurzschluß."

Walser: Ja, mir ist das erst verhältnismäßig spät aufgegangen: wie beschränkt der Spielraum von all dem ist, was Meinung heißt. Das habe ich nur durch Erfahrung gelernt. Meine Meinungsäußerungen zogen Gegenmeinungen nach sich, die noch schriller waren. Das heißt aber: In meiner Meinung muß auch schon etwas Schrilles gewesen sein. Da wuchs das Bedürfnis, das bei sich selbst zu durchschauen: Was heißt das, wenn du Statthalter einer Meinung bist? Das hat bei mir zu dem Satz geführt, nichts sei ohne sein Gegenteil wahr. Und heute behaupte ich einfach: Dieser Satz ist mehr als eine Meinung, also eine Erfahrung.

SPIEGEL: Nun haben Sie aber gerade Ihre Meinungen aus mehr als 30 Jahren in dem Buch „Zauber und Gegenzauber" gesammelt, das in diesen Tagen erscheinen wird. Was reizte Sie daran?

Walser: Es ist ein Buch, das mindestens soviel Stimmungen wie Meinungen enthält. Ich wollte aber denen, die mir mit politischen Platzanweisungen behilflich sein wollen, auch tiefer ins Zeitliche reichende Sätze anbieten. Daß sie, wenn sie von mir reden, nicht bei gestern abend anfangen müssen.

SPIEGEL: Vor 17 Jahren, so ist diesem Band zu entnehmen, polemisierten Sie gegen den künstlerischen Narzißmus, gegen die „Heiligsprechung der Asozialität des Ichs", sahen darin gar eine Art Faschismus walten.

Walser: Wenn man sich eine Biographie als Wegstrecke vorstellt, so ist dieser Satz gewiß die Ausbiegung, die am meisten zur Selbstentfremdung tendiert. Du empfindest deinen eigenen Narzißmus als illegitim und glaubst, ihn in dir bekämpfen zu müssen. Das gebe ich gern zu: Wenn der Begriff „Faschismus" in diesem Zusammenhang vorkommt – weiter war ich nie von mir weg.

SPIEGEL: Und aus derselben Zeit, im Buch gleich danach, zwei Gedichtzeilen: „jede Stimme, die aus mir spricht / ist mir fremd, ich hab kein Gesicht". Waren Sie sich da näher?

Walser: Die antinarzißtische Stimmung war ja auch Selbstverlorenheit, Mutlosigkeit mir selbst gegenüber. Da warst du in der Hölle der Selbstlosigkeit angelangt. Das für den Himmel zu halten, muß ich noch lernen. Später habe ich ja einmal, in Hinblick auf die deutsche Frage, vom meinem „Geschichtsgefühl" gesprochen – und dafür Prügel bezogen: Denken konnte er nie! Und so weiter. Ich wollte mich genauer ausdrücken als in den rechthaberischen Jahren davor. Man darf aber nicht sagen, daß man ein „Geschichtsgefühl" hat, sondern man muß sagen: Ich weiß Bescheid. Das war aber mein Gefühl: Für mich als jemand vom Jahrgang 1927 war auf Sachsen und Thüringen nicht zu verzichten. Erst danach habe ich bei einem französischen Moralisten gelesen, daß die großen Gedanken alle im Herzen entspringen. Aber in der aktuellen Situation mußt du eben als Meinungssoldat auftreten.

„Ich reagiere, ich bin der, der die Hand leiht"

SPIEGEL: Haben Sie denn nicht 1989 die Pointe genossen, daß die Wirklichkeit all die politischen Bescheidwisser alt aussehen ließ und Ihrem Gefühl Genugtuung verschaffte?

Walser: Ich war nie ein Prophet. Ich bin nur für Vergangenheit zuständig, nicht für die Zukunft. Vielleicht bin ich dann eben kein Intellektueller: Ich kann nicht so tun, als könnte ich Denken und Empfinden trennen. Ich bin als Schreibender völlig unfrei. Gut, ich kann es hinterher wegwerfen. Aber das, was kommt, kann ich mir nicht aussuchen. Das ist doch nicht rational und denkbar und bestellbar. Beim Einfall bin ich unfrei und erlebe zugleich die größte Notwendigkeit. Ich reagiere, ich bin der, der die Hand leiht. Und ahne schon, was diese Ausdrucksweise für eine Platzanweisung zur Folge haben wird.

SPIEGEL: Wie empfinden Sie heute Ihre Meinungen von früher?

Walser: Wenn ich dieses Bändchen jetzt zur Hand nehme, finde ich Meinungen aus verschiedenen Jahrzehnten, die mir zum Teil grell vorkommen. So grell war man also! Der Ton des Rechthabens ist eine Frequenz, die stört und verstört. Ich habe das aber nicht weggelassen. Das sind die durchlaufenen Stationen.

SPIEGEL: Im vergangenen Jahr haben Sie zusammen mit Grass einen Rundfunkdialog geführt, der soeben als Hörkassette erschienen ist: „Ein Gespräch über Deutschland"*. Mit einiger Geduld haben Sie es immerhin fertiggebracht, Grass nach anderthalb Stunden zu einer leichten Variation seines Standpunkts zu bringen: Auf der deutschen

* Günter Grass und Martin Walser: „Ein Gespräch über Deutschland – eine Hörkassette". Edition Isele, Eggingen; 25 Mark.

Einheit liege „kein Segen", meinte er zu Beginn, am Schluß hieß es: „noch kein Segen". Waren Sie da froh?

Walser: Ja, da war ich sehr glücklich. Das war das schönste Ergebnis dieses für mich wunderbaren Gesprächs. Grass ist einfach politisch muskulöser als ich, dazu kommt dieses überwältigende Bewußtsein, sich 30 Jahre lang treu geblieben zu sein. Er war offenbar nie anfechtbar. Während ich von einer Anfechtung in die andere gestolpert bin. Und wahrscheinlich immer noch stolpere.

SPIEGEL: Und Grass zählt zu denen, die Ihnen das naserümpfend vorgehalten haben.

Walser: Ja, er hat des öfteren, nach mir befragt, vor Kameras den Blick zum Himmel gerichtet und geseufzt. Er war manchmal eher polemisch gesonnen. Aber als der Vorschlag zu diesem Gespräch kam, war mein Vertrauen in diesen Günter Grass trotzdem viel größer. Und das hat mit Denken und politischen Meinungen überhaupt nichts zu tun. Das ist eine Sache von Haut und Haar und Sprachgebrauch. Verstehen Sie? Weil ich ihn mag. Und wenn ich jemand mag, ist es mir völlig egal, was er sagt und denkt. Vielleicht ist Politik für mich so sekundär, daß eine Art zu reden und dazusein und am Tisch zu sitzen mich viel mehr fasziniert. Ich muß mich dann mobilisieren: Halt, du mußt ja widersprechen! Ich kann Opfer von Faszination werden.

SPIEGEL: Und wie war es dann beim Gespräch?

Walser: Ja, ich habe gemerkt, daß mein Gefühl mich überhaupt nicht getäuscht hat. Der Grass war genauso sympathisch und liebenswürdig, wie ich ihn im Gefühl hatte. Obgleich er immer noch der strenge Mann ist, der das Pech hat, 30 Jahre recht gehabt zu haben – das meine ich ganz ernst.

SPIEGEL: Immer wieder, auch in diesem Radiogespräch mit Ihnen, bringt Grass gegen die Art der Vereinigung von 1990 vor, sie beruhe auf einem Verfassungsbruch. Sie haben da doch eine ganz andere Meinung.

Walser: Grass legt den Artikel 146 auf eine sehr eigenwillige Art aus: eine reine Interpretation. In dem Artikel steht, das Grundgesetz verliere „seine Gültigkeit an dem Tag, an dem eine Verfassung in Kraft tritt, die von dem deutschen Volk in freier Entscheidung beschlossen worden ist". Nichts steht da von Wiedervereinigung oder Einheit – das wurde früher im Artikel 23 abgehandelt. Grass sieht die Notwendigkeit, daß mit der Einheit eine neue Verfassung kommen muß. Mir widerstrebt das. Aber soll er darauf beharren. Auch sein Leiden an diesem Prozeß ist nicht willkürlich. Er kann nicht anders, als wirklich daran zu leiden, daß die Einheit anders verlaufen ist, als er sich das vorgestellt hat.

SPIEGEL: Während Sie die Wiedervereinigung immer noch positiv sehen?

Walser: Ich sehe das freundlicher, heller. Aber mich erinnert das an eine Erfahrung, die ich als Reisender gemacht habe: Du brauchst die Zeit, die du fort warst, noch einmal daheim, um wieder ganz zu Hause zu sein. Wenn du 14 Tage verreist warst, mußt du 14 Tage warten, bis du wieder da bist. Und wenn man 40 Jahre getrennt war . . . Vielleicht dauert es dann nicht noch einmal 40 Jahre, aber man muß das für möglich halten. Und alle Leiden und Mißstimmungen und Mißverständnisse gehören einfach dazu. Da hat keiner dem anderen seine Position vorzuwerfen.

SPIEGEL: Bleiben wir bei Ihrem Alltag als Schriftsteller. Was lesen Sie, was inspiriert Sie?

Walser: Die mir liebste und wichtigste Lektüre ist die nachts. Ab halb elf etwa. Da kann ich nur noch lesen, was mir wirklich guttut. Autoren, die sich dafür eignen, lese ich dann jahrelang. Ich weiß nicht genau, seit wie vielen Jahren jetzt Nietzsche mein Nachtautor ist. Ich kann mir noch nicht vorstellen, daß er es einmal nicht mehr sein wird. Soviel Glück geht von dieser Prosa aus. Einfach weil man fast in jedem Satz erlebt, was man mit unserer Sprache alles machen kann. Eben die allerfeinste Unterhaltung und die unglaublich weitreichende, eigentlich überall hinreichende Erkennt-

nis- und Einsichtsschärfe. Wenn man liest, was der alles über das 20. Jahrhundert gesagt hat, da fragt man sich: Warum mußte das dann alles noch passieren? Mit dem Sozialismus, mit den Diktaturen? Alles hat er schon gesehen.

SPIEGEL: Also auch ein Autor mit „Geschichtsgefühl"?

Walser: Und nicht so sehr durch Denkkonsequenz als durch Empfindungsfeinheit. Man muß immer so einen Heiligen im Haus haben, glaube ich. Vorher war das für mich lange Zeit Kierkegaard. Es muß ein Autor sein, der sich der Sprache anvertraut als einem unkommandierbarem Reichtum. Ich mag nicht lesen, um etwas zur Kenntnis zu nehmen, sondern um etwas zu sein.

SPIEGEL: Fürchten Sie eigentlich, daß Ihnen selbst eines Tages die Leser abhanden kommen und zum Fernsehen überlaufen?

Walser: Solange ich selber lese, kann ich mir nicht vorstellen, daß andere ohne zu lesen leben können. Nicht daß das Fernsehen Leser entführt, ist problematisch, sondern die Gewaltverklärung, die da von Jahr zu Jahr mehr perfektioniert wird. Das wird die Menschheit sich nicht gefallen lassen. Diese Gewaltorgie läuft ja bereits länger, ich habe vor Jahren schon, 1969, eine Geschichte geschrieben, die trägt den Titel: „Die Rede des vom Zuschauen erregten Gallistl vom Fernsehapparat herunter, daß es keine Wirklichkeit geben dürfe". Diese Machtausübung halte ich für eine Provokation vom Range der Pest. Ich weiß, wovon ich rede. Meine Kinder weisen mich gelegentlich auf Filme hin und da merke ich dann, daß ich bestimmte amerikanische Filme schon nicht mehr sehen kann. Ich ertrage das nicht: diese ausgearbeitete Grausamkeit minutenlang.

SPIEGEL: Jüngere Kinogänger behaupten, daß sie das locker wegstecken.

Walser: Dann ist das ein negativer Lernprozeß. Das wird Folgen haben.

SPIEGEL: Es gibt genug neunmalkluge Filmkritiker, die uns weismachen wollen, das sei alles doch ganz ulkig – und im übrigen bilde es nur die Realität ab, es werde keine Gewalt verherrlicht . . .

Walser: . . . absurd, absurd! Ich glaube auch nicht, daß die Jüngeren das wirklich „wegstecken". Das ist allenfalls eine Schutzreaktion. Aber ich bin da voller Vertrauen in die Gesellschaft. Die wird sich das nicht gefallen lassen.

SPIEGEL: Wollen Sie Zensurmaßnahmen?

Walser: Nein, das kann nicht vom Staat ausgehen. Die Leute müssen sich das verbitten. Sie müssen als Kunden nicht mehr in Frage kommen.

SPIEGEL: Ein schöner Traum . . .

Walser: . . . aber ein Traum, der sozusagen in das Gebiet der Hygiene gehört. Das würde sonst nicht zu einem Lieblingssatz von mir passen, der da heißt: „Man kann nicht spät genug geboren werden."

SPIEGEL: Glauben Sie tatsächlich immer noch an den Fortschritt hin zum Besseren?

Walser: Ja, diesen Satz darf ich bitte nicht widerrufen müssen. Ich sage nur: Man ist mit der Pest auch fertiggeworden. Das sind Entwicklungskrankheiten. Das kann ja nicht Jahrtausende so weitergehen.

SPIEGEL: Ihr Kollege Hans Magnus Enzensberger ist da weniger optimistisch. Der sieht hier und überall einen um sich greifenden, allgegenwärtigen Bürgerkrieg.

Walser: Das kommt mir ein bißchen zu formelhaft vor. Wem etwas so Allgemeines einfällt oder auffällt, der sollte vielleicht auch noch versuchen, das, was ihm da ein- und aufgefallen ist, zu widerlegen. Dadurch könnte sein Einfall noch interessanter werden. Und vergessen Sie bitte nicht, Hans Magnus Enzensberger hat die Öffentlichkeit daran gewöhnt, daß er sie mit saisonalen Stichworten beliefert. Das heißt, er liefert bei jedem Stichwort das Verfallsdatum mit.

SPIEGEL: Und was haben Sie für Pläne? Denken Sie daran, einmal etwas über Ihre Kindheit zu schreiben?

Walser: Das möchte jeder. Kein Erzähler möchte sich doch verabschieden, ohne ganz zurückgereicht zu haben. Man bleibt wunschbereit. Ich würde das gerne als letztes machen.

SPIEGEL: Eine Autobiographie?
Walser: Nein, auf keinen Fall. Das Wort „Autobiographie" kann in diesem Zusammenhang nur jemand benutzen, der von der unwillkürlichen Verklärungskraft der Sprache wenig Ahnung hat.
SPIEGEL: Wie meinen Sie das?
Walser: Man kann nicht etwas derart weit Zurückliegendes beschreiben, ohne zu erleben, daß es längst Fiktion ist – selbst wenn das alles tatsachengesättigt ist, wenn das Personen sind, die tatsächlich gelebt haben. Daß das jetzt in Sprache erwachen soll, ist eine Phantasie.
SPIEGEL: Auch eine Autobiographie kann ja in Kreisbewegungen vorgehen, assoziativ, nicht chronologisch . . .
Walser: . . . das ist dann eben Prosa, aber keine Autobiographie mehr. Mit Hilfe einer Figur kann ich mich viel weitergehend entblößen, kann ich viel radikaler sein, als ich es mir gegenüber vermöchte – als bürgerliche Person. Alles andere wäre peinlich.
SPIEGEL: Warum peinlich? Es gibt doch die literarische Tradition der Selbstentblößer, der radikal autobiographischen Schriften.
Walser: Mir wäre es peinlich. Mir ist es so schon peinlich genug. Wenn man eine solche Figur hat, geht man im Grunde viel weiter. Danach kommen die Leute ohnehin und sagen: Das bist du!
SPIEGEL: Gibt es da einen Zusammenhang mit der Erfahrung der Beichte?
Walser: Manchmal denke ich, daß ich ein lebenslänglicher Krüppel wegen dieser Beicht-Samstage geworden bin. Dann denke ich, es hat auch etwas gebracht: etwa diesen trickreichen Umgang mit sich selber.
SPIEGEL: Arbeiten Sie noch viel?
Walser: Als Max Frisch zu meinem 50. Geburtstag hierherkam, da war er Mitte 60 und erzählte mir, ihm würden 3 Stunden pro Tag am Schreibtisch genügen. Und ich weiß noch, wie ich damals dachte: Und die andere Zeit? Das muß ja ein entsetzliches Dasein sein: nur 3 Stunden – bleiben 21 Stunden pro Tag, die man herumbringen muß. Ich denke oft daran, denn inzwischen komme ich auch nach 3, 4 Stunden von meinem Arbeitszimmer unter dem Dach herunter und bin erledigt. Im letzten Jahr hatte ich Probleme mit der Gesundheit und habe alle Reisen quittiert. In diesem Jahr werden es vielleicht 9 Reisetage sein gegen 150 früher. Jetzt erreiche ich, weil ich nicht mehr reise, also mit 4 Stunden Arbeit soviel wie früher mit 8.
SPIEGEL: Fehlt Ihnen das Reisen?
Walser: Keiner hat genug erlebt, jeder zuviel. So sagt es, glaube ich, eine Literaturfigur, vielleicht eine von mir.
SPIEGEL: Herr Walser, wir danken Ihnen für dieses Gespräch.

aus: Der Spiegel, 4.9.95

Reich-Ranicki: Ich bin kein böser Mensch

Bei einem Spaziergang mit seiner lieben, netten Frau im Salzburger Land fragte BUNTE Reich-Ranicki warum er Grass literarisch den Kopf abhackt

Sind Sie ein streitbarer Mensch?
Ja, aber ich war es früher in höherem Maße als jetzt. Vielleicht hängt das mit dem Alter zusammen.

Auf dem „Spiegel"-Titel zum neuen Roman von Günter Grass „Ein weites Feld" zerfetzen Sie sein Buch.
Ich habe noch nie im Leben ein Buch zerrissen. Das Titelbild im Spiegel ist natürlich eine Fotomontage. Der Roman von Grass ist aber – ich habe es ja zu erklären und zu begründen versucht – literarisch wertlos. Es wäre besser für Grass und für seine Bewunderer, wenn der Roman ungedruckt geblieben wäre.

Was halten Sie für das wichtigste Kennzeichen dieses Buchs?
Ich fürchte, daß Grass den Kontakt mit der Realität eingebüßt hat. Nur so läßt sich erklären, daß er die DDR konsequent zu beschönigen versucht und die STASI auf doch unverantwortliche Weise bagatellisiert. Entscheidend ist jedoch die literarische Minderwertigkeit.

Grass hat neulich gesagt, er werde jetzt politisch verfolgt, die Kritiken hätten allesamt einen politischen Hintergrund.
Das ist, mit Verlaub, barer Unsinn aus dem Munde eines verzweifelten Autors. Daß er verzweifelt ist, kann man natürlich verstehen, aber er sollte sich nicht als Märtyrer aufspielen. Übrigens ist es mir sehr schwer gefallen, über dieses mißratene Buch zu schreiben. Denn ich bewundere Grass seit vielen Jahren. Aber die Wahrheit – oder jedenfalls das, was ich für die Wahrheit halte – kann ich nicht verschweigen. Übrigens bin ich mit meinem Urteil durchaus nicht vereinsamt.

War das Titelbild des „Spiegels", das vielleicht werbewirksam ist, denn angebracht?
Mich stört das Bild, das einem berühmten Gemälde von Michelangelo nachempfunden ist, überhaupt nicht. Und wenn dieses Bild dazu beiträgt, daß meine Kritik eine größere Leserschaft findet, dann freut mich dies sehr.

Spielt bei einem Kritiker – also auch bei Ihnen – die Profilierungssucht eine wichtige Rolle?
Derartiges kann man nie ganz ausschließen. Natürlich gebe ich mir die größte Mühe, daß solche Motive unterdrückt werden – wenn sie denn überhaupt noch vorhanden sind.

Was soll das heißen: noch vorhanden sind?
Erlauben Sie, daß ich ganz offen rede: Ich glaube, daß ich es nicht nötig habe, mich zu profilieren.

Ihr Urteil über Grass ist gnadenlos.
Nein, andere Kritiker haben viel härter und grausamer geurteilt als ich. Ich habe mich sehr bemüht auf irgendwelche Witze oder boshafte Scherze zu verzichten. Ich habe bloß gesagt, was meiner Ansicht nach gesagt werden mußte. Wahr ist freilich, daß ich es – wie immer – sehr deutlich gesagt habe. Denn die Deutlichkeit ist, davon bin ich überzeugt, die Höflichkeit der Kritiker.

Grass ist also Ihrer Ansicht nach gescheitert. Was ist die tiefste Ursache?
Eine solche Frage läßt sich nie ganz beantworten. Vielleicht hat dieses Desaster oder, sagen wir, diese Krise mit dem Alter des Autors zu tun. Übrigens: Manche Männer werden mit 60 impotent, andere mit 70, wieder andere erst mit 80. Da gibt es keine Regel. Vielleicht ist es ja mit der schriftstellerischen Produktivität ähnlich.

Wird Grass noch etwas Wichtiges schreiben?
Ich hoffe es sehr, aber das nächste Buch wird wohl kaum ein Roman sein, eher eine Novelle. Ein Autor, der streng verrissen wurde, kann sich im Grunde bloß auf eine einzige Weise wehren – mit einem neuen Buch, das allen beweist, wieviel er doch zu leisten imstande ist.

Vielleicht hat das Desaster von Grass mit Impotenz zu tun

Haben Sie ein Thema für Grass?
Um Gottes willen, nein. Ich habe einmal einem bekannten deutschen Autoren, es war vor bald 20 Jahren, ein Thema vorgeschlagen. Er hatte es zuerst abgelehnt und dann das ihm vorgeschlagene Buch doch geschrieben. Es war ein furchtbares Buch. Eine solche Dummheit habe ich nie wieder getan.

Es gibt Gerüchte, Sie seien ein erotischer Mann.
Das kann ich nicht beurteilen. Wahr aber ist, daß immer dann, wenn ich eine Autorin gelobt oder irgendwie gefördert habe, mir sofort Affären nachgesagt wurden. Das zeigt nur, wie spießbürgerlich unsere Gesellschaft ist. Interessant übrigens, daß solche Gerüchte oft gerade von Frauen verbreitet werden. Dem mögen Sie entnehmen, wie wenig emanzipiert viele Frauen in der literarischen Branche noch heute sind. Wenn eine Frau eine positive Kritik bekommt oder einen Preis, dann fragen sie gleich: mit wem hat sie geschlafen?

Klatsch der lieben Konkurrenten?
Natürlich. Viele Leute können sich offenbar nicht vorstellen, daß man jemanden aus einem einzigen Grund lobt und rühmt: Weil man seine Arbeiten für gut hält.

Sind Sie ein zärtlicher Ehemann?
Das kann ich nicht beurteilen, mir fehlen da die Vergleichsmaßstäbe. Aber ich bin ziemlich sicher, daß meine Frau Ihnen sagen würde: Er ist kein hinreichend zärtlicher Mann.

Also fehlt ihr Ihre Zuwendung?
Wir sind über 53 Jahre verheiratet. In einer Ehe, die so lange dauert, passiert schon allerlei. Aber nie sind wir auf den Gedanken gekommen, uns zu trennen.

Somit ist Ihre Frau resistent gegen Klatsch und Intrigen?
Jawohl, das kann ich mit Sicherheit sagen. Sie war sogar mit manchen Frauen, die den Gerüchten zufolge etwas mit mir hatten, lange befreundet.

Sind Sie im Grunde Ihres Herzens harmoniesüchtig?
Ähnlich wie die Schriftsteller wollen auch die Kritiker geliebt werden. Was mich betrifft: Ich glaube, daß das Verhältnis vieler

Leser und Fernsehzuschauer zu mir entweder ausgesprochen positiv oder eindeutig negativ ist. Die Zahl derer, denen ich ganz gleichgültig bin, ist wohl glücklicherweise nicht so groß.

Sie streiten im „Literarischen Quartett" oft mit Helmuth Karasek. Wie sehen denn Ihre Beziehungen aus, wenn keine Kamera eingeschaltet ist?

Wir kennen uns schon seit den 60er Jahren und sind seit 5 oder 6 Jahren befreundet.

Holt der jüngere Kollege Karasek schon mal Rat bei Ihnen ein?

Ja – und umgekehrt. Ich glaube, das ist für uns beide ganz gut.

Sie telefonieren oft?

Bisweilen zweimal täglich und dann 8 Tage überhaupt nicht.

Worüber reden Sie?

Sie werden sich wundern: Über die Literatur und die Frauen, über den Spiegel und die FAZ und mitunter, wenn wir viel Zeit haben, über die BUNTE.

Kritiker stehen in dem Ruf, eitel zu sein.

Das ist selbstverständlich, denn jeder Kritiker will beachtet werden und eine reale Wirkung ausüben. Der Beruf ist nicht ungefährlich, denn der Kritiker kann viel anrichten – Gutes und auch Böses und Schlimmes.

Viele Schriftsteller haben Selbstmord verübt. Haben auch Sie schon daran gedacht?

Das ist eine indiskrete Frage, aber soviel kann ich Ihnen doch sagen: Es gab in unserem Leben (in meinem und in dem meiner Frau) Situationen – beispielsweise nach der Flucht aus dem Warschauer Ghetto – in denen der Gedanke an den Selbstmord geradezu selbstverständlich und alltäglich war.

Zwei Polen haben eine ungewöhnliche Karriere gemacht. Karol Wojtyla wurde Papst in Rom, und Sie sind der deutsche Literaturpapst. Worüber würden Sie sich mit ihm gern unterhalten?

Bestimmt nicht über Gott oder die Religion. Aber vielleicht wäre ein anderes Thema ergiebig – nämlich ein Gespräch über die Juden und das Judentum. Darüber weiß der Papst gut Bescheid. Er hat auch im Krieg in Polen Juden gerettet, und er hat zur Verbesserung der Beziehung zwischen dem Vatikan und dem Staat Israel erheblich beigetragen.

Warum fragen Sie den Papst nicht nach seinem Chef?

Wozu soll ich eine Frage stellen, deren Antwort ich von vornherein genau weiß.

Bitte etwas genauer.

Gott ist für mich kein Thema.

Aber glauben Sie an irgendetwas?

Ja, ich glaube an Shakespeare und Mozart, Goethe und Beethoven.

Haben Sie Angst vor dem Sterben?

Eine sehr ernste Frage. Ich will sie ernsthaft beantworten, sehr kurz. Das, was mir Schrecken einjagt, ist nicht das Sterben, sondern die Nicht-Existenz, die Vorstellung von einem bestimmten Augenblick, an dem ich nicht mehr da bin. Aber die Welt geht weiter, um es ganz simpel zu sagen. Und es kommt eine Novelle von Günter Grass, aber ich erfahre es nicht.

Vielleicht ist die auch noch ganz gut.

Das ist ganz egal. Die Nicht-Existenz ist etwas anderes als der Augenblick, der Prozeß des Sterbens, der 10 Sekunden, 10 Stunden oder 10 Tage dauert.

Gibt es jemanden, den Sie gern als Grabredner hätten?

Darüber habe ich mir bisher nur flüchtige Gedanken gemacht. Ich bin eigentlich noch nicht so weit. Ich will Ihnen nur etwas sagen. Ich bin am 2. Juni 75 Jahre alt geworden. Ich habe damit gerechnet, daß ich Gratulationen bekommen werde, Briefe, Telegramme, Artikel über mich. Und ich habe sehr viele bekommen. Briefe von befreundeten Menschen, von bekannten Mensch, von völlig unbekannten Leuten. Aber bevor dieser Geburtstag kam, 2 Wochen vorher, habe ich mir Gedanken gemacht, was würde mich eigentlich am meisten freuen. Ich dachte mir, es gibt einige Menschen in der literarischen Branche,

Autoren beispielsweise, die mir böse sind, weil ich ihre Bücher mal verrissen habe. Ein einziges genügt meist, und man hat einen Feind für 20 Jahre. Es gab auch einige Kritiker, die mir sehr böse sind, mit denen ich verkracht bin.

Hat sich von all diesen Personen jemand bei Ihnen gemeldet?

Nein, niemand. Ich bedaure das. Denn ich halte es für unsinnig, daß man sich verkracht fürs ganze Leben.

Hat wenigstens Ihr alter Freund Walter Jens gratuliert?

Nein, nein! Sie haben den Namen genannt, dann mögen Sie auch die Antwort hören: Nein!!! Er hat sich nicht zu einem einzigen Wort aufgerafft.

Kam von Helmut Kohl ein Glückwunschtelegramm?

Ja, aber das war bestimmt von einem persönlichen Referenten geschrieben. Übrigens: Wenn Kohl die Zeit hätte, an solche Leute wie mich persönliche Briefe zu schreiben, dann wäre er bestimmt ein schlechter Kanzler.

Haben Sie mal ihren IQ testen lassen?

Nein, niemals.

Reicht Ihnen, was Sie haben?

Nein, keineswegs. Aber ich habe versucht, aus dem, was ich mitbekommen habe, möglichst viel zu machen.

Ihr Gedächtnis ist berühmt.

In der Tat, ich habe ein relativ gutes Gedächtnis.

Sie können wohl 100 Gedichte auswendig.

Sie irren sich. Es sind gerade mal 4 oder 5.

Und von wem sind diese Gedichte?

Von Goethe und von Heine.

Sind sie ein Romantiker?

Nicht unbedingt. Wahr aber ist, daß ich die Romantik liebe, zumal die deutsche.

Eine letzte Frage, ganz alltäglich: Eignet sich die Affäre Graf zu einem Roman?

Steffi Graf? Verzeihen Sie bitte, mich interessiert die Figur Steffi Graf überhaupt nicht. Es mag eine fabelhafte Person sein, aber ich bin an Sport nicht sehr interessiert. Der letzte Fußballkampf, den ich gesehen habe, war vor 63 Jahren. Sport ist ein Phänomen, das Millionen in hohem Maß aufregt. Ich habe in der FAZ, in der ich seit 1973 bin, noch nie einen Artikel im Sportteil gelesen.

Interview: Paul Sahner

aus: Bunte, 7.9.95

LN-Kulturredakteur Hermann Hofer sprach mit Günter Grass: „Das weite Feld“ und die Folgen

Ich sitze nicht auf der Bank der Sieger

LÜBECK – **Ein streitbarer Günter Grass. Theo Waigel (CSU) und Klaus von Dohnányi (SPD) bekamen ebenso ihr Fett ab wie Marcel Reich-Ranicki oder Rudolf Augstein. Im Gespräch mit den Lübecker Nachrichten in seinem Haus in Behlendorf unweit von Lübeck nahm der Schriftsteller kein Blatt vor den Mund. Anlaß für das Interview war die öffentliche Aufregung um Günter Grass' neuen Roman „Ein weites Feld“.**

Lübecker Nachrichten: *Der Held Ihres Romans, Theo Wuttke, genannt Fonty, verläßt am Ende Deutschland und findet in Frankreich ein spätes Glück. Muß man heute aus Deutschland weggehen, um glücklich sein zu können?*

Günter Grass: Es ist schon so, daß diese größer gewordene Bundesrepublik auch ungastlicher geworden ist, härter, nicht nur zu den Ausländern. Die Wiederkehr des Manchester-Kapitalismus ist eine verhängnisvolle Entwicklung. Es war, seit dem 19. Jahrhundert, gelungen, den Kapitalismus schrittweise zu zivilisieren. Nun glaubt man all die Fortschritte zerschlagen zu dürfen, den Sozialvertrag brechen zu können. Das ist in vielen Dingen spürbar und stößt auf eine zur Zeit horrend geschwächte, sich selbst schwächende Opposition. Ein fataler Vorgang.

Denken Sie selbst manchmal daran, Deutschland zu verlassen?

Ich habe mich schon mehrmals, auch in den zurückliegenden Jahren, wenn man sehr hart auf mich einschlug, gefragt: „Hast du hier noch deinen Platz?“ Ich bin dann immer geblieben. Weil meine Kinder hier leben, weil ich an dem Land, an der Sprache hänge, weil ich mich auch – und davon erzählen alle meine Bücher – in Verantwortung sehe der deutschen Geschichte gegenüber, die ja weitergeht.

Sie sprachen von der geschwächten Opposition. Sie selbst sind aus der SPD ausgetreten, weil Sie den Asylkompromiß ablehnten. Wie ist heute Ihr Verhältnis zur Partei?

Ich bin nach wie vor ein demokratischer Sozialist, und es bleibt auch dabei. Ich wünsche mir, daß die Partei sich wieder fängt, denn der vorher angesprochene Bruch des sozialen Friedens erfordert als Gegenkraft eine starke SPD.

Heide Simonis ist neuerdings ins Gespräch gebracht worden als Kanzlerkandidatin. Was sagen Sie dazu?

Ich halte diese Frau für eine ausgezeichnete Ministerpräsidentin, und sie tut gut daran, sich auf diese Arbeit zu konzentrieren. Es führt zu nichts, immer neue Namen in die Diskussion hineinzuwerfen. Es wäre aber alles zu gewinnen, wenn die SPD endlich die Kraft aufbrächte zu erkennen, daß sie nur im Bündnis mit den Grünen in der Lage sein wird, ihr Programm als Regierungspartei durchzusetzen. Und es kommt darauf an – auf Seiten der SPD wie der Grünen – , die Ressentiments die man wechselseitig hat, zu überwinden. Wenn man das nicht kann, ist man politisch nicht mehr handlungsfähig.

Zahlreiche Politiker haben „Das weite Feld“ heftig attakkiert. Wo sehen Sie die Gründe dafür?

Es ist das Bedürfnis derer, die sich zu den Siegern rechnen, den Prozeß der deutschen Vereinigung als geglückt und abgeschlossen zu historisieren. Und dem widerspricht das Buch. Das stört die Politiker und verstört sie auch. Daher die vielen konfusen Reaktionen von Politikern, die allesamt, das merkt man deutlich, nicht auf der Kenntnis des Romans basieren. Die klammern sich an einem Halbsatz aus einem Interview fest.

Wie sieht Ihre Gegenposition zur gängigen Darstellung des Vereinigungsvorgangs denn genau aus?

Ich sitze nicht auf der Bank der Sieger. Ich schreibe die Geschichte der Betroffenen, der Menschen, über die die Geschichte hinweggegangen ist, die den Umwälzungsprozessen ausgeliefert sind. Ich sitze nicht bei denen, die bei der Treuhand die Federstriche gemacht haben: wieder ein Betrieb abgewickelt, wieder tausend Leute arbeitslos. Das wird bei mir aus der Sicht der Betroffenen geschildert, und vielleicht ist dies mit ein Grund dafür, daß das Buch seine Leser findet.

Ihre Kritik an der Rolle der Treuhand ist einigen Politikern besonders sauer aufgestoßen. Was sagen Sie zu deren Reaktionen?

Was zum Beispiel Theo Waigel gesagt hat, erinnert mich sehr an Äußerungen, wie man sie früher von unserem Bundespräsidenten Heinrich Lübke kannte.

Und der Brief von Klaus von Dohnányi, den der „Stern" veröffentlichte?

Er schreibt aus der Hochsitzposition der Chefetage, setzt also im Grunde die Haltung der Treuhand fort. Und das bedauere ich sehr, denn ich weiß nicht, in welcher Garderobe er seine sozialdemokratischen Ambitionen hängen gelassen hat.

Sie ziehen im „Weiten Feld" immer wieder Parallelen zwischen der deutschen Einheit, die nach dem Krieg 1870/71 entstand, und der Vereinigung heute, deren Umstände sie als verhängnisvoll betrachten. Ist Ihr Geschichtsbild fatalistisch, geprägt von der Wiederkehr des immer Gleichen?

Den Fortschritt in der Geschichte habe ich von Anfang an in Zweifel gezogen. Ich sehe die Geschichte als einen doch auch weitgehend absurden Prozeß. Als die Sowjetunion mit all den Satellitenstaaten in sich zusammenfiel, gingen wir alle, ich eingeschlossen, davon aus, daß sich dies segensreich auswirken würde. Aber kaum war das Monstrum von Sowjetmacht zusammengebrochen, kamen die Geister von vorgestern zurück – Nationalismus, Faschismus, Ausländerfeindlichkeit, Kriege vom Kaukasus bis nach Bosnien. So erweist sich ein Geschichtsverlauf, der als Sieg über den Kommunismus und als Errichtung einer neuer Weltfriedensordnung gepriesen wurde, als ein absurd anderer. Dennoch: Mein Geschichtsverständnis ist nicht resignativ, es ist skeptisch. Es ist ein den absurden Prozeß miteinbeziehendes Verständnis, das aber nicht mit Fatalismus abgetan werden darf.

An den Besprechungen Ihres Romans fiel auf, daß kein Unterschied gemacht wurde zwischen dem Autor und seinen erfundenen Figuren. Was die im Roman sagen, wird Ihnen in den Mund gelegt. Da werden doch wohl Gundbegriffe der Literaturkritik über Bord geworfen?

Im Grunde lernt das jeder Germanist im ersten Semester, daß man den Autor nicht mit den Fiktionen, die er erfindet, gleichsetzen kann. Der Autor ist die Summe des Buches. Ich bin in allen Personen drin, auch in den weiblichen, ich krieche in sie hinein, ich muß mich klein machen, ich muß auf sie hören. Wenn ich sie einmal fiktiv in die Welt gesetzt habe und wenn sie zu laufen beginnen, kann ich ihnen nicht Dinge aufzwingen, die sie nicht tun oder sagen wollen.

Der „Spiegel" hat Marcel Reich-Ranicki das Forum geboten für den schärfsten Verriß Ihres Romans. Wie erklären Sie sich das?

Der Niedergang des „Spiegels" ist für uns alle eine kleine Tragödie. Er gehört ja zur Entwicklung unserer Demokratie, er ist ein Stück Alt-Bundesrepublik. Nur: Diese Alt-Bundesrepublik gibt es nicht mehr, und der „Spiegel" ist auf dem Pressemarkt durch die Konkurrenz des „Focus" in eine schwierige Situation geraten. Das erklärt manches, aber nicht alles. Ich glaube, daß die deutschnationale Grundausstattung des Herausgebers Rudolf Augstein hier den Ausschlag gegeben hat.

Nun ist es ja so, daß der „Spiegel" oft genug selbst die Treuhand kritisiert hat - wie Sie in Ihrem Roman.

Das ist in der Tat amüsant. Auf der einen Seite will der „Spiegel" dieses Bild, das ich erzählend entwickelt habe, kaputt machen, andererseits ist er gezwungen, und er tut es ja auch seit Bestehen der Treuhand, all die Skandalfälle ans Tageslicht zu fördern. Die Skanadale aufzudecken, ist die eine Seite der schizoiden Medaille. Die andere ist der hirnstussige Einfall, auf der Titelseite mein Buch von einem Mann zerreißen zu lassen, der sich offenbar mißbrauchen läßt.

Reich-Ranicki hat dieses Titelbild sinngemäß so gerechtfertigt: Gut ist, was der Auflage nutzt.

Das ist einfach dreckig. Diese Art von medialer Verblödung ist darauf zurückzuführen, daß sie nur noch in solchen Kategorien denken können.

Hat die scharfe Kritik an Ihrem Roman, Ihre Chancen auf den Literatur-Nobelpreis geschmälert?

Ich bin ziemlich sicher, das die schwedische Akademie in Stockholm souverän genug ist, eine Entscheidung zu treffen, die unabhängig von diesen Vorgängen ist. Im übrigen muß ich betonen, daß der weit überwiegende Teil der Kritiken mit meinem Buch positiv umgeht. Das sind keine Lobeshymnen, die verlange ich auch nicht, die kann es bei diesem Buch gar nicht geben. Aber es sind Auseinandersetzungen, die vom Buch ausgehen und nicht von vorgefaßten Meinungen und von der Absicht, den Autor fertig zu machen.

Man wirft Ihnen vor, Sie hätten in Ihrem Roman die Verhältnisse in der DDR in ein viel zu mildes Licht getaucht.

Aus welcher moralischen Position heraus sind wir eigentlich als Westdeutsche legitimiert, so herablassend über gelebtes Leben in vierzig Jahren Diktatur zu sprechen? Muß ich daran erinnern, daß Pullach, der Bundesnachrichtendienst, von einem Nazi-General namens Gehlen aufgebaut worden ist mit einer nicht kleinen Zahl von ehemaligen Gestapo-Beamten. Muß ich daran erinnern, wie bei uns jahrzehntelang – auf dem rechten Auge blind – all die Prozesse ausgegangen sind gegen nachgewiesene Mörder und Täter im Dritten Reich, ob Juristen, Ärzte oder was immer.

Sollte eben deshalb DDR-Geschichte nicht anders aufgearbeitet werden?

Ich halte es für zutiefst verlogen und unanständig, nun mit einer Argumentation anzutreten, die etwa so lautet: Wir wollen die Fehler, die wir in Westdeutschland im Umgang mit dem Nationalsozialismus gemacht haben, bei der Behandlung der DDR-Vergangenheit nicht wiederholen. Unsere Versäumnisse jetzt auf dem Rücken der übriggebliebenen 16 Millionen in Ostdeutschland auszutragen, das halte ich für ganz und gar pharisäerhaft.

aus: Lübecker Nachrichten, 24.9.95

John Irving gegen Reich-Ranicki

Der Vater von Garp und Owen Meany. Im EXKLUSIV-INTERVIEW mit PRINZ spricht JOHN IRVING über sein neues Buch „Zirkuskind", lobt er seinen Freund Günter Grass und beschimpft Rabiat-Kritiker Marcel Reich-Ranicki, den „Unkultur-Unmenschen"

In den letzten Monaten Ihrer Arbeit an Ihrem neuen Roman „Zirkuskind" entdeckte der kalifornische Wissenschaftler Dr. John Wasmuth das Gen für achondroplastischen Zwergenwuchs. Wußten Sie davon?

„Ich habe erst von Dr. Wasmuths Entdeckung erfahren, als ich ‚Zirkuskind' beendet hatte. Natürlich freut mich dieses Zusammentreffen. Aber noch wichtiger ist es, daß auch die Hauptfigur meines Buches, Dr. Daruwalla, sehr erfreut gewesen wäre. Ich hätte noch die Zeit gehabt, den Schluß des Romans zu ändern: Dr. Daruwalla hätte sein Zwergenblutprojekt abbrechen können, als er erfährt, daß ein anderer gefunden hat, wonach er so lange suchte. Ich habe mich jedoch entschieden, es zu lassen. Es ist besser, daß Dr. Daruwalla seine Suche aufgibt, als daß ein anderer vor ihm findet, wonach er sucht. Aufgeben ist trauriger.

Hat Dr. Wasmuth Ihr Buch gelesen?

„Ich schrieb Dr. Wasmuth und schickte ihm ein Exemplar von ‚Zirkuskind'. Es hat ihm gefallen. Er gab sogar zu, daß ich mehr über Zwerge wußte als er selbst – er hatte auch erst nach seiner Entdeckung des genetischen Markers für Achondroplasie Zwerge kennengelernt. Dr. Wasmuth sagte, hätte er mein Buch früher gelesen, dann hätte er einiges bei mir abgeschrieben. Das war sehr nett von ihm, obwohl ich nicht den Anspruch erhebe, ein Prophet zu sein."

Wie bewerten Sie die Entdeckung des Zwergengens?

„Im nächsten Jahrzehnt wird man zahlreiche genetische Marker entdecken. Als ich studierte, und das war in den 60er Jahren, lag die Betonung auf Erziehung, nicht auf Natur. Alles wurde der sozialen Konditionierung zugeschrieben. Ich dagegen war immer der Meinung, daß unserer genetischen Überlegenheit unfairerweise nur wenig Einfluß auf unsere Entwicklung zugestanden wird. Jetzt laufen wir Gefahr, daß sich die Sache ins Gegenteil verkehrt: Alles wird als genetische Überlegenheit interpretiert – eine Art genetischer Calvinismus wird die Folge sein. Der Erfahrung wird kein Glaube mehr geschenkt."

Wie hat die amerikanische Vereinigung kleinwüchsiger Menschen, die „Little People of America", auf ihr Buch reagiert?

„Die einzigen Zwerge, die mir geschrieben haben, teilten mir mit, daß sie den Roman liebten. Besonders gut gefiel ihnen Vinod, eine den Zwergen überaus geistesverwandte Figur. Vinod ist es, der Dr. Daruwalla gegenüber die Angst vieler Zwerge ausdrückt, die sie jetzt tatsächlich empfinden: Werden die Forschungsarbeiten dazu führen, die Zwerge auszurotten? Eine realistische medizinisch-ethische Frage. Ich kann mir kaum vorstellen, daß sich irgend jemand der ‚Little People of America' über ‚Zirkuskind' empören könnte. Es sei denn, er hätte das Buch nicht gelesen oder Einwände dummerhafter ‚politischer' Art. Total lächerlich ist es, sich über Dr. Wasmuth aufzuregen. Aber einige tun das tatsächlich."

Ihre geistige Verwandschaft mit Günter Grass ist offensichtlich. Ihre Figur Owen Meany ist eine Hommage an Oskar Matzerath. Was verehren Sie an Günter Grass am meisten?

„Was gibt es an Günter Grass, das man nicht verehren könnte? Ich halte ihn für den wichtigsten lebenden Schriftsteller der Welt. Ich bewundere seine Freimütigkeit. Es ist eine Schande, daß die Medien sich weniger mit seinen aktuellen Büchern als mit seinen politischen Aktivitäten oder Statements beschäftigen. Was ist los mit den deutschen Medien? Sind sie so naiv, zu glauben, seine Romane nur würdigen zu können, wenn sie allem zustimmen, was Grass jemals gesagt oder politisch vertreten hat? In seinen Büchern hat er immer wieder die Geschichte und die Politik genutzt. Ob ‚Kopfgeburten', ‚Das Treffen in Telgte' oder ‚Unkenrufe'. Ganz zu schweigen von ‚Katz und Maus' oder ‚Die Blechtrommel'."

Haben Sie Grass' aktuellen Roman „Ein weites Feld" gelesen?

„Nein. Mein Deutsch ist nicht gut genug, um Grass oder einen anderen deutschen Schriftsteller im Original zu lesen. Ich warte auf die englische Übersetzung. Ich lese deutsche Zeitungen und Magazine, die Speisekarte im Restaurant – aber selbst das wird immer schwieriger. Je weiter ich meine Studienzeit in Wien hinter mir lasse, desto mehr vergesse ich die Sprache. Ich bin nicht zweisprachig. Englisch ist wirklich meine einzige Sprache."

In einem früheren Interview haben Sie gesagt: „Für mich wäre es Betrug an der Romankunst, der Politik zu gestatten, den Roman zu dominieren. Man könnte dann genausogut das Romanschreiben aufgeben und nur noch politische Essays schreiben. Ich bin ein politisches Tier, aber trotzdem zuerst und vor allem Romanschriftsteller." – Grass' neuer Roman wird in Deutschland sehr umstritten diskutiert. Was meinen Sie dazu?

„Ich bezweifle sehr, daß die Politik den neuen Roman von Grass dominiert. Politik hat keines seiner früheren Werke dominiert, obwohl sie immer präsent ist. Vielleicht ist Politik das einzige, was den Kritikern auffällt? Vielleicht können sie ihren eigenen kleinen Ver-

stand nicht genug von Grass' politischen Ambitionen trennen, um seinen Roman zu lesen? Ich war während der Wiedervereinigung in Deutschland. Ich habe erlebt, wie die Menschen damals auf Grass reagierten. Viele der Dinge die Grass damals sagte, stellten sich als hundertprozentig wahr heraus! Als Grass ,Die Blechtrommel' schrieb, würdigten viele zeitgenössische Deutsche das Bild, das er ihnen von ihrer Vergangenheit zeigte, das Bild von Deutschland im Dritten Reich. Es ist schon immer das Anliegen von Grass, den Deutschen einen Spiegel vorzuhalten, damals wie heute. Wenn er sie heute in den Spiegel blicken läßt, gefällt vielen nicht, was sie dort sehen. Könnte das eine Rolle spielen?"

Wie ist Ihr Verhältnis zu Kritikern?

„Was ist los mit der literarischen Kultur in Deutschland? Warum legen die Deutschen so viel Wert auf Kritiker? Besonders auf diesen senilen Tyrannen Reich-Ranicki, der sprichwörtlich einen Roman zerreißt und ganz generell eine solche Führerfigur aus sich macht? Sein Verhalten ist das eines ,Unkritikers', eines Schwachkopfs, eines ,undeutschen Kleingeist', eines ,Unkultur-Unmenschen'. Sie haben gefragt, ob ich ,Ein weites Feld' gelesen habe; Nein, aber ich werde es lesen. Was mich erschüttert, ist, daß bereits so viele Leute über Grass' neues Buch geschrieben haben, offenbar ohne es vorher zu lesen. Es ist ein langes Buch. Vielleicht zu lang für die armen ,Unkritiker'? Es ist so einfach, über die Politik anderer herzuziehen."

Wie verläuft die Auseinandersetzung zwischen Kritiker und Schriftsteller in den USA?

„Es ist undenkbar, daß ein Kritiker in den Vereinigten Staaten eine TV-Show bekommt. Für mich ist es ein Zeichen von Kulturverfall, wenn soviel auf das Geschwätz eines phrasendreschenden Kritikers gegeben wird! Natürlich haben wir hier in den USA eine Nicht-Kultur. Wir beachten Schriftsteller überhaupt nicht; die lustige Konsequenz daraus ist, daß wir Kritiker noch viel weniger beachten! Wir mögen Anti-Intellektuelle oder Nicht-Intellektuelle: Filmstars und Sporthelden – sogar vollkommen widersprüchliche Rocksänger. Deswegen besteht überhaupt nicht die Gefahr, daß jemand wie Reich-Ranicki, einer, der vortäuscht zu denken, jemals eine Fernsehshow bei uns bekommt! Aber die Deutschen haben eine lesende Kultur; sie schenken den Autoren ihre Aufmerksamkeit. Was an der deut-

schen Kultur seltsam pervers erscheint, ist die Art, Autoren Beachtung zu schenken, indem die Gestalt des Kritikers, der den Autor attackiert, erhöht wird. Ich denke, das ist eine Form von Autoritätsgläubigkeit, mit der gerade die Deutschen sensibler umgehen sollten. Abgesehen davon, daß es intellektueller Schwachsinn ist, überhaupt in Betracht zu ziehen, daß die Kritiker den Schöpfern gleich oder sogar übergeordnet sind."

„Der Spiegel" hat versucht Grass und Reich-Ranicki als Paar darzustellen.

„‚Dichter und Kritiker: ein Paar?' – das ist Unsinn. Sie sind zu verschieden, um ein Paar zu sein. Zwischen das wahre Paar, den Dichter und seinen Leser, versucht sich der Kritiker zu drängeln. Im Fall Reich-Ranicki ist diese Anmaßung nicht nur lächerlich, sondern auch unhöflich und falsch. Eine schlechte Angewohnheit von Amerikanern ist es, dumme Menschen anzubeten und cleveren Menschen zu mißtrauen. Aber die Sache hat auch etwas Gutes: Wir mißtrauen jeder Autorität. Wir vertrauen nur Persönlichkeiten. Traurigerweise haben wir, besonders in der jüngsten Vergangenheit, vielen dummen Persönlichkeiten vertraut! Die Deutschen dagegen mögen Autorität. Sie verstehen sich auf autoritäre Figuren, sie erschaffen sie, und sie hören auf das, was sie sagen. Möglicherweise beeinflußt das ihre literarische Kultur: Auch dort verlangen die Deutschen Autoritäten, die ihnen erzählen, was sie und wie sie es lesen sollen. Diese Autoritäten zerreißen ganz öffentlich auch schon mal ein Buch und erklären, was nicht gelesen werden darf! Ist es ein großer Unterschied, ein Buch entzweizureißen oder es zu verbrennen? Das Zeichen, das die deutsche Kultur damit setzt, wirkt gerade jetzt nicht besonders einladend.

In einem Woody-Allen-Film wäre Reich-Ranicki ein Clown – das Publikum würde vor Lachen von den Stühlen fallen, bei allem was er sagt und tut. Die Kritiker würden über ihn, als Filmfigur, schreiben, daß er zu lächerlich sei, um glaubwürdig zu wirken. Aber gibt es in Deutschland inzwischen nicht ein Publikum, das ihn ernst nimmt? Eines meiner deutschen Lieblingsbücher ist Bölls ‚Ansichten eines Clowns'. Böll war sich der schafähnlichen kulturellen Mitläufer sehr bewußt. Ein guter Roman hat Leser, keine Mitläufer. Kritiker aber inspirieren Mitläufer: Mitläufer können klug klingen, indem sie die Anmerkungen des Kritikers wiederholen. Aber weder Kritiker noch Mitläufer können einem Roman so nahe sein wie ein Leser. Und wir alle wissen, wie oft ein Kritiker ein Buch liest: weniger als einmal."

Ihre Geschichten erzählen von Vietnam, Abtreibung, dem Zwergengen, der moralischen Stimmung in den USA. Sie widmen Ihr neues Buch Salman Rushdie. Ist das ein politischer Akt?

„Die Widmung für Salman Rushdie ist kein politischer Akt. Es ist ein Akt der Freundschaft, wie bei allen Widmungen meiner Bücher. Salman ist mein ältester in Indien geborener Freund. Ich kannte ihn bereits, bevor er Bücher veröffentlichte. Ich habe das Manuskript von ‚Mitternachtskinder' gelesen. Mit oder ohne die dumme ‚Fatwa', ‚Zirkuskind' wäre ihm gewidmet! Setzen Sie nicht voraus, daß die Widmung eines Buches politisch ist, nur weil die Person, der das Buch gewidmet ist, unter einem Akt politischer Unterdrückung leidet. Ist es Salman Rushdie gewidmet? Nein. Es ist Salman gewidmet, meinem Freund."

Zwölf Jahre lang haben Sie an Universitäten und Schulen „kreatives Schreiben" gelehrt. Ist es möglich, Schreiben zu unterrichten?

„Ich habe gerade eine Autobiographie beendet, sie heißt ‚The Imaginary Girlfriend'. Ich weiß nicht, wann sie in Deutschland erscheint. Es geht um mein Leben als Ringer und als Trainer. Es geht auch um das Lehren des sogenannten ‚kreativen Schreibens'. Es geht um meine Lehrer, meine Schüler. Natürlich kann man ‚kreatives Schreiben' nicht unterrichten wie Mathematik oder den Roman des 19. Jahrhunderts. Es ist auch nicht so zu erlernen wie ein Sport. Doch gibt es immer erkennbare Stärken und Schwächen in der Arbeit eines jungen Schriftstellers. Ein älterer Schriftsteller kann einem jungen eine Menge Zeit sparen, indem er lediglich diese Stärken und Schwächen herausfindet; natürlich hat es auch mit der einfachen Geste der Güte zu tun, die ich mit der Förderung junger Talente verbinde. Aber darüber habe ich ein kleines Buch geschrieben. Warten Sie auf das Buch!"

Zwei Ihrer Söhne sind ebenfalls Ringer. Haben die beiden auch Ihr anderes Talent, das Schreiben, geerbt? Haben Sie Ihre Söhne in ihrer Berufswahl beeinflußt?

„Richtig, zwei meiner drei Söhne waren erfolgreiche Ringer, beide waren Meister von New England. Der dritte und jüngste Sohn ist erst vier Jahre alt – zu jung, um schon zu ringen. Ich habe die beiden Älteren trainiert. Sie sind in Ringräumen aufgewachsen. Der Ältere, als ich selbst noch an Wettkämpfen teilnahm. Der Jüngere, als ich Trainer und Schiedsrichter war. Die beiden sind keine Schriftsteller geworden. Colin, der Ältere, ist Schauspieler. Brendan ist Ski-Polizist und Lawinen-Rettungsmediziner in Colorado."

Welcher Ihrer eigenen Romane gefällt Ihnen am besten?

„Ich versuche, keine Lieblingsbücher unter meinen eigenen Romanen zu haben, doch ich finde, daß die letzten drei (‚Gottes Werk und Teufels Beitrag', ‚Owen Meany', ‚Zirkuskind') am besten gemacht sind. Als der Zimmermann meiner Werke denke ich, daß sie am besten konstruiert sind. Die Konstruktion eines Buches ist für mich das wichtigste. Wovon es handelt, ist gewöhnlich dem Zufall überlassen."

Gibt es eine Figur, von Siggi Javotnik bis Farrokh Daruwalla, die Sie am liebsten mögen?

„Ich mag Dr. Daruwalla und Owen Meany am liebsten, obwohl ich zugeben muß, daß ich immer noch sehr vernarrt bin in Dr. Larch."

Was lesen Sie zur Zeit?

„Ich lese die zweibändige Graham-Greene-Biographie von Norman Sherry. Ich lese den neuen Salman Rushdie (‚The Moor's Last Sigh'). Kürzlich habe ich den letzten García Márquez (‚Von Liebe und anderen Dämonen') gelesen. Neben Grass gehören auch García Márquez und der kanadische Schriftsteller Robertson Davies zu meinen liebsten zeitgenössischen Autoren."

Was mögen und was hassen Sie an Deutschland?

„Die deutsche Literatur habe ich schon immer gemocht: Goethe, Rilke, Schnitzler, Mann, Brecht, Böll und natürlich Grass. Ich hasse nichts an Deutschland – ich kenne das Land nicht gut genug, um es zu hassen. Ich bin Amerikaner, und natürlich gibt es in den USA viele Dinge, die ich hasse und die ich liebe. Aber Liebe und Haß müssen vertrauten Dingen vorbehalten bleiben. Deutschland ist mir fremd. Meine Beobachtung deutscher Kultur beschränkt sich auf Bücher und die Kultur oder das Fehlen von Kultur, die sie umgibt. Die Art, wie Reich-Ranicki ein Buch behandelt, wäre in jeder Kultur verachtenswert. Vielleicht mache ich zuviel daraus, vielleicht ist Reich-Ranicki nur senil, und jeder in Deutschland schätzt ihn als den unwichtigen Irren ein, für den ich ihn auch halte. Aber ich habe den Eindruck, daß dieser Schwachsinnige tatsächlich Einfluß in Deutschland besitzt. Wenn das so ist, was sagt es aus über die Kultur, die einem solchen schwachsinnigen Zerstörer ein Publikum bietet?"

Interview: Sven Bürgel

aus: Prinz, Oktober 1995

Ich will mich nicht auf die Bank der Sieger setzen

Ein Gespräch mit Günter Grass über den Roman „Ein weites Feld", die Reaktionen der Kritik, die deutsche Einheit und den Blick aufs eigene Leben

Theo Wuttke, den alle Fonty nennen, ist eine der beiden Hauptfiguren Ihres neuen Romans „Ein weites Feld". Er ist DDR-Bürger und zugleich ein Wiedergänger des Dichters Theodor Fontane. Wie kam diese Mischfigur zustande?

Es fing mit einem Traum an, der ausgelöst wurde von der Fontane-Begeisterung meiner Frau. Ein Eifersuchtstraum, der nur literarisch zu bewältigen war. Danach habe ich mich ziemlich umfassend mit der Person und dem Werk des Autors befaßt. Parallel dazu kam die Beschäftigung mit Hans Joachim Schädlichs Roman „Tallhover", mit einem Buch, das ich bewunderte. Gleichwohl kam mir dessen Schluß widersinnig vor: eine Person, die in ihrer Spitzeltätigkeit auf Unsterblichkeit angelegt ist, kann nicht so enden.

Das schien Ihnen paradox: der ewige Spitzel stirbt.

Ja, Tallhover bittet die Genossen, ihn zu töten. Schädlichs Buch macht nicht ganz klar, ob er enthauptet wird, es bleibt offen. Ich habe Schädlich meine Zweifel über den Schluß mitgeteilt. Bis zum Beginn meines Manuskripts sind dann Jahre vergangen, die Idee blieb abstrakt. Ab Herbst 1989 aber bekam sie Hintergrund, Ort, Zeit, Umfeld. Wichtig war die Erzählposition: Dieser Fonty konnte nicht als Ich-Erzähler auftreten. Es mußte zu ihm eine Distanz hergestellt werden. Ein allwissender Erzähler kam für mich noch nie in Frage. Im Garten, unterm Akazienbaum, fiel mir dann der erste Satz ein: „Wir vom Archiv nannten ihn Fonty." Mit den Leuten vom Fontane-Archiv in

Potsdam hatte ich eine kundige und interessante Erzählposition, weil sie eben auch, dem Arbeiter- und Bauern-Staat entsprechend, als Erzählerkollektiv auftreten konnten. Das erlaubte Distanz zum gesamten Erzählvorgang.

Aber wie kam es zur Figur Fonty?

Ergänzend dazu bestand der Ehrgeiz des Autors darin, zwei Dinge zu erreichen. Ein Wunsch, den ich schon lange hatte, war wegen meiner Fixierung auf Danzig bisher nie verwirklicht worden: endlich einen Berlin-Roman zu schreiben. Als zweites war mir nun die Auseinandersetzung mit der mehrfach gebrochenen Existenz Fontanes wichtig geworden: Es entstand der Wunsch, nicht im klassischen Sinn eine Biographie zu schreiben, aber eine unterschwellige zu erzählen. Und zwar, indem ich eben nicht Fontane auftreten lasse, was ich für eine Anmaßung gehalten hätte, sondern indem ich aus all den vielen Fontane-Fans, die bisweilen auch etwas Schrulliges haben, eine einzige Figur mache. So ist mir Theo Wuttke, den alle Fonty nannten, in den Sinn gekommen. In den Spiegelungen Fontys konnte ich dann alle Facetten Fontanes sichtbar machen.

Die Hauptfiguren sind da, die Erzählperspektive ist gefunden. Wie ist der Roman dann gewachsen?

Die erste Fassung war nach einem halben Jahr fertig. Dieses Buch ging mir von der Hand. Ich hatte auch von Anfang an das Gefühl, das ist ein Wurf. Hier gelingt dir eine Zusammenfassung, eine Raffung und zugleich eine zeitliche Ausdehnung. Das hat dann allerdings nicht bedeutet, daß mit dieser ersten und glücklich von der Hand gehenden Niederschrift, die lückenhaft war, alles getan gewesen wäre. Dem folgte eine zweite, dritte, vierte...

Ich sehe Fonty, vor allem aber Hoftaller/Tallhover als allegorische Figuren.

Ich sage das weder von Schädlichs Figur noch von meiner Fortsetzung. Das ist mir zu sehr Kästchen. Da ist es mir schon lieber, wir reden über einen anderen Kästchenbegriff – und darüber, daß er nicht stimmt: ich meine den Begriff Kunstfigur. Es gibt eine bestimmte Gattung, an der ich sehr hänge und die ich auf meine Art und Weise fortgesetzt habe: die Germanisten nennen sie den pikaresken Roman, den Schelmenroman. Diese Tradition findet sich, von Cervantes angefangen, bei Grimmelshausen in Deutschland und bis ins neunzehnte und zwanzigste Jahrhundert hinein in fast allen europäischen Literaturen. Und immer handelt es sich dabei – von Don Quijote und Sancho Pansa bis hin zu Flauberts Bouvard und Pécuchet – um sogenannte Kunstfiguren, ich sage lieber: um diesen besonderen literarischen Helden, den Pikaro, oder um das pikareske Heldenpaar. Und immer besitzen diese Figuren die Gabe, die Zeit, in der sie leben, durch ein Arsenal von Spiegeln, Hohl- und Konvexspiegeln, wiederzugeben. Sie als bloße Kunstfiguren abzuwerten hieße, uns in der gesamten europäischen Literatur um eine Galerie von literarischen Helden ärmer zu machen.

Die Kritiker des neuen Romans haben Ihnen nun gerade die Abstraktheit, die Leblosigkeit der Figuren vorgehalten.

Ich bin das gewohnt seit der „Blechtrommel". Meine Bücher sind immer umstritten gewesen. Ich erlebe jetzt ein vergleichbares Klima wie zu Zeiten der „Blechtrommel" am Ende der fünfziger Jahre: Man nimmt das Buch nicht wahr, man sieht nur seine Vorurteile bestätigt und behauptet dann einfach, im „weiten Feld" werde nicht erzählt. Die Leser, denen ich begegne, bestätigen mir das Gegenteil. Dieses Buch ist erzählt, von der ersten bis zur letzten Zeile. Auf eine verzwickte, sehr kunstvolle Art, mit den Zeitverschiebungen etwa, ja mit dem gelegentlichen Aufheben der Zeitdifferenz zwischen Fontane und heute, aber alles bleibt Erzählung. Mich können solche Vorwürfe nicht treffen. Aber was mich getroffen hat, was ich nicht mit einem Achselzucken wegstecken kann, ist dieser Gestus des Bücherzerreißens. Die Reaktion darauf in Deutschland, aber auch im Ausland war Entsetzen.

Sie sprechen jetzt vom Titelbild des „Spiegel", auf dem Marcel Reich-Ranicki Ihr Buch zerreißt?

Ja, aber seinen Namen nehme ich nicht mehr in den Mund. Das ist vorbei.

Die Entscheidung für dieses Titelbild war eine Entscheidung der Redaktion des „Spiegel", die mit Reich-Ranickis Kritik im Inneren des Blattes nichts zu tun hatte.

Daß „Der Spiegel" der Anstifter ist, ist sicher wahr. Aber daß die abgebildete Person dazu ihre Einwilligung gegeben hat, stimmt auch. Und daß das alles in einem Land geschieht, das eine Vorgeschichte hat, kann niemand bestreiten.

Soweit ich weiß, kannte Reich-Ranicki das Titelbild vor dem Erscheinen des „Spiegel" nicht.

Ich halte das für widerlegt. Danach hat er jedenfalls öffentlich gesagt, wenn es der Auflagensteigerung diene und sein Artikel deshalb von vielen gelesen werde, so nehme er das hin. Deutlicher kann man es wohl nicht sagen.

Ihr Verleger Gerhard Steidl war ja auch nicht gerade zimperlich. Im „Hamburger Abendblatt" ließ er vernehmen, der Literaturbetrieb könne sich mit der Stellung dieses Kritikers „kaum noch abfinden". Das klingt wie die Forderung nach Berufsverbot.

Ich verstehe Steidls Empörung, er hat im Zorn gesprochen. Seine Äußerung mit der Forderung nach Berufsverbot in Verbindung zu bringen ist lächerlich.

Sie haben Ihren Kritikern auch vorgehalten, daß sie den Roman nur als Anlaß nähmen, um die mißliebigen Ansichten des politischen Zeitgenossen Grass zu attackieren. Das scheint etwas merkwürdig, denn „Ein weites Feld" ist ja mit Bedacht auch ein politischer Roman.

Ein politischer *und* geschichtlicher. Sie kappen eine Dimension dieses Romans, wenn Sie nur auf die Tagespolitik abstellen. Aus meinem Geschichtsverständnis und meiner Geschichtserfahrung in Deutschland gehört das Unterfutter dazu. Das neunzehnte Jahrhundert ist immer präsent; aus meiner Sicht bis zur Revolution von 1848, bis zum Vormärz. Und die Figuren, die im „weiten Feld" auftreten, sind ja nicht Leute, die irgendwelche Meinungen des Autors vor sich hertragen, die sind geprägt von diesen Zeiten.

Das Geschichtsverständnis des Romans könnte man, etwas verkürzt, in zwei Formeln zusammenfassen. Zum einen: Die Wiederkehr des Immergleichen. Zum anderen: In Deutschland glückt Geschichte nie.

Sie haben doch, nehme ich an, Germanistik studiert. Da lernt man doch im ersten Semester, daß man die Aussage einer Person nicht gleichsetzen darf mit der Aussage des Autors. Meine politische Position ist die Sisyphos-Position, das zähe Wälzen von Steinen. Diese Position hat aber im literarischen Werk in ausgeprägter Form nichts zu suchen. Ich habe mit einem Thema, mit Personen, mit von mir in die Welt gesetzten fiktiven Gestalten zu tun, die ihr Eigenleben haben, dem auch ich mich fügen muß. Gewiß, Fonty ist skeptisch, was die deutsche Vereinigung betrifft, aber Madeleine, seine Enkeltochter, widerspricht ihm. Die gegensätzlichen Positionen sind im Buch deutlich abzulesen. Nur ein Böswilliger kann sie übersehen. Und diese Positionen relativieren sich. Aber davon abgesehen, sind die schlechten Erfahrungen, die wir in Deutschland gemacht haben, wohl nicht zu leugnen. Im Gegensatz zu anderen europäischen Völkern haben wir auf gemeingefährliche Art und Weise, wie sich in diesem Jahrhundert bewiesen hat, große Mühe, uns selbst zu definieren. Wir schwanken zwischen einem staatlich gewollten und gelenkten Willen zur Einheit, die dann mehr oder weniger zentralistisch ausfällt, oder wir fallen ins andere Extrem, in den Separatismus. In einem föderalistischen System miteinander und nebeneinander zu leben: mit diesem Kapital haben wir im Einheitsprozeß nicht genug gewuchert. Mehr noch, wir haben es verschludern lassen. Wir stagnieren. Wir verfallen allmählich in einen Zustand, der sich dem Zustand der DDR nähert, die neben vielen anderen Gründen auch untergegangen ist, weil sie sich nicht mehr reformieren konnte.

Fonty war, alles in allem, ein durchaus loyaler Bürger der DDR. Mir wurde nicht so ganz klar, was ihn so verdächtig oder gefährlich macht, daß er ständig den Stasi-Mann Hoftaller als Aufpasser an seiner Seite hat.

Fonty ist ja beides: Er ist der Kulturbund-Redner, der gelegentlich das vorher zensurierte Manuskript zur Seite schiebt und freiweg redet. Das bringt ihm Unannehmlichkeiten. Zum anderen hat er Berichte für die Stasi geschrieben, wohlwollende übrigens. Anfang der sechziger Jahre etwa über Heiner Müllers Stück „Die Umsiedlerin". Er rät dazu, es aufzuführen. Man glaubt ihm, aber die Aufführung wird dann zur Provokation und zum Skandal für die offzielle DDR. Das macht ihn natürlich verdächtig. Und nun eine Gedanke, der so nicht im Buch steht, das ist meine Meinung als Bürger dieses Landes, der das miterlebt hat, insbesondere die Stasi-Akten betreffend. Meine These ist: Der Staatssicherheitsdienst ist nie so erfolgreich gewesen wie nach dem Untergang des Staates. Es ist ihm nicht gelungen, die DDR zu schützen. Aber indem wir in die Falle gelaufen sind und diesen Aktenberg, diesen Aktenschweiß und Aktenfleiß freigesetzt haben, ist auch das Stasi-Gift freigesetzt worden. Es hat diese ohnehin geschwächten und gedemütigten Menschen in der DDR, diese sechzehn Millionen, auf eine unfaire Art und – was den Westen betrifft – auf selbstgerechte Weise mit der Vergangenheit konfrontiert.

Wie kommen Sie zu diesem Urteil?

Ich komme dazu als Bürger dieses Staates, dieses größer gewordenen Staates. Insbesondere als Autor scheint mir die Haltung angebracht, mich nicht auf die Bank der Sieger zu setzen. Kaum war die Mauer weg und das Land auf dem Papier eine Einheit, wurde nicht etwa ein Dialog begonnen, ein Einigungsdialog, sondern es kamen Herren, meist zweite oder dritte Garnitur, aus dem Westen angereist und vollzogen den Beitritt als Anschluß. Man evaluierte Professoren, Lehrer, die ihren Glauben gehabt haben, die ihre Zweifel gehabt haben, nach rein westlichen Maßstäben: Im Roman ist das gezeigt am Schicksal des Professors Freundlich. Und dann die noch größere Enttäuschung: Auf einmal betrat ein Kapitalismus die Bühne, den wir bis 1989 in der alten Bundesrepublik nicht gehabt haben, ein Manchester-Kapitalismus, der rücksichtslos privatisierte, der solch ein Monstrum wie die Treuhand in die Welt setzte, das mit Federstrichen hier Hunderte, dort Tausende arbeitslos machte oder in den Vorruhestand schickte – und das in einem Land, in dem Arbeit Lebensinhalt ist: das Übelste, was wir haben tun können. Und dafür werden wir bezahlen.

Wie hätte die Einheit denn anders vonstatten gehen sollen?

Wenn es einen politisch gestaltenden Gedanken gegeben hätte in den Jahren 1989 und 1990 – den gab es weder bei der Regierung noch bei der Opposition, SPD wie Grüne eingeschlossen –, und man hätte gemäß dem Grundgesetz gehandelt, dann hätte man, wie geschehen, das Vier-plus-zwei-Gespräch zu Ende geführt: Hut ab immer noch vor Genschers Leistung und vor der des damaligen Außenministers der DDR, Meckel. Aber nun hätte man sagen können: Wir haben unsere Souveränität wieder, was wir jetzt machen, das bestimmen wir selber. Wir hätten vor das Einheitspapier einen wirklichen Einigungsprozeß stellen müssen, mit all den wirtschaftlichen Hilfsmaßnahmen, die notwendig gewesen wären. Wir hätten über drei Jahre hinweg in einer Konföderation gelebt und dann mit einer neuen Verfassung nicht eine vergrößerte Bundesrepublik, sondern einen Bund deutscher Länder geschaffen. Diese Möglichkeit hat man nicht wahrhaben wollen.

Kehren wir zur Literatur zurück. Reden wir über den neuen Roman als Teil Ihres Gesamtwerks.

Die Themen meiner Bücher sind mir immer wie vorgeschrieben erschienen, weiß Gott nicht von der Kritik, aber vom Verlauf deutscher Geschichte. Von meinem Talent her, dem Zeichnen und Schreiben, neige ich im Grunde eher zum Artistischen, Verspielten. In einem anderen Land mit einer weniger beschwerlichen Vergangenheit hätte sich das vielleicht auch so entwickelt. Aber hier habe ich früh lernen müssen, daß Form ohne Inhalt nichts ist. Wann immer ich mich schreibend mit der unmittelbaren Gegenwart beschäftigt habe, etwa im Roman „Hundejahre" von 1963, den ich höher einschätze als „Die Blechtrommel", hat sich die Kritik besonders erregt. So geschieht es jetzt auch mit „Ein weites Feld". Wenn man jedoch die frühen Bücher, „Die Blechtrommel", „Katz und Maus" oder eben die „Hundejahre", heute wieder liest, dürfte man bemerken, daß die darin geschilderten Perioden der unmittelbaren Nachkriegszeit historisch geworden sind. Natürlich haben sich die Texte nicht verändert, aber sie bieten nicht mehr diese politischen Reizpunkte. Das wird auch mit „Ein weites Feld" geschehen. Überdies hat das Buch, was ich gar nicht beabsichtigen konnte und was in Deutschland selten geworden ist, ein Gespräch über Literatur zumindest ermöglicht.

Ist unsere Literatur dem Thema deutsche Einheit gewachsen?

Ich habe gerade ein Buch des jungen Autors Thomas Brussig mit Interesse und Vergnügen gelesen: „Helden wie wir". Alles mögliche bündelt sich hier: grotesker Widerstand, absurde Machenschaften der Stasi. In den nächsten Tagen will ich Erich Loests Roman „Nikolaikirche" lesen, der aus seiner Erfahrung heraus über das Thema schreibt. Begonnen habe ich mit der Lektüre von Peter Rühmkorfs Tagebuch „Tabu", in dem eben nicht nur die Ich-Betrachtung eine Rolle spielt. Vielmehr wird auch die Außenwelt als schmerzhaft, belustigend und verwirrend mit aufgenommen, auch der Einheitsprozeß, der Zerfall der Sowjetunion, der Zerfall der Satellitenstaaten: all dies wird empfindlich wahrgenommen und reflektiert. Mit einer gewissen Zeitverzögerung jedenfalls – Autoren benötigen schon ein wenig Distanz – ist das Thema angenommen worden. Dennoch: Es wird ihn nie geben, *den* Roman über die deutsche Einheit, ich habe ihn nicht schreiben wollen. Das sind Suggestionen und Erwartungen, die von außen kommen. Jedenfalls entsteht eine Literatur, die dem gegenwärtigen Thema nicht ausweicht, die je nach Temperament, je nach Schreibvermögen und Erfahrung das wiedergibt, was die Politik meint schon als historischen Prozeß festgeschrieben zu haben. Nein, das ist noch lange nicht festgeschrieben.

Mit der Einheit ist der linke oder linksliberale Konsens unter den Intellektuellen zerbrochen. Symptomatisch dafür war Botho Strauß' Essay „Anschwellender Bocksgesang" mit dem Rückgriff auf eher rechte Positionen und Traditionen.

Ich habe diesen Aufsatz gelesen, halte ihn von der Sprache her für aufgebläht bis bombastisch – inhaltlich kam er mir ziemlich töricht vor. Wenngleich zu erkennen war, daß hinter diesem Aufsatz ein ernstzunehmender Autor steht, der Texte wie „Rumor" geschrieben hat. Auch in einigen anderen Fällen habe ich diese Wendehaltungen von Autoren bedauert, aber versucht, sie mir zu erklären. Etwa bei Botho Strauß: Lange vor dem „Bocksgesang" erklärte er seine Abwendung von Adorno. Nun habe ich die Adorno-Probleme seiner Generation nie gehabt. Aber ich meine, es müßte doch andere Möglichkeiten geben, sich von diesem Übervater zu lösen, als ihn im nachhinein umzubringen und sich in eine irreal anmutende Position zu flüchten. Mir kommt das ein wenig spätpubertär vor.

Ein Autor wie Ernst Jünger erlebt seit einiger Zeit eine zweite oder dritte Renaissance.

Als Vierzehnjähriger, während des Zweiten Weltkriegs, habe ich durch einen Deutschlehrer, der auf sich hielt, frühe Bekanntschaft mit „In Stahlgewittern" gemacht und habe eine Verführungskraft gespürt, die darin liegt, den Tod, den Heldentod, den Soldatentod zu mystifizieren. Ich hatte aber das Glück, in der Bibliothek eines Onkels ein anderes Buch zu finden: Remarques „Im Westen nichts Neues". Das war mein Gegengift. Es ist bis heute wirksam. Ich halte nach wie vor die Mystifizierung des Krieges sowie eine Ästhetik der Grausamkeit für reinen Mumpitz. Und für gefährlich zudem. Ich kenne keine Zeile von Jünger, in der er sich davon distanziert hätte. Er ist eine Reizfigur, das ja.

Sie nähern sich den Siebzig. Gibt es da den Blick zurück, gibt es eine Tendenz zum Autobiographischen?

Sicher gibt es solche Bedürfnisse. Ich habe vor einigen Jahren ein Buch vorgelegt: „Vier Jahrzehnte. Ein Werkstattbericht". Da deute ich Privates nur an: aus der Erkenntnis heraus, daß mein bisheriges Leben, so leidenschaftlich es im Verhältnis zu einzelnen Personen auch gewesen ist, in erster Linie Arbeit bedeutet hat, von Werk zu Werk. Dann habe ich an der Frankfurter Universität über „Schreiben nach Auschwitz" geredet, auch aus persönlichem Antrieb. Mit dem Älterwerden wächst die Scham über das, was ich bis zu meinem siebzehnten Lebensjahr mitgegrölt, mitgemacht habe, gottlob ohne in Verbrechen verwickelt worden zu sein. Wie mir überhaupt die Dimension des Verbrechens, das von Deutschen zu verantworten ist, erst im Verlauf von Jahren deutlich geworden ist. Das hat natürlich auch Bezüge zur unmittelbaren Gegenwart. Von der brutal ausbrechenden Fremdenfeindlichkeit bis zur Ausgrenzung von Gruppen, als sei nichts geschehen. 500 000 Sinti und Roma sind während der Nazizeit ermordet worden. Dennoch gehört diese Bevölkerungsgruppe nach wie vor zu den Ausgegrenzten. Ja, es findet ein erbärmlicher Streit darüber statt, ob an einer Gedenkstätte für die Ermordeten die Sinti und Roma mit den Juden zugleich genannt werden dürfen. Eine beschämende Diskussion. Damit ist aufzuhören.

Altern, was bedeutet das für Sie?

Ich erfahre Alter, neben den natürlichen Beschränkungen und Anfälligkeiten, als eine ziemliche Bereicherung. Allein schon im Umgang mit meinen Kindern und Enkelkindern nehme ich viel von der Sprache, den Bedürfnissen, Nöten, Vergnügungen und Ängsten wahr, die die nachfolgenden Generationen prägen.

Denken Sie über den Tod nach?

Man hat mich katholisch getauft. Und bis zu meinem vierzehnten Lebensjahr bin ich in den Armen der Alleinseligmachenden auch gläubig gewesen. Die Trennung vom Glauben fand bei mir früh statt. Der Kirchenaustritt erst, als diese rabiate Debatte um den Paragraphen 218 begann, bei der sich die deutschen Bischöfe herausnahmen, einen notwendigen Versuch zur Reform mit Euthanasie gleichzusetzen. Aber geblieben ist eine, sagen wir mal, barockkatholische Lebensart, die immer, besonders in glücklichen Momenten, etwa beim Heben des Glases voller Rotwein, ein Stück Tod mittrinkt. Der Tod ist immer da. Er ist fürchterlich, aber dennoch nicht zum Fürchten. Der Tod als große Ungerechtigkeit, wie er etwa bei Elias Canetti erscheint, wäre für mich kein Thema.

Die Fragen stellte Jochen Hieber.

aus: Frankfurter Allgemeine Zeitung, 7.10.95

Ehepaar Grass im Zug durch Deutschland

BUNTE saß mit den beiden im 1.-Klasse-Abteil bei ihrer Lesereise. 25 deutsche Bahnhöfe, 25 Siege über Reich-Ranicki. Ein Zug-Interview

Eine Zugfahrt mit Günter Grass. Treffpunkt: Sonntag, 13 Uhr, Hauptbahnhof Freiburg im Breisgau. Der bedeutendste lebende Schriftsteller deutscher Sprache steht in blauem Wintermantel, mit blauer Baskenmütze in der Halle und verabschiedet sich von seiner Cousine, die hier lebt. Dann fährt er mit dem ICE zu einer Lesung nach München, die letzte Station seiner Lesereise durch 25 deutsche Städte. Fünf Wochen unterwegs, alles mit der Bahn. Grass, 68, wird begleitet von seiner Frau Ute („sie paßt auf meine Gesundheit auf") und seinem Verleger Gerhard Steidl. Er reist mit leichtem Gepäck, im braunen Leinenkoffer sind sein neuer Roman „Ein weites Feld", Bücher anderer Autoren (z.B. die Tagebücher von Peter Rühmkorf) und Geschenke, die er unterwegs für seine drei Kinder gekauft hat (z.B. Bunzlauer Porzellan). Die Zugreisenden erkennen Grass, tuscheln, machen Fotos oder zeigen ihm den aufmunternden, erhobenen Daumen. Im 1.-Klasse-Abteil zündet sich Grass seine Pfeife mit Stanwell-Tabak an, bestellt Mineralwasser, Kaffee und läßt sich vom Schaffner zu einem Snack überreden („die Croissants sind ganz frisch, Herr Grass"). Das BUNTE-Interview beginnt.

Sind Sie versöhnt mit dem deutschen Publikum? Ihr Roman hat sich nach vier Monaten schon 225 000 mal verkauft – trotz der vielen vernichtenden Kritiken.

Ich habe mit dem Publikum nie Ärger gehabt. Der Versager ist die Kritik. Es ist ein Triumph der Leser!

Die Kritik wurde angeführt von Marcel Reich-Ranicki, der Ihr Buch auf einem „Spiegel"-Titel demonstrativ in Fetzen riß. Haben Sie mit ihm darüber geredet?

Nein, nein, das ist vorbei. Da ist eine Grenze überschritten. Mit diesem Mann spreche ich nicht mehr.

Auseinandersetzungen zwischen Reich-Ranicki und Ihnen sind nicht neu.

Das ist keine Auseinandersetzung mehr, sondern ein Vernichtungsversuch. Das sind ja keine Argumente, es ist eine Handgreiflichkeit! Da gibt es keine Grundlage mehr für ein Gespräch. Genau wie bei Hellmuth Karasek. Der hat zu verantworten, daß ein Bild, das zwangsläufig an ein übles Kapitel der deutschen Geschichte erinnert, zum Titelbild wird. Karasek kommt mir nicht mehr in die Wohnung. Ich gehöre nicht mehr zu den Mitarbeitern des „Spiegels", ich werde da nie wieder veröffentlichen.

Hatte Reich-Ranicki Ihr Buch nicht anfangs gelobt?

Die jüdische Gemeinde in Frankfurt hatte mich eingeladen. Reich-Ranicki hat mich dort eingeführt und war nach der Lesung zweier Kapitel begeistert. Ich habe ihn nicht gezwungen, das auch noch zu begründen, aber er hat mir gesagt: Etwas Ungeheuerliches sei gelungen, eine Erzählung mit Essays zu verknüpfen. Das steht natürlich in absolutem Gegensatz zu dem, was er später gesagt hat. Wie er da mit sich selbst zu Rande kommt – keine Ahnung. Es gibt ja die Figur des Beckmessers, die durch Wagner eingeführt ist. Und dann gibt es natürlich auch den Typ des Wagner-begeisterten Beckmessers, der gar nicht merkt, daß er diese Karikatur von Wagner voll ausfüllt.

Haben Sie das „Literarische Quartett", in dem Ihr Buch verrissen wurde, gesehen?

Nein, da schützt mich meine Frau. Ich weiß nur, daß viele Leute angewidert waren.

Haben die Verrisse von Reich-Ranicki und Kollegen dem Verkauf Ihres Buches vielleicht sogar geholfen?

Ein Roman wie „Der Butt" hatte nicht eine derart ekelhafte Reaktion provoziert und hat eine Auflage von 300 000 Stück erreicht. Ich will die Wirkung vom „Spiegel" oder diesem Ein-Mann-Quartett nicht überschätzen. Die neigen selber dazu, sich zu überschätzen.

Glauben Sie, die Kritiker haben sich regelrecht verschworen gegen Sie – per heißem Draht?

Mir fällt natürlich auf, daß in der Art, ein Buch nicht nur Kenntnis zu nehmen und mich wegen meiner politischen Haltung abzustrafen, es eine Übereinstimmung gibt. Ob vom „Spiegel", von der „FAZ", merkwürdigerweise auch von der „taz". Ob das übers Telefon läuft, weiß ich nicht. Es gibt ja eine Dummheit, die mental verbreitet ist.

Sie haben erstaunlich gelassen reagiert auf die vielen Verrisse.

Bei diesem Buch wußte ich von Anfang an, daß mir etwas gelingt, was Überlebensdauer hat.

Sie stehen am Ende einer Lesereise, haben vor 25 000 Menschen gelesen. Wie reagieren die auf Ihr Buch?

Es fesselt sie. Die Zuhörer erleben ein Buch, das erzählt und das das Gegenteil von dem ist, was in der „Zeit" oder im „Spiegel" stand. Im Osten bringt man das auf den Nenner: Hier haben sie uns 50 Jahre lang vorschreiben wollen, was wir zu lesen haben. Das machen wir nicht mehr mit! Im Osten nehmen sie es dankbar auf, daß der Zustand ihres Beschädigtseins nach soundsovielen Jahren Diktatur, aber auch Beschädigtseins durch die Arroganz des Westens, durch einen westlichen Autor wahrgenommen wird. Ich habe mich auf die Bank der Opfer gesetzt, nicht auf die der Sieger.

[redacted]

Vielleicht sind die Reaktionen im Westen deshalb so negativ?

Nein, die westlichen Leser verstehen das Buch aus einer anderen Perspektive. Für die berichte ich aus einem fernen Land. Es bringt ihnen etwas nahe. Deswegen behaupte ich, daß dieser Roman ein wesentlicher Beitrag zum Prozeß der deutschen Einheit ist.

Wie sieht dieser Beitrag zur Einheit aus?

Es ist kein spaltendes Buch. Es zeigt die deutschen Teilungen auf, aber auch die große gemeinsame Geschichte. Es wird ja nicht nur der Einheitsprozeß dieses Jahrhunderts geschildert, sondern eben auch der von 1870/71.

Treffen Sie bei den Lesungen vor allem eingefleischte Grass-Fans?

Von ganz alten Menschen bis zu jungen Studenten. Zu mir kommen 50- und 60jährige, die Bücher von mir unter der Bettdecke gelesen haben, weil sie verboten waren im Elternhaus. Die haben, seit sie „Katz und Maus" gelesen haben, fröhlicher und unbeschwerter onaniert. Das war ein großes bildendes Erlebnis. Es galt als Tabuverletzung, daß ich das Onanieren als etwas gänzlich Ungefährliches und zum Leben Gehörendes dargestellt habe. Es kommen aber auch 25jährige mit der „Blechtrommel", die sie geerbt haben und jetzt signieren lassen.

Wo haben Sie das Buch geschrieben?

In Behlendorf, in Dänemark und in Portugal. Ich habe in allen drei Orten meine Ateliers, da wartet auch jeweils eine Reiseschreibmaschine auf mich. Und ein Stehpult, ich schreibe im Stehen.

Wie schreibt es sich unter südlicher Sonne über Deutschland?

Die Distanz ist wunderbar. Für mich war es immer ein Hochgenuß, im Sommer unter einer Pergola schwitzend zu sitzen und über die vereiste Ostsee zu schreiben. Ja, das sind die Freuden eines Schriftstellers.

Hat das was von Sommerfrische?

Ich bin kein Ferienmacher, das sind für mich immer Arbeitsaufenthalte. Ich kann natürlich zwischendurch mal in die Ostsee steigen oder in den Atlantik. Oder ich besuche in Portugal den Fischmarkt, wo die Fische noch ganz liegen, mit Kopf und Schwanz, so daß ich sie zeichnen kann, bevor ich sie auf den Grill lege.

Schreiben Sie täglich?

Ja. Wir frühstücken sehr lange und lesen Zeitungen und genießen das. Nach dem Frühstück verabschiede ich mich von meiner Frau, verschwinde in meinem Atelier und komme um fünf Uhr nachmittags zu einem Kaffee rüber. Dann verschwinde ich wieder und bin spätestens um halb acht beim Abendessen.

Ist das ein schwerer Gang, morgens ins Atelier?

Nein, nein, da freue ich mich drauf. Die Schwierigkeit ist immer das weiße Blatt. Ich habe mich entschlossen, bei Schreibmaschinenfassungen nie mit einem Blatt aufzuhören, sondern noch einen neuen Bogen einzuspannen und die ersten Zeilen zu schreiben. Wenn ich am Morgen komme, bin ich sofort wieder drin und kann weiterschreiben.

Brauchen Sie die Disziplin der täglichen Arbeit?

Das Buch braucht die Disziplin. Wenn es gut werden soll, dann muß man dran bleiben. Wenn der Einfall, die Position des Erzählers und der Erzählung da sind, ist die erste Fassung in relativ kurzer Zeit, einem dreiviertel Jahr, zu Papier gebracht. Aber in der ersten Fassung gibt es Löcher, die ich überspringe.

Diese erste Fassung kennen nur Sie?

Ja, die kann wahrscheinlich auch nur ich lesen, weil sie handschriftlich ist.

Bekommt Ihre Frau frühe Fassungen zu lesen?

Die zweite Fassung habe ich ihr in Kapiteln vorgelesen, die dritte Fassung habe ich ihr zum Lesen gegeben. Sie ist eine strenge Lektorin.

Hören Sie auf Ihre Frau?

Ja. Manchmal nicht sofort, aber es stellt sich immer heraus, daß sie recht gehabt hat. Ich brauche manchmal ein paar Wochen.

Wie viele Fassungen haben Sie geschrieben?

Fünf Fassungen. Ab der zweiten waren es Maschinenfassungen, die fünfte kam dann in den Satz.

Ein Computer würde Ihnen viel Arbeit ersparen.

Ich habe ein Bedürfnis, ein maschinengeschriebenes Blatt sofort zu korrigieren, auch wenn es dann vollgeschmiert ist. Der Computer gibt zu früh ein sauberes Schriftbild und auch eine gewisse Beliebigkeit. Für einen kreativen Schreibprozeß halte ich Computer für zu wenig widerstandsfähig, zu verführerisch.

Fällt Ihnen das Schreiben leicht?

Es ist eine sehr harte Arbeit. Das Recherchieren nimmt sehr viel Zeit ein, genausoviel Zeit wie das Schreiben. Bei diesem Buch konnte ich nicht alles selbst recherchieren, weil ich nach einem einmaligen Besuch in der Treuhand schon Gefahr lief, daß es Gesprächsthema wird. Dann hat ein junger Germanist, den ich kennengelernt hatte durch eine ausgezeichnete Dissertation über meine Lyrik, für mich recherchiert. Ich habe also verdeckt ermittelt.

Ihr kleiner Spitzel?

Sozusagen. Es paßte sehr gut zum Inhalt des Buches, ja. Wir haben oft darüber gelacht.

Wir hatten Sie als eher ernsten Menschen eingeschätzt.

Ich lache gerne und bringe auch gerne Menschen zum Lachen, besonders meine Frau. „Ein weites Feld" ist ein heiteres Buch über einen sehr ernsten und sehr verqueren Gegenstand. Das ist voller tragikomischer Szenen, nehmen Sie nur den Agententausch auf der Glienicker Brücke.

Sie waren stets der SPD verbunden, auch nachdem Sie aus der Partei austraten. Was halten Sie von der jüngsten Entwicklung?

Ich finde das gut. Lafontaine ist ja wohl der fähigste der sogenannten Enkel. Jetzt muß er zusehen, daß sich die Partei wieder auf ihre Inhalte besinnt.

Sie haben mehrere SPD-Kanzlerkandidaten unterstützt. Könnten Sie sich vorstellen, für Lafontaine in den Wahlkampf zu ziehen?

Das kommt auf seine Themen an. Ich will es nicht ausschließen.

Interview:
Günther Fischer, Georg Seitz

aus: Bunte, 14.12.95

Leserbriefe

IG Medien Forum, September 1995
Offener Brief an den »Spiegel«

Hin und wieder ist auch der »Spiegel« für ärgerliche Entgleisungen gut. Der Offene Brief von Marcel Reich-Ranicki zu Günter Grass' neuem Roman ist das jüngste Beispiel. Der Brief gibt sich als literarische Kritik und betreibt das Geschäft einer politischen Polemik der üblen Art. Nicht das Buch steht auf dem Prüfstand, sondern der Autor und politische Mensch Günter Grass. Wie nur wenige andere Bürger dieses Landes ist Günter Grass sich selbst und seiner politischen Überzeugung treu geblieben und hat Partei ergriffen. Ob es übrigens Positionen gegen die Mehrheit waren, wie Reich-Ranicki räsoniert, ist überaus fraglich; denken wir nur an Grass' Warnungen vor einer besitzergreifenden Übernahme der ehemaligen DDR, seine Kritik am Ausverkauf des Asylrechts etc.! Doch Tatsache ist, Günter Grass hat in den letzten Jahren Anstoß erregt und war für alle, die eine neue nationale Rolle der Bundesrepublik suchen, ein Ärgernis. Nun scheint die Stunde der Abrechnung gekommen.

So macht man einen Menschen fertig, von der dekouvrierend brutalen Montage des Titelbildes bis zu dem dümmlichen Versuch eines Psychogramms ... Ärgerlich und schade für den »Spiegel«.
Detlef Hensche, Vorsitzender der IG Medien

Der Spiegel, 4.9.95

Daß Herr Reich-Ranicki seiner Geltungssucht rettungslos ausgeliefert ist und deshalb jedem Mikrofon, jeder Kamera, jeder Zeitung hinterherläuft, ist seit langem bekannt. Daß der SPIEGEL sich aber als Medium dafür zur Verfügung stellt, ist eine etwas beschämende Neuigkeit.
Jurek Becker, Berlin

Ärgerlich ist der visuelle Kalauer, mit dem der »Verriß« auf dem Titelbild illustriert wird. Schon im vergangenen Jahr hat der Verleger Siegfried Unseld gegen ein ähnliches Plakat, mit dem das ZDF für das »Literarische Quartett« warb, protestiert. Der SPIEGEL hat nun der billigen Assoziation »Verreißen/Zerreißen« noch eins draufgesetzt.
Dr. Gottfried Honnefelder, Börsenverein des Deutschen Buchhandels, Frankfurt am Main

Wo bleibt Ihr Humor, meine Damen und Herren, die Sie sich spontan als Viererbande vor dem SPIEGEL-Haus einfanden? Der Kauf eines Sprichwörter-Lexikons wäre ratsam, handelt es sich doch hier lediglich um die bildliche Umsetzung des In-der-Luft-Zerreißens. Und die ist gelungen. Herzlichen Glückwunsch zum Titelbild.
Marlies Dollmann, Lübeck

Ich verstehe Günter Grass nicht. Es wäre doch so einfach: Er legt, wenn er schreibt, das neue Buch kapitelweise Marcel Reich-Ranicki vor und ändert so lange, bis Reich-Ranicki zufrieden ist.
Jürgen Prill, Amsterdam

Neues Deutschland, 4.9.95
Zu: Peter Berger, »Warum ich den neuen Grass trotzdem lese«, 23.8.95

Der »Pontifex« der Kritiker hatte seinerzeit »Die Blechtrommel« ebenfalls kleinlich und hämisch rezensiert. Später hat er sich dann selbstkritisch revidiert. Eventuell erleben wir im neuen Jahrtausend eine Wiederholung, denn Relikte, Reden und Rezensionen des Grass-Anklägers sind auch ein weites Feld. Darum irritiert mich Peter Bergers Überschrift etwas. Sie lautet: »Warum ich den neuen Grass trotzdem lese«. Wieso trotzdem? Mich hat die Anti-Grass-Kampagne besonders neugierig auf die Lektüre gemacht. Ich wünsche dem Dichter viele neue Leser und einen strahlenden literarischen Erfolg.
Kurt Ehrich, Berlin

Westfälische Rundschau, 5.9.95

Ich finde es empörend, wie Sie den armen Herrn Reich-Ranicki heruntermachen. Gerade Grass, der gegen Andersdenkende auch gern den Vorschlaghammer des alten Steinbrucharbeiters schwingt, sollte nicht die Mimose spielen, wenn er einmal kritisiert wird!
Bodo Hirnschal, Hagen

Das Sonntagsblatt, 8.9.95
Zu: Herbert Glossner, »In wechselnden Zeiten«, 25.8.95

Endlich konnte ich mit Wolfram Schüttes »Wie aus der Zeit gefallen: zwei alte Männer« (FR, 26.8.95) neben Herbert Glossners »In wechselnden Zeiten« Ernstzunehmendes zu »Ein weites Feld« von Günter Grass lesen. Wie sich dagegen Gustav Seibt (FAZ, 19.8.95), Marcel Reich-Ranicki (»Der Spiegel«, 21.8.95) und Iris Radisch (»Die Zeit«, 25.8.95) im »weiten Feld« getummelt haben, das scheint mir von konzentrierter Kompetenzlosigkeit zu zeugen – im »Literarischen Quartett« gepaart mit geifernder Häme.

Gustav Seibt schreibt von der »Erzählmaschine«, die sich Grass zusammengebaut habe, »in die er nur oben seine historischen Zettelkästen einfüllen mußte«; was Seibt, Reich-Ranicki und Radisch zum »weiten Feld« geäußert haben, erweckt in mir die Vorstellung, sie hätten eine von Tinguely konstruierte »Kritikermaschine« gefüttert und deren Ergebnisse dann übernommen.
Frieder R. I. Kudis, Malsch-Völkersbach

Die Woche, 8.9.95

Haben unsere stolzen Vorväter Heinrich Heine und Thomas Mann ins Exil getrieben, müßten Marcel Reich-Ranicki und Rudolf Augsteins kulturelles Sprachrohr Hellmuth Karasek es doch eigentlich ebenso zuwege bringen, den Vereinigungskostverächter Günter Grass zu verjagen. Den Anschluß der Mark Brandenburg an das neue Großdeutschland hätte der gute Irrungen-Wirrungen-Dichter Fontane, des bin ich gewiß, kaum anders beschrieben als einen rheinischen Zwangsakt. Wann, ja wann wird sich ein braver Rollo auf marmorne Grabplatten von Kritikastern legen?
Hans Basekow, Siegen

Stern, 14.9.95

Es nützt alles nichts: Marcel Reich-Ranicki hat Temperament, Charme, Witz und einen hohen Unterhaltungswert. Grass dagegen ist ein ewig übelnehmender, säuerlicher Besserwisser.
Ingrid Jäger, München

Gut, daß es die Sendung »Das literarische Quartett« gibt. Dann brauchen die geplagten Leser all die Jahrzehnt- und Jahrhundertwerke, die jetzt wie Pilze aus dem Boden schießen, nicht mehr zu lesen, sondern können sich gleich das Programm von Sat 1 oder RTL reinziehen. Wie wär's, wenn man noch Leute wie Thomas Gottschalk oder Claudia Schiffer einladen und das Ganze durch drei Werbeblöcke unterbrechen würde? Und zum Schluß die Zuschauer wie bei Gladiatorenkämpfen die Daumen hoch- oder runterhalten dürften?
Anton H. Erni, Schriftsteller, Zürich

Leipziger Volkszeitung, 14.9.95

Bewundernswert, wie Herr Reich-Ranicki versucht, seine Meinung zu Grass' neuem Roman dem Publikum zu suggerieren. Diese über jeden Selbstzweifel erhabene Beweisführung läßt für die Zukunft Großes erahnen. Ob wir von Reich-Ranicki vielleicht zu Goethes 250. Geburtstag endlich die bislang noch ausstehende, allumfassende, allgemeingültige, alleinseligmachende, reichlich-versierte »Faust«-Rezension erwarten dürfen?
Helmut Strumpf, Altenburg

Die Zeit, 15.9.95

Was sagte schon Theodor Fontane im »Stechlin«? »Courage ist gut, aber Ausdauer ist besser.« Ich hatte trotz der miesen Kritik Courage und kaufte das Buch. Ich habe außerdem, im Gegensatz zu Iris Radisch, mehr Ausdauer

bei der Lektüre. Und ich weiß schon jetzt: Das Buch ist mehr als nur lesbar! Bitterfeld ist weit. Tempi passati ...
Dagmar Matten-Gohdes, Velbert

In welch kritischem Zustand müssen sich die besten Köpfe befinden, wenn sie da als »unentbehrlichen Intellektuellen« bezeichnen und würdigen, dessen konkrete intellektuelle Leistung sie im selben Atemzug für fragwürdig erklären?

Wie sollte man dies wohl Jüngeren, die Günter Grass ganz unsentimental betrachten, plausibel machen, die für einen Intellektuellen den halten, der Kluges zu sagen weiß (unabhängig davon, ob er es zudem auch klug zu sagen weiß)?

Wie sich des Eindrucks erwehren, es handele sich nur noch um eine bloße »Attitüde des Intellektuellen«, die in rechthaberischem Gesinnungsdünkel und verflossenem Ruhm weit eher ihren festen Halt meint finden zu können denn in unabhängiger und kluger Betrachtung und Reflexion und die im Nimbus der hehren Literatur ihre eigene Unanfechtbarkeit behauptet, was einen Reich-Ranicki (und andere) zu Recht die Fassung verlieren läßt.

An der Republik zu leiden, sich verantwortlich zu fühlen, herauszutreten und sich einzumischen, das ist das eine. Es aber auch auf intellektuellem Nveau zu tun, das andere.
Jannsen Peters, Wiesbaden

Das Urteil der Medien scheint sich von selbst zu vollstrecken. In der Lebensbeichte der Altlinken Helga Hirsch wird schon wie selbstverständlich vorausgesetzt, daß der neue Roman von Günter Grass schlecht sei. Nichts deutet darauf hin, daß sie ihn selbst gelesen hat; aber was durch sein angebliches Scheitern alles bewiesen wird, das weiß sie genau. In derselben Ausgabe fällt Barbara Sichtermann auf die Schmierenschauspieler Reich-Ranicki und Karasek herein, die ihre Ansichten zum Grass-Roman doch längst veröffentlicht beziehungsweise geschrieben hatten, ehe sie sich im »Literarischen Quartett« spontan gaben. Das einmal in die Welt gesetzte Vorurteil (zum Beispiel, daß hier die DDR schöngeredet werde) wird nur noch nachgeplappert, mit der Sache selbst braucht man sich gar nicht mehr zu befassen.

Unglaublich, aber wahr: Der neue Roman von Günter Grass ist gar nicht mißlungen! Er ist ein schönes, zartes, verspieltes, melancholisches, selbstironisches (jawohl) und dabei kritisches und genaues Werk, das seine jetzigen Kritiker noch lange überdauern wird. Woher ich das wissen will? Ich habe das Buch gelesen, ja ich lebe als Übersetzer seit Monaten mit ihm. Eine Übersetzung stellt den Text auf eine harte Probe, Wort für Wort wird er auf seine Qualität hin geprüft. Wenn »Ein weites Feld« ein schlechter Text wäre, hätte es den Übersetzer längst ermüdet, doch davon kann keine Rede sein,

vielmehr freut sich der Übersetzer auch nach einigen hundert Seiten auf die weitere Arbeit.
Freilich: Der Roman ist keine schnelle Flughafenlektüre, sondern fordert dem Leser einiges ab - manchen Kritikern offenbar schon zuviel.
Prof. Dr. Per Øhrgaard (Universität Kopenhagen), Frederiksberg

Frankfurter Rundschau, 18.9.95

Wenn man wie Handke sehr artifiziell, auf Hunderten von Seiten, seine höchst privaten Innenansichten zur Sprache bringt - das wird goutiert, das entspricht dem Dichterbild des deutschen Bildungsbürgers und seiner »Großkritiker«. Aber wenn einer die - gerade in diesen Tagen - unerträglich schöngefärbte Tragödie der verfehlten deutschen Vereinigung darstellt, sie als das offenbart, was sie in Wahrheit seit 5 Jahren war und ist: eine Vereinnahmung des Ostens im Interesse der westdeutschen politisch-ökonomischen Machteliten - das wird dem Dichter nicht verziehen, auch wenn es noch so poetisch-tiefgründig verflochten ist in den Lebensweg, in eine »Vergegenwärtigung« des großen, aber auch bedenklich wendehalsigen Fontane.

Da wird selbst von Gutwilligen (Hebel in der FR vom 6.9.95 »Des Doppelgängers Doppelgänger«) mühsam dafür geworben, doch Grassens »Literatur von seinen politischen Stellungnahmen zu unterscheiden«. Als wenn es nicht, wie Wolfram Schüttes große Besprechung (FR vom 26.8.95 »Wie aus der Zeit gefallen: Zwei alte Männer«) deutlich genug dargetan hat, im »weiten Feld« gerade um eine Literatur der politischen Stellungnahme ginge! So wie in vielen der größten Meisterwerke (wenn auch, in vordemokratischer Zeit, notwendigerweise stärker verschlüsselt) - ich nenne nur den Simplicissimus, Werther, die Räuber, Tasso, Fidelio oder, aus unserer Zeit: den Untertan, den Rosenkavalier, Dr. Faustus, Biedermann und die Brandstifter - die meisten Werke Hauptmanns und Brechts - vom Butt des vielgescholtenen Günter Grass ganz zu schweigen.

Gefahr für den ästhetischen Rang von Literatur droht also keineswegs durch ihre »Politisierung«, auch wenn konservative Rezensenten wie Reich-Ranicki dies dem Publikum zu suggerieren versuchen. Gefahr dagegen droht durch das Abrutschen ins Parteipolitische oder -ideologische (das zum Beispiel bei Brecht oder bei Jünger nicht selten festzustellen war), das den Dichter zum Abhängigen einer eben bloß »partiellen« Zeitströmung macht. Genau dieser Gefahr aber ist Grass nicht erlegen. Als Koordinator eines dreijährigen Forschungsprojekts zur Analyse des Einigungsprozesses kann ich, aufgrund einer breiten kritischen Literatur- und Untersuchungsbasis, bestätigen, daß die in sein Buch eingegangene Kritik der Vereinnahmung Ostdeutschlands durch westdeutsche Machteliten im Lichte unserer Forschungen voll begründet erscheint. Wir gehen sogar noch einen Schritt weiter.

Der historische Skandal, den Grass mit vollem Recht zur Sprache bringt, hat uns zu der Erkenntnis geführt, daß dieser Prozeß angemessen als »Kolonialisierung der DDR« charakterisiert werden kann. Unter diesem Titel erscheinen denn auch unsere Ergebnisse (zur Buchmesse) als umfangreiche Analyse und Dokumentation.

Es ist pure Herrschaftsideologie, die die Literatur und gerade die große Literatur im »inneren« Reich des Unpolitischen angesiedelt sehen möchte, wo's schön »allgemein-menschlich« zugeht und damit für die Herrschenden ungefährlich bleibt.

Aber in vielen der bedeutendsten Werke seit den Komödien des Aristophanes und Shakespeares Dramen – und eben auch in Grass' »weitem Feld« – tritt das Allgemeinmenschliche gerade dadurch so zum Mitfühlen und Nachdenken herausfordernd in Erscheinung, weil es den Menschen in seiner Verstrickung und Konfrontation zeigt mit den politisch-gesellschaftlich Mächtigen, mit der Arroganz der Macht, die ihn ausbeutet und ihn zu entwürdigen und zu korrumpieren sucht.

Prof. Dr. Fritz Vilmar, Fachbereich Politikwissenschaft der Freien Universität Berlin

Süddeutsche Zeitung, 23.9.95

In dem Artikel »Grass auch unter Beschuß von Wirtschaft und Politik« berichtete die SZ vom 11.9., in welcher Weise Bundesfinanzminister Waigel auf jene Passage in Grass' Buch »Ein weites Feld« zu reagieren gedenkt, in der es heißt: »Wer ein solch menschenverachtendes Instrument wie die Treuhand ins Leben ruft, muß sich nicht wundern, wenn darauf terroristisch reagiert wird.« Waigel, Dienstvorgesetzter der Treuhandanstalt, sagte – wenngleich »nur« auf einem Parteitag« – laut dpa, einen solchen Umgang mit der Treuhand lasse er nicht zu.

Nun hatte die SZ diese Waigelsche Äußerung nicht in ihrem Bericht über den CSU-Parteitag erwähnt, sondern auf der Kulturseite versteckt. Dennoch warten die SZ-Leser seither auf einen Kommentar, etwa bezüglich der Frage, wie Waigel es denn anstellen wolle, solchen Umgang nicht zuzulassen.

Von einem Gang zu den Gerichten kann sich Waigel nichts versprechen. Selbst das Bundesverfassungsgericht würde Grass das Recht auf freie Meinungsäußerung zubilligen – und das Recht auf künstlerische Freiheit erst recht. Bliebe als Alternative nur noch eine Bücherverbrennung – vielleicht eine symbolische auf dem Münchner Königsplatz? Da wäre es aber gut, Waigel würde sich vergewissern, wie tief seine eigene Meinung in der Bevölkerung verankert ist, etwa per repräsentativer Umfrage, wie die Treuhandarbeit eingeschätzt wird: Ob die Anstalt gute, mittelmäßige oder miserable Arbeit

geleistet hat. Vielleicht überdenkt Waigel dann seine Pläne, ob er »solchen« Umgang mit der Treuhand nicht zulassen wird und wie er das dann macht.
Helmut Steiner, Augsburg

Stern, 28.9.95

Da offene Briefe anscheinend in Mode kommen, hier meiner:
Lieber Klaus von Dohnanyi, Sie sagen, Günter Grass solle sich lieber nicht öffentlich über Politik äußern, da er das Politikerhandwerk nicht gelernt habe. Das haben auch die meisten Journalisten nicht, und kaum ein Bürger beherrscht es. Ich schlage daher vor, Medien und Wahlen abzuschaffen. Die demokratische Bundesrepublik ist tot, es lebe die Diktatur der Experten!
Herzlichst Ihr
Peter Billand, Konstanz

Die Zeit, 6.10.95
Zu: Hellmuth Karasek, »Wahnsystem Verschwörung«, 15.9.95

Karasek berichtet, er sei für seine Grass-Kritik im »Quartett« beschimpft worden, habe aber – bis auf eine Ausnahme – niemanden gefunden, der ihm gesagt hätte, das Buch sei gelungen und gut. Ich melde mich als zweiter. Was gewiß keinen Leserbrief wert wäre, hätte Karasek nicht außerdem mitgeteilt, daß er und seine Rezensentenkollegen das Buch nicht gegen Grass, sondern für die Leser verrissen hätten. Als einer derjenigen, für den die Kritik »unabhängig und fast übereinstimmend mit einleuchtenden Argumenten und Beispielen dargelegt hat, daß und warum sie den Roman ›Ein weites Feld‹ für mißlungen« hält, fühle ich mich legitimiert, meinerseits mitzuteilen, daß mir keines der Argumente eingeleuchtet hat.

Ich lese das Buch mit noch immer wachsendem Vergnügen und bedaure, da der Schluß in Sicht kommt, daß ich bald keine Gelegenheit mehr haben werde, abends »im weiten Feld der 800 Seiten zu zerrinnen und versanden« (P. Wapnewski). Übrigens: In Karaseks Aufzählung der einleuchtenden Argumente und Beispiele von der »Welt« (»sprachlich auf dem Niveau einer altfränkischen Dreschmaschine«) über den »Tagesspiegel« (»Schweig, Großpapa, schweig!«) bis zur »taz« (»künstlerische Pleite«) ist die alte Bundesrepublik ziemlich vollständig vertreten. Aber war da nicht was vor fünf Jahren? Von »drüben« kein Wort. Haben die vielleicht noch gar keine Zeitungen? Oder können nicht lesen? Oder schreiben?
Egon Monk, Hamburg

Briefe an Günter Grass

Walter Hinck

Rösrath bei Köln, 28. Juli 1995

Lieber Herr Grass,

durch Ihren Verlag haben Sie mir eine ganz unerwartete Freude gemacht: Ihr neues Buch schon vor der eigentlichen Veröffentlichung im Leseexemplar kennenzulernen. Zur Lektüre kam ich am Ufer nicht eines der märkischen Seen, an dem ich ein paar Sommer meiner Schulzeit verbracht habe, sondern des Millstätter Sees, aber fast ist mir die Welt Fontanes/Fontys wirklicher geworden als die kärntnerische.

Wie Sie die Perspektiven Fontanes und Fontys, die politische Atmosphäre der Reichsgründungszeit und der »Wende«-Zeit um 1990, Schädlichs Tallhover und den Tagundnachtschatten Hoftaller ineinander verschränkt und die Geschichte Fontys in unendlich vielen literarischen Anspielungen und zeitgeschichtlichen Bezügen vernetzt haben, wie Sie in einem gelöst heiteren, aber nichts unter den Tisch kehrenden Stil eine heimliche Wahlverwandtschaft mit dem Erzähler Fontane spürbar machen, wie Sie Ihre Urteile der erzählerischen Ironie anheimgeben und damit dem selbsttätigen Leser seine Freiheit lassen – alles dies ist meisterhaft und, wenn das etwas belastete Wort noch erlaubt ist, begeisternd. Die Kritik oder zumindest die Germanistik wird sich vermutlich an der »Intertextualität« und den »postmodernen« Zügen des Buches festbeißen. Aber selbstverständlich ist die Komplexität Ihres Romans in überhaupt keinem Schema zu fassen. »Ein weites Feld« ist für mich der Roman des Jahrzehnts.
(...)
Ich danke herzlich und wünsche Ihrem Buch eine Kritik, die sich dem Maß des Romans gewachsen zeigt, und eine maßlos wachsende Leserschaft.

Ihr Walter Hinck

Christa Wolf

Berlin, den 18.8.95

Lieber Günter,

jetzt schreib ich Dir schnell, ehe das ganz große Gezerre um Dein Buch losgeht und Du für eine Weile vielleicht wenig Ruhe und Zeit hast.

Ich habe »Ein weites Feld« vom ersten bis zum letzten Buchstaben gelesen, in Woserin, umgeben von einer Landschaft, die zwar nicht die Fontanesche ist, aber doch noch eine ursprüngliche, so wie die Fontanesche Mark es war. Ich war und bin voll Bewunderung für den Einfall, der dem Buch zugrunde liegt, für diesen Zugriff, der es Dir ermöglicht, zwei deutsche Vereinigungen mit einem souveränen historischen Blick zu überschauen und sie als zu leicht zu befinden ... Das macht Dir in der heutigen deutschen Literatur keiner nach, da die meisten Autoren sich vom Kampfplatz vornehm und, wie ich glaube, auch ängstlich zurückgezogen haben. Und, das wird Dir klar sein, gegen diese Grundhaltung des Buches wird sich ein Teil der Kritik richten, auch wenn sie sich ästhetisch geben wird.

Ich finde wunderbare Kabinettstücke satirischer oder beschreibender Prosa in dem Buch, genaue, anschauliche Charakterisierungen von Personen, Landschaften, Verhältnissen, die ich mit Genuß gelesen habe. Fragen, vielleicht auch im Namen weniger literaturinformierter Leser, als ich es bin, blieben mir in einigen Punkten: Wenn ich sage, die Länge ist mir problematisch, so meine ich einen bestimmten Bestandteil dieser »Länge«, nämlich die für meine Begriffe allzu akribisch Dein enormes Fontane-Wissen ausbreitenden Partien, bis hin zu den Nachweisen von Zitaten usw. Mir scheint, da ist des Guten zuviel getan, und die Brisanz des Grundgedankens erscheint mir dadurch etwas verhüllt zu werden. Manchmal kommt es mir so vor, als müßtest Du den heutigen Personen etwas Zwang antun, um sie mit denen von damals, deren Spiegelung sie sein sollen, möglichst deckungsgleich zu machen. (Andererseits: Große Hochachtung vor der differenzierten Fontanebiografie, die da mitläuft und die die »weichen« Stellen in Fontanes Biografie und Charakter nicht umgeht, wie andere es getan haben.) Dann wieder bringt eben diese Spiegelung schöne überraschende Wirkungen hervor ...

Ach, ich will ja keine Literaturkritik schreiben. Ich will Dir nur einen Gruß schicken und Dir sagen, daß wir beide die Daumen drücken, daß die Kritiker sich auf das Buch einlassen und nicht nur kritikasternd auf seiner Oberfläche herumstochern. (Gerd hat noch nicht das Ganze gelesen.)

(...)

Genug für heute. Ich hoffe, Ihr seid beide gut drauf, wie man neudeutsch sagt, und ich hoffe, wir sehen uns bald mal, wenn schon nicht am 3. September.

Grüße an Ute. Herzlich
Deine Christa

Sten Nadolny

München, 22.8.95

Lieber Günter Grass,

habe mir gestern Ihr »Weites Feld« gekauft und lese nachdenklich und mit Gewinn, bin jetzt noch nicht weit genug gekommen, um irgend mehr zu sagen. Und nicht deshalb schreibe ich, sondern um Ihnen schlicht mitzuteilen, wie ekelhaft und bösartig ich die Behandlung Ihres Romans und Ihrer

Person durch den »Spiegel« und die durch ihn ermutigten Blätter finde. Diese Gemeinheit ist grund- und bodenlos, die ehrverletzende Schmähung erreicht bisher nicht gekannte Qualität, und all das begann und beginnt mit dem Spiegel-Titelblatt, auf dem ein Buch zerstört und ein Autor, dessen Werke drei Generationen begleitet, triumphierend als »gescheitert« verhöhnt wird.

Ich bin, wenn ich meine Gefühle zu beschreiben versuche, nicht nur einfach empört darüber, sondern - mir fällt kein besseres Wort ein - tief beängstigt. Ich denke neu darüber nach, ob es unbedingt dieser Beruf sein muß, mit dem ich meinen Lebensunterhalt verdiene. Und wundere mich, warum sich ausgerechnet auf Romanautoren so viel Neid und Haß richtet - Drehbuchautoren, Sachbuchautoren, Lyriker werden von der Meute ja eher in Ruhe gelassen.

Den »Brief« von R.-R. finde ich beklagenswert, nicht nur wegen der hinter Schmeicheleien schlecht getarnten persönlichen Feindseligkeit, sondern auch wegen deutlicher Ermüdungserscheinungen in Formulierung und Gedankenführung. Wo nachvollziehbare Argumente nicht so recht gelingen wollen, schweift man bekanntlich besonders leicht ins Persönliche ab, mäkelt am Autor statt am Buch, so auch er. R.-R. hat sich mit dieser schwachen Darbietung keinen Gefallen getan, und wenn er bei Verstand ist, wird er sich über die Art, wie der Spiegel ihn benutzt und sein Debakel noch verstärkt, kaum freuen können.

Ihnen, lieber Günter Grass, wünsche ich von Herzen, daß Sie diese öffentliche Quälerei unbeschädigt überstehen können - Ihr Werk wird es in jedem Fall tun.

Schönste Grüße Ihres
Sten Nadolny

Christoph Hein

Berlin, am 23. August 95

Lieber Günter,

ich grüße Dich herzlich.

Ich hoffe und wünsche, Du behältst Deine schöne Gelassenheit und bleibst selbst bei diesem infamen Bubenstück innerlich ruhig. Behüte Deine Produktivität.

Vor Jahrzehnten sagte jemand, ich glaube, es war E. Kuby, die Bild-Zeitung mache ihre Leser dumm, feige und blutdürstig. So langsam ging diese Saat wohl auf: nun ist die Gesellschaft wohl so, wie sie Bild erzogen haben wollte.

Ich erinnere mich, wie vor dreißig Jahren, als ich noch mit Bewunderung und gelegentlichem Neid das andere Deutschland betrachtete, eine einst so verdienstvolle Zeitung wie der Spiegel über Literatur und Literaten schrieb. Das ist wohl lange und endgültig vorbei. Nun wollen fast alle Medien (und wohl auch die Mehrheit ihrer Konsumenten) nur noch den Totschlag - und produzieren ihn bei Bedarf selbst.

Nur, von Lessing bis zu Brecht und Thomas und Heinrich Mann, von Böll bis Johnson, diese beißwütige Kanaille hat schlußendlich immer verloren - und hat auch bei G. G. keine Chance.

Ich hoffe, Du kannst es weitgehend vermeiden, durch diesen Dreck zu waten.

Ich grüße Ute herzlich
Alles Gute
Christoph

Wilhelm von Sternburg

Wiesbaden, 24.8.95

Sehr geehrter, lieber Günter Grass,

nach langen Monaten in meiner irischen Einsamkeit wieder nach Deutschland zurückgekehrt, erlebe ich mit großem Erstaunen eine aufgeplusterte Literaturkritik, die mit deutlichen Zeichen aggressiven Unverstandes über Ihren neuen Roman herfällt. Der Rezensent als leitartikelnder Kampfblattjournalist - so ganz neu ist das ja nicht. Vieles erinnert mich an die deutsche Reaktion, die ein anderer großer Autor immer wieder erfahren hat, weil er nicht schweigen konnte, wenn seine Landsleute wieder einmal im Sumpf politischer Dummheit versanken. Was haben die deutschen Studienräte und Feuilletonisten auch nach 1945 nicht alles über Thomas Mann geschrieben, auf wie wenig Verständnis stieß sein »deutscher« Roman über den Tonsetzer Adrian Leverkühn bei der ideologisch-politisch sichtbar verkrümmten Berufskritik.

Sie haben, lieber Günter Grass, einen wunderbaren Roman geschrieben. Sprachlich brillant, die Romankonstruktion ist gelungen, die Montagetechnik besitzt in ihrer Vielschichtigkeit eine fesselnde Verknüpfung der Zeit- und Erzählebenen. Vor allem aber: Sie deuten und »beschreiben« eine Epoche auf künstlerische Weise, wie es dem Historiker mit dieser Eindringlichkeit auch im Abstand von Zeit und Emotion wohl nicht wird gelingen können. Ich bin ganz sicher, daß Ihr Buch zu den bedeutenden Werken unserer Zeit zählen wird.

Sehr herzlich
Ihr Wilhelm Sternburg

Adolf Muschg

Männedorf, 25.8.95

Lieber Günter,

in Zeiten des Anschisses braucht ein Schriftsteller mehr als Trost: zu dem wären bei Dir Hinz und Kunz ohnehin nicht berechtigt, noch weniger als zum Verriß. - Aber was läuft da? Nicht einfach eine Verschwörung, glaube ich, sondern eine schmerzhafte Konzentration verschiedener Formen von Unverständnis.

Die jüngere Kritik, Isenschmid, Radisch etc., ist auf ein Buch wie Dein neues nicht (mehr) eingerichtet. Die Arbeit, die es ihr abverlangt, ist ihr lästig, die Lust, die sich daraus ziehen läßt, fremd. Es stehen zu viele Erfahrungen darin, die, weil diese Kritiker sie nicht gemacht haben, auch nicht viel wert sein können. Das ist die vergleichsweise unschuldige Kritik, sie hat ein (natürlich geleugnetes) »Generationenproblem«.

Und dann gibt es natürlich die andere: die Deine Erfahrungen auch als Lektüre nicht machen will, die ihr ein ganzes Weltbild verdürben bzw. ihr Profil in der Öffentlichkeit, müßte sie diese Erfahrungen ernst nehmen. Sie schreibt Dir also ganz andere vor bzw. schreibt ein Buch ab, in dem sie dokumentiert sind - durchaus: ästhetisch (nicht ideologisch) dokumentiert. Die Mittel, welche diese Kritik »wählt« (gewählt ist daran nichts, aber strategisch wohl überlegt) zeigen immerhin an, wie sehr sie sich durch Dein Buch bedroht fühlt. Von seiner Botschaft darf nichts durchkommen, auch nicht als leiser Zweifel zu Deinen, ihren Gunsten.

Für den Autor ist der Einblick in diesen Zusammenhang natürlich kein Trost. Die jüngeren Stimmen (wohlwollend, gewitzt, verständnislos) und die alten (sehr wohl verstehend, darum massiv feindselig) vereinigen sich in einem Vorwurf, der unwidersprechlich klingt: den unterstellten Mangel an Sinnlichkeit, Erzählplastik, »Deftigkeit«. Ein Vorwurf, der jeden Autor an sich irremachen kann, man hat besonders bei Dir erbärmlich leichtes Spiel damit, braucht ja nur die Blechtrommel gegen alle späteren Bücher zu rühren. Da tut man vielleicht gut daran, sich an ähnliche Prozesse gegen den alten Goethe zu erinnern, an denen auch geniale Dummköpfe wie Kleist beteiligt waren (»er zerlegt jetzt den Strahl/den seine Jugend sonst warf«). Seit vielen Generationen hängen die Stricke leer, die man dem Alten für sein Alterswerk drehen wollte, selbst die Strickdreher, die man darin aufgehängt hat, sind von der Zeit verweht. Natürlich bist Du nicht G., aber die analoge Prätention, welche Dir Deine Unfreunde unterschoben haben, ziehen sie jetzt mit Geräusch zurück. Der Unterschied ist auch, daß sich der Zynismus in einer Szene, die nur noch Spektakel versteht, als Dienstleistung aufführen kann. Auf dem Markt soll Dir der Lärm ja nicht schaden, im

Gegenteil, er zieht neue Kundschaft an. Vernichtbar sind Autor und Buch ja, in der Tat, nicht mehr.

Doch verstanden werden sie von der Infotainment-Generation vielleicht wirklich nicht; wer vom Leiden an der alten BRD so weit entfernt ist, kann auch die scheinbare Leichtigkeit nicht würdigen, mit der Leiden hier aufgehoben wird. Ein Autor, für den der Nachkrieg noch nicht zu Ende ist, andererseits die »Wende« kein einmaliges Ereignis, geht nicht im Trippelschritt des Feuilletons, das keinerlei Kondition für lange Wege mehr hat. Ich denke, Du wirst im Osten besser gelesen werden, als Spätheimkehrer in ein »Leseland«, das es nicht mehr gibt; aber Leser muß es noch geben, denen es nun erst recht ein Bedürfnis ist, die eigene Geschichte als Palimpsest besser zu lesen. Für doppelte Lektüren wie Fontane/Fonty fehlt auf der Siegerseite das Organ, Zeit, Lust und Selbsteinsicht. Ich fürchte, es muß auf dieser Seite mehr vergangen sein als nur Zeit, bis die Literaturgeschichte Dein Buch lesbar macht (die es »unlesbar« nennen, arbeiten auch an der Abschaffung der Literaturgeschichte, möchten sie durch ein Protokoll konditionierter Reflexe ersetzen: das Buch als Reizmittel für eine Saison). Du seist kein Fabulierer mehr, das heißt, Du erzählst nicht die einzigen Geschichten, die sie noch hören mögen: solche, aus denen die Geschichte, die allen gemeinsam ist (»gemeinsam«?) verdampft ist; die sich mit keiner Erinnerung daran aufhält. Solche Aufenthalte dauern der Postmoderne zu lang.

Mich beschäftigen die jugendlichen Verleugner der deutschen Geschichte und ihre Gründe nachhaltiger als die alten Kaschierer dieser Geschichte; was diese zu verheimlichen haben, wenn sie Dir ihre Schwarzen Peter anhängen, scheint mir durchsichtig genug. Dein Buch war die Gelegenheit, sich öffentlich zu salvieren. Aber welcher Teufel treibt kluge junge Leute, an diesem Maskentreiben dankbar teilzunehmen und ihr kritisches Mütchen an denen zu kühlen, die den deutschen Schaden sichtbar machen, statt ihn fortzusetzen?

Bilde, Künstler, rede nicht! An dem Satz ist etwas Wahres, wenn auch nicht so, wie ihn Deine beflissenen Denkmalstürzer meinen. Wäre Dein Buch gezeichnet statt geschrieben, sein Stilwandel wäre gelassener registriert worden; er hätte keine so neurotische Signalwirkung gehabt. Vielleicht habe ich es als Nichtdeutscher leichter, das Neue an Deinem sprachlichen Strich zu bemerken und Seite für Seite zu genießen. Das ist es, was ich Dir vor allem schreiben wollte: so viel Macht hat das Medienereignis weder so noch so über mich, daß ich mir das Ereignis der Lektüre davon zudecken lasse. Was ich an Deiner Geschichte vermisse, hat mit Deiner Art, sie zu erzählen, nichts zu tun; diese macht mir vielmehr deutlich, wie sehr es – leider – außerhalb der Macht der Kunst liegt, Defizite der realen Geschichte wettzumachen. Laß Dir Deine gelassener gewordene Art, sie im Zeichen Fontanes und des Paternosters zu produzieren, nicht zu lange verbittern. Und noch weniger die Kraft rauben, an der Kritik dort, wo sie etwas - in Deinen eigenen Augen - Richtiges trifft, dieses Richtige auch dann zu bemerken, wenn es die falschen Leute aus den falschen Gründen sagen. Die »Hundejahre« haben damals »Katz und Maus« geboren, der »Butt« das »Treffen in Telgte«. Da hat das ausgeführte »Detail« jenes Glück gemacht und gebracht, das ein großes Panorama, der epische Entwurf von Haus aus nicht machen kann. Aber in dem Haus, von dem ich hier rede, herrscht gegenwärtig zu viel Betrieb, als daß man seinen Umfang und seine Proportionen recht sehen könnte. Die Leser werden dafür sorgen, daß sie immer besser sichtbar werden (dieses Buch ist kein Saison-Artikel); und dann wird man auch sehen, daß Deine Verreißer darin nur bescheidene Lakaienchancen gehabt haben. Die List der Geschichte ist auf der Seite Deines neuen Buches; nicht, weil es selbst so listig, sondern weil es verteufelt human ist und für die Zukunft noch etwas zu hoffen übrigläßt.

Herzlich
Dein Adolf

Günter Grass

Friedenau, am 5.9.1995

Lieber Adolf Muschg,

kaum hatten wir uns Seit an Seit mit dem deutschen P.E.N. und seinen Widrigkeiten befaßt, da fand ich in der Niedstraße Deinen Brief vor, der mir gutgetan hat, der mich stützt und für den ich Dir danke.

Mittlerweile fühle ich mich ein wenig müde und bin offenbar angeschlagener, als ich mir eingestehen möchte. Vor einer Woche noch in Dänemark, als ich tagtäglich im nahegelegenen Wald mit meinem Aquarellkasten unterwegs war, fiel es leichter, Distanz zu halten; doch hier rückt Dir alles auf die Pelle, hier wird Dir der Atem des nächststehenden Presselümmels nicht erspart. Dein Brief jedoch hat mich gelehrt, dem eigenen Produkt mehr zu vertrauen und auf die Langlebigkeit unserer Bücher (besonders der totgesagten) zu setzen.

Gestern hatte ich in der Kulturbrauerei (Prenzlauer Berg) meine erste Lesung nach Beginn der Veröffentlichung meines Romans. Und da waren sie, die Leser, all jene, die sich nicht oder nicht mehr schnell abfüttern lassen wollen, die erkannt oder wieder erkannt haben, daß sich mit einem Buch, besonders mit einem dicken, eine Zeitlang gut leben läßt und die offenbar begreifen, daß unsere altmodischen Bemühungen, fern aller computerisierten Fixfertigkeit, mit keinem Verfallsdatum zu stigmatisieren sind. In unserem Alter, lieber Adolf, erleben wir unsere Leser nun in dritter Generation.

So war es auch gestern, und es will mir vorkommen, als hätten die gegenwärtig jungen ein gesteigertes Bedürfnis nach Zumutungen unserer Machart. Gemessen an dieser Neugierde kommen mir die Attitüden einer Iris Radisch wie vor der Zeit gealtert vor.

Doch nun zu Deinem Brief an meinen Verleger Steidl, der gleichwohl an mich gerichtet ist. Der Steidl Verlag ist ein kleiner Verlag; eine einzige, allerdings charmante und kundige Person, Claudia Glenewinkel, verkörpert die »Presseabteilung« des Verlages, der man offenbar Wunder was an Kalkül, Schlachtplan, Werbekraft etc. zutraut. Dir will ich gerne verraten, daß ich im Vorfeld der Veröffentlichung vier Lesungen aus den Druckfahnen gehalten habe und in Köln eine Ausstellung meiner Zeichnungen, die während der Arbeit an meinem Roman entstanden sind, eröffnet wurde. Weder der Verlag noch ich haben den blödsinnigen Begriff »Ein Jahrhundertroman« in Umlauf gebracht, vielmehr war das anfangs und in Reaktion auf die Frankfurter Lesung als dpa-Meldung zu lesen. So schaffen sich die Medien ihre Reizwörter, um sie im nachhinein dem Verlag und dem Autor in den Mund zu legen.

Es stimmt: Der Verlag hat in hoher Zahl (annähernd 5000) Leseexemplare verschickt, auf Verlangen des Buchhandels, auf Verlangen der Presse. Es stimmt: Der Verlag hat mit Anzeigen geworben und wird weiterhin mit Anzeigen werben, weil u.a. das seine Aufgabe ist. Freimut Duve hat zu Recht in einer Glosse darauf hingewiesen, daß jene Zeitungen und Magazine, die den angeblichen Werberummel des Steidl Verlages rügen, selber hauptsächlich von Anzeigen leben. Ein Verlag jedoch habe diese Möglichkeit nicht; er existiert nur, wenn er genügend Bücher verkauft; sie sind seine einzige Einnahmequelle. Ich will damit nicht sagen, daß Steidl und ich uns in jedem Fall richtig entschieden haben, aber der Spielraum war auch eng. Als Zeitungen und Magazine, »Der Spiegel« voran, die Sperrfrist ignorierten und ihrerseits im abgestimmten Zusammenspiel - erst schlägt »Der Spiegel« zu, dann besorgt das »Quartett« den Rest - diese widerwärtige Kampagne entfesselten, blieb Steidl nichts übrig, als die Sperrfrist aufzuheben und die Bücher, etwa zehn Tage früher als geplant, an den Buchhandel zu liefern.

Ich weiß, das klingt sehr geschäftsmäßig, doch verrate mir bitte, wie anders soll sich ein Verlag in dieser medienbestimmten Zeit behaupten? Wie anders sollen unsere Bücher den Leser erreichen? (Auch das wäre ein P.E.N.-Thema, sollte dieser Club im deutschen Bereich jemals wieder von seinen übersäuerten Empfindlichkeiten absehen können.)
Es war gut, neben Dir zu sitzen, hoffentlich findet sich dazu bald wieder Gelegenheit.

Freundlich grüßt Dich
Dein Günter

Günter Grass

Friedenau, am 5.9.1995

Liebe Christa,

vielen Dank für Deinen Brief, der mich zum rechten Zeitpunkt erreichte, denn ganz so stabil, wie ich Dir erscheinen mag, bin ich nicht; und zu meinem Ärger muß ich mir eingestehen, daß mich die üblichen und diesmal gesteigerten Schweinereien eine Zeitlang getroffen haben. Ich »zeigte Wirkung«, wie es in der Boxersprache heißt, das ist nun vorbei. Zum einen habe ich wie selten zuvor im schönsten alten Wortsinn Solidarität erlebt. Wie Du haben mir viele Kollegen, auch ausländische, geschrieben; und zum anderen war ich, solange wir uns in Dänemark hielten, mit meinem Aquarellkasten gut gewappnet, das heißt, das Arbeiten »feucht in feucht« angesichts individuell ausgeprägter Bäume ließ keine rückläufigen Gedanken zu.

Deine Einschätzung meines Romans freut mich, und die von Dir bemängelten Längen gibt es gewiß an der einen oder anderen Stelle, und doch waren sie bei der angeschlagenen Tonlage dieses Romans kaum zu vermeiden.

Gestern fand nun die Lesung in der Kulturbrauerei statt, und ich habe das Gefühl, daß mein Schmöker insbesondere im Osten gut aufgenommen wird. Die Leser dort sind erfahrener im Umgang mit Büchern, vielleicht weil sie jahrelang auf schwierige und nicht nur unterhaltsame Texte angewiesen gewesen sind.

Am Tag zuvor fand, wie geplant, das Treffen im Literarischen Colloquium statt. Leider hat der West-P.E.N., wie vorausgeahnt, auf unflätige Weise seine Absage formuliert. Es waren aber doch etwa 35 Personen da, die von nachmittags um zwei bis in den späten Abend hinein diese schwierige Materie im Gespräch zu bewegen versucht haben. Seit Jahren habe ich ein solch kollegiales Miteinander nicht mehr erlebt.

(...)

Ich wünsche Dir nachlassende Schmerzen und einen freundlichen Herbst
Sei mit Gerd gegrüßt, das sagt auch Ute,

herzlich *Dein Günter*

Christa Wolf

Berlin, den 7.9.95

Lieber Günter,

eben kam Dein Brief, ich will Dir auch ein paar Zeilen schreiben. Du sollst wissen, daß wir in den letzten vierzehn Tagen intensiv mit Dir und dem bundesdeutschen Literaturbetrieb beschäftigt waren. Ich habe wohl alles einigermaßen Wichtige gelesen - sogar zuletzt ein Interview mit MRR in der »Bunten« - ich wollte es diesmal genau wissen. Sogar die Aufzeichnung Deiner Lesung in der Kulturbrauerei habe ich größtenteils sehen können. Mein Eindruck ist: Diesmal haben sie es übertrieben - die Medien, meine ich -, und das muß eigentlich nach physikalischen Gesetzen umschlagen, so wie eine Welle sich überschlägt, wenn sie zu hoch aufgegischtet ist. Zum Beispiel kann ich mir nicht vorstellen, daß jenen MRR noch jemand ernst nimmt. Ich habe ihm übrigens die Lesung in Frankfurt abgesagt, mit der Begründung, daß mir nach seinem Auftritt im Literarischen Quartett jede Lust vergangen ist, mich mit ihm über Literatur zu unterhalten.

Wie auch immer - daß Dich das nicht unberührt lassen konnte und kann, ist doch selbstverständlich. Ich hab Dir meinen ersten Brief geschrieben, unter anderem, weil ich hörte, die Rezensenten »wetzen schon die Messer«, und weil ich Unrat witterte. Es kam noch böser, als ich gedacht hatte. Es kam auch eine Welle von political correctness mit rüber, die ich so platt auch nicht erwartet hätte. - Du hast wohl recht, im Osten geht man so nicht mit einem Buch und einem Autor um. Gestern rief mich Adam Krzeminski an, der stellte genau diese Frage, weil auch polnische Zeitungen anfingen, sich an MRR zu orientieren. Er selbst hat einen Artikel geschrieben, den er mir gefaxt hat, damit ich ihn an Dich schicke, er liegt also bei.

Ich habe einer Journalistin der französischen Zeitung »L'événement« ein Telefoninterview zu »dem Fall Grass« gegeben, ich habe jetzt den Text nur in einem Gemisch von Deutsch und Französisch, wenn der Text gedruckt ist, kann ich ihn Dir schicken.

Was mich am meisten gefreut hat, ist die Erfahrung, daß »die Leute« jedenfalls in diesem Fall den Medien die Gefolgschaft verweigern. Wir waren ja jetzt unterwegs, zuerst in Katlenburg bei dem Pfarrer Martin Weskott, der inzwischen etwa 4 Millionen Bücher aus DDR-Verlagen vom Müll oder vor der anderweitigen Vernichtung gerettet hat (ein riesiges Stallgebäude liegt voll davon, jeden Sonntag kommen Leute und suchen sich Bücher raus, gegen eine Spende für »Brot für die Welt«, Weskott läßt Dir ausrichten, daß er Dich sehr gerne mal bei sich zu einer Lesung hätte, viele ostdeutsche Autoren waren schon da, bei mir mußte er die sehr schöne Kirche nehmen). Dort war auch der niedersächsische Kultusminister angereist, wir sprachen in kleiner Runde auch über dieses Medienspektakel mit Deinem Buch, die Meinung war einhellig, und alle berichteten, daß am Tag nach dem Literarischen Quartett viele Leser in die Buchhandlungen gegangen sind und gesagt haben: Nun gerade her mit dem Buch, ich lasse mir doch nicht vorschreiben, ob ich ein Buch lesen und es gut oder schlecht finden soll. - Dasselbe dann in Lüneburg, wohin Du ja auch noch in diesem Monat gehst, es wird Dir gefallen, und freundliche Leute erwarten Dich; von diesen Gesprächen speist sich mein Eindruck: Sie haben es diesmal übertrieben und das Gegenteil erreicht.

(...)

Beinmäßig gehts mir immer noch ziemlich schlecht, Einzelheiten verkneif ich mir, ich habe gerade alle Lesungen außerhalb Berlins für dieses Jahr abgesagt – es ist einfach zu anstrengend für mich. »Medea« hab ich so gut wie fertig (Gerd kritisiert sie mir gerade), ich denke, im Frühjahr zur Leipziger Buchmesse kann das Ding erscheinen. Nun, das wird auch nicht überall gefallen.

So, jetzt mach ich Schluß, es sind genug Tippfehler drin. Grüß Uten. Sie ist Dir sicherlich seelischer Stab und Stütze in den Stürmen des Lebens ... (Ich mag sie sehr, mußt Du ihr ja nicht sagen.)

Herzlich
Deine Christa

Peter Ludwig

Aachen, den 20.09.1995

Hochverehrter Herr Günter Grass,
(und eben auf keinen Fall: Mein lieber Günter Grass)

in größter Bewunderung habe ich Ihren neuen Roman »Ein weites Feld« in zwei schönen Urlaubswochen mit Begeisterung gelesen und mich immer wieder auch an Ihrem geradezu unglaublichen Detailwissen F.s (den ich liebe) und der historischen Zusammenhänge gefreut. Nach den wüsten Beschimpfungen der ach so berufenen Literaturkritik war ich entsprechend gespannt. Von der ersten Seite an hat mich Ihre wundervolle Sprache, Ihre Fabulierkunst und Ihr Kompositionstalent in Bann geschlagen. Ihr Buch ist ein Meisterwerk! Es ist wirklich für die deutsche Literatur der letzten Jahrzehnte ein Ereignis. Als subtiler Kenner der DDR, in die ich wieder und wieder gereist bin und wo ich viele Freunde unter den Bildenden Künstlern gewonnen habe, bin ich begeistert von Ihrer Fähigkeit, die Welt des Denkens und Fühlens dort für Heutige erlebbar zu machen. Dabei bin ich durchaus in der Bewertung der deutschen Einheit sehr viel positiver als Sie, aber das ändert nichts daran, daß ich mit Ihnen die zum Teil rigorose Vereinnahmung durch unser Land bedauere. Alles, was dort in schweren Jahren von Menschen geschaffen und oft erlitten wurde, wird nun schnöde heruntergemacht. Wir wußten und wissen nicht nur alles besser als unsere Landsleute in den neuen Bundesländern, sondern erheben uns auch moralisch ohne die geringste Veranlassung als die Besseren. Ich habe bedauert und bedauere, daß mit der deutschen Vereinigung nicht ein fairer Schlußstrich verbunden ist, eine Bereitschaft zu echtem Miteinander und zu gemeinsamem Zusammenleben. Hier hat in meinen Augen auch der seinerzeitige Bundespräsident versagt, da er seine hohe moralische Autorität ungenutzt ließ. Es gibt nichts nach 1989 unsererseits rechtlich zu richten, sondern es sollte nur das Bemühen gelten, mit Verständnis und gemeinsam einen glücklichen Weg in die Zukunft zu gehen.

Ich schätze Sie auch als Grafiker. Es liegt mir daran, Ihnen zu versichern, daß Ihr Buch seinen Weg macht. Sie haben in Ihrem dichterischen Lebenswerk unserer deutschen Sprache neuen Glanz gegeben, und Sie sollten sich durch des Pöbels Geschrei, das im Fall Ihres neuen großen Buches als selbstgefällige Fachkritik daherkommt, nicht irremachen lassen. Ein Glück, daß es Sie gibt.

Mit den herzlichsten Wünschen und Grüßen und in Verbundenheit und in Bewunderung

Ihr sehr ergebener
Peter Ludwig

Daniela Hermes

Zur Auswahl des Materials

Das Material, das für diese Dokumentation gesichtet wurde, umfaßt weit mehr als 10.000 Zeitungs- und Zeitschriftenartikel, Manuskripte von Rundfunkbeiträgen, Mitschnitte von Fernsehsendungen, erste germanistische Vorträge und Aufsätze sowie über 100 Briefe an Günter Grass. Der Fall Fonty beherrschte nicht nur über Wochen die Kulturberichterstattung, sondern lieferte tagelang den politischen Nachrichten Schlagzeilen. Das gilt für die Printmedien ebenso wie für Rundfunk und Fernsehen. Neben »Kulturweltspiegel«, »Aspekte« und »Titel, Thesen, Temperamente« beispielsweise griffen politische Magazine und die abendlichen Nachrichtensendungen die Auseinandersetzung um Grass' neuen Roman auf. Der Westdeutsche Rundfunk wählte am 21.8.95 Günter Grass und »Ein weites Feld« auf seiner Info-Welle WDR 2 von 17.00 bis 18.00 Uhr zum »Thema des Tages«.

Ausgeschieden aus dem Zeitungs- und Zeitschriftenmaterial des Jahres 1995 haben wir zunächst einmal die zahllosen Artikel, in denen Grass und sein neuer Roman – vor allem in den Monaten September und Oktober – mehr oder minder beiläufig als aktueller Aufhänger benutzt wurden, aber keine tragende Rolle spielten. Grass und der Titel »Ein weites Feld« waren so sehr in aller Munde, daß sie häufig auch in sachfremden Kontexten Erwähnung fanden.

Einen gewichtigen Teil des Materials nehmen Agenturmeldungen von dpa ein, aber auch von ddp/ADN und AP. Allein die Deutsche Presse-Agentur schickte 1995 knapp 50 Meldungen zu Grass über den Ticker, und viele dieser Meldungen wurden in praktisch allen bundesdeutschen Tageszeitungen wiedergegeben. Für diese Dokumentation haben wir auf die Originalmeldungen zurückgegriffen, wie dpa sie in Umlauf brachte. Für einen schnellen chronologischen Überblick sind 39 dpa-Meldungen im ersten Kapitel zusammengefaßt. Verzichtet haben wir auf Meldungen, in denen Grass oder »Ein weites Feld« nur am Rande erwähnt wurden, auf die dpa-Rubrik »Inlandspresse«, die Pressestimmen wiedergibt, und auf nur regional Bedeutsames wie die Ankündigung der Potsdamer Ausstellung zu »Ein weites Feld«.

Nach Ausscheiden sämtlicher gedruckter Agenturmeldungen, weiterer Duplikate und nur marginal interessanter Beiträge kamen knapp 1000 Zeitungsartikel in die engere Auswahl. Darunter waren insgesamt 161 Rezensionen aus Deutschland, Österreich, der Schweiz und Luxemburg, wobei wir auch die Beiträge von Birgit Breuel, Klaus von Dohnanyi und Oskar Lafontaine, die sich mit »Ein weites Feld« und Grass' politischer Haltung beschäftigen, zu dieser Rubrik zählten. 34 Rezensionen wurden in den »Fall

Wertung in Rezensionen zu »Ein weites Feld«

WERTUNG/ DATUM	17.– 19.8.	21.8.	22.8.	23.8.	24.8.	25.8	26.8/ 27.8	*21.–27.8.*	28.8. –3.9.	Sept.- Heft	4.– 30.9.	1.10.– 31.12.	**GESAMT**
positiv	1	1	–	1	4	1	6	*13*	3	5	4	8	**34**
positiv (negative Züge)	4	2	–	2	1	–	4	*9*	1	2	1	8	**25**
neutral (positive Züge)	1	2	2	–	–	–	1	*5*	1	–	1	–	**8**
neutral	1	1	–	1	1	–	2	*5*	4	–	1	2	**13**
positive/negative Züge	–	–	–	–	–	–	1	*1*	1	–	2	3	**7**
neutral (negative Züge)	1	–	1	–	1	1	1	*4*	1	–	–	–	**6**
negativ (positive Züge)	–	2	2	2	1	1	2	*10*	1	1	–	2	**14**
negativ	4	4	5	5	3	6	6	*29*	6	5	7	3	**54**
GESAMT	**12**	**12**	**10**	**11**	**11**	**9**	**23**	*76*	**18**	**13**	**16**	**26**	**161**

WERTUNG/ HERKUNFT	GESAMT	%	Ost	%	West	%	CH	A	L	FF	%	Ost	CH	A
positiv	34	*21,1*	6	*28,6*	25	*20,7*	2	–	1	7	*20,6*	3	2	–
positiv (negative Züge)	25	*15,5*	2	*9,5*	21	*17,4*	1	1	–	7	*20,6*	1	–	–
neutral (positive Züge)	8	*5,0*	2	*9,5*	6	*5,0*	–	–	–	1	*2,9*	1	–	–
neutral	13	*8,1*	1	*4,8*	10	*8,3*	–	1	–	2	*5,9*	–	–	1
positive/negative Züge	7	*4,3*	–	–	5	*4,1*	–	2	1	1	*2,9*	–	–	–
neutral (negative Züge)	6	*3,7*	2	*9,5*	2	*1,7*	2	–	–	1	*2,9*	–	1	–
negativ (positive Züge)	14	*8,7*	4	*19,0*	10	*8,3*	–	–	–	1	*2,9*	1	–	–
negativ	54	*33,5*	4	*19,0*	42	*34,7*	5	3	–	14	*41,2*	2	1	1
GESAMT	**161**	***100***	**21**	***100***	**121**	***100***	**10**	**7**	**2**	**34**	***100***	**8**	**4**	**2**

FF = aufgenommen in »Der Fall Fonty«, davon Rezensionen aus Ostdeutschland, der Schweiz, Österreich.

Fonty« aufgenommen, einschließlich der dpa-Rezension Wilfried Mommerts vom 21.8.95, die viele Tageszeitungen abdruckten.

Um abzuschätzen, ob man tatsächlich von »einhelligen Verrissen« sprechen kann, wie vielfach behauptet wurde, haben wir die Rezensionen je nach ihrer Beurteilung des Grass-Romans einer Wertungsskala zugeordnet, deren Ergebnisse auf den nächsten beiden Seiten zusammengefaßt sind. Diese Wertungsskala reicht in acht Stufen von eindeutig positiven Rezensionen über mehrheitlich positive Besprechungen, die einzelne negative Züge herausstellen, und neutrale Besprechungen (mit positiven bzw. negativen Akzenten) sowie Wertungen, in denen positive Aspekte gleichberechtigt neben negativen Aspekten stehen, bis zu mehrheitlich bzw. eindeutig negativen Rezensionen.

Im Bereich der Mediendebatte - von den ersten Kommentaren und Glossen nach der Ankündigung des Romans über die Reaktion auf das »Spiegel«-Titelbild und Reich-Ranickis Auftritt im »Literarischen Quartett« des ZDF bis zur Diskussion um die Rolle der Literaturkritik - wurden 120 Artikel ausgewählt. Auffällig war vor allem, in welch hohem Maße die Auseinandersetzung um »Ein weites Feld« zu einem Dialog zwischen verschiedenen Zeitungen geführt hat, indem Zeitung B (oder Kritiker B) kommentiert, was A zum »Fall Fonty« schreibt. Das beginnt schon mit Peter Bergers kritischer Betrachtung der dpa-Meldung zur Frankfurter Lesung im »Neuen Deutschland« vom 27.4.95 und führt in einem Fall sogar über vier Stationen (»Frankfurter Allgemeine Zeitung« vom 10.10., »Der Spiegel«, 16.10., »Frankfurter Rundschau«, 18.10., »Neue Zürcher Zeitung«, 24.11.).

Berichte über Lesungen aus »Ein weites Feld« haben wir in einem eigenen Kapitel zusammengefaßt. Sie reichen von der Vorstellung des noch unveröffentlichten Romans in Frankfurt am 25.4. über die Buchpremiere in Berlin am 4.9. bis zu ausgewählten Stationen der anschließenden Lesereise, die u.a. nach Potsdam, Neubrandenburg, Hamburg, Lübeck, Lüneburg, Bonn, Northeim, Göttingen, Reichelsheim, Nidda, Eschborn, Leipzig, Weimar, Kiel, Stuttgart, Heidelberg, Freiburg und München führte.

Fünf der Interviews mit Grass, die 1995 veröffentlicht wurden, ergänzen Gespräche mit Gerhard Steidl, Walter Jens, Martin Walser, Marcel Reich-Ranicki und John Irving. In vielen Zeitungen und Zeitschriften setzte sich die Auseinandersetzung um »Ein weites Feld« auf den Leserbriefseiten fort. Um wenigstens einen kleinen Einblick in diese Diskussion zu vermitteln, haben wir aus verschiedenen Quellen 19 Leserbriefe ausgewählt. Abgerundet wird diese Reaktion von Leserseite mit Briefen an Günter Grass.

Durch den großen Verkaufserfolg war »Ein weites Feld« im Herbst 1995 auf zahlreichen bundesweit wie regional ermittelten Bestseller-Listen zu finden. Im folgenden sind die Plazierungen auf fünf wichtigen Listen in zwei Tabellen zusammengefaßt. Um einen Überblick über die belletristischen

Titel zu geben, mit denen der Grass-Roman konkurrierte, dokumentieren wir zusätzlich die Plätze 1–20 der »Jahresbestseller '95«, die »Buchreport« für »Spiegel« und »Gong« ermittelte und am 20.12.95 veröffentlichte.

Verschiedene Gruppen von Zeitungsartikeln sind in dieser Dokumentation nicht oder nur ungenügend berücksichtigt: Geleitet von der Frage, ob die Diskussion dem Verkauf von »Ein weites Feld« schadet oder nützt, führten zahlreiche regionale Zeitungen und Lokalausgaben Umfragen bei Buchhandlungen in ihrem Verbreitungsgebiet durch und sammelten Stimmen von Käufern und Lesern des Romans (vgl. die dpa-Meldung vom 29.8.). Die meisten Berichte zur Frankfurter Buchmesse hoben »Ein weites Feld« als wichtige belletristische Neuerscheinung hervor. Viele Artikel, die aus Anlaß des 3. Oktobers eine Bilanz von fünf Jahren deutscher Einheit zogen, benutzten die Diskussion um Grass' Haltung zur Vereinigung als Aufhänger. Auch die Mehrzahl der Jahresrückblicke 1995 ging auf die Auseinandersetzung um Grass ein.

Leider mußten wir aus Platzgründen auf eine Dokumentation der ausländischen Reaktionen verzichten (vgl. aber die dpa-Meldungen vom 25.8., 28.8, 29.8. und 12.9.95, die Rezension von Adam Krzeminski, S. 151, und das Interview mit John Irving, S. 444). In Großbritannien, Frankreich, Italien, Spanien, Holland, Dänemark und anderen Ländern verfolgten und kommentierten zahlreiche Zeitungen die Ereignisse des Falles Fonty von der Frankfurter Lesung an in teils umfangreichen Beiträgen. Die Härte der Diskussion wurde mit Verwunderung und Unbehagen zur Kenntnis genommen und oft scharf verurteilt.

In Frankreich beispielsweise faßt »Le Nouvel Observateur« am 21.9.95 »L'Affaire Günter Grass« als »deutsche Chronik einer literarischen Lynchjustiz« zusammen. Unmittelbar nach Erscheinen des »Spiegel«-Titelbildes spricht »L'Humanité« am 23.8. von »Cabale contre Günter Grass«, und »Le Quotidien« fragt am 24.8., ob Günter Grass eigentlich »Vaterlandsverrat an Deutschland begangen« habe. »Le Monde« wählt am 7.9. die Schlagzeile »Günter Grass le prophète anachronique«: »Der große Roman der deutschen Wiedervereinigung wurde zum Gegenstand von Kontroversen und darüber hinaus zum Objekt der Hinrichtung eines einst verehrten Schriftstellers, heute Opfer allgemeiner Verurteilung«. Am 14.9. widmet »Le Figaro« seine wöchentliche Literaturbeilage der »Affaire Günter Grass. La politisation de la critique littéraire« (vgl. S. 54 und S. 55 der Dokumentation). »Le Point« liefert am 16.9. unter der Überschrift »Günter Grass la mise à mort« einen »Bericht über eine Polemik«: »Darf ein Literaturkritiker, so berühmt er auch sein mag, 40 Jahre poetische Intelligenz und demokratische Arbeit zunichte machen? Die Art und Weise, wie Marcel Reich-Ranicki Günter Grass im ›Spiegel‹ ermordet hat, empört Jacques-Pierre Amette«, den Autor des Artikels. Am 19.9. betitelt »Le Quotidien« mit »Günter Grass

Plazierung von »Ein weites Feld« in Bestseller-Listen

Quelle/Woche	36	37	38	39	40	41	42	43	44	45	46	47	48	49	50	51	52
»Spiegel«	–	5	3	3	4	4	5	6	6	6	6	6	6	10	10	12	13
»Focus«	13	3	2	2	2	4	3	5	6	7	8	9	9	14	13	16	12
»Welt am Sonntag«	–	7	2	3	2	4	2	2	3	3	6	4	5	7	11	6	6

»Spiegel«: ermittelt vom »Buchreport« im Auftrag des »Spiegel«, 37. Woche = 11.9.95, 44. Woche = 30.10.95.
»Focus«: ermittelt von media control im Auftrag von »Focus«, 37. Woche = 11.9.95.
»Welt am Sonntag«: Umfrage unter 21 führenden Buchhandlungen Deutschlands, 37. Woche = 10.9.95.

Quelle/Monat	Aug	Sep	Okt	Nov	Dez
»Neues Deutschland« / »Bestseller Ost«	3	1	1	1	1
dpa, Buchwerbung der Neun	9	3	6	6	6

»Neues Deutschland«: Umfrage unter 50 Buchhandlungen in den neuen Bundesländern und Ostberlin.
dpa: ermittelt durch Buchwerbung der Neun, München, bei rund 100 deutschen Buchhandlungen.

Hardcover Belletristik 1–50

Pl.	Autor	Titel/Verlag	Erscheinungsjahr	Preis	Belegte 1995 … mal einen Platz in der Rangfolge 1–10	11–20	21–30	31–40	41–50

Platz 1–10

Pl.	Autor	Titel/Verlag	Erscheinungsjahr	Preis	1–10	11–20	21–30	31–40	41–50
1	Gaarder	Sofies Welt (Hanser)	1993	39,80	53	–	–	–	–
2	Gaarder	Das Kartengeheimnis (Hanser)	1995	39,80	32	10	–	–	–
3	Tamaro	Geh, wohin dein Herz dich trägt (Diogenes)	1995	32,–	41	2	1	–	–
4	Allende	Paula (Suhrkamp)	1995	49,80	35	–	–	–	–
5	Høeg	Fräulein Smillas Gespür für Schnee (Hanser)	1993	45,–	37	7	9	–	–
6	Gordon	Die Erben des Medicus (Droemer Knaur)	1995	44,–	18	–	–	–	–
7	Eco	Die Insel des vorigen Tages (Hanser)	1995	49,80	24	9	6	–	–
8	Grisham	Die Kammer (Hoffmann und Campe)	1995	48,–	28	–	–	–	–
9	Buchheim	Die Festung (Hoffmann und Campe)	1995	78,–	17	11	3	–	–
10	Noll	Die Apothekerin (Diogenes)	1994	36,–	17	23	7	4	2

Platz 11–20

Pl.	Autor	Titel/Verlag	Erscheinungsjahr	Preis	1–10	11–20	21–30	31–40	41–50
11	Fosnes Hansen	Choral am Ende der Reise (Kiepenheuer & Witsch)	1995	45,–	23	7	9	3	–
12	Pilcher	Das blaue Zimmer (Wunderlich)	1994	42,–	18	18	2	2	5
13	Grisham	Der Klient (Hoffmann und Campe)	1994	44,–	15	11	12	5	8
14	Evans	Der Pferdeflüsterer (C. Bertelsmann)	1995	44,–	16	–	–	–	–
15	Walters	Die Bildhauerin (Goldmann)	1995	39,80	13	18	4	–	5
16	Follett	Die Pfeiler der Macht (Lübbe)	1994	46,–	15	19	3	3	4
17	Pilcher	Heimkehr (Wunderlich)	1995	49,80	13	–	–	–	–
18	Proulx	Schiffsmeldungen (List)	1995	39,80	14	13	7	6	1
19	Irving	Zirkuskind (Diogenes)	1995	49,–	13	2	–	–	–
20	Grass	Ein weites Feld (Steidl)	1995	49,80	14	1	–	–	–

en martyr«, und »Le Monde Diplomatique« spricht am 14.10. von einem »Schlachtfeld«.

Soweit sich die ausländische Presse eigenständig zum Gehalt des Romans äußert, stehen positive Rezensionen neben eher negativen Einschätzungen, wobei es nur wenige kompromißlose Verrisse gibt.

Die Reaktion in der Schweiz und in Österreich auf »Ein weites Feld« ist in Form von Rezensionen und Beiträgen zur Mediendebatte im »Fall Fonty« berücksichtigt. Mehr Stimmen aus diesen beiden Ländern finden sich in der Dokumentation »Zerreißprobe. Der neue Roman von Günter Grass ›Ein weites Feld‹ und die Literaturkritik«, die das Innsbrucker Zeitungsarchiv im November 1995 veröffentlichte.

Sämtliche Zeitungsartikel zur Debatte um »Ein weites Feld« stellte der Steidl Verlag sowohl der Akademie der Künste Berlin als auch dem Deutschen Literaturarchiv Marbach zur Verfügung.

Wir danken Christoph Hein, Walter Hinck, Peter Ludwig, Adolf Muschg, Sten Nadolny, Wilhelm von Sternburg und Christa Wolf für die Genehmigung zum Abdruck ihrer Briefe an Günter Grass.

Autorenregister

Das Autorenregister umfaßt alle reproduzierten Zeitungsartikel sowie die dpa-Meldungen mit Autorenzeile.

Quellenregister